Michael Galuske
Methoden der Sozialen Arbeit

Grundlagentexte
Sozialpädagogik/Sozialarbeit

Herausgegeben von Thomas Rauschenbach

Michael Galuske

Methoden der Sozialen Arbeit

Eine Einführung

8. Auflage 2009

Juventa Verlag Weinheim und München

Der Autor

Michael Galuske, Dr. phil., Jg. 1959, ist Professor für Sozialpädagogik an der Universität Kassel. Seine Arbeitsschwerpunkte sind Theorie und Methoden Sozialer Arbeit, Modernisierungsfolgen, Jugendsozialarbeit.

Bibliografische Information der Deutschen Nationalbibliothek

Die Deutsche Nationalbibliothek verzeichnet diese Publikation in der Deutschen Nationalbibliografie; detaillierte bibliografische Daten sind im Internet über http://dnb.d-nb.de abrufbar.

1. Auflage 1998
2. Auflage 1999
3., überarbeitete Auflage 2001
4. Auflage 2002
5., überarbeitete Auflage 2003
6. Auflage 2005
7., überarbeitete Auflage 2007
8. Auflage 2009

Das Werk einschließlich aller seiner Teile ist urheberrechtlich geschützt. Jede Verwertung außerhalb der engen Grenzen des Urheberrechtsgesetzes ist ohne Zustimmung des Verlags unzulässig und strafbar. Das gilt insbesondere für Vervielfältigungen, Übersetzungen, Mikroverfilmungen und die Einspeicherung und Verarbeitung in elektronischen Systemen.

© 1998 Juventa Verlag Weinheim und München
Umschlaggestaltung: Atelier Warminski, 63654 Büdingen
Umschlagabbildung: George Grosz, Im Schatten, 1921, © VG Bild-Kunst, Bonn 2008
Printed in Germany

ISBN 978-3-7799-1441-9

Vorwort des Herausgebers

Wissenschaftliche Ausbildungen in Sozialpädagogik und Sozialarbeit haben in der Bundesrepublik Deutschland eine vergleichsweise junge Tradition. Erst seit Ende der 60er, Anfang der 70er Jahre kann man von einem auch zahlenmäßig relevanten Umfang wissenschaftlicher Ausbildungen in diesem Fachgebiet sprechen.

Seit dieser Zeit hat sich die Landschaft für die Soziale Arbeit nachhaltig verändert. Ausbildungen in Sozialpädagogik und Sozialarbeit haben sich an den Fachhochschulen zu einem ebenso stark nachgefragten Fachgebiet entwickelt wie der Diplomstudiengang Erziehungswissenschaft mit seiner zentralen Studienrichtung Sozialpädagogik an den Universitäten. In der Summe ist Sozialpädagogik/Sozialarbeit heutzutage eines der am stärksten nachgefragten Fachgebiete an den bundesdeutschen Hochschulen.

In auffälligem Gegensatz dazu stand bis vor kurzem das zur Verfügung stehende Lern- und Studienmaterial, um sich in dieses Fachgebiet einarbeiten zu können. Nur wenige Lexika und Handbücher, die zum Teil zudem inhaltlich weder der Breite noch der Tiefe des Faches gerecht wurden, prägten das Bild in dieser Hinsicht. Erst in jüngster Zeit nimmt die Zahl der Übersichts- und Handbücher sowie der Nachschlagewerke zu.

Dennoch fehlt es bis heute an grundlegenden Einführungswerken, die sich an den wissenschaftlichen Ausbildungsinhalten der Studiengänge in Sozialpädagogik/Sozialarbeit orientieren. Diese Lücke will die geplante Reihe füllen. Als wissenschaftliche Einführungswerke beanspruchen die in loser Folge erscheinenden Bände, in ihrer Summe in die wichtigsten Grundlagen eines Fachstudiums in Sozialpädagogik/Sozialarbeit einzuführen. Dabei wird nach und nach in die Themengebiete Theorie, Geschichte, Methoden, Adressaten, Ausbildung und Berufe in eigenen Bänden ebenso einzuführen sein wie in einzelne ausgewählte, wichtige Arbeitsfelder.

Die in dieser Reihe erscheinenden Monographien streben ausdrücklich einen Einführungscharakter an. Dieser soll durch eine möglichst voraussetzungslose Elementarisierung der Themenbearbeitung gewährleistet werden. Deshalb werden auch nicht vorrangig neue Ansätze und Konzepte entwickelt und vorgestellt, sondern zuallererst in wichtige Diskurse und Einsichten des jeweiligen Themengebietes eingeführt. Zugleich will sich diese Reihe aber auch der Herausforderung stellen, dass Sozialpädagogik/Sozialarbeit als ein noch junges Wissenschaftsfach den allgemeinen Ansprüchen moderner Wissenschaften gerecht werden muss.

Die Sozialpädagogik/Sozialarbeit hat seit dem Beginn ihres Ausbaus an den Universitäten und Fachhochschulen implizit weitaus mehr Wissen und Erkenntnisse zusammengetragen und angehäuft als sie dies bislang in Einführungswerken und Kompendien expressis verbis zum Ausdruck gebracht hat. Die Weitergabe des wissenschaftlichen Gemeinguts dieses Fachgebietes bleibt somit in vielen Teilen immer noch der mündlichen Überlieferung und der verbalen Auseinandersetzung überlassen. Das latent akkumulierte Wissen des Faches muss erst noch in genießbare Portionen unterteilt und so verpackt werden, dass es in Buchform lehr- und lernbar wird. Mit dem vorliegenden Band von Michael Galuske wird ein Anfang gemacht.

Die Methoden in der Sozialen Arbeit sind in der Vergangenheit von der Wissenschaft wenig beachtet worden. Als praxisnahes Thema, als praktische Überlebensfrage in Form sozialpädagogischen Handelns hat dieses Thema offenkundig angehende Berufstätige mehr interessiert als die Bücher schreibenden Vertreterinnen und Vertreter des Faches. Sozialpädagogische Methoden waren in Deutschland infolgedessen offenbar lange Zeit kein Thema, das der wissenschaftlichen Bearbeitung wert schien.

Dieses beginnt sich in jüngster Zeit zu ändern. So nehmen die Einführungsbücher in einzelne Handlungsmethoden und ihre Geschichte deutlich zu. Dennoch fehlt es bis heute an einführenden Überblickswerken, die diese Vielfalt überschaubar machen. Insofern bietet der vorliegende Band von Michael Galuske eine hervorragende Möglichkeit, sich in die Grundfragen sozialpädagogischen Handelns und in die traditionellen wie neuen Methoden einzuarbeiten.

Dortmund, im März 1998
Thomas Rauschenbach

Vorwort zur 7. Auflage

Bereits in den Aktualisierungen und Ergänzungen der 5. Auflage lag der Schwerpunkt darin, den zunehmenden Trend der Ökonomisierung der Sozialen Arbeit, der sich Ende der 1990er Jahre zwar andeutete, dessen Wucht aber nur schwer vorherzusehen war, angemessener zu berücksichtigen. Dieser Prozess ist unter dem Label des Umbaus zum „aktivierenden Sozialstaat" weiter vorangeschritten. Mehr Markt, mehr Konkurrenz, mehr Eigeninitiative, weniger (Sozial-)Staat – dass sind in Kürze die Eckpfeiler eines neoliberalen Modernisierungsprogramms, dem auch die Soziale Arbeit in vollem Umfang ausgesetzt ist. Dabei verändern neue Vergabe- und Vergütungsverfahren und die flächendeckende Implementierung von Kontrakt- und Qualitätsmanagement die Anforderungen an die Soziale Arbeit und ihr methodische Handeln ebenso nachhaltig wie die Implementierung eines neuen Leitbildes, des „flexiblen Menschen" (Richard Sennett), der „Ich-AG", dessen zentrale Fähigkeit sich selbständig am Markt zu behaupten und sich stets mobil und flexibel den Wellenbewegungen des Marktes anzupassen, in den Mittelpunkt der Zielmatrix Sozialer Arbeit rückt.

Diese Entwicklung schlägt sich natürlich auch in der Methodendiskussion nieder, wie z.B. im Boom des Case Management (Kapitel 16) u.a. im Kontext der Reform der Arbeits- und Sozialverwaltung, dem durch eine Aktualisierung und Erweiterung des entsprechenden Kapitels Rechnung getragen wurde. Darüber hinaus wurden zwei neue Kapitel eingefügt, die sich mit Ansätzen beschäftigen, die eher auf konzeptioneller Ebene angesiedelt sind und die innerhalb der Diskussion der letzten Jahre von besonderer Bedeutung waren: die Sozialraumorientierung (Kapitel 25) sowie die Konjunktur präventiver Denk- und Handlungsmuster (Kapitel 27). In beiden Kapiteln wird deutlich, dass heute mehr den je zwischen sozialpädagogischer Programmatik und sozialpolitischer Praxis zu differenzieren ist, und Zwei noch lange nicht dasselbe meinen, wenn Sie dieselben Begriffe benutzen. Im systematischen Teil des Buches wurde überdies eine Erweiterung der Merkmalspalette Sozialer Arbeit um den Aspekt der Ko-Produktivität vorgenommen. Dieser insbesondere in der dienstleistungstheoretischen Diskussion hervorgehoben Aspekt und dessen Grundgedanke, dass „erfolgreiche" Soziale Arbeit nur im Rahmen eines Arbeitsbündnisses mit den Klienten möglich ist, bedarf angesichts der paternalistischen Zumutungen des aktivierenden Sozialstaats der besonderen Betonung.

Insgesamt ist die Luft für die Soziale Arbeit zu Beginn des 21. Jahrhunderts „dünner" geworden, ihre Denk-, Organisations- und Handlungsformen werden auf vielfältige Weise herausgefordert und nachhaltig in Frage gestellt. Gerade angesichts der Gefahr einer fortschreitenden Sozialtechnologisierung Sozialer Arbeit ist deshalb ein reflexiver, kritischer Umgang mit den eigenen Methoden und den sozialpolitischen Rahmenbedingungen professionellen

Handelns unabdingbar und notwendiger denn je, auch und gerade, weil sich nur eine fachlich fundierte, selbstbewusste und damit kritische Profession in den sozialpolitischen Stürmen der Gegenwart behaupten dürfte.

Für Unterstützung bei Recherche und Textkorrektur bedanke ich mich bei Susanne Neunes. Das Kapitel zur Sozialraumorientierung habe ich gemeinsam mit Holger Schoneville verfasst, dem ich für die angenehme, produktive und kreative Zusammenarbeit ebenfalls zu Dank verpflichtet bin.

Bochum, im August 2006
Michael Galuske

Vorwort zur 5. Auflage

Als 1998, vor 5 Jahren, die erste Auflage der vorliegenden Einführung in die Methoden der Sozialen Arbeit das Licht des Buchmarktes erblickte, deutete sich an, das der Methodenmarkt in Bewegung geraten würde, weniger weil neue Erkenntnisse und Entwicklungen im Feld der Handlungsmodelle das etablierte professionelle Inventar hatte obsolet werden lassen, sondern vielmehr aufgrund veränderter gesellschaftlicher Anforderungen und Rahmenbedingungen. Dem wohl augenscheinlichsten Merkmal der Veränderung der sozialpolitischen Umwelt der Sozialen Arbeit insbesondere in den 90er Jahren, nämlich der fortschreitenden Ökonomisierung und Vermarktlichung des Feldes der sozialpädagogischen Dienstleistungen, wurde in dieser Neuauflage insofern Rechnung getragen, als dass das Kapitel zum Sozialmanagement erweitert wurde um Hinweise zur Qualitätsdebatte, zum Hintergrund des Booms betriebswirtschaftlicher Handlungskonzepte sowie zu deren Chancen und (vor allem) Risiken. Da die wachsende Bedeutung betriebswirtschaftlicher Handlungs- und Denkmodelle in den Feldern der Sozialen Arbeit nicht einfach als Erweiterung des methodischen Handlungskanons begriffen werden kann, erschien diese Erweiterung dringend geboten.

Für Hinweise, inhaltliche Anregungen und organisatorische Unterstützung danke ich Sabine Schneider, E. J. Krauß und Nicole Rosenbauer.

Bochum, im September 2003
Michael Galuske

Vorwort zur 3. Auflage

Knapp drei Jahre nach erstmaligem Erscheinen dieser Einführung in die Handlungsmethoden der Sozialen Arbeit liegt mittlerweile die dritte, überarbeitete und erweiterte Auflage vor. Nicht nur, dass die Methodendiskussion weiter gegangen ist, gab Anlass zu einer Überarbeitung, sondern auch die vielfältige, überwiegend positive, gleichwohl anregende und weiterführende Kritik. Die große Nachfrage und die positive Aufnahme habe ich als Bestätigung des Konzepts gelesen, an dessen Grundidee und Grundstruktur ich folglich nichts verändert habe. Neben zwei neuen Kapiteln im dritten Teil, die sich den Themen „Soziale Netzwerkarbeit" und „Familie im Mittelpunkt (FiM)" widmen, sowie einigen (kleineren und größeren) Ergänzungen und Erweiterungen im ersten und zweiten Teil wurden die einzelnen Kapitel so weit wie möglich aktualisiert.

Für Hinweise und Anregungen zur *begrifflichen Präzisierung* danke ich neben Thomas Rauschenbach insbesondere Prof. Dr. Walter Hornstein, auch wenn ich einem seiner Vorschläge, nämlich auf den Methodenbegriff ganz zu verzichten und lieber den offeneren Begriff der Arbeitsformen zu nutzen, nicht gefolgt bin. Kürzlich hat Hans Pfaffenberger ebenfalls sein Unbehagen am Methodenbegriff Ausdruck verliehen: „Die verdinglichte Rede von der oder den ‚Methoden' lässt diese als handhabbares Handwerkszeug, als Instrumentarium von Regeln und Handlungsanweisungen erscheinen; die Rede vom ‚methodischen Arbeiten' dagegen soll den Blick auf den Prozess, dessen kennzeichnendes Merkmal ein mehr oder weniger methodisches Arbeit ist, lenken" (Pfaffenberger 1998, S. 35). Die im Zitat anklingende notwendige Öffnung des Methodenbegriffs, seine „Enttechnifizierung" liegt ganz in der Absicht dieser Einführung, ohne allerdings der Annahme zu folgen, dass die Beseitigung der „terminologischen Altlast" des „Methodenbegriffs" diesem Anliegen dienlich wäre. Es stände zu befürchten, dass mit einem Verzicht auf den Methodenbegriff eher das babylonische Sprachgewirr immer neuer Termini und Chiffren neue Nahrung erhalten würde. Zudem zeigt ein Blick in die Fachdiskussion der letzten 30 Jahre, dass Versuche, den Methodenbegriff zu Grabe zu tragen, bislang eher von geringem Erfolg gekrönt waren. Das sich in dem skizzierten Unbehagen ausdrückende kritische Potential im Umgang mit den Handlungsformen Sozialer Arbeit bildet allerdings die Grundlage eines theoretisch tragfähigen und fachlich gehaltvollen Methodenbegriffs.

Für Anregungen, Unterstützung und Hinweise bedanke ich mich darüber hinaus bei Cornelia Schweppe, Werner Thole, Jochen Jungblut und Nicole Janze. Patricia Koschek und Esther Karla haben mich bei der Anfertigung der dritten Auflage in vielfältiger Weise inhaltlich und organisatorisch unterstützt. Esther Karla hat überdies auch als Co-Autorin des Kapitels zu „Familie im Mittelpunkt (FiM)" mitgewirkt. Jenny und Natascha danke ich schließlich, weil sie mir immer wieder zeigen, worum es nicht nur in der sozialpädagogischen Arbeit geht.

Ohne die Genannten und nicht Genannten, d.h. ohne Anregungen, Kritik, Bestätigung und Unterstützung stünde ein einführendes Lehrbuch in der Gefahr, rasch an „Informationswert" einzubüßen. Kritik, Anregungen und Tipps sind deshalb auch zukünftig ausdrücklich erwünscht!

Bochum, im Juni 2000
Michael Galuske

Inhalt

Einleitung 13

I. **Rahmenbedingungen methodischen Handelns in der Sozialen Arbeit** 19
1. Was ist eine Methode? Begriff und Abgrenzung 24
2. Sozialpädagogische Methoden. Über die Besonderheiten Sozialer Arbeit und ihre methodischen Konsequenzen 36
3. Grenzen und Probleme der Methodisierbarkeit sozialpädagogischen Handelns 56

II. **Stationen der Methodendiskussion. Eine historisch-systematische Rekonstruktion** 71
4. Soziale Einzel(fall)hilfe 74
5. Soziale Gruppenarbeit 88
6. Gemeinwesenarbeit 99
7. Die klassischen Methoden. Ertrag und Kritik 112
8. Professionalisierung und Handlungskompetenz. Neue Antworten auf die Herausforderungen beruflicher Identität ... 120
9. Soziale Arbeit oder Therapie? Der Psychoboom als Antwort auf die Methodenkritik 132
10. Zwischen Lebensweltorientierung und Neuer Steuerung. Aktuelle Trends in der Methodendiskussion 143
11. Thesen zur Methodenfrage in der Sozialen Arbeit. Eine Bilanz 155

III. **Methoden in der Sozialen Arbeit. Überblick und Steckbriefe** 159
12. Methoden in der Sozialen Arbeit. Ein Ordnungsversuch 160
13. Sozialpädagogische Beratung 168
14. Klientenzentrierte Gesprächsführung 176
15. Multiperspektivische Fallarbeit 187
16. Case Management 196
17. Mediation 205
18. Rekonstruktive Sozialpädagogik 213
19. Familientherapie 221
20. Familie im Mittelpunkt (FiM) 230
21. Erlebnispädagogik 241
22. Themenzentrierte Interaktion 252
23. Empowerment 261
24. Streetwork 268

25. Sozialraumorientierung ... 276
26. Prävention ... 293
27. Soziale Netzwerkarbeit ... 306
28. Supervision ... 316
29. Selbstevaluation ... 324
30. Sozialmanagement ... 333
31. Jugendhilfeplanung ... 348
32. Perspektiven der Methodendiskussion ... 356

Literatur ... 359

Einleitung

(1) „Auf der Dienstbesprechung der MitarbeiterInnen der Jugendwohngemeinschaft wird über den ‚Neuen' gesprochen. Tim, 13 Jahre alt, mehrfach aufgefallen wegen Ladendiebstählen, wohnt nach Absprache mit der Mutter und dem Jugendamt seit vier Wochen in der Einrichtung und soll dort ‚erzieherische Hilfen' erhalten. Bislang konnte er allerdings noch nicht dazu bewegt werden, sich an den Gemeinschaftsdiensten und Gruppenveranstaltungen zu beteiligen. Gestern hat Tims Klassenlehrerin zudem angerufen und mitgeteilt, dass er seit vier Tagen nicht mehr zum Unterricht erschienen ist. Anika, seine ‚Bezugssozialarbeiterin', hat bislang keinen rechten Draht zu Tim aufbauen können. Gestern hat er sie beim Frühstück einfach sitzen lassen, nachdem Sie versuchte, ihm ‚ins Gewissen zu reden'".

(2) „Kathy ist Sozialarbeiterin in einem städtischen Jugendzentrum und verantwortlich für das Rahmenprogramm der Teestube. Der Alltag des Jugendzentrums wird vorrangig von einer Gruppe türkischer Jugendlicher bestimmt. Auffallend, und für Kathy und die anderen MitarbeiterInnen ärgerlich, ist vor allem das ‚Machogehabe' der Jungen gegenüber den weiblichen Besucherinnen. Kathy will versuchen, das Problem anzugehen".

(3) „Frau Krause ist allein erziehende Mutter von zwei Kindern im Alter von vier und sieben Jahren. Mit den Kindern kommt sie nach eigener Einschätzung noch einigermaßen gut zu Rande. Haushaltsorganisatorisch und finanziell steht ihr allerdings das Wasser bis zum Hals. Nach einigen Katalogbestellungen bei einem Versandhaus haben die Schulden eine Höhe erreicht, die für sie als Sozialhilfeempfängerin kaum mehr in den Griff zu bekommen sind. Rat- und mutlos hat sie sich durchgerungen, den Sozialarbeiter des Allgemeinen Sozialen Dienstes (ASD) ihrer Heimatstadt um Rat zu fragen. Dieser hat angesichts der Problemfülle zu einer sozialpädagogischen Familienhilfe (SPFH) geraten. Obwohl sich Frau Krause nicht ganz schlüssig war, ob sie auf diesen Vorschlag eingehen soll, hat sie schließlich mangels Alternativen zugestimmt. In einer halben Stunde erwartet Sie den ersten Besuch von Frau Klopotek, der Mitarbeiterin der SPFH".

Drei alltägliche Beispiele aus unterschiedlichen Handlungsfeldern der Sozialen Arbeit, die trotz ihrer Unterschiedlichkeit einige gemeinsame Fragen aufwerfen:

- Welche persönlichen und gesellschaftlichen Ursachen haben die „Probleme" von Frau Krause, Tim und den türkischen Jugendlichen?
- Welche Biographien verstecken sich hinter diesen kurzen Momentaufnahmen?

- Sind die Probleme, die die Sozialarbeiter identifiziert haben auch jene, die die Klienten als „ihre" Probleme bezeichnen würden? Kurz: Wer hat überhaupt ein Problem mit wem oder was?
- Ist das professionelle Hilfesetting, d.h. das institutionelle Arrangement an räumlichen, sachlichen und personellen Ressourcen in seiner spezifischen Ausprägung geeignet, die „Probleme" zu bearbeiten?
- Und nicht zuletzt: Welchen Weg, welche Vorgehensweise sollen die SozialarbeiterInnen einschlagen, um die Probleme anzugehen?

Die Liste der relevanten Fragen ließe sich sicherlich weiter ergänzen. Für unseren Zusammenhang soll sie zunächst einmal ausreichen, denn mit der letzten Fragestellung, nämlich derjenigen nach Wegen und Vorgehensweisen, ist der Fokus des vorliegenden Buches angesprochen: die (Handlungs-) Methoden der Sozialen Arbeit. Versteht man unter Methoden in einer vorläufigen Annäherung eine hilfreiche Unterstützung und Anleitung zum praktischen Arbeiten in den Handlungsfeldern der Sozialen Arbeit, so steht im Zentrum der folgenden Ausführungen die „handwerkliche" Seite sozialpädagogischer Kompetenz (Burkhard Müller). Wie die Schreinerin Säge, Feile, Bandschleife usw. gezielt bedienen muss, um einen alten Schrank zu restaurieren und der Arzt eine strategische Operationsplanung und chirurgische Techniken zu beherrschen hat (so hoffen wir jedenfalls vor dem Eingriff), um einen Blinddarm sachgerecht zu entfernen, so muss auch der professionelle Sozialpädagoge[1] über Strategien, Methoden und Techniken verfügen, wie er seine berufsspezifischen Themen und Probleme angeht und bearbeitet. Geht man zunächst von diesem Verständnis aus, so verbinden sich mit der Methodenfrage von Seiten der SozialpädagogInnen zumindest zwei Interessen und Hoffnungen:

(a) Gerade Studierende und BerufsanfängerInnen versprechen sich von den Methoden endlich ein Stück Praxis und praktisch verwertbare Kompetenzen. Die Komplexität des Gegenstandes, die Tatsache, dass Sozialpädagogik vielgestaltig ist, unterschiedlichste Arbeitsfelder, Arbeitsansätze und Institutionalisierungsformen umfasst, bedingt notwendig eine breit angelegte Ausbildung, die von Seiten Studierender häufig mit dem Fragezeichen ihrer praktischen Verwertbarkeit in konkreten Einsatzfeldern versehen wird. Was nützt mir dieses pädagogische, rechtliche, disziplinhistorische, theoretische,

---

1 Die zu Recht gestiegene Sensibilität für die geschlechtsspezifischen Feinheiten der deutschen Sprache stellt jede AutorIn vor die Frage, wie er/sie der Geschlechterfrage sprachlich Rechnung trägt. Die amtlich korrekte Lösung, nämlich die Doppeldenomination (z.B. Sozialpädagogin/Sozialpädagoge u.Ä.) mag für Gesetze, Rechtsverordnungen usw. sinnvoll sein, die sowieso nur ein kleiner Kreis an Betroffenen von der ersten bis zur letzten Zeile liest. Bei Texten anderer Art führt sie nicht nur zu einer erheblichen Aufblähung ohne Zugewinn an Substanz, sie macht die Texte auch unleserlicher. Ein Königsweg wurde bislang nicht gefunden. Im Folgenden wird deshalb (zumeist unsystematisch) zwischen der weiblichen und der männlichen Form gewechselt bzw. die ungeliebte Variante mit dem großen „I" benutzt. Gemeint sind natürlich immer sowohl Frauen als auch Männer.

soziologische, psychologische Wissen, wenn ich z.B. einem Klienten in der Drogenberatungsstelle gegenüberstehe?

(b) Und ein weiteres Problem versucht man häufig über die Methodenfrage zu lösen, nämlich das der beruflichen Identität von SozialarbeiterInnen, d.h. dem Bewusstsein, einer bestimmten Berufsgruppe mit klar umrissenem Aufgabenspektrum und klar konturierten Handlungskompetenzen anzugehören. Dies ist aufgrund der besonderen Handlungsbedingungen innerhalb der Sozialen Arbeit (vgl. Kapitel 2) schwierig, und SozialpädagogInnen sind hier häufig in der Defensive. Anders als z.B. Ärzte, Juristen u.Ä. akademische Berufsgruppen sehen sie sich oft der vorwurfsvollen Frage ausgesetzt, was sie eigentlich für ihr Geld tun. Und in der Tat bekommt der Sozialpädagoge sein Geld für Tätigkeiten, die weit weniger erkennbar ausgewiesenes Spezialistenhandeln sind, als bei anderen Berufsgruppen, und die häufig so alltagsnah sind, dass sie als professionelles Handeln nur schwer erkannt werden: Frühstücken mit Jugendlichen in einer Wohngruppe, Planung des Tagesablaufs, Thekendienst im Jugendzentrum, Ansprechpartner für persönliche Probleme sein. Die Verfügung über eine Methode oder ein klar umrissenes Methodenarsenal verspricht hier Abhilfe, da Methoden „so etwas wie ein Code für berufliche Identität ... liefern, mit dessen Hilfe sich SozialpädagogInnen gegenseitig identifizieren und nach außen hin kommunizieren können, was ihr Geschäft" ist (Müller 1993a, S. 46). Um es in einem Beispiel auszudrücken: Einerseits kann die SozialarbeiterIn davon ausgehen, dass sie mit dem Begriff „klientenzentrierte Gesprächspsychotherapie" (vgl. Kapitel 14) als Label für ihre Vorgehensweise ihre Tätigkeit unter BerufskollegInnen kommunizierbar macht. Andererseits hört es sich in der Außenwirkung weitaus professioneller an, wenn man betont, man betreibe klientenzentrierte Gesprächspsychotherapie, als wenn man sagt, man rede mit jemandem über seine Probleme – egal ob es inhaltlich Sinn macht oder nicht.

So breit die Hoffnungen sind, die sich an Methoden knüpfen, so verkürzt ist allerdings oft das Methodenverständnis: Man könnte z.B. aus der Einleitung folgern, dass die anderen oben angedeuteten Fragen nach biographischen Hintergründen, gesellschaftlichen Rahmenbedingungen, Partizipation im Hilfeprozess, institutionellen Settings usw. im Folgenden keine besondere Rolle mehr spielen. Verbreitet ist ein Methodenverständnis, das die Frage nach praktikablen Handlungsmustern auf technische Aspekte verkürzt, auf „Rezeptwissen", das klare Regeln vorgibt, die man im konkreten Fall nur benutzen muss, um das jeweilige Problem zu lösen. Wenn man so formulieren will, dann könnte man diese Hoffnung, als den Glauben an das „Knöpfchen" übersetzen, mit dem sich beabsichtigte (Verhaltens-)Änderungen stringent bewirken lassen. Es wird eine Aufgabe dieses Buches sein, zu zeigen, dass ein Verständnis von Methoden als technischer „Rezeptsammlung" den spezifischen Rahmenbedingungen und dem Charakter sozialpädagogischer Handlungssituationen nicht gerecht wird, genauer: nicht gerecht werden kann. Methodisches Handeln in der Sozialen Arbeit vollzieht sich in der Komplexität, Unübersichtlichkeit, Widersprüchlichkeit und Banalität des Alltags und nur unter Bezug auf diese Kontexte lässt sich realistisch beschreiben, wie professionsspezifische Methoden aussehen könnten und was sie zu leisten im Stande sind. Am Ende kommt dabei sicherlich ein bescheideneres Methodenverständnis heraus, als es der Wunsch nach punktgenauen Rezepten impliziert. Aber Hoffnungen, die nicht erfüllt werden können, sind weitaus destruktiver, als ein realistischer Blick auf das angesichts von Rahmenbedingungen und Funktionen Sozialer Arbeit pragmatisch Mögliche. Klar ist allerdings, dass gerade wegen der Komplexität und Unübersichtlichkeit des Alltags als Anknüpfungspunkt sozialpädagogischer Intervention auf methodisches Handeln nicht verzichtet werden kann: aus der Perspektive der Sozialarbeiterinnen als Hilfe zur Bewältigung ungewisser Handlungssituationen, für die Klienten als Sicherung vor den Nebenwirkungen gut gemeinter fürsorglicher Belagerung.

Mit dieser „Einschränkung" ist angedeutet, dass die Methodenfrage keineswegs ausschließlich die Praxisseite Sozialer Arbeit anspricht. Wenn es richtig ist, dass Methoden angemessen nur unter Berücksichtigung ihrer „Umwelt" beschrieben und eingeschätzt werden können, so kann sich die Methodenreflexion nicht jenseits der sozialpädagogischen Theoriedebatte bewegen. Hans Thiersch und Thomas Rauschenbach (1987) nennen in ihrem Aufsatz zur Theorie der Sozialpädagogik fünf zentrale Bereiche, die Berücksichtigung finden müssen: 1. die Gesellschaftstheorie, die u.a. die Funktion der Sozialpädagogik im Kontext staatlichen Handelns zu bestimmen hilft, 2. die Lebenslagen und Lebensperspektiven der Adressaten von Sozialpädagogik, 3. die Institutionalisierungsformen sozialpädagogischer Praxis, 4. die Arbeitsansätze und Handlungsformen der Sozialpädagogik sowie 5. die Reflexion der Sozialpädagogik als Wissenschaft.

Mit den Handlungsformen sind u.a. in zentraler Weise die verwendeten Methoden angesprochen. Die Methodenfrage gehört demnach in den Kernbereich einer sozialpädagogischen Theorie! Nur, wenn man um die situativen, institutionellen und gesellschaftlichen Rahmenbedingungen der Problem- und Bedarfsgenese sowie Chancen und Grenzen psychosozialer Intervention weiß, lässt sich ein angemessenes Methodenverständnis entwickeln. Eine Einführung in einen Themenbereich muss sich dieser Komplexität stellen, auch wenn sie es den Leserinnen und Lesern damit nicht unbedingt immer einfach macht.

Einführungen in Themenbereiche, die sich primär an EinsteigerInnen in eine Disziplin wenden, müssen neben Sachkenntnis vor allem dadurch gekennzeichnet sein, dass sie eine thematische Landkarte entfalten, die es gerade Anfängern erlaubt, Begriffs- und Theorieschemata aufzubauen, welche dann im Rahmen differenzierender Studien vertieft werden können. In einem Bild gesprochen: Während wissenschaftliche Literatur normalerweise Stadtplänen – manchmal Stadtteilplänen – gleichkommt, die – im besten Fall – eine neue Vermessung einer regionalen Einheit anstreben, sind Ein-

Einleitung 17

führungswerke eher mit (Schul-)Atlanten vergleichbar, die einen Überblick über größere geographische Zusammenhänge realisieren wollen.

Die folgende Einführung versucht eine solche Landkarte zu entwerfen. Zu diesem Zweck gliedern sich die Ausführungen in drei Teile. Der erste und zweite Teil widmen sich einer systematischen und historischen Annäherung an die Methodenfrage innerhalb der Sozialen Arbeit. Der dritte Teil des Buches liefert, nach einem einführenden Ordnungsversuch, einen Überblick über aktuelle Methodenkonzepte in der Sozialen Arbeit. Der Charakter des dritten Teils ist eher der eines Handbuchs, das einzelne Methoden unterschiedlichster Reichweite in der Art eines Steckbriefes kurz darstellt.

Für einschlägige Diskussionen, Tipps und Verbesserungsvorschläge danke ich meinen KollegInnen Gaby Flösser, Hans Gängler, Werner Thole und – vor allem – Thomas Rauschenbach. Matthias Schilling und Witold Lohmann habe ich für ihre Hilfe bei der Gestaltung von Text, Grafiken und Übersichten zu danken. Besonderer Dank gilt ferner den Studierenden der Universität Dortmund, die in einschlägigen Veranstaltungen als „Versuchskaninchen" benutzt wurden und dies engagiert über sich ergehen ließen. Besonders hervorzuheben sind überdies Anika Walther, Sabine Schlösser und Tim Rietzke, die die Mühsal des Korrekturlesens auf sich nahmen, und zudem das Manuskript durch inhaltliche Anmerkungen und Verbesserungsvorschläge zu optimieren halfen.

I.
Rahmenbedingungen methodischen Handelns in der Sozialen Arbeit

Um die Methodendiskussion in der Sozialen Arbeit steht es – folgt man weit verbreiteten Einschätzungen – nicht zum Besten. 1926 resümierte Alice Salomon: „Aller Fortschritt der sozialen Fürsorge hängt nicht nur von den zu Gebote stehenden Mitteln ab, sondern mehr noch von den zu Gebote stehenden Kräften und von den Methoden der Arbeit. Über die Kargheit der Mittel und der Notwendigkeit, die Wohlfahrtspflege immer mehr auf gesetzliche Grundlagen zu stellen, hat man das in Deutschland nicht genug beachtet. Daran krankt auch die Ausbildung der Sozialbeamten. Sie ist noch viel zu sehr auf die Erwerbung von Wissen und zu wenig auf die Erarbeitung von brauchbaren Arbeitsmethoden eingestellt" (Salomon 1926, S. 6 f.). Annähernd 70 Jahre später scheint dieser Mangel nicht grundsätzlich behoben. So betont B. Müller in einer Umfrage zum Stand der Methodenentwicklung und -reflexion: „Aufs ganze gesehen scheint mir das alte Urteil, dass die Praxis sozialer Arbeit jedenfalls in Deutschland allenfalls halbprofessionelles Niveau hat, nach wie vor berechtigt. Die seit zwanzig Jahren stark entwickelte sozialwissenschaftliche Reflexion in der Theoriebildung hat keine Entsprechung in verbindlichen Methodenstandards gefunden." (B. Müller 1992b, S. 145)[1]

Vernachlässigt man die zeitliche Differenz zwischen den beiden Zitaten, so könnte die Kritik kaum umfassender ausfallen: Fehlende disziplinäre Methodenstandards, geringe empirische und theoretische Reflexion methodischen Handelns von SozialarbeiterInnen und SozialpädagogInnen, mangelhafte Berücksichtigung der Methoden im Rahmen der Ausbildung. Auch wenn sich die Liste der KritikerInnen problemlos erweitern ließe, macht es Sinn, dieses Urteil zunächst in Frage zu stellen, neigen doch (Sozial-)PädagogInnen nach allgemeinem Urteil per se eher zur Dramatisierung von Missständen. Eine stichwortartige Situationsbeschreibung stützt allerdings tendenziell eher die kritischen Befunde der zitierten AutorInnen:

(a) Betrachtet man zunächst die Ebene der *Methodenentwicklung*, d.h. der Bereitstellung von praktikablen Handlungsmodellen für die Praxis, so zeigt sich, dass sich hier seit den systematischen Anfängen der Methodendiskussion zu Beginn dieses Jahrhunderts einiges verändert hat. Konnte man sich bis Anfang der 70er Jahre bei der Frage nach den Handlungsmethoden der Sozialen Arbeit noch bequem in den „Polstersessel der Dreifaltigkeit" von sozialer Einzelfallhilfe, sozialer Gruppenarbeit und Gemeinwesenarbeit (vgl. Kapitel 4, 5, 6) setzen, so hat sich diese Situation im Gefolge von Methodenkritik (vgl. Kapitel 7) und Psychoboom (vgl. Kapitel 9) massiv verändert. Marianne Hege spricht schon Anfang der 80er Jahre von einem „Wildwuchs von Verfahren" (Hege 1981, S. 161).

---

[1] Man hätte hier auch noch Zwischenetappen mit Zitaten belegen können. Herbert Lattke etwa betont Mitte der 50er Jahre: „In der knapp ein halbes Jahrhundert alten berufsmäßig geleisteten Wohlfahrtspflege spielt die methodische Besinnung immer noch eine verhältnismäßig untergeordnete Rolle." (Lattke 1958, S. 77)

Was auf den ersten Blick positiv anmutet, erweist sich allerdings bei genauerem Hinsehen als durchaus ambivalent. Denn nur die Minderheit der zurzeit diskutierten und praktizierten Methodenkonzepte sind „Eigengewächse" der Sozialpädagogik in der Bundesrepublik, mithin dezidiert entwickelt aus und für die gesellschaftlichen, institutionellen und professionellen Erfordernisse der Sozialen Arbeit in Deutschland. Der kaum noch überschaubare Markt an Methoden, Verfahren und (Psycho-)Techniken ist überwiegend ein Importmarkt. Importiert werden Methoden aus anderen Ländern (vorrangig den USA) und vor allem aus anderen Disziplinen (vorrangig der Psychologie bzw. Psychotherapie). Beide Importstrategien sind nicht unproblematisch. Hinsichtlich des Rückgriffs auf Methoden aus anderen gesellschaftlichen Kontexten betont C. W. Müller: „Rezeptionen haben häufig die fatale Nebenwirkung, dass sie die Momentaufnahmen einer langen, historischen Entwicklung punktuell auf eine andere gesellschaftliche und kulturelle Situation übertragen und damit von ihrer geschichtlichen Vernunft abschneiden." (C. W. Müller 1981, S. 106)[2]

Was in den USA mit einem anderen wohlfahrtsstaatlichen Versorgungsmodell und eigenen Traditionen notwendig und sachgerecht sein mag, muss dies in Deutschland noch lange nicht sein. Mindestens ebenso problematisch ist die fraglose Übernahme psychotherapeutischer Methoden in der sozialpädagogischen Alltagspraxis, unterscheiden sich doch beide Bereiche hinsichtlich Rahmenbedingungen und Handlungskontexten (vgl. Kapitel 9). Erst in neuerer Zeit lässt sich ein (wieder) gesteigertes Interesse an Methodenfragen konstatieren, das u.a. die sozialpädagogische Diagnostik (vgl. Uhlendorff 1996) bzw. Ansätze biographischen Verstehens (vgl. Schütze 1993, 1994) in den Mittelpunkt des Interesses rückt.

(b) Betrachtet man als Nächstes die Ebene der *Methodenreflexion*, d.h. der empirischen und theoretischen Vergewisserung über methodisches Handeln, so ist tendenziell festzuhalten, dass – nimmt man einige wenige AutorInnen aus[3] – die Methodenfrage keinen systematischen Ort innerhalb der wissenschaftlichen Debatte einnimmt. Häufig trifft man eher auf eine methodenkritische Skepsis. Allenfalls begegnet man in einigen Zusammenhängen einer wenig befriedigenden Methodendebatte als Theorieersatzdiskussion (vgl. z.B. Pfaffenberger 1966). Eine etablierte Forschungslandschaft, die sich empirisch, d.h. unter Rückgriff auf sozialwissenschaftliche Forschungsmethoden, Fragen der Rekonstruktion methodischen Handelns

---

2 Als Beispiel führt C. W. Müller die Rezeption der Gruppenpädagogik in Deutschland an. „Als wir in der Bundesrepublik Deutschland über Haus Schwalbach von der Gruppenpädagogik erfuhren, hatte sie in den USA bereits längst ihren reformpädagogischen Gipfel überschritten und war zur gruppentherapeutischen Behandlung klinischer Fälle verengt oder von der gruppendynamischen Schule Kurt Lewins und Leland Bradfords abgelöst worden." (C. W. Müller 1981, S. 106)
3 Vgl. z.B. C. W. Müller (1982, 1988), B. Müller (1981, 1987, 1988, 1991, 1992a, 1993a, 1993b); Groddeck/Schumann (1994); Heiner u.a. (1994); Rauschenbach/Ortmann/Karsten (1993).

und ihrer Wirkungen widmet, ist bislang, anders als z.B. im Bereich der Therapieforschung (vgl. z.B. Grawe u.a. 1995), wenig verbreitet.

(c) Bleibt als Letztes ein Blick auf die Praxis der *Ausbildung* im Sektor Sozialer Arbeit. Während die Methodenfrage an den Universitäten – mit wenigen Ausnahmen – eher am Rande vorkam und vorkommt, ließ sich die marginale Stellung der Methodenausbildung an Fachhochschulen über lange Jahre daran ablesen, dass sie lehrenden SozialarbeiterInnen überlassen blieb, die von Status, Arbeitsbedingungen und Bezahlung her unterhalb der Professuren angesiedelt waren (vgl. Neuffer 1990, S. 159 ff.). Methoden – so könnte man despektierlich formulieren – waren das „schmutzige Geschäft" der Praxis und blieben mithin den PraktikerInnen überlassen. Auch wenn sich diese Situation mittlerweile verändert haben mag, spielen auch heute noch die Methoden im Kanon des Vielfächerstudiums an Fachhochschulen eher die zweite oder dritte „Geige". So spricht etwa Groddeck noch Anfang der 90er Jahre von einer „Verbannung der Methodenfrage" (Groddeck 1994, S. 36) und konstatiert, dass die Nachfrage nach methodischem Wissen und Können primär von Seiten privater Anbieter im Rahmen von Fort- und Weiterbildung befriedigt wird.[4]

Noch schärfer fällt das Fazit von C. W. Müller aus: „Und unsere Praktiker bedienen sich achselzuckend bei dem Angebot esoterischer Geruchstherapeuten und Fußreflexzonen-BearbeiterInnen in subkulturellen Scene-Magazinen. Da kann ich mit Fritz Teufel nur sagen: ‚Ja, wenn es der Wahrheitsfindung dient ...!' Schärfer formuliert: „Weil unsere Zunft es in den letzten zwei Jahrzehnten versäumt hat, Fragen der Methodenentwicklung und der Methodenlehre ernst zu nehmen und weiterzuentwickeln, stehen wir heute den vielfältigen Versuchen, Soziale Arbeit zu deprofessionalisieren und den Sozialstaat zurückzubauen, beklagenswert hilflos gegenüber. Wir sind in der großen Gefahr, die Soziale Arbeit neu erfinden zu müssen, weil wir ihre mehr als hundertjährige Tradition einfach vergessen zu haben scheinen." (C. W. Müller 1998, S. 27)

Dieses ernüchternde Fazit bedeutet nun nicht, dass es in den letzten 60 Jahren keine Auseinandersetzung mit Methodenfragen gegeben hätte. Diese gab es sehr wohl, allerdings häufig pragmatisch verkürzt, wenig vernetzt und ohne Rückkoppelung an die sozialpädagogische Theoriedebatte. Trotz oder gerade wegen dieses Befundes ist es Ziel des ersten Teils dieser Einführung, eine systematische Vermessung des Methodenproblems in der Sozialen Arbeit vorzunehmen. Dieses Vorhaben vollzieht sich in drei Schritten:

---

4 Ähnlich resümiert Schumann: „Die Entwicklung berufspraktischer Methoden, ihre Vermittlung in der Ausbildung und die Reflexion ihres Einsatzes in der Praxis werden zunehmend aus den akademischen Fachdiskursen ausgeklammert und der Praxis bzw. den darauf spezialisierten Institutionen der Fort- und Weiterbildung überantwortet." (Schumann 1994b, S. 41) Vgl. auch Staub-Bernasconi (1998).

- Begriffsklärung (Kapitel 1),
- Analyse und Diskussion der methodischen Konsequenzen der besonderen Handlungsbedingungen der Sozialen Arbeit (Kapitel 2),
- Analyse und Diskussion der Grenzen und Probleme der Methodisierbarkeit sozialpädagogischen Handelns (Kapitel 3).

1. Was ist eine Methode?

Begriff und Abgrenzung

Zu den typischen Vorgehensweisen einer wissenschaftlichen Arbeit gehört es, dass am Anfang die für das Thema zentralen und notwendigen Begriffe diskutiert und definiert werden. Aber warum ist dies im vorliegenden Falle – also im Hinblick auf den Begriff Methode – überhaupt notwendig? Da es sich hier um einen Terminus handelt, der auch alltagssprachlich durchaus geläufig ist, kann vorausgesetzt werden, dass jede(r) LeserIn eine gewisse Vorstellung davon hat, was gemeint ist, wenn von „Methoden" geredet wird. Methoden haben etwas mit planvollem Handeln zu tun, mit Handeln, das in gewissem Umfang standardisiert ist, das nämlich zurückgreift auf einen Fundus an mehr oder minder erprobten Hilfsmitteln. Kurz: Wenn man sich mit Methoden beschäftigt, steht das „wie" im Mittelpunkt.[1]

Zweifelsohne ist damit ein wesentlicher Aspekt des Methodenbegriffs angesprochen. In einer wissenschaftlichen Diskussion ist es allerdings gefährlich, mit Begriffen zu arbeiten, die auch im Alltagssprachlichen verwurzelt sind. Jeder verbindet mit diesen gebräuchlichen Termini Inhalte, Bilder, Assoziationen, die, klärt man sie nicht zu Beginn einer fachlichen Auseinandersetzung, oft unbemerkt einfließen. Das Ergebnis kann eine Diskussion sein, in der alle die gleichen Bezeichnungen benutzen, aber implizit damit durchaus Unterschiedliches meinen.

Im Folgenden soll der Methodenbegriff in zwei Schritten präzisiert werden. Im ersten Schritt geht es um die (1) Definition des Begriffs Methode, im

---

[1] Mindestens ebenso notwendig wäre es, die Begriffe Sozialpädagogik, Sozialarbeit bzw. Soziale Arbeit zu klären, die in ihrer Vielfalt gerade EinsteigerInnen eher verwirren dürften und nicht gerade als Indiz für eine klar konturierte professionelle und disziplinäre Identität gewertet werden können. Die Notwendigkeit der Begriffsklärung gilt gerade angesichts der unter dem Stichwort „Sozialarbeitswissenschaft" (neu und wieder) entfachten Debatte um Gemeinsamkeiten und Differenzen bzw. die wissenschaftliche „Heimat" der mit diesen Begriffen bezeichneten Gegenstandsbereiche (vgl. zu dieser Debatte Rauschenbach/Gängler 1996; Thole 1996; Mühlum 1991; Wendt 1994). Dieser Diskurs um die semantischen Koordinaten und ihre fachlichen Konsequenzen soll und kann an dieser Stelle nicht geführt werden. Im Binnenverhältnis gibt sich das vorliegende Buch großzügig und verwendet die Begriffe Sozialpädagogik, Sozialarbeit und Soziale Arbeit weitgehend synonym. Wir folgen damit einem Verständnis von Sozialer Arbeit als „Sammelbegriff für alle Teilbereiche der SozArb/ SozPäd (Sozialarbeit/Sozialpädagogik, d. V.), die jeweils durch Angebote, Dienste und Veranstaltungen bestimmt werden, in denen die Handlungsmöglichkeiten ‚Beraten', ‚Erziehung', ‚Fürsorge', ‚Hilfe' und ‚Pflege' mehr oder weniger dominierend sind" (Kreft/Mielenz 1996b, S. 510). Schärfer wird die Trennlinie nach „außen" gezogen, z.B. zu eher psychologischen und therapeutischen Formen von professioneller Hilfe und Unterstützung (vgl. Kapitel 9).

zweiten Schritt um die (2) Abgrenzung von anderen, z.T. angrenzenden Begriffen.

(1) Betrachtet man die unterschiedlichen Definitionsversuche des Begriffs „Methode" in der Fachliteratur der Sozialen Arbeit, so lassen sich grob – bei aller Gemeinsamkeit – eine engere und eine weitere Bedeutungszuschreibung unterscheiden.

Für ein *Methodenverständnis im engeren Sinne* plädiert z.B. Schilling: „Methode ist das planmäßige Vorgehen zur Erreichung eines Zieles; der erfolgreiche Weg zum Ziel; eine spezifische Art und Weise zu handeln. Methode ist eine Weise des Vorgehens in Richtung auf ein Ziel. Im Allgemeinen versteht man somit unter Methode eine bewusst gewählte Verhaltensweise zur Erreichung eines bestimmten Zieles. Methoden sind Formen des Herangehens an Aufgaben zur Lösung von Zielen und/oder Problemen. Methoden sind erprobte, überlegte und übertragbare Vorgehensweisen zur Erledigung bestimmter Aufgaben und Zielvorgaben" (Schilling 1993, S. 65f.).

Schillings Methodenbegriff erscheint auf den ersten Blick plausibel, akzentuiert er doch im Sinne eines Alltagsverständnisses den Gehalt von Methode auf die Frage des „wie". Dieses auf Verfahrensweisen, auf „bewusst gewählte Verhaltensweisen" reduzierte Methodenverständnis rekurriert auf die in der schulpädagogischen Diskussion übliche terminologische Trennung zwischen Didaktik und Methodik. So formuliert Wolfgang Klafki: „Die Erforschung der Inhaltsfragen bezeichnen wir als Problemkreis der Didaktik i.e.S.; Formen und Verfahrensweisen aber, mit denen Menschen unter pädagogischen Zielvorstellungen das Lernen anderer Menschen bewusst und planmäßig zu beeinflussen versuchen, nennen wir im erziehungswissenschaftlichen Sprachgebrauch ‚Methoden'. Die Erforschung solcher planmäßigen pädagogischen Einwirkungen auf Lernprozesse (...) und die Bildung von entsprechenden Theorien wird unter dem Terminus ‚Methodik' zusammengefasst. Methodik ist also jene Teildisziplin der Erziehungswissenschaft, die sich mit den pädagogischen Verfahrensweisen beschäftigt." (Klafki u.a. 1970, S. 129)

Die Trennung von Fragen des Inhalts, d.h. vor allem von Zielfragen einerseits und dem Aspekt der Umsetzung, des Verfahrens, der Vermittlung andererseits, sorgt zweifellos für terminologische Klarheit. Hier die Fragen „*Was* will ich erreichen?", „*Warum* will ich dies erreichen?", dort die Frage „*Welche* Handlungsschritte und Handlungselemente können *wie* sinnvoll eingesetzt werden?". Eine Einführung in die Methoden der Sozialen Arbeit hätte sich folglich auf die letztgenannte Fragedimension zu beschränken. Methoden thematisieren in diesem Verständnis ausschließlich die Vermittlung von Bildungsinhalten auf der Mikro-Ebene der konkreten Interaktion.

Doch ist eine solche Beschränkung sinnvoll?[2] Lässt sich etwa die Frage der Ziele sozialpädagogischer Interventionen aus der Methodendebatte ausklammern bzw. als gesetzte Größe und somit Rahmenbedingung der Methodenentwicklung und -anwendung behandeln? Wenn dem so wäre, so setzten sich die Methoden dem Sozialtechnologievorwurf aus. Methoden wären dann nämlich nicht mehr als Instrumente der Modifikation von Verhaltensweisen und/oder Situationen, die erprobt und erforscht würden im Hinblick auf ihre verändernde Kraft, ihre Potentiale zur Umgestaltung von Personen und (sozialen) Konstellationen. Warum und mit welcher Zielsetzung sie schließlich verwendet würden, stünde nicht mehr im Horizont der Methodenfrage! Um es an einem sehr einfachen Beispiel zu verdeutlichen: Lernmethoden, wie etwa Lernen durch positive Verstärkung (z.B. Lob, Geschenke), sagen nichts darüber aus, zu welchem Zweck sie verwendet werden. Sie können auch eingesetzt werden, um Ziele zu verfolgen, die im Sinne fachlicher Ethikdiskussionen höchst umstritten sind (z.B. Verstärkung aggressiven Verhaltens). Der Sozialtechnologievorwurf besagt, dass eine Methodendebatte, die jenseits der Zielfrage angesiedelt ist, in der Gefahr steht, beliebige Technologien der Veränderung für beliebige Zielsetzungen zu entwickeln.

Das *weitere Methodenverständnis* trägt diesem Vorwurf Rechnung und zielt auf einen integrierten Methodenbegriff, der Methoden immer in Abhängigkeit von Problemlagen, Zielsetzungen und Rahmenbedingungen diskutiert. Methoden sind nach diesem Verständnis weder „zielneutral, noch sind sie institutionell-, zeit- und personenneutral" (Meinhold 1988, S. 75). Ein Beispiel für ein solches integratives Methodenverständnis findet sich bei Geißler/Hege (1995). Die AutorInnen unterscheiden zwischen den Begriffen Konzept, Methode und Technik/Verfahren.

Unter *Konzept* verstehen die AutorInnen ein „Handlungsmodell, in welchem die Ziele, die Inhalte, die Methoden und die Verfahren in einen sinnhaften Zusammenhang gebracht sind. Dieser Sinn stellt sich im Ausweis der Begründungen und Rechtfertigung dar" (Geißler/Hege 1995, S. 23). Die verschiedenen Ebenen und Fragestellungen, die bei Schilling noch getrennt behandelt werden sollten, finden sich hier als integrale Bestandteile eines Konzepts, das sowohl Auskunft über die Ziele von Interventionen, ihre Gegenstände, aber auch über die Wege zum Ziel geben soll. Der Zusammenhang zwischen den verschiedenen interventionsrelevanten Ebenen bedarf der Begründung und Rechtfertigung, die damit dem Rezipienten zur Überprüfung und Diskussion anheim gestellt werden.

---

2 In der schulpädagogischen Diskussion finden sich unterschiedliche Lösungen im Hinblick auf den Zusammenhang von Didaktik und Methodik. Während Klafki für das Primat der Didaktik (mithin der Zielentscheidung) plädiert und Methodik als eine abhängige Variable versteht, gehen Heimann/Otto/Schulz (1970) von einer integrierten Betrachtung der verschiedenen Faktoren aus.

Was ist eine Methode?

Beispiel: Ein solches Konzept wäre etwa der Ansatz einer alltags- und lebensweltorientierten Sozialen Arbeit, wie er vor allem von Hans Thiersch (1986, 1992, 1995) entwickelt wurde. Soziale Arbeit, so Thiersch, findet ihren Bezugspunkt in der Lebenswelt und im Alltag der Adressaten. Aus dieser Verortung resultieren Konsequenzen für die Konstruktion institutioneller Settings und Handlungsformen, die an späterer Stelle näher erläutert werden (vgl. Kapitel 10).

Methode wäre nach dem Verständnis von Geißler/Hege einem Konzept unterzuordnen. „Methoden sind – formal betrachtet – konstitutive Teilaspekte von Konzepten. Die Methode ist ein vorausgedachter Plan der Vorgehensweise" (Geißler/Hege 1995, S. 24) und zielt auf Handlungswissen, weniger auf Erklärungswissen (vgl. Brack 1993). Wenn von Methode die Rede ist, so geht es demnach um die im Kontext eines Konzepts begründete Planung des Vorgehens, die Planung der Intervention, was natürlich voraussetzt, dass sozialpädagogisches Handeln planbar ist (vgl. Kapitel 3). Die Planung des Vorgehens modifiziert sozialpädagogisches Handeln von einem primär intuitiven Handeln hin zu einem kalkulierbaren Prozess der Hilfe.

Beispiel: Eine Methode, die ihren Ort innerhalb des Konzepts einer lebensweltorientierten Sozialen Arbeit finden könnte, ist z.B. die Straßensozialarbeit (Streetwork, vgl. Kapitel 23). Darunter versteht man niedrigschwellige Hilfsangebote, die dadurch gekennzeichnet sind, dass sie a) Hilfe vor Ort, d.h. in gewachsenen Sozial- und Szenestrukturen anbieten (Regionalisierung, Dezentralisierung, Alltagsorientierung), b) die gewachsenen Sozial- und Szenestrukturen ernst nehmen und akzeptieren, c) Hilfen bei unterschiedlichsten Problemlagen anbieten im Sinne einer Hilfe zur Lebensbewältigung (vgl. Becker/Simon 1995). Methodisch wird nun innerhalb der Streetwork-Debatte reflektiert, in welchen Schritten sich ein solches Hilfesetting konkretisieren kann, welcher materiellen Rahmenbedingungen es bedarf, um innerhalb von Szenen oder Stadtteilen „hilfreich" tätig werden zu können, wie sich die Maximen von Ganzheitlichkeit und Akzeptanz gewachsener Strukturen z.B. in der Herangehensweise der BeraterInnen niederschlagen muss, wie sich die Nutzung und Förderung sozialer Netzwerke vollziehen kann, wie individuelle Hilfeleistung durch sozialpolitische Innovationen, Veränderungen/Verbesserungen flankiert werden können u.Ä.

Verfahren und *Techniken* als drittes Element einer Handlungslehre wären schließlich Teilaspekte von Methoden, oder, wie es Geißler/Hege ausdrücken „Einzelelemente von Methoden. (...) Methoden und Techniken unterscheiden sich nach dem Grad ihrer Komplexität" (Geißler/Hege 1995, S. 29). Methoden umfassen somit im Regelfall ein ganzes Set an unterschiedlichen Techniken/ Verfahren. Im Gegensatz zu Methoden, die idealerweise nicht nur eine beliebige Ansammlung unterschiedlichster Techniken darstellen, sondern sowohl das Verhältnis der Techniken zueinander wie auch den Ort spezifischer Techniken im Prozess der Hilfeleistung reflektieren, könnte man Techniken als Antworten auf Detailprobleme im komplexen Weg von der Identifikation eines Problems zur angestrebten Löung beschreiben.

> **Beispiel:** Innerhalb der Methode der Straßensozialarbeit stellen sich, wie oben beschrieben, unterschiedlichste Probleme, die es zu bearbeiten gilt: Kontaktaufnahme, Organisation und Arrangement praktischer Hilfeleistung, Gestaltung des Kommunikationsverhaltens usw. Obwohl gerade der technische Aspekt innerhalb der Streetwork-Debatte noch nicht besonders ausgeprägt ist, wurden auch hier schon für einzelne Problemstellungen Techniken entwickelt, etwa in Bezug auf die Kontaktaufnahme mit avisierten Szenen und Cliquen (vgl. Miltner 1982). Indem erläutert wird, wann welche dieser Formen warum und unter welchen Rahmenbedingungen sinnvoll ist, wird dem Rezipienten ein Instrumentarium an Verfahrensweisen zur Verfügung gestellt, mit dem er ein spezifisches Problem auf dem Weg der Hilfeleistung angehen kann.

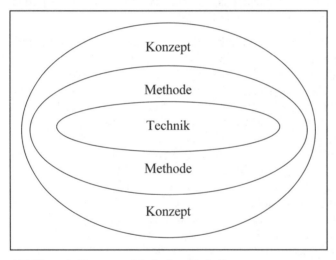

Abbildung 1: Konzept – Methode – Technik

Im Unterschied zum engeren Begriffsverständnis von Methode differenzieren Geißler/Hege Konzept, Methode und Technik ausschließlich auf einer analytischen Ebene. Wenn nämlich Methoden im Kern auf die Planung der Vorgehensweise abzielen, so muss methodisches Handeln alle Tätigkeiten umfassen, „um die Ereignisse in komplexen sozialen Situationen in einen systematischen Zusammenhang zu bringen" (Meinhold 1994, S. 185). Geißler/Hege betonen in diesem Sinne: „Methoden der Sozialpädagogik können also, soll der Anspruch gewahrt bleiben, dass sie sinnvoll sind, nicht von den umfassenden konzeptionellen Überlegungen abgelöst werden, da sie immer mit Voraussetzungen verbunden sind, die ein spezifisches Verhältnis zum Subjekt und zur Gesellschaft zum Ausdruck bringen. Durch ein Herauslösen aus dem Konzept nämlich kann die Methodenentscheidung

Was ist eine Methode? 29

nicht mehr mit den jeweiligen subjektiven und gesellschaftlichen Problemen des Einsatzfeldes in einen überzeugenden Zusammenhang gebracht werden. Die Gefahr eines Methodeneinsatzes am verkehrten Problemfeld, am falschen Subjekt und nicht zuletzt mit unbeabsichtigter (eventuell negativer) Wirkung erhöht sich damit deutlich." (Geißler/Hege 1995, S. 25)

Um es in einem Bild zu verdeutlichen: Versteht man Konzept als Gesamtheit der Planung und Durchführung einer Urlaubsreise, also z.B. der Festlegung des Ausgangsortes und Zielortes, der Begründung für die Wahl eines bestimmten Urlaubsortes usw. und übersetzt man des weiteren Methode mit dem geplanten Weg vom Ausgangs- zum Zielort, so wird deutlich, dass man die Methode eben nicht aus ihrem konzeptionellen Zusammenhang herauslösen kann. Um im Bild zu bleiben: Die Planung einer Fahrtroute kann noch so genau sein – man hat sich die Autobahnen und Bundesstraßen im Atlas markiert, Ausweichstrecken bei Staus eingeplant, Spiele und Unterhaltung für die Kinder organisiert, die Tankstopps genau festgelegt, Übernachtungsmöglichkeiten gebucht – all dies macht überhaupt keinen Sinn, wenn nicht klar ist, wo man herkommt und wo man hin will. Es gibt keine „richtigen" Wege jenseits der Frage nach Ausgangspunkt und Ziel der Reise, aber auch jenseits der Frage nach den Mitfahrern und des zur Verfügung stehenden Fahrzeuges.

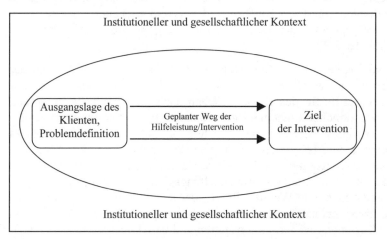

Abbildung 2: Konzeptionelle Rahmenbedingungen methodischen Handelns

Auch wenn im Methodendiskurs die Frage nach dem „Wie" im Vordergrund steht, so können die Fragen nach dem „Woher", dem „Wohin", dem „Warum" und dem „mit Wem" nicht ausgeklammert werden. Dieses Beispiel verdeutlicht überdies, dass die Trennung zwischen Konzept, Methode und Technik in erster Linie eine *analytische* ist, die den Blick für die Tatsache schärfen soll, dass Methodenfragen in der Sozialen Arbeit notwendig nie auf rein technische Fragen reduziert werden können und dürfen. In der Praxis geschieht diese Reduktion häufiger, werden Techniken und Methoden zum Schutzschild vor einer komplexen, schwer überschaubaren, belastenden und sich zudem noch permanent und massiv verändernden Wirklichkeit. Janusz Korczak hat auf die Gefahr eines verkürzten Methodenverständnisses und einer entsprechenden Methodenverwendung nachdrücklich hingewiesen. „Routine erwirbt ein gleichgültiger Wille, der auf der Suche nach Methoden und Methödchen ist, um die Arbeit zu erleichtern, zu vereinfachen, zu mechanisieren, um zur Arbeits- und Energieeinsparung den für sich bequemsten Weg zu finden. Routine erlaubt es, sich gefühlsmäßig von der Arbeit zu entfernen, beseitigt Unentschlossenheit, gleich aus – du erfüllst eine Funktion, amtierst geschickt. Für die Routine beginnt das Leben dort, wo die Amtsstunde der Berufsarbeit endet. Schon fühle ich mich leicht, ich habe es nicht nötig, mir das Hirn zu zermartern, immer wieder zu suchen, ja nicht einmal zu schauen, ich weiß entschieden, unwiderruflich. Ich komme zurecht. So weit, um es mir bequem zu machen. Was neu, unverhofft, unerwartet ist, das ist hinderlich und macht zornig. Ich will, dass es gerade so sei, wie ich es schon weiß." (Korczak 1992, S. 14)

Insbesondere besteht mithin die Gefahr, dass in der routinisierten und auf „Technikbeherrschung" verkürzten Methodenverwendung der „sozialpädagogische Blick" abhanden kommt, die auf die Bedingungen des Einzelfalls ausgerichteten, fachlich fundierte, gleichwohl offene Suchhaltung gegenüber dem biographischen Eigensinn, den „Besonderheiten" der Klienten ebenso wie gegenüber den Eigenheiten der Lebenswelten und der sozialen Netzwerke der Subjekte.

Die Reduktion beruflicher Kompetenz auf technisches Können dient primär einer vermeintlichen Handlungssicherheit der HelferInnen, weniger der angemessenen Hilfe für den Klienten. Denn auch dies meint die Forderung nach konzeptioneller Einbettung der Methodenfrage: Die permanente Reflexion, ob die Wirklichkeit, auf die hin Methoden wirken sollen, nicht längst eine andere ist, als zum Zeitpunkt der Entwicklung der Methoden. Methoden sind nicht zeit- und gesellschaftsunabhängig. Für Hoffmann ist Methode „der theoretisch geklärte Handlungsplan, der in der Rückschau erkannte und berechtigte Weg der Praxis, der sich in gewisser Gesichertheit planend in die Zukunft richtet, wenn auch immer in Bereitschaft, sich von erneuter Besinnung weiterhin korrigieren und berichtigen zu lassen" (Hoffmann 1963, S. 81).

Im Vergleich zum engeren Begriffsverständnis bringt diese weitere Definition zweifelsohne einen Nachteil mit sich: Die Begriffe sind hier weniger deutlich gegeneinander abzugrenzen. Methode und Konzept meinen Unterschiedliches, können aber im Sinne des oben skizzierten Verständnisses nur gemeinsam diskutiert werden.[3] Der Unterschied liegt in der Akzentsetzung: Während auf der Konzeptebene die analytisch-reflexive Verknüpfung von

---

3 Dies ist im Übrigen auch ein Grund, warum in diesem Buch häufiger von „Methodenkonzept" gesprochen wird.

Gegenstandsanalyse, Zielbeschreibung und Vorgehensweise auf dem Prüfstand steht, verlagert sich der Schwerpunkt der Betrachtung im Umfeld der Methodenfrage tendenziell auf den Aspekt der Vorgehensweise, ohne allerdings die anderen Faktoren aus dem Blick zu verlieren. Mit der rigiden begrifflichen Reduktion mag man sich vermeintliche sprachliche Klarheit erkaufen, allerdings zu Lasten der notwendigen theoretisch-reflexiven Fundierung. Nur diese gewährleistet allerdings eine angemessene Entscheidung darüber, ob eine Methode „passt".

Die folgende Definition versucht den bisherigen Argumentationsgang zu verdichten:

> Methoden der Sozialen Arbeit thematisieren jene Aspekte im Rahmen sozialpädagogischer/sozialarbeiterischer Konzepte, die auf eine planvolle, nachvollziehbare und damit kontrollierbare Gestaltung von Hilfeprozessen abzielen und die dahingehend zu reflektieren und zu überprüfen sind, inwieweit sie dem Gegenstand, den gesellschaftlichen Rahmenbedingungen, den Interventionszielen, den Erfordernissen des Arbeitsfeldes, der Institutionen, der Situation sowie den beteiligten Personen gerecht werden.

Aus dieser Definition ergeben sich zumindest sieben Perspektiven, die im Hinblick auf eine adäquate Methodenreflexion zu beachten sind:

- ihre Sachorientierung (Welche Probleme sollen mit der Methode bearbeitet werden? Wird die Methode den Problemen gerecht?)
- ihre Zielorientierung (Welche Ziele sollen mit der Methode erreicht werden? Lassen sich die Ziele mittels der Methode einlösen?)
- ihre Personenorientierung (Wird die Methode den betroffenen Personen gerecht?)
- ihre Arbeitsfeld- und Institutionenorientierung (Ist die Methode sinnvoll innerhalb der institutionellen Rahmenbedingungen anwendbar?)
- ihre Situationsorientierung (Ist die Methode unter den gegebenen situativen Rahmenbedingungen anwendbar?)
- ihre Planungsorientierung (Erlaubt die Methode die gezieltere Planbarkeit von Hilfeprozessen?)
- ihre Überprüfbarkeit (Lassen sich am Ende Aussagen darüber treffen, ob und wie die Methode gewirkt hat?).

(2) Betrachtet man die einschlägige Fachdiskussion, so erscheint es über die oben entwickelte Definition hinaus notwendig, den Methodenbegriff, wie er im Folgenden verwendet wird, im Hinblick auf drei Begriffspaare genauer abzugrenzen: 1. Forschungs- vs. Handlungsmethoden, 2. Arbeitsfeld vs. Methode, 3. Sozialform vs. Methode.

1. Forschungs- vs. Handlungsmethoden: Man kann Soziale Arbeit aus zwei Perspektiven betrachten: (a) aus der Perspektive der Profession, des beruflichen Handelns von SozialarbeiterInnen, SozialpädagogInnen und Diplom-PädagogInnen in konkreten Arbeitsfeldern und Institutionen und (b) aus dem Blickwinkel der wissenschaftlichen Disziplin Sozialpädagogik, die man als institutionalisierte (Selbst-)Beobachtung bezeichnen könnte und die darauf abzielt, Wissen über die Soziale Arbeit zu produzieren. Sowohl Profession wie auch Disziplin bedienen sich methodischer Herangehensweisen, um ihrer jeweiligen Aufgabe gerecht zu werden. Nach Possehl (1990) unterscheiden sich Forschungs- und Handlungsmethoden aufgrund ihrer Kontextbedingungen. So fällen etwa Wissenschaftler in der Regel keine Entscheidungen, deren Risiken andere belasten, während dies zum Alltagsgeschäft von SozialarbeiterInnen gehört. Der zentrale Unterschied liegt darin begründet, dass das Ziel wissenschaftlicher Tätigkeit vorrangig die Lösung von Erkenntnisproblemen ist. „Die Bandbreite von Problemen für berufspraktisches Handeln von Sozialarbeitern ist größer: die Lösung von Erkenntnisproblemen dort, wo Sozialarbeiter diagnostisch tätig sind; darüber hinaus die Lösung von Entscheidungsproblemen, Verteilungsproblemen, Organisationsproblemen usw. Methoden des Erkennens sind nur eine Teilmenge der Methoden des Handelns." (Possehl 1990, S. 265 f.)

Folgt man dieser Argumentation, so sind wissenschaftliche Forschungsmethoden und Handlungsmethoden der Sozialen Arbeit zu unterscheiden. Oder noch einmal anders formuliert: Forschungsmethoden sind Erkenntnisinstrumente, die WissenschaftlerInnen einsetzen, um auf gesicherte Art und Weise etwas über ihren Gegenstand zu erfahren. Handlungsmethoden hingegen werden von PraktikerInnen (z.B. der Sozialen Arbeit) verwendet, um ihre Intervention, ihr professionelles Handeln anzuleiten und abzusichern.[4] Die vorliegende Einführung konzentriert sich auf die Handlungsmethoden der Sozialen Arbeit.[5]

2. Arbeitsfeld vs. Methode: Methodisches Handeln vollzieht sich in der Sozialen Arbeit arbeitsfeldbezogen (vgl. C. W. Müller 1981), da das jeweilige Arbeitsfeld, z.B. sein thematischer, institutioneller, rechtlicher, finanzieller Zuschnitt eine notwendig zu berücksichtigende Rahmenbedingung darstellt. Gleichwohl ist zwischen Arbeitsfeld und Methode zu unterscheiden. Besonders problematisch ist die Differenzierung in vergleichsweise unspezifischen Bereichen wie etwa der Beratung. Ist Beratung ein Arbeitsfeld, eine „Grundfunktion der Sozialen Arbeit" (vgl. Lüssi 1995; Belardi 1996a) oder eine Methode? Bäuerle/Hottelet etwa formulieren: „B. [Beratung, d.V.] ist zentrale Aufgabe bzw. Methode der Sozialarbeit/Sozialpädagogik" (Bäuerle/ Hottelet 1996, S. 103). Unterscheidet man zunächst zwischen funktionaler

---

4 Eine Ausnahme stellt in diesem Zusammenhang die sogenannte Aktions- und Handlungsforschung dar (vgl. Haag u.a. 1972).
5 Im engeren Sinne sind (wissenschaftliche) Forschungsmethoden für die Methodendebatte innerhalb der Sozialen Arbeit in den letzten Jahren dort verstärkt rezipiert worden, wo es um diagnostische Prozesse geht, um Prozesse des Verstehens von Personen und Situationen in ihren lebensweltlichen Kontexten (vgl. z.B. Nittel 1994; Schütze 1993, 1994; v. Wensierski/Jakob 1997).

und institutionaler Beratung (vgl. Belardi 1996a, S. 37), so versteht man unter funktionaler Beratung eine allgemeine erzieherische und sozialpädagogische Tätigkeit, die man beschreiben könnte als „problemzentrierte Interaktion zwischen Ratsuchenden und Berater mit dem Ziel, Wissensrückstände aufzuarbeiten, Alternativen aufzuzeigen und Entscheidungshilfen zu geben" (Bäuerle/Hottelet 1996, S. 102).

Eine in diesem Sinne beratende Tätigkeit ließe sich in allen erzieherischen Handlungsfeldern lokalisieren. Institutionale Beratung hingegen bezieht sich auf spezifische, z.T. spezialisierte, allemal aber institutionalisierte Beratungsangebote wie etwa die Erziehungsberatung, Drogen- und Suchtberatung etc. (vgl. Engel/Nestmann 1995), die in den letzten Jahrzehnten einen Boom verzeichneten. „Man hänge das Suffix ‚-beratung' an eine Problemkonstellation und schon hat man einen neuen professionellen und spezialisierten Handlungsbereich – so ließe sich allgemein formuliert diese Entwicklung kommentieren" (Sickendiek,/Engel/Nestmann 1999, S. 32). In keiner der beiden skizzierten Fälle ist allerdings eine Aussage darüber getroffen, *wie* sich die funktionale oder institutionale Beratung vollzieht. Weder ist geklärt, ob der Berater sich überhaupt einer speziellen Methode bedient oder ob er seiner alltäglichen Beratungskompetenz vertraut, noch ist festgelegt, ob er sich – wenn er sich auf eine Methode festlegt – etwa einer klientenzentrierten Gesprächsführung bedient oder für eine eher direktive Gesprächsmethode entscheidet. Greift man vor diesem Hintergrund die oben gestellte Frage wieder auf, so muss man feststellen, dass Beratung alles drei ist bzw. sein kann, Grundfunktion sozialpädagogischen Handelns, Arbeitsfeld und Methode. Entscheidend ist, mit welcher Perspektive man sich dem Gegenstand nähert. Allgemein gesprochen verweist die Perspektive „Arbeitsfeld" auf einen thematisch zentrierten, rechtlich und institutionell konsolidierten Problem- und Arbeitszusammenhang.[6]

Die Perspektive „Methode" setzt in Abgrenzung zu einem Arbeitsfeld den Akzent auf den Weg der Hilfeleistung, auf die geplante Verwendung von Mitteln und Verfahrensweisen. Daraus folgt weiterhin, dass Methoden in den meisten Fällen arbeitsfeldübergreifend sind, d.h. in mehreren Arbeitsfeldern eingesetzt werden (können). Ein Beispiel: Die Methode der Straßensozialarbeit wird nicht nur in der Drogenarbeit angewandt, sondern ebenso in der Jugendarbeit mit rechten Szenen, in der Arbeit mit männlichen und weiblichen Prostituierten oder der Arbeit mit allein stehenden Obdach-

---

[6] Einen anderen Vorschlag unterbreitet Giesecke (1993), der „Beraten" als eine Grundform pädagogischen Handelns neben Unterrichten, Informieren, Arrangieren und Animieren begreift. „Diese Grundformen werden je nach Berufsart – z.B. Lehrer oder Sozialpädagoge – in unterschiedlichem Maße beansprucht, machen aber gemeinsam die professionelle Kompetenz eines jeden pädagogischen Berufes aus" (Giesecke 1993, S. 14). Es handelt sich bei diesen Begriffen zunächst um analytische Kategorien, die noch keine Aussage darüber zulassen, wie beraten, informiert, animiert, arrangiert und unterrichtet wird.

losen. Umgekehrt können in einem Arbeitsfeld immer mehrere unterschiedliche Methoden verwendet werden.

3. Sozialform vs. Methode: Erhebliche terminologische Ungenauigkeiten hat es häufiger in Bezug auf die so genannten klassischen Methoden der Sozialen Arbeit gegeben, nämlich die soziale Einzelfallhilfe, die soziale Gruppenarbeit und die Gemeinwesenarbeit. Betreibe ich jedes Mal, wenn ich mit einem einzelnen Klienten arbeite Einzelfallhilfe und immer wenn ich mit einer größeren, aber überschaubaren Zahl von Klientinnen tätig werde Gruppenarbeit? Wenn dem so wäre, so müsste man der Kritik etwa von Schilling (1993) oder von Brack (1993) folgen, dass es sich bei diesen Ansätzen nicht um Methoden handele, da sie in ihrem Zuschnitt zu global und unspezifisch seien. Der Alternativvorschlag, für diese Globalmethoden den Begriff „Arbeitsform" zu verwenden, ist allerdings ebenfalls nur wenig befriedigend, da z.b. unter dem Stichwort Einzelfallhilfe sehr wohl im engeren Sinne Methodenkonzepte subsumiert werden, die neben Zieldebatte auch Phasierungsvorschläge offerieren bzw. konkrete Anleitung zu diagnostischem Handeln integrieren.

Um eine Unterscheidung zwischen „der Arbeit mit einzelnen Klienten" und der Einzelfallhilfe als im engeren Sinne methodischen Ansatz zu ermöglichen, könnte eine terminologische Differenzbildung sinnvoll sein, die im schulpädagogischen Bereich praktiziert wird. Hier findet sich nämlich die Unterscheidung zwischen Methode und Sozialform. Sozialform meint dabei zunächst nicht mehr als die Form, in der die „beteiligten Personen aufeinander bezogen sind" (Klafki 1970, S. 143; vgl. auch Heimann/Otto/Schulz 1970). Es macht in Bezug auf Hilfeprozesse in der Sozialen Arbeit natürlich einen Unterschied, ob ich mich auf einen einzelnen Klienten beziehe, auf eine Gruppe (z.B. eine Gleichaltrigenclique) oder auf ein soziales Netzwerk. Nur sagt dies weder konkret etwas darüber aus, was ich in der jeweiligen Situation tue, noch darüber, wie ich dies tue. Eine Sozialform ist eine Rahmenbedingung für methodisches Handeln, nicht die Methode selbst. Von Einzelfallhilfe als Methode kann hingegen dann die Rede sein, wenn es sich um einen Ansatz handelt, der der konkreten Planung (im Sinne von Handlungsanleitung) eines Hilfeprozesses dient.

Was ist eine Methode?

❗ Methodendefinitionen in der sozialpädagogischen Fachdiskussion:

„Methode ist der theoretisch geklärte Handlungsplan, der in der Rückschau erkannte und berechtigte Weg der Praxis, der sich in gewisser Gesichertheit planend in die Zukunft richtet, wenn auch immer in Bereitschaft, sich von erneuter Besinnung weiterhin korrigieren und berichtigen zu lassen." (Hoffmann 1963, S. 81)

„Eine Methode ist, allgemein gesehen, eine planmäßige, person- und sachgerechte Verfahrensweise, um ein Ziel sicher und ohne vermeidbaren Verschleiß von Kräften und Mitteln zu erreichen." (Lattke 1961, S. 316)

„Methode heißt, strategisch einen Weg zu beschreiben, der nach Zweck und Ziel und nach Lage der Dinge angemessen erscheint." (Wendt 1992, S. 115)

„... methodische Strukturierung meint das Wissen um Phasen des Arbeits-, Verständigungs-, und Unterstützungsprozesses in den Aufgaben, um Möglichkeiten der Rückkoppelung von Ziel, Einlösung und Prüfung im Prozess." (Thiersch 1993, S. 24)

„Methodisches Handeln ist – definitionsgemäß – zielgerichtetes Handeln. Es folgt bestimmten Prinzipien und vollzieht sich in bestimmten Arbeitsschritten, bei denen Verfahren und Techniken berücksichtigt werden, die nach Ansicht von Experten am besten geeignet sind, das erstrebte Ziel zu erreichen." (Heiner 1995, S. 35)

„M. (Methoden, d. V.) der SozArb/SozPäd sind Handlungskonzepte zum beruflichen Umgang mit sozialen Problemen, die werthaft, wissenschaftlich und auf Berufserfahrung fußend begründet sind. M. sind verallgemeinerbar und machen Aussagen über die Ziele, Gegenstände und Mittel des Handelns; sie sind zielgerichtet, prozessorientiert und systematisch. M. bestimmen den Rahmen, in dem sie anwendbar sind (Setting, institutionelle und organisatorische Bedingungen), und die Indikation (für welche Personen und Problemlagen geeignet bzw. ungeeignet); ferner das Verhältnis der methodischen Schritte zueinander und ihre Abfolge. M. sind abzugrenzen gegenüber Techniken/Verfahren/Intervention; diese bezeichnen i.d.R. erprobte, in ihrer Wirkung voraussagbare standardisierte Verhaltensweisen, die im Dienst methodischen Handelns zur Erreichung strategischer Ziele stehen" (Krauß 1996, S. 396).

2. Sozialpädagogische Methoden
Über die Besonderheiten Sozialer Arbeit und ihre methodischen Konsequenzen

Der Methodenbegriff, so wie wir ihn im vorherigen Kapitel entwickelt haben, ist noch vergleichsweise allgemein und wäre in der vorgetragenen Form auch in anderen Professionen nutzbar. Will man in einem nächsten Schritt die Besonderheiten einer sozialpädagogischen Methodenlehre herausarbeiten, so bedarf es zunächst einer Beschreibung der spezifischen Strukturbedingungen des Handelns innerhalb der Sozialen Arbeit. Definiert man als Ziel sozialpädagogischen Handelns ganz allgemein Hilfe und Unterstützung bei der Lebens- und Alltagsbewältigung von Individuen, Gruppen und Gemeinwesen, so teilt die Soziale Arbeit diese Zielperspektive sowohl mit anderen Professionen (wie z.B. Ärzten, Psychologen, Juristen) wie auch mit Laien, die sich innerhalb ihrer sozialen Netzwerke (Nachbarschaft, Stadtteil, Vereine etc.) ebenfalls gegenseitig Hilfe, Unterstützung, Beratung, Beistand, Trost usw. zukommen lassen, ohne in jedem Fall auf professionelle Unterstützungssysteme zurückzugreifen.

Fragt man nun danach, was die Soziale Arbeit im Speziellen kennzeichnet, so kann man die Erträge der Fachdiskussion in fünf Punkten verdichten[1]:

(1) Im Gegensatz zu anderen „helfenden" Professionen ist Soziale Arbeit durch *Allzuständigkeit* bzw. vorsichtiger formuliert: einen geringen Grad an Spezialisierung gekennzeichnet. Diese Allzuständigkeit charakterisiert Soziale Arbeit sowohl auf Makroebene der Konstitution von Arbeitsfeldern wie auch auf der Mikroebene der alltäglichen Intervention. Betrachtet man zunächst die Makroebene, so fällt auf, dass es der Sozialpädagogik im Gegensatz zu z.B. anderen erziehungswissenschaftlichen Teildisziplinen weit weniger leicht fällt, ihren Arbeitsbereich zu konturieren. Dass dies offensichtlich ein Grundproblem der Sozialen Arbeit ist, lässt die Tatsache vermuten, dass schon Gertrud Bäumer in ihrer berühmten Definition, Sozialpädagogik sei „alles was Erziehung, aber nicht Schule und nicht Familie ist" (Bäumer 1929, S. 3), darauf verzichtete, positiv Gegenstand und Arbeitsfelder zu definieren, sondern sich auf eine Negativabgrenzung zurückzog. Und selbst diese Negativabgrenzung, so kann man heute mit mehr als 60 Jahren Abstand feststellen, funktioniert nicht: Die Sozialpädagogik ist mittlerweile auch in die Poren dieser Bereiche eingedrungen. So sitzt sie etwa mit der Sozialpädagogischen Familienhilfe quasi am „Kaffeetisch" der

---

1 Vgl. zum Folgenden B. Müller (1991); Gildemeister (1983, 1992, 1995, 1996); Olk (1986); Thiersch (1992); Badura/Gross (1976).

Familie und mit der Schulsozialarbeit in den Lehrerzimmern und Klassenräumen von Schulen. Betrachtet man den gesamten Sektor institutionalisierter Erziehung, Bildung, Beratung und Unterstützung, so fällt es schwer, Problembereiche und Arbeitsfelder zu benennen, in denen keine SozialpädagogInnen und SozialarbeiterInnen tätig sind.

Das Problem der Allzuständigkeit stellt sich gleichermaßen auf der Ebene der alltäglichen Intervention: Haushaltsmanagement, Fragen der Qualifikation, Schulprobleme, fehlender Wohnraum, Zukunftsplanung, materielle Unterversorgung, Sinnfragen, Motivationsprobleme – man könnte die Liste fast beliebig weiterführen und zugespitzt formulieren: Alles was das (Alltags-)Leben an Problemen hergibt, *kann* zum Gegenstand sozialpädagogischer Intervention werden. Der Begriff Ganzheitlichkeit ist die positive Wendung für ein hohes Maß an Diffusität des Gegenstandes: da jedes Problem mit jedem Problem ursächlich verknüpft sein kann, gerät der Problemfokus sozialpädagogischer Intervention tendenziell grenzenlos. Oder anders formuliert: Der Sozialpädagoge hat keine bzw. nur schwach ausgeprägte (thematischen) Filter, mit denen er Probleme aussteuern kann, wie etwa der Mediziner, der sich per Definition um gesundheitliche Beeinträchtigungen zu kümmern hat und sich im Regelfall auch auf jene beschränkt.

Gerade in diesem Punkt unterscheidet sich Soziale Arbeit von anderen Professionen. „Der Jurist, der Arzt, der Priester oder Pfarrer im traditionellen, idealtypischen Verständnis dieser Berufe haben es hier leichter: sie arbeiten im Fallbezug im Hinblick auf einige wenige explizierbare Dimensionen: Rechtswissenschaft, Medizin, Theologie stellen einen wissenschaftlichen Unterbau bereit, der im Fallbezug zwar jeweils spezifisch gebrochen wird, aber dabei in der eigenen Logik verbleibt ... In Bezug auf die konkrete Lebenspraxis im Sinne der alltäglichen Lebensführung der Klienten bleiben ‚klassische' Professionelle abstinent – auch dort, wo der Arzt einen Hausbesuch macht, behandelt er mit dem Kranken die ‚Krankheit' und er behandelt nicht dessen Lebenspraxis als Lebensführung." (Gildemeister 1995, S. 29)[2]

---

[2] B. Müller (1991) hat diese Differenz und ihre Folgeprobleme herausgearbeitet. Der Arzt kann demnach unterscheiden zwischen Krankheit – dem Gegenstand seiner Intervention – und erkrankter Person und damit auch zwischen fachlichen und menschlichen Anforderungen. Dies ist zwar einerseits Gegenstand der Kritik (im Sinne einer ganzheitlichen Medizin), gleichwohl steckt in dieser Trennung auch ein Schutzeffekt für den Patienten: Der Arzt mischt sich nicht in alle Belange seines Lebens ein, er trennt zwischen dem Problem, für das er ein Mandat erhalten hat, und dem Leben des Klienten. Die instrumentelle Trennung zwischen Ethik und Technik ist in der Sozialpädagogik nicht im selben Maße möglich, da ihr Gegenstand im weitesten Sinne die Lebensführung des Klienten ist. Damit entfällt aber auch ein Schutzmechanismus vor den Übergriffen der Expertenmacht. Nach Müller ist nun das „Ethos der sozialpädagogischen Grundhaltung ... kein ausreichendes Bollwerk gegen die darin enthaltenen Gefahren" (B. Müller 1991, S. 52f.). Es bedarf vielmehr der methodischen Sicherung des Eingriffs vor der grenzenlosen Entfaltung der Expertenmacht.

Nun könnte man – und einige Autoren tun dies – die Tendenz zur Allzuständigkeit auch als professionelle Anmaßung bezeichnen, da hier ja die Legitimation dafür geschaffen wird, sich prinzipiell in alles einzumischen. Dies wäre allerdings eine Anmaßung und nicht zuletzt auch eine Überschätzung der professionellen Interventionsmöglichkeiten. Der einzelne Sozialarbeiter kann nicht Fachmann für alles sein und ist nicht Fachmann für alles. Der Begriff Allzuständigkeit impliziert nicht, dass alles ein sozialpädagogisches Problem *ist*, sondern dass es eine enorme und diffuse Bandbreite von Problemen gibt, die prinzipiell zum Gegenstand Sozialer Arbeit werden *können*. Was faktisch Gegenstand der Bearbeitung *wird*, konkretisiert sich im situativen und institutionellen Kontext der Fallbearbeitung und ist nicht zuletzt ein Produkt der Aushandlung zwischen SozialpädagogInnen und KlientInnen.[3] Die potentielle Bandbreite von Problemen, für deren Bearbeitung die Soziale Arbeit zuständig sein kann, ist damit in jedem Falle enorm. Fritz Schütze resümiert vor diesem Hintergrund: „Der Unterschied der Sozialarbeit zu den übrigen Professionen liegt im Wesentlichen nur in dem Umstand, dass diese angesichts der Komplexität, Totalität und Vielschichtigkeit ihrer Problembereiche ... nie ein in ihrem Tätigkeitsbereich vorherrschendes, eindeutig abgegrenztes Paradigma entwickeln konnte." (Schütze 1992, S. 163)[4]

---

3 Trotz allem stellt sich die Frage, ob es nicht einen gemeinsamen Nenner gibt, auf den sich sozialpädagogisch relevante Gegenstände und Probleme reduzieren lassen. Hans Thiersch definiert als Fokus des Aufgabenspektrums die Aufklärung und Unterstützung in bezug auf soziale und individuelle Alltags- und Lebensprobleme (vgl. Thiersch 1992, S. 241), die allerdings ein mittleres Maß nicht überschreiten dürfen. Gemeint ist damit, dass bestimmte schwerwiegendere Probleme wie z.B. neurotische oder psychotische Störungen speziellen Professionen vorbehalten bleiben, im beschriebenen Fall Psychotherapeuten. Diese Gegenstandsbestimmung lässt den Betrachter ein wenig hilflos, da zu klären wäre, was „mittlere Alltags- und Lebensprobleme" sind. Aus pragmatischer Perspektive könnte man die These formulieren, dass all die Alltags- und Lebensprobleme zum Gegenstand sozialpädagogischer Intervention werden können, die die eigenen Hilfepotentiale übersteigen und für deren Bearbeitung sich im Prozess der Modernisierung keine speziellen Professionen herausgebildet haben (etwa der Psychotherapeut für neurotische und psychotische Störungen, der Jurist für Rechtsprobleme, die Bankkauffrau für Probleme der Geldanlage etc.).
4 Die Allzuständigkeit der Sozialen Arbeit ist folgenreich. Diese zu kritisieren und mittels einer Definition beseitigen zu wollen (vgl. z.B. Schilling 1993) fällt allerdings eher in die Kategorie „Pippi-Langstrumpf-Prinzip" (wir machen uns die Welt, so wie sie uns gefällt). Es handelt sich hierbei zunächst um eine reflexiv erschlossene Strukturbedingung sozialpädagogischen Handelns, die es im Rahmen sozialpädagogischer Theorie- und Methodenentwicklung zu berücksichtigen gilt. So betont Thiersch, dass „das Grundmuster von Ganzheitlichkeit, Offenheit und Allzuständigkeit für Soziale Arbeit aus der Sache heraus konstitutiv ist und deshalb nicht aufgehoben werden kann" (Thiersch 1993, S. 11). Zudem resultieren aus der Allzuständigkeit auch positive Effekte. Marianne Meinhold hebt hervor, dass die fehlende Spezialisierung sozialarbeiterischer Tätigkeit die Chance impliziert, „die Hilfeleistung dem jeweils unspezifisch artikulierten Bedarf der Adressaten anzugleichen" (Meinhold 1988, S. 70f.). Niedrigere Zugangsschwellen für Klienten einerseits und größere Expansionsmög-

Aus der Perspektive der Professionellen verweisen Allzuständigkeit und fehlende Spezifizierung auf die Schwierigkeiten beruflichen Handelns in Situationen, die durch Komplexität und fehlende Begrenzung von Problemen und Anforderungen gekennzeichnet sind oder zumindest potentiell sein können. Komplexität in diesem Sinne birgt in sich die Gefahr der Überforderung, der Konfrontation mit Unerwartetem und ggf. die Grenzen der eigenen Kompetenzen überschreitenden Erwartungen. Subjektiv können solche Situationen Ängste und Verunsicherung erzeugen. Auf diesem Hintergrund könnte die Suche nach und Verwendung von Methoden aus der Sicht der professionellen Subjekte eine ganz andere Funktion erfüllen, als die zielgenaue Wirkung von Interventionen, nämlich Reduktion von Komplexität, ein Stück Sicherheit angesichts unübersichtlicher Anforderungen.

(2) Das zweite Spezifikum Sozialer Arbeit ist die *fehlende Monopolisierung von Tätigkeitsfeldern*. Während andere Professionen zumindest bestimmte Teilbereiche ihrer Tätigkeitsfelder autonom und monopolistisch „ihr Eigen" nennen können, so gilt dies für Arbeitsfelder der Sozialen Arbeit so gut wie nie. Während es für uns selbstverständlich und einsichtig ist, dass eine Blinddarmoperation nicht von einem Pfarrer ausgeführt wird, wird sich kaum eine Problemkonstellation konstruieren lassen, in der SozialpädagogInnen und SozialarbeiterInnen alleine für die Fallbearbeitung zuständig sind. Zugespitzt könnte man formulieren, dass Soziale Arbeit sich zumeist in multiprofessionellen Kontexten vollzieht. SozialpädagogInnen arbeiten – je nach Arbeitsfeld und Problemzuschnitt – zusammen mit LehrerInnen, PfarrerInnen, PsychologInnen, ÄrztInnen, JuristInnen, Verwaltungsfachleuten, Heil- und SonderpädagogInnen, TherapeutInnen unterschiedlichster Provenienz und nicht zuletzt mit Laien und Ehrenamtlichen usw. Innerhalb dieser professionellen Arbeitszusammenhänge existiert zumeist ein Statusgefälle, das sich z.B. in ungleicher Bezahlung niederschlägt und das seinen Ausdruck zumeist in differierenden Einflusschancen auf die Gesamtarchitektur der Fallbearbeitung findet. Sozialpädagogische Fachkräfte sind nicht selten am unteren Ende der Statushierarchie angesiedelt, nicht zuletzt auch deshalb, weil ihnen – wie oben beschrieben – ein klarer Fokus der Tätigkeit fehlt.

Betrachtet man etwa die Soziale Arbeit in der Kinder- und Jugendpsychiatrie, so sind es häufig die SozialpädagogInnen, die den Großteil des Tagesablaufs mit den KlientInnen teilen und gestalten, gleichwohl wird diese Alltagsgestaltung häufig „nur" als Phase zwischen den Therapiesitzungen wahrgenommen. Dabei gerät nur allzu häufig aus dem Blick, dass es gerade dieser Alltag ist, für den und in dem gelernt werden soll und muss. Methodischem Handeln im Sinne der Verfügung über ein klar konturiertes, und professionell legitimiertes Handlungsinventar kommt in diesen Zusammenhängen die Funktion eines Statusmarkierers zu, d.h. indem ich in multiprofessionellen Kontexten signalisiere, dass ich als Vertreter einer Profession

---

lichkeiten für die Profession andererseits wären demnach die Kehrseite der Medaille fehlender Spezifität.

über ein originäres, reflexiv erzeugtes und überprüftes „Handwerkszeug" verfüge, gewinne ich an Ansehen. Damit scheint es in der Sozialen Arbeit nicht zum Besten gestellt zu sein. „In der notwendigen Zusammenarbeit mit Verwaltungsbeamten, mit Richtern, Psychologen und Ärzten und den damit verbundenen Durchsetzungskonflikten wirkt das Fehlen einer präzisen Funktionsbestimmung einer professionell einzusetzenden Methodik als statusmindernd, einer Berufskarriere wenig förderlich und als dem Image der SA/SP (Sozialarbeit/ Sozialpädagogik, d. V.) abträglich." (Jungblut/ Schreiber 1980, S. 151)[5]

Hinsichtlich der fehlenden Monopolisierung von Handlungsfeldern ist allerdings darauf hinzuweisen, dass zumindest in einigen Arbeitsfeldern eine Tendenz zu einer zunehmenden sozialpädagogischen Verfachlichung zu beobachten ist. So verdeutlicht etwa die Analyse der Beschäftigungsentwicklung in der Jugendhilfe, dass der Anteil derjenigen Beschäftigten, die über einen einschlägigen sozialpädagogischen Ausbildungsabschluss verfügen, in den letzten 20 Jahren deutlich angestiegen ist (vgl. Rauschenbach 1999; Rauschenbach/Schilling 1997). Während 1974 nur jeder dritte Beschäftigte mindestens über einen Berufsabschluss als ErzieherIn verfügte, lag der Anteil entsprechend qualifizierter Personen 1994 bei rund 52 %. Dies könnte man ggf. als Indiz für die These werten, dass die fehlende Monopolisierung sozialpädagogischer Arbeitsfelder weniger ein Spezifikum ihres Tätigkeitsbereiches ist, sondern vielmehr ein Artefakt ihrer noch jungen Professionalisierungsgeschichte.

(3) Das angedeutete Status- und Imageproblem der Sozialen Arbeit verweist auf einen dritten Aspekt, nämlich *die Schwierigkeit, „Kompetenzansprüche in Bezug auf Probleme durchzusetzen, die solche des täglichen Lebens sind* und damit einer kulturell vermittelten Lebenspraxis. Für ein Laienpublikum ist es schwer einsehbar, dass es hier besonderer Fähigkeiten oder besonderer ‚Experten' bedarf. Die Wissensbasis eines solchen Expertentums ist für die Öffentlichkeit nicht durchschaubar. Und entsprechend ist das öffentliche Ansehen des Berufs geringer als das des Arztes oder des Rechtsanwalts" (Gildemeister 1995, S. 30). Soziale Arbeit beschäftigt sich – vorrangig – mit Problemen alltäglicher Lebensführung und dies auch zumeist noch „vor Ort", d.h. im Alltag der Klienten.[6] Soziale Arbeit setzt sich als Folgeproblem allerdings

---

5 Dies scheint auch ein Hintergrund für die in der Sozialen Arbeit verbreitete Überformung sozialpädagogischer Kompetenz mit (psycho-)therapeutischen Zusatzqualifikationen zu sein. Sie versprechen nicht nur ein mehr an Handlungssicherheit in der Diffusität der Allzuständigkeit, sondern auch einen Statusgewinn (vgl. Kapitel 9).
6 B. Müller hat den letzten Aspekt in einem anschaulichen Bild verdichtet: „Sozialpädagogik ist nun mal eher eine ‚Natursportart' als eine ‚Hallensportart'; sie findet primär im Alltagskontext der Klienten selbst und nicht im professionellen Setting statt" (B. Müller 1992a, S. 110). Das heißt allerdings nicht, dass Soziale Arbeit sich nur in gewachsenen Alltagsstrukturen und sozialen Netzwerken bewegt. Sie inszeniert vielmehr auch selbst – ersetzend und/oder ergänzend – Alltag, wo die gewachsenen Ressourcen nicht ausreichen, etwa im Rahmen erzieherischer Hilfen.

Sozialpädagogische Methoden 41

zwangsläufig sowohl von Seiten anderer Professionen als auch von Seiten der Betroffenen und anderer Laien der Frage aus, welches spezifische Wissen und Können denn überhaupt legitimiere, dass man für diese Tätigkeit a) eine Ausbildung benötigt und b) auch noch Geld erhält.[7] Der Hinweis darauf, dass Soziale Arbeit erst dann tätig wird, wenn die Selbsthilfepotentiale der Klienten bzw. ihrer sozialen Netzwerke nicht mehr ausreichen, um die (Alltags-)Probleme angemessen in den Griff zu bekommen, ist zwar berechtigt, reicht jedoch noch nicht aus, um das spezifisch „Professionelle" sozialpädagogischen Handelns zu begründen, es muss vielmehr auch in ihrem Handeln sichtbar werden. Für unseren Zusammenhang ergibt sich daraus eine doppelte Fragestellung: 1. Was unterscheidet Laienhilfe in sozialen Netzwerken von professioneller Hilfe? 2. Warum bedarf alltagsorientierte Hilfe einer methodischen Strukturierung?

Ein Beispiel als Ausgangspunkt: Kirsten, 16 Jahre alt und Schülerin am Gymnasium, ist von ihrem Freund Mario, 18 Jahre alt, der eine Kfz-Mechaniker-Lehre absolviert, schwanger. Die Schwangerschaft ist nicht gewollt. Bislang hat Kirsten noch mit niemandem darüber gesprochen, aber die Probleme wachsen ihr langsam über den Kopf: Soll sie das Kind behalten oder eine Abtreibung vornehmen lassen? Wie werden die Eltern auf ihre Schwangerschaft reagieren? Wichtiger noch: Wie wird Mario auf diese Information reagieren? Was bedeutet die Schwangerschaft für ihren weiteren schulischen und beruflichen Werdegang? Kann sie sich ein Kind überhaupt finanziell leisten? Will sie überhaupt ihr Leben mit einem Kind teilen, ihr Leben auf ein Kind einstellen? Mit wem soll sie über die ganzen Probleme reden? Als Erstes fällt ihr nur Karin, ihre beste Freundin ein. Allerdings gibt es da auch noch seit neustem das „Kick", eine Jugendberatungsstelle im Stadtteil.

Welche Unterschiede lassen sich nun an diesem Beispiel zwischen Laienhilfe[8] und professioneller Hilfe herausarbeiten?

---

7 So betont Meinhold: „Andererseits ähnelt das, was Sozialarbeiter tun, auch den alltäglichen Handlungen von Laien, von Nachbarn, Müttern und Freunden" (Meinhold 1988, S. 70) z.B. überprüfen, beraten, organisieren, vermitteln, aktivieren und animieren, ermitteln und beantworten, Schreiben von Stellungnahmen etc. Nach Bock teilen SozialpädagogInnen „mehr als das die meisten Berufe tun, ihr Wissen und Können auch mit sogenannten Laien." (Bock 1984, S. 157)
8 Unter Laienhilfe verstehen wir im Folgenden unterstützende Potentiale in gewachsenen sozialen Netzwerken. Dazu gehören sowohl familiale Hilfeleistungen wie auch solche, die im sozialen Nahraum (Nachbarschaft, Freundeskreis) zur Verfügung stehen. Vgl. dazu Olk (1992); Rauschenbach/Müller/Otto (1992). Als Grundgedanke des sozialen Netzwerkkonzeptes formulieren Heinze/Olk/Hilbert: „Das Eingebundensein der Menschen in soziale Beziehungen und Bindungen wird bildhaft repräsentiert durch Netze, bei denen einzelne Personen die Knotenpunkte und ihre Beziehungen untereinander die Verbindungslinien zwischen den Knotenpunkten darstellen. Entscheidend ist nun, dass diese Verbindungslinien als ‚Gleisanlagen' beziehungsweise ‚Förderbänder' gedacht werden können, auf denen die vielfältigsten alltäglichen Austauschprozesse zwischen den Individuen ablaufen ... Durch ihre Einbindung in sozia-

Ein erster Unterschied zwischen Karin, der besten Freundin, und der Jugendberatungsstelle liegt zunächst darin, dass Karin am Leben Kirstens teilnimmt. Sie ist Bestandteil der gewachsenen sozialen Bezüge und kann von daher auf einen gewissen Fundus an Erklärungs- und Interpretationswissen zurückgreifen. Sie kennt sowohl Mario wie auch Kirstens Eltern, kann evtl. deren Reaktionen auf der Basis von eigenen und vermittelten Erfahrungen einschätzen etc. Die MitarbeiterIn der Jugendberatungsstelle muss sich dieses „Kontaktwissen" im Gespräch erst erarbeiten. Es bedarf daher – methodisch gesehen – innerhalb des Handlungsrepertoires verstehender, rekonstruktiver Verfahrensweisen, die es ermöglichen, dass die „fremde" professionelle HelferIn Zugang findet zu den lebensweltlichen Bezügen und Interpretationsweisen. Die Fähigkeit, eine Situation in ihrer Komplexität „lesen" zu können, sich durch gezielte Beobachtung schnell und adäquat in Bezüge reflexiv „einzudenken" macht auf diesem Hintergrund den Kern methodischer Kompetenz innerhalb der Sozialen Arbeit aus.

Der „Wissensvorsprung" des Laien beruht vor allem darauf, dass die Beziehung zwischen Hilfesuchendem und Helfer nicht partikular und punktuell ist, sondern eingebunden in eine dauerhafte Beziehung. D.h. jenseits der aktuellen Konfliktsituation kennt die Beziehungsgeschichte ein vorher und – zumindest in den meisten Fällen – auch ein nachher. Auf das Beispiel bezogen: Kirsten zieht Karin deshalb als Helferin in Betracht, weil sie Karin schon länger kennt, ihre Reaktionsweisen auch bis zu einem gewissen Grad vorhersehen kann. Die professionelle Hilfe kann diese Bedingung unter Umständen auch erfüllen, etwa da, wo Kirsten auf die SozialarbeiterInnen eines Jugendzentrums zurückgreift, in dem sie schon seit längerer Zeit als Besucherin bekannt ist. Gleichwohl ist im Unterschied zur Laienhilfe die auf Dauer gestellte Beziehung keine zwingende Voraussetzung. In unserem Fall etwa kann Kirsten eine Jugendberatungsstelle im Stadtteil nutzen, ohne deren MitarbeiterInnen zu kennen. Diese Situation bringt unterschiedliche Konsequenzen mit sich. Auf der einen Seite ist die Laienhilfe bereits durch Vertrauen zwischen den Interaktionspartnern gekennzeichnet. Am Beispiel gesprochen: Kirsten würde Karin als potentielle Gesprächspartnerin und damit Helferin nicht in Betracht ziehen, wenn sie ihr nicht zumindest basales Vertrauen entgegenbringen würde. Für die professionelle Hilfe ist nun weder die vorhandene Beziehung noch eine bereits existierende Vertrauensbasis die Voraussetzung einer Hilfeleistung. Beides, Beziehung und Vertrauen zwischen den Interaktionspartnern, müssen hergestellt werden, um eine potentiell hilfreiche Situation überhaupt zu konstruieren. Methodisch gewendet bedeutet dies, dass in der professionellen Hilfesituation reflektiert werden muss, wie Beziehung und Vertrauen hergestellt werden können.

---

le Netzwerke werden die Individuen also in die Gesellschaft integriert, werden ihnen soziale Erwartungen, Bestätigung, immaterielle und materielle Unterstützungen usw. in alltäglichen Interaktionen übermittelt." (Heinze/Olk/Hilbert 1988, S. 112)

Auf der anderen Seite resultieren Beziehung und Vertrauen aus dem Umstand, dass sich in der dauerhaften Interaktion ein Netz wechselseitiger Rollenverpflichtungen entwickelt hat, d.h. Kirstens und Karins Beziehung basiert auf Erfahrungen, die eingebunden sind in ein Netz gegenseitiger Deutungen und Erwartungen. So können in Karins „Beraterinnenverhalten" immer auch strategische Annahmen über die Auswirkungen von Ratschlägen in der Zeit nach der „Beratung" eine Rolle spielen. Was passiert z.B., wenn Kirsten aufgrund des Konflikts mit ihren Eltern bricht und evtl. wegziehen muss? Welche Auswirkungen hätte ein Konflikt zwischen Mario und Kirsten auf den Freundeskreis? Darüber hinaus ist informelle Hilfe in sozialen Netzwerken durch die Reziprozitätsannahme gekennzeichnet (vgl. Rauschenbach/Müller/Otto 1992), d.h. Hilfe innerhalb gewachsener Beziehungen ist durch die normative Verpflichtung wechselseitigen Gebens und Nehmens charakterisierbar. Der Aufbau und die Pflege sozialer Unterstützungsnetzwerke erzeugt Kosten: „Soziale Kontakte zu initiieren und zu pflegen, erfordert individuelle Anstrengungen und Mühen. Mit steigender Anzahl sozialer Kontakte nähert man sich daher rasch dem Punkt, von dem an die Kosten der Aufrechterhaltung sozialer Beziehungen ihren (möglichen) Nutzen überschreiten" (Heinze/Olk/Hilbert 1988, S. 114). Bei professioneller Hilfe spielen hingegen strategische Überlegungen ebenso eine untergeordnete Rolle, wie es keiner bzw. nur begrenzter „Investitionen" in Bezug auf „Netzwerkaufbau und -pflege" bedarf. Professionelle HelferInnen werden in gewisser Weise dafür bezahlt, dass sie von Hilfesuchenden „benutzt" werden können (wobei benutzen nicht ausnutzen meint). Die Distanz der professionellen HelferIn zum Klienten erweist sich auf diesem Hintergrund als durchaus ambivalent: Zum einen bedingt sie – wie oben beschrieben – die methodische Reflexion darüber, wie relevante Informationen generiert und wie darüber hinaus Beziehung und Vertrauen gestiftet werden können, wie also ein notwendiges Maß an Nähe hergestellt werden kann. Zum anderen bedingt die Distanz allerdings auch, dass Hilfe geleistet werden kann, jenseits des Sumpfes aus aktuellen und perspektivischen Erwartungen, Befürchtungen und strategischen Annahmen. Die Nüchternheit der Distanz gegenüber dem gemeinsamen Lebenszusammenhang[9] ermöglicht der professionellen HelferIn eher als dem Laienhelfer, über den Rand der geteilten Beziehungen und Erfahrungen hinauszublicken und damit vielleicht ganz andere Lösungswege in den Blick zu nehmen.

---

9 Diese Aussage gilt nicht für alle sozialpädagogischen Handlungszusammenhänge. Wie B. Müller (1987) beschrieben hat, stellen sich der Sozialpädagogik drei Grundprobleme: das Zusammenleben mit Kindern (Erziehung), die Entwicklung von Angeboten, die freiwillig akzeptiert werden (offene Beratung und Dienstleistung) sowie die Ausführung und Verwaltung von gesetzlich definierten Eingriffen und Leistungen. Insbesondere dort, wo gemeinsames Leben zu gestalten ist, etwa im Rahmen erzieherischer Hilfen außerhalb der Familie, stellt sich die Frage von Distanz und Nähe in sozialen Netzwerken natürlich in anderer Weise.

Ein weiterer Unterschied zwischen Laienhilfe und professioneller Hilfe bezieht sich auf die unterschiedlichen Kompetenzen. Die Qualifikation von LaienhelferInnen „beruht ... in der Regel nicht auf in formal organisierten beruflichen Qualifikationsprozessen erworbenen, sondern auf in informellen Sozialisationsprozessen erworbenen Kenntnissen, Fähigkeiten und Fertigkeiten (Laienkompetenz). Auf diese Weise ist einerseits die Alltagsnähe, Nachvollziehbarkeit und Akzeptanz dieser Form von Hilfeleistungen garantiert, andererseits sind hiermit natürlich bestimmte Leistungsgrenzen eingeschlossen" (Olk 1992, S. 21). An unserem Beispiel verdeutlicht: Über welche Kenntnisse verfügt Karin in Bezug auf die gesetzlichen Grundlagen des Schwangerschaftsabbruchs oder der finanziellen Förderung junger Mütter? Inwieweit verfügt sie über ein angemessenes Maß an Verweisungswissen (weitere Ansprechpartner, Adressen empfehlenswerter Ärztinnen etc.)? Inwieweit ist Karin in der Lage, ihre eigenen Gefühle, Handlungspläne etc. unberücksichtigt zu lassen, und sich (methodisch gesichert) darauf einzulassen, Kirsten bei der Suche nach *ihrer* Entscheidung zu unterstützen? Gerade angesichts wachsender Komplexität sozialer Problemlagen sind die Leistungsgrenzen von Laienhilfe häufig schneller erreicht, als es wünschenswert wäre.

Als Letztes muss ein Punkt angesprochen werden, der partiell über das von uns gewählte Beispiel hinausgeht. Kirsten hat Karin als potentielle Helferin identifiziert. Aber kann zweifelsfrei davon ausgegangen werden, dass soziale Netzwerke immer genügend und angemessenes Hilfepotential beinhalten, um Probleme und Konflikte zu bearbeiten? Folgt man der gesellschaftsanalytischen Diagnose, dass moderne Gesellschaften u.a. dadurch gekennzeichnet sind, dass einerseits Entscheidungs-, Konflikt- und Problemsituationen zunehmen und andererseits „natürliche", sozial gewachsene Hilferessourcen abnehmen bzw. nicht in ausreichendem Maße vorhanden sind (vgl. Belardi 1996a; Rauschenbach 1992), so kann die oben gestellte Frage nicht mehr zweifelsfrei mit ja beantwortet werden. Die Netzwerkforschung hat überdies gezeigt, dass „nicht jede Netzwerkkonstellation für die Bewältigung jeder Krise beziehungsweise jeden Problems gleich gut geeignet ist" (Heinze/Olk/Hilbert 1988, S. 113). Überdies besitzt „nicht jedes Individuum die gleiche Chance ..., subjektiv befriedigende und hilfreiche soziale Netzwerke aufzubauen und zu erhalten. Gesellschaftsstrukturelle Bedingungen spielen hier ebenso eine Rolle wie zugeschriebene und erworbene Merkmale der Person selbst" (ebd., S. 115). Der Ausbau professioneller Hilfe ist in diesem Sinne zu verstehen als Antwort auf eine veränderte und (sozial) ungleiche Angebots-Nachfrage-Relation im Hinblick auf den sozialen Bedarfsausgleich. Was aber könnte Kirsten tun, wenn ihr soziales Netz nicht genügend Hilfe, Beratung und Unterstützung gewährleisten könnte? Während informelle Hilfe in sozialen Netzwerken „nur begrenzt belastbar, hochselektiv, fragil und ausgesprochen voraussetzungsvoll" ist (Rauschenbach/Müller/Otto 1992, S. 229), können beruflich erbrachte bzw. professionelle Hilfeleistungen charakterisiert werden als „universalistisch, öffentlich, planbar, erwartbar, standardisiert, flächendeckend und (im Rahmen rechtlich normierter Gewährleistungsverpflichtungen) quantitativ und qualitativ einklagbar" (ebd., S. 230). Oder mit Hans Thiersch gesprochen: „Institutionalisierung und Professionalisierung sind ... Instrumente, die gegen Zufälligkeit und individuelle Beliebigkeit sichern, dass Hilfen verlässlich, abrufbar und verantwortlich (also vor dem Hintergrund ausgewiesener Handlungsregeln) praktiziert werden." (Thiersch 1985, S. 28)

Laienhilfe und professionelle Hilfe – so ein Fazit – sind beides notwendige Elemente eines gesellschaftlichen Systems des sozialen Bedarfsausgleichs, die sich tendenziell durch komplementäre Stärken und Schwächen auszeichnen. Aus der Sicht der professionellen Hilfe bedeutet dies, dass sie Alltagsnähe, Nachvollziehbarkeit und Akzeptanz – die Stärken der Laienhilfe – nicht zweifelsfrei voraussetzen kann, sondern diese methodisch reflektieren und planvoll herstellen muss, gleichzeitig aber auch – im besten Fall – Distanz, Rationalität, Horizont, Qualifikation und Information in die Waagschale werfen kann.

(4) Das vierte Merkmal Sozialer Arbeit ist insbesondere von der Dienstleistungstheorie[10] herausgearbeitet und hervorgehoben worden, nämlich der Status des Klienten als Co-Produzenten. Ausgangspunkt der Debatte war dabei die soziologische Dienstleistungsdebatte, die nach den besonderen Merkmalen der „Dienstleistung" Soziale Arbeit fragte. Nach Peter Gross (1983, S. 91) zählt Soziale Arbeit (in Abgrenzung zu den sachbezogenen Dienstleistungen z.B. beim technischen Service, Softwarewartung) zu den personenbezogene Dienstleistungen, die „das Einwirken auf oder die Veränderung von Personen oder Sozialbeziehungen zum Zweck" haben. Die Soziale Arbeit ist eine spezifische Form personenbezogener Dienstleistungen, da sie ihre Angebote als rechtlich kodifizierte Sozialleistungen erbringt. Gross spricht hier von einer sozialen Dienstleistung und definiert: „Soziale Dienstleistungen sind ... personenbezogene Dienstleistungen ..., welche im Rahmen der Sozialpolitik erbracht werden." (Gross 1983, S. 91 f.)

Personenbezogene soziale Dienstleistungen sind nun durch eine Reihe von Merkmalen gekennzeichnet, die ihre Besonderheit markieren.[11]

Das Ergebnis einer personenbezogenen sozialen Dienstleistung ist weitgehend immaterieller Natur. „Bei der Beratung wird besonders deutlich, dass die produzierte Leistung ein immaterielles Gut ist, kein Sachgut. Manchmal ist die persönliche Dienstleistung – z.B. in Form des Haarschnittes – noch

---

10 Vgl. Badura/Gross (1976); Gross (1983), Häußermann/Siebel (1995); Flösser/Otto (1996); Olk/Otto (2003); Schaarschuch (1999).
11 Einige dieser Merkmale sind in der Fachdiskussion durchaus umstritten. Häußermann/Siebel (1995, S. 142f.) verweisen u.a. darauf, dass etwa mit Lehrbüchern, Sprachlaboren oder Fernuniversitäten, mit Konzerten aus Radio oder von CD, mit Theaterkanälen im Fernsehen, Internet, Hörbüchern usw. usw. die an die „Immaterialität" personenbezogenen Dienstleistungen geknüpften Merkmale der Nicht-Lagerfähigkeit und Nicht-Transportierbarkeit tendenziell aufgehoben werden.

sichtbar, vielfach aber besteht sie – wie bei der Beratung – nur im Vorgang, ohne sichtbare Spuren zurückzulassen. Die persönliche Dienstleistung wird mithin nicht in gegenständlicher Form gegeben, sondern in Form einer Tätigkeit, die sich zudem auf den Kunden oder Klienten selbst erstreckt." (Badura/Gross 1976, S. 68)

Bedingt durch diesen immateriellen Charakter sind personenbezogene soziale Dienstleistungen nicht (oder nur begrenzt) lagerfähig. „Persönliche Dienstleistungen sind nicht lagerfähig, man kann sie nicht auf Vorrat an Lager produzieren. Sie lassen sich nicht weiter transportieren, ohne dass die Produzenten oder Konsumenten selber transportiert werden." (Badura/ Gross 1976, S. 68)

Eine personenbezogene soziale Leistung kann nur im direkten Kontakt mit dem Nutzer erbracht werden (uno-actu-Prinzip), sie Bedarf der gleichzeitigen Anwesenheit von „Produzent" und „Nutzer".[12]

Eine personenbezogene soziale Dienstleistung bedarf der Kooperation zwischen Dienstleistungsanbieter und Nutzer. Der Nutzer ist immer auch Ko-Produzent der erbrachten Leistung.

Der sozialpädagogische Dienstleistungsdiskurs der 1990er Jahre hat insbesondere den letzten Punkt, den Ko-Produzentenstatus der Klienten, hervorgehoben und in zentraler Weise die Frage thematisiert, wie der Ko-Produzentenstatus der Klienten auch gegen die Normalisierungsinteressen des Systems zur Geltung gebracht werden kann (vgl. Schaarschuch 1999; zur Kritik Galuske 2002). Zunächst einmal meint Ko-Prozentenstatus nichts anderes, als das personenbezogene Hilfe, Unterstützung, Intervention nur funktioniert, wenn der Klient sich an der „Produktion" des Gutes beteiligt. „So kann – im Unterschied zur materiellen Sachgüterproduktion – der Produzent der persönlichen Dienstleistung nicht autonom über die Faktoreinsätze disponieren, denn der Produktionsfaktor Klient ist gleichsam 'extern', und muss von Leistung zu Leistung neu mobilisiert werden. Dieser externe Produktionsfaktor bleibt auch 'Eigentum' des Klienten, er kann in der Regeln nicht gezwungen werden, sich physisch oder psychisch an der Leistungserbringung zu beteiligen. Deshalb ist die Qualität der Leistung in hohem Maße mitbedingt durch die Kooperationswilligkeit des Klienten, aber auch seine Kooperationsfähigkeit. Verbesserung der Erbringung persönlicher Dienstleistungen heißt also immer auch Verbesserung der Kooperation zwischen Produzent und Klient." (Badura/Gross 1976, S. 69)

Anders ausgedrückt: Ein bestimmtes Bildungsziel, eine erwünschte Verhaltensänderung ist nur zu erreichen, wenn es der Klient will, wenn er – aus

---

12 „Der Friseur kann das 'Gut' Haarschnitt nicht produzieren, wenn der Kunde nicht anwesend ist. Die Haare müssen an der Person geschnitten werden. Dies ist das erste entscheidende Charakteristikum der persönlichen Dienstleistung: Sie kann nur produziert werden, wenn der Konsument anwesend ist. Die Kundenpräsenz ist unabdingbare Voraussetzungen dieses Dienstes ..." (Badura/Gross 1976, S. 67)

welchen Gründen auch immer – einen Sinn darin sieht, sich „auf den Weg" zu machen. Wenn der Klient nein sagt, scheitert jedes didaktisch auch noch so versierte und durchdachte Angebot. In gewisser Weise versucht der Begriff der Ko-Produktion in positiver Weise das auszudrücken, was wir an späterer Stelle (vgl. Kapitel 3) unter dem Stichwort „Technologiedefizit" als Grenze sozialpädagogischen Handelns beschreiben werden (weshalb wir uns an dieser Stelle etwas kürzer fassen können). Positiv gewendet verweist die Ko-Produktivität sozialer Dienstleistungen auf den Umstand, dass der Erfolg sozialpädagogische Interventionen nur in Arbeitsbündnissen mit den Klienten zu erzielen sind. Sozialpädagogische Interventionen müssen darum in besonderer Weise sowohl die Partizipation der Klientinnen am Hilfeprozess sicherstellen, als auch die Autonomie der Lebenspraxis der Klientinnen respektieren. Da diese Autonomie zur Bewältigung von Problemen in primären Lebensbereichen jedoch häufig beschädigt ist und die Wiedererlangung von Selbststeuerungsfähigkeit zentrales Ziel der Dienstleistungsarbeit ist, versteckt sich hier ein professionelles Grunddilemma aller ‚helfenden Berufe': „Die Wahrung der Autonomie der Lebenspraxis durch einen Eingriff in die Autonomie der Lebensvollzüge ist das Dilemma aller sozialer Dienstleistungsarbeit." (Gildemeister 1992, S. 213)

(5) Mit diesem Grunddilemma steht auch das fünfte und letzte, aber sicherlich nicht unwichtigste Merkmal der Handlungsbedingungen Sozialer Arbeit in Verbindung, die „starke Abhängigkeit von staatlicher Steuerung und direkter Einbindung in bürokratische Organisationen" (Gildemeister 1995, S. 30). Für diesen Zusammenhang gibt es augenscheinliche Belege:

- Soziale Arbeit agiert im Rahmen eines weit verzweigten, selbst für Fachleute kaum noch überschaubaren Sozialrechts. Professionelle Hilfe kann nur in Kenntnis und in Bezugnahme auf die sozialstaatlichen Gewährleistungsgarantien offeriert werden.
- Gleichzeitig kann nur dort Hilfe angeboten werden, wo Hilfe durch Bund, Länder oder Gemeinden (re-)finanziert wird, eine für die Soziale Arbeit häufig unangenehme Erkenntnis, da sie, bedingt durch ihre Nähe zu den Problemen, oft einen größeren Hilfebedarf identifiziert, als Finanzierungsträger, gerade in Zeiten enger Finanzbudgets, zu bezahlen bereit sind.
- Soziale Arbeit agiert zumeist eingebunden in bürokratische Strukturen[13] (z.B. innerhalb von Jugend-, Sozial- und Gesundheitsämtern oder im Kontext freier Trägerorganisationen) mit bestimmten geregelten Verfahrensabläufen, hierarchischen Entscheidungswegen etc.

Der Hinweis auf die bürokratische und rechtliche Einbindung Sozialer Arbeit bleibt allerdings an der Oberfläche dessen, was mit dem Verhältnis von So-

---

13 Kreft hat auf diesem Hintergrund zu Recht darauf hingewiesen, dass administrative Qualifikationen, d.h. die „Fähigkeit, gewollte Inhalte in gegebenen Handlungsstrukturen zu realisieren" (Kreft 1996, S. 272) zum Kernbereich sozialpädagogischer Handlungskompetenz gehören.

zialer Arbeit und staatlicher Steuerung angesprochen und impliziert ist. Denn auch dort, wo SozialpädagogInnen alltäglich handeln, bricht sich das Verhältnis von Klientenerwartungen, fachlicher Autonomie und staatlichen Anforderungen. Damit ist das in der sozialpädagogischen Fachdiskussion seit langem diskutierte und zeitlos aktuelle Verhältnis von Hilfe und Kontrolle innerhalb sozialpädagogischer Interventionen angesprochen, das so genannte „doppelte Mandat" (vgl. Böhnisch/Lösch 1973) der Sozialen Arbeit. Besonders augenfällig wird dies in jenen Arbeitsfeldern, wo sich Soziale Arbeit als Eingriff in Lebensverhältnisse vollzieht, z.b. im Bereich der Inobhutnahme nach § 42 des Kinder- und Jugendhilfegesetzes (KJHG) oder in der Jugendgerichtshilfe. Aber auch für die anderen Bereiche gilt, dass sozialpädagogische Interventionen immer Hilfe und Kontrolle zugleich sind, wenn auch von Fall zu Fall, von Arbeitsfeld zu Arbeitsfeld in unterschiedlicher Gewichtung. Versteht man Soziale Arbeit im Gefolge der neueren Fachdebatte zur Funktion der Sozialen Arbeit ab Mitte der 70er Jahre als Element von staatlicher Sozialpolitik (vgl. Böhnisch 1982; Blanke/Sachße 1978), dessen systemisch induzierte Aufgabe als „Bewahrung und Reproduktion von Normalzuständen bzw. Normalverläufen" (Olk 1986, S. 6), der „vorsorglichen Vermeidung und kurativen Beseitigung von Normverletzungen bzw. anders gewendet ... der Gewährleistung durchschnittlich erwartbarer Identitätsstrukturen" (Olk 1986, S. 12) beschrieben werden kann, so erfüllt Soziale Arbeit Kontrollaufgaben, indem sie im Rahmen ihrer Interventionen „normale" Entwicklungsverläufe, Lebensumstände etc. im Blick hat und damit zur Stabilität der gesellschaftlichen Ordnung beiträgt. „Im beruflichen Handeln verschränken sich fachliches Wissen und berufspraktisches Können mit der Orientierung an gesellschaftlichen Normalitätsstandards, die in die Struktur der Institution wie ihre Aufgabendefinitionen eingelassen sind. Noch in vermeintlich sanktionsfernen Arbeitsbereichen können sich Sozialarbeiter/ Sozialpädagogen dem Dilemma nicht entziehen, dass sie als Mitglieder einer Institution wie als berufstätige Erwachsene zugleich die Normalität einer Gesellschaft repräsentieren, deren Normen und Strukturen häufig zugleich die Ursache der Probleme der Klientel sind" (Dewe u.a. 1993, S. 16).[14] Diese Einsicht fällt SozialpädagogInnen und SozialarbeiterInnen nicht immer leicht, wollen sie doch gemäß ihres Selbstverständnisses helfen, aber nicht kontrollieren. Tatsache bleibt aber, dass Soziale Arbeit im Gegensatz zu anderen Professionen fast nie allein im Klientenauftrag handelt, sondern immer im Horizont staatlicher Funktionszuschreibung zumindest gängige und akzeptierte Normalitätsmuster im Blick hat.

Allgemein gesprochen ist es Aufgabe der Pädagogik, so Hans Thiersch, „Normen vor den Heranwachsenden so zu repräsentieren, dass sie mit ihren Möglichkeiten in sie hineinwachsen können" (Thiersch 1998, S. 36). Päd-

---

14 Wir werden an späterer Stelle noch darauf eingehen, dass im Rahmen gesellschaftlicher Modernisierung immer schwieriger zu bestimmen ist, was „Normalität" substantiell ausmacht (vgl. Böhnisch 1994, 1996).

agogik und somit auch Sozialpädagogik fungieren funktional immer als „Normalitätsrepräsentanten", nie nur als „Helfer der Klienten". Schmidtbauer ist insofern zuzustimmen: „Der ‚soziale Beruf' war schon immer ein normativer Beruf. Der Zugang zu ihm setzte den Nachweis einer überdurchschnittlichen Fähigkeit voraus, Normen zu verstehen, sie zu erfüllen und sie weiterzugeben." (Schmidtbauer 1992a, S. 29)

Aus diesem Umstand resultiert eine doppelte Konsequenz für die Methodenfrage innerhalb der Sozialen Arbeit: a) Zum einen schränkt das doppelte Mandat die professionelle Autonomie ein: „Das Handeln in der sozialen Arbeit ist zwei entgegengesetzten Sphären gleichzeitig verpflichtet: den pädagogisch-sozialtherapeutischen Maßnahmen auf der einen Seite, und den rechtlich-organisatorischen Bedingungen auf der anderen" (Gildemeister 1995, S. 30).[15] Dies bedeutet zweierlei: Einerseits ist die Wahl einer Methode in der Sozialen Arbeit nicht in allen Fällen allein das Resultat einer den professionellen Kunstregeln entsprechenden Entscheidung. Durch die staatlich gesetzten rechtlichen/administrativen/finanziellen Rahmenbedingungen können solche Entscheidungen im Zweifelsfall erheblich eingeschränkt werden. Andererseits resultiert daraus, dass die Methodenfrage nie unabhängig von den Bedingungen des je konkreten Falles und Arbeitsfeldes getroffen werden kann. b) Wenn es richtig ist, dass Soziale Arbeit immer Hilfe und Kontrolle zugleich und dieses doppelte Mandat prinzipiell nicht aufhebbar ist, so reicht der gute Wille zur Hilfe allein nicht aus, um mögliche unbeabsichtigte Nebenwirkungen von Interventionen zu verhindern.[16] So betont etwa Tim Kunstreich: „Die üblichen Methoden der Sozialarbeit sind insofern zugleich Ideologien der Institutionen der Sozialarbeit, als sie ein Teil des Handelns für das Ganze ausgeben. Die nicht-thematisierten Handlungsanteile und Wirkungszusammenhänge setzen sich in diesen Institutionen als ‚heimliche' Methoden hinter dem Rücken der Akteure durch" (Kunstreich 1978, S. 349). Wenn berufliche Ethik allein nicht ausreicht, um unbeabsichtigte Nebenwirkungen zu verhindern (vgl. B. Müller 1991), so muss es zum Kernbereich methodischer Reflexion gehören, z.B. das jeweils implizierte Verhältnis von Hilfe und Kontrolle in den Blick zu nehmen und aktiv zu berücksichtigen. Dies gilt umso mehr, als Soziale Arbeit zunehmend im Alltag der Klienten agiert und damit die Chancen zur Distanzierung für den Klienten sinken. In einem Bild gesprochen: Mit der sozialpädagogischen FamilienhelferIn sitzt nicht nur die HelferIn am Küchentisch, sondern zugleich die „NormalitätskontrolleurIn".

---

15 Ähnlich betont Meinhold: „Da die Organisation der Hilfeprozesse durch vielfältige gesetzliche Vorgaben und Verwaltungsvorschriften gesteuert ist, werden Sozialarbeiter im Schnittpunkt zweier unterschiedlicher Kontrollstrukturen tätig" (Meinhold 1988, S. 70), nämlich der behördlich/administrativen/staatlichen einerseits und der beruflichen/professionellen Identität andererseits.
16 Eine gegenteilige Auffassung zu dieser Frage vertreten etwa Seibert (1978a) sowie Lüssi (1995).

Dies ist aber nur eine mögliche „Fußangel", in der HelferInnen sich verfangen können, insofern sie sich die Strukturbedingungen sozialpädagogischen Handelns nicht vergegenwärtigen, und die zu unbeabsichtigten, gleichwohl zumeist kontraproduktiven Nebenwirkungen führen können. Bedenkt man, in welchem Spannungsfeld von

- personalen,
- situativen,
- institutionellen und
- gesellschaftlichen Anforderungen

sich sozialpädagogische Hilfesituationen konstituieren (vgl. Abbildung 3), so erweist es sich als alles andere den bescheiden, von Methoden Sozialer Arbeit vor allem eine Hilfe zur reflexiven Selbstkontrolle der Professionellen zu erwarten, und weniger eine gezielte Veränderungsqualität im Hinblick auf das individuelle Verhalten und Denken des Klienten. Das Schaubild gibt zunächst nur einen statischen Überblick über die verschiedenen Einflusssphären, die sich letztlich in einer konkreten Hilfesituation in unterschiedlichster Art und Weise praktisch niederschlagen, ohne dass es die Querverbindungen der verschiedenen Sphären untereinander grafisch berücksichtigt würde.

Ein prägnantes Beispiel, dass sich mit dem „Einflussfaktor Helferpersönlichkeit" beschäftigt, soll diesen Gedanken veranschaulichen und vertiefen. Ende der 70er hat der Psychoanalytiker Wolfgang Schmidbauer mit seiner These vom „Helfersyndrom" und vom „hilflosen Helfer" (vgl. Schmidbauer 1992a, 1992b, 1999) eine breite, oft polemisch geführte Diskussion über die Motive von Angehörigen Sozialer Berufe ausgelöst.[17] Im Kern, und ohne hier ausführlich auf den psychoanalytischen Begründungskontext eingehen zu können, besagt die These vom „Helfersyndrom" vereinfacht gesprochen, dass es Menschen gibt, die helfende oder soziale Berufe ergreifen, weil sie innerhalb des beruflichen Settings einen Weg finden, ihre in der Kindheit vernachlässigten emotionalen Bedürfnisse nach Nähe, Bestätigung und Zuwendung in der HelferInnen-KlientInnen-Beziehung zu befriedigen, oder, wie Schmidbauer es ausdrückt: „Helfen als Suche nach narzisstischer Be-

---

17 Ausgangspunkt der Arbeiten Schmidbauers waren nach eigenen Aussagen ein Staunen, das niemandem so recht fremd sein dürfte, der sich mit wachen Augen und einem „fremden" Blick auf den Alltag sozialer Hilfeinstitutionen einlässt. Es begann, so Schmidbauer, „als ich – bisher Journalist und Schriftsteller – im Rahmen meiner psychoanalytischen Ausbildung mit Leben unter psychosozialen Helfern konfrontiert wurde. Ich begann damals, viel mit Selbsterfahrungs- und Supervisionsgruppen in verschiedenen medizinischen oder pädagogischen Einrichtungen zu arbeiten. Immer wieder fiel mir auf, wie wenig Helfer in der Lage sind, auf sich selbst anzuwenden, was sie anderen raten. Ich interessierte mich für diese spezifische Form der Hilflosigkeit, für den seelischen Hintergrund des Phänomens, dass ein Arzt, der seinem überarbeiteten Patienten dringend rät, auszuspannen, und ihm die Folgen einer Zurückweisung dieser Empfehlung in düsteren Farben malt, doch selbst überarbeitet ist und nicht ausspannen kann" (Schmidbauer 1992a, S. 239).

friedigung – nach Geltung, Macht, Ansehen, nach emotionaler Nähe bei gleichzeitig erhaltener Kontrollmöglichkeit." (Schmidbauer 1992a, S. 40)

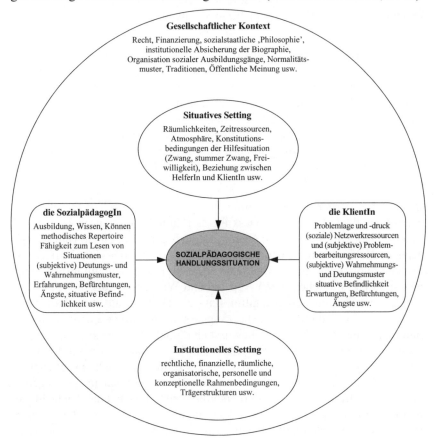

Abbildung 3: Einflussfaktoren auf sozialpädagogische Handlungssituationen

Die wichtigsten Konflikt- und Problembereiche dieses Typs der „Helfer-Persönlichkeit" sind „die in der frühen Kindheit erlittene unbewusste und indirekte (1) Ablehnung seitens der Eltern, welche das Kind nur durch besonders starre (2) Identifizierung mit dem anspruchsvollen elterlichen Über-Ich emotional durchzustehen sich bemüht; die (3) verborgene narzisstische Bedürftigkeit, ja Unersättlichkeit; die (4) Vermeidung von Beziehungen zu Nicht-Hilfsbedürftigen auf der Grundlage von Gegenseitigkeit des Gebens und Nehmens und die (5) indirekte Äußerung von Aggression gegen Nicht-Hilfsbedürftige" (Schmidbauer 1992b, S. 90).

Da diese Prozesse unbewusst ablaufen, ein entsprechendes Verhalten also nicht zur Verfügung des Helfers steht, sich seiner bewussten Kontrolle entzieht und zumeist noch verborgen wird in einem Mantel rastloser Selbstlosigkeit im Einsatz für Klienten, Träger und/oder die „Idee", dürften die Konfliktpotentiale und die die Hilfeintention konterkarierenden Einflüsse auf den Verlauf von Hilfeprozessen augenscheinlich sein: Kränkungen über uneinsichtige KlientInnen, „fürsorgliche Belagerung", glaubenskriegartige Grundsatzdiskussionen in Dienstbesprechungen, „Burnout" – um nur einige zu nennen.

Schmidbauer ist häufig vorgeworfen worden, das Modell des „Helfersyndroms" denunziere lautere Hilfeabsichten und degradiere soziales Engagement zu eigennütziger Bedürfnisbefriedigung. Ganz abgesehen davon, dass es durchaus legitim, geradezu überlebensnotwendig ist, dass eine HelferIn auch ihre Bedürfnisse im Blick behält, übersieht eine solche Argumentation, dass Schmidbauer hier lediglich einen bestimmten „Typus" des Helfers skizziert, der allerdings unter den gegebenen gesellschaftlichen Rahmenbedingungen (vgl. Schmidbauer 1992a) nicht eben selten vorkommen dürfte.

Die für den vorliegenden Zusammenhang zentrale Botschaft hat allgemeineren Charakter: Der Hilfeprozess ist als rationaler Austauschprozess zwischen einem Hilfesuchenden, einem „Bedürftigen" und einem (meist besitzenden) Helfenden nur höchst unzureichend beschrieben. Die HelferIn ist, genau wie die Klienten, im konkreten Hilfeakt immer auch mit ihren Bedürfnissen, ihren Emotionen, ihren Ängsten und Wünschen, kurz: mit ihrer Biographie beteiligt und es ist legitim, dass die HelferIn auf ihre Bedürfnisse achtet. Da einige dieser Wünsche, Ängste und Bedürfnisse dem Helfer aus biographischen Gründen nicht bewusst sind, nicht bewusst sein können, besteht die Gefahr, dass diese sich ungewollt in die Interaktion mit den Hilfesuchenden einmischen. Das muss im Einzelfall gar nicht problematisch sein, kann allerdings auch den Sinn von Hilfsangeboten in ihr Gegenteil verkehren. Hier, in der „Helferpersönlichkeit", liegen eine Vielzahl von möglichen Fußangeln und Fallstricken, die ein Gelingen von Interventionen erschweren und behindern können.[18] Ein Sinn des Rückgriffs auf Methoden muss auf diesem Hintergrund wie oben angedeutet in der selbstkontrollierenden (und bestenfalls auch selbstbeobachtenden) Qualität methodischen Handelns gesehen werden, die auch einen Schutz des Klienten vor (meist ungewollten) Übergriffen und Grenzverletzungen mit sich bringen kann.

---

18 Wenn die Beobachtungen Schmidbauers einen realen empirischen Sachverhalt treffen, wenn, allgemeiner gesprochen, die Bedürfnisstruktur des Helfers eine wesentliche Variable nicht nur für Erfolg und Misserfolg helfender Beziehungen sondern auch für das Wohlbefinden des Helfers im Berufsalltag ist, dann folgen daraus für die (Erst-)Ausbildung sozialer Berufe, dass sie gezielter und angeleiteter biographischer Selbsterfahrung und Selbstreflexion breiteren Platz einräumen muss, als bislang. Wenn man es zugespitzt formulieren will: Das beste Wissen um rechtliche, materielle, sozialpädagogische und therapeutische Hilfsmöglichkeiten läuft in die Gefahr, sich im Spinnennetz der eigenen Erwartungen, Vorstellungen und Bedürfnissen zu verfangen, solange diese nicht als wichtig wahrgenommen und reflektiert werden. Insofern muss die Aufmerksamkeit des Helfers im Hilfeprozess nicht lediglich dem bedürftigen Klienten gelten, sondern auch seiner eigenen Bedürftigkeit.

Fassen wir noch einmal zusammen: Die Auseinandersetzung mit angemessenen Methoden in der Sozialen Arbeit muss die Besonderheiten der Handlungssituation der Sozialen Arbeit im Vergleich zur Laienhilfe und anderen „helfenden Professionen" berücksichtigen. Diese Unterschiede lassen sich u.a. mit den Stichworten Allzuständigkeit, fehlende Monopolisierung von Handlungsfeldern, Schwierigkeiten der Durchsetzung von Kompetenzansprüchen in alltagsnahen Problemfeldern, Ko-Produktivität personenbezogener Dienstleistungen sowie staatliche Einflussnahme und Einbindung in administrative Zusammenhänge beschreiben. Aus dieser besonderen Handlungssituation resultieren Konsequenzen für die Methodendiskussion innerhalb der Sozialen Arbeit:

(a) Soziale Arbeit hat es mit einer Vielzahl von Lebenslagen, Arbeitsfeldern und Problemen zu tun. Die Suche nach einer einzigen und einheitlichen „Super-Methode", die diesen Facettenreichtum abdeckt, ist weder hilfreich noch sinnvoll. *Die* Methode der Sozialen Arbeit gibt es nicht und kann es nicht geben. Es bedarf vielmehr unterschiedlichster Methoden, die unterschiedlichen Personen, Problemen, Situationen und Arbeitsfeldern angemessen sind. Die Frage, welche Methode welchem Fall angemessen ist, kann nur im Einzelfall geklärt werden. Damit SozialarbeiterInnen nicht der Gefahr erliegen, Klienten den erlernten Methoden anzupassen, bedarf es als Grundlage eher einer in die Breite gehenden Methodenkenntnis, die auf bestimmte Arbeitsfelder hin zu spezifizieren und zu vertiefen ist.[19]

(b) Soziale Arbeit ist gekennzeichnet durch ihre Nähe zum Alltag der Klienten und ihren Alltagsproblemen. Methodisches Handeln innerhalb der Sozialen Arbeit muss sich deshalb am Kriterium der Alltagsnähe bewähren und messen lassen. Der Vielfalt des Alltags kann nicht Rechnung getragen werden, indem man Methoden als starres Instrument versteht. Hans Thiersch betont in diesem Sinne in besonderem Maße die situative Offenheit sozialpädagogischer Methoden: „Lebensweltorientiertes sozialpädagogisches Handeln ist angewiesen auf Entlastungen und Sicherungen. Eine Form der Sicherung ist der Rekurs auf methodische Strukturierung: Methodische Strukturierung meint das Wissen um Phasen des Arbeits-, Verständigungs-, Unterstützungsprozesses (um Gliederungen und Prioritätensetzung) in den Aufgaben, um Möglichkeiten der Rückkoppelung von Ziel, Einlösung und Prüfung im Prozess. Solche Methode, die zweifelsohne ein schematisierend-ordnendes Moment im Handeln ist, scheint im Widerspruch zu stehen zur situativen Offenheit lebensweltorientierten Handelns. Dieser Widerspruch aber löst sich auf, wenn Methode als Grundmuster verstanden wird, das in unterschiedlichen Aufgaben unterschiedlich akzentuiert und konkretisiert wird, indem aber immer das Moment der Strukturierung instrumentell für die Situation realisiert

---

19 B. Müller (1991) hat zu Recht darauf hingewiesen, dass in dieser Anforderung tendenziell eine strukturelle Überforderung liegen kann, da von SozialpädagogInnen, z.B. im Gegensatz zu PsychotherapeutInnen, gefordert wäre, nicht eine Methode, sondern viele Methoden zu kennen und ggf. zu beherrschen.

wird. Die Angst vor der in aller Schematisierung liegenden Gefahr zur Verengung der Realität darf nicht dazu führen, die Notwendigkeit absichernder und stabilisierender Momente in offenen, überlastenden und diffusen Situationen zu unterschlagen." (Thiersch 1993, S. 24)

(c) Jenseits der vom allgemeinen Methodenbegriff (vgl. Kapitel 1) implizierten Funktion der zielgenauen Erzeugung von beabsichtigten Wirkungen auf Seiten der Klienten lassen sich aus der Diskussion um die besonderen Handlungsbedingungen der Sozialen Arbeit drei weitere Funktionen ablesen, die ebenfalls mit der Methodenfrage in enger Verbindung stehen:

- Aus der Perspektive der professionellen Subjekte können Methoden die Funktion der Reduktion von Komplexität und damit der Bearbeitung von Ängsten und Gefühlen der Überforderung angesichts von Allzuständigkeit erfüllen.

- Aus der Perspektive der Profession Soziale Arbeit ist darauf hinzuweisen, dass die Methodendiskussion auch immer eine Statusdiskussion war und ist. In Kooperation und Konkurrenz zu anderen helfenden Professionen kommt den Methoden nicht zuletzt die Aufgabe zu, Originalität zu signalisieren und Terrain zu markieren. In diesem Sinne vertritt C. W. Müller die These, „dass die Beachtung von Prinzipien dieses methodischen Arbeitens und der aus ihm abzuleitenden Handlungsanweisungen ein wesentlicher Beitrag beim Übergang von der Verberuflichung zur Professionalisierung der Sozialen Arbeit gewesen ist. Das Handwerkszeug identifiziert die Zunft" (C. W. Müller 1998, S. 16).

- Aus der Perspektive der Klienten ist einer der wesentlichen Gründe, warum methodisches Handeln unverzichtbar ist, die Tatsache, dass Soziale Arbeit immer im Spannungsfeld von Hilfe und Kontrolle tätig wird. Wenn sie sich nicht darauf verlassen will, das gut *gemeint* gleich gut *getan* ist, so bedarf es der Kontrolle der unbeabsichtigten Nebenwirkungen des beruflich-professionellen Handelns. So ist Schütze zu folgen, wenn er feststellt: „Nur wenn der Professionelle sich offen mit den unaufhebbaren Kernproblemen seines Arbeitsfeldes als Handlungsparadoxien auseinander setzt, kann er die Fehlerpotentiale der Profession bewusst und wirksam kontrollieren." (Schütze 1996, S. 188) Die Zielrichtung methodischen Handelns wäre demnach nicht ausschließlich der Klient und die Gestaltung des ihm dienlichen Hilfeprozesses, mithin der klientenbezogene Wirkungsaspekt methodischen Handelns, sondern zumindest gleichwertig die Selbstkontrolle des Professionellen im Prozess der Intervention. In diesem Sinne könnten Methoden einen Beitrag zur reflexiven Professionalisierung leisten, einer Professionalisierung, die die Fußangeln, Probleme und möglichen Nebenwirkungen sozialpädagogischer Intervention in ihrem Reflexionskontext berücksichtigt.

Der Rückbezug der abstrakten Begriffsbildung auf die Strukturbedingungen des sozialpädagogischen Handlungsfeldes hat die Aufgaben einer Einführung in diese Fragestellung nicht eben vereinfacht. Methodisches Handeln innerhalb der Sozialen Arbeit vollzieht sich nicht gradlinig – insofern ist das Bild des Weges, der von einem Ausgangspunkt zu einem Ziel führt grob vereinfachend –, sondern bewegt sich im Spannungsfeld von Strukturierung und situativer Offenheit, von notwendiger Erzeugung von Nähe und gleichzeitiger Ermöglichung von Distanz, von professioneller Selbstverständigung über erprobte und sinnvolle Gestaltung von Hilfeprozessen und interprofessioneller Legitimation des eigenen beruflichen Handelns. Alltägliche Problemlösung geschieht zumeist intuitiv und bis zu einem gewissen Grad beliebig. Berufliches Handeln kann diesem Weg nicht folgen, weil es sonst in die Gefahr gerät, sich in seinen eigenen Fußangeln zu verheddern. Die Vorteile methodischen Handelns sind aus professioneller Perspektive nicht hintergehbar: nämlich für den Klienten Rationalität zu schaffen und damit Zuverlässigkeit und Kalkulierbarkeit (vgl. Winkler 1995).

3. Grenzen und Probleme der Methodisierbarkeit sozialpädagogischen Handelns

Methoden suggerieren die Idee der Planbarkeit, der Kalkulierbarkeit und letztlich der Machbarkeit. Und in der Tat knüpft sich an Methoden in der Sozialen Arbeit die Hoffnung, durch den Einsatz erprobter und im Kontext von Methoden und Konzepten begründeter Instrumente, „ein Ziel sicher zu erreichen" (Lattke 1962, S. 28).

Was für die einen eine gut gemeinte Absicht, ist für die anderen die Gefahr einer inhumanen Interventionspraxis Sozialer Arbeit. Soziale Arbeit habe es, im Gegensatz etwa zu naturwissenschaftlichen Professionen, nicht mit der technischen Beherrschung unbelebter Natur zu tun, sondern mit der „Veränderung" von Menschen im Medium sozialer Beziehungen. Die technologische Beherrschung von Menschen in Situationen kann nun sehr leicht die Machtbalance zugunsten der SozialarbeiterInnen verschieben und mithin der „Gefahr einer herrschaftlichen Verfügung der Sozialarbeit und Sozialpädagogik über ihre Klienten" Vorschub leisten (Winkler 1995, S. 126).[1]

Ob diese Gefahr wirklich existiert, ist allerdings weitgehend davon abhängig, wer im Interventionsprozess die Ziele setzt. Methodisches Denken legt die Annahme nahe, dass die Zielbestimmung überwiegend durch den Profi geschehe.

Und in der Tat liefert die klassische Methodenliteratur Indizien, die die oben skizzierte Befürchtung zumindest nicht ausräumen. So definiert etwa Newstetter Mitte der 30er Jahre Gruppenarbeit als einen Erziehungsprozess, „der 1. die Entwicklung und die soziale Anpassung eines Einzelnen durch freiwillige Gruppenmitgliedschaft betont und der 2. diese Mitgliedschaft als ein Mittel zur Beförderung anderer, gesellschaftlich wünschenswerter Ziele benutzt" (Newstetter u.a. 1972, S. 86). Und weiter heißt es: „Es ist dieser Prozess wechselseitiger Beeinflussung, den wir den Prozess der Gruppenarbeit nennen. Er wird bestimmt durch 1) die Ziele des Gruppenarbeiters, 2) die Anpassungsbestrebungen innerhalb der Gruppe selbst, 3) die Beobachtungen des Gruppenarbeiters und seine Interpretation der Anpassungsbemühungen innerhalb der Gruppe, 4) die Fertigkeit des Gruppenarbeiters,

---

[1] Ähnlich formuliert schon Iben: „Die Gefahr einer jeden solchen Methodengläubigkeit liegt darin, dass das persönliche Schicksal des Hilfebedürftigen auf ein mechanistisches Modell reduziert und dem vorgegebenen, starren Behandlungsplan mehr oder weniger gewaltsam eingepasst wird." (Iben 1970, S. 189)

bei der Auswahl und Anwendung von Techniken und Methoden im Rahmen dieser Rückkoppelungsmechanismen." (Ebd., S. 87) Es sind also gesellschaftlich wünschenswerte Ziele, die angestrebt werden. Auffällig ist auch, dass bei den dominanten Einflussfaktoren des Gruppenprozesses an erster Stelle die Ziele des Gruppenarbeiters genannt werden, von den Zielen der Klienten allerdings an keiner Stelle die Rede ist.

Tendenziell scheint die klassische Methodenliteratur die Dominanz der gesellschaftlichen Sphäre – und vermittelt darüber der SozialpädagogInnen als Akteure im gesellschaftlichen Auftrag – nahe zu legen. Die mittlerweile zur Worthülse verkommene „Leerformel" von der „Hilfe zur Selbsthilfe", die intendiert, dass Soziale Arbeit Klienten dazu befähigen soll, ein von externer und staatlicher Hilfe unabhängiges Leben führen zu können, meint in der klassischen Methodenliteratur zumeist nicht Hilfe zur Verwirklichung eigener Lebenspläne, sondern vielmehr Anpassung an etablierte Normalitätsstandards.

Die klassischen Versuche der Definition von Zielperspektiven und Kompetenzverteilungen innerhalb von Hilfeprozessen in der Sozialen Arbeit können zumeist die Befürchtung nicht zerstreuen, dass die Verfügung über effektive Methoden in der Gefahr steht, die Autonomie der Lebenspraxis der Klienten technologisch zu unterlaufen, und zu Gunsten einer gesellschaftlich wünschenswerten Funktionalisierung aus dem Blick zu verlieren. Eine solche Argumentation übersieht allerdings, dass die Frage, inwieweit der Klient als Person mit eigenen Zielen, Lebensplänen etc. ernst zu nehmen ist, in der Methodendiskussion von Anfang an aufgegriffen wurde, etwa wenn Alice Salomon davon spricht, dass die höchste Aufgabe des Fürsorgers sei, „Verschiedenes für verschiedenartige Menschen zu tun" (Salomon 1926, S. 50). Typischerweise wird die Autonomie der Lebenspraxis jedoch weniger in den Methoden selbst, als vielmehr in ihrer „ethischen Rahmung" thematisiert.[2]

Hilfe zur Selbsthilfe leisten, dort anfangen, wo der Klient steht, ihn zum Partner im Hilfeprozess werden lassen: All diese hinlänglich bekannten und etablierten Leitsätze sozialpädagogischen Handelns zielen darauf ab, den Subjektstatus des Klienten im Hilfeprozess zu sichern und der Gefahr vorzubeugen, dass der Klient zum Objekt der Behandlung degradiert wird. Die Spannung zwischen Subjekt- und Objektstatus wird mit diesem „code of ethics" allerdings keineswegs aufgelöst. Einerseits lassen die Entscheidungen zwischen Akzeptanz und Grenzsetzung, zwischen Selbstbestimmung und Förderung der Selbstverantwortung weiterhin Einfallstore in die Autonomie der Lebenspraxis der Subjekte offen, andererseits müssen die SozialarbeiterInnen die Spannung zwischen ethischer Grundierung und methodischer Strukturierung im Einzelfall selbst auflösen, da, so Burkhard Müller (1991), die ethischen Forderungen methodisch nicht gesichert werden. Das

---

2 Entsprechende Beispiele finden sich in den Kapiteln zu den klassischen Methoden der Sozialen Arbeit (vgl. Kapitel 4, 5, 6).

heißt die partnerschaftliche Grundhaltung auf der einen und die methodische Strukturierung des Hilfeprozesses durch die SozialarbeiterIn auf der anderen Seite sind im je konkreten Fall aufeinander abzustimmen.

Nimmt man die oben skizzierte Strukturbedingung des „doppelten Mandats", des Miteinander von Hilfe und Kontrolle in der Interventionspraxis Sozialer Arbeit ernst, so ist der Balanceakt zwischen Eingriff in die Lebenspraxis einerseits und Wahrung der Autonomie der Subjekte andererseits prinzipiell nicht einseitig auflösbar. Problematisch ist allerdings, die Bewahrung des Selbstbestimmungsrechts des Klienten einzig auf der Ebene von ethischen Postulaten abzusichern und damit quasi dem „guten Willen" der SozialarbeiterIn anheim zu stellen. In der Praxis besteht hier nur allzu leicht die Gefahr, dass die Autonomie des Klienten solange gewahrt bleibt, wie er den Interventionszielen und der Interventionspraxis der SozialpädagogIn nicht widerspricht und „mitzieht". Widersetzt er sich allerdings den „in guter Absicht" inszenierten Hilfeleistungen, so liegen Interpretationen wie „nicht erziehungsfähig", „mangelnde Einsichtsfähigkeit", „fehlender Wille zur gemeinsamen Problemlösung" etc. nur allzu nah und der Schritt zum Eingriff auch gegen die expliziten Wünsche des Klienten wird vollzogen, weil man ja „das Beste" für den Klienten beabsichtigt. Letztlich ist der Klient ja Klient, weil er hilfsbedürftig ist, weil er nicht in der Lage ist, sein Leben selbst in den Griff zu bekommen, seine Sache selbst zu besorgen. Könnte er in diesem Sinne kompetent entscheiden, so bedürfte er der Hilfe der Sozialen Arbeit nicht. Folglich ist eine „stellvertretende Entscheidung" notwendig. Um solchen alltäglichen Strategien der Konfliktreduktion vorzubeugen, bedarf es der methodischen Sicherung der Klientenrechte und damit der Autonomie der Lebenspraxis.[3]

In der neueren Methodendiskussion wird der Klientenautonomie ein höherer Stellenwert eingeräumt, ohne dass die oben formulierte Forderung, bislang auf breiter Linie eingelöst wurde. Allerdings hat sich die Erkenntnis durchgesetzt, dass Eingriffe gegen die expliziten Interessen und Wünsche von Klienten nicht nur ethisch bedenklich, sondern auch praktisch eher wirkungslos sind. Mit anderen Worten ausgedrückt: Der biographische und situative Eigensinn der Subjekte ist eine nicht hintergehbare Voraussetzung eines gelingenden Unterstützungsprozesses. „Methodisches Arbeiten heute hat ... von der Notwendigkeit auszugehen, dass der Klient selber den ihm gemäßen Weg finden muss." (Greese 1992, S. 142)

---

3 B. Müller hat in Bezug auf diese Problematik das Konzept des Arbeitsbündnisses vorgeschlagen. Er versteht darunter „ein Interpretationsraster, das professionelle Dienstleister selbst benutzen und ihren Klienten anbieten, mit dem Ziel, die jeweils schon vorgegebenen, wechselseitigen Situationsdefinitionen und Gegenstandsbestimmungen der Interaktion in eine explizite, gemeinsame, wechselseitig für vernünftig und zumutbar gehaltene Arbeitsaufgabe zu transformieren. Das Konzept impliziert damit zugleich den Anspruch, Bedingungen zu reflektieren, unter denen ein ‚Bündnis' d.h. eine wechselseitige konsensfähige Verpflichtung gegenüber einer Aufgabe, möglich wird" (B. Müller 1991, S. 97).

Grenzen und Probleme der Methodisierbarkeit 59

Eine solche Prioritätensetzung hat Folgen für das Methodenverständnis: Der Kfz-Mechaniker, der ein defektes Getriebe vorfindet, setzt sich das Ziel, das defekte Teil des Fahrzeuges wieder so weit in Stand zu setzen, dass es seine Funktion in vollem Umfang erfüllt. Er legt einen bestimmten Weg fest, mittels dessen er vom Zustand A (defektes Getriebe) zum Zustand B (funktionierendes Getriebe) gelangen will. Ob der Weg richtig ist, erweist sich in der erfolgreichen Einlösung der Zielsetzung, in der Operationalisierung des gewünschten Zustands B. Nachdem der Weg beschritten wurde funktioniert das Getriebe oder es funktioniert nicht.

Für den Sozialpädagogen gestaltet sich dieser Prozess weit komplizierter: Er ist weder autonom in der Zielsetzung noch in der Festlegung des Weges. Beides, Ziel und Vorgehensweise, sind letztlich Produkte eines Aushandlungsprozesses zwischen den Beteiligten. Für Wendt folgt daraus „In ihrer Kritik an den Methoden der Sozialarbeit meinen Sozialwissenschaftler, es mangele den Verfahrenskonzepten an Operationalisierung, an konkreten Handlungsanweisungen. Die Kritik übersieht, dass der methodisch Handelnde im sozialen Feld mit Akteuren zusammenwirkt, die sowohl vom Tatbestand mitzubestimmen haben, der zu bearbeiten ist, als auch die Operationen, die zweckmäßig sind." (Wendt 1992, S. 118)

Allein die Tatsache, dass Ziel und Weg in der Sozialen Arbeit Aushandlungsprodukte sind, verhindert die Standardisierung von Methoden und Verfahren, da die „Behandlung" nie ausschließlich Sache des „kompetenten Fachmanns" ist. Wiederum im Bild gesprochen: Ein Getriebe kann nicht über die Tatsache mitentscheiden, ob es überhaupt repariert werden will, ob es demnächst über drei statt vier oder sechs statt vier Gänge verfügen will; auch wird es wenig Einwände gegen bestimmte mehr oder minder rabiate Vorgehensweisen des Mechanikers erheben. Der Mechaniker ist für seine Dienstleistung im vollen Umfang entscheidungsbefugt und verantwortlich. Menschen hingegen können „nein" sagen, und jeder Sozialpädagoge weiß, dass sie dies manchmal tun! Auf diesem Hintergrund sind Methoden „heute keine Einbahnstraßen mehr, sondern multifunktionelle Verkehrswege mit vielen Richtungsoptionen" (Greese 1992, S. 142).

Stellt schon diese Erkenntnis eine gewisse Ernüchterung gegenüber dem Glauben und der Hoffnung dar, mit differenzierten und weitgehend standardisierten Methoden ließe sich die Komplexität sozialpädagogischen Handelns reduzieren, Handlungsunsicherheit vermeiden und Erfolge eindeutig prognostizieren, so zeigen zwei andere Diskussionslinien weitere – und radikalere – Grenzen und Probleme der Methodisierbarkeit sozialpädagogischen Handelns auf:
• die These vom Technologiedefizit erzieherischen Handelns (1),
• die Zieldiffusion im Gefolge gesellschaftlicher Modernisierung (2).

(1) Vor dem Hintergrund der Systemtheorie (vgl. Willke 1993, 1994) wurde ab Anfang der 80er Jahre innerhalb der Erziehungswissenschaft verstärkt die These diskutiert, dass das Erziehungssystem im Allgemeinen und erzie-

herisches Handeln im Besonderen strukturell durch ein *Technologiedefizit* gekennzeichnet ist. „Der Technologiebegriff bezeichnet hier einen Zusammenhang von Verfahren, die dazu benutzt werden, um Materialien mit vorhersehbaren Wirkungen und erkennbaren Fehlerquellen von einem Zustand in einen anderen umzuformen." (Luhmann/Schorr 1982a, S. 14) Der Kern der These vom Technologiedefizit besagt nun, dass erzieherisches Handeln nicht über entsprechende Technologien verfügen kann, da es nicht möglich ist, dass ein (personales) System (z.b. die SozialpädagogIn) ein anderes (personales) System (z.b. den Klienten) durch gezielte Intervention sicher von einem Zustand A zu einem vorher definierten Zustand B verändert. Die Ursachen hierfür liegen zum einem darin begründet, dass Systeme, wie das in der entsprechenden Theorie genannt wird, „operational geschlossen" sind, d.h. Systeme sind selbstreferentiell auf sich bezogen und handeln primär im Interesse ihrer eigenen Bestandswahrung und Reproduktion. Zum anderen sind gerade komplexe soziale Systeme wie Verbände, Organisationen und auch Individuen deshalb nicht steuerbar, weil sie in ihrer Komplexität eine ganze Bandbreite an Verarbeitungs- und Reaktionsmustern zur Verfügung haben und vorab nicht zu eruieren ist, wie sie denn nun auf Anregungen von außen reagieren. Dieser – zunächst sehr abstrakt anmutende Gedankengang – lässt sich auf den zwei für sozialpädagogisches Handeln bedeutsamen Ebenen Beobachtung und Intervention verdeutlichen.

Die *Beobachtung*, Analyse und Rekonstruktion einer individuellen Problemlage ist der Ausgangspunkt jedes sozialpädagogischen Hilfeprozesses. Die Systemtheorie geht nun von der Annahme aus, „dass die Welt ‚da draußen' nicht einfach objektiv und unveränderlich gegeben ist" (Willke 1994, S. 22). Vielmehr konstruieren wir im Rahmen unserer Beobachtungen eine Wirklichkeitsdeutung, in der unsere Vorannahmen, Hypothesen, unser Wissen, kurz: unsere Theorien eingehen. Mehr noch: unsere Theorien bestimmen, was wir überhaupt und wie wir es beobachten (vgl. Kleve 1996). Dies gilt auch und in besonderem Maße für die Rekonstruktion von innerpsychischen Prozessen anderer Subjekte, wenn man also z.B. versucht, Motivstrukturen für ein bestimmtes Handeln einer anderen Person zu eruieren. „Selbstreferentielle Prozesse eines (hier: personalen) Systems sind durch einen Beobachter des Systems, der an ihnen nicht beteiligt ist, schwer nachvollziehbar, geschweige denn zu antizipieren. Man kann Anstoß und Reaktion (Input und Output) beobachten, aber nicht das, was im Inneren des Systems unter Einschaltung von Selbstreferenz als Information erfahren und behandelt wird." (Luhmann/Schorr 1982b, S. 248) Oder mit anderen Worten ausgedrückt: „Keiner kann in das Gehirn, das Bewusstsein, die ‚Schaltzentrale' des anderen schauen und beobachten, nach welchen Operationsregeln der andere arbeitet. Kein Berater weiß, wie sich die Gedanken des Klienten bilden, verknüpfen, verändern und reproduzieren." (Willke 1994, S. 28)

Beide Faktoren, dass man nicht „in den Kopf des anderen hineinschauen kann", und dass in den Akt des Beobachtens immer schon die eigenen

Theorien einfließen, haben zur Konsequenz, dass Beobachtung und ihre Ergebnisse immer vom Beobachter aktiv konstruiert sind, dass, mit anderen Worten, die Ergebnisse der Beobachtung nicht ein Abbild der „Wirklichkeit", sondern subjektive Konstrukte des Beobachtenden sind.

 Ein zugespitztes Beispiel für diesen Sachverhalt bietet etwa die expansive Ausbreitung des Verdachts des sexuellen Missbrauchs im Gefolge der fachlichen, frauenpolitischen und medialen Aufwertung dieses Themas. Das Thema hat mehr und mehr an Präsenz in den Köpfen von ErzieherInnen, SozialpädagogInnen und SozialarbeiterInnen gewonnen, man verfügt über mehr Informationen z.b. hinsichtlich Symptomen und Folgen sexuellen Missbrauchs. Die Sensibilitätsschwelle wurde dadurch deutlich erhöht. Der Effekt ist nun, dass Fälle sexuellen Missbrauchs in höherem Maße aufgedeckt werden können, weil die Aufmerksamkeit der Beobachter auf entsprechende Indikatoren sich verstärkt hat – zugleich steigt aber auch die Gefahr von Fehlinterpretationen, da die „Scheuklappen" unserer Vorstellungen bestimmte Diagnosen nahe legen. Die notgedrungene Folge war nicht zuletzt eine Debatte über die Gefahren vom Missbrauch des Missbrauchs (vgl. Rutschky 1992).

„Alle Interventionsexperten – seien dies Erzieher, Lehrer, Entwicklungspolitiker, Planer, Therapeuten oder Unternehmensberater – müssen sich inzwischen mit der Erfahrung auseinander setzen, dass ihre zu einer Diagnose führenden Beobachtungen eines fremden Sozialsystems eben ihre Beobachtungen sind. Sie müssen keineswegs mit dem ‚Selbstverständnis' des beobachteten Systems übereinstimmen. (...) Die Logik der Beobachtung (und der aus der Beobachtung folgenden Beschreibung) ist die Logik des beobachtenden Systems und seiner kognitiven Struktur." (Willke 1994, S. 22)

Auf der Ebene der Intervention ist nun von zentraler Bedeutung, dass Menschen – in der Sprache der Systemtheorie – keine trivialen Maschinen sind. Triviale Maschinen sind solche, bei denen ein bestimmter Input (z.B. der Druck eines Knöpfchens beim Staubsauger) immer und zwangsläufig einen bestimmten Output (z.B. der Staubsauger beginnt zu saugen) nach sich zieht (wenn der Staubsauger nicht kaputt ist).[4] Nicht-triviale Maschinen hingegen entziehen sich dieser kalkulierbaren Input-Output-Logik, sie reagieren über-

---

4 „Ein Trivialsystem, wie etwa ein Hammer, eine Schreibmaschine oder ein zuverlässig abgerichteter Papagei reagieren auf eine immer gleiche Art. Wir wissen, was wir erwarten können. Eine nicht-triviale Maschine oder ein nicht-triviales System dagegen kann den Beobachter – und vor allem denjenigen, der eine Intervention ansetzt – durch sein Verhalten sehr überraschen. Es reagiert in der Regel unerwartet, kontraintuitiv, nicht vorhersagbar und nicht determinierbar. Nicht-triviale Systeme wie etwa Menschen, Gruppen, Organisationen und Gesellschaften, aber auch komplexe Computernetzwerke, Wissenssysteme oder ökologische Systeme entziehen sich der einfachen input-output-Schematik. Sie lassen sich nur sehr schwer steuern und stellen den Intervenierenden vor die schwierige Frage der adäquaten Strategie der Beeinflussung eines eigendynamischen Systems." (Willke 1994, S. 31)

raschend, nicht immer gleich, von Situation zu Situation verschieden. Reaktionen von Subjekten auf Anregungen von außen sind – wiederum in der Sprache der Systemtheorie – kontingent, d.h. sie wählen aus der komplexen Palette an Reaktionsmöglichkeiten eine aus, könnten aber genauso gut auch eine andere Reaktion an den Tag legen. Komplexität und Kontingenz sind in diesem Sinne zwei Seiten einer Medaille. Damit aber wird eine Absicht, die in der Methodendiskussion immer wieder artikuliert wird, in hohem Maße unwahrscheinlich, dass nämlich Methoden dazu beitragen sollen, ein gesetztes Ziel sicher zu erreichen.

Wenn die Annahmen der Systemtheorie richtig sind, so kann es innerhalb von Interventionen keine Sicherheit geben. „Ob die Interventionen von SozialarbeiterInnen, die diese auswählten, da sie ihnen bezüglich der zu lösenden sozialen Probleme als hilfreich und adäquat erschienen, auch in der gleichen Weise von den KlientInnen aufgenommen werden, ist beispielsweise in höchstem Maße unsicher. Schließlich produzieren sozialarbeiterische Interventionen Komplexität, d.h. sie erzeugen einen Spielraum möglicher Reaktionsweisen der KlientInnen. Dass die SozialarbeiterInnen gerade jene Reaktionen von den KlientInnen erwarten, die dann tatsächlich (sozialarbeiterisch) beobachtet werden können, ist ebenfalls unsicher. Paradox formuliert: Sicher ist einzig und allein die Unsicherheit" (Kleve 1996, S. 248). Die Hoffnung, mit methodischem Handeln die Sicherheit zu gewinnen, ein vorab festgelegtes Ziel auf Seiten des Klienten sicher zu erreichen, erweist sich aus der Perspektive der Systemtheorie tendenziell als Selbsttäuschung und nicht einlösbar.[5] Die Ursache für die Nicht-Kontrollierbarkeit liegt darin begründet, dass Systeme nach Ansicht der Systemtheorie nicht von außen verändert werden können, Systeme können sich nur selbst ändern.[6]

Die hier in gebotener Kürze vorgetragene These vom Technologiedefizit ist für die Methodendiskussion auf den ersten Blick ziemlich ernüchternd. Mehr noch: Wenn man sowieso keinen Einfluss auf die Reaktionen des Klienten hat, warum dann überhaupt eine Methodendiskussion? Der Annahme, methodisches Handeln sei erfolgreicher als intuitives wäre damit doch die Grundlage entzogen. Warum also die Mühe? Zweifellos entzieht die These vom Technologiedefizit einer Methodendiskussion die Grundla-

---

5 Diese Situation ist für InterventionsexpertInnen zweifellos unbefriedigend, und nur allzu gern hätte man es manchmal doch lieber mit berechenbaren trivialen Maschinen zu tun. Heinz von Förster hat dies in einem ironischen Bild zugespitzt: „Wie wir schon gesehen haben, sind nichttriviale Maschinen lästige Zeitgenossen: man weiß nicht, was sie tun und auch nicht, was sie tun werden. Man sehnt sich nach der trivialen Maschine und versucht alles, was nach Nichttrivialität aussieht, schleunigst zu trivialisieren. Wie wir wissen, sind manchmal die Antworten unserer Kinder recht unerwartet: auf die Frage, wie viel ist zwei mal zwei, könnte man ‚grün' als Antwort bekommen. Das geht zu weit. So werden die Kinder in die Schule – die große staatliche Trivialisierungsmaschine – geschickt, damit sie dann mit den erwarteten Antworten herauskommen." (Förster 1988, S. 26)
6 In diesem Sinne betont Willke: „Nicht der Eingreifende (Intervenierende) verändert das zu verändernde System, dieses kann nur sich selbst ändern." (Willke 1994, S. 30)

ge, die in ihrem Kern auf treffsichere Technologien der Verhaltensänderung und Verhaltenskontrolle von Subjekten abzielt. Ein Fehlschluss wäre es allerdings, daraus abzuleiten, „äußere" Einflüsse wie z.B. Erziehung hätten gar keinen kalkulierbaren Einfluss auf Entwicklungsprozesse (und würden folglich insgesamt wenig Sinn machen). Die Geschichte der (Sozial-) Pädagogik zeigt im positiven wie im negativen, dass sich auf der Grundlage von Beachtung und Beobachtung des Klienten in seinem Lebensumfeld Bedingungen schaffen lassen, die intendierte Entwicklungsprozesse wahrscheinlicher werden lassen, ohne gewünschte Ergebnisse im Einzelnen treffsicher erzielen zu können. Oder noch einmal anders ausgedrückt: Methodisches Handeln in der Sozialen Arbeit hilft die konstitutive Unsicherheit erzieherischer Prozesse zu reduzieren, sie beseitigt sie aber nicht. Insofern sind Methoden in der Sozialen Arbeit nicht nur darauf ausgerichtet, Unsicherheit zu reduzieren, sondern auch, sie „erträglicher" zu machen. Dazu gehören auch die im letzten Kapitel angedeuteten Funktionen methodischen Handelns wie die der Statusmarkierung und der Selbstkontrolle.

Nicht nur im Horizont der These vom Technologiedefizit erscheint es sinnvoll und notwendig, gerade dem Aspekt der professionellen Selbstkontrolle ein größeres Gewicht zu verleihen. Methoden der Sozialen Arbeit machen demnach in erster Linie Sinn in Bezug auf die Soziale Arbeit selbst, auf

- die Kontrolle ihrer (unbeabsichtigten) Nebenwirkungen,
- die Kontrolle des Spannungsverhältnisses von Hilfeabsicht und Kontrollanforderung (doppeltes Mandat),
- die Kontrolle ihrer Beobachtungsprozesse und der darin (oft) enthaltenen impliziten Vorannahmen über den Klienten, sein Problem, und das, was gut für ihn wäre,
- die Kontrolle der Wirkungen ihrer organisatorischen und institutionellen Settings,
- die Bearbeitung der Status- und Professionalisierungsproblematik,
- die Entwicklung einer sozialpädagogisch akzentuierten beruflichen Identität sowie
- den (Selbst-)Schutz der Professionellen vor angsterzeugender Unsicherheit und Überforderung.

Dieses bescheidenere, aber vielleicht realistischere Methodenverständnis[7] ist auch für die KlientInnen nicht folgenlos. Im Gegenteil: Sozialpädagogi-

---

7 An dieser Stelle soll es nicht darum gehen, wie Professionen in der Realität mit dem Technologiedefizit faktisch umgehen. Nach Luhmann/Schorr (1982a, S. 15) kompensieren Professionen mit ausgeprägtem Technologiedefizit dieses häufig durch Idealisierung, Moralisierung und Misserfolgszurechnung. Beispiele für diese Strategien ließen sich in der Geschichte der Sozialen Arbeit ohne größere Anstrengungen identifizieren. Auch im Alltag – so meine These – finden diese Kompensationsstrategien häufiger Anwendung: Moralpredigten, Gut-Böse-Schematisierungen, klientenbezogene Schuldzuschreibungen bei misslungenen Interventionen usw. (vgl. zu Ethisierungsstrategien in der Sozialen Arbeit Merten/Olk 1992).

sche Intervention wird für sie kalkulierbarer und ärmer an (unbeabsichtigten und evtl. negativen) Nebenwirkungen. Folgt man dieser Interpretation, so lassen sich den vorgetragenen Gedankengängen durchaus produktive Erkenntnisse für die Methodendiskussion abgewinnen:

(a) Eine Quintessenz ist, dass man nicht nur aus ethischer Perspektive Abschied nehmen muss von der Vorstellung, die SozialarbeiterInnen müssten die Ziele der Intervention bestimmen. Selbst wenn sie dies täten, erhöhte das nicht ihre Chance auf Veränderung, denn verändern kann sich nur das Subjekt selbst. Oder mit Hans Thiersch gesprochen: Die Soziale Arbeit „ist verantwortlich für Anregungen, Provokationen, Unterstützungen – aber nicht dafür, was die AdressatInnen damit machen: Sie leben ihr eigenes Leben. Die pädagogischen Ansprüche können und müssen auch abgelehnt und verweigert werden. Die Grenzen, vor allem auch die Überlappungen zwischen Eigensinnigkeit, Stellvertretung und Verantwortung können nur im Einzelnen ausgehandelt werden" (Thiersch 1993, S. 17). Die Kreativität sozialpädagogischer Methoden würde sich demnach darin erweisen, wie sehr es ihnen gelingt, vielfältige Anregungen zu initiieren und zugängliche Unterstützungsnetzwerke zu etablieren.

(b) Eine weitere Konsequenz wäre, dass SozialpädagogInnen innerhalb ihrer Methoden eine Art Selbstmisstrauen gegenüber ihren eigenen Beobachtungen institutionalisieren. Wenn es richtig ist, dass Beobachtungen mehr über den Beobachter aussagen, als über das Objekt (oder besser Subjekt) der Beobachtung, so müssen Methoden eine Anleitung zur Beobachtung geben, die es zugleich ermöglichen, die eigenen Vorannahmen, Theorien usw. sichtbar zu machen und zu thematisieren. Auch SozialpädagogInnen sind nicht frei von „Schubladendenken", von vorschnellen Kategorisierungen etc. Diese haben einerseits eine positive Funktion, indem sie helfen, die Komplexität des Alltags in Situationen zu reduzieren und die betroffenen SozialpädagogInnen damit schnell handlungsfähig zu machen. Negativ schlägt allerdings zu buche, dass solche Kategorisierungen, die ja auf den Theorien und Vorannahmen der handelnden SozialpädagogInnen beruhen, sehr schnell zu Denkschablonen verkommen und man – bildlich gesprochen – nicht mehr bereit oder in der Lage ist, die Schublade wieder zu öffnen und neu zu ordnen. Die Institutionalisierung des Selbstmisstrauens bedingt im Übrigen eine Aufwertung der Theorie, da mit der Komplexität des Wissens über soziale Strukturen auch – um im Bild zu bleiben – nicht nur die Anzahl der Schubladen steigt, sondern auch die Treffsicherheit der Einordnung.

(c) Als dritte Konsequenz ist eine besondere Betonung „situativer Intelligenz" zu nennen. Niklas Luhmann folgert, dass es nicht die „großen Pläne" sind, die erfolgreiche Veränderungen vollziehen. Man sollte vielmehr „auf Gelegenheiten warten: wann ergibt sich ein Moment, der sofort wieder verschwindet, in dem man etwas sagen kann, was man niemals vorher und niemals hinterher mit der Überzeugungskraft, die sich aus diesem Moment ergibt, sagen kann. Man müsste eine Art Systemplanung haben, die nicht vorher die Mittel ausdenkt, mit denen man etwas bewirken will – das System ist in dem Zustand *t1*, ich will es zu *t2* haben. Stattdessen sollte man sich eine Technik der Beobachtung von Gelegenheiten, die sich ergeben oder nicht ergeben, aneignen und diese Gelegenheiten dann ausnutzen" (Luhmann 1988, S. 129). Zum einen resultiert daraus, dass Soziale Arbeit nach einer Methodik verlangt, die Situationen zu arrangieren in der Lage ist, die Gemeinsamkeit, Beziehungen, geteilte Erfahrungen usw. ermöglichen (vgl. Meinhold 1982). In diesen, von SozialarbeiterInnen und AdressatInnen geteilten Lebenssphären und Situationen bedarf es nun zum anderen einer hohen „situativen Intelligenz" der SozialarbeiterInnen, die es ihnen ermöglicht, zu erkennen, wann eine Situationen potentielle Veränderungschancen eröffnet, und wann nicht. Grundlage hierfür ist eine wissensbasierte, sensible Fähigkeit zur Situationsbeobachtung und -deutung.

(2) Die Diskussion um das Technologiedefizit hat zwar ein Standbein der Methodendebatte wenn schon nicht zerbrochen, so doch zumindest angesägt, nämlich die Hoffnung auf eine Technologie, die die Veränderung des Klienten in eine gewünschte Richtung sicher gewährleistet. Aber es bleibt ja noch ein zweites Standbein, nämlich die *Ziele der Intervention*, die zwar mit den Klienten ausgehandelt werden müssen, was die Sache nicht einfacher macht, derer man sich aber einigermaßen sicher sein kann. So oder ähnlich könnte man die „klassische" Skizze des Charakters sozialpädagogischer Interventionen zusammenfassen. Nach Klaus Peter Japp (1985) lassen sich innerhalb von Organisationen mit Kontrollcharakter vier Konstellationen des Verhältnisses von Technologie und Zielen unterscheiden: „1. Die Technologie ist bekannt und über die Ergebnispräferenzen herrscht Einigkeit. 2. Die Technologie ist unbestimmt, aber die Ergebnispräferenz liegen fest. 3. Die Technologie ist bestimmt, aber es herrscht Uneinigkeit über die Ergebnispräferenzen. 4. Die Technologie ist unbestimmt und es herrscht Uneinigkeit über die Ergebnispräferenzen." (Japp 1985, S. 97) Typisch für die klassische Sozialarbeit ist die zweite Konstellation, d.h. die Technologie ist zwar unbestimmt, aber die Ziele sind konsensual festgelegt, nämlich Integration und Sozialisation im Sinne gesellschaftlicher Normalitätsstandards.[8]

Aber kann man heute noch von einem breiten Konsens in Bezug auf gesellschaftliche Normalitätsstandards ausgehen? Folgt man der Modernisierungsdebatte der letzten zehn Jahre (vgl. Beck 1986, 1997, 2000; Beck/Beck-Gernsheim 1994; Rauschenbach 1994), so muss man dies zumindest anzweifeln. Die von Ulrich Beck vertretene These einer sekundären Modernisierung der Gesellschaft stellt die Begriffe Individualisierung und Pluralisierung in den Mittelpunkt. Individualisierung der Lebenslagen meint

---

8 So formuliert Louis Lowy in einer Studie zum Stand der Entwicklung der Sozialpädagogik/Sozialarbeit in Amerika und Deutschland noch Anfang der 80er Jahre: „Die Ziele der SA/SP leiten sich ab einerseits aus dem Auftrag der Gesellschaft für die SA/SP, andererseits aus den Wertvorstellungen über Gesellschaft, den Menschen und ihre Beziehungen zueinander." (Lowy 1983, S. 53)

einen Gestaltwandel im Verhältnis von Individuum und Gesellschaft. Individuen werden herausgelöst aus bisher gültigen kollektiven Normierungen und freigesetzt zu eigenen biographischen Entscheidungen. Auf sozialer Ebene meint Individualisierung zunächst einen Verlust an kollektiven Orientierungen, der festgemacht werden kann am Verlust der Prägekraft von Herkunftsmilieus und klassischen Institutionen (z.B. Kirchen, Gewerkschaften, Parteien). Kannte die klassische Industriegesellschaft noch eine Vielzahl an Geländern der Lebensführung, die den Einzelnen als Orientierungspunkt dienten, aber auch häufig den Charakter einer Einbahnstraße besaßen, so werden die Menschen heute mehr denn jemals zuvor freigesetzt zu einem „eigenen Leben" (vgl. Beck u.a. 1995).

Es entsteht eine plurale, bislang unbekannte Selbstgestaltungsvielfalt von zwischenmenschlichen Lebens-, Wohn- und Beziehungsformen, von Lebensmodellen und Lebensstilen. Individualisierung und Pluralisierung bedingen also einerseits Freisetzung, dieser Freiheitsgewinn geht allerdings andererseits einher mit einer Zunahme an Gefährdungen. Ich kann mich nicht nur selbst entscheiden, welche Schule ich besuche, welchen Beruf ich lerne, in welche Wohngegend ich ziehe, welche Beziehungsform ich wähle: Ich muss mich entscheiden. Und – eine Binsenweisheit – wer sich entscheidet, kann sich falsch entscheiden. Mit dem Verlust von Orientierungsmustern geht allerdings auch der Verlust an sozialräumlicher Stabilität einher, d.h. genauso wie der Einzelne heute immer mehr Entscheidungen selbst zu treffen hat, muss er auch fehlerhafte Entscheidungen in ihren Konsequenzen selbst ausbaden. Die eigene Biographie muss heute mehr denn je selbst hergestellt werden.

Ein Beispiel mag dies verdeutlichen: Das klassische Modell der akzeptierten, „normalen" Lebensführung in modernen Industriegesellschaften basiert auf dem Verkauf der eigenen Arbeitskraft auf dem Arbeitsmarkt als Grundlage der materiellen Sicherheit, der sozialen Anerkennung, der Gliederung der Biographie in Kindheit/Jugend, Erwachsenenexistenz und Ruhestand, der alltäglichen Unterscheidung von Arbeitszeit und Freizeit usw. Man geht arbeiten, bekommt Geld und lebt davon, je nach Gehaltsgruppe, mehr oder weniger komfortabel. Die Notwendigkeit, seine Arbeitskraft, sein Können und seine Zeit auf dem Arbeitsmarkt zu verkaufen, gehört in das Zentrum eines sich über mehrere hundert Jahre entwickelnden Normalitätsmusters, zumeist von Männern, zunehmend aber auch von Frauen.[9] Um dieses Normalitätsmuster herum hat die moderne Arbeitsgesellschaft ihr ganzes Gebäude der Sicherheiten und biographischen Stützpfeiler konstruiert. Lebens-

---

9 Schon Alice Salomon betonte: „Der Beruf eines Menschen ist eines der wichtigsten Gebiete der Anpassung, weil er der hauptsächlichste Faktor zur Entwicklung der Persönlichkeitswerte ist." (Salomon [5]1926, S. 54) Integration in Lohnarbeit gehört deshalb in den Kernbereich dessen, was mit „Hilfe zur Selbsthilfe" in modernen Gesellschaften gemeint ist, nämlich die Fähigkeit, unabhängig von staatlicher Unterstützung und öffentlicher Hilfe zu überleben.

Grenzen und Probleme der Methodisierbarkeit 67

lauf, soziale Sicherheit, Finanzierung des Sozialstaats, alles beruht auf der Prämisse, dass jeder, der arbeiten kann und arbeiten will, auch Arbeit findet, um diesem Modell entsprechen zu können.

Spätestens seit Mitte der 70er Jahre aber zeigt sich, dass die Heilsversprechungen der Arbeitsgesellschaft, jeden über Lohnarbeit am Fortschritt des gesellschaftlichen Reichtums teilhaben zu lassen, sich zunehmend als leere Versprechungen erweisen. Nüchtern formuliert: In einer anhaltenden Massenarbeitslosigkeit drückt sich nur die Oberfläche eines viel tiefer liegenden Modernisierungsprozesses aus, im Rahmen dessen nicht nur die Lohnarbeit knapper wird (vgl. Beck 1999, 2000; Galuske 1993; 1995; 1998; 2002) und die Verteilungskämpfe härter, sondern in dem das Integrationsmodell der Vollerwerbstätigkeitsgesellschaft zur Disposition gestellt wird. Im Zuge einer um sich greifenden Flexibilisierung und Entstandardisierung von Beschäftigungsverhältnissen geraten die unsicheren Ränder des Arbeitsmarktes zu Boom-Sektoren: geringfügige Beschäftigung, befristete Tätigkeiten, Leiharbeit, Arbeitslosigkeit.

Das Normalitätsmodell einer lebenslangen und ausreichend bezahlten Vollzeiterwerbstätigkeit als „Identitätsgehäuse" wird in wachsendem Maße ersetzt durch einen biographischen „Flickenteppich". Die Ergebnisse einer 1999 veröffentlichten Langzeituntersuchung zur Identitätsentwicklung bei Jugendlichen und jungen Erwachsenen in den 90er Jahren (vgl. Keupp u.a. 1999) verdeutlichen anschaulich, dass sich unter den Bedingungen von Individualisierung und Flexibilisierung die Identitätsbildung entscheidend verändert. Es geht nicht mehr darum, wie es das klassische Entwicklungsmodell (nach Erikson) nahe legt, in der Jugend einen Identitätskern herauszubilden, der im Gefolge gegen Übergriffe und Anfeindungen zu verteidigen ist. Die Ergebnisse der Studie legen nahe, „sich von einem Begriff von Kohärenz zu verabschieden, der als innere Einheit, als Harmonie oder als geschlossene Erzählung verstanden wird. Kohärenz kann für Subjekte auch eine offene Struktur haben, in der – zumindest in der Wahrnehmung anderer, Kontingenz, Diffusion im Sinne von Verweigerung von *commitment*, Offenhalten von Optionen, eine idiosynkratische Anarchie und die Verknüpfung scheinbar widersprüchlicher Fragmente sein dürfen. Entscheidend bleibt allein, dass die individuell hergestellte Verknüpfung für das Subjekt selbst eine authentische Gestalt hat ... Es kommt weniger darauf an, auf Dauer angelegte Fundamente zu zementieren, sondern eine reflexive Achtsamkeit für die Erarbeitung immer wieder neuer Passungsmöglichkeiten zu entwickeln" (Keupp u.a. 1999, S. 57). Anders ausgedrückt: Einsicht und Fähigkeit in die Notwendigkeit des Verkaufs der eigenen Arbeitskraft als vormals (zumindest für Männer) unbefragter Stützpfeiler eines tragfähigen Identitätsmodells reicht unter den Bedingungen der Moderne nicht (mehr) aus, um stabile Persönlichkeiten hervorzubringen. Flexible Gesellschaften verlangen vielmehr nach flexiblen Menschen, die Monostruktur arbeitszentrierter Lebensmuster öffnet sich – notgedrungen – zu einer pluralen Vielfalt von Lebensentwürfen und experimentellen Lebensformen, ohne das bislang hinlänglich ausgemacht wäre, wie viel Flexibilität Menschen sich überhaupt zumuten können (vgl. Sennet 1998). In jedem Fall entwickelt sich das Geschäft der Normalitätsrepräsentanten zu einem Spiel mit wachsender Zahl an Unbekannten. Thiersch folgert daraus: „In dieser schwierigen Situation kommt es darauf an, neu zu klären, was es bedeutet, Normen zu repräsentieren, wie die pädagogische Notwendigkeit der Normenrepräsentation in den Chancen und Möglichkeiten von Verhandlung praktiziert werden kann." (Thiersch 1998, S. 38)

Klaus Peter Japp resümiert: „Nun können Orientierungsverluste nicht durch Rekurs auf das Verlorengegangene reduziert werden. (...) Die Bedingungen für einen vergleichsweise homogenen Anpassungsprozess an zentrale (meist Arbeits-)Werte sind im Absterben begriffen. Dieser Wandel impliziert aber, dass nicht mehr nur ein (nämlich das arbeitsmarktorientierte) Steuerungsprinzip für die Sozialarbeit verbindlich sein kann. (...) Was aber geschieht, wenn jemand einer geregelten Arbeit nicht nachgehen will, wenn Kaufhausdiebstahl mit Konsumterror in Zusammenhang gebracht wird und nicht von vornherein für illegitim gehalten wird?" (Japp 1985, S. 98)

Das Dilemma ist nun vollständig: „Neben der Technologie sind auch die Ergebnispräferenzen der Sozialarbeit – was ist normal, was ist deviant – unsicher geworden." (Ebd., S. 108) Die Pluralisierung der Gesellschaft beraubt die Soziale Arbeit ihrer sicher geglaubten Zielperspektiven, die ihnen Orientierung gebenden Normalitätsbilder und -standards.

Nach Michael Winkler (1995) kann man dieser Entwicklung durchaus positive Seiten abgewinnen. Methoden sind für Winkler durch einen Doppelcharakter gekennzeichnet. Einerseits bringen sie positive Effekte für die KlientInnen mit sich, da sie Rationalität, Distanz und Kalkulierbarkeit schaffen. Andererseits sind Methoden im klassischen Kontext stets konservativ, da sie auf vorhandene Lösungsmuster zurückgreifen müssen und sich – gerade in Krisen – am Erhalt des Gegebenen orientierten. In diesem Sinne gehen Methoden immer ein Bündnis mit der Macht ein. „Methode und Macht, das sind wohl zwei Brüder, auch wenn sie sich im Gewand der Sozialen Arbeit verbergen. Und es sind zwei Brüder, die wenig leisten, wenn es um die Lösung sozialer Krisen geht. Sie suchen die Verhältnisse zu bewahren, wollen eine Geschichte erhalten, die doch schon historisch geworden ist." (Winkler 1995, S. 135) Die gesellschaftliche Modernisierung mit ihren Insignien der Unübersichtlichkeit, der Institutionalisierung von Dauerkrisen und der Normalität der Desintegration bedingt nun, dass die Soziale Arbeit sich als „unhintergehbare Voraussetzung der modernen Gesellschaft" etablieren kann (ebd., S. 139), und je mehr sie sich etabliert, desto eher ist sie in der Lage, das Bündnis mit der Macht zu kündigen. Darüber hinaus eröffnet die Instabilität moderner Gesellschaften die Chance, Normalitätskonstruktionen als gestaltbare Vorhaben zu begreifen.

Gerade dieser letzte Hinweis ist anschlussfähig an bereits vorgetragene Argumente: In dem Maße, wie den etablierten Normalitätsbildern die reale

Basis entzogen wird, kann und muss sich Soziale Arbeit auf die Unterstützung und Begleitung der Lebensplanung der Subjekte einlassen. Weil Soziale Arbeit in vielen Fällen gar nicht mehr entscheiden kann, was richtig und falsch ist, was normal und abweichend ist, bleiben ihr letztlich nur zwei Chancen: an etablierten Zielvorstellungen festzuhalten und damit für eine Wirklichkeit erziehen, bilden, beraten, unterstützen zu wollen, die längst eine ganz andere ist, oder, mehr als jemals zuvor, die Autonomie der Lebenspraxis, den biographischen Eigensinn der AdressatInnen zu respektieren, und die Metapher der Aushandlung jenseits von Machtrepräsentanz als ein „Geschäft" auf Basis der Gleichwertigkeit zu verstehen.

Fassen wir die Befunde dieses Kapitels nochmals stichwortartig zusammen: Hatte schon die Analyse der spezifischen Strukturbedingungen sozialpädagogischen Handelns erbracht, dass ein naturwissenschaftlich-technologisches Methodenverständnis nicht angemessen ist, so hat die Diskussion der Grenzen und Probleme der Methodendiskussion aufgezeigt, dass die Suche nach dem Knopf und der Rezeptur, die Verhaltensänderungen sicher gewährleisten, vergebens sind. Weder kann man heute exakt vorab festlegen, was eigentlich das Ziel der Intervention ist, noch verfügen wir über ergebnissichere Technologien. Aus diesen Befunden lassen sich zumindest drei Konsequenzen ableiten:

- Methoden beziehen sich vorrangig auf die Soziale Arbeit und die professionellen Akteure selbst, die Kontrolle und Handhabung ihrer (unbeabsichtigten Neben-)Wirkungen, ihrer organisatorischen und institutionellen Settings, der Angstreduktion angesichts komplexer Anforderungen sowie der Bearbeitung des Status- und Professionalisierungsproblems. Ein Verständnis von sozialpädagogischen Methoden als Instrumente gezielter Verhaltens- und Persönlichkeitsveränderung der KlientInnen ist weder sinnvoll noch machbar.[10] Ein so akzentuiertes Methodenverständnis bringt für die Klienten ein höheres Maß an Kalkulierbarkeit und Rationalität mit sich.
- Kernbereiche methodischen Handelns sind weiterhin (a) die Konstruktion von Lebensräumen und Situationen, die Beziehungen, gemeinsames Erleben usw. ermöglichen und (b) ein hohes Maß an biographischer Sensibilität und situativer Intelligenz. Beide Faktoren sind wissensbasiert und theoretisch fundiert.
- Die Festlegung von Interventionszielen in Hilfeprozessen ist mehr denn je als Aushandlung zu verstehen, da die Modernisierung der Gesellschaft etablierten Normalitätsbildern und -standards mehr und mehr die reale

---

10 Für die Metapher vom Weg, der von einem Ausgangspunkt zu einem Ziel führt, bleibt diese Akzentverschiebung zunächst folgenlos. Es wäre dann nur der Ausgangspunkt der Intervention und der Weg der Hilfeleistung, und nicht der Weg des Klienten, der im Mittelpunkt steht. Die spezifische Problem- und Lebenslage des Klienten ist dabei ein wesentlicher Ausgangspunkt der Intervention, neben anderen, wie etwa den personellen, institutionellen und organisatorischen Ressourcen und Rahmenbedingungen.

Basis und damit auch die Legitimation entzieht. Die KlientIn und ihre Lebenspläne, Vorstellungen, Ideen, Ziele stehen im Mittelpunkt.

Die Methodenfrage innerhalb der Sozialen Arbeit – dies mag der Lesende auf den letzten mehr als 30 Seiten leidvoll erfahren haben – ist nicht ganz so einfach aufzulösen, wie es auf den ersten Blick erscheinen mag. Zwar sollen und müssen Methoden SozialarbeiterInnen in ihrem Alltagshandeln Entlastung schaffen, gleichwohl kann es ein „Schema F" nicht geben. Hans Thiersch (1993) hat die Ambivalenzen der Methodisierung sozialpädagogischen Handelns in der Formel der „strukturierten Offenheit" verdichtet. Methoden innerhalb der Sozialen Arbeit sind demnach einerseits dadurch gekennzeichnet, dass sie der Situation und dem Handeln der SozialarbeiterInnen Struktur geben, dass sie aber andererseits immer offen und variabel sind und gehandhabt werden können. Dewe u.a. betonen: „Die notwendig gegebenen Handlungs- und Interpretationsspielräume bei der Deutung und Bearbeitung des je konkreten Falles lassen sich kaum durch standardisierte Vorgehensweisen verringern. Eine entscheidende Handlungsaufforderung in den helfenden Berufen besteht deshalb darin, in Situationen der Ungewissheit handlungsfähig zu bleiben" (Dewe u.a. 1993, S. 17). Dieser Gedanke der Offenheit und Ungewissheit ist nicht neu sondern durchzieht die Methodendiskussion von Anfang an.[11] In der Konsequenz bedeutet dies, dass Interventionen innerhalb der Sozialen Arbeit nicht bis ins Letzte standardisierbar und methodisierbar sind. Oder mit anderen Worten: „Es gibt keine Methode, die das Wagnis der pädagogischen Situation vorweg abnehmen könnte. Das ist eine methodische Einsicht." (Hoffmann 1963, S. 98)[12]

---

11 Häufig wird in diesem Zusammenhang die Metapher der „Kunst" bemüht, um das Schöpferische im Handeln von SozialarbeiterInnen zu betonen (vgl. etwa Lattke 1958, S. 80; Dewe u.a. 1993, S. 20). Giesecke hebt etwa hervor: „Pädagogische Situationen sind einmalig und unwiederholbar, wie die Augeblicke des Lebens überhaupt, und deshalb ist pädagogisches Handeln immer wieder schöpferisch und nie einfach die Wiederholung vergangener Handlungen. Weil aber pädagogische Situationen einmalig sind, gibt es dafür auch keine Rezepte, die ‚auf Vorrat' für künftige Situationen gesammelt werden könnten." (Giesecke 1993, S. 41) Meinhold hält aus diesem Grund den Sozialtechnologievorwurf für grundsätzlich verfehlt, „da jede Orientierung an Rezepten mehr einer kreativen Ausgestaltung der Vorlage ähnelt als einer mechanischen Anwendung" (Heiner u.a. 1994, S. 187). Ob diese Aussage allerdings die Wirklichkeit der Verwendung von „Rezepten" einfängt oder eher eine Vorstellung über den idealen Umgang mit Handlungsanleitungen widerspiegelt, sei an dieser Stelle nicht weiter diskutiert.

12 Ganz ähnlich formuliert Hörster: „Das was am pädagogischen Handeln ein Wagnis ist, ist nämlich nicht methodisierbar. Umgekehrt allerdings zählt diese Nichtmethodisierbarkeit zu den methodischen Einsichten der Sozialpädagogik." (Hörster 1996, S. 11)

II.
Stationen der Methodendiskussion
Eine historisch-systematische Rekonstruktion

Soziale Arbeit als verberuflichtes, institutionalisiertes und verrechtlichtes System personenbezogener Hilfen ist noch nicht sehr alt. Zwar lassen sich Vorläufer (etwa im Bereich der Armenfürsorge oder der organisierten Kleinkinderziehung) ausmachen, aber als Beruf mit flächendeckenden, staatlich organisierten Ausbildungsgängen und institutionalisierten Arbeitsfeldern ist Soziale Arbeit ein Kind dieses Jahrhunderts. So ist es nur folgerichtig, dass auch die Methodendiskussion, die im Prozess der beruflichen Konsolidierung eine wichtige Rolle gespielt hat, von Ausnahmen abgesehen[1], überwiegend im 20. Jahrhundert stattfindet.

Bislang liegen nur wenige systematische Analysen der Entwicklung der Methodendiskussion in der Sozialen Arbeit vor. Als Ausnahmen sind vor allem C. W. Müller (1988; 1992) zu nennen, der in seiner umfassenden (und zur Lektüre unbedingt empfehlenen) zweibändigen Methodengeschichte der Sozialarbeit ein vielfältiges Panorama der Methodendiskussion entwickelt, sowie Manfred Neuffer (1990), der sich auf die Geschichte der Sozialen Einzelhilfe in Deutschland konzentriert. Beiden Werken ist gemeinsam, dass sie als Realgeschichtsschreibung konzipiert und realisiert sind und weniger eine chronologische und systematische Gesamtdarstellung von Methodenkonzepten bzw. von methodisch relevanten Aspekten der Fachdiskussion anstreben.

Aus der Perspektive einer Einführung in die Methoden der Sozialen Arbeit erscheint es allerdings sinnvoll, einen systematischen Zugriff auf die Entwicklung der Methodendiskussion zu wählen, um auf diesem Weg Entwicklungslinien aufzuzeigen und evtl. Problemaspekte zu identifizieren, die auch aus heutiger Perspektive weiterhin von Belang sind. Ein solches Unterfangen kann hier – notwendigerweise – nur in Ansätzen und Stichworten angegangen werden.

Bei einer historisch-systematischen Betrachtung wünscht man sich als Autor klar abgrenzbare Epochen, klare Schnitte, die eine chronologische Darstellung ermöglichen und zugleich thematisch-strukturell sinnvoll sind. Wie wohl bei vielen Themen, so ist auch für die Methodendebatte zu konstatieren, dass es diese „klaren Schnitte" nicht gibt. Einzelne Diskussionsstränge laufen zeitlich parallel, manche ziehen sich bis zum heutigen Tag durch, manche Traditionslinien brechen ab, wieder andere verwandeln sich in neue Fragestellungen und einige Schwerpunkte der Diskussion tauchen in neuem Gewande wieder auf, manchmal nur unter einem neuen Label. Die einzelnen Abschnitte dieses Kapitels sind deshalb zumeist nicht als zeitlich abgeschlossene Phasen der Methodendiskussion zu verstehen. Im Einzelnen werden folgende Stichworte angesprochen:

---

1 Sachße (1993) führt hier vor allem die im Umfeld der Armenfürsorge entstandenen Leitfäden für Helfer an, so z.B. das 1831 in deutscher Übersetzung erschienene Buch „Der Armenbesucher" des Barons de Gerando oder der Leitfaden für Erkundigungen von Jaenette Schwerin aus dem Jahr 1894.

- die klassischen Methoden der Sozialen Arbeit und ihre Kritik
- die Professionalisierungs- und Handlungskompetenzdebatte
- die Therapeutisierung und Psycho-Boom
- aktuelle Tendenzen.

Denn Ausgangspunkt der Methodendiskussion in der Sozialen Arbeit bilden zweifelsohne die so genannten klassischen Methoden. Noch bis zu Beginn der 70er Jahre hätte die Frage nach den Methoden der Sozialen Arbeit wenig Aufregung erregt und wäre vergleichsweise einfach zu beantworten gewesen. Mit dem Hinweis auf das methodische Dreigestirn[2] von sozialer Einzel(fall)hilfe, sozialer Gruppenarbeit und Gemeinwesenarbeit galt die Frage nach den professionsspezifischen Methoden als hinreichend beantwortet. In dem 1966 in deutscher Übersetzung vorgelegten Standardwerk von Walter A. Friedländer und Hans Pfaffenberger „Grundbegriffe und Methoden der Sozialarbeit" (vgl. Friedländer/Pfaffenberger 1966) findet sich diese Dreiteilung ebenso wie – als Nachzügler und angereichert mit therapeutischen Elementen – in dem von Belardi herausgegebenen Band „Didaktik und Methodik Sozialer Arbeit" aus dem Jahr 1980 (vgl. Belardi 1980).

Mit dieser „Dreifaltigkeit" war spätestens Anfang der 70er Jahre Schluss. Auch wenn das Dreigestirn in den Ausbildungsstätten z.T. noch längere Zeit überleben konnte, so waren doch insbesondere die methodischen Konzepte der sozialen Einzel(fall)hilfe und der sozialen Gruppenarbeit ins Kreuzfeuer einer Fundamentalkritik geraten, die auf der Basis gesellschaftsanalytischer und -theoretischer Befunde der Fachdiskussion auf Mängel dieser Ansätze hinwies, die es wenig sinnvoll erscheinen ließen, die sich entwickelnde Fachlichkeit von Berufstätigen im sozialen Bereich weiterhin auf diesem methodischen Fundament basieren zu lassen. Dieser Fundamentalkritik wollen wir uns allerdings erst im Kapitel 7 widmen. Zunächst geht es vielmehr um die Beschreibung dieser drei „klassischen Methoden" der Sozialen Arbeit. Dabei stehen in den einzelnen Kapiteln die geschichtliche Entwicklung, die begriffliche Abgrenzung, konstitutive Elemente der jeweiligen Methode sowie deren konzeptionelle Ausdifferenzierung im Mittelpunkt.

---

2 Die von einigen AutorInnen als „vierte Methode" apostrophierte „Soziale Aktion" (social action) (vgl. Wendt 1990a; Hessel 1973) wollen wir an dieser Stelle vernachlässigen, da sie im Rahmen der Rezeption in Deutschland bei weitem weniger Spuren hinterlassen hat, als die drei „Klassiker". Zudem geht die eher sozialpolitische Stoßrichtung der „Sozialen Aktion" z.T. in speziellen Konzepten der Gemeinwesenarbeit zumindest ansatzweise auf.

4. Soziale Einzel(fall)hilfe

(a) Geschichte: Die Wurzeln der Sozialen Einzel(fall)hilfe[1] liegen – ebenso wie die der anderen klassischen Methoden – in den USA. Als Begründerin der Sozialen Einzelhilfe (social casework) wird im allgemeinen Mary Richmond bezeichnet, die mit ihrem 1917 veröffentlichten Buch „Social Diagnosis" erstmals eine systematische und geschlossene Darstellung der Tätigkeit und vor allem der Vorgehensweise von FürsorgerInnen in den USA vorlegte. Der Hintergrund ihrer Ausführungen war ihre Tätigkeit in der Charity Organization Society (COS), einer 1877 gegründeten Organisation, deren wesentliche Aufgabe darin bestand, die weitgehend privater Wohltätigkeit überlassene Armenhilfe und Armenpflege zu vereinheitlichen und zu rationalisieren. Die COS „war nicht als eine zusätzliche Wohlfahrtsagentur zur wahllosen Verteilung milder Gaben an unverschuldet in wirtschaftliche Not geratene Bürger gedacht, sondern als eine Art Clearingstelle, um einerseits die Hilfesuchenden zu registrieren und ihre individuellen Lebensverhältnisse zu untersuchen und andererseits die privaten und kommunalen Hilfemöglichkeiten der Gemeinde aufzulisten und die Hilfesuchenden nach Feststellung ihrer wirklichen Hilfsbedürftigkeit an die passenden Wohltäter zu vermitteln. Oberstes Prinzip der COS als kommunaler Clearingstelle war es also, zu ermitteln und zu vermitteln, aber selbst keine Almosen zu verteilen" (C. W. Müller 1988, S. 110). Um diesen Aufgaben gerecht zu werden, stützte sich die COS auf ein traditionsreiches „Instrument", nämlich die (ehrenamtliche) HausbesucherIn (friendly visitor).[2]

Richmond sammelte systematisch Fälle aus der Praxis der FürsorgerInnen und wertete diese im Hinblick auf Verfahrensweisen und erfolgreiche Handlungsschritte aus. Das Ergebnis ihrer Recherchen war mit dem Werk

---

1 Der Begriff „social casework" hat in der deutschen Rezeption unterschiedliche Übersetzungen erfahren. Bis in die 60er Jahre wurde er überwiegend wörtlich als soziale Einzelfallhilfe übernommen. Anfang der 60er Jahre plädierten FachvertreterInnen dafür, nicht von Einzel*fall*hilfe, sondern lediglich von Einzelhilfe zu sprechen, da nicht der Fall, sondern der Aufbau einer persönlichen helfenden Beziehung im Mittelpunkt stehe (vgl. Neuffer 1990, S. 20 f.). Obwohl ab diesem Zeitpunkt eine Tendenz zum Begriff Einzelhilfe beobachtbar ist, ziehen sich beide Termini bis in neuere Publikationen zum Thema durch. So spricht etwa Neuffer (1990) konsequent von Einzelhilfe, während C. W. Müller (1988, 1992) weiterhin den Begriff Einzelfallhilfe wählt.

2 Als „Erfinder" dieses Systems gilt Thomas Chalmers, der bereits zu Beginn des 19. Jahrhunderts in Glasgow ein auf nachbarschaftlicher und ehrenamtlicher Basis basierendes System der Armenhilfe installierte. Auch in Deutschland findet sich mit dem Elberfelder System ab Mitte des 19. Jahrhunderts ein Ansatz der Armenhilfe, der auf ehrenamtliche „BesucherInnen" zurückgreift, die mittels investigativer Vorgehensweise über Anspruchsberechtigung und angemessene Hilfe für Arme entscheiden sollen. Vgl. C. W. Müller (1988); Sachße (1986); Wendt (1990a); Richmond (1917).

„Social Diagnosis" ein Lehrbuch, das erstmals versuchte, das methodische Handeln von FürsorgerInnen empirisch fundiert lehr- und lernbar zu machen.³ In ihrer Systematik orientierte sich Richmond dabei, anders als Jane Addams – eine andere Pionierin der Sozialen Arbeit in den USA –, an medizinischen und psychologischen Modellen, was schon in den Terminologien wie Diagnose und Behandlung deutlich wird. Die SozialarbeiterIn als „soziale Ärztin" versucht in einem Prozess von Anamnese, Diagnose und Therapie, „soziale Erkrankungen" von Individuen zu heilen. Es ist deshalb nicht zufällig, dass die Soziale Einzelhilfe schon frühzeitig auf die Psychoanalyse zurückgreift.⁴

In Deutschland wird die Methode der Sozialen Einzelhilfe durch Alice Salomon bekannt gemacht. 1926 veröffentlicht sie ihr Buch „Soziale Diagnose", das nicht zufällig den gleichen Titel trägt, wie die grundlegende Arbeit von Mary Richmond. Nach eigenen Aussagen lehnt sich Salomon, die durch Reisen Anfang der 20er Jahre mit der Entwicklung der Sozialen Arbeit in den USA vertraut war, in Teilen ihrer Veröffentlichung an die Arbeit Richmonds an.⁵ In der Praxis Sozialer Arbeit blieb diese erste Rezeption jedoch weitgehend folgenlos.

Die eigentliche „Blütephase" der Rezeption der Caseworkkonzepte in Deutschland fällt in die Zeit nach dem 2. Weltkrieg. Während in den USA die Fachdiskussion weiter vorangeschritten und es zu einer Ausdifferenzierung unterschiedlicher Ansätze gekommen war – auf die noch einzugehen sein wird –, kam die Weiterentwicklung der Methode in Deutschland weitgehend zum erliegen, nicht zuletzt im Gefolge der nationalsozialistischen

---

3 Betrachtet man dieses Lehrbuch heute, so muss man der Einschätzung von C. W. Müller folgen, dass es sich über weite Passagen „wie ein Lehrbuch für angehende Kriminalkommissare" (C. W. Müller 1988, S. 117) liest. Dieser Eindruck entsteht nicht zuletzt durch die starke Fokussierung auf die Ermittlung relevanter Daten und Fakten sowie deren „diagnostischer" Verdichtung. Die eigentliche „Behandlung" wird demgegenüber eher stiefmütterlich behandelt.

4 Peter Lüssi spricht kritisch von „Mary Richmonds Sündenfall, als sie 1917 mit ihrem fundamentalen Werk *Social Diagnosis* den medizinisch-psychiatrischen Begriff ‚Diagnose' zum Grundstein der Sozialarbeit machte" (Lüssi 1995, S. 33).

5 Allerdings ist das Buch Alice Salomons keine Übersetzung. Dies wird allein schon durch die Tatsache deutlich, dass das Werk Richmonds insgesamt 511 Seiten umfasst, die Veröffentlichung Salomons lediglich 66 Seiten. Darüber hinaus weist C. W. Müller auf inhaltliche Unterschiede hin, die im Wesentlichen den zweiten Teil betreffen, und die „über das Anpassungskonzept von Mary Richmond hinausgehen" (C. W. Müller 1988, S. 145). Auch Sachße weist auf inhaltliche Differenzen hin, die nach seiner Auffassung auf Unterschieden in der Entwicklung der deutschen und der amerikanischen Sozialarbeit beruhen. In Amerika wurde „die Einheitlichkeit des Berufs nicht über die Ideologie vom Dienst am Volksganzen gestiftet, sondern über eine spezifische methodische Kompetenz, die in einer entsprechenden Ausbildung zu erwerben war" (Sachße 1986, S. 285). Demnach war „das vereinheitlichende Zentrum nicht der Fall, der Klient in seiner Eingebundenheit in vielfältige soziale Wirk- und Einflussfaktoren, sondern die bürgerliche Frau und ihre soziale Verantwortung. (…) Sozialarbeit in Deutschland wurde daher primär unter normativen und nicht – wie in den USA – unter empirischen Aspekten entwickelt" (Sachße 1993, S. 37).

Herrschaft und ihrer Einflüsse auf die Struktur und Handlungsansätze Sozialer Arbeit (vgl. Otto/Sünker 1989). Basis der neuen Rezeptionswelle war vor allem ein reger Austausch, der sich in beiden Richtungen des Atlantiks vollzog: Zum einen kamen amerikanische MethodenlehrerInnen, z.T. jene, die nach 1933 emigriert waren, nach Deutschland (zurück), um dort ihre Konzepte im Rahmen von Fort- und Weiterbildungsveranstaltungen publik zu machen.[6] Zum anderen zog es aber auch deutsche Sozialarbeiter im Rahmen von Austauschprogrammen nach Amerika, um sich dort im Rahmen längerer Studienaufenthalte mit dem Entwicklungsstand der Sozialen Arbeit in den USA vertraut zu machen.

In der Fachliteratur der 50er und 60er Jahre schlug sich der Methodentransfer vor allem in den Veröffentlichungen von Hertha Kraus (1950) und Herbert Lattke (1955) nieder, die den Stand der amerikanischen Methodendiskussion zusammenfassten. Allerdings lief der Methodentransfer von den USA nach Deutschland keineswegs so reibungslos wie man aufgrund der vielfältigen Aktivitäten annehmen sollte (vgl. Neuffer 1990, 1994; C. W. Müller 1992). Oberflächlich zeigten sich solche Transferprobleme etwa an Phänomenen wie der Ablehnung der Sozialen Einzelhilfe durch die katholische Kirche, da das Casework in weiten Teilen psychoanalytisch fundiert und die Psychoanalyse Freuds bekanntermaßen religionskritisch sei. „So wurde es katholischen Fürsorgerinnen lange Zeit verboten, sich mit dem Case work auseinanderzusetzen, geschweige denn danach zu handeln." (Neuffer 1994, S. 143)

Tiefgreifender waren allerdings jene Rezeptionshemmnisse, die auf unterschiedlichen Traditionen, gesellschaftlichen Rahmenbedingungen und fachlichen Entwicklungen beruhten. So hatte sich die Soziale Arbeit in den USA erheblich ausdifferenziert und für einen Teil der Hilfelandschaft überhaupt erst ermöglicht, nach den neuen Konzepten individuell-therapeutischer Zuwendung zu arbeiten. In Amerika hatte sich eine „Arbeitsteilung" zwischen kommunalen Wohlfahrtsämtern „mit unausgebildeten, unterbezahlten Angestellten und Helfern, die ihre (wenigen) Fälle unter optimalen Arbeitsbedingungen und unter Dauer-Supervision nach allen Regeln der Kunst abwickelten" herausgebildet (C. W. Müller 1992, S. 89). Diese strukturellen Rahmenbedingungen, wie geringe Fallzahl, Abstinenz von investigativen Anforderungen und eingreifenden Handlungen (wie z.B. Ermessensentscheidungen über Hilfegewährung, Heimeinweisung etc.) waren in Deutschland nicht gegeben. Es war deshalb fast zwangsläufig, dass sich in der Folgezeit wenn auch nur wenige, so doch eigenständige deutsche bzw. europäische

---

6 Zu dieser Gruppe gehörte z.B. Hertha Kraus, die noch 1933 Leiterin des Wohlfahrtsamtes der Stadt Köln war, und die nach ihrer Emigration in die USA als Professorin für Social Economy and Social Research in Philadelphia arbeitete. Als „visiting expert" war sie ab 1948 als Dozentin im Rahmen der Ausbildung sozialer Fachkräfte in Deutschland tätig.

Ansätze der Einzelhilfe herausbildeten, die den spezifischen Bedingungen Rechnung trugen.

Im Besonderen sind hier Ruth Bang (1970) und Marie Kamphuis (1973) zu nennen. Für die Letztere betont Neuffer: „Die Europäisierung des amerikanischen case work war ein Verdienst von Marie Kamphuis:" (Neuffer 1994, S. 141) Nach ihrer Auffassung war ein wesentlicher Unterschied zwischen den USA und Europa, dass die Gesellschaften in Europa ein anderes, selbstverständliches Verhältnis zur Autorität kennzeichnet. Aus diesem Grund sei es notwendig, stärker als die amerikanischen Konzepte mit ihrer Philosophie der Selbstbestimmung und Selbstverantwortung, auf pädagogische Beeinflussung wert zu legen. „Wir machen sonst einen großen Fehler, sowohl im soziologischen als im psychologischen Felde, weil wir dann mit einem Muster arbeiten, das nirgends Anknüpfungspunkte in der Wirklichkeit der Menschen, denen wir helfen wollen, hat." (Kamphuis, zit. nach Neuffer 1990, S. 130)[7]

Die letzte wichtige Veröffentlichung zur Sozialen Einzelhilfe im klassischen Sinne ist wiederum ein Import aus den USA. 1970 in den Vereinigten Staaten erschienen, wurde 1974 der Sammelband von Robert W. Roberts und Robert H. Nee „Konzepte der Sozialen Einzelhilfe" in Deutschland veröffentlicht. Er bündelte letztmals die unterschiedlichen konzeptionellen Ansätze der Einzelfallhilfe.

(b) Begriff: Wie schon aus diesem kurzen Exkurs zur Geschichte der Sozialen Einzelhilfe deutlich geworden sein dürfte, kann von *der* Sozialen Einzelhilfe keine Rede sein. Umso mehr stellt sich die Frage, was Soziale Einzelhilfe eigentlich ist, und was bei aller Unterschiedlichkeit die verschiedenen Konzepte auf der Ebene ihrer Gegenstandsbeschreibung verbindet. Als

---

7 Inwieweit dieser Argumentation zu folgen ist, soll an dieser Stelle nicht ausführlich diskutiert werden. Allerdings ist zu fragen, ob sich hinter dem Argument von der kulturellen Unterschiedlichkeit nicht ein Legitimationsmuster für ein durchaus traditionelles Selbstverständnis von Sozialarbeitern versteckt, dass nämlich Eingriffe und „Führung" – so schon Salomon (1926, S. 60) – zwingend notwendig seien, da es sich ja bei den Klienten offensichtlich um Personen handelt, die sich selbst nicht mehr helfen können. In diesem Sinne ist Neuffer zumindest vorzuwerfen, dass er die Selbstwahrnehmung der Vertreter der Sozialen Einzelhilfe in Deutschland nicht kritisch hinterfragt, sondern deren Argumente schlicht reproduziert. Deutlich wird dies etwa auch am Beispiel des Hausbesuchs: „Der in den USA verpönte Hausbesuch, also die aufsuchende Sozialarbeit, war in Deutschland und anderen europäischen Ländern eines der wichtigsten Instrumente der Hilfestellung. Die Frage absoluter Freiwilligkeit bei der Kontaktaufnahme (Selbstbestimmung) stand im entgegengesetzten Verhältnis zu einer auf Verantwortung für den Klienten basierenden Sozialen Arbeit (Fürsorge):" (Neuffer 1994, S. 141) Ganz abgesehen davon, ob man im Falle des Hausbesuchs in der beschriebenen Tradition sinnvollerweise mit dem modernen Terminus der aufsuchenden Sozialarbeit argumentieren sollte, wird an diesem Beispiel deutlich, dass das Verhältnis von Fürsorge und Selbstbestimmung offensichtlich in der deutschen Methodendiskussion anders aufgelöst wird als in der amerikanischen. Damit aber ist der zentrale Bereich der Sicherung der Klientenrechte angesprochen.

Einstieg ist es hilfreich, sich einige Definitionen von Sozialer Einzelhilfe zu vergegenwärtigen.[8]

 „Soziale Einzelhilfe ist ein Prozess, der von bestimmten Sozialdienststellen angewendet wird, um Menschen zu helfen, mit ihren Problemen im sozialen Bereich besser fertig zu werden." (Perlman 1973, S. 18)

„Social Casework ist eine Kunst, bei der Erkenntnisse der Wissenschaft von den menschlichen Beziehungen und die Fertigkeit in der Pflege dieser Beziehungen dazu benutzt werden, Kräfte im Einzelmenschen und Hilfsquellen in der Gemeinschaft zu mobilisieren, die geeignet sind, eine bessere Einordnung des Klienten in seine ganze Umwelt oder in Teile seiner Umwelt herbeizuführen." (Bowers, zit. nach Lattke 1955, S. 40)

„Behandlung in der Sozialen Einzelhilfe wird als eine abgestimmte Mischung von Vorgängen gesehen, die so, wie es diagnostisch angezeigt erscheint, auf eine Veränderung in der Person oder in ihrer sozialen oder zwischenmenschlichen Umgebung oder in beidem hinarbeitet und auf eine Modifikation des Austausches abzielt, der zwischen Mensch und Umwelt stattfindet. Zum größten Teil werden diese Ziele in Besprechungen zwischen Klient oder Klienten, Sozialarbeiter und wichtigen anderen Personen und durch ein Angebot an konkreten Hilfsmaßnahmen verfolgt." (Hollis 1977, S. 49)

„Durch die Methode der Sozialen Einzelhilfe wird ein Klient veranlasst, sich über einen Beziehungsprozess, im Wesentlichen mit einer Person, zu seinem eigenen und dem allgemeinen sozialen Wohl einer sozialen Hilfe zu bedienen." (Smalley 1977, S. 93)

Bei aller noch zu beschreibenden Unterschiedlichkeit der Konzepte lassen sich einige Gemeinsamkeiten identifizieren:

(1) Soziale Einzelhilfe, die sich immer an einzelne Individuen[9] richtet, lokalisiert die zu bearbeitenden Probleme *in* den Individuen selbst. Zwar betonte schon Alice Salomon (1926), ähnlich wie Florence Hollis in der oben angeführten Definition, dass Probleme auch in der Umwelt liegen können, diese sind für den Prozess der Behandlung aber nur insofern von Belang, wie es sich um ein begrenztes Neuarrangement von Beziehungen, Beziehungsmustern und verfügbaren Hilfsquellen handelt. Umweltfaktoren werden als kausale Problemursachen nur insofern wahrgenommen, wie sie innerhalb der definierten Reichweite des Behandlungsprozesses liegen. Für Helen Perl-

---

8 Die Zusammenstellung der folgenden Definitionen folgt vor allem einer didaktischen Intention. Es handelt sich dabei um klassische, häufig zitiert Begriffsbestimmungen, die darüber hinaus unterschiedliche Facetten der Methode andeuten. Definitionen aus neueren Veröffentlichungen wurden nicht berücksichtigt, da es sich dabei zumeist um retrospektive Zusammenfassungen, nicht aber um originäre, eigenständige Weiterentwicklungen handelt. Die selben Kriterien gelten auch für die Definitionen zur sozialen Gruppenarbeit (vgl. Kapitel 5) und zur Gemeinwesenarbeit (vgl. Kapitel 6).
9 Ausnahmen stellen hier Perlman (1973) und Kamphuis (1973) dar, die ihre Ansätze bewusst auf die Familie ausdehnen.

man sind die Probleme, auf die Soziale Einzelhilfe antworten will, „solche, die das soziale Funktionieren einer Person zutiefst berühren oder die durch deren soziales Funktionieren beeinflusst werden" (Perlman 1973, S. 43). Und weiter heißt es: „Das bedeutet, dass der Hauptakzent der Hilfe des Caseworkers auf die Schwierigkeiten gerichtet ist, die die Person hat, sich sozial richtig oder konstruktiv zu verhalten, oder auf die Angriffe, denen sie sich durch die Umwelteinflüsse ausgesetzt fühlt" (ebd., S. 44). Wohlgemerkt: Es geht um die Umwelteinflüsse, von denen sich der Klient bedrängt *fühlt*, nicht um jene, die evtl. massiv und materiell sein Leben beeinflussen.[10] Nach Hege (1981, S. 146) ist die Grundannahme der Einzelfallhilfe – wie aller klassischen Methoden –, dass soziale Probleme psychische Probleme sind.

Abbildung 4: Einzel(fall)hilfe

(2) Angesichts der Fokussierung auf individuelle Probleme ist es nur folgerichtig, dass die Veränderungsabsicht sich primär auf die Individuen, ihre Kompetenzen, Qualifikationen, Sichtweisen, Verhaltensweisen beziehen. „Die Aufgabe des Fürsorgers besteht deshalb darin, die Haltung des Klienten zu beeinflussen, auf einen Menschen einzuwirken – und das ist im Grunde genommen eine Führeraufgabe." (Salomon 1926, S. 60) Noch deutlicher heißt es bei Virginia Robinson: „Wenn uns die Geschichte der Sozialen Einzelhilfe etwas lehrt, dann ist es vor allem dies, dass es nur auf dem Gebiet der individuellen Reaktionsmuster und der Möglichkeiten ihrer therapeutischen Veränderung durch verantwortungsvolle und bewusste Beziehungen eine legitime professionelle Einzelhilfe geben kann." (Robinson, zit. nach Smalley 1977, S. 97) Soziale Einzelhilfe wird verstanden als therapeutische Intervention, die mittels Einstellungs- und Verhaltensänderung zu einer Verbesserung der problematischen Lebenslage beiträgt. Insgesamt ist Sachße zu folgen: „Soziale Hilfe ist daher als Persönlichkeitsentwicklung zu verstehen, die den Klienten dadurch zur Selbständigkeit verhilft, dass er individuelle Kräfte und soziale Umgebung in ein ausgewogenes Verhältnis bringen kann." (Sachße 1993, S. 34)

(3) Wesentliches Medium dieses Hilfeprozesses ist die „helfende Beziehung" zwischen Klient und Sozialarbeiter. Nur eine intakte Beziehung er-

---

10 Einen ähnlichen Schwerpunkt setzt Kamphuis, wenn sie betont, dass früher die materielle Not im Vordergrund stand, dass sich aber mittlerweile die Erkenntnis durchgesetzt hat, „dass soziales Wohlergehen auch abhängig ist von einem kreativen Funktionieren im Umgebungsfeld mit den Beziehungen von Mensch zu Mensch und vom Einzelmensch zu den ihn umgebenden größeren und kleineren Gruppen, mit dem Verhältnis zur Arbeit, kurzum mit all demjenigen zusammenhängt, was den Menschen zum Glied einer Gemeinschaft macht" (Kamphuis 1973, S. 30).

möglicht, dass der Klient den Sozialarbeiter als vertrauensvollen Gesprächspartner akzeptiert und damit auch die Hilfe des Sozialarbeiters anzunehmen bereit ist. Für Ruth Bang geht es in ihrem Buch *Die helfende Beziehung als Grundlage der persönlichen Hilfe* „in der fürsorgerischen Arbeit stets um eine Hilfeleistung zwischen der Person des Helfenden und der des Klienten, und insofern um eine persönliche Hilfe von Mensch zu Mensch. Beide stehen auch ... in einer Beziehung zueinander, die helfenden Charakter hat, da es sich ja um einen Vorgang des Helfens zwischen beiden handelt" (Bang 1970, S. 92). Ihre zentrale Frage lautet folgerichtig: „Wie wird die helfende Beziehung zu einem methodischen Hilfsmittel bei der persönlichen Hilfe." (Ebd., S. 96)

(4) Das Ziel des Hilfeprozesses ist in allen Fällen die Steigerung des Wohlbefindens des Klienten mittels besserer Balance zwischen Individuum und Umwelt. Um diese Balance zu erreichen, wird eine verbesserte Anpassung angestrebt. Nun kann Anpassung – wie schon Salomon betonte – zweierlei bedeuten: Anpassung des Individuums an seine Umwelt oder umgekehrt: Anpassung der Umwelt an die individuellen Möglichkeiten des Subjekts. Insofern Umweltanpassung sich auf Erschließung von Hilfsquellen, Umgestaltung des sozialen Nahraums bzw. Modifikation von Kommunikations- und Beziehungsnetzen bezieht, also die Ebene einer generellen gesellschaftlichen Veränderungsstrategie nicht erreicht, ziehen einige Ansätze diese Ebene in die Betrachtung ein. Der Schwerpunkt liegt allerdings bei der Anpassung des Individuums, seiner Wahrnehmungs- und Interpretationsmuster sowie seiner Verhaltensweisen.[11]

(c) Unterschiedliche Konzepte: Jenseits dieser „Gemeinsamkeiten", die in den einzelnen Ansätzen durchaus different ausgeprägt sind, lassen sich im Feld der Einzelhilfe unterschiedliche Konzepte bzw. Schulen identifizieren.[12] Für unseren Zusammenhang soll es genügen, wenn im Folgenden kurz die drei unstrittig konkurrierenden Konzepte in Stichworten dargestellt werden, nämlich:

- den psychosozialen Ansatz (z.B. Florence Hollis),
- den funktionalen Ansatz (z.B. Ruth E. Smalley),
- den problemlösenden Ansatz (z.B. Helen H. Perlman).

(1) Der psychosoziale Ansatz: Der psychosoziale Ansatz stellt eine Weiterentwicklung des so genannten diagnostischen Konzepts (diagnostic school)

---

11 So formuliert beispielsweise Perlman als Ziel der Einzelfallhilfe: „Sie will das Niveau der menschlichen Tüchtigkeit und Befriedigung im täglichen Leben und in den laufenden Vorgängen zwischen Menschen und Mitmenschen und Mensch und Aufgabe anheben und festigen." (Perlman 1977, S. 148) Vgl. auch die weiter oben angeführte Definition von Bowers, die wohl nicht zufällig zu den meistzitierten in der Einzelhilfeliteratur gehört.
12 Von wie vielen Konzepten man ausgehen kann, ist in der Fachliteratur umstritten. Auch im Referenzbuch von Roberts/Nee (1977) herrscht keineswegs Einigkeit; vgl. auch Pfaffenberger (1977a); Belardi (1980); Karberg (1980).

dar, das mit dem Namen Gordon Hamilton verbunden ist. Er versteht sich als „system-theoretisch" – allerdings eher im Sinne von Ganzheitlichkeit – und bezieht die Intervention auf das „Person-in-ihrer-Situation-Gefüge oder einfacher: der Mensch in seiner spezifischen Situation" (Hollis 1977, S. 48). Die klassische diagnostische Schule legte in der Tradition der Psychoanalyse verstärkten Wert auf die möglichst weitreichende Ermittlung der Vorgeschichte des Klienten. Nach Hollis ist für den psychosozialen Ansatz kennzeichnend, dass eine derart lückenlose, vor allem die Kindheit umfassende Anamnese und Diagnose nicht mehr in jedem Fall für notwendig erachtet wird. Gleichwohl spielt die Erfassung oder Fallstudie immer noch die zentrale Rolle. „Der Diagnose-Prozess besteht aus einer kritischen Durchleuchtung des Komplexes ‚Klient-in-seiner-Situation' und der Schwierigkeiten, die zur Kontaktaufnahme mit der Sozialstelle führten. Zweck dieser Untersuchung ist, die Natur des Problems genauer und deutlicher zu erkennen. Der spezifische Komplex dieses Klienten in seiner Situation muss dabei wiederholt mit einer Reihe von ungefähren Normen verglichen werden. Diese Durchschnittswerte betreffen das Verhalten des Klienten und andere zur Sache gehörende Aspekte seiner sozialen Situation und die konkreten Gegebenheiten." (Ebd., S. 65) Sinn dieser Phase ist es, „eine Krankheit an ihren Symptomen zu erkennen" (ebd., S. 68) und abschließend zu einer Diagnose zu gelangen, die wiederum die Grundlage der Behandlung der „Erkrankung" bildet.

(2) Der funktionale Ansatz: Die funktionale Schule ist mit den Namen Jessie Taft, Virginia Robinson und Otto Rank verbunden. Rank, Psychoanalytiker und Schüler Freuds, betonte im Besonderen das (psychische) menschliche Wachstum und dessen Bedeutung für die Konstitution von Hilfeprozessen. Smalley fasst den zentralen Unterschied zur diagnostischen Schule zusammen: „Die diagnostische Schule arbeitete mit der Psychologie der Krankheit, wobei der Sozialarbeiter für die Diagnose und die Behandlung eines pathologischen Zustandes verantwortlich war und selbst den Ausgangspunkt für die notwendige Veränderung bildete. Bei der funktionellen Konzeption ging man von der Psychologie des Wachstums aus und sah den Kristallisationspunkt der Veränderung nicht im Sozialarbeiter, sondern im Klienten. Der Sozialarbeiter trat in eine Beziehung zum Klienten, die dessen eigene Fähigkeit zur Entscheidung und zum Wachstum freisetzte. Die funktionelle Schule bezeichnete ihre Methode als helfend, während die diagnostische von behandeln und Behandlung sprach." (Smalley 1977, S. 91 f.) Der funktionale Ansatz versteht die sozialpädagogische Intervention als individuell therapeutische Zuwendung mit dem Ziel der Stärkung des subjektiven Wachstums betroffener Individuen. In diesem Sinne formuliert Ruth Smalley als einen Grundsatz der funktionellen Methode: „Alle Prozesse in der Sozialarbeit erfordern, um wirksam zu sein, den Gebrauch einer Beziehung, durch die der Klient dazu gebracht wird, Entscheidungen zu treffen und ihnen entsprechend zu handeln. Dies wird als der Kern der Arbeit angesehen, durch die das Ziel, das der Klient als sein eigenes erkennt, mit Hilfe der angebotenen Möglichkeiten erreicht werden soll." (Ebd., S. 94)

(3) Der problemlösende Ansatz: Der problemlösende Ansatz, für den vor allem der Ansatz von Helen Perlman steht, dürfte zu den in Deutschland wohl am meisten rezipierten Ansätzen des amerikanischen social casework gehören.[13] Die basale Annahme dieses Ansatzes ist, dass das Leben ein problemlösender Prozess ist, d.h. im Leben eines Menschen tauchen immer wieder Probleme auf. Die Frage, ob er einer Unterstützung bedarf, resultiert im Wesentlichen aus seinen Fähigkeiten und Ressourcen zur Problemlösung. Den problemlösenden Ansatz unterscheidet von den anderen Schulen weiterhin, dass er als mögliche Klientel nicht nur Einzelpersonen, sondern auch Familien einbezieht. „Derjenige Mensch oder die Familie wird als Anwärter auf Einzelhilfe-Behandlung betrachtet, der Schwierigkeiten in der Beziehung zu einem oder mehreren anderen Menschen oder bei der befriedigenden Erfüllung einer oder mehrerer Rollen-Aufgaben hat. (...) Man geht von der Annahme aus, dass die Unfähigkeit des betreffenden Menschen, selbst mit seinem Problem fertig zu werden, auf einer Schwäche oder dem Fehlen eines oder einer Kombination der folgenden problemlösenden Faktoren beruht: der Motivation zur angemessenen Beschäftigung mit dem Problem, der Fähigkeit, dies zu tun, und der Möglichkeit, Mittel und Wege zu finden, um die Schwierigkeiten zu beseitigen oder zu mildern." (Perlman 1977, S. 149) Aus diesen Annahmen zur Genese fürsorgerischer Problemlagen resultieren direkt die zentralen Handlungsstrategien der Helfer: Sie sollen motivieren, befähigen und Ressourcen identifizieren und erschließen.

Zweifellos weisen die drei hier angedeuteten Ansätze markante Unterschiede insbesondere hinsichtlich der Ansatzpunkte sozialpädagogischen Handelns auf. Ob ich von einer Psychologie der Krankheit ausgehe, individuelles Wachstum in den Mittelpunkt stelle oder die Fähigkeiten des individuellen Problemlösungsverhaltens verändern will, bedingt durchaus unterschiedliche Vorgehensweisen und Interventionsstrategien. Allerdings sind alle drei Ansätze durch Unterschiede gekennzeichnet, die sich innerhalb eines psychologisch/psychotherapeutischen Paradigmas bewegen. Man könnte es so formulieren: Die Auseinandersetzungen zwischen den verschiedenen Schulen der sozialen Einzelhilfe ist mit dem Schulenstreit innerhalb der Psychoanalyse etwa zwischen Freud, C. G. Jung und Wilhelm Reich zu vergleichen.

(d) Elemente der sozialen Einzelfallhilfe: Aus der Perspektive der methodischen Betrachtung im engeren Sinne ist danach zu fragen, welche Hilfen diese Ansätze den SozialarbeiterInnen für die Gestaltung ihrer konkreten

---

13 So betont etwa C. W. Müller in durchaus kritischer Absicht Anfang der 80er Jahre: „Ich haben in den letzten zehn Jahren den Eindruck nicht loswerden können, dass wir gerade in der Rezeption der ‚klassischen Methoden' auf den 'Oldies' sitzengeblieben sind: auf Konopka für die Gruppenpädagogik, auf Bang und Perlman für die Einzelfallhilfe und auf Ross für die Gemeinwesenarbeit" (C. W. Müller 1981, S. 106).

Soziale Einzel(fall)hilfe 83

Alltagspraxis liefern. Ohne hier auf Details und Differenzen eingehen zu können, sind es vor allem drei Aspekte, die für die Ansätze der Einzelhilfe charakteristisch sind:

- die ethische Rahmung des Hilfeprozesses
- die Phasierung des Hilfeprozesses
- die Anleitungen bzw. Techniken der Gesprächsführung.

(1) Die ethische Rahmung des Hilfeprozesses: Nähert man sich der Einzelhilfe-Literatur mit dem Blick des heutigen Lesers, so fällt in vielen Passagen der überwiegend normative Gestus auf. Bedenkt man allerdings, dass jedes pädagogische Verhältnis normativen Einflüssen ausgesetzt ist, d.h., dass Personen mit bestimmten Ansichten, Meinungen, Haltungen aufeinander treffen, so ist es nur folgerichtig, dass sich die Konzepte dieser Frage widmen, da die Ausblendung der ethisch-normativen Dimension zwangsläufig zu einer die Klienten gefährdenden Beliebigkeit führen kann. Nach Schiller (1963) ist es deshalb für das amerikanische Methodenverständnis konstitutiv, dass planmäßige Verfahren mit wissenschaftlichen Erkenntnissen und ethischen Forderungen verbunden werden.

Solche „codes of ethics" sind nun nicht auf die Einzelhilfe beschränkt, sondern beziehen sich allgemein auf die Tätigkeit von SozialarbeiterInnen. Ein Beispiel von vielen sind etwa die von Lattke formulierten zehn Gebote der Sozialarbeit: „Du sollst

1. jeden Klienten als ganzen Menschen behandeln, d.h. als Leib-Seele- und Geist-Einheit;
2. seine Selbsthilfekräfte entdecken und fördern;
3. ihn zum Partner am Hilfsvorgang werden lassen;
4. jeden Klienten so akzeptieren, wie er ist, und ihm Grenzen setzen, die er braucht;
5. nicht voreingenommen urteilen;
6. mit jedem Klienten dort anfangen, wo er steht;
7. mit seinen Stärken arbeiten;
8. es jedem Klienten ermöglichen, sich frei zu äußern;
9. ihm Helfen, sein Recht auf Selbstbestimmung und seine Pflicht zur Selbstverantwortung zu verwirklichen;
10. ihm helfen, sich selbst und seine Lage besser zu verstehen." (Lattke 1961, S. 319 f.)

Für die Einzelfallhilfe formuliert Maas (1966, S. 73 ff.) sechs grundlegende, allgemeine Prinzipien: 1. Das Prinzip des Akzeptierens, welches betont, dass es zu den Grundlagen des Hilfeprozesses gehört, dass der Sozialarbeiter seinen Klienten als Person akzeptiert; 2. Der Grundsatz der Kommunikation, der betont, dass der (sprachliche) Austausch von Klient und Sozialarbeiter die Grundlage des Hilfeprozesses darstellt; 3. Der Grundsatz der Individualisierung, der den Sozialarbeiter auffordert, „sich auf jeden Klienten als auf ein Individuum einzustellen und ihm als einem solchen zu helfen; der Klient ist für ihn ein Mensch in einer Situation, die eine einmalige Kombination aus biologischen, psychologischen und sozialen Elementen darstellt" (ebd., S. 77); 4. Der Grundsatz der aktiven Beteiligung, der den Sozialarbeiter verpflichtet, dem Klienten die Lösung seiner Probleme nicht aus der Hand zu nehmen, sondern ihn als Partner im Hilfeprozess zu akzeptieren; 5. Der Grundsatz der Vertraulichkeit, der besagt, dass alles, was der Klient sagt, nur innerhalb der berufsbedingten Beziehung genutzt werden darf und 6. Der Grundsatz der Selbstkontrolle des Sozialarbeiters, der besagt, dass der Sozialarbeiter aufgefordert ist, sich bewusst zu machen, „welche Vorgänge in dieser beruflichen Beziehung beruflich motiviert sind ... und welche persönlich motiviert sind" (ebd., S. 81).

Solche oder ähnliche Grundhaltungen und Prinzipien finden sich in allen Ansätzen der Einzelfallhilfe. Sie sollen die Balance von Eingriff und Selbstbestimmung, von Sozialarbeitermacht und Klientenautonomie gewährleisten. Auf den heutigen Leser wirken sie häufig banal, nicht zuletzt deshalb, weil viele von ihnen mittlerweile in den alltäglichen Sprachschatz professioneller Kommunikation eingegangen sind: Hilfe zur Selbsthilfe, anfangen, wo der Klient steht, den Klient als Individuum akzeptieren. All diese ethischen Prinzipien sind mittlerweile selbstverständlicher Bestandteil sozialpädagogischer Sprachspiele – und häufig nicht mehr als Worthülsen. B. Müller (1991) hat zu Recht darauf hingewiesen, das es nicht ausreicht, hehre Grundprinzipien zu formulieren, deren Umsetzung aber dem einzelnen Sozialarbeiter in seiner komplexen, unübersichtlichen und widersprüchlichen Handlungssituation zu überlassen. Die methodische Sicherung dieser Grundprinzipien haben die Ansätze der Einzelhilfe allerdings kaum geleistet.

(2) Phasierung des Hilfeprozesses: Eine der zentralen Leistungen der Ansätze der Einzelhilfe war es von Beginn an, dass sie den Hilfeprozess in einzelne, überschaubare und definierte Handlungsschritte zerlegte, die dem Sozialarbeiter eine Art Wegbeschreibung an die Hand gab, in welcher Abfolge ein Hilfeprozess zu erfolgen hatte. Die Phasen werden in unterschiedlichen Konzepten mit verschiedenen Namen bedacht, gleichwohl kann als Essenz dieser Phasierungsversuche ein Dreischritt konstatiert werden, der sich weitgehend am medizinischen Modell orientiert:
- Fallstudie/Anamnese
- Soziale Diagnose
- Behandlung

In der ersten Phase, der Fallstudie oder Anamnese, geht es um die Sammlung relevanter Daten, Fakten und Hintergründe, die zur Bewertung des Falles notwendig sind. Die technischen Hilfestellungen in dieser Phase reichen von Hinweisen auf relevante Informationsquellen – nach Salomon z.B. der Klient, die Hausgemeinschaft, Verwandte, Ärzte, Lehrer, Arbeitgeber, Nachbarn und Hauswirte, Wohlfahrtseinrichtungen – über Fragebögen (wie etwa bei Richmond 1917) bis hin zur Diskussion, wie man sich einzelnen Informanten nähert, welche Probleme z.B. des Zugangs zu bedenken sind usw.

Die zweite Phase, die soziale Diagnose, kann man als eine Art zusammenfassender und verdichtender Deutung der gesammelten Befunde bezeichnen. Für Salomon resultiert die Gesamtbeurteilung des Falles nicht einfach aus einer Addition der ermittelten Informationen. „Er [der Sozialarbeiter, d. V.] muss die Beobachtungen über Tatsachen und Symptome und die erhaltenen Aussagen prüfen und vergleichen, bewerten und Schlüsse daraus ziehen. Erst dadurch kann er ein möglichst genaues, zutreffendes Gesamtbild der sozialen Schwierigkeiten eines Menschen und seiner Familie herstellen, das ihm ermöglicht, einen Plan für die Abhilfe zu fassen. Das ist die soziale Diagnose." (Salomon 1928, S. 26 f.)

Zur dritten Phase, der Behandlung, ist festzuhalten, dass die Anmerkungen der verschiedenen Konzepte im Vergleich zur Anamnese und Diagnose zumeist seltsam technikarm bleiben. Im Kern lassen sich die Instrumente der Behandlung auf zwei Elemente reduzieren: die helfende Beziehung und in ihr das Gespräch. In einigen Ansätzen lässt sich die Trennung zwischen direkter und indirekter Behandlung sowie der Erschließung von Hilfsquellen finden (vgl. Hollis 1977). Direkte Behandlung meint dabei die Gespräche und Einwirkung auf den Klienten, indirekte Behandlung hingegen meint Gespräche und Einwirkungen auf andere Personen, z.B. Familienmitglieder, Arbeitgeber, Lehrer usw. Die Erschließung von Hilfsquellen bezieht sich schließlich auf die Kenntnis des Sozialarbeiters hinsichtlich externer Hilfsmöglichkeiten wie z.B. materieller Leistungen.

Mit dieser Phasierung des Hilfeprozesses gab die Einzelhilfe den praktizierenden Sozialarbeitern einen – wenn auch manchmal vagen – Wegweiser an die Hand, der sie im Dschungel des Hilfealltags anleiten sollte. Gleichwohl, so heben alle Konzepte hervor, versteht sich das Phasenmodell nicht als Anleitung zur schematischen Intervention. Kamphuis betont, „dass das Social Casework nicht ein Weg ist, der für jeden gleich ist. Das Fesselnde dieser Methode ist ja – und nun lässt uns das Bild vom Wege im Stich –, dass es wohl eine Anzahl gemeinsamer Ausgangspunkte gibt, dass aber, sowohl durch die Struktur der Arbeit als auch durch das spezielle Problem, vor das der Sozialarbeiter gestellt wird, die in Wirklichkeit anzuwendende Methode jedes Mal hierauf abzustimmen ist" (Kamphuis 1971, S. 43).

(3) Anleitung bzw. Techniken der Gesprächsführung: Im Rahmen der Behandlung ist das Gespräch das zentrale Instrument der Einwirkung auf Klienten. Diese Zentrierung auf das Gespräch kommt nicht von ungefähr, wird der Wert der persönlichen, helfenden Beziehung zwischen Sozialarbeiter und Klient doch von allen Ansätzen der Einzelhilfe gleichermaßen betont. In mehr oder minder starkem Maße setzen sich deshalb alle Veröffentlichungen mit der Frage auseinander, wie ein Gespräch ziel- und erfolgsorientiert zu gestalten ist. Einige Werke widmen sich sogar ausschließlich dieser Fragestellung wie etwa Lattkes „Das helfende Gespräch" (1969) oder Ruth Bangs zweibändige Anleitung „Das gezielte Gespräch" (1968, 1969). Der Inhalt dieser Werke kann hier im Einzelnen nicht wiedergegeben werden, aber sie

beschäftigen sich mit Fragen wie Formen der Gesprächsführung, Bedeutung und Techniken des Fragens, nonverbaler Unterstützung von Aussagen, Elementen der atmosphärischen Gestaltung einer Gesprächssituation, Anleitungen zum Zuhören und Beobachten während des Gesprächs etc.

(e) Einschätzung und Diskussion: Die Einzelhilfe war die erste und wohl weit verbreitetste der klassischen Methoden. Dies allein ist noch kein Qualitätsmerkmal. Ihre Bedeutung lag vor allem in zwei Punkten:

Zum einen setzte die Soziale Einzelhilfe an die Stelle des rein intuitiven Vorgehens die Idee einer strukturierten, planbaren und wissensbasierten Intervention, die damit zugleich einer Kontrolle ihrer Effektivität zugänglich gemacht werden kann. Handeln in der Sozialen Arbeit wurde begründungsbedürftig. Zugleich konnte die Praxis Sozialer Arbeit sich von einem reinen Erfahrungsbezug lösen und sich einer sukzessiven Vermehrung ihres Handlungswissens zuwenden. Erfahrung, so Lattke, sei zwar wichtig, aber „wer sich nur auf seine Erfahrung beruft, dessen Leistungsmöglichkeiten werden ärmlich und spärlicher; denn er bewegt sich in einem Kreise, der wahrscheinlich immer enger wird, weil die ‚schlechten' Erfahrungen geflissentlich vergessen werden, nichts daraus gelernt wird, während die ‚guten' überschätzt und zur Norm gemacht werden" (Lattke 1958, S. 78). Neben Erfahrung und Intuition gewinnen so Reflexion und Wissen zunehmend an Bedeutung.

Zum anderen ist die Entwicklung von methodischen Konzepten sozialer Einzelhilfe ein wesentlicher Markstein in der Professionalisierungsgeschichte der Sozialen Arbeit. Tuggener ist zu folgen, wenn er feststellt: „Das wachsende Berufsbewusstsein der ‚social workers' orientierte sich von Anfang an an sozial hoch angesehenen ‚professions' wie Arzt und Jurist. Es gehört nun eindeutig zu den Merkmalen einer ‚profession', dass sie über eine berufliche Methode verfügt, die durch eine längere und wesentlich theoretisch fundierte Spezialausbildung erworben wird. Die Methode wird zum Aushängeschild einer beruflichen Kompetenz innerhalb eines klar abgegrenzten Arbeitsbereiches. Sie ist eine wesentliche Säule der sozialen Legitimation zur ‚profession'." (Tuggener 1971, S. 146)[14] Genau dies aber beabsichtigte die Methode der sozialen Einzelhilfe als Erstes innerhalb der Sozialen Arbeit zu leisten, nämlich den Sozialarbeiter als einen „Spezialisten" auszuweisen, der über ein klar umrissenes Instrumentarium verfügen konnte, das ihn von anderen Professionen unterschied. In diesem Sinne ist die Methode der Sozialen Einzelhilfe einer der Geburtshelfer der zunehmenden Verberuflichung der Sozialen Arbeit.[15]

---

14 Ähnlich formuliert Wendt: „Methodische Kompetenz und Verberuflichung gehören zusammen. Solange wenigstens in der Arbeitsgesellschaft einen Beruf haben heißt, für bestimmte Erwerbstätigkeiten qualifiziert zu sein, bedeutet er, über Verfahren zu verfügen, mit denen sich ein Produkt herstellen oder eine Dienstleistung erbringen lässt." (Wendt 1990a, S. 235)

15 Vielleicht ist dies ein Grund, warum die wissenschaftliche Beschäftigung mit den Methoden der Sozialen Arbeit bislang noch nicht sehr ausgeprägt ist. Methoden sind

Ob das methodische Instrumentarium allein ausreiche, um den erwünschten Status zu erarbeiten, darf mit Blick auf die Geschichte der Sozialarbeit seit dem Zweiten Weltkrieg vorsichtig bezweifelt werden. So forderte etwa Dora von Caemmerer noch Anfang der 60er Jahre, mithin mehr als 30 Jahre nach den ersten Ansätzen der sozialen Einzelhilfe, in einem Vortrag, „dass wir [die Sozialarbeiter, d.V.] uns ein eigenes methodisches Rüstzeug für unsere berufliche Hilfeleistung erarbeiten. Sonst werden wir gegenüber den schon länger vorhandenen menschendienlichen Berufen niemals eine Gleichrangigkeit in der beruflichen Anerkennung erreichen" (Caemmerer 1965, S. 367). So trug die Entwicklung der Sozialen Einzelhilfe zwar zur Verberuflichung der Sozialen Arbeit bei, gleichwohl konnte der erhoffte Status einer anerkannten und etwa den Medizinern und Juristen vergleichbaren Profession nicht erreicht werden. Dies mag an den spezifischen Handlungsbedingungen der Sozialen Arbeit liegen, oder aber an der Qualität der Methoden, die nur bedingt das hielten, was sie versprachen.

 Tipps zum Weiterlesen:

Roberts, R. W./Nee, R. H. (Hrsg.): Konzepte der Sozialen Einzelhilfe. Stand der Entwicklung. Neue Anwendungsformen, Freiburg i.B. ²1977.

Kamphuis, M.: Die persönliche Hilfe in der Sozialarbeit unserer Zeit, Stuttgart ⁴1973.

Müller, C. W.: Wie Helfen zum Beruf wurde. Bd. 1 und 2, Weinheim/Basel ²1988, ²1992.

---

vor allem für die Profession, d.h. verkürzt für die beruflich Tätigen von Interesse, weniger für die wissenschaftliche Disziplin, die sich ihren eigenen (Forschungs-)Methoden widmete.

5. Soziale Gruppenarbeit

(a) Geschichte: Im Gegensatz zur Sozialen Einzelfallhilfe sind die Wurzeln der Sozialen Gruppenarbeit weitaus vielfältiger, entstammen unterschiedlichsten Traditionen. Im Wesentlichen können vier Stränge unterschieden werden:

(1) Die Jugendbewegung: Ihr Beitrag lag vor allem in der „Entdeckung der Gruppe gleichaltriger Jungen als Träger sozialer Selbsterziehung, die durch nur wenige Jahre ältere Gruppenführer angeleitet wurde, die sich nicht als ‚Pädagogen' begriffen, sondern als Organisatoren von Wanderfahrten und Naturerlebnissen" (C. W. Müller 1988, S. 158). Auch wenn im Rahmen der Jugendbewegung noch nicht von einem gezielten pädagogischen Arrangement unter Beteiligung ausgebildeter Gruppenpädagogen die Rede sein kann, so entwickelt sich hier doch ein pädagogisches Verständnis der Gruppe als Sozialisations- und Erziehungsmedium, das sich zudem bis zum heutigen Tag im Selbstverständnis und in der Praxis der Jugendverbände konserviert hat.

(2) Die Reformpädagogik: Im Zusammenhang mit der Jugendbewegung steht die – wenn man so formulieren will – pädagogische (Wieder-)Entdeckung der Gruppe als Erziehungsmedium durch die reformpädagogische Bewegung.[1] Aus dem amerikanischen Kontext sind überdies John Dewey und William Kilpatrick einflussreich, die im Rahmen ihres Konzepts der „progressive education", der Gruppenpädagogik eine exponierte Stellung einräumten. Allen diesen Ansätzen liegt die Erkenntnis zugrunde, dass der Gruppe eine zentrale Bedeutung im Rahmen der Erziehung und Sozialisation junger Menschen zu sozial verantwortlichen Staatsbürgern zukommt.

(3) Die Gruppendynamik: Die eng mit dem Namen Kurt Lewin verbundene Gruppendynamik konstituierte sich in den 30er Jahren dieses Jahrhunderts als Forschungsrichtung der Sozialpsychologie, die sich mit der Struktur, der Genese, der Entwicklung und den Besonderheiten von Kleingruppen beschäftigte.[2] Mit den Befunden zur Dynamik von Kleingruppen wurde nun

---

1 Heinrich Schiller (1963) führt hier beispielsweise Georg Kerschensteiners Idee der Arbeitsschule, Berthold Ottos Gedanke der Gruppenarbeit in der Schule, Peter Petersens „Jena Plan", Hermann Lietz und die Landerziehungsheimbewegung sowie Gustav Wyneckens Prinzip der „Kameradschaftserziehung" an. Allen diesen Ansätzen ist gemeinsam, dass sie – zumeist bezogen auf schulisches Lernen – als Alternative zur etablierten Pädagogik Ansätze entwickeln, in deren Zentrum die Gruppe als Erziehungsmedium besondere Bedeutung gewinnt.
2 Nach Drever/Fröhlich ist Gruppendynamik die „Bezeichnung für eine von K. Lewin begründete Forschungsrichtung im Rahmen der Sozialpsychologie, die die Arten und Formen der Entstehung und der Funktion von sozialen Gruppen unter Einbeziehung der Entstehungsursachen analysiert. Mitinbegriffen sind Untersuchungen über die

Soziale Gruppenarbeit 89

die Gruppe als soziales Gebilde mehr und mehr „durchschaubar" und damit
– so zumindest die Hoffnung – auch auf der Basis rationaler Einsichten
steuerbar. Insbesondere die Rezeption der Ergebnisse gruppendynamischer
Forschung zur Einflussnahme auf Gruppen spielte hier eine besondere Rolle. Bekannt und viel diskutiert sind etwa Lewins Untersuchungen zur Wirkung unterschiedlicher Führungsstile auf die Entwicklung von Gruppen
(vgl. C. W. Müller 1965). Diese, durchaus handlungsorientiert verwendbaren Forschungsergebnisse, führten auch zur Entwicklung besonderer Formen der (therapeutischen) Arbeit mit Gruppen wie etwa der T-Gruppe
(Trainingsgruppe), der Encounter Gruppe oder der Themenzentrierten Interaktion (vgl. Fatzer/Jansen 1980).

(4) Nachbarschaftsheime/Settlements: Vorformen der sozialen Gruppenarbeit fanden sich im engeren Zusammenhang sozialpädagogischer Traditionen vor allem in den englischen Settlements, in denen Studenten gemeinsam mit den „Nachbarn" neue Formen sozialer Unterstützung erprobten,
sowie in den amerikanischen Nachbarschaftshäusern, die initiiert von Jane
Addams und in Kenntnis und Anlehnung an die englischen Settlements gegründet wurden (vgl. dazu C. W. Müller 1988).

Ob aus dem Kontext der „Selbsterziehung in der Gruppe", aus dem pädagogischen Feld der Schule oder aus der frühen Praxis der Sozialen Arbeit:
Die Bedeutung der Gruppe als Ort und Medium der Erziehung war bereits
frühzeitig bekannt und wurde genutzt. Gleichwohl konnte bis in die 30er
Jahre im Feld der Sozialen Arbeit von einer dezidierten Methode der sozialen Gruppenarbeit keine Rede sein. Zwar fanden sich bereits Anfang der
20er Jahre in Amerika erste Kurse für Gruppenpädagogik[3], die Etablierung
der Gruppenarbeit als zweites methodisches Standbein der Sozialen Arbeit
traf jedoch auf erhebliche Vorbehalte. „Die auf Casework fixierte Sozialarbeiterschaft blieb der Gruppenmethode gegenüber lange skeptisch. Sie
wurde für eine pädagogische Angelegenheit bzw. für eine Sammlung nicht
professioneller Verfahren gehalten, einzusetzen etwa in Selbsthilfeinitiativen." (Wendt 1990a, S. 248)[4] Erst in den 30er Jahren konnte sich die sozia-

---

Möglichkeiten der Einflussnahme oder Veränderung der Gruppenstrukturen und des
Verhaltens der Gruppe" (Drever/Fröhlich 1970, S. 122). Mucchielli nennt vier Wurzeln der Gruppendynamik: die Hawthorne Untersuchung zur Bedeutung von Gruppenphänomenen am Arbeitsplatz, die Gruppenpsychotherapie, die Soziometrie Morenos und die Kleingruppenforschung Lewins. Vgl. dazu auch Hofstätter (1957).

3 Nach Wendt (1990a) fand der erste Kursus für Gruppenpädagogik im Kontext der Sozialen Arbeit 1923 an der Western Reserve University in Cleveland unter der Leitung
von Grace Coyle statt.

4 Die Vorbehalte gründeten sich – folgt man Wendt (1990a) – nicht zuletzt auch auf der
Befürchtung, dass das mit der Einzelfallhilfe als spezifischem und professionsoriginärem Instrument gewonnene Profil der Sozialarbeit durch eine Methodendiffusion verloren gehen bzw. beeinträchtigt werden könnte. Ähnlich argumentiert Neuffer:
„Gruppenarbeit schien in der Sozialarbeit ein Fremdkörper zu sein. Schließlich war
Sozialarbeit aus den karitativen Organisationen erwachsen, deren Tätigkeit auf per-

le Gruppenarbeit mehr und mehr innerhalb des amerikanischen social work durchsetzen. Maßgeblich beteiligt an dieser Entwicklung waren unter anderem Grace Coyle und Wilbert I. Newstetter (vgl. C. W. Müller 1972).

In Deutschland gewann die soziale Gruppenarbeit erst nach dem Zweiten Weltkrieg an Einfluss und Bedeutung. Insbesondere auf dem Hintergrund der Entnazifizierungs- und der Demokratisierungsbestrebungen wurde die Gruppenarbeit, deren normative Ausprägung in der amerikanischen Variante zweifellos in den politischen Traditionen der amerikanischen Gesellschaft wurzelte, als geeignetes Instrument rezipiert. Neben dem 1946 gegründeten *Jugendhof Vlotho*, sowie dem 1948 folgenden *Haus am Rupenhorn* in Berlin, deren Aufgabe vorrangig in der Ausbildung von JugendgruppenleiterInnen lag, war es vor allem das 1949 gegründete *Haus Schwalbach*, das die Etablierung der Gruppenarbeit als methodisches Instrument der Sozialen Arbeit in Deutschland durch ihre Aktivitäten und Publikationen vorantrieben.[5]

Im Gefolge der Kritik der klassischen Methoden der Sozialen Arbeit verlor die Soziale Gruppenarbeit als geschlossenes methodisches Konzept in ihrer ursprünglichen Variante ab den 70er Jahren an Bedeutung. Während einerseits gruppendynamische Erkenntnisse und Techniken der Arbeit mit Gruppen in Ausbildung und Praxis bedeutsam blieben, traten an die Stelle der sozialen Gruppenarbeit mehr und mehr Adaptionen aus dem Bereich der Gruppendynamik und der Gruppentherapie, wie z.B. die bereits oben genannten Encountergruppen, Trainingsgruppen und TZI-Gruppen (vgl. Schmidt-Grunert 1997).

(b) Begriff: Nicht zuletzt aufgrund der oben skizzierten unterschiedlichen Wurzeln, von der Jugendarbeit über die Schulpädagogik, bis hin zu Praxistradition der Sozialen Arbeit im engeren Sinne fällt eine trennscharfe Definition des Begriffs soziale Gruppenarbeit schwer. Innerhalb des Begriffsfeldes der Sozialen Arbeit mit Gruppen finden sich bis heute unterschiedliche Termini, die z.T. differenzierend, z.T. synonym verwendet werden – wobei die Verwendung der Begriffe, um das Ganze nicht zu überschaubar werden zu lassen, z.T. von AutorIn zu AutorIn durchaus differieren kann.[6]

Schon 1959 musste sich Magda Kelber, lange Jahre Leiterin des Hauses Schwalbach, mit dieser Begriffsvielfalt beschäftigen. Sie unterschied die Begriffe Gruppenunterricht, Gruppenarbeit, Gruppentherapie, Gruppenpflege und Gruppenpädagogik. Gruppenarbeit bezeichnet nach ihrem Verständnis „ein Arbeitsverfahren, bei dem eine größere Gruppe in kleinere Gruppen aufgeteilt wird, die sich konkurrierend oder arbeitsteilig mit Teil-

---

sönlicher Beziehung zwischen Helfenden und dem Hilfebedürftigen beruhte" (Neuffer 1994, S. 143).
5 Vgl. zur Publikationstätigkeit Haus Schwalbach (1959, 1965); Schiller (1963).
6 Schmidt-Grunert konstatiert in diesem Sinne „eine gewisse Ratlosigkeit in der Frage der Zuordnung und Systematik unterschiedlicher Arbeitsformen mit Gruppen" (Schmidt-Grunert 1997, S. 56).

aufgaben befassen" (Kelber 1959, S. 21), Gruppenunterricht bezieht sich ebenfalls auf diese innere Kleingruppendifferenzierung einer größeren Einheit, allerdings beschränkt auf den Kontext Schule. Gruppentherapie versteht Kelber als gruppenförmiges Heilverfahren durch Psychotherapeuten, Gruppenpflege hingegen bezieht sich auf die leistungsorientierte und -fördernde Gestaltung von Gruppen, z.b. im Wirtschaftsleben. „Um Gruppenpädagogik beginnt es sich erst dann zu handeln, wenn neben und über der Leistung, die wir anstreben, die Entfaltung des einzelnen Gliedes der Gruppe und seine Einbeziehung in die Gesellschaft als Aufgabe der Verantwortlichen gesehen wird." (Ebd., S. 21)

Irritierend ist auf den ersten Blick, dass in diesem frühen Definitionsversuch der 50er Jahre der Begriff soziale Gruppenarbeit als wörtliche Übersetzung des amerikanischen Begriffs „social group work" gar nicht auftaucht. Dies bedeutet allerdings nicht, dass Kelber sich hier bewusst von den amerikanischen Ansätzen abgrenzen will. Wenige Jahre später formuliert sie: „Als wir in den fünfziger Jahren begannen, das Wort ‚Gruppenpädagogik' an die Stelle des Ausdrucks ‚Gruppenarbeit' zu setzen, entsprang dies dem Bedürfnis, das, was wir von amerikanischen Kollegen aus der dortigen Literatur als ‚social group work' kennen gelernt hatten, durch eine Bezeichnung zu verdeutlichen, die mehr zum Inhalt haben sollte, als dass man irgendwie mit Gruppen arbeitete. Es sollte damit gesagt werden, dass es sich hier um bewusst pädagogisch ausgerichtete Arbeit in und mit Gruppen handelt, die auf bestimmten Grundsätzen beruht und sich bestimmter Arbeitsweisen bedient." (Kelber 1965a, S. 1)

Trotz dieser scheinbaren Gleichsetzung von Gruppenpädagogik und sozialer Gruppenarbeit nimmt Kelber im gleichen Aufsatz eine weitere Differenzierung vor: „Innerhalb der Sozialarbeit wird anstatt von ‚Gruppenpädagogik' häufig von ‚sozialer Gruppenarbeit' gesprochen, so etwa im schweizerischen fachlichen Sprachgebrauch. Wenn sich damit eine Tendenz andeutet, dadurch die Arbeit mit den Menschen zu bezeichnen, die mit besonderen Schwierigkeiten körperlicher, seelischer oder sozialer Art zu kämpfen haben – wie beispielsweise junge Menschen in der Bewährungshilfe, im Erziehungsheim, Körperversehrte, Spastiker, Gehörlose –, so scheint uns dies eine sinnvolle Differenzierung." (Ebd., S. 3) Soziale Gruppenarbeit ist als differenzierender Begriff demnach nur dann sinnvoll, wenn er sich auf ein spezifisches Einsatzfeld und eine spezifische Zielgruppe bezieht, nämlich die Fürsorge für – modern gesprochen – Benachteiligte (ähnlich auch Schmidt-Grunert 1997).

In diesen – z.T. sicherlich bemühten und konstruiert wirkenden – Annäherungsversuchen an eine möglichst differenzierende Begriffsbildung und -verwendung, drücken sich, so könnte man als These formulieren, die unterschiedlichen historischen Wurzeln und Anwendungsfelder gruppenorientierter Methoden aus. An einem zeitgenössischen Beispiel gesprochen: Gruppenpädagogik findet sowohl in der Jugendpflege, z.B. in Jugendheimen und Jugendverbandsgruppen, als auch – in der damaligen Terminologie gesprochen – in der Jugendfürsorge, der Sozialen Arbeit mit gefährdeten, benachteiligten, vernachlässigten Kindern und Jugendlichen ihren Ort. Der Versuch, die Differenzierung zwischen diesen Feldern auch definitorisch abzusichern korrespondiert mit dem Unbehagen, diese Unterscheidung im methodischen Bereich aufzugeben.

Die Gemeinsamkeit, z.B. in Bezug auf grundlegendes Wissen über Gruppenstrukturen, Rollen innerhalb von Gruppen, Gruppenleitung, Techniken etc. wird bei Kelber in dem Oberbegriff Gruppenpädagogik aufgehoben, deren Teilbereich die soziale Gruppenarbeit mit benachteiligten Personengruppen ist. Vor diesem Hintergrund macht es Sinn, sich einige Definitionen von sozialer Gruppenarbeit anzuschauen.

! „Gruppenarbeit wird hier gesehen und beschrieben als eine der drei Methoden der Sozialarbeit. Durch sie will ein dafür besonders ausgebildeter Gruppenleiter die Menschen in der Gruppe dazu bereit und fähig werden lassen, als ganze Menschen sich zu entwickeln, zu wachsen und reifen. Dabei spielen die Beziehungen eine ausschlaggebende Rolle, die die Mitglieder zueinander, zum Leiter und zu anderen Gruppen haben. Von wesentlicher Bedeutung ist jedoch außerdem die Begegnung und Auseinandersetzung mit einem sachlichen Programm." (Lattke 1962, S. 121)

„Gruppenarbeit kann als ein Erziehungsprozess bezeichnet werden, der 1. die Entwicklung und die soziale Anpassung eines Einzelnen durch freiwillige Gruppenmitgliedschaft betont und der 2. diese Mitgliedschaft als ein Mittel zur Beförderung anderer, gesellschaftlich wünschenswerter Ziele benutzt." (Newstetter u.a. 1970, S. 86)

„Die Gruppenpädagogik ist eine Methode, die bewusst die kleine überschaubare Gruppe als Mittelpunkt und Mitte der Erziehung einsetzt, und zwar beruht die pädagogische Hilfestellung auf einer Durchleuchtung und bewussten Beeinflussung des Gruppenprozesses." (Kelber 1965a, S. 4)

„Soziale Gruppenarbeit als Methode ist das bewusste Hantieren mit Beziehungen innerhalb einer Gruppe, ihren Mitgliedern, ihrer Situation in der Art, dass in der Gruppe, ihren Mitgliedern und ihrer Situation Kräfte entwickelt werden, die der weiteren Entfaltung der Zugehörigen zu dieser Gruppe dienstbar sind. Der ‚Groupworker' ist dann derjenige, der die Fähigkeit besitzt, diese Beziehungen bewusst zu handhaben." (Knippenkötter 1972, S. 10)

„Gruppenarbeit ist ein Verfahren, mit dem Individuen innerhalb und durch kleine Primärgruppen geholfen werden soll, sich in wünschenswerter Richtung zu verändern. Dieses Verfahren erkennt die Kraft sozialer Kräfte an, die innerhalb kleiner Gruppen entstehen und versucht, diese Kräfte im Interesse der Veränderung von Klienten in Dienst zu nehmen. Die Bildung, Entwicklung und die Prozesse innerhalb der Gruppe werden vom Gruppenpädagogen bewusst und behutsam in Richtung der von ihm definierten Ziele seiner Hilfeleistung beeinflusst." (Vinter 1970, S. 194 f.)

> „Soziale Gruppenarbeit ist eine Methode der Sozialarbeit, die den Einzelnen durch sinnvolle Gruppenerlebnisse hilft, ihre soziale Funktionsfähigkeit zu steigern und ihren persönlichen Problemen, ihren Gruppenproblemen oder den Problemen des öffentlichen Lebens besser gewachsen zu sein." (Konopka 1971, S. 35)

Trotz auch hier zu konstatierender Differenzen in der Begriffswahl lassen sich den Definitionsversuchen einige Gemeinsamkeiten entnehmen:

- Die *Gruppe ist* nicht Selbstzweck, sondern *zugleich Ort und Medium der Erziehung*. Im Mittelpunkt stehen Wachstum, Reifung, Bildung, Heilung und/oder Eingliederung des Einzelnen. Die Gruppe ist in diesem Verständnis Instrument pädagogischer Einflussnahme.

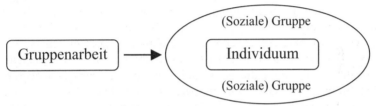

Abbildung 5: Gruppenarbeit

- Von sozialer Gruppenarbeit kann erst dann die Rede sein, wenn ein in Gruppenpädagogik geschulter *Experte als Leiter der Gruppe* fungiert. Umgekehrt bedeutet dies, dass etwa eine Selbsthilfegruppe, in der sich Betroffene gleichberechtigt engagieren um gemeinsam über ihre Probleme zu reden, im Sinne der obigen Definitionen noch keine soziale Gruppenarbeit konstituieren würde. Erst durch Schulung ist eine GruppenleiterIn in der Lage, sensibilisiert und technisch geschult, gezielt den Gruppenprozess im Interesse einer übergreifenden Zielsetzung zu beeinflussen.
- Die Zielsetzung orientiert sich – wie schon bei der Einzelfallhilfe – insbesondere bei den amerikanischen Autoren explizit an (re-)integrativen Bestrebungen: es geht um soziale Anpassung (Newstetter) oder *Steigerung der sozialen Funktionsfähigkeit* (Konopka).

Insbesondere die amerikanischen Ansätze, so z.B. der auch in Deutschland sehr erfolgreiche und viel rezipierte von Gisela Konopka, sind in weiten Teilen schon durch ein therapeutisches Verständnis sozialer Gruppenarbeit gekennzeichnet.[7] Dass spätestens in den 70er Jahren die Ansätze sozialer

---

7   So merkt Wendt zum Ansatz von Konopka an: „Die Gruppe dient demnach als methodisches Mittel, um in therapeutischer oder sozialhistorischer Hinsicht Einzelnen zu helfen." (Wendt 1990a, S. 248) Nach C. W. Müller (1996a) ist der Übergang von einer eher freizeitpädagogischen zu einer therapeutischen Orientierung der sozialen Gruppenarbeit der Integration in das Methodenarsenal professioneller Sozialarbeit geschuldet.

Gruppenarbeit weitgehend durch gruppendynamische und gruppentherapeutische Methoden abgelöst wurden, war so nur folgerichtig.[8]

(c) Elemente der sozialen Gruppenarbeit: Es lassen sich verschiedene Versatzstücke identifizieren, die für dieses Spektrum der klassischen Methoden konstitutiv sind. Dazu gehören neben ethischen Prinzipien[9]: (1) Wissensbestände aus der Kleingruppenforschung; (2) handlungsleitende Prinzipien; (3) Phasierungen des Hilfeprozesses; (4) Rolle und Verhalten des Gruppenpädagogen und (5) Verfahren/Techniken der Einflussnahme auf das Gruppengeschehen.

(1) Wissensbestände aus der Kleingruppenforschung: Zum basalen Handwerkszeug der GruppenarbeiterIn gehört ein breites Wissen um die Ergebnisse der Kleingruppenforschung, so z.B. zu Entwicklungsphasen und Strukturierung von Kleingruppen (Untergruppen, Positionen und Rollen innerhalb von Gruppen, Außenseiter etc.).[10] Konopka fasst diesen Wissenskomplex wie folgt zusammen: „Der Gruppenarbeiter muss die Gruppenbildung verstehen. Er muss die Notwendigkeit der Untergruppen begreifen und ihre Stellung zur Gesamtgruppe richtig beurteilen. Er muss über die Stellungen der Mitglieder als Isolierte, Führer oder Mitglieder von Untergruppen Bescheid wissen, denn die Rolle eines jeden Mitglieds hängt ab von den Erwartungen der Gruppe, ihren Wertmaßstäben und ihren Normen. Er muss die Bindung als lebenswichtig für jede Gruppe erkennen und wissen, dass der Grad der Bindung in innerer Beziehung steht zum Gruppenleben und zum Gruppenziel. Und er muss wissen, dass eine spezifische Funktion der Gruppe darin besteht, Konflikte zu lösen und Entscheidungen zu treffen, was wiederum einen starken Einfluss auf die individuelle Entwicklung ausübt." (Konopka 1971, S. 77)

(2) Handlungsleitende Prinzipien: Ebenso wie im amerikanischen social group work (vgl. Lattke 1962, S. 122 f.), wurden auch in der westdeutschen Gruppenarbeit grundlegende Prinzipien der Gruppenpädagogik entwickelt, die zu verstehen sind als verdichtete und auf die spezifischen Bedingungen

---

8 Seit den 70erJahren ist somit ein weiteres, allerdings nicht nur terminologisches Problem zu konstatieren, dass nämlich die Unterscheidung zwischen Gruppenpädagogik respektive sozialer Gruppenarbeit einerseits und Gruppendynamik bzw. Gruppentherapie andererseits mehr und mehr zerfließen. So versteht etwa Giere Gruppendynamik als „die verfeinerte, raffinierte Form von Gruppenpädagogik" (Giere 1981, S. 189). Geißler/Hege konstatieren: „In der sozialpädagogischen Praxis findet eine Differenzierung von Gruppenpädagogik und Gruppendynamik kaum statt." (Geißler/ Hege 1988, S. 174) Vgl. auch Neuffer (1994); Schmidt-Grunert (1997).

9 Da es bei den ethischen Grundlagen zumeist um „Grundwerte der Sozialarbeit" (Konopka 1971, S. 79) geht, unterscheiden sie sich nicht von jenen der sozialen Einzelfallhilfe. Auf eine gesonderte Thematisierung wird deshalb an dieser Stelle verzichtet und auf die entsprechenden Passagen des vorhergehenden Kapitels verwiesen.

10 Vgl. zu Ergebnissen der Kleingruppenforschung und ihrer Rezeption in der sozialen Gruppenarbeit Konopka (1971); Knippenkötter (1972); Northen (1973); Bernstein/Lowy (1969, 1975); Haus Schwalbach (1959, 1965); Lattke (1962); Schmidt-Grunert (1997).

der Arbeit mit Gruppen übertragene pädagogische Leitlinien, die sich zumindest aus zwei Quellen speisen: zum einem dem Wissen um Bedeutung, Entwicklung und Struktur von und Einflussmöglichkeiten auf Kleingruppen und zum anderen den ethischen Wertmaßstäben pädagogisch/sozialarbeiterischen Handelns.[11] Nach Schiller (1963, S. 139 ff.) lassen sich fünf grundlegende Prinzipien der sozialen Gruppenarbeit unterscheiden:

- Individualisieren[12],
- anfangen, wo die Gruppe steht,
- sich entbehrlich machen,
- Hilfen durch Programmgestaltung[13],
- erzieherisch richtige Grenzen setzen[14].

(3) Phasierung des Hilfeprozesses: In der Literatur zur sozialen Gruppenarbeit finden sich zumeist zwei unterschiedliche Modelle (mit unterschiedlichen Ausprägungen) der Phasierung des Hilfeprozesses. Das eine Modell findet seinen Fokus analog zur Einzelfallhilfe in der Orientierung an medizinisch-therapeutischen Ansätzen. So unterscheidet etwa Konopka (1966) zwischen Faktenermittlung, Diagnose und Behandlung.[15] Die zweite Gruppe an Phasierungsvorschlägen orientiert sich an den unterschiedlichen, in der Kleingruppenforschung ermittelten Entwicklungsphasen von Gruppen.

---

11 Vgl. zur Kritik dieser Prinzipien Schmidt-Grunert (1997, S. 69 ff.).
12 Das heißt, die Gruppe sollte nicht als Kollektiv betrachtet werden, dessen Mitglieder alle gleiche Bedürfnisse haben und folglich gleich behandelt werden müssten. Hier kommt zum Ausdruck, dass in der Gruppenarbeit die Förderung und Entwicklung des Einzelnen im Mittelpunkt steht. Folglich muss der Gruppenleiter lernen, „die Gesamtgruppe wie auch die einzelnen Mitglieder im Auge zu behalten" (Kelber 196a, S. 7).
13 Neben der Gestaltung von Beziehungen innerhalb der Gruppe, zwischen Gruppe und Leitung sowie zwischen Gruppe und Umwelt ist der gezielte Einsatz von Programmen, d.h. Inhalten und Themen von Gruppentreffen ein – wenn nicht das – zentrale(s) Instrument der Einflussnahme auf den Gruppenprozess. Lattke unterscheidet in diesem Sinne zwischen sozialem und sachlichem Material. Programm ist demnach „das gesamte sachliche ‚Material', an und mit dem die Gruppe die Erfahrungen macht, im Unterschied zum sozusagen ‚sozialen Material', dem Leiter, den Mitgliedern und deren Beziehungen zueinander" (Lattke 1962, S. 149). Demnach kann man als Programm alles das verstehen, was eine Gruppe innerhalb ihrer Treffen zum Gegenstand macht, z.B.: Spiele, Diskussionen, Bastelarbeiten, Rollenspiele, Auseinandersetzung mit Medien usw.
14 Die Anzahl der leitenden Prinzipien differiert zwischen einzelnen AutorInnen, ja selbst zwischen unterschiedlichen Schriften der gleichen AutorInnen. So unterscheidet Konopka einmal zehn Prinzipien (1966, S. 151 ff.), ein anderes Mal 14 Prinzipien (1971, S. 169 ff.). Kelber (1965a) führt acht pädagogische Grundsätze an, die aber in der Sekundärliteratur zumeist auf die von Schiller zitierten fünf handlungsleitenden Prinzipien reduziert werden. Diese zum Teil erheblichen Differenzen sind vorrangig quantitativer Natur, da die inhaltliche Substanz sich nur in geringem Maße unterscheidet. Die Essenz der Prinzipien bleibt bei allen Autoren ein Substrat aus gesellschaftlich akzeptierten Wertorientierungen, Erkenntnissen der Kleingruppenforschungen und Alltagsweisheiten.
15 Lattke (1962, S. 30 f.) differenziert nicht weniger als 11 methodische Schritte, die aber im Kern nicht über das Phasenmodell von Anamnese, Diagnose und Behandlung hinausgehen.

So müssen nach Bernstein/Lowy (1969, S. 96 ff.) die Interventionen des Gruppenpädagogen auf die fünf Stufen der Gruppenentwicklung abgestimmt sein: Voranschluss oder Orientierung; Machtkampf und Kontrolle; Vertrautheit oder Intimität; Differenzierung und Trennung oder Ablösung. Aus dem Charakter jeder dieser Phasen resultieren unterschiedliche Anforderungen an Analysefähigkeit, Kommunikationsverhalten und Programmgestaltung des Gruppenpädagogen.

(4) Rolle und Vorgehensweise des Gruppenpädagogen: Wie schon in den Definitionen deutlich wurde, ist die Teilnahme und Teilhabe eines geschulten Gruppenarbeiters konstitutiv für die soziale Gruppenarbeit. Zwar hat jede Gruppe einen Leiter, jedoch ist der „natürliche Führer" nicht mit dem geschulten Gruppenpädagogen zu vergleichen. Nach Schiller „besteht der Unterschied zwischen dem gruppeneigenen Führer und dem Gruppenpädagogen in Folgendem: Der eine handelt vorwiegend aus einer intuitiven, sich seiner Handlungen kaum bewussten Aktivität, während der andere, mit pädagogisch-psychologischem Wissen ausgerüstet, in geübter Selbstkontrolle eine berufliche Hilfeleistung zu erfüllen hat" (Schiller 1963, S. 122).[16] Eine besondere Bedeutung wird in der Fachdiskussion der 50er und 60er Jahre z.B. der Frage des Führungsstils des Gruppenleiters eingeräumt. Unter Bezugnahme auf die entsprechenden Untersuchungen Lewins und seiner Mitarbeiter werden die Auswirkungen zwischen autokratischen, demokratischen und „laissez-faire" Leitungsstilen diskutiert (vgl. C. W. Müller 1965; Knippenkötter 1972). Der Gruppenpädagoge als strategisches Zentrum der Einwirkung auf und Veränderung von Individuen sollte so in die Lage versetzt werden, die Gestaltung seines Stils, verstanden als Gesamtprofil seines verbalen und nonverbalen Kommunikations- und Verhaltensrepertoires, bewusst zu reflektieren und zu gestalten. Implizit ging es auch um die Überwindung eines traditionell in Deutschland weit verbreiteten autokratischen Leitungsstils.

(5) Techniken und Verfahrensweisen: Innerhalb der Gruppenpädagogik wurden, z.T. in direktem Rückgriff auf gruppendynamische Verfahren, eine Vielzahl von Hilfsmitteln und Techniken entwickelt, importiert und publik gemacht, die den Gruppenpädagogen in den verschiedensten Aspekten und Phasen seiner Tätigkeit unterstützen sollen. Einige Beispiele (vgl. Haus Schwalbach 1959, 1965; Knippenkötter 1972):

- Soziometrische Verfahren (Moreno) zur Analyse von Interaktionsstrukturen innerhalb einer Kleingruppe;

- Techniken der Gesprächsmotivierung und -strukturierung sowie der Gesprächsleitung in Gruppen wie etwa Brainstorming, Kleingruppenarbeit

---

16 In diesem Sinne definiert Schiller die Rolle des Gruppenpädagogen im Anschluss an die „American Association of Groupworkers": „Der Gruppenpädagoge befähigt verschiedene Arten von Gruppen dergestalt, dass sowohl der Gruppenprozess als auch das Gruppenprogramm zur Entwicklung des einzelnen beitragen und gleichzeitig wünschenswerte soziale Ziele angestrebt und erreicht werden" (Schiller 1963, S. 19).

(z.B. Methode 66/Buzz), Referate, Podiumsgespräche, Sachverständigenbefragung;
- Techniken der Selbst- und Fremdwahrnehmung innerhalb von Kleingruppen wie z.b. das Rollenspiel;
- Spielesammlungen (z.b. Interaktionsspiele), sowie Anregungen im musischen und gestalterischen Bereich als Unterstützung im Hinblick auf die Programmgestaltung in Gruppen (vgl. Kelber 1965b);
- Entwicklung von Merkblättern zur Vorbereitung von Programmen und Diskussionen sowie Anleitungen zur Dokumentation von Entwicklungen innerhalb der Kleingruppe.

(d) Einschätzung und Diskussion: Die Integration der sozialen Gruppenarbeit in das Methodenrepertoire brachte der Sozialen Arbeit eine – gemessen an der wachsenden Vielfalt der Arbeitsfelder und Einsatzgebiete – notwendige Erweiterung des Handlungsspektrums der sozialen Fachkräfte mit sich. Praktisch griff die Soziale Arbeit mit der sozialen Gruppenarbeit allerdings eine Entwicklung auf, die sich in den Institutionen und Einrichtungen schon von Beginn an etabliert hatte, ohne allerdings als reflektierte und gelehrte Interventionsform in den Kanon des professionellen Handlungsrepertoires Eingang gefunden zu haben.

War die klassische Sozialarbeit und mit ihr die Methode der Einzelfallhilfe ausschließlich an der Fürsorge für hilfsbedürftige Individuen orientiert, ihre (Re-)Integration in gesellschaftlich akzeptierte Normalitätsmuster, so öffnete sich mit der Gruppenpädagogik und ihren traditionellen Einsatzfeldern in der Freizeitpädagogik, Erwachsenenbildung und Jugendpflege ein neues Spektrum an Tätigkeiten, die nicht umstandslos dem fürsorgerischen Selbstverständnis und Paradigma unterzuordnen waren. Hier mag auch der Grund dafür gelegen haben, dass die Integration der sozialen Gruppenarbeit in den akzeptierten Kanon professioneller Handlungsmodi der Sozialen Arbeit nicht konfliktlos verlief und erst in den fünfziger Jahren vollzogen wurde. Folgt man C. W. Müllers (1996a) Hinweis, dass sich die Gruppenpädagogen in Amerika erst 1946 der „National Conference of Social Work" zuordneten, so deutet dies darauf hin, dass die Vorbehalte durchaus auf beiden Seiten vorhanden waren: Sahen die SozialarbeiterInnen die Gefahr eines Rückschritts auf ihrem mühsamen Weg der Professionalisierung, den sie durch die Etablierung einer originären Methode zu beschreiten gehofft hatten, kann andererseits hypothetisch vermutet werden, dass Teile der GruppenpädagogInnen eine Annäherung an fürsorgerische Interventionsformen befürchteten.

Und in der Tat kann die Therapeutisierung der Konzepte sozialer Gruppenarbeit, wie sie beispielsweise in Form der Ansätze von Gisela Konopka und Helen Northen in den 60er und 70er Jahren ihren Weg nach Deutschland fanden, auch als Konzession an die Integration in den Methodenkanon der Sozialen Arbeit interpretiert werden (vgl. C. W. Müller 1996a). Die Spannbreite zwischen einer zwar auch am Wachstum des Einzelnen interessierten, gleichwohl nicht defizitorientierten pädagogischen Arbeit mit Gruppen im Kontext von Jugendarbeit, Freizeitpädagogik, Erwachsenenbildung und Stadtteilarbeit auf der einen Seite, und einer explizit „heilenden", fürsorgerischen Hilfe für benachteiligte, desintegrierte, hilfsbedürftige Individuen, im Rahmen derer die Gruppe zum Ort und Medium der Hilfe und Unterstützung wird, auf der anderen Seite, kennzeichnet bis zum heutigen Tag das Verständnis von Gruppenarbeit.

Auch aktuell ist deshalb keineswegs sicher, dass zwei SozialarbeiterInnen, die ihren methodischen Ansatz als „soziale Gruppenarbeit" bezeichnen, auch dasselbe meinen. An einem Beispiel gesprochen: Die Unterschiede zwischen der Gruppenarbeit in einem Jugendverband oder einem Stadtteilzentrum einerseits und der sozialpädagogischen Arbeit mit einer Gruppe straffälliger Jugendlicher oder Drogenabhängiger andererseits können, was Konzept, Methode und Techniken betrifft, durchaus erheblich sein, die Gruppenleiter werden wohl trotzdem in allen Fällen von „Gruppenarbeit", „sozialer Gruppenarbeit" oder „Gruppenpädagogik" sprechen, um das methodisch spezifische ihrer Arbeit zu kennzeichnen.

Die Methodenkonzepte der „sozialen Gruppenarbeit" der 60er und 70er Jahre, wie sie etwa von Konopka vorgelegt wurden, erkauften sich ihre Integration in den Methodenkanon der Sozialen Arbeit durch eine medizinisch-therapeutisch-fürsorgerische (Neu-)Akzentuierung und damit einer Annäherung an die Zielsetzung und Legitimierung der Sozialen Einzelhilfe. Sie „erkaufte" sich damit aber nicht nur die Behaglichkeit eines (neuen) professionellen Wohnsitzes, sondern zugleich auch die Kritik an individualisierenden Hilfekonzepten, auf die an späterer Stelle noch näher einzugehen sein wird (vgl. Kapitel 7).

 Tipps zum Weiterlesen:

Haus Schwalbach: Neue Auswahl aus den Schwalbacher Blättern. Beiträge zur Gruppenpädagogik, Wiesbaden 1965.

Konopka, G.: Soziale Gruppenarbeit: ein helfender Prozess, Weinheim/Berlin/Basel ⁵1971.

Lattke, H.: Sozialpädagogische Gruppenarbeit, Freiburg i.B. 1962.

Schmidt-Grunert, M.: Soziale Arbeit mit Gruppen. Eine Einführung, Freiburg i.B. 1997.

6. Gemeinwesenarbeit

(a) Geschichte: Wie schon im Falle der Einzelfallhilfe und der sozialen Gruppenarbeit, so ist auch im Hinblick auf die Gemeinwesenarbeit festzustellen, dass es eine entsprechende Praxis schon vor der expliziten Formulierung von Konzepten der Gemeinwesenarbeit gab. Auch im Falle der Gemeinwesenarbeit sind hier vorrangig die Settlements und ihre amerikanischen Varianten zu nennen (vgl. dazu C. W. Müller 1988, 1996b; Mohrlok u.a. 1993), die versuchten, stadtteil- bzw. sozialraumorientierte Hilfesettings zu installieren, in dessen Kontext Betroffene und Helfer gemeinsam an einer auch sozialpolitisch und infrastrukturell orientierten Lösung von Versorgungsproblemen arbeiteten. Der Fokus der Hilfeleistung ist dabei die Verbesserung der Lebenslagen bedrohter Individuen, das Medium dieser Verbesserung ist allerdings nicht primär das Individuum selbst im Rahmen einer helfenden Beziehung, sondern die Veränderung der Strukturen des sozialen Nahraums, der sozialen Netzwerke, der materiellen und sozialen Infrastruktur und nicht zuletzt die Förderung der Selbstorganisation.

In Bezug auf die Arbeit im und am Gemeinwesen lassen sich in der amerikanischen Tradition zwei Ansätze unterscheiden. Zum einen die so genannte „community organization", die auf die Verbesserung der Infrastruktur in urbanen Großstadtzentren abzielte. Ihr Anliegen war es, in den durch Einwanderer unterschiedlichster Herkunft geprägten großstädtischen Elendsvierteln, durch gezielte Intervention und Unterstützung Entwicklungen in Gang zu setzen, die die Eingliederung dieser Bevölkerungsgruppen in die amerikanische Gesellschaft beförderten und die „Rekonstruktion heruntergewirtschafteter Massenwohnviertel" (C. W. Müller 1992, S. 105) vorantrieben. Davon abzugrenzen waren jene Wurzeln der Gemeinwesenarbeit, die jenseits der Großstädte des Ostens, die Besiedlung des Mittleren Westens der USA flankierten und diesen Prozess „erwachsenenpädagogisch" mittels landwirtschaftlicher Hochschulen befördern sollten (community development).

Die Wurzeln der Gemeinwesenarbeit als Methode der Sozialpädagogik liegen vor allem in der community organization, der Arbeit in großstädtischen Elendsquartieren. Trotz dieser vergleichsweise lange zurückreichenden Tradition wurde die Gemeinwesenarbeit auch in den USA und Kanada erst 1963 durch die Konferenz der Fakultäten für Sozialarbeit als spezielle Methode in den Kanon der etablierten Handlungsansätze aufgenommen (vgl. C. W. Müller 1973a, S. 236).

Über den Begriff der community organization fand diese neue Methode Eingang in die deutsche Methodendiskussion, zunächst – ohne besondere Resonanz – in den fünfziger Jahren durch Kraus (1951) unter dem Begriff „Gemeinschaftshilfe" und Lattke (1955) unter der Überschrift „Organisation der Wohlfahrtsarbeit in einem Gemeinwesen". Anders als in anderen Staaten Mitteleuropas, wie z.B. den Niederlanden, blieb diese erste Rezeptionswelle allerdings praktisch weitgehend folgenlos. Mehr noch: C. W. Müller (1973a) resümiert Anfang der 70er Jahre, dass die Rezeption der Gemeinwesenarbeit in der Bundesrepublik bis zu diesem Zeitpunkt weitgehend literarischer Natur geblieben ist.[1]

Erst Ende der 60er Jahre ist im Gefolge der Studentenbewegung und der daraus resultierenden Politisierung der Sozialen Arbeit eine verstärkte Rezeption und Erprobung der Gemeinwesenarbeit in der bundesrepublikanischen Sozialarbeit zu konstatieren. Bezeichnenderweise finden zuerst die wohlfahrtsstaatlichen und integrativen Konzepte von Murray G. Ross (1968) und Boer/Utermann (1970) ihren Weg in die Ausbildungsstätten und Praxiseinrichtungen.[2] Mehr und mehr gerieten aber in der Folgezeit auch jene konfliktorientierten und aggressiven Ansätze der Gemeinwesenarbeit ins Blick- und Praxisfeld, die im Sinne einer parteinehmenden Praxis der (Selbst-)Organisation von Randgruppen, den politischen Intentionen der rebellischen SozialarbeiterInnengeneration weit eher entsprach.

Obwohl die Gemeinwesenarbeit durch die Methodenkritik der 60er und 70er Jahre, weit weniger in ihrem Mark getroffen wurde, als die Einzelfallhilfe und die Gruppenarbeit, konnte sie den Elan der stürmischen Jahre ihrer Hochkonjunktur nur bedingt in die 80er Jahre retten. Im Gefolge der abflauenden sozialstaatlichen Ausbau- und Reformära ging man auch in der z.T. (politisch) euphorisch geführten Fachdiskussion zur pragmatischen Tagesordnung über.

(b) Begriff: Da unter „Gemeinwesenarbeit" unterschiedliche Konzepte subsumiert werden, existiert keine allgemein gültige Definition.

> „Community organization for social welfare gilt als eine der ‚grundlegenden Methoden' der Sozialen Arbeit. In der einfachsten Form wird sie praktiziert, wenn eine Gruppe von Bürgern einer Stadt sich zusammentut, um in planmäßiger Weise ein gemeinsames Bedürfnis zu befriedigen. Als berufsmäßig ausgeübte Tätigkeit mit erprobten Methoden und anerkannten, lehrbaren Fertigkeiten aber ist community organization der Prozess, durch den Hilfsquellen und Bedürfnisse der sozialen Wohlfahrt inner-

---

1 An anderer Stelle spricht C. W. Müller von einer „unsicher tastenden Rezeption von Gemeinwesenarbeit in den 60er Jahren in der Bundesrepublik Deutschland" (C. W. Müller 1992, S. 104).
2 Nach einer äußerst harschen Kritik an der Konfliktscheu des Ansatzes von Murray Ross resümiert C. W. Müller in an Deutlichkeit kaum zu überbietender Art und Weise Anfang der 70er Jahre: „Das ganze Elend der gegenwärtigen bundesrepublikanischen Rezeption von Gemeinwesenarbeit kann erst der ermessen, der begreift, dass das Buch von Murray Ross kein besonders schlechtes, sondern eher das ‚beste' Buch ist, das in diesem Zusammenhang auf dem BRD-Markt erschien. Wesentlich schlimmer – aber eher lächerlich, denn folgenreich – ist die Arbeit von Jo Boer, deren Übersetzung Kurt Utermann besorgte." (C. W. Müller 1973a, S. 234)

halb eines geographisch oder inhaltlich begrenzten Arbeitsfeldes immer wirksamer aufeinander abgestimmt werden." (Lattke 1955, S. 29)

„Der Begriff Gemeinwesenarbeit ... bezeichnet einen Prozess, in dessen Verlauf ein Gemeinwesen seine Bedürfnisse und Ziele feststellt, sie ordnet oder in eine Rangfolge bringt, Vertrauen und den Willen entwickelt, etwas dafür zu tun, innere und äußere Quellen mobilisiert, um die Bedürfnisse zu befriedigen, dass es also in dieser Richtung aktiv wird und dadurch die Haltung von Kooperation und Zusammenarbeit und ihr tätiges Praktizieren fördert." (Ross 1968, S. 58)

„Gemeinwesenarbeit ist eine Methode, die einen Komplex von Initiativen auslöst, durch die die Bevölkerung einer räumlichen Einheit gemeinsame Probleme erkennt, alte Ohnmachtserfahrungen überwindet und eigene Kräfte entwickelt, um sich zu solidarisieren und Betroffenheit konstruktiv anzugehen. Menschen lernen dabei, persönliche Defizite aufzuarbeiten und individuelle Stabilität zu entwickeln und arbeiten gleichzeitig an der Beseitigung akuter Notstände (kurzfristig) und an der Beseitigung von Ursachen von Benachteiligung und Unterdrückung." (Karas/Hinte 1978, S. 30 f.)

Gemeinwesenarbeit ist „die zusammenfassende Bezeichnung verschiedener, vor allem nationaler und im Laufe der Entwicklung der letzten Jahrzehnte unterschiedlicher Arbeitsformen, die auf die Verbesserung der soziokulturellen Umgebung als problematisch definierter, territorial oder funktional abgegrenzter Bevölkerungsgruppen (Gemeinwesen) gerichtet ist. Diese Verbesserung soll in methodischer Weise unter fachkundiger Begleitung durch theoretisch und praktisch ausgebildete Sozialarbeiter und unter aktiver Teilnahme der (entsprechenden) Bevölkerung(sgruppe) durchgeführt werden. Es geht hierbei um eine Anpassung der Problemgruppe an die Umgebung, um eine Veränderung der (Einstellungen, Verhaltensweisen der) Umgebung und um die gemeinsame Erarbeitung von, gemäß den entsprechenden kulturellen Normen, notwendigen Fertigkeiten oder Institutionen" (Ludes 1977, S. 107).

Als kennzeichnende Aspekte der Gemeinwesenarbeit lassen sich im Anschluss an Oelschlägel (1983, 1992) folgende Merkmale benennen:

- Gemeinwesenarbeit findet den Fokus ihrer Tätigkeit nicht im Individuum bzw. einer Kleingruppe, sondern in einem großflächigeren *sozialen Netzwerk*, das territorial (Stadtteil, Nachbarschaft, Gemeinde, Wohnblock, Straßenzug), kategorial (bestimmte ethnisch, geschlechtsspezifisch, altersbedingt abgrenzbare Bevölkerungsgruppen), und/oder funktional (d.h. im Hinblick auf bestimmte inhaltlich bestimmbare Problemlagen wie Wohnen, Bildung etc.) abgrenzbar sind.[3]

---

3 Ähnlich differenziert schon Kraus, die betont, dass die Aktionsräume der Gemeinschaftshilfe „beschränkt werden auf ein festumrissenes Arbeitsgebiet, etwa auf einen Ortsbereich, auf eine Personengruppe oder Altersschicht, oder auf einen ausgewählten Notstand" (Kraus 1951, S. 186).

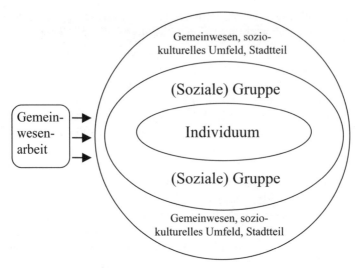

Abbildung 6: Gemeinwesenarbeit

- Der Ausgangspunkt der Institutionalisierung von Gemeinwesenarbeitsprojekten liegt zumeist in *sozialen Konflikten* bzw. geteilten sozialen Problemen innerhalb eines sozialen Netzwerkes. In diesem Kontext kann Gemeinwesenarbeit eine für das System funktionale Rolle als eine Art „Frühwarnsystem" für Konfliktgenese und -eskalation übernehmen.
- Gemeinwesenarbeit begründet aufgrund ihrer von der Einzelfallhilfe und Gruppenarbeit abweichenden Perspektive eine andere Problemsicht. Selbst in ihren konservativen Varianten werden die Probleme der Klienten immer im Kontext regionaler Bedarfs- und Bedarfsausgleichsstrukturen wahrgenommen. Gemeinwesenarbeit wendet sich damit tendenziell gegen eine Individualisierung sozialer *Probleme* und nimmt diese *aus einer gesellschaftlichen* Perspektive wahr.
- Gemeinwesenarbeit ist trägerübergreifend, ist orientiert an einer Koordination von und Kooperation zwischen verschiedensten Anbietergruppen sozialer Dienstleistungen innerhalb eines Gemeinwesens.
- Gemeinwesenarbeit – und dies macht das zu Beginn dieses Buches skizzierte Definitionsproblem nicht eben leichter und überschaubarer – ist *methodenintegrativ*, d.h. Gemeinwesenarbeit umfasst z.B. immer auch notwendig Formen der Gruppenarbeit, aber auch der Einzelfallhilfe.
- Das Ziel der Gemeinwesenarbeit ist die Aktivierung der Bevölkerung innerhalb eines Gemeinwesens, ist die Nutzung der Ressource Gemeinschaft zur Bearbeitung sozialer Problemlagen.
- Will Gemeinwesenarbeit zur Aktivierung der Bevölkerung beitragen, so muss sie notwendig auch Qualifizierungs- und Bildungsprozesse umfassen, die die Individuen über das bereits vorhandene Maß hinaus befähigt, ihre Probleme als Gemeinschaft selbst in die Hand zu nehmen.

- Nun können solche Prozesse der Aktivierung der Bevölkerung durchaus ohne Unterstützung durch SozialarbeiterInnen entstehen und sich entwickeln. Gleichwohl kann von Gemeinwesenarbeit als Methode der Sozialen Arbeit nur dann die Rede sein, wenn *Angehörige von sozialen Berufen* mittels gezielter Anregung, Unterstützung, Beratung, Koordination usw. den Prozess der Aktivierung befördern.

Einige dieser Bestimmungsmerkmale sind in erster Linie formaler Natur und bedürfen der inhaltlichen Ausgestaltung. Dies gilt insbesondere für die Zielperspektive, die hier mit „Aktivierung der Bevölkerung" beschrieben wurde. Mit welcher Zielrichtung aber soll die Bevölkerung aktiviert werden? Dass hier ein breites Spektrum an Antworten möglich ist, ist evident. Grundsätzlich unterscheidet Iwaszkiewicz (1972, S. 21) drei Perspektiven:

- Gemeinwesenarbeit als Mittel der (konservativen) Systemerhaltung,
- Gemeinwesenarbeit als Mittel der evolutionären Systemveränderung,
- Gemeinwesenarbeit als Mittel der revolutionären Systemveränderung.

Je nachdem, zu welchem dieser Horizonte man die Bevölkerung „aktivieren" will, ergeben sich ganz unterschiedliche Konzepte der Gemeinwesenarbeit.

(c) Konzepte: Wie aus dem bisher Gesagten hervorgeht, existieren unterschiedliche Konzepte von Gemeinwesenarbeit, die sich insbesondere hinsichtlich ihrer (politischen) Leitideen und Ziele, ihrer Vorstellung von der Rolle der Subjekte und der Bürgergruppen im Prozess der Veränderung des Gemeinwesens, aber auch in Bezug auf Verfahren und Techniken der professionellen Gemeinwesenarbeiter z.T. beträchtlich unterscheiden. Ohne Anspruch auf Vollständigkeit lassen sich bis Anfang der 80er Jahre zumindest vier Konzepte unterscheiden[4]:

(1) Wohlfahrtsstaatliche Gemeinwesenarbeit: Die Ziele der wohlfahrtsstaatlichen Sozialarbeit (vgl. Gulbenkian Foundation 1972) stehen in der Tradition der „charity organization society". Es geht hier weniger um Aktivierung der Bevölkerung zur politischen Einflussnahme innerhalb des Gemeinwesens, sondern vielmehr um eine bessere Ausstattung von Sozialräumen mit sozialen Dienstleistungsangeboten, insbesondere auch deren Koordination und Organisation hinsichtlich der Abstimmung der unterschiedlichen, in dem jeweiligen Bereich tätigen Träger. Karas/Hinte resümieren kritisch: „Hier darf der Bürger lediglich mitentscheiden, wie er versorgt werden soll: soziale Hilfe wird durch Gemeinwesenarbeit gesteuert, während wichtige Entscheidungen in Händen der Organisationen liegen. Unter diesem einseitigen Aspekt wird Gemeinwesenarbeit zu einem Werkzeug der Anpassung an bestehende gesellschaftliche Bedingungen." (Karas/ Hinte 1978, S. 33) Der Gemeinwesenarbeiter übernimmt die Rolle eines Dienstleistungsmanagers, der die technische Abstimmung von Angebot und Nachfrage zu optimieren beabsichtigt.

---

4 Die folgende Differenzierung orientiert sich an Karas/Hinte (1978, S. 31ff.).

(2) Integrative Gemeinwesenarbeit: Die integrative Gemeinwesenarbeit, für die stellvertretend der Ansatz von Ross (1968) zu nennen ist, dürfte das bis in die 70er Jahre am häufigsten rezipierte Konzept der Gemeinwesenarbeit sein. Es basiert auf der Annahme einer weitgehend gerechten Gesellschaft, in der die Bürger über verbriefte Freiheits-, Gestaltungs-, und (soziale) Sicherungsrechte verfügen, die es jedoch optimal zu nutzen gilt. Wie der oben zitierten Definition zu entnehmen ist, ist das Ziel der integrativen Gemeinwesenarbeit, innerhalb des avisierten Sozialraums eine Bedürfnishierarchie zu ermitteln, die es mittels Ausnutzung existierender bzw. potentiell aktivierbarer Quellen zu befriedigen gilt. Das Ziel des Prozesses ist die „Gemeinwesenintegration. Manche würden hier lieber von der Entwicklung von ‚Gemeinschaftsethik', ‚Befähigung zur Gemeinschaft' oder von ‚geistiger Gemeinschaft' sprechen. (...) In dem hier gebrauchten Sinn ist Gemeinwesenintegration ein Prozess, in dessen Verlauf kooperative Haltung und Einübung in der Zusammenarbeit zu folgenden Ergebnissen führen: 1. vermehrte Identifizierung mit dem Gemeinwesen, 2. erhöhtes Interesse und Teilhabe an den gemeinschaftlichen Angelegenheiten, 3. gemeinsame Wertvorstellungen und Möglichkeiten, sie zu verwirklichen" (Ross 1968, S. 66). Verbesserung der Funktionalität des Gemeinwesens bei gleichzeitiger Stärkung der Fähigkeiten zur Selbstorganisation ist mithin die doppelte Zielrichtung dieses Ansatzes (vgl. C. W. Müller 1973a, S. 231)[5], in dem der Sozialarbeiter die Rolle eines Katalysators der Formulierung von sozialen Bedarfslagen und deren Befriedigung im Rahmen bestehender gesetzlicher Möglichkeiten übernimmt.

(3) Aggressive Gemeinwesenarbeit: Unter dem Begriff aggressive Gemeinwesenarbeit firmieren Ansätze, denen eine kritische Analyse der Gegenwartsgesellschaft zu Eigen ist, und deren Ziele der Bedürfnisartikulation, Interessensvertretung und Verbesserung der Lebensbedingungen „nicht beim Status quo der vorhandenen Kräfte-Verhältnisse und Macht Strukturen stehen bleiben" (Karas/Hinte 1978, S. 39). Bestimmte Bedürfnisse und Verbesserungen der Lebensbedingungen lassen sich in der kapitalistischen Gesellschaft nur gegen bestehende Machtverhältnisse durchsetzen. Folglich bedarf es der gezielten Organisation von Betroffenen zur Bildung einer Gegenmacht, die ihre Interessen auch mittels politischer Einmischung und Provokation durchzusetzen gewillt sind. Ein bekannter Vertreter der aggressiven Gemeinwesenarbeit ist Saul Alinsky (1974). Er propagiert die Organisation benachteiligter Bevölkerungsgruppen mit dem Ziel gesellschaftlicher Veränderung durch

---

5 C. W. Müller (1973a) hebt in seiner Kritik des Ansatzes von Ross hervor, dass es besonders typisch ist, welche Konzepte der Gemeinwesenarbeit Ross nicht rezipiert, nämlich gesellschafts- und systemkritische wie etwa die von Saul Alinsky oder Danilo Dolci. Ross bleibt vielmehr systemimmanent. Die ganze Liebe des Autors, so Müller, „gilt den kleinen, system-immanenten Konflikten der Gemeinde" (C. W. Müller 1973a, S. 233). Dieser Ansatz einer „sozialpädagogisch harmonisierenden Gemeinwesenarbeit" beruht auf dem „Kinderglaube, dass ökonomisch verwurzelte Interessengegensätze dadurch gelöst werden, dass sich die Konfliktpartner an einen Tisch setzen und unter Vorsitz eines Gemeinwesenarbeiters vernünftig darüber reden" (C. W. Müller 1973, S. 234).

politische Gegenmacht. „Die Besitzlosen können ihre Interessen nur durchsetzen, wenn sie innerhalb einer stabilen, durchstrukturierten Organisation auf der Basis eines ungefähren Konsens ein Programm und Strategien zu dessen Durchsetzung entwickeln." (Karas/Hinte 1978, S. 43) Der Gemeinwesenarbeiter regt die Bildung von Bürgerorganisationen an und berät diese bei ihrem „Kampf" gegen die etablierten Macht- und Herrschaftsstrukturen. Mit Tipps und Hinweisen bezüglich Strategien, Taktiken und Techniken der Auseinandersetzung mit dem „Gegner" ausgestattet, soll die Solidarität der Betroffenen gezielt zur Umgestaltung des gesellschaftlichen Systems eingesetzt werden.[6]

(4) Katalytische/aktivierende Gemeinwesenarbeit: Als Antwort auf die fehlende gesellschaftskritische Perspektive der wohlfahrtsstaatlichen und integrativen Ansätze einerseits, und den von der Reichweite her zu grundlegend und damit die Aktionspotentiale der Betroffenen überschätzenden aggressiven Ansätze andererseits, konzipieren Karas/Hinte die von ihnen so benannte katalytische/aktivierende Gemeinwesenarbeit. Sie teilt mit den aggressiven Ansätzen das Fernziel einer „herrschaftsfreien Gesellschaft, in der es keine Unterdrückung mehr gibt, in der Menschen sich durch ihre eigenen Gruppen und Sprecher selbst zu helfen vermögen (ohne Fremdbestimmung), in der Solidarität hoch geschätzt wird, in der sich die Menschen mit den Problemen anderer identifizieren und in der sie ihre Fähigkeiten voll entfalten können und zu einem sozialkreativen Leben kommen" (Karas/Hinte 1978, S. 47), wissen aber gleichwohl um die Tatsache, dass Gemeinwesenarbeit allein mit diesem Ziel überfordert ist. Kern des Konzeptes ist die Initiierung und Stützung von Gruppenselbsthilfe bei gleichzeitiger Installierung von „Verbindungsleuten, an die sich die Leute aus dem Viertel zuerst wenden, wenn sie einen Rat brauchen" (ebd., S. 51). Der Sozialarbeiter übernimmt in diesem Prozess, der zu mehr politischer Partizipation der Betroffenen führen soll, die Rolle eines „Einflussführers".

---

6 Karas/Hinte kritisieren am aggressiven Ansatz insbesondere die Tatsache, dass er bislang „reine Phantasie" blieb und überdies „die Chance der Aktivierung breiter Bevölkerungsschichten maßlos überschätzt" (Karas/Hinte 1978, S. 41). Zudem „scheint es so, als ob die subjektiven Bedürfnisse der Betroffenen zurückträten hinter allgemein vermuteten objektiven Interessen, die von aufgeklärten Leuten für die Betroffenen erdacht wurden" (ebd., S. 42). Grundzüge der aggressiven Gemeinwesenarbeit finden sich auch in der Randgruppenstrategie der Sozialarbeiterbewegung der 60er und 70er Jahre. Die Praxis hat allerdings erwiesen, dass es wohl doch eine maßlose Überschätzung der Potentiale benachteiligter Bevölkerungsgruppen ist, dass gerade sie zum Subjekt und Motor massiver gesellschaftlicher Veränderungen werden sollen. Gleichwohl stellen die gesellschaftskritischen Ansätze der Gemeinwesenarbeit eine radikale Antithese zur individualisierenden Fürsorge dar und sind insofern ein bedeutsamer Schritt auf dem Weg zu einer gesellschaftstheoretisch aufgeklärten Sozialen Arbeit. Das Dilemma des „aggressiven" Gemeinwesenarbeiters trat allerdings unübersehbar an den Tag: Als Angestellter des Staates (bzw. „des Systems") im Interesse der benachteiligten Bevölkerungsgruppen an dessen radikaler Veränderung arbeiten zu wollen, obwohl der Geldgeber doch eigentlich nur deren Befriedung beabsichtigt, musste und muss unweigerlich zu Konflikten führen.

„Er ist ein Katalysator, der Veränderung in Gang setzt, er ist Beobachter, Informator, Trainer, Kritiker, Provokateur, Vermittler; ja nach Notwendigkeit, wenn gar nichts anderes mehr hilft, muss er sich sogar als Sündenbock anbieten, um etwas zu erreichen." (Ebd., S. 92) Er soll nicht für die Betroffenen aktiv werden, sondern sie zur Eigenaktivität befördern, zugleich aber immer „auf der Seite der Gruppe stehen".

(d) Elemente der Gemeinwesenarbeit: Da die Spannbreite innerhalb der gemeinwesenorientierten Methoden deutlich breiter ist, als im Falle der Einzelfallhilfe und der Gruppenarbeit, macht es wenig Sinn, über gemeinsame Prinzipien und zugrunde liegende Wertvorstellungen eine vermeintliche Harmonisierung erreichen zu wollen, die notwendig eine unzulässige Verkürzung darstellt.[7] Wir beschränken uns daher an dieser Stelle auf (1) die Phasierung des Hilfeprozesses, (2) Rolle und Vorgehensweise der Gemeinwesenarbeiter sowie (3) Techniken und Verfahrensweisen.

(1) Phasierung des Hilfeprozesses: Die Phasierung von Hilfeprozessen, d.h. die analytische Identifizierung von notwendig aufeinander folgenden, kategorial unterscheidbaren Schritten auf ein Ziel hin, findet sich vor allem in den wohlfahrtsstaatlichen und integrativen Ansätzen der Gemeinwesenarbeit. So unterscheidet beispielsweise Carter (1966) in durchaus beabsichtigter Nähe zu den Modellen der Einzelfallhilfe und Gruppenarbeit zwischen: 1. Erkundungsphase, „in der der Sozialarbeiter und einige interessierte Mitarbeiter das vorgesehene Planungs-Problem daraufhin untersuchen, ob es durchführbar ist und die Aufmerksamkeit des Gemeinwesens verdient" (Carter 1966, S. 252); 2. Diagnostischer Phase, „in dessen Verlauf das Problem spezifiziert wird und Mittel und Wege entwickelt werden, wie man es in Angriff nehmen könnte" (ebd., S. 252); 3. Planung, „in der das Problem mit allen zugehörigen Aspekten eingehend studiert wird. Fakten und Meinungen werden zusammengetragen, es ergeben sich Änderungen in den Einstellungen und Erkenntnissen, Pläne oder Empfehlungen nehmen Gestalt an (ebd., S. 252); 4. Aktion, „in deren Verlauf die Pläne ausgeführt werden" (ebd., S. 252). Ross unterscheidet fünf Phasen: 1. Feststellen und Bewusstmachen von Bedürfnissen und Zielen; 2. Ordnen und Prioritätensetzen bei den Bedürfnissen und Zielen; 3. Entwickeln der Bereitschaft, ans Werk zu gehen; 4. Ausfindigmachen von Hilfsquellen (interne und externe); 5. Übergang zur Aktion (vgl. Herwig/Wegener 1972, S. 26 f.). Auch wenn in den aggressiven Konzepten der Gemeinwesenarbeit weit vorsichtiger mit Phasierungsmodellen umgegangen wird, da hier die Rolle des Sozialarbeiters anders definiert wird und die Autonomie der Klienten einer Schematisierung zuwiderläuft, findet sich auch

---

7 Während etwa Lattke für den wohlfahrtsstaatlichen Ansatz noch vergleichsweise unbekümmert feststellen kann: „Community Organization beruht auf denselben Grundsätzen und Techniken wie die Soziale Arbeit überhaupt" (Lattke 1955, S. 31), so gilt dies für die aggressiven Ansätze etwa bei Alinsky nur noch bedingt. Zwar greifen auch diese Ansätze notwendig auf Einzelfallhilfe und Gruppenarbeit zurück, gleichwohl grenzen sie sich in ihrer gesellschaftsverändernden Intention deutlich von den etablierten Methodenansätzen ab.

hier – zumindest implizit – eine ähnliche Abfolge von Erkundung des Stadtteils/Sammlung von Informationen, Problemdefinition, Planung von Aktionen und Durchführung.

(2) Rollen und Verhaltensweisen der Gemeinwesenarbeiter: Ross unterscheidet insgesamt vier verschiedene Rollen, die der Gemeinwesenarbeiter als berufliche Fachkraft übernimmt. An erster Stelle nennt er die Rolle des Leiters, d.h. einer „Persönlichkeit, die sich bemüht, dem Gemeinwesen zu helfen, dass es mit Erfolg in der Richtung vorankommt, die es sich vorgenommen hat. Der Leiter übernimmt eine gewisse Verantwortung dafür, dass das Gemeinwesen diese Richtung mit Bedacht einschlägt und dabei viele Faktoren mit berücksichtigt, die er auf Grund seines Expertenwissens übersieht" (Ross 1968, S. 180 f.). Dabei hat der Gemeinwesenarbeiter vorab eigene Vorstellungen zu konkretisieren, wie und wohin er das Gemeinwesen führen möchte. Als Zweites nennt Ross die Rolle des Befähigers, der den Menschen dazu verhilft, ihre Bedürfnisse zu artikulieren, sich zusammenzuschließen und zwischenmenschliche Beziehungen zu pflegen. Als Drittes hebt Ross die Rolle des Sachverständigen hervor, der als Experte die Aufgabe hat, „Daten und direkten Rat in jenen Bereichen zu vermitteln, über die er mit Sachautorität sprechen kann. ... Als Sachverständiger vermittelt er Forschungsergebnisse, technische Erfahrungen, Material über Hilfsquellen, Rat über Methoden des Vorgehens, wie ihn die Vereinigung im Verlauf ihrer Arbeit eventuell nötig hat und fordert" (ebd., S. 198). Als Letztes übernimmt er die Rolle des Sozialtherapeuten, der sich auf die „Diagnose und Behandlung des Gemeinwesens als Ganzes" konzentriert (ebd., S. 201), und dort Behinderungen durch Vorurteile, Spannungen innerhalb des Gemeinwesens usw. identifiziert und bearbeitet.[8]

Auch wenn sich in der Rollenbeschreibung von Ross der integrative Charakter seines Ansatzes manifestiert, so lässt sich aus dieser Rollenbeschreibung doch ein zentrales Problem der Gemeinwesenarbeit lokalisieren: Sie ist nämlich „eine schmale Gratwanderung zwischen mangelhafter Unterstützung durch den Gemeinwesenarbeiter und zu viel Eigenaktivität, die eine Gruppe hemmen könnte" (Karas/Hinte 1978, S. 93). Der Gemeinwesenarbeiter steht mithin im Spannungsverhältnis zwischen Autonomie gewähren und Eingreifen, zwischen defensiver Unterstützung und offensiver Interessenvertretung. Während Ross und mit ihm die integrativen und wohlfahrtsstaatlichen Ansätze das Pendel der Rollengestaltung im Zweifelsfall zugunsten des aktiven, eingreifenden, „objektiven" und selbst eigene Ziele vertretenden Sozialarbeiters ausschlagen lassen, plädieren die gesellschaftskritischen Ansätze eher für den Vorrang der Autonomie der Bürger und

---

[8] Carter (1966), die einen ähnlichen Ansatz wie Ross vertritt, unterscheidet verschiedene Tätigkeitssegmente, die ein Gemeinwesenarbeiter beherrschen muss. Dazu gehören organisierende, führende und fördernde, koordinierende, erziehende und bildende, auf Finanzplanung bezogene Tätigkeiten, aber auch Öffentlichkeitsarbeit, Verwaltungs- und Schreibarbeit sowie Forschung und Faktensammlung.

damit des Gemeinwesens. Zwar übernimmt auch hier der Gemeinwesenarbeiter unterschiedlichste Rollen: Er ist „Beobachter, Informator, Trainer, Kritiker, Provokateur, Vermittler" (ebd., S. 92). Im Zweifelsfall ist es aber nicht er, der die Ziele setzt und befördert, sondern er ist eher Katalysator für die „Selbstheilungskräfte" des Gemeinwesens.

(3) Techniken und Verfahren: Über die Techniken und Verfahren von Einzelfallhilfe und Gruppenarbeit hinaus muss der Gemeinwesenarbeiter über zusätzliche Hilfsmittel verfügen. Dazu gehören u.a.[9]

- Verfahren der Kontaktaufnahme und Kontaktpflege: Gemeinwesenarbeiter sind in den meisten Fällen nicht selbst Mitglieder des Gemeinwesens. Daraus ergibt sich die Notwendigkeit, dass die Frage des Zugangs zum Feld und zu den avisierten Klienten thematisiert wird.
- Verfahren der Feldforschung: Der Gemeinwesenarbeiter muss sich zu Beginn seiner Tätigkeit ein fundiertes Bild des Gemeinwesens, seiner Probleme, Ressourcen usw. verschaffen. Zu diesem Zweck ist es notwendig, über Methoden der Gewinnung von Informationen usw. zu verfügen.[10] Karas/Hinte (1978) favorisieren das Modell der Aktionsforschung und deren Instrumente wie soziometrische Verfahren, teilnehmende Beobachtung, Interviews, Aktionsuntersuchungen. Es geht dabei um die Ermittlung objektiver Fakten (demographische Daten, infrastrukturelle Ausstattung des Stadtteils), Meinungen der Bewohner, das emotionale Klima, die Ermittlung „örtlicher Führer", örtlicher Gruppen und potentieller Interessenten, die Identifizierung von Mehrheiten und Minderheiten im Stadtteil sowie die Sammlung von Ideen zur Veränderung identifizierter Problemlagen.
- Verfahren der Meinungsbildung innerhalb von Gruppen: Wesentliches Ziel der Gemeinwesenarbeit ist die Beteiligung der Bürger an Veränderungsprozessen bzw. radikaler formuliert, die Unterstützung der Bevölkerung in ihrer Rolle als Subjekt gesellschaftlicher Veränderung in ihren sozialräumlichen Bezügen. Zu diesem Zweck muss der Gemeinwesenarbeiter über Verfahren und Techniken verfügen, die Artikulation von Interessen in Gruppen zu befördern. Dieser Aspekt deckt sich in weiten Teilen mit den Verfahren der sozialen Gruppenarbeit (Modelle der Diskussionsleitung und -strukturierung, Gesprächsmotivierung, Programmgestaltung etc.), geht aber insofern darüber hinaus, als dass hier auch

---

9 Lattke (1955, S. 32) nennt als Methoden der community organziation: Berichterstattung, Forschung, Konsultation, Gruppenbesprechungen, Ausschussarbeit, Interpretation, Verwaltung und Mobilisierung (z.B. von Geldmitteln und anderen Hilfsquellen). Diese Begriffe sind allerdings – weil z.T. unspezifisch (Verwaltung als Methode) – nur wenig hilfreich. Zudem ist dieser Kanon eng an das wohlfahrtsstaatliche Verständnis von Gemeinwesenarbeit geknüpft. Ähnlich allgemein und kategorial unbefriedigend bleibt der Hinweis von Kraus, die als „Methoden" der „Methode" der Gemeinschaftshilfe „Abstecken des Arbeitsgebietes, Beobachten, Planen, Fassen und Anwenden der Beschlüsse" nennt (Kraus 1951, S. 186).
10 Seippel (1976) spricht hier von soziatrischen Methoden.

Verfahren der legitimen politischen Partizipation integriert sind (Raumplanung, Berichterstattung, Ausschussarbeit etc.).
- Verfahren politischer Einflussnahme: Insbesondere für die aggressiven bzw. gesellschaftskritischen Ansätze der Gemeinwesenarbeit ist eine Erweiterung des Handlungsrepertoires in Richtung auf Techniken politischer Artikulation und Einflussnahme im öffentlichen Raum bedeutsam (vgl. Oelschlägel 1985a). Dazu gehören weitgehend akzeptierte wie z.b. Öffentlichkeitsarbeit mittels diverser Medien ebenso wie provokative Techniken, wie etwa Sitzstreik, Go-in, Boykott – kurz: Aktionen zivilen Ungehorsams –, die z.T. aus dem Arsenal der Bürgerrechts- und Studentenbewegung übernommen wurden.[11] In Anschluss an Harry Specht lassen sich Elemente der politischen Einflussnahme auch als disruptive Taktiken beschreiben, die vom „Zusammenstoß der Positionen (öffentliche Rede, schriftliche Stellungnahmen u.Ä.)" über „Verletzung der Verkehrssitten (Demonstration, Boykott, Mietstreik, Besetzung)" bis hin zur „Verletzung gesetzlicher Normen (Steuerstreiks, Wehrdienstverweigerung)" reichen (Baron u.a. 1978, S. 149).

(e) Einschätzung und Diskussion: Ab Anfang der 80er Jahre ließ die Konjunktur der Entwicklung neuer Gemeinwesenarbeitskonzepte nach. Dies hatte mehrere Gründe: Zum einen sicherlich die schwindende Reformkraft und Reformfreudigkeit des bundesrepublikanischen Sozialstaates, zum anderen aber auch die nüchterne Praxiserfahrung, dass sich die hoch gesteckten Ziele einer Gesellschaftsveränderung von unten durch Aktivierung der Selbstorganisationspotentiale benachteiligter Bevölkerungsgruppen nur allzu leicht im Dickicht der Alltagsprobleme als unrealistisch erwiesen.[12]

Gleichwohl blieb als nicht mehr hintergehbarer Ertrag der Integration der Gemeinwesenarbeit in die Palette sozialpädagogischer Methoden die Erweiterung des „sozialpädagogischen Blicks" um die sozialräumliche Dimension als Referenzpunkt für Problemanalyse und professioneller Intervention. Die grundlegende Botschaft der Gemeinwesenarbeit, dass also Soziales aus Sozialem erklärt werden muss, soziale Probleme auch nur in ihrem sozialen Kontext thematisiert und methodisch angegangen werden können und müssen, blieb von der Entwicklung der 80er Jahre allerdings ebenso unberührt, wie die (wenn auch in Ausmaß und Tempo bisweilen gebremste) Fortführung von Gemeinwesenarbeitsprojekten in den Arbeitsfeldern der Sozialen Arbeit. Die Diskussionen um „Gemeinwesenarbeit als Ar-

---

11 C. W. Müller berichtet von entsprechenden Aktionen in Amerika. „Ein großes Warenhaus wurde dazu gebracht, schwarzes Personal einzustellen, weil täglich 3000 Schwarze an Sonnabenden die Kassen verstopften, ihre Einkäufe per Nachnahme ausliefern ließen und später die Annahme verweigerten." (C. W. Müller 1992, S. 116)

12 Oelschlägel resümiert selbstkritisch: „Sehr oft war politische (Sozial-)Arbeit gekennzeichnet dadurch, dass mit viel Schwung in den Stadtteil hineinagiert wurde, neue alternative Verkehrs- und Arbeitsformen versucht und neue Organisationsformen propagiert wurden. Die Enttäuschung über die Bewohner, die sich so nicht bewegen ließen, war groß." (Oelschlägel 1985b, S. 392)

beitsprinzip" (vgl. Boulet u.a. 1980), um „Sozialarbeit als Aspekt kommunaler Sozialpolitik" (vgl. Peters 1983) oder um „Sozialarbeit als soziale Kommunalpolitik" (vgl. Müller/Olk/Otto 1982) stehen in diesem Sinne ebenso deutlich in der Tradition der Diskussion um Gemeinwesenarbeit, wie zentrale Aspekte dieser Debatte im fachlichen Diskurs um „Sozialraumorientierung" (vgl. Hinte 1992) oder „Empowerment" (vgl. Stark 1996) als professioneller Strategie der Stützung von Selbsthilfepotentialen aufgehoben sind.

Die „Entdeckung der Gesellschaft" in der Methodendiskussion, die als mindestens ebenso fundamental bezeichnet werden muss, wie die „Entdeckung der Gruppe" durch die soziale Gruppenarbeit, führte Anfang der 80er Jahre dazu, dass Boulet/Krauss/Oelschlägel nicht weiter von Gemeinwesenarbeit als dritter Methode der Sozialen Arbeit sprachen, sondern vielmehr von Gemeinwesenarbeit als Arbeitsprinzip der gesamten Sozialen Arbeit. „Ein Arbeitsprinzip GWA – das meint eine zu entwickelnde, zu entfaltende Grundorientierung, Haltung, Sichtweise professionellen Handelns, eine grundsätzliche Herangehensweise an soziale Probleme, wo auch immer im Bereich sozialer Berufsarbeit im weitesten Sinne" (Oelschlägel 1985a, S. 16). Die Prinzipien der Gemeinwesenarbeit, nämlich den Klienten in seinen sozialräumlichen Bezügen mit seinen Ressourcen und Problemen zu sehen, hat sich „im Gesamtbereich sozialer Berufe – und darüber hinaus – ausgedehnt. Gemeinwesenarbeit ist als Arbeitsprinzip in die sozialen Berufe eingesickert und bietet dort Perspektiven für neue Orientierungen" (Oelschlägel 1983, S. 179).

Ob die hier vorgenommene Differenzierung zwischen Arbeitsprinzip und Methode Sinn macht, sei an dieser Stelle nicht weiter hinterfragt. Sie dürfte nicht zuletzt der zunehmenden Methodenskepsis im Gefolge gesellschaftskritisch fundierter Methodenkritik geschuldet sein, die methodisches Handeln im Kontext der Sozialen Arbeit notwendig mit Individualisierung, Personenveränderung und Klinifizierung in Verbindung brachte. Dass gerade die Gemeinwesenarbeit aufgezeigt hat, dass methodisches Handeln in der Sozialen Arbeit nicht diesen Weg beschreiten muss, sondern sehr wohl gesellschaftstheoretisch aufgeklärt sein kann und sich dementsprechend stärker auf die Veränderung von Situationen und nicht Personen richtet (vgl. Meinhold 1982), ist ein wesentlicher Ertrag der Integration gemeinwesenorientierter Ansätze in das Methodenarsenal der Sozialen Arbeit.[13]

---

13 Insofern ist auch Hintes (1985, 1992) Einlassung, dass stadtteilbezogene soziale Arbeit keine Methode sei, da mit Methoden Menschen verändert werden sollen, stadtteilbezogene soziale Arbeit aber soziale Räume verändern will, nicht zwingend, sondern basiert auf einem spezifischen Verständnis von Pädagogik und Methode.

Tipps zum Weiterlesen:

Karas, F./Hinte, W.: Grundprogramm Gemeinwesenarbeit. Praxis des sozialen Lernens in offenen pädagogischen Feldern, Wuppertal 1978.

Müller, C. W./Nimmermann, P.: Stadtplanung und Gemeinwesenarbeit. Texte und Dokumente, München ²1973.

Ross, M.: Gemeinwesenarbeit. Theorie, Prinzipien, Praxis, Freiburg i.B. 1968.

7. Die klassischen Methoden
Ertrag und Kritik

Die klassische Trias der Handlungsmethoden der Sozialen Arbeit war in Deutschland – trotz aller auch hier identifizierbaren Wurzeln – gerade in der „heißen" Phase der Nachkriegszeit in erster Linie ein „Importprodukt" aus den USA. Berücksichtigt man die doch z.t. langen Zeiträume, derer es bedurfte, bis neuere amerikanische Entwicklungen in Deutschland angekommen waren, und bedenkt man zudem, dass die eigentliche Hochphase der Methodendiskussion im Deutschland der Nachkriegszeit im Wesentlichen auf ca. 15 Jahre (von Mitte der 50er bis Anfang der 70er Jahre) beschränkt war, so muss man wohl insgesamt in Rechnung stellen, dass den klassischen Methoden nur wenig Zeit blieb, sich im Kontext der sozialpädagogischen Fachdiskussion zu etablieren.

Mit der Studentenbewegung und in ihrem Kontext der Sozialarbeiterbewegung gerieten ab Ende der 60er Jahre die klassischen Methoden ins Kreuzfeuer der fachlichen Diskussion und Kritik. Die Verlagerung des Blickwinkels durch Politisierung und Theoretisierung, von der Frage ‚"Wie machen wir's?' zu der eher analytischen Frage ‚Warum ist es so?'" (C. W. Müller 1996 c, S. 20), nahm die klassischen Methoden, insbesondere die Einzelfallhilfe und die sozialen Gruppenarbeit sowie die wohlfahrtsstaatlichen und integrativen Ansätze der Gemeinwesenarbeit, aus einer anderen, neuen Perspektive wahr, die sie letztlich als Instrumente einer zutiefst ungerecht gedachten Klassengesellschaft identifizierte, die der Disziplinierung von Abweichlern, der Kontrolle von Gefahrenherden und damit letztlich der Stabilisierung der etablierten Herrschaftsstrukturen dienen. Die vielfältige Kritik lässt sich auf vier Punkte verdichten:[1]

(a) Fehlende theoretische Fundierung: Die klassischen Methoden der Sozialen Arbeit erweisen sich bei genauer Betrachtung als eine diffuse Mischung von Techniken und Werten, die sich durch eine weitestgehend kritiklose Übernahme mittelstandsorientierter Werthaltungen auszeichnen. So kommt etwa Peter in seiner Analyse zu dem Ergebnis, dass es sich bei den Forderungen, Regeln und Prinzipien häufig um „zur Methode stilisierte Umgangsformen handelt, die vermutlich die meisten Menschen voneinander erwarten würden" (Peter 1982, S. 15). In der Tat lesen sich eine Vielzahl der Prinzipienlisten wie eine Ansammlung von Alltagsweisheiten: dass man den Klienten akzeptieren soll, dass Kommunikation die Grundlage des Hilfeprozesses ist, das jeder Mensch anders ist und man sich auf ihn einstel-

---

1 Vgl. zum Folgenden Baron u.a. (1978); Peter (1982); Peters (1973a, 1973b); Karberg (1973); Weber (1973); C. W. Müller (1973b); Guski (1977); Meinhold (1973).

Die klassischen Methoden 113

len muss, dass der Klient als Partner im Hilfeprozess anzusehen ist, dass man Informationen vertraulich behandelt und dass der Sozialarbeiter sich selbst zu kontrollieren hat (vgl. Maas 1966). Derartige Einsichten kann man nun wirklich nicht als revolutionäre Erkenntnisse in Bezug auf die Gestaltung zwischenmenschlicher Beziehungen bezeichnen. Auch wenn man in Rechnung stellt, dass die deutsche Tradition der Fürsorge wesentlich durch autoritäre Strukturen geprägt war, so muss doch aus heutiger Sicht festgestellt werden, dass sich die als Methode verkauften Prinzipienlehren oft weniger als fachspezifische Handlungsanleitungen, denn als „Knigge" für (demokratische) Umgangsformen lesen. Auch Karberg resümiert in diesem Sinne eine „Vorliebe für normative Regeln" (Karberg 1973, S. 158), denen gegenüber technische Aspekte eher nachlässig abgehandelt werden.

Die Hilflosigkeit in Bezug auf wissenschaftlich generierte Handlungsanleitungen drückt sich nach Meinung der Kritiker auch in der zentralen Stellung der „Persönlichkeit des Helfenden" und der „helfenden Beziehung" aus: „Da die ‚helfende Beziehung' in der Methode des Casework eine zentrale Bedeutung hat, ist es unverständlich, dass statt einer objektiven Begründung des Vorgehens an dieser Stelle mit subjektiven Begriffen wie ‚Haltung' und ‚Gefühlen' operiert wird, die sich einer eindeutigen Bestimmung entziehen. Das ‚Wie', das auch hier nicht erläutert wird, verschwindet im Nebel der ‚lebendigen Wechselwirkung'." (Baron u.a. 1978, S. 125)

Dieses Ausweichen auf die wachsweiche Ebene normativer Setzungen und persönlicher Haltungen resultiert, so etwa Peters (1973a, 1973b), aus der fehlenden (gesellschafts-) theoretischen Fundierung des Handlungsbereichs der Sozialen Arbeit. Am Beispiel der Einzelfallhilfe gesprochen: „Die Einzelfallhilfe zeichnet sich gerade dadurch aus, dass niemals eine Strukturierung der Probleme nach bestimmten Ordnungskriterien erfolgt, d.h. keine Theorie gebildet wird und dass weitgehend subjektive Gedankenbilder der einzelnen Autoren die wissenschaftliche Begründung des Vorgehens ersetzen." (Baron u.a. 1978, S. 125) Mehr noch: An die Stelle der Reflexion über die gesellschaftlichen Rahmenbedingungen Sozialer Arbeit, ihrer Funktion und die systematischen Grundlagen der Genese sozialarbeitsrelevanter Problemlagen tritt eine Methodendiskussion als Theorieersatz (vgl. Otto 1973, S. 90) auf der Basis normativer Setzungen.

(b) Differenz zwischen gesellschaftlicher Funktion und Selbstwahrnehmung: Eine Folge der fehlenden theoretischen Fundierung ist die Tatsache, dass die klassischen Methodenkonzepte das „doppelte Mandat" (vgl. Kapitel 2) der Sozialarbeit, d.h. ihr doppelter Auftrag von Hilfe und Kontrolle, weder ausreichend wahrnehmen, noch in seinen Konsequenzen für professionelles Handeln reflektieren oder gar im Rahmen der Handlungslehre und des technischen Inventars berücksichtigen. Veranschaulichen lässt sich dies am Beispiel der Partizipation. Zwar betonen (fast) alle Ansätze den Gedanken der Partnerschaft zwischen Hilfesuchendem und Helfendem, in letzter Konsequenz aber konstruieren sie Soziale Arbeit als Instrument der Beein-

flussung der Klienten im Sinne einer „normalen" Lebensführung. So resümiert Karberg: „Welche ethischen Grundsätze auch immer in der Einzelfallhilfe bestehen mögen, es ist die Absicht des Sozialarbeiters, den Klienten zu beeinflussen, sein Leben zu ändern, seine Verhaltensweisen zu wandeln, seine Einstellungen zu bestimmten Lebensbereichen neu zu formulieren." (Karberg 1973, S. 157)

Dem steht eine Selbstwahrnehmung gegenüber, die durch die Rolle des Unterstützenden dessen geprägt ist, was der Klient will und was gut für ihn ist. Aus dem Blick gerät dabei, dass Soziale Arbeit immer in gesellschaftlichem Auftrag handelt, also nicht nur für den Klienten da ist, sondern auch für die Wahrung gesellschaftlicher Stabilität und Ordnung. Peters hat dies in dem Bild vom Hausarzt und Amtsarzt verdichtet. Die Selbstwahrnehmung des Sozialarbeiters in der klassischen Methodenliteratur gleicht eher der des Hausarztes: „Der Sozialarbeiter ... handelt ähnlich wie der Hausarzt. Ausgangspunkt für den Eingriff ist das Problem, die Schwierigkeit des Handlungsadressaten. Er kommt zum Sozialarbeiter, weil er leidet. Er möchte ‚gesund' werden und erwartet vom Sozialarbeiter Hilfe. Dieses Leiden und dieses Motiv korrespondieren mit der Helferattitüde des eingreifenden anderen. (...) Das Leiden und das Motiv, gesund werden zu wollen, legitimieren damit die Rolle des Helfers." (Peters 1973b, S. 114) Im Lichte der gesellschaftlichen Funktion Sozialer Arbeit aber ist ein solches Selbstverständnis ideologischer Natur. Passend ist vielmehr das Bild des Amtsarztes: „Dessen Berufsstruktur unterscheidet sich kaum von der des Sozialarbeiters. Auch der Amtsarzt ist nicht von seinen Patienten abhängig, auch er wird aus allgemeinen Steuermitteln bezahlt. Im Gegensatz zum frei praktizierenden Arzt hat der Amtsarzt aber auch keine Helferrolle. Er ist – wie der Sozialarbeiter – Kontrolleur. Seine Aufgabe besteht darin, die Berechtigung der Ansprüche und Wünsche seiner Patienten zu prüfen; auch hinter seiner Tätigkeit steht der Verdacht, der Patient habe unangemessene Wünsche" (ebd., S. 118). Innerhalb des Methodenverständnisses der klassischen Ansätze muss die gesellschaftliche Rolle und Funktion der Sozialpädagogik unbestimmt bleiben.[2]

(c) Pathologisierung der Klienten: Ein Kernpunkt der Methodenkritik richtet sich auf deren Orientierung an einem medizinischen Modell, die schon bei

---

2 In einer radikalen Variante der Methodenkritik betont Peters, dass die gesellschaftstheoretische Abstinenz der sozialpädagogischen Diskussion strukturell bedingt ist, denn: „Die wissenschaftliche Fundierung der Methoden der Sozialarbeit würde den Sozialarbeiter also häufiger darauf hinweisen, dass seine Handlungsmöglichkeiten wenig effizient sind. Er würde erkennen, dass sein Aktionsradius zu klein ist, um die Probleme, deren Ursachen er analysiert, so zu lösen, wie es möglich wäre." (Peters 1973b, S. 109) Konsequent zu Ende gedacht hieße dies allerdings die „Rote Karte" für eine klientendienliche Soziale Arbeit, da sie immer nur den Schein der Fürsorglichkeit erzeugt, ohne Probleme an ihren Wurzeln fassen zu können. Meinhold hat diesem durchaus verbreiteten Denken in einem neueren Aufsatz entgegengehalten, dass dies vielleicht gar nicht ihre Aufgabe sei: „Es werden ja auch nicht die Förster für das Waldsterben verantwortlich gemacht." (Meinhold 1988, S. 72)

Mary Richmond oder Alice Salomon bis in die terminologische Differenzierung des Hilfeprozesses beobachtbar ist, wenn sie von Anamnese, Diagnose und Behandlung als Phasen sozialarbeiterischer Intervention sprechen. Die von der Sozialen Arbeit zu „behandelnden" Notlagen der Subjekte werden in erster Linie als psycho-soziale Notlagen wahrgenommen, als „soziale Erkrankungen" des Einzelnen begriffen, deren Ursachen als individuelle Fehlentwicklungen und Fehlanpassungen interpretiert und folglich zum Gegenstand der Intervention werden. Die Folge dieser „pathologischen Definition des Klienten" ist, dass die Intervention sich auf die Veränderung von Personen, nicht primär Situationen, Lebenslagen und Lebensbedingungen konzentriert. So stellt Peter fest: „Wenn man methodisches Handeln im Spannungsfeld zwischen Interaktionen mit dem Klienten und Ressourcenaktivierung in der Umgebung des Klienten ansiedelt, dann ist im Falle der klassischen Methoden eine eindeutige Entscheidung zugunsten des Interaktionsbereichs getroffen." (Peter 1982, S. 12) Diese Individualisierung der Hilfeleistung, die Konstruktion eines hilfebedürftigen Individuums als Zweck und Ziel der Einflussnahme findet ihren Ausdruck auch in einer relativen inhaltlichen Beliebigkeit der Methoden. Geißler und Hege haben dies am Beispiel der sozialen Gruppenarbeit herausgestellt. Sie konstatieren „die weitgehende Beliebigkeit der Inhalte in der Gruppenerfahrung. Eine Beliebigkeit, die deutlich macht, dass es in der Sozialen Gruppenarbeit dieser Art stärker um die Betreuung der mit aktuellen Lebensproblemen belasteten Personen als um eine konkrete inhaltliche Auseinandersetzung mit den Problemen und deren ursächlichen Behebung geht" (Geißler/Hege 1991, S. 200).

Die Orientierung am medizinischen Paradigma ist keineswegs zufällig, da sie aus Sicht der Profession im Prozess ihrer Etablierung chancenreich ist. Zum einen lehnt sie sich an ein „erfolgreiches" Modell, nämlich die Ärzte an, zum andern schafft sie mit den psycho-sozialen Problemen neben der materiellen Sicherung einen eigenen Handlungsbereich, der zudem noch, wie Peters hervorhebt, „theoretisch unendlich groß" ist (Peters 1973a, S. 159). Folgt man Peters weiterhin, so ist diese Definitionsstrategie auch aus systemischer Sicht erfolgversprechend, da 1. der Reintegrationsanspruch aufrecht erhalten wird, 2. gleichzeitig die Kontrolltätigkeit unter dem Deckmantel der individuellen Fürsorge für den „sozial Kranken" ausgeweitet werden kann und 3. durch die Klinifizierung eine Entmündigung des „politischen Gegners" vollzogen werden kann. Die Verlagerung von materiellen zu psycho-sozialen Notständen und der damit einhergehenden Pathologisierung des Klientels erweist sich auf diesem Hintergrund als professionspolitisch funktional – wenn auch gesellschaftstheoretisch bedenklich.

(d) Entlastung der Gesellschaft von strukturellen Problemlösungen: Die Konsequenz dieser pathologischen Definition der Klienten ist einerseits eine „Diskriminierung der Opfer". So betont der Arbeitskreis kritischer Sozialarbeiter am Beispiel der Einzelfallhilfe: „Indem man das abweichende oder ‚pathologische' Verhalten als einen strikt ‚persönlichen Vorfall' definiert und dessen Ursachen in das Individuum hineinverlegt, verfällt man

einem normativen Humanismus, der darauf ausgeht, den ‚unangepassten' einzelnen an die ‚gesunde' Gesellschaft anzupassen. Die soziale Einzelhilfe, weit davon entfernt, den Klienten über die wahren Ursachen seiner Hilfsbedürftigkeit aufklären zu können, diskriminiert stattdessen die Opfer einer pathologischen Gesellschaft und betreibt weiterhin deren Anpassung an die sie krankmachenden Verhältnisse." (Baron u.a. 1978, S. 127)

In diesem Zitat ist eine zweite, ebenso folgenreiche Konsequenz angedeutet: Die Individualisierung sozialer Probleme – im Zuge der Umdefinition von sozialen zu psycho-sozialen Problemen – trägt bei zu einer Entlastung der Gesellschaft von strukturellen Lösungen. Wenn z.B. materielle Not ausschließlich aus der Perspektive der Arbeitsfähigkeit und Arbeitswilligkeit der Betroffenen thematisiert oder der Milderung psycho-sozialer Folgen von Arbeitslosigkeit angegangen wird, so entlastet dies die Gesellschaft von Diskursen über eine gerechtere Verteilung von Arbeit und Reichtum. Das naive Gesellschaftsverständnis insbesondere von Einzelfallhilfe und sozialer Gruppenarbeit als Netzwerk von Individuen und Gruppen (vgl. Baron u.a. 1978) übersieht die Herrschaftsstrukturen dieser Gesellschaft. Sie betreibt „die Anpassung des Klienten an bestehende Sozialstrukturen; sie hat es mit einer Harmonisierung des gesellschaftlichen Zusammenlebens zu tun. (...) Damit bewirkt nach der Ansicht ihrer Kritiker diese Methode [die Einzelfallhilfe, d.V.] die Aufrechterhaltung des bestehenden repressiven, autoritären Gesellschaftssystems; die Mängel unserer Gesellschaftsordnung werden verschleiert und kaschiert" (Karberg 1973, S. 147).[3]

Unreflektierte Dominanz gesetzter Werthaltungen, mangelnde gesellschaftliche Reflexivität, Individualisierung sozialer Problemlagen, Stabilisierung einer problemerzeugenden Gesellschaft, all diese Aspekte einer Fundamentalkritik konnten die klassischen Methodenkonzepte kaum unbeschadet überstehen. Die klassischen Methodenkonzepte, noch lange Zeit konserviert in der Ausbildungspraxis an Fachhochschulen, spielten in der Folgezeit in der Fachdiskussion eine immer geringere Rolle. Daran änderten auch Versuche einer Methodenintegration (vgl. Specht/Vickery 1980) nichts, die letztlich wenig mehr darstellten, als die Integration der klassischen Methoden unter dem Dach einer gemeinsamen Handlungslehre. Auch wenn sich an einigen Stellen bereits ein reflektierterer Umgang mit den kritischen Aspekten der klassischen Methoden andeutete, so konnten doch die fundamentalen Einwände nicht aus dem Weg geräumt werden: Die Addition von „Fehlern" ergibt nur selten ein richtiges „Gesamtergebnis".

Wenn Klüsche noch 1990 in einer empirischen Untersuchungen über Anforderungen und Selbstdeutungen professioneller Helfer feststellt, dass

---

3 Ebenso betont Weber für die Soziale Gruppenarbeit: „Soziale Gruppenarbeit verschleiert alle jene gesellschaftlichen Widersprüche, die sich auf den Grundwiderspruch von Lohnarbeit und Kapital zurückführen lassen. Sie dient systemgerechter Sozialisation, indem sie die durch diesen Grundwiderspruch verursachten psychischen Spannungen neutralisiert, kanalisiert oder sublimiert." (Weber 1973, S. 169)

Die klassischen Methoden 117

75,1 % von sich behaupten, sie würden Einzelfallhilfe betreiben, 58,5 % sich der Gruppenarbeit zuordnen und immerhin 26,6 % sich der „Methode" Gemeinwesenarbeit verschreiben, so dürfte sich dahinter ein Missverständnis verbergen: Gemeint sein dürften weniger die Konzepte der Sozialen Einzelfallhilfe usw., sondern vielmehr die Tatsache, dass man mit Einzelnen, mit Gruppen oder mit einem Gemeinwesen arbeitet, mithin die Sozialform der Tätigkeit, nicht aber ein spezifisches Konzept. Die Ursache für diese Begriffsverwirrung liegt vermutlich in der Tatsache, dass eine dreigegliederte Handlungslehre auf den ersten Blick durchaus einleuchtend ist, knüpft sie doch an archetypische Konstellationen im Hilfeprozess an, nämlich Hilfe für Einzelne, für Gruppen und für komplexere soziale Gebilde. Diese Begriffe sagen allerdings – wie bereits beschrieben – eher etwas über die gewählte Sozialform der Hilfe aus, als über deren Intentionen, deren Konzepte, deren Techniken usw. Insofern ist es zweifelsohne richtig, wenn Wendt feststellt, dass die klassischen Methoden die Erbsenschoten waren, aus denen mit der Zeit die Samen – sprich die differenziertere Palette an Methoden – herausgefallen sind (vgl. Wendt 1992, S. 115). Man ist geneigt zu sagen, natürlich muss Soziale Arbeit als personenbezogene Hilfe mit Individuen, Gruppen oder größeren sozialen Gebilden arbeiten – sonst würde es sie nicht geben. Ob die These von der „Mutterschaft" der klassischen Methoden auch auf konzeptioneller Ebene gilt, bedarf allerdings noch der Untersuchung.

Zweifelsohne ist es aber richtig, nach den bleibenden Erträgen der klassischen Methodendebatte zu fragen, da sie eine wichtige Wegmarke in der Entwicklung der Sozialpädagogik als Profession darstellen. Und in der Tat lassen sich hier Erträge benennen:

- Zum einen sind die klassischen Methoden Ausdruck für das Bestreben, an die Stelle der reinen Intuition und spontanen Hilfeleistung, verlässliche, kalkulierbare und effektive Verfahren zu etablieren, die planvolles berufliches Handeln erst möglich machen. Anders als Hilfe in primären sozialen Netzwerken ist berufsförmig organisierte professionelle Hilfe auf solche Verfahren angewiesen, nicht zuletzt aus Gründen der Selbstkontrolle.
- Zum anderen haben die klassischen Methodenkonzepte verdeutlicht, dass sozialpädagogische Hilfeleistung nicht allein mit dem „großen Herzen" zu leisten ist, sondern der Fundierung durch Wissen und Können bedarf.
- Zum Dritten haben die klassischen Methoden mit der Einsicht in die Phasierung des Hilfeprozesses, der in neueren Konzepten produktiv weiterentwickelt wurde (vgl. B. Müller 1993b), einen Beitrag zur Systematisierung sozialpädagogischer Intervention geleistet. So banal sich z.B. die Dreiteilung von Anamnese – Diagnose – Behandlung auf den ersten Blick anhören mag: Sie beinhaltet eine wesentliche, im Hilfealltag häufig nicht realisierte Unterscheidung, nämlich die zwischen Sammlung von Informationen und deren Aus- und Bewertung. Übersetzt auf den Alltag

bedeutet dies nichts weniger, als zunächst ungefiltert und ohne sofortige Deutung Fakten zu sammeln. Die Forderung nach der Trennung von Anamnese und Diagnose kann auch verstanden werden als Stop-Signal vor allzu schnellen (Vor-)Urteilen und Kategorisierungen, einer Gefahr, die in der Hilfepraxis sicherlich nicht gering sein dürfte.

- Zum Vierten ist schließlich darauf hinzuweisen, dass gerade der Methodentransfer nach 1945 in erheblichen Maße zu einer Veränderung von Perspektiven beitrug, indem er die etablierte und nachwachsende SozialarbeiterInnengeneration – gerade durch die soziale Gruppenarbeit – nach Diktatur und Hitlerfaschismus mit neuen demokratischen Sichtweisen und Umgangsformen konfrontierte. C. W. Müller stellt in Bezug auf Wirkung und Ertrag von Kursen in sozialer Gruppenarbeit des Hauses Schwalbach in der Nachkriegszeit fest: „Das alles mag uns vierzig Jahre später alltäglich erscheinen. So alltäglich, dass wir uns die Bestimmungsgründe für solche kommunikativen Arrangements gar nicht mehr bewusst vergegenwärtigen. Für die ersten Jahre nach dem Zusammenbruch des Faschismus und seiner Erziehungspraktiken war es in der Tat ein Blick in eine neue faszinierende Welt, in der das Einfache und Machbare plötzlich eine neue Bedeutung, Wirkung und Würde gewann." (C. W. Müller 1992, S. 57)

All diese Hoffnungen und Ansprüche wurden von der klassischen Methodenliteratur nicht bzw. nur in Ansätzen eingelöst: Intuition blieb – vermittelt über die Metapher der Hilfe als Kunst (vgl. Lattke 1955) – zentrales Strukturelement methodischen Handelns; Wissen und Können als Basis beruflichen Handelns in der Sozialen Arbeit fand ihre Grenzen im bescheidenen Erkenntnisstand; die Trennung zwischen Anamnese und Diagnose wurde – wie Karberg (1973) dies aufgezeigt hat – faktisch nicht vollzogen, da die Diagnosekriterien den Anamneseprozess steuerten. Gleichwohl setzte die klassische Methodendiskussion diese Fragestellungen auf die Tagesordnung der professionellen Diskussion.

Mehr noch als diese drei Aspekte ist allerdings ein vierter bedeutsam, nämlich die Rolle der klassischen Methoden im Hinblick auf die Etablierung Sozialer Arbeit im Berufssystem und dem damit einhergehenden Professionalisierungsprozess. So formuliert C. W. Müller als These, „dass die Beachtung von Prinzipien methodischen Arbeitens, die Lehre dieser Prinzipien und der aus ihnen abzuleitenden Handlungsanweisungen ein wesentlicher Beitrag beim Übergang von der Verberuflichung zur Professionalisierung in der Sozialen Arbeit gewesen ist" (C. W. Müller 1996 c, S. 13). Zu den notwendigen Elementen einer Profession gehört die Verfügung über ein spezifisches und originäres Handlungsinstrumentarium, das die Effektivität des beruflichen Handelns ebenso ausweist wie die Originalität der Problembearbeitungsstrategien. Insofern ist der klassische Methodenkanon zu verstehen als „traditionelle Professionalisierungsstrategie" der Sozialen Arbeit (Gildemeister 1996, S. 444).

Die klassischen Methoden 119

Diese Professionalisierungsstrategie der Methodisierung war insofern erfolgreich, als sie zumindest die Phase der Verberuflichung Sozialer Arbeit stabilisieren konnte. In diesem Sinne ist Bock zuzustimmen, „dass die ‚klassischen' Arbeitsmethoden entscheidend dazu beigetragen haben, die Sozialarbeit zu einem anerkannten Beruf zu machen" (Bock 1984, S. 157). Wohlgemerkt: Dies sagt nichts über die Qualität der Methoden in Bezug auf ihre Auswirkungen und (unbeabsichtigten) Nebenwirkungen auf Klienten aus, sondern allenfalls etwas über ihre berufs- und professionsstrategische Bedeutung für die Soziale Arbeit selbst.[4]

Tatsache ist allerdings, dass die Fachdiskussion sich im Gefolge der radikalen Kritik der klassischen Methoden anderen Themenbereichen zugewandt hat. So resümieren etwa Siegfried Müller u.a. Anfang der 80er Jahre: „Über ‚Methoden und Verfahren' zu diskutieren, war in den letzten zehn bis zwölf Jahren nicht sehr beliebt. (…) Das Interesse in Lehre und Forschung war mehr den Fragen nach den gesellschaftlichen Konstitutionsbedingungen sozialer Probleme und den institutionellen Voraussetzungen sozialer Arbeit zugewandt." (S. Müller u.a. 1982, S. 1)

 Tipps zum Weiterlesen:

Otto, H.-U./Schneider, S. (Hrsg.): Gesellschaftliche Perspektiven der Sozialarbeit, Bd. 2, Neuwied/Berlin 1973.

Baron, R. u.a. (Hrsg.): Sozialarbeit zwischen Bürokratie und Klient. Dokumente der Sozialarbeiterbewegung. Sozialpädagogische Korrespondenz 1969–1973 (reprint), Offenbach 1978.

Müller, S. u.a. (Hrsg.): Handlungskompetenz in der Sozialarbeit/ Sozialpädagogik, Bd. 1, Interventionsmuster und Praxisanalysen, Bielefeld 1982.

---

4 Aus diesem professionstheoretischen Blickwinkel wird nochmals deutlich, warum ein an die Medizin angelehntes Modell erfolgversprechender war, als etwa ein gesellschaftskritisches. Denn es ist kaum zu erwarten, dass Staat und Gesellschaft die Etablierung einer Profession fördert, stützt und stabilisiert, die letztlich auf ihre Veränderung abzielt. Insofern könnte man formulieren: Die Sozialarbeit trägt bei zur Stabilisierung der gegebenen Gesellschaft und genau dies ist der Grund, warum die Gesellschaft wiederum die Soziale Arbeit in diesem Jahrhundert stabilisiert.

8. Professionalisierung und Handlungskompetenz

Neue Antworten auf die Herausforderungen beruflicher Identität

Die Methodenkritik der 70er Jahre hinterließ in zwei Richtungen „schwarze Löcher":
- Zum einen stellte sich die Frage der Fundierung und Absicherung des Handelns von beruflich tätigen sozialen Fachkräften in den verschiedenen Hilfesettings neu (vgl. Kapitel 9);
- zum anderen musste Abschied genommen werden von einer Strategie der Professionalisierung, die wesentlich auf der Etablierung exklusiver Handlungsmethoden beruhte, und die mittels dieser Methoden die Tätigkeit von Sozialarbeitern als originell, unabdingbar, gesellschaftlich nützlich und spezialisiert erweisen wollte.[1]

Auch angesichts des nur begrenzten Erfolges dieser Strategie musste nach neuen Wegen gesucht werden, wie der Prozess der Professionalisierung weiter vorangetrieben werden könnte. Unter den Stichworten Professionalisierung und später Handlungskompetenz setzte ab Anfang der 70er Jahre[2] eine intensive Diskussion um Rahmenbedingungen, Chancen, Möglichkeiten und Grenzen der Professionalisierung Sozialer Arbeit ein, die mit schwankender Konjunktur bis zum heutigen Tag weitergeführt wurde.

(a) Professionalisierung: Zunächst stellt sich allerdings die Frage, was überhaupt mit Profession und Professionalisierung gemeint ist. Im Alltagsverständnis sprechen wir von „Professionalität", wenn jemand seinen Job gut beherrscht, wenn er „sich auf sein Handwerk versteht". Eine Fleischfachverkäuferln kann nach alltäglichem Verständnis somit ebenso als „Profi" angesehen werden, wie eine AutomechanikerIn, eine SchreinerIn, eine KöchIn

---

1 Nach Dewe u.a. erwies sich diese klassische Professionalisierungsstrategie per se als nur begrenzt erfolgversprechend und erfolgreich. „Die methodische Befruchtung schien tendenziell darauf hinauszulaufen, sich von einer diffusen Alltagspragmatik loszusagen, um der Sozialarbeit/Sozialpädagogik überhaupt erst einmal im Kanon der Wissenschaften und Professionen einen – wenn auch – billigen Stehplatz zu sichern. Dennoch reichte diese ohnehin verbilligte Eintrittskarte für einen Stehplatz angesichts methodischer Vagheit und Unschärferelationen und angesichts sozialwissenschaftlicher Abstinenz oftmals nicht, um am ‚Spiel der Professionen' teilzunehmen." (Dewe u.a. 1986, S. 191)
2 Vgl. als Ausgangspunkt Otto/Utermann (1973).

oder eine ÄrztIn, insofern sie ihre aus der beruflichen Tätigkeit resultierenden Anforderungen in besonderer Weise gerecht werden.

Aus (berufs-)soziologischer Sicht ist diese „Definition" allerdings nicht hinreichend. Vielmehr ist zwischen Arbeit, Beruf und Profession zu unterscheiden.[3] Arbeit bezieht sich demnach allgemein auf die tätige Auseinandersetzung des Menschen mit der belebten und unbelebten Natur. Als *Arbeit* kann ein Haarschnitt oder eine Beratung genauso verstanden werden wie die Pflege des heimischen Gartens oder die Kindererziehung. Der *Beruf* hingegen bezieht sich auf jene Tätigkeiten, die bezahlt, in gesellschaftlich organisierten Kontexten erbracht und auf dem Arbeitsmarkt gehandelt werden.[4] Während also Beruf jene Teilmenge der gesamten Arbeit darstellt, die in Form standardisierter Tätigkeitsmuster marktfähig und marktgängig geworden sind, bezieht sich *Profession* wiederum auf eine spezielle Ausprägung beruflicher Tätigkeit, die mit einem besonders hohen Ansehen verbunden ist. In diesem Sinne definiert Regine Gildemeister:

„Professionen gelten als ‚gehobene Berufe' mit den entsprechenden Ausprägungen in Einkommen, Status, Prestige und Einfluss. Basis dafür ist die Herausbildung spezifischer Qualifikationsanforderungen an die Berufsausübung auf der Grundlage systematisierten (wissenschaftlichen) Wissens. Um diese Qualifikation sicherzustellen, üben Professionen eine Kontrolle über den Berufszugang durch die Einrichtung von speziellen (akademischen) Ausbildungsgängen und durch die Herausbildung berufsständischer Normen (Berufsethik) aus. Die Berufsausübung selbst ist durch ein hohes Maß an Freiheit von Fremdkontrolle gekennzeichnet. An deren Stelle tritt die Selbstkontrolle der Professionsangehörigen: Berufsverbände übernehmen die Aufgabe, die Berufsausübung nach fachlichen und ethischen Standards zu überwachen. Im Idealfall geschieht die praktische Berufsausübung also in weitestgehender Autonomie gegenüber Klienten und Institutionen – Modell ist hier die selbständige, freiberufliche Tätigkeit. Grundlage dafür ist ein gesellschaftliches Mandat, das den Professionellen ein Monopol beim Angebot der von ihnen erbrachten Leistungen sichert" (Gildemeister 1996, S. 443).

Nach diesem Verständnis ist Professionalisierung mehr als qualitativ hochwertiges berufliches Handeln. Es ist vielmehr gebunden an spezielle Rahmenbedingungen und Kriterien, auf die noch einzugehen sein wird. Folgt man dieser Auffassung, so kann weder der Automechaniker noch der Schreiner – so gut er „sein Handwerk" auch verstehen mag – als Professioneller angesehen werden, da diese Tätigkeitssegmente den oben angesprochenen Kriterien nicht entsprechen.

---

3 Vgl. zum Folgenden Bohle/Grunow (1981); Utermann (1973); Beck/Brater/Daheim (1980).

4 In diesem Sinne definieren Beck/Brater/Daheim Beruf als „komplexe, institutionalisierte Bündelungen der marktrelevanten Arbeitsfähigkeiten von Personen" (Beck/Brater/Daheim 1980, S. 19).

Wie ein Prozess aussehen kann, im Rahmen dessen sich ein Beruf zu einer Profession, einem „gehobenen Beruf" weiterentwickelt, beschreibt Kurt Utermann: „Am Beginn steht die objektive Notwendigkeit gesteigerter Anforderungen an das systematisierte Wissen der Positionsinhaber zur Problemlösung auf dem ihnen anvertrauten Bereich. Es folgt daraus eine Neuordnung und die Höherqualifizierung des Ausbildungswesens für diesen Beruf. Damit verbindet sich oft eine Selbstklärung innerhalb der Berufsgruppe, die ihre Funktionen einer Analyse unterwirft und dabei gegebenenfalls Tätigkeiten, die sie für sich nicht mehr als sachgerecht sieht, an Angehörige eines anderen Berufes abzugeben bestrebt ist. Die Berufsgruppe organisiert sich fester in einer stärkeren Berufsorganisation. Diese bemüht sich um einen Berufskodex und entsprechende staatliche Regelungen. Eine dauerhafte, institutionalisierte Verbindung zwischen wissenschaftlicher Forschung und Praxis wird notwendig. Je mehr die Planung im Bildungs- und Berufswesen zunimmt, desto stärker wird die Steuerung der Professionalisierung von dieser Planung abhängig." (Utermann 1973, S. 20 f.) Die klassischen Vorbilder dieses Professionalisierungsmodells sind z.B. die freien Berufe des Arztes und des Rechtsanwaltes.

An diesen Beispielen wird auch deutlich, wo die Attraktivität für eine Berufsgruppe liegt, sich von einem „einfachen Beruf" zu einer „gehobenen Profession" zu entwickeln, nämlich in einem Zugewinn an Status, Ansehen, Autonomie und Bezahlung, zweifelsohne nicht zu unterschätzende Faktoren. Die Professionalisierungsdebatte in der Sozialen Arbeit ist mithin auch immer unter der Perspektive zu betrachten, dass Professionalisierung als „kollektives Aufstiegsprojekt" (Olk 1986, S. 27) zu verstehen ist, nämlich als Versuch, die eigene Berufsgruppe auf der Leiter gesellschaftlichen Ansehens und gesellschaftlicher Anerkennung einige Sprossen nach oben klettern zu lassen.

Dies gilt besonders für den Beginn der Debatte in den 70er Jahren, in denen die Soziale Arbeit bei weitem noch nicht die heutige Verbreitung und Etablierung in Praxis, Ausbildung und Wissenschaft erreicht hatte (vgl. Rauschenbach 1992). So formulieren schon Hans-Uwe Otto und Klaus Utermann: „Professionalisierung ist auch Statuspolitik. Natürlich geht es einer Berufsgruppe in ihrem Kampf um Professionalisierung auch um das Ziel, über Statuserhöhung und Prestigezuwachs eine entsprechende soziale und ökonomische Niveauerhöhung zu erreichen" (Otto/Utermann 1973, S. 11). Primär allerdings geht es der Diskussion um die Professionalisierung der Sozialen Arbeit um einen Zugewinn an beruflicher Autonomie, vermittelt über eine wissenschaftliche Fundierung des beruflichen Wissens und Könnens von Fachkräften. Entsprechend heben Otto/Utermann hervor: „Mit zunehmender Professionalisierung bildet sich eine Autonomie in der beruflichen Entscheidung heraus; das bedeutet, dass der Praktiker auf der Grundlage des anerkannten Sachverstandes einen größeren Freiheitsraum erlangen sollte, seine Entscheidungen ohne externen Druck durch Anstellungsträger, Klienten und andere zu treffen und durchzusetzen. Die Basis der Berufsrolle verschiebt sich dabei idealtypisch von dem zugeschriebenen, mit der bürokratischen Organisationen verbundenen Status hin zu einer eigenständigen Sachverständigkeit." (Ebd., S. 10)

Der Ausgangspunkt der Diskussion um Sozialarbeit als Profession zu Beginn der 70er Jahre ist die Auseinandersetzung mit der so genannten „indikatorisch-merkmalstheoretischen" Position der Professionalisierungstheorie (vgl. Dewe u.a. 1986; Dewe/Otto 1987). Hinter diesem Begriff verbirgt sich zunächst nichts anders, als dass man am Beispiel der klassischen Professionen (z.B. Arzt und Rechtsanwalt) bestimmte Merkmale ermittelte, die dann als konstitutiv für Professionen überhaupt angenommen wurden. Die Soziale Arbeit musste sich folglich an diesen Kriterien messen lassen, um herauszufinden, ob und wieweit überhaupt von einer Professionalisierung sozialer Berufsarbeit gesprochen werden kann.

Betrachtet man nun die verschiedenen Ansätze, die sich dieser Vorgehensweise verpflichtet fühlen, so stellt man zunächst fest, dass es keine Einheitlichkeit der zugrunde liegenden Kriterien gibt.[5] Als „gemeinsamer Fundus" können jene Aspekte angesehen werden, die auch schon in der zitierten Definition von Gildemeister angeklungen sind. Demnach gehören konstitutiv zu einer Profession:

- wissenschaftlich fundierte Sonderwissensbestände und Terminologien;
- langandauernde, theoretisch fundierte Ausbildungsgänge (vor allem) auf akademischem Niveau;
- ein Kanon an kodifizierten Verhaltensregeln (code of ethics) und Methoden;
- eine autonome Fach- oder Sachautorität;
- ein exklusives Handlungskompetenzmonopol;
- eine in Berufsverbänden organisierte Interessenvertretung und Selbstkontrolle;
- einen Tätigkeitsbereich, der im Sinne eines Dienstes an der Allgemeinheit interpretiert werden kann.

Versucht man die Antworten auf die Frage nach dem Stand der Professionalisierung der Sozialen Arbeit zusammenzufassen, so fällt eine erhebliche Bandbreite auf: Sie reicht – wie Olk resümiert (1986, S. 16) – von dem Befund der unvollständigen über die nicht abgeschlossene bis zur misslungenen Professionalisierung, von der Kennzeichnung als Semiprofession bis hin zur These von der „Überprofessionalisierung".[6] B. Müller (1991) unterscheidet zwei Antwortkategorien: die einen kommen zu dem Ergebnis einer misslun-

---

5 Vgl. etwa Utermann (1973); Lingesleben (1973); Dewe u.a. (1986); Bohle/Grunow (1981).
6 Die letztere Annahme findet sich allerdings zumeist nur im kritischen Bezug auf die Professionalisierungsdebatte (vgl. Marzahn 1979).

genen Professionalisierung, die anderen zum Befund einer misslungenen Professionalisierungsdiskussion.

(1) Die misslungene Professionalisierung: Die meisten Beiträge zur frühen Professionalisierungsdebatte kommen zu dem Ergebnis, dass die Soziale Arbeit gemessen an den beschriebenen Kriterien (noch) keine Profession sei: Das Fehlen einer einheitlichen wissenschaftlichen Grundlage, fehlende fachliche Autonomie aufgrund der Einbindung in bürokratische Entscheidungs- und Handlungskontexte, fehlendes Handlungsmonopol in den Arbeits- und Einsatzfeldern der Sozialen Arbeit, keine professionelle Kontrollinstanz, all diese „Befunde" führen zu einer eher negativen Einschätzung des Entwicklungsprozesses vom Beruf zur Profession. Trotz weitgehender Gemeinsamkeiten in der Diagnose lassen sich allerdings drei Varianten idealtypisch unterscheiden:

- *Sozialarbeit auf dem Weg zur Profession:* Ein Teil der Beiträge kommt zu dem Ergebnis, dass die Soziale Arbeit die Kriterien zwar bislang nicht erfüllt, gleichwohl befände sie sich auf dem Weg zur Professionalisierung, müsste mithin noch Schwachstellen hinsichtlich Wissenschaftlichkeit, Ausbildungssystem usw. eliminieren, um den Prozess zu vollenden. So konstatiert etwa Lingesleben, „dass es sich bei dem Sozialarbeiterberuf wahrscheinlich heute schon zumindest um einen halbprofessionalisierten Beruf handelt, dem allerdings bisher fast überwiegend doktrinäres Wissen zugrunde liegt" (Lingesleben 1973, S. 53). Obwohl sie demnach noch nicht voll professionalisiert sei und noch Entwicklungsschritte gehen muss, identifiziert der Autor „eine echte Tendenz zur Professionalisierung" (ebd., S. 65). Sozialarbeit befindet sich also irgendwo auf dem Weg von der Arbeit über die Verberuflichung zur Professionalisierung. Professionalisierung bleibt das anzustrebende und zu erreichende Entwicklungsziel der Sozialen Arbeit.

- *Sozialarbeit als Semiprofession:* Während die erste Position noch optimistisch an die Überwindung bestehender Defizite glaubt, betont eine zweite, dass Sozialarbeit aufgrund ihrer Konstitutionsbedingungen bestimmte Kriterien des klassischen Professionalisierungsmodells nicht erfüllen kann. Insbesondere die Integration von Sozialer Arbeit in bürokratische Handlungsvollzüge verhindere eine autonome Berufspraxis. Semiprofessionen können begriffen werden als „soziale Gebilde ..., die nur teilweise oder unvollkommen qua sozialer Mechanismen eine eigene Fachkompetenz gegenüber dem Laienpublikum wie auch gegenüber der Gesellschaft als ganzer für sich beanspruchen und/oder durchsetzen können" (Dewe u.a. 1986, S. 195). So mangelt es Semiprofessionen u.a. an festen Zugangsregeln der Berufszugehörigkeit, an klar umrissenen Geltungsbereichen der Berufsautonomie, an Standesgerichten, die über die Einhaltung von Standards und ethischen Prinzipien wachen, an einem Monopol über die Interpretation bestimmter gesellschaftlicher Werte, an einem Interpretationsmonopol gegenüber konkurrierenden Professionen sowie an einer eigenen Logik des Handelns. „Als Folge unvollendeter Professionalisierung resultieren hieraus schließlich eine ‚diffuse Allzuständigkeit' und ein geringes Maß an ‚autonomer-ganzheitlicher Kunstlehre'" (Dewe u.a. 1986, S. 196). Soziale Arbeit als Semiprofession wäre somit keine Übergangsphase, sondern ein den besonderen Konstitutionsbedingungen geschuldeter Status.

- *Professionalisierung als „Scheinproblem":* Die wohl radikalste Interpretation des Professionalisierungsdilemmas legt Helge Peters (1973b) vor. Nach seiner Auffassung ist die Forderung nach einer Professionalisierung der Sozialen Arbeit nur ein Scheingefecht, da die Soziale Arbeit im Grunde genommen gar kein Interesse an einer Verwissenschaftlichung und Autonomisierung haben kann. Die wissenschaftliche Fundierung der Sozialen Arbeit hätte nämlich weitreichende Konsequenzen: Sie „würde den Sozialarbeiter also häufig darauf hinweisen, dass seine Handlungsmöglichkeiten weit weniger effizient sind. Er würde erkennen, dass sein Aktionsradius zu klein ist, um die Probleme, deren Ursache er analysiert hat, so zu lösen, wie es möglich wäre" (Peters 1973b, S. 109). Mit anderen Worten: Die Probleme, die Sozialarbeit als Agentur der Gewährleistung gesellschaftlicher Normalitätsmuster zu bearbeiten hat, liegen nach Auffassung Peters ursächlich außerhalb der Reichweite individualisierender Hilfe. Sie bedürfen vielmehr gesellschaftlicher Veränderungen, mithin einer (sozial-)politischen Bearbeitung. Würde sich die Sozialarbeit verwissenschaftlichen, so käme sie an der Erkenntnis ihrer Nutzlosigkeit kaum vorbei. Die Forderung nach Professionalisierung, die zwingend Verwissenschaftlichung voraussetzt, gerät somit in die Nähe der Forderung nach der eigenen Abschaffung. Da dies nicht im Interesse der Sozialen Arbeit sein kann, gerät die Diskussion um Professionalisierung zu „viel Lärm um nichts", da sich Intention und Funktion unversöhnlich gegenüberstehen.

(2) Die misslungene Professionalisierungsdiskussion: Ein zweiter Strang der Professionalisierungsdebatte könnte dahingehend zusammengefasst werden, dass nicht die Professionalisierung als Projekt (bislang) misslungen ist, sondern vielmehr die Art und Weise der Diskussion unzureichend ist, um den Spezifika der Sozialen Arbeit als berufliches Handeln von Fachkräften gerecht zu werden. Und in der Tat lassen sich aus verschiedenen Perspektiven Kritikpunkte an der klassischen Professionalisierungsdebatte anführen:

- Das Indikatorenmodell weist einige analytische Schwachstellen auf. Nicht nur, dass wenig geklärt ist, welche Kriterien nun unabdingbar sind und welche nicht (einige Autoren nennen etwa freiberufliche Tätigkeit als unabdingbare Voraussetzung, andere nicht), so ist auch die relative Bedeutung einzelner Faktoren wenig geklärt: Ist etwa die Existenz von Standesorganisationen ebenso wichtig wie die Fundierung beruflichen Wissens und Könnens in wissenschaftlichen Erkenntnissen? Ist das Tätigkeitsmonopol in bestimmten Aufgabenfeldern ebenso unabdingbar wie die Existenz akademischer Ausbildungsgänge? Hinzu kommt weiterhin, dass die strukturellen Beziehungen zwischen einzelnen Faktoren nicht hinreichend geklärt sind: Ist z.b. fachliche Autonomie Voraussetzung oder Ergebnis von Professionalisierung? In welchem Verhältnis steht die autonome Disziplinentwicklung auf der wissenschaftlichen Ebene zur Etablierung von akademischen Ausbildungsgängen?[7] Hier schlagen sich mithin die Folgewirkungen eines Modells nieder, das weniger theoretisch begründet ist, als vielmehr deskriptiv Merkmale zu destillieren und anzuwenden versucht.

- Zentraler ist allerdings die Frage, ob die klassischen Professionen, die als Grundlage der Gewinnung von Indikatoren für das oben beschriebene Modell gedient haben, überhaupt zum Maßstab für Professionalisierungsprozesse generell herhalten können. Prozesse der Verberuflichung und Professionalisierung vollziehen sich in bestimmten historischen Kontexten. Warum, so die Frage, sollten Professionalisierungsprozesse im 20. Jahrhundert nach den gleichen Kriterien verlaufen und beurteilt werden, wie etwa solche in früheren Epochen? So stellt sich etwa die Frage, ob der Konflikt zwischen beruflicher Autonomie und bürokratischer Kontrollstruktur ebenso bedeutsam ist für solche Professionen, die sich erst im Zuge der Herausbildung des Sozialstaates etablieren konnten. Denn auch hier zeigt sich bei genauerer Betrachtung, dass auch Angehörige klassischer Professionen keineswegs frei von bürokratischer Einbindung und Kontrolle sind (z.B. bei Juristen in der öffentlichen Verwaltung, Krankenhausärzten usw.). Olk betont: „Das idealtypische Konstrukt der ‚old-established' profession ist daher umso weniger brauchbar ..., wie der Anteil von ‚Professionen' anwächst, der von vornherein im Kontext bürokratischer Arbeitsteilung entstanden ist. In diesen Fällen ist es sinnvoller, alternative Verläufe von Professionalisierungsvorgängen konzeptionell vorzusehen, um diese dann im Einzelnen empirisch rekonstruieren zu können. Das idealtypische Konstrukt der ‚klassischen' Professionen würde hier keinerlei Erkenntnisgewinn mehr ermöglichen, sondern allenfalls notorische Professionalisierungsdefizite bestätigen." (Olk 1986, S. 40)
- Während sich die ersten beiden Kritiklinien noch innerhalb des Professionalisierungsdiskurses bewegen, zweifelt eine dritte den Sinn von Professionalisierungsbemühungen generell an, da Professionalisierung nach ihrer Auffassung einher geht mit der Entmündigung der Klienten. Dies gilt ganz besonders für die Soziale Arbeit, da sie sich solcher Probleme annimmt, die in der alltäglichen Lebensbewältigung anfallen. So hebt

---

7 Vgl. zu dieser Kritik Dewe u.a. (1986, S. 187f.). Aufgrund dieser Kritik am Indikatoren-Modell wurden andere Ansätze diskutiert, z.B. machttheoretische und interaktionistische. Auf diese soll und kann an dieser Stelle nicht eingegangen werden. Vgl. dazu Dewe u.a. (1986); Dewe/Otto (1987); Dewe/Ferchhoff/Radtke (1992); Olk (1986). Vgl. überdies zur neueren Professionalisierungsdiskussion Schütze (1996); Merten/Olk (1996); Hörster/Müller (1996).

Christian Marzahn hervor: „Gegenüber dieser Selbsthilfe-Tradition, in der die Kompetenz der Problemdeutung und -lösung immer eine kollektive Kompetenz der Betroffenen war, kann die Professionalisierung der Sozialpädagogik als Prozess der Enteignung sozialer Problemlösungskompetenz verstanden werden. Diese geht von den Betroffenen auf die Sozialpädagogen – nebst anderen professionellen Problemlösern – über und wird hier monopolisiert. Dem entsprechen das besondere Wissen, die besondere Sprache, die besondere Methode und schließlich die besondere gesellschaftliche Macht, die den Professionellen ausmachen" (Marzahn 1979, S. 82). Die Konsequenz dieser Position ist letztlich der Verzicht auf weitere Professionalisierungsbemühungen und die Stärkung der Selbsthilfepotentiale und -möglichkeiten der Betroffenen.

Auch wenn diese letzte, radikale Kritiklinie in den 80er Jahren ihren Niederschlag in einer breiten Thematisierung von Selbsthilfe, Selbsthilfebewegung und ihrer Förderung fanden, so brach doch die Professionalisierungsdebatte nicht ab. Anders als in den 70er Jahren verfolgte sie aber nicht mehr die Strategie, sich an den klassischen Professionen zu messen, sondern vielmehr Professionalisierungsprozesse auf Konstitutionsbedingungen sozialpädagogischen Handelns zu beziehen, d.h. beispielsweise Allzuständigkeit und doppeltes Mandat (vgl. Kapitel 2) nicht mehr als Effekte mangelnder Professionalisierung oder gar als Hinderungsgründe von Professionalisierung wahrzunehmen, sondern vielmehr als konstitutive Rahmenbedingungen sozialarbeiterischer Intervention.[8] Die Professionsdebatte trat damit in eine „selbstbewusstere" Phase, die unter den Stichworten „stellvertretende Deutung" und „Alltags- und Lebensweltorientierung" nach Wegen einer „nicht expertokratischen" und damit nicht entmündigenden Handlungspraxis suchte, die an späterer Stelle noch angesprochen wird (vgl. Kapitel 10).

Hinsichtlich der ersten Phase der Professionalisierungsdiskussion lässt sich resümieren,

- dass sie primär von Statusinteressen getragen wurde und durch den Vergleich mit den klassischen Professionen gekennzeichnet war;
- dass sie geprägt war von dem Glauben, mittels wissenschaftlicher Erkenntnisse und Verwissenschaftlichung der Ausbildung ein vergleichbar hohes Maß an sozialtechnologischer Effizienz und Effektivität zu erreichen, wie die etablierten Professionen sie zu haben scheinen;
- dass die Frage nach den Methoden sozialer Arbeit, die nach Gildemeister in der ersten Phase noch die „Grundlage des spezifischen professionellen Wissenssystem abgeben" (Gildemeister 1983, S. 50), wenn überhaupt, so nur noch am Rande vorkommt.

---

8 So stellt etwa Fritz Schütze heraus: „Die Paradoxien des professionellen Handelns gehören zur Logik der professionialistisch orientierten Experten-Berufsarbeit wie die Interaktionspostulate zur Logik kommunikativer Interaktion." (Schütze 1992, S. 163)

(b) Handlungskompetenz: Nicht zuletzt aufgrund dieses Zuschnitts blieb die Professionalisierungsdebatte in erster Linie eine akademische, die die Handlungspraxis Sozialer Arbeit nur am Rand wahrnahm und erreichte. Mit anderen Worten: Ob Soziale Arbeit nun halbprofessionell, semiprofessionell oder überprofessionalisiert ist, interessiert den Praktiker zunächst recht wenig, stellen sich ihm doch ganz andere Probleme, nämlich die Bewältigung seiner Alltagspraxis in den Institutionen und mit seinen Klienten.[9]

Unter anderem als Antwort auf diese spezifischen Defizite der Professionalisierungsdebatte erlebte Anfang der 80er Jahre die Auseinandersetzung um die Handlungskompetenz in der Sozialen Arbeit eine kurze aber heftige Blüte. Den Unterschied zwischen beiden Diskursen stellt Glagow heraus: „Die Professionsdebatte ist eher in der Sozialdimension angesiedelt: sie interessiert sich primär für die machttheoretische Frage, unter welchen Umständen und mittels welcher Strategien eine Berufsgruppe es schafft, sich ein exklusives Kompetenzmonopol anzueignen, und welche Möglichkeiten und Grenzen einer gesellschaftlichen Kontrolle der Arbeitserledigung dieser Berufsgruppe es dann noch gibt. Demgegenüber ist die Handlungskompetenzdebatte eher in der Sachdimension angesiedelt: sie interessiert sich primär dafür, welche kognitiven, normativen und motivationalen Kompetenzen einer Berufsrolle zukommen müssen, damit das der jeweiligen Berufstätigkeit zugrunde liegende gesellschaftliche Problem adäquat bewältigt werden kann" (Glagow zit. nach Dewe u.a. 1986, S. 232 f.). Die Frage nach der Handlungskompetenz von Sozialarbeitern versucht mithin im Horizont der Anforderungen des Arbeitsfeldes ein Profil des Wissens und Könnens zu ermitteln, welches angemessenes berufliches Handeln ermöglicht. In diesem Sinne stellt die Handlungskompetenzdebatte zwar einen Perspektivenwechsel dar, der aber zugleich im Horizont der Professionalisierungsfrage verbleibt. Oder anders formuliert: „die Diskussion um die sozialpädagogische Handlungskompetenz [stellt sich, d.V.] als neue Version der Professionalisierungsstrategie dar" (Dewe/Ferchhoff/Peters 1984, S. 298), die ihren Blick aber nun von dem Vergleich mit klassischen Professionen zu den eigenen Handlungsbedingungen und Handlungsmöglichkeiten lenkt.

Diese Intention drückt sich z.B. aus in den Vorschlägen der Studienreformkommission Nordrhein-Westfalen, die für die Studienreform im außerschulischen Erziehungs- und Sozialwesen den Begriff der professionellen Handlungskompetenz zum Schlüsselbegriff wählte (vgl. Keil u.a. 1981). „Mit dem in diesem Zusammenhang neuen Begriff soll eine der wesentlichen Intentionen für die erforderliche Neuordnung des Studienganges akzentuiert werden: Die Aufmerksamkeit soll auf Funktionen und Bereiche von Studium gelenkt werden, die bisher nicht genügend berücksichtigt werden, aber unbestritten als zentral gelten, und zwar soll Studium nicht nur Bemü-

---

9 Die Professionalisierungsdebatte war zweifelsohne notwendig und ertragreich. Gleichwohl ist mit B. Müller zu betonen: „Die Professionalisierung der Sozialpädagogik schritt ... munter fort. Aber nur die ihrer Theorie." (B. Müller 1982, S. 136)

hen um Wissen sein, sondern auch Erwerb von Handlungsfähigkeit."
(Nieke 1981, S. 17) Professionelle Handlungskompetenz lässt sich nach
diesem Konzept in drei Dimensionen beschreiben:

- Wahrnehmungskompetenz, d.h. die Entwicklung einer wissensbasierten
  Sensibilität für Handlungssituationen;
- Interaktions- und Kommunikationskompetenz, d.h. die „Verfügung über
  Rollenhandeln (einschließlich des Hineindenkens und -fühlens in die
  Rollen der anderen in einer Situation Handelnden: Rollenübernahme,
  Empathie) sowie die Verfügung über die jeweils angemessenen Situa-
  tionsdefinitionen" (ebd., S. 21) einerseits sowie Sprach- und Verstehens-
  fähigkeit andererseits;
- Reflexionskompetenz, d.h. „die Fähigkeit zu komplexem und kritischem
  Denken und die Fähigkeit zur Selbstreflexion" (ebd., S. 23).

Wenngleich sicherlich nicht falsch, bleibt diese begriffliche Ausdifferenzierung doch eher konturenlos, ist sie in ihrer Konkretisierung doch wenig
fachspezifisch und verbleibt letztlich auf der Ebene allgemeiner menschlicher Fähigkeiten – denn welcher Mensch sollte nicht sensibel für Situationen, sprachfähig, rollenkompetent und fähig zur Selbstreflexion sein.[10]

Weiter gehen hier die in den beiden Bänden zur „Handlungskompetenz in
der Sozialarbeit/Sozialpädagogik" (vgl. S. Müller u.a. 1982, 1984) dokumentierten Ergebnisse einer Arbeitstagung der Kommission Sozialpädagogik der Deutschen Gesellschaft für Erziehungswissenschaft. Auch diesen
Bänden geht es um einen Perspektivenwechsel hin zu Fragen notwendiger
Bestände an Wissen und Können für die Praxis Sozialer Arbeit, um die
Schnittfläche von sozialen Problemen, (institutionalisierter) Hilfsangebote
und praktischen Hilfeprozessen. Leitfragen sind dabei: „Welche Kompetenzen sind vom sozialpädagogischen Feld her gefordert? (…) Welche Anforderungen an die Persönlichkeit werden von einem Sozialarbeiter erwartet?"
(S. Müller u.a. 1982, S. I)

Die Beiträge sind in mehrerer Hinsicht interessant: Zum einen dokumentieren
sie die Notwendigkeit einer theoretischen Vermessung der Rahmenbedingungen sozialpädagogischen Handelns als Fundament der Entwicklung methodischer Problembearbeitung (vgl. z.B. den Beitrag von Rauschenbach/Treptow
1984). Zum anderen belegen sie allerdings auch, dass mit der gemeinsamen
Chiffre „Handlungskompetenz" durchaus unterschiedliche Begriffsinhalte
verbunden werden und damit auch unterschiedliche Strategien der Ermittlung
notwendiger Bestandteile. Als Beispiel seien hier nur die Beiträge von
Winkler (1984) sowie Lau/Wolff (1982) angeführt. Winkler bestimmt unter

---

10 Nach Dewe u.a. stellen sich diese Dimensionen der Handlungskompetenz „im Grunde genommen dar als Kompetenzen, über die im Regelfall, falls man sie ihm/ihr
nicht abgesprochen hat, jedermann/-frau verfügt, weil er/sie diese im Prozess primärer und sekundärer Sozialisation quasi naturwüchsig erwirbt. Was das Professionelle
ausmacht, bleibt zumindest unklar" (Dewe u.a. 1984, S. 318).

Rückgriff auf die Sprachtheorie Noam Chomskys Kompetenz als theoretisches Konstrukt und theoretische Kategorie. „Kompetenz stellt sich in ihrem Inhalt als eine strikte Theorie dar, die von den Besonderheiten der Praxis abstrahierend konstruiert wird." (Winkler 1984, S. 220) Handlungskompetenz in der Sozialen Arbeit kann demnach nicht in Form von Handlungswissen konkretisiert werden, sondern ist vielmehr immer Reflexionswissen, das der Entschlüsselung von Situationen, institutionellen Kontexten, sozialen Problemen usw. dienlich ist, nicht aber unmittelbar in Handlungsregeln übersetzt werden kann. Lau/Wolff hingegen wenden sich explizit gegen „die Anmaßung, die Qualität sozialer Arbeit und die Kompetenzen der Sozialarbeiter ‚von oben' (administrativ/juristisch) oder ‚von außen' (psychologisch/soziologisch/sozialpädagogisch) zu bestimmen" (Lau/Wolff 1982, S. 261). Sie schlagen vielmehr vor, Modelle der Handlungskompetenz aus gelungener sozialpädagogischer Praxis quasi mittels empirischer Forschung abzulesen.[11] Hier Handlungskompetenz als theoretisch fundiertes Reflexionswissen, dort Handlungskompetenz als Destillat von Alltagspraxis!

Die kurze Blüte des Perspektivenwechsels von der Professionalisierungsfrage zur Handlungskompetenzdebatte trug – will man ein kurzes Fazit ziehen – sicherlich dazu bei, den Blick von der Selbstthematisierung wieder auf den Prozess der Hilfe, d.h. auf die Schnittfläche von beruflich tätigen Fachkräften einerseits und Klienten andererseits zu lenken. Der praktische Ertrag dieser Diskussion war aber weniger eine Initialzündung für die Entwicklung neuer Methodenkonzepte. Sowohl Professionalisierungs- wie auch Handlungskompetenzdebatte trugen allerdings dazu bei, dass die Methodendiskussion ihrer Naivität und Normativität beraubt wurden. Hinter die Erkenntnis, dass es zunächst einer wissenschaftlichen Durchleuchtung der Handlungsbedingungen Sozialer Arbeit, ihrer Funktionslogik, ihres institutionellen Rahmens usw. bedarf, um darauf aufbauend jenseits idealistischer „Wunschkonstruktionen" planvolle Handlungsmuster zu entwickeln, kann man nun nicht mehr zurückfallen. Erst die Entschlüsselung der „Grammatik institutionalisierten pädagogischen Handelns" (Dewe/Ferch-

---

11 Lau/Wolff betonen: „In Absetzung von sozialpädagogischen Kompetenztheorien betrachten wir Sozialarbeiter grundsätzlich als kompetent, und zwar in dem Sinne, dass sie die praktischen Probleme ihrer Arbeitssituation mit den ihnen zur Verfügung stehenden Methoden ..., in einer Weise bewältigen, die Kollegen, Vorgesetzten und Klienten als ‚normal' und ‚selbstverständlich' erscheint, die keine Krisen auslöst und Skandale befürchten lässt, bei der ihnen niemand dreinredet, die folglich von keinem Beteiligten als der gegebenen Situation völlig unangemessen erlebt werden kann" (Lau/Wolff 1982, S. 296f.). Eine solche, auf den ersten Blick durchaus einleuchtend erscheinende Position birgt einige Probleme in sich. Ganz abgesehen davon, dass das Fehlen von Skandalen und Krisen noch nicht als positiver Erfolgsindikator gewertet werden kann, steht eine solche Strategie in der Gefahr, die geläufige Praxis festzuschreiben. In Normalitätskonstruktionen sozialer Einrichtungen geht immer auch die z.T. verdeckte Grammatik der Institutionen, ihre „geronnene" Normativität ein. Erst der theoretisch aufgeklärte Blick erlaubt es jenseits der Routinen des Alltags die Frage nach Sinn und Unsinn, und damit nach möglichen Veränderungen reflexiv anzugehen.

hoff/Radtke 1992, S. 12) ermöglicht es, im Bewusstsein der Besonderheiten sozialpädagogischen Handelns realistisch über Methodenentwicklung und Methodenverwendung neu nachzudenken – und zwar jenseits des „Pippi-Langstrumpf-Prinzips" (Wir machen uns die Welt, so wie sie uns gefällt!) und jenseits einer Methodendebatte als Theorieersatz. Denn auch das ist ein Ertrag der Professionalisierungsdebatte: Sie löst das Theorie-Praxis-Problem zwar nicht auf, macht allerdings anschaulich, dass die theoretische Klärung Voraussetzung einer professionellen Praxis ist.

Allerdings ist damit ein Forschungsprogramm beschrieben, das trotz erheblicher Fortschritte in weiten Teilen noch der Bearbeitung bedarf. Die Handlungskompetenzdebatte lieferte hier zwar durchaus erste produktive Ansätze einer theoretischen Vermessung sozialpädagogischer Handlungsbedingungen, in weiten Teilen blieben die Handlungskompetenzmodelle allerdings normative Setzungen (vgl. Olk 1986, S. 184).

Die Frage, ob Soziale Arbeit nun eine Profession ist oder nicht, ist bis zum heutigen Tag Gegenstand der Auseinandersetzung. Oder, wie es Dewe/Ferchhoff/Radtke in Bezug auf die erzieherischen Berufe insgesamt resümieren: „Die Verberuflichung des Erziehens ist historisch weitgehend abgeschlossen. (...) Unerledigt ist die Frage der Professionalisierung des Erziehens. Die Formulierung und die Institutionalisierung pädagogischer Berufsbilder und ihre Legitimation durch entsprechende Zertifikate stellen keine Garantie für Professionalität dar" (Dewe/Ferchhoff/Radtke 1992, S. 7).

 Tipps zum Weiterlesen:

Müller, S. u.a. (Hrsg.): Handlungskompetenz in der Sozialarbeit/Sozialpädagogik, Bd. I und II, Bielefeld 1982, 1984.

Dewe, B. u.a.: Professionalisierung – Kritik – Deutung. Soziale Dienste zwischen Verwissenschaftlichung und Wohlfahrtsstaatskrise, Frankfurt/M. 1986.

Olk, Th.: Abschied vom Experten. Sozialarbeit auf dem Weg zu einer alternativen Professionalität, Weinheim/München 1986.

Otto, H.-U./Utermann, K. (Hrsg.): Sozialarbeit als Beruf. Auf dem Weg zur Professionalisierung? München 21973.

9. Soziale Arbeit oder Therapie?

Der Psychoboom als Antwort auf die Methodenkritik

Das zweite „schwarze Loch", welches die Methodenkritik hinterließ, war der Verlust der Gewissheit, über akzeptierte, zielsichere und problemadäquate Handlungsinstrumente – professionsspezifische Methoden und Techniken – zu verfügen. Auch wenn die Ausbildungsinstitutionen den klassischen Methodenkanon auch mangels entsprechender Alternativen noch einige Zeit zu konservieren versuchten, so war doch das methodische Selbstbewusstsein der noch jungen „Profession" Sozialarbeit nachhaltig verunsichert.

Diese Lücke wurde nun seit den 70er Jahren mehr und mehr durch die Adaption therapeutischer Methoden und Verfahren zu schließen versucht. Diese Strategie war keineswegs überraschend und revolutionär, lehnten sich doch schon eine Vielzahl der klassischen Methodenentwürfe der sozialen Einzelfallhilfe und der sozialen Gruppenarbeit an psychotherapeutische Konzepte an. Mit gewissen konjunkturellen Schwankungen hat die Attraktivität therapeutischer Methoden in der Sozialen Arbeit bis zum heutigen Tag bestand. Betrachtet man etwa die Landschaft der Fort- und Weiterbildung, so dominieren im Segment der methodisch akzentuierten Themen in weiten Teilen Einführungen in therapeutische Ansätze wie etwa die systemische Familientherapie, die klientenzentrierte Gesprächspsychotherapie, die Gestalttherapie, Psychodrama, Neurolinguistisches Programmieren, Themenzentrierte Interaktion, Encounter- und Balintgruppen, Bioenergetik, Spieltherapie, Hypnotherapie, Urschrei und Rebirthing, Logotherapie, Verhaltenstherapie, Transaktionsanalyse, Tanz-, Musik- und Maltherapie, Beschäftigungstherapie, therapeutisches Reiten usw.[1]

Die Untersuchung von Klüsche (1990) zu Selbstdeutungen von SozialarbeiterInnen belegt ebenfalls – wenn auch durchaus widersprüchlich – die anhaltende Attraktivität therapeutischer Angebote. Demnach nehmen Gesprächstherapie, Familientherapie und Gestalttherapie die Spitzenplätze in der Rangliste der erworbenen Zusatzqualifikationen ein. Auf die Frage nach Arbeitstechniken und Arbeitsweise rekurrieren zwar nur 1 % der Befragten auf therapeutische Interventionen. Fragt man allerdings direkt nach der Orientierung an therapeutischen Methoden, so geben über 50 % der Befragten an, sich therapeutischer Ansätze zu bedienen. Annähernd 29 % der

---

[1] „Der Markt psychotherapeutischer Angebote ist in seiner Entwicklung seit den 70er Jahren nur unzureichend mit dem Wort „dynamisch" zu beschreiben. Laut Spiegel (39/1994, S. 76) haben sich seit Anfang dieses Jahrhunderts rund 700 Analyse- und Therapieformen entwickelt. Schon Ende der 70er Jahre sprachen Nagel/Seifert (1979) von einer „Inflation der Therapieformen"; vgl. zum Überblick Kivits (1993).

Befragten halten die Chance für groß, dass man durch den Erwerb therapeutischer Zusatzqualifikationen den beruflichen Status verbessern kann. Dieser letzte Befund wirft ein erstes Schlaglicht auf die Frage, was die Attraktivität der therapeutischen Verfahren ausmacht. Ohne Anspruch auf Vollständigkeit lassen sich hier drei Motive anführen:

- Nach Thiersch ist der *Statusunterschied* zwischen therapeutisch dominierten Arbeitsfeldern einerseits und sozialpädagogisch akzentuierten Arbeitsfeldern andererseits signifikant. Er macht sich nicht nur in der unterschiedlichen Bezahlung bemerkbar, sondern auch im Ansehen der Arbeitsfelder: Hier die Familienfürsorge mit dem Image der Nothilfe und Schmuddeligkeit, dort die Erziehungsberatungsstelle, ein von Psychologen dominiertes Arbeitsfeld, besser ausgestattet und mit deutlich höherem Image. Kurz gesagt: „Therapeutischen Ansätzen gegenüber sieht Sozialarbeit sich zugleich als zurückgeblieben, unterprivilegiert und herausgefordert." (Thiersch 1978, S. 8) Liegt es damit nicht nahe, durch die Therapeutisierung der Sozialarbeit dem individuellen und kollektiven Aufstiegsprojekt neue Schubkraft zu verleihen?[2] In jedem Falle verbindet sich mit der Therapeutisierung der Methoden Sozialer Arbeit die Hoffnung auf höheren Status, bessere Bezahlung und steigendes Ansehen in der Öffentlichkeit.

- Im Gegensatz zu vielen sozialpädagogischen Methodenansätzen bieten therapeutische Konzepte zumeist ein vergleichsweise „geschlossenes Weltbild": Vom Menschenbild über abgeleitete Wertsetzungen, Persönlichkeitsprofile der Helfer, Phasierung des Hilfeprozesses, vergleichsweise konkrete Verhaltensregeln in einzelnen Phasen und Abschnitten des Hilfeprozesses usw. Alles, „was nötig ist", kommt aus einer Hand. Mehr noch: Die bis in konkrete Handlungsanweisungen präzisierten therapeutischen Konzepte scheinen auf den ersten Blick praktikabler, weil sie dem Helfer mehr praktisches Rüstzeug mit auf dem Weg geben, wo sozialpädagogische Methoden oft vage bleiben (müssen).[3] Überdies scheint die Präzision auch die Überprüfbarkeit und Kontrolle von Therapieerfolgen zu optimieren.[4]

---

2 In der Tat ist in einigen Arbeitsfeldern mit besonders attraktivem Image, wie z.B. den Erziehungsberatungsstellen, eine therapeutische Zusatzausbildung fast durchweg Einstellungsvoraussetzung. Ob dies sachlogisch notwendig und fachlich vertretbar ist, lässt sich durchaus bezweifeln.
3 Nach Rauschenbach (1984, S. 24) liegt die „Faszination und Verführung", die von Therapien auf Sozialpädagogen ausgeht, nicht zuletzt in der Suggestion, durch sie die Komplexität und Unkalkulierbarkeit von Handlungssituationen durch Handlungstechniken zu reduzieren.
4 Neuere Befunde der Therapieforschung weisen darauf hin, dass auch und gerade therapeutische Interventionen nicht frei von Nebenwirkungen sind (vgl. Giese/Kleiber 1989). Überdies ist es auch mit der Zielgenauigkeit und Effektivität von Therapien nicht durchweg zum besten bestellt (vgl. Grawe u.a. 1995). Gerade hier sind allerdings deutliche Unterschiede zwischen einzelnen Therapieschulen zu beobachten.

- Ein drittes Argument für die Attraktivität von therapeutischen Verfahren führt Olk an. Demnach sind es nicht zuletzt die spezifischen Belastungen des sozialpädagogischen Feldes, seine Widersprüchlichkeiten und Paradoxien, die dazu beitragen, bei therapeutischen Verfahren um Hilfe nachzusuchen, nur vermittelt allerdings für den Klienten, sondern mehr noch für sich selbst. So betont Olk, „dass diese therapeutischen Verfahren nun nicht mehr primär zu dem Zweck angeeignet werden, um sie in der Interaktion mit der Klientel instrumentell einzusetzen, sondern vielmehr, um mit ihrer Hilfe das *eigene Leiden* an der widersprüchlichen Berufssituation zu bearbeiten. Neben der Aufklärung der eigenen Biographie, der Aufdeckung individueller Gründe für aktuelle Deformationen (Selbstreflexion) tritt dabei die Betroffenheit, also das Mitleiden bzw. Mitempfinden und Mitleben mit denjenigen Personen, die als Klienten mit dem Sozialarbeiter in Kontakt kommen" (Olk 1986, S. 208).

Fragt man in einem ersten Zugriff nach Gemeinsamkeiten von Therapie und Sozialer Arbeit, so sind in der Tat Nähe und Gemeinsamkeiten – zumindest auf einer allgemeinen Ebene – beobachtbar. So haben beide zum Ziel, dass durch ihre Intervention die Klienten mit sich, ihren Problemen, ihrem Leben und ihren Alltag besser zurechtkommen. Es geht, kurz gesagt, beiden um Hilfe zur (besseren) Lebensbewältigung. Darüber hinaus finden sich eine Vielzahl an Handlungskontexten, in denen TherapeutInnen oder PsychologInnen einerseits und SozialarbeiterInnen und SozialpädagogInnen andererseits gemeinsam an einem Problem arbeiten: Die TherapeutIn in der Heimerziehung muss ebenso mit Sozialpädagogen zusammenarbeiten wie die SozialarbeiterIn in der Kinder- und Jugendpsychiatrie mit Vertretern unterschiedlichster therapeutischer Schulen.

Doch rechtfertigen diese doch eher an der Oberfläche zu lokalisierenden Gemeinsamkeiten schon eine Negation evtl. vorhandener Unterschiede? Für einige Facetten der Fachdiskussion scheint das Problem einer Differenzierung von sozialpädagogischen und therapeutischen Handlungsstrukturen nicht zu existieren. Mal mehr und mal weniger werden beide Begriffe gleichgesetzt, zumindest nicht bewusst differenzierend verwendet.[5] In der Fachliteratur findet sich auch eine explizite Diskussion über die Frage des Verhältnisses von (Sozial)Pädagogik und Therapie, allerdings mit höchst

---

5 Für Belardi (1980) erklärt sich die Differenz von Therapie und Sozialpädagogik vor allem auf dem Hintergrund unterschiedlich qualifizierter Ausbildungsgänge: „Eine systembedingte Begrenzung der Wirksamkeit ergibt sich aus der Tatsache, dass der Sozialarbeiter eine weniger qualifizierte Ausbildung als Therapeuten anderer Berufsgruppen erhält und in der Berufshierarchie unter ihnen steht." (Belardi 1980, S. 74) Interpretiert man diese Aussage, so kommt man zugespitzt zu der Feststellung, dass Belardi Sozialpädagogen als schlechter ausgebildete Therapeuten begreift, mithin der Unterschied zwischen Therapie und Sozialpädagogik lediglich ein gradueller wäre. In einer neueren Veröffentlichung (vgl. Belardi 1996a) differenziert der Verfasser allerdings strukturell zwischen Therapie und Sozialpädagogik.

unterschiedlichen Ergebnissen.[6] Während einige zu dem Befund gelangen, dass eine systematische Unterscheidung zwischen Therapie und Sozialpädagogik nicht sinnvoll ist (vgl. Seibert 1978a, 1978b) bzw. die Soziale Arbeit sich von therapeutischen Ansätzen befruchten lassen sollte (vgl. Schön 1989), insistiert die überwiegende Zahl der Autoren auf eine Differenzierung, da beide Handlungsansätze durch strukturelle Unterschiede gekennzeichnet sind. So vertritt etwa Thiersch die These: „Sozialarbeit kann als Handeln im Alltag nicht ersetzt oder überformt werden durch Therapien, die, indem sie ihre Probleme spezifisch strukturieren und ihre Verfahren dementsprechend organisieren, immer auch jenseits des Alltags agieren. Sozialarbeit und Therapie sind unterschiedliche Handlungsformen, die zur Kooperation aufeinander verwiesen sind, z.b. innerhalb eines sozialtherapeutischen Konzeptes." (Thiersch 1978, S. 6)

Nach Thiersch sind Sozialpädagogik und Therapie somit zwei unterschiedliche Handlungsformen, die ohne Verlust nicht substituierbar sind. Und in der Tat macht es Sinn, zunächst von einer Differenz zwischen beiden Handlungsformen auszugehen, da nur so überhaupt ein Blick für mögliche Unterschiede entwickelt werden kann. Wenn im Folgenden strukturelle Unterschiede zwischen therapeutischen und sozialpädagogischen Handlungssituationen veranschaulicht werden, so ist dies nicht als Therapiekritik misszuverstehen. Die Schärfe der Konturierung dient auch und vor allem dem didaktischen Zweck der Veranschaulichung. Für Therapien gilt letztlich der gleiche Allgemeinplatz, wie für (sozial-)pädagogische Handlungsmodelle: Es gibt Gute und Schlechte, Passende und Unpassende. Wenn im Folgenden also die einschlägige Fachdiskussion skizziert wird, so geht es um die Dimension der Andersartigkeit, nicht um ein „Besser oder Schlechter".

Resümiert man den Stand der Diskussion zum Verhältnis von Sozialer Arbeit und Therapie, so deuten die Argumente eher auf Differenz, denn auf Gleichheit hin. Strukturelle Unterschiede lassen sich idealtypisch insbesondere auf folgenden Ebenen lokalisieren:[7]

---

6 Eine Schwierigkeit dieser Diskussion ist, dass häufig mit unterschiedlichen Begriffspaaren hantiert wird, die allerdings leider nicht immer trennscharf genutzt werden. So finden sich etwa Vergleiche hinsichtlich des Verhältnisses von Sozialpädagogik und Therapie (vgl. Neue Praxis 1978; Olk 1986), von Beratung, Bildung und Therapie (vgl. Dewe/Scherr 1991) von Beratung und Therapie (vgl. Seibert 1978a; Grözinger 1991; Hörmann 1985) oder von Therapie und Erziehung (vgl. Schön 1989). Schwierigkeiten bereitet diese Differenzierung insbesondere deshalb, weil einige Autoren z.B. keinen systematischen Unterschied zwischen Beratung und Sozialpädagogik machen (vgl. z.B. Dewe/Scherr 1991; Seibert 1978a). Auch wenn es durchaus sinnvoll wäre, zwischen Beratung, Erziehung, Pädagogik und Sozialpädagogik zu differenzieren, würde ein solches Unterfangen an dieser Stelle zu weit führen.
7 Angesichts der außerordentlichen Heterogenität psychotherapeutischer Ansätze kann eine solche Betrachtung struktureller Unterschiede natürlich nicht jeder einzelnen Facette der therapeutischen Angebotsvielfalt gerecht werden, wenngleich sie beabsichtigt, auf der Basis der einschlägigen Fachdiskussion generalisierbare Merkmale herauszuarbeiten. (Sickendiek/Engel/Nestmann 1999) Vgl. zum Folgenden Hompesch/

Charakter der Probleme: In der Fachliteratur findet sich im Hinblick auf die typischen Problemlagen von Sozialpädagogik und Therapie häufig eine hierarchisierende Betrachtungsweise: Sozialpädagogik ist für die kleineren, alltäglicheren, banaleren Probleme zuständig, Therapie für die schwer wiegenderen, z.B. chronischen Belastungen. Eine solche Betrachtung ist nicht unproblematisch, muss man doch Probleme der Lebensbewältigung in „größer und kleiner", „leichter oder schwer wiegender" einteilen, ohne auf objektive Kriterien zurückgreifen zu können: Ist die Schuldenkrise einer Familie weniger schwer wiegend als die Sinnkrise eines Menschen? Ist die Armut von Kindern ein geringeres Problem als eine Depression? Ist die (Re-)Integration jugendlicher Straftäter ein kleineres Problem im Vergleich zur Behandlung von Essstörungen? Kurz: Die Schwere eines Problems lässt sich abstrakt und von außen nur höchst ungenau bestimmen, ist doch die subjektive Wahrnehmung der Lebenslage durch die Betroffenen entscheidend.[8]

Eine andere Unterscheidung findet ihren Referenzpunkt im Verhältnis der Intervention zum Alltag der Klienten. Während sich Sozialpädagogik auf die Komplexität des Alltags, seine Brüche, Widersprüche, Probleme und Krisen einlässt, versuchen therapeutische Ansätze Hilfe zu leisten, indem sie sich auf – je nach therapeutischem Konzept unterschiedliche – Schlüsselprobleme konzentrieren. Während für die Sozialpädagogik eine ganze Palette an Themen, Krisen und Problemlagen zum Gegenstand werden kann, ist Therapie auf Reduktion von Komplexität angelegt. Diese Reduktion erfolgt im Hinblick auf bestimmte, historisch gewachsene Referenzsysteme. Hompesch/Hompesch-Cornetz definieren „pädagogisches und therapeutisches Handeln … ihren Gegenstand zwischen den Extrempolen des isolierten autonomen Individuums und seinen gesellschaftlichen Lebensbedingungen. Obschon auf gemeinsame Basistheorien zurückgegriffen wird, lässt sich, historisch gesehen die Tendenz zur Favorisierung je spezifischer Konstrukte nachweisen, die therapeutische Gegenstandsdefinitionen eher als individualsystematisch, problemausgrenzend, auf Problemkerne reduzierend erscheinen lässt, sozialpädagogische Gegenstandsdefinitionen eher als ganzheitlich und lebensfeld- oder alltagsorientiert" (Hompesch/Hompesch-Cornetz 1987, S. 1032). Therapeutische Ansätze tendieren – idealtypisch betrachtet – zu einer spezialistischen Zuschneidung von Problemlagen auf Wahrnehmung, Kommunikation, Emotion und Selbstkontrolle.[9] Allein diese Differenz zwischen generalisti-

---

Hompesch-Cornetz (1978, 1987); Thiersch (1978); Dewe/Scherr (1991); Grötzinger (1991); Hörmann (1985); Olk (1986); Brem-Gräser (1993); Belardi (1996a); Rauschenbach (1984).

8 Die tiefgreifende Verschuldung einer Familie ist sicherlich ein Problem, das im Regelfall für die Betroffenen höchst bedrückend ist, und doch würden wohl nur wenige Betroffene auf die Idee kommen, zur Lösung des Problems vorrangig einen Therapeuten zu Rate zu ziehen.

9 Rauschenbach betont in diesem Sinne: „Dieser Vielzahl von möglichen Ursachen und Entstehungshintergründen entgehen nun aber therapeutische Verfahren dadurch, dass sie von vornherein diese Vielfalt von Verursachungsmöglichkeiten reduzieren mit Hilfe einer ganz bestimmten, die Vielfalt einschränkenden Form der Diagnose und ei-

schem und spezialistischem Problemzuschnitt lässt eine Überformung sozialpädagogischer Handlungsansätze durch therapeutische Verfahren höchst problematisch erscheinen, forciert sie doch die Gefahr, „dass sämtliche diffuskomplexen Alltagsschwierigkeiten, die den Kern sozialarbeiterischer Aufgaben darstellen, eigentlich herausfallen müssten" (Olk 1986, S. 205).

Situativer Kontext der Intervention: Sozialpädagogische Hilfen versuchen möglichst im Alltag der Klienten zu agieren, d.h. der Ort ihrer Intervention ist im Idealfall zugleich der Ort der Problemgenese, der Ort an dem die Klienten in bestimmte soziale Netzwerke mit mehr oder minder stark ausgeprägten Hilferessourcen leben, die es möglichst zu nutzen gilt, und nicht zuletzt der Ort, an dem die Klienten nach Ende der Intervention, wenn möglich ihren gelingenderen Alltag praktizieren sollen. Dabei ist Sozialpädagogik nicht auf ein spezifisches Setting angewiesen: Hilfe kann in stadtteilnahen sozialpädagogischen Räumen (z.B. einer Beratungsstelle) ebenso wie auf der Straße (z.B. Streetwork) oder in der Wohnung des Klienten (z.B. Sozialpädagogische Familienhilfe) realisiert werden. Sozialpädagogische Hilfen sind im Regelfall kein integraler Bestandteil des Alltags von Klienten, sie sind nicht – wie selbstverständlich – immer vor Ort. Sozialpädagogische Hilfe – so könnte man formulieren – ist der Ausnahmefall und konstituiert insofern einen eigenen, einen sozialpädagogischen Alltag. Gleichwohl ist es typisch für sozialpädagogische Hilfe, dass dieser „sozialpädagogische Alltag" möglichst nahe an den „Klientenalltag" heranrückt.[10]

Therapeutische Hilfe hingegen konstituiert sich auch dort, wo Beziehungen in Primärgruppen aktiv berücksichtigt werden, tendenziell alltagsfern. Sie konstruieren, abgeleitet aus den Vorgaben der jeweiligen therapeutischen Schulen, Sonderräume, spezifische Settings der Hilfe. Ob die zum Symbol gewordene Couch in der Psychoanalyse, die „Einwegglasscheibe" in den Behandlungsräumen systemischer Familientherapeuten oder die „Bühne" im Psychodrama: sowohl räumlich wie formal gerinnen die Theorien und Vorannahmen der therapeutischen Schulen zu einer Hilfeanordnung, die sich bewusst und gezielt von den Alltagsstrukturen der Klienten abhebt. „Ordnet man die in gängigen sozialpädagogischen und therapeutischen Handlungssystemen gebräuchlichen Lernarrangements nach räumlichen und zeitlichen Ausprägungsgraden, so zeigt sich, dass sozialpädagogische

---

ner daraus abgeleiteten Therapie, also etwa durch die besondere Beachtung der psychischen Entwicklung oder der Beziehungsstruktur" (Rauschenbach 1984, S. 25). Brem-Gräser (1993, S. 15f.) stellt in bezug auf Beratung heraus, dass Therapien sich im wesentlichen auf die personintentionale Ebene von Problemen konzentrieren, während Beratung sowohl sachfunktional wie personintentional ausgerichtet ist.

10 Dies gilt auch für jene Formen stationärer oder teilstationärer Hilfen, die eine sozialpädagogische Lebenswelt im umfassenden Sinne konstituieren, wie z.B. bei stationären erzieherischen Hilfen. Auch hier – so zumindest die Entwicklung der letzten 20 Jahre – wird die Einrichtung, z.B. die Außenwohngruppe, an Stadtteile und soziale Netzwerke angebunden, werden – idealtypisch – die Alltagsstrukturen der Klienten zum Ausgangspunkt der Konstruktion von Hilfesettings (vgl. Wolf 1993).

und therapeutische Arrangements jeweils nahezu auf dem gesamten Spektrum anzutreffen sind, dass jedoch therapeutische Handlungsmodelle sich eher am Pol räumlicher wie zeitlicher Ausgrenzung verdichten, sozialpädagogische Handlungsmodelle eher am Pol alltagsorientierter Offenheit." (Hompesch/Hompesch-Cornetz 1987, S. 1038)

Die strukturelle Alltagsferne therapeutischer Ansätze ist insofern funktional, als sie „gleichsam im Umweg von außen her, die Klärung der im Binnenraum eines festgefahrenen Alltags nicht mehr aufzuklärenden Probleme" beabsichtigt (Thiersch 1978, S. 18). In einem Bild gesprochen: Therapien konstituieren sich strukturell als „Inseln", die den Besuchern mittels bestimmter Leistungen Erkenntnisse und Kraft vermitteln wollen, um mit dem Leben jenseits der „Insel" besser zu Recht zu kommen. Eine solche Konstruktion kann außerordentlich sinnvoll und notwendig sein. Gleichwohl muss der Ertrag des Gelernten und Erlebten zunächst einmal unterstellt werden. Mit anderen Worten: Wenn Bewältigungsmuster, neue Deutungen und Sinnebenen in der Therapie erworben worden sind und dort funktionieren, ist bestenfalls logisch, nicht aber faktisch gewährleistet, dass diese Strategien auch im Alltag dauerhaft funktionieren. Ob und wie die Therapieerträge in den Alltag integriert werden können, zeigt sich erst im Alltag und nur dort. Während sich also Sozialpädagogik der Gefahr aussetzt, sich im Dschungel des Alltags zu verlieren, können Therapien ihr Ziel verfehlen, weil die Reduktionsentscheidungen die Gefahr implizieren, in der Komplexität des Alltags am eigentlichen Ziel vorbei zu schießen (oder wie Thiersch formuliert: sich im „dramatisch interessanten Abseits zu verlieren" ebd., S. 19). Zugleich ist nicht gewährleistet, dass der „Lernerfolg" in der „Insel" Therapie auch in den Alltag „mitgenommen" wird. Hompesch/Hompesch-Cornetz ziehen daraus den Schluss: „Muss Gelerntes sich so im Alltag bewähren und kann fachliches Handeln sich nur in dieser Bewährungsprobe legitimieren, so impliziert dies zugleich, dass alltagsnahe alltagsfernen, d.h. ausgegrenzten oder Alltag verfremdenden Arrangements vorzuziehen sind, Lernen in Lebenszusammenhängen Priorität einzuräumen ist gegenüber Lernen für Lebenszusammenhänge." (Hompesch/ Hompesch-Cornetz 1987, S. 1043)

Charakter der Intervention: Wenn Sozialpädagogik alltagsnah agiert und auf eine erhebliche Bandbreite von Alltagsproblemen ausgerichtet ist, muss sie auf ein flexibles Spektrum von Interaktions- und Problembearbeitungsmustern zurückgreifen. Sie muss sich auf den Alltag der Klienten mit seinen sozialen Netzwerken, alltäglichen Bearbeitungsstrukturen und Hilferessourcen einlassen und die Interventionen möglichst alltagsnah realisieren. Therapeutische Hilfsangebote hingegen können in ihren konstruierten Zusammenhängen auf Verfremden von Alltag zurückgreifen.

Johach hat dies am Beispiel der klassischen psychoanalytischen Technik verdeutlicht: „Zuhören, Schweigen und sparsames Deuten, während der Patient auf der Couch liegt und frei assoziiert oder aus Traumbruchstücken bisher Verdrängtes mit Unterstützung des Analytikers rekonstruiert, stellt ein ungewöhnliches, die Alltagssituation verfremdendes Arrangement dar, das dazu dient, den Patienten während der Analysestunde in einen Zustand der Regression zu versetzen, aus dem heraus er seine frühkindlichen Beziehungen und Konflikte wieder beleben und durcharbeiten kann. Die Abstinenz des Analytikers ... wirft den Patienten auf sich selbst und seine unterdrückten Phantasien, Wünsche und Emotionen zurück, die er in der Übertragung auf den Analytiker abarbeiten kann." (Johach 1993, S. 147)

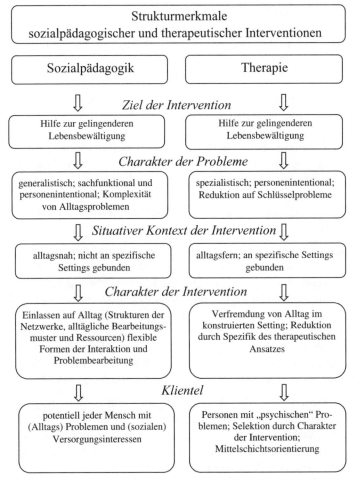

Abbildung 7: Strukturmerkmale sozialpädagogischer und therapeutischer Interventionen

Zuhören, Raum und Zeit gewähren, Zurückhaltung – all diese kommunikativen Techniken können sehr sinnvoll sein und kommen auch im Alltag zum tragen, allerdings nur bei bestimmten Problemen, wenn Zeit, Ort und Situation es erlauben. Zur Methode synthetisiert und systematisiert und in auf sie abgestimmte Settings eingebunden konstituieren sie eine bewusste Künstlichkeit der Hilfesituation. So sinnvoll dies im Einzelfall ohne Zweifel ist, an der Bandbreite alltagsrelevanter Problemstellungen müssen sie aufgrund ihres spezifischen Zuschnitts scheitern (man könnte auch im Bezug zur Vielfalt der Lebenspraxen von „Unterkomplexität" sprechen, wenn dies nicht sofort wertend interpretiert würde). Für bestimmte Probleme in bestimmten Lebenslagen und bei bestimmten Klienten sind therapeutische Handlungsstrategien unzweifelhaft *das* Mittel der Wahl, in der Komplexität des Alltags allerdings werden sie notwendig scheitern.

Auf die anfangs skizzierten Motive der Therapeutisierung der Sozialen Arbeit bezogen ergibt sich hier ein paradoxer Befund: Die Überschaubarkeit, Geschlossenheit und „technische" Qualität von therapeutischen Ansätzen ist ein Effekt ihrer Reduktion von alltäglicher Komplexität. Gerade diese Komplexität aber ist der Bezugspunkt sozialpädagogischer Interventionen.

Darüber hinaus bedingt die relative Geschlossenheit der Deutungssysteme unterschiedlicher Therapieschulen tendenziell eine Hierarchisierung des Verhältnisses von Therapeut und Klient. „Der Klient wird zum Objekt kommunikativer Praktiken, deren Bedeutung er im Einzelnen nicht durchschauen kann. Selbst wenn der behandelnde Sozialarbeiter seine Diagnose dem Klienten mitteilt, kann man keineswegs von einer gleichberechtigten Definition des Problems des Klienten in der Arbeitsbeziehung sprechen, da Letzterer die Bedeutung der Diagnose kaum angemessen beurteilen kann." (Olk 1986, S. 203)

Klientel: Die geschilderten Strukturbedingungen sozialpädagogischer und therapeutischer Interventionen haben nun bestimmte Konsequenzen für die Auswahl der Klientel. Sozialpädagogische Unterstützung wendet sich potentiell an jeden Menschen mit bestimmten Versorgungsinteressen (z.B. öffentliche Kleinkindererziehung, Jugendarbeit) und/oder (Alltags-)Problemen sachlicher oder personaler Art, mit denen er nicht mehr selbst bzw. unter Rückgriff auf gewachsene Unterstützungsnetzwerke zu Recht kommt. Für therapeutische Angebote hingegen ist, wie Olk (1986) feststellt, eine Selektivität typisch, und zwar in sachlicher, sozialer und zeitlicher Hinsicht:

- In *sachlicher* Hinsicht ist – wie schon angedeutet – von Belang, dass Therapien zum einen bestimmte Kategorien von Problemen von vornherein ausblenden (z.B. sachlicher Natur), mithin nur noch bestimmte Problemlagen thematisiert werden. Zum anderen resultiert aus der den jeweiligen Therapieschulen eigenen Reduktion auf Schlüsselprobleme, dass der Klient sich – je nach Therapie – der Problemdefinition des Therapeuten anschließen muss, um für die Intervention „bereit" zu sein. Damit verschiebt sich insgesamt „die Grenze zwischen bearbeitbaren Problemen und nicht-bearbeitbaren Problemen zugunsten der Letzteren" (Olk 1986, S. 204).[11]

---

11 Zu folgen ist Olk weiterhin, wenn er feststellt: „Der ‚klinische Blick', der am subjektiven Leiden des Klienten nur noch das wahrnimmt, was in das Raster der professionellen Deutungsroutinen passt, blendet gerade die lebensweltlichen Problemdeu-

- In *sozialer* Hinsicht ist auf eine von der Therapieforschung weitgehend belegte schichtenspezifische Zugänglichkeit therapeutischer Verfahren hinzuweisen. Zu per se erhöhten Zugangsschwellen aufgrund sprachlicher Anforderungen sowie räumlicher, zeitlicher und finanzieller Arrangements kommt hinzu, dass „mit der technologischen Durchstrukturierung des Behandlungsverfahrens auch die Anforderungen an die Kenntnisse und Kompetenzen des Hilfesuchenden steigen, da die erfolgreiche Kontaktaufnahme nun noch stärker von einer adäquaten Darstellung der eigenen Schwierigkeiten sowie spezifischer Kompetenzen wie Verbalisierungsfähigkeit, Fähigkeit zur Selbstreflexion etc. abhängt" (ebd., S. 205).[12]

- In *zeitlicher* Hinsicht ist auf ein Phänomen zu verweisen, dass im Zusammenhang mit den Erziehungsberatungsstellen häufig diskutiert wurde: nämlich die „Institutionalisierung von Warteschlangen" (ebd., S. 204) durch einen insgesamt höheren Zeitaufwand und ein spezifisches Interventionssetting. Damit vergrößert sich nicht nur die Lücke zwischen Problementstehung, -wahrnehmung, und -bearbeitung, zugleich reduziert sich das potentielle Klientel auf solche Personen, die längere Wartezeiten in Kauf nehmen können.

Darüber hinaus ergibt sich ein weiteres, fundamentales Problem, das aus dem vergleichsweise engen Zuschnitt therapeutischer Methoden resultiert. Ist alltägliche Hilfe vor allem durch Vielfalt der Probleme und eine erhebliche Bandbreite von entsprechenden Interaktionsmustern (informieren, zuhören, unterstützen, bekräftigen, üben, überreden, in den Arm nehmen, ablenken etc.) gekennzeichnet, schränkt sich mit therapeutischen Ansätzen diese Bandbreite deutlich ein. Mehr noch: „Es wird nicht länger nach Problembearbeitungsprozeduren gesucht, die auf die für die Sozialarbeit relevanten Problemlagen ‚passen', sondern nun suchen umgekehrt institutionalisierte Problemverarbeitungsmechanismen … die ‚zu ihnen passenden' Probleme selbst; präsentierte Problemlagen und Defizite, die der therapeutischen Indikation nicht entsprechen, werden ‚übersehen', ‚weiterverwiesen' (Allokation) oder aber: passend gemacht. Tendenzen in diese Richtung lassen es gerechtfertigt erscheinen, von einer Expertokratisierung der Sozialarbeit durch Therapeutisierung zu sprechen." (Olk 1986, S. 205) Anders ausgedrückt: Seitdem ich einen Hammer besitze, gerät mir seltsamerweise jedes Problem zu einem Nagel![13] In diesem zugespitzten Bild drückt sich die Spannung zwischen den Notwendigkeiten einer lebensweltorientierten

---

tungen, Relevanzstrukturen und Handlungsstrategien der Adressaten im Kontext ihrer Lebenspraxis aus" (Olk 1986, S. 209).

12 „Der Gewinn an zusätzlicher Kompetenz auf dem Felde der Therapie ist eine Spezialisierung und geht oft einher mit einer Ausgrenzung von Klienten, für die man ursprünglich zuständig war und immer noch zuständig ist" (Grözinger 1991, S. 9).

13 Diese treffende Umschreibung verdanke ich C. W. Müller, der sie in einem Beitrag auf einer Fachkonferenz am Berliner Wannsee benutzte, unter Verweis auf einen unbekannten Autor.

Offenheit Sozialer Arbeit einerseits und einer notwendigen methodischen Spezialisierung andererseits aus. Die Probleme nur noch durch die Brille des zur Verfügung stehenden methodischen Repertoires zu sehen, der methodische „Tunnelblick", widerspricht der Logik lebensweltorientierter Sozialer Arbeit, die danach verlangt, Hilfeperspektiven aus und in der Komplexität lebensweltlicher Netzwerke, Handlungsformen und Ressourcen zu entwickeln. Aus methodischer Perspektive entspricht ein *begründeter* Eklektizismus in der fallbezogenen Konstruktion des Hilfesettings eher diesem Anforderungsprofil, als die Beschränkung auf ein (zu) enges Methodenrepertoire.

Will man ein Fazit ziehen, so lässt sich festhalten, dass sich Sozialpädagogik nicht in Therapie auflösen lässt, dass therapeutische Methoden folglich keine sozialpädagogische Methoden sind. Zweierlei bedeutet diese Unterscheidung nicht: Erstens bedeutet sie nicht, dass Therapie keine sinnvolle Handlungsform wäre. Sie ist nur eine *andere* Handlungsform als Sozialpädagogik. Es geht hier also nicht um „besser" oder „schlecht", sondern vielmehr – positiv gewendet – um die Stärken und Spezifika beider Handlungsformen um so ggf. im Sinne von Thiersch in einem System psychosozialer Unterstützung die jeweiligen Stärken zu nutzen und sie nicht im Meer der Nivellierung untergehen zu lassen. Die Unterscheidung zwischen Sozialpädagogik und Therapie ist nicht als Therapiekritik misszuverstehen. Zweitens bedeutet sie nicht, dass sozialpädagogisches Handeln sich im Einzelfall nicht bestimmter technischer Elemente therapeutischer Ansätze bedienen kann (z.B. therapeutische Techniken der Gesprächsführung oder der Gruppenarbeit), wenn dies im Hinblick auf die Person, ihr Problem und die Situation sinnvoll und begründet erscheint. Die Unterscheidung bedeutet allerdings, dass sozialpädagogische Methoden nicht durch therapeutische Methoden ersetzbar sind, und dies nicht nur, um eine weitere „Pathologisierung" der Klienten Sozialer Arbeit zu verhindern. Es geht auch um ein Bewusstsein der eigenen Konturen, der spezifischen professionellen Handlungslogiken in der Sozialen Arbeit und insofern nicht zuletzt um die Herausbildung eines tragfähigen beruflichen Selbstverständnisses und Selbstbewusstsein.

 Tipps zum Weiterlesen:

Blätter der Wohlfahrtspflege, Heft 1/1991: Beratung und Therapie.
Neue Praxis, Sonderheft: Sozialarbeit und Therapie, Neuwied 1978.
Olk, Th.: Abschied vom Experten. Sozialarbeit auf dem Weg zu einer alternativen Professionalität, Weinheim/München 1986.
Sickendiek, U./Engel, F./Nestmann, F.: Beratung. Eine Einführung in sozialpädagogische und psychosoziale Beratungsansätze, Weinheim/München 1999.

10. Zwischen Lebensweltorientierung und Neuer Steuerung

Aktuelle Trends in der Methodendiskussion

Nach dem Ende der „Dreifaltigkeit" der klassischen Methoden Sozialer Arbeit ist insbesondere das Feld der Methodenentwicklung in Bewegung geraten, während die Methodenreflexion, d.h. die empirische und theoretische Vergewisserung über Indikation, Praxis und Wirkungsweise des Einsatzes von Methoden und Verfahren demgegenüber eher nachrangig blieb. Fragt man unabhängig von einer enzyklopädischen Aufzählung einzelner Ansätze nach globalen Trends, so scheinen aktuell vier Entwicklungen besonders bedeutsam zu sein: (a) das Konzept einer alltags- und lebensweltorientierten Sozialen Arbeit, (b) das Professionsmodell der „stellvertretenden Deutung", (c) sozialökologische und systemische Ansätze in der Sozialen Arbeit und (d) die wachsende Relevanz von planungsbezogenen und betriebswirtschaftlichen Fragestellungen.

(a) Alltags- und lebensweltorientierte Soziale Arbeit: In Anknüpfung an interaktionistische Ansätze einer interpretativen Soziologie wurde von Hans Thiersch das Konzept einer alltagsorientierten Sozialen Arbeit entwickelt, das bezugnehmend auf die neuere, gesellschaftstheoretisch aufgeklärte Theoriedebatte der Sozialpädagogik die Spezifika und Rahmenbedingungen sozialpädagogischen Handelns ausbuchstabiert.[1] Mit der vom Achten Jugendbericht der Bundesregierung implementierten Chiffre der Lebensweltorientierung, die in weiten Teilen auf dem Konzept der Alltagsorientierung basiert, wurde dieser Ansatz zu einem Schlüsselkonzept für die sozialpädagogische Fachdiskussion der 90er Jahre. Was meint nun die Rede von der „lebensweltorientierten Sozialpädagogik"?

Lebensweltorientierung nimmt den Alltag der Adressaten, d.h. den Ort, wo Probleme entstehen, wo Leben gelebt wird, wo die Adressaten selbst mehr oder minder angemessene Strategien der Lebensbewältigung praktizieren, als originären Ort sozialpädagogischen Handelns in den Blick. Nach Thiersch bezieht sich Lebensweltorientierung „auf die Bewältigungs- und Verarbeitungsformen von Problemen in der Lebenswelt der AdressatInnen, gewissermaßen auf die Spielregeln, in denen die Vorgaben, Themen und Strukturen bearbeitet werden, die sich aus der gesellschaftlichen Situation,

---

[1] Vgl. dazu Thiersch (1986, 1992, 1993, 1995); Grundwald u.a. (1996); Neue Praxis (1995); Dewe u.a. (1986); Hörster (1984); Bundesminister für Jugend, Familie, Frauen und Gesundheit (1990). Eine Zusammenfassung und Interpretation des Ansatzes der Lebensweltorientierung findet sich u.a. bei Niemeyer (1998).

den biographisch geprägten Lebenserfahrungen und den normativen Ansprüchen ergeben" (Thiersch 1993, S. 12). Dabei geht es nicht einfach um die unkritische Verdoppelung evtl. problematischer Alltagserfahrungen. Alltag wird vielmehr im Anschluss an kritische Alltagstheorien verstanden als eine Gemengelage aus Täuschung und Wirklichkeit, aus gelingender Alltagsbewältigung und Scheitern, aus pragmatischer Alltagsdeutung und Selbsttäuschung, kurz: als „pseudokonkreter Alltag". Aufgabe der Sozialpädagogik ist es, in diesem Kontext kritisch Bezug auf den Alltag der Klienten zu nehmen, (Selbst-)Täuschungen aufzudecken, Scheitern zu verhindern, allerdings immer unter der Maxime, dass der Klient prinzipiell kompetent ist, sein eigenes Leben zu leben. Ziel der Intervention ist dabei die Unterstützung bei der Konstitution eines gelingenderen Alltags.

Diese äußerst knappe Skizze deutet an, dass der Ansatz einer lebensweltorientierten Sozialen Arbeit eine doppelte Perspektive entfaltet: zum einen die einer auf den theoretischen und empirischen Befunden sozialpädagogischer Diskussion und Forschung basierenden Selbstvergewisserung über Ort, Spezifika und Rahmenbedingungen Sozialer Arbeit, zum anderen die eines normativen Entwurfs der Zielorientierung sozialpädagogischer Intervention.

Indem Thiersch den (Klienten-)Alltag als Ort sozialpädagogischer Intervention in den Blick nimmt, identifiziert er gewissermaßen den Knotenpunkt professioneller Angebote sowie individueller und kollektiver (Gesellschafts-) Geschichte. Im Fokus der Handlungssituation des Sozialarbeiters fließen damit alle systematischen Besonderheiten ein: gesellschaftliche Entscheidungen über notwendige und angemessene Hilfestandards, institutionelle Settings, Ausbildung und individuelle Biographie der SozialpädagogIn einerseits sowie gesellschaftlich induzierte Lebenslagen, Problemkonstellationen und individuelle Lebens- und Lerngeschichten der Klienten andererseits. Die Entschlüsselung dieser komplexen Einflussfaktoren konkreter Handlungssituationen erweist sich auf diesem Hintergrund als ebenso notwendig wie schwierig und verlangt nach einer theoretisch fundierten Analysefähigkeit.

Die Kategorie des „gelingenderen Alltags" repräsentiert die normative Komponente des Konzepts einer lebensweltorientierten Sozialarbeit. Damit wird der Erkenntnis Rechnung getragen, dass Handlungen generell und damit auch sozialpädagogische Interventionen nicht ohne Wert- und Zielentscheidungen auskommen. Anders als die klassischen Ansätze der Sozialen Arbeit verzichtet die lebensweltorientierte Soziale Arbeit allerdings auf eine materielle Setzung von Interventionszielen, wie sie sich etwa aus gewachsenen Normalitätsstandards der Gesellschaft ableiten lassen (z.B. „der drogenfreie Klient") und rekurriert an ihrer Stelle auf eine prozessuale Kategorie, die sowohl der Berücksichtigung der Lebenslage des Klienten und seiner situativen Verdichtung bedarf, wie der permanenten Aushandlung mit dem Klienten. Der Sozialpädagoge kann sich in diesem Kontext nicht mehr auf die Rolle desjenigen zurückziehen, der im Grunde genommen besser weiß, was für den Klienten gut ist, als dieser selbst (eine zumindest implizit durchaus typische Attitüde von PädagogInnen), sondern er muss in Anerkennung der letztendlichen Entscheidungskompetenz des Klienten dessen Autonomie der Lebenspraxis respektieren und sich auf den oft mühsamen Weg der Auseinandersetzung begeben.

Der Achte Jugendbericht hat dieses – hier notwendig nur grob umrissene Konzept – z.T. pragmatisch verkürzt in Strukturmaximen einer lebensweltorientierten Jugendhilfe übersetzt (vgl. BMJFFG 1990):

- die präventive Orientierung der Jugendhilfe,
- die Dezentralisierung und Regionalisierung der Leistungsangebote,
- die Alltagsorientierung in den institutionellen Settings und Methoden,
- die Orientierung an der Integration der Klienten als Handlungsmaxime,
- die Gewährleistung von Partizipation/Teilhabe der Klienten am Hilfeprozess.[2]

Im Spiegel des Lebensweltkonzeptes und den daraus resultierenden Ansprüchen an sozialpädagogisches Handeln verdeutlicht sich aber auch die strukturelle Spannung, unter der sozialpädagogisches Handeln im Alltag steht. Es ist nämlich der Komplexität des Alltags und seinen situativen Anforderungen ungeschützt ausgesetzt. Und gerade, weil Sozialpädagogen der Komplexität und Widersprüchlichkeit von Alltag ausgesetzt sind, bedürfen sie methodischen Handelns zu ihrer Entlastung, um Verstehen zu sichern, Handeln planbar, Erfolge und Misserfolge kontrollierbar zu machen. In diesem Sinne formuliert Thiersch: „Lebensweltorientiertes sozialpädagogisches Handeln ist angewiesen auf Entlastungen und Sicherungen. Eine Form der Sicherung ist der Rekurs auf methodische Strukturierung: Methodische Strukturierung meint das Wissen um Phasen des Arbeits-, Verständigungs-, Unterstützungsprozesses (…) in den Aufgaben, um Möglichkeiten der Rückkoppelung von Ziel, Einlösung und Prüfung im Prozess. Solche Methode, die zweifelsohne ein schematisierend-ordnendes Moment im Handeln ist, scheint im Widerspruch zu stehen zur situativen Offenheit lebensweltorientierten Handelns. Dieser Widerspruch aber löst sich auf, wenn Methode als Grundmuster verstanden wird, das in unterschiedlichen Aufgaben unterschiedlich akzentuiert und konkretisiert wird, indem aber immer das Moment der Strukturierung instrumentell für die Situation realisiert wird." (Thiersch 1993, S. 24)

Sozialpädagogische Methode wäre demnach weniger denn je mit schematisch anzuwendender Technik, mit einer Sammlung konkreter Handlungsanweisungen zu verwechseln. Sie wäre vielmehr ein flexibel nutzbares Ins-

---

2 Auf einen kurzen Nenner gebracht: Sozialpädagogik findet ihr Aufgabenfeld im Alltag ihrer Klienten, mit all seiner Komplexität. Und genau hier liegt der Grund für die konstatierte Diffusität: Alltag ist komplex, schwer überschaubar, oft banal, manchmal widersprüchlich. Wenn Sozialpädagogik hier ihren Ort findet, so muss – zumindest von außen betrachtet – sozialpädagogisches Handeln fast zwangsläufig auch komplex, schwer überschaubar, widersprüchlich und manchmal banal sein.

trument zur Analyse, Planung und Realisierung von Hilfe im Alltag. Verständlich wird auf diesem Hintergrund allerdings die Dominanz reflexiver Verfahren des Verstehens in der aktuellen Methoden- und Kompetenzdebatte. Nur wer in der Lage ist, die Komplexität und Diffusität des Alltags angemessen zu entschlüsseln, und zugleich die institutionellen und strukturellen Voraussetzungen und Bedingungen der Hilfe[3] zu reflektieren, ist in der Lage, den Ansprüchen eines lebensweltorientierten Hilfeprozesses zu genügen.

Jungblut/Schreiber haben darüber hinaus betont: „In der bloßen Sensibilisierung für die Lebenswirklichkeit von Adressaten liegt sicherlich die Chance, deren im Alltag verschütteten Lebenschancen durch Arrangements pädagogischen Handelns freizusetzen. Um diese Chance aber wahrnehmen zu können, erscheint es unumgänglich, sich der Frage zu stellen, wie (und zu welchem Zweck) die SA/SP sich diesem Alltag methodisch – und nicht bloß intuitiv – nähern kann." (Jungblut/Schreiber 1980, S. 152) Auch wenn in den letzten Jahren eine Konjunktur jener Methoden zu verzeichnen ist, die sich schon räumlich durch eine Annäherung an den Alltag von Klienten auszeichnen (z.B. Streetwork, vgl. Kapitel 24), so beschränkten sich die entsprechenden Bemühungen doch vorrangig auf die institutionelle Gestaltung lebensweltnaher Hilfesettings einerseits und Persönlichkeitsmerkmale und Haltungen von Helfern andererseits. Die Frage, wie etwa aus alltäglichen Kommunikations- und Hilfestrategien auch lehr- und lernbare Methoden Sozialer Arbeit für die konkrete Praxis des Situationsmanagements und der Kommunikation mit Klienten destilliert werden könnten, blieb demgegenüber nachrangig.[4]

(b) „Stellvertretende Deutung" als Professionsmodell einer aufgeklärten Sozialen Arbeit: Die seit den 70er Jahren vorangetriebene wissenschaftliche Aufklärung über Kontextbedingungen und (unbeabsichtigte) Nebenwirkungen sozialpädagogischer Interventionen, insbesondere aber auch die Erkenntnis eines strukturellen Technologiedefizits (vgl. Kapitel 3) (sozial-) pädagogischer Arbeit und einer nicht zuletzt daraus resultierenden Belastung durch prinzipielle Ungewissheit, finden ihren Niederschlag auch in der Professionalisierungsdebatte. So kommen Dewe u.a. (1993) zu dem Ergebnis, dass es eines neuen Konzepts sozialpädagogischer Professionalität bedarf. Sie unterscheiden dabei drei Professionalitätsmodelle:

---

[3] Die Debatte um die gesellschaftliche Funktion der Sozialarbeit ist aus dieser Perspektive für die Frage methodischen Handelns höchst bedeutungsvoll, da sie gezeigt hat, „dass auch gekonntes sozialpädagogisches Handwerk für sich genommen noch keine gute Praxis ergibt, wenn sie nicht in der Lage ist, die strukturellen Voraussetzungen, unter denen das Handwerkszeug angewandt wird, reflexiv zu verarbeiten und nötigenfalls Ansätze zu erarbeiten, um diese Voraussetzungen zu revidieren" (B. Müller 1987, S. 1047).

[4] Nutzbare und anschlussfähige Befunde finden sich etwa in der Forschung zur alltäglichen Beratung; vgl. hierzu Nestmann (1988a, 1988b).

Das klassische Modell ist das des professionellen *Altruisten*, das durch den Vorrang des sozialsittlichen Engagements vor der theoretisch fundierten, wissenschaftlichen Kompetenz gekennzeichnet ist. „Im Konzept der altruistischen Professionalisierung ging man davon aus, dass das Können und Wollen des sozialarbeiterischen und sozialpädagogischen Tuns auf einer innerseelischen charismatischen Disposition oder Gabe beruht, die sich im ‚inneren Berufensein spiegelt' und später ‚im Beruf verfestigt'." (Dewe u.a. 1993, S. 29) Das Modell des „geborenen Helfers", der aufgrund seines „großen Herzens" die Problemsituationen Hilfsbedürftiger erfühlt und sich eben durch diese „mit- und einfühlende" Haltung zum Helfer berufen und fähig wähnt, ist zuallererst und vorrangig ethisch fundiert. „In der sozialpädagogisch geschätzten ‚helfenden Beziehung' von Mensch zu Mensch findet eine Abwehr von verbindlichen und generalisierbaren Regeln und Techniken statt, und es werden neben nicht-methodisierbarer Intuition und Weisheit persönliche Haltungen, innere Voraussetzungen, Fähigkeiten und Eigenschaften erwartet, die auf innere, echte und authentische persönliche Hingabe, Einfühlungsvermögen, Akzeptanz etc. zielen. In diesem Handlungstypus werden Technologien nicht geschätzt und auch nicht gewollt." (Ebd., S. 30 f.) Ausbildung richtet sich, wenn sie überhaupt gewollt ist und durchgeführt wird, auf die Genese von Haltungen, Persönlichkeitsstrukturen und Motivation.

An die Stelle dieses „klassischen Modells", das in der öffentlichen Meinung auch bis zum heutigen Tag noch bedeutungsvoll sein dürfte, trat spätestens in den 70er Jahren das Modell des „*Sozialingenieurs*", der gegen den Pathos des Helfens aus reinem Herzen den Typus des wissenschaftlich ausgebildeten Technokraten setzte. Er basiert auf dem Glauben, dass sich sozialwissenschaftlich erzeugtes Wissen direkt in erfolgsversprechende Handlungsstrategien umsetzen lässt. Dieser Professionalisierungstyp lässt sich verdichten im Bild des Experten: „Experten gründen ihr Handeln auf wissenschaftlichem Wissen, mit dem linear der ‚einzig richtige' Weg der Problembearbeitung deduktiv begründet wird. Er realisiert ein Handlungsmuster, dessen Ziel es ist, dem Klientel lebenspraktische Entscheidungen abzunehmen. Seine Handlungslogik ist die einer technisch-instrumentellen Anwendung von Regelwissen, das wie die aus naturwissenschaftlichen Gesetzen abgeleitete Technologien verstanden wird. Er wähnt sich zuständig für die vorausschauende Handlungsdetermination und verkennt den Umstand, dass sozialwissenschaftliches Wissen lediglich für eine Ex-post-Rekonstruktion von Handlungen zuständig sein, keine eindeutigen Prognosen künftiger Ereignisse formulieren kann." (Ebd., S. 13) Die Adaption psychotherapeutischer Verfahren und die damit erhoffte gezieltere Steuerung von Individuen ist z.B. eine Folge dieses Professionalisierungstyps.

Gegen diesen Typus „neuer Fachlichkeit" spricht nun, wie in dem Zitat bereits angeklungen, dass sozialwissenschaftliches Wissen einen anderen Charakter besitzt als naturwissenschaftliche Erkenntnis und der technologischen Beherrschbarkeit menschlicher Beziehungen und sozialer Netzwerke Grenzen gesetzt sind (vgl. Kapitel 3). Ohne sich explizit auf diese Debatte zu beziehen, hat Wolfgang Schmidbauer die Grundproblematik eines solchen Professionalisierungsmodells anschaulich beschrieben: „Die Strategie der Professionalisierung beruht auf der Annahme, dass alle durch die Industrialisierung angerichteten emotionalen Probleme rational durch geeignete Experten gelöst werden können. Das ist ein Irrtum, der ständig dadurch verschleiert wird, dass es diesen Experten sehr gut möglich ist, immer neue Erklärungen dieser Probleme zu finden und immer neue Techniken des Umgangs mit ihnen zu propagieren. Weil diese Neuerungen den Experten wichtig sind, werden sie oft irrtümlich für hilfreich gehalten. So machen Pädagogik, Sozialarbeit und Psychotherapie ständig ‚Fortschritte'. Diese gleichen oft den neuen Kleidern des Kaisers, haben mehr mit Mode zu tun als mit dem wissenschaftlichen Modell des Fortschritts. Da die seelische Gesundheit und damit das soziale Funktionieren des einzelnen nicht rational, sondern emotional bestimmt ist, enthält die Produktion von pädagogischen, psychotherapeutischen und medizinischen Spezialisten nach dem Modell der technisch so erfolgreichen Naturwissenschaften einen tiefen Widerspruch. Er ist so lange unlösbar, wie der Umgang mit dem spezialisierten Wissen von den Grundprinzipien bestimmt ist, die der Kapitalismus geboren und bisher nicht bewältigt hat: Verwerfung der Natur, um den größtmöglichen Profit zu erzielen." (Schmidbauer 1992 a, S. 24)

Professionelles Handeln zeichnet sich nach Dewe u.a. im Gegensatz zu expertokratischem Handeln „nicht durch Technologieorientierung und dogmatische Regelbefolgung aus, sondern durch Fallverstehen, für das wissenschaftliches Wissen ein notwendiges Element darstellt, das durch Erfahrungswissen und hermeneutische Sensibilität für den Fall ergänzt wird. So gesehen werden wissenschaftlich begründete Regeln nicht befolgt, sondern ausgenutzt. Man muss sehen, wofür sie taugen, muss ihre Gültigkeit und vor allem deren Grenzen abschätzen können. Professionelles Handeln versteht sich als ein Unterstützungsangebot für die Bewältigung lebenspraktischer Krisen, das keine perfekten Lösungen anzubieten hat, sondern die Fähigkeit des Klienten zur Problembearbeitung ergänzt. Es kann warten bis man es braucht und achtet die Autonomie des Klienten hinsichtlich der Wege und Ziele der Problembearbeitung" (ebd., S. 13 f.). Verdichten lässt sich dieses alternative Professionalisierungsmodell im Anschluss an Ulrich Oevermann im Bild des Sozialpädagogen als *„stellvertretend Deutendem"*, der vermitteln muss zwischen wissenschaftlicher Abstraktion und konkretem Fallbezug. Seine Haltung ist gekennzeichnet durch einen lebensweltlich-hermeneutischen Stil des professionellen Handelns (vgl. Schumann 1994b, S. 55).

Spätestens an dieser Stelle wird deutlich, dass dieses Professionalisierungsmodell nicht in Konkurrenz zum oben skizzierten Ansatz einer lebensweltorientierten Sozialen Arbeit zu sehen ist. Im Gegenteil: Dewe u.a. sprechen ausdrücklich von einer „lebensweltorientierten Vorstellung von Professionalität", der es darum geht, „dass Sozialarbeiter und Sozialpädagogen unter administrativen Kontextbedingungen eine stellvertretende, in gewisser Hinsicht auch distanzierte Position gegenüber der Lebenspraxis der Klienten einnehmen und über einen ‚weiteren Wissens- und Deutungshorizont' verfügen als die Adressaten und die Klienten selbst, und dass das Bereitstellen und Einsetzen dieser erweiterten Sichtweisen im Berufsvollzug die Klienten befähigt, ihre – stets schon unterstellte – Selbständigkeit zu befördern oder wiederherzustellen" (Dewe u.a. 1993, S. 40).

Übersetzt auf die Frage der Methodenentwicklung im engeren Sinne verlagert sich damit der Blick vor allem auf die wissenschaftlich fundierte Reflexionskompetenz der Professionellen, wie sie etwa von Schütze (1993, 1994; vgl. Kapitel 18) beschrieben wird oder in einer spezifischen Variante auf die Ausarbeitung einer dezidiert sozialpädagogischen Diagnosepraxis (vgl. Uhlendorff 1997). So richtig es allerdings ist, dass der Deutungskompetenz, d.h. vor allem der Fähigkeit zur Analyse von Situationen und Lebenslagen eine hervorragende Bedeutung eingeräumt werden muss, so wenig lässt sich sozialpädagogisches Handeln auf Deutung allein begrenzen. Insbesondere in Handlungsfeldern jenseits des institutionalisierten Beratungssektors, wie etwa den erzieherischen Hilfen, geht es immer auch um (gemeinsames) Handeln (vgl. B. Müller 1993a, 1993b).

Die zu Recht hervorgehobene Reflexionskompetenz ist zwar während des gesamten Hilfeprozesses Grundlage der Intervention, in bestimmten Phasen allerdings ist sie „lediglich" notwendiger Ausgangspunkt für weitere Handlungsschritte. In diesem Sinne kritisiert Gildemeister: „Ein Sozialarbeiter kann dort, wo es um Krisenintervention geht, nicht sagen: ‚Lieber Herr K., ich habe ihren Fall gründlich studiert und bin zu dem Ergebnis gekommen, dass ihr Selbstmordversuch in dieser Situation ein Ablenkungsmanöver darstellt, das Sie schützen soll, sich mit den Vorwürfen ihrer Mitbewohner auseinander zu setzen, und auch die Konfrontation mit den Forderungen Ihrer Betreuer zu umgehen. Diese Deutung teile ich ihnen mit und damit ist mein Auftrag erfüllt.' Denn das ist er eben nicht – selbst wenn die Deutung angemessen wäre. An dieser Stelle entsteht vielmehr erst die Frage darüber, wie weiteres Handeln aussehen kann." (Gildemeister 1995, S. 34)

(c) *Sozialökologische und systemische Ansätze in der Sozialarbeit*: Zum Teil als Import aus dem angloamerikanischen Bereich und inhaltlich motiviert durch eine zunehmend als fatal erkannte psychologistische Verengung des Methodenarsenals werden seit Anfang der 80er Jahre verstärkt so genannte sozialökologische und systemische Ansätze diskutiert, wobei beide Begriffe häufig synonym verstanden und verwendet werden.[5] Die Nutzung des Be-

---

5 Für Wendt (1990b) ist die Systemtheorie das Rüstzeug des soziökologischen Ansatzes. In der entsprechenden sozialpädagogischen Literatur werden jedoch zumeist spezifische Varianten der Systemtheorie (jenseits von Niklas Luhmann) rezipiert. Der „systemische Blick" kann häufig übersetzt werden mit dem Interesse an einer „ganzheitlichen Betrachtung"; vgl. zum Folgenden Wendt (1986, 1990b); Schubert (1994);

griffs sozial"ökologisch" speist sich aus der „Erkenntnis" der Zusammengehörigkeit und Vernetzung aller Teilsegmente des Weltsystems nicht nur auf physikalisch-biologischer, sondern auch auf sozialer und kultureller Ebene.[6] Ziel ist die Auflösung des „Person-Situation-Dualismus in der Orientierung der Praktiker zugunsten einer transaktionalen ... Verwicklung" (Wendt 1990b, S. 19). In Abgrenzung zu therapeutischen und anderen „linear klientenzentrierten Konzepten" (Lüssi 1995, S. 59 f.) wird ein Denken in Ganzheiten und Abhängigkeiten beabsichtigt, in deren Zentrum die Frage nach der „Systemeinbettung" des Klienten steht. „In den Mittelpunkt rücken Art, Grad und Güte der Person(en)-Umwelt-Abgestimmtheit, also die ‚Systemeinbettung' und der wechselseitige Austauschprozess (Austauschbeziehung) zwischen Person(en) und Umwelt, die Transaktion" (Schubert 1994, S. 34). Person und Umwelt stehen nach diesem Verständnis mittels Transaktionen in ständiger, wechselseitiger Beziehung. „Alle Komponenten der Umwelt, in der wir leben und in der die sozialen Probleme entstehen, hängen auf irgendeine Weise zusammen und gehen in die Austauschvorgänge ein, in denen Menschen sozial zueinander und als natürliche Wesen zu ihrer physischen Umgebung sich befinden. (...) Im Beruf tritt der punktuelle Individualismus (d.h. einen Fall vorwiegend psychologisch betrachten) hinter einer Betonung des sozialen als eines Gewebes von Beziehungen zurück." (Wendt 1986, S. 9)[7] Für die Soziale Arbeit folgt daraus, dass sie „Personen in Situationen" zu beobachten und bearbeiten hat.

Wendt verdichtet den ökosozialen Ansatz im Begriff des Haushaltes, der für ihn die „zentrale Kategorie" ist (Wendt 1990b, S. 29). Haushalt bezeichnet dabei „einen Zusammenhang innerhalb weiterer Lebenszusammenhänge" (ebd., S. 28).[8] „Ein Haushalt bringt zeitlich wie räumlich ein fassbares natürliches und soziales Geschehen in eine Ordnung. Sie wird in der Gestalt des Zusammenwohnens und -arbeitens, in der Art und Weise des Umgangs miteinander aufrechterhalten. Die gute Verwaltung eines Hauses besteht darin,

---

Lüssi (1995); Staub-Bernasconi (1995, 1996); Mühlum u.a. (1986); Germain/Gitterman (1983); Pincus/Minahan (1980); Sengling (1996).

6 So betont Schubert: „Im Kontext der Sozialen Arbeit ist die Begriffsverwendung ‚sozialökologisch' vielmehr im Sinne von ‚Umwelt' bzw. ‚Umgebung' zu fassen und zwar bezogen auf soziale und politische, physikalisch gebaute und natürliche Umwelt." (Schubert 1994, S. 31)

7 Germain/Gitterman betonen: „Die ökologische Perspektive besagt, dass die menschlichen Bedürfnisse und Probleme aus den Transaktionen zwischen den Menschen und ihren Umweltverhältnissen entstehen." (Germain/Gitterman 1983, S. 1)

8 An anderer Stelle nutzt Wendt den Begriff Haushalt in einem umfassenderen Sinne: „Der Alltag des Menschen lässt sich als ein raumzeitlich ausgedehnter Haushalt denken, als ein gesellschaftlich entfalteter Prozess, der Natur in Anspruch nimmt. Wir ziehen den Gesichtspunkt des Haushaltens zugleich in Naturzusammenhängen und in sozialen Zusammenhängen heran, um die Verantwortung eines sozialen Engagements zu charakterisieren, das über punktuelle Eingriffe hinauskommen und lebensgerecht werden will. Die prinzipielle Orientierung am Haushalt von Mensch und Natur bei Rücksicht auf den gemeinsamen Lebensraum sei mit dem Ausdruck ökosozial gekennzeichnet." (Wendt 1986, S. 11)

das für den Haushalt der einzelnen beteiligten Menschen Erforderliche in einer Ordnung zu tun, der sie sich mit Erfolg fügen können. Das individuelle eigene Lebensregime ist ‚in Ordnung', wenn es eine persönlich als sinnvoll erlebte Gestalt, ein ‚Gelingen des Alltags' erreicht. Dabei wird die Ordnung in einem Haushalt stets gegen die natürlichen Tendenzen zur ‚Unordnung' (Entropie) bewahrt" (ebd., S. 24). Soziale Arbeit, so verstanden als „Haushaltshilfe", analysiert nun die einzelne Bestandteile, insbesondere aber die Beziehungen zwischen den Mitgliedern des Haushalts sowie zwischen dem Einzelnen, dem Haushalt und der Umwelt, dem „ganzen Kranz ökologischer Bedingungen" (ebd., S. 25) und nimmt diese bei Bedarf zum Ausgangspunkt, um den Haushalt wieder angemessen zu ordnen, um gelingenden Alltag zu ermöglichen. Dabei gerät mehr in den Blick als die Personen, ihre Probleme und individuellen Dispositionen, sondern ebenso die Ressourcen der sozialen Unterstützung (social support) sowie das Bewältigungspotential (coping Strategien). Soziale Arbeit hat folglich zu informieren, Verteilung (neu) zu organisieren und die Nutzung vorhandener Ressourcen zu befördern. Methodisch gewendet resultiert aus dieser „ökologischen Sichtweise" zweierlei: Soziale Arbeit kann sich nach Germain/Gitterman (1983) in zwei Brennpunkten vollziehen, nämlich a) der Anpassung der Menschen und b) der Verbesserung von Umweltbedingungen. Dabei findet insgesamt eine Verlagerung von den direkten, personenbezogenen Interventionen zu den indirekten, „umweltbezogenen" Interventionen statt (vgl. Wendt 1986, S. 76), wobei letzteres nicht radikale Umgestaltung impliziert, sondern vorrangig Reorganisation zur besseren Nutzung.

Bei genauerer Betrachtung dieses Ansatzes stellt man sich unweigerlich die Frage, was hier eigentlich jenseits neuer Begrifflichkeiten innovativ sein soll. Der Bezug von Individuum und Umwelt findet sich schon bei den Klassikern wie Alice Salomon, die immer betonte, dass Interventionen sich auf Personen oder Umwelt zu richten haben. Da diese Bezüge nicht zu übersehen sind, betonen fast alle Vertreter die Anknüpfung an die traditionelle Sozialarbeit, da die „frei tätige Sozialarbeit von jeher auf das Milieu orientiert war, in dem sie ihre Klientel vorfand" (Wendt 1990b, S. 15). Ökosoziale Ansätze grenzen sich damit weniger von den klassischen Methodenkonzepten der Sozialen Arbeit ab, als vielmehr von ihren psychologisierten Varianten. Wie allerdings die systematische Schwachstelle der klassischen Ansätze behoben werden soll, die letztlich bei den Personen hängen blieben, weil sie Gesellschaft zwar als reorganisierbar, nicht aber als prinzipiell veränderbar begriffen, wird in den sozialökologisch orientierten Ansätzen nicht deutlich. So kritisiert Staub-Bernasconi insbesondere den Ansatz von Wendt, der „mehr oder weniger verschlüsselt ein Zurück zur gedachten wie faktischen, so genannt natürlichen Gesellschafts-, genauer Gemeinschaftsordnung ... empfiehlt" (Staub-Bernasconi 1995, S. 74). „Sozialökologisch" und „systemisch" erweisen sich in dieser Variante als neue Chiffren für „Ganzheitlichkeit", verknüpft mit der Hoffnung, sich mit den neuen Begriffen auch ein Mehr an Ordnung und Übersichtlichkeit einzukaufen. Mit Staub-

Bernasconi gesprochen liegt die Vermutung nahe, dass es sich hier um ein „theoretisches und praktisches Konzept Sozialer Arbeit im Gewande neuer Sprachpflege" handelt (ebd., S. 44).

(d) Die „neue" Relevanz planungsbezogener und betriebswirtschaftlicher Methoden: In der Methodendiskussion dominierten bislang – mit Ausnahme im Umfeld der Gemeinwesenarbeit – jene Ansätze, die sich auf Formen *interaktiver* Problembearbeitung in der Beziehung von Klient(en) und Sozialarbeiter bezogen. Dabei geriet nur allzu leicht aus dem Blick, dass auch personenbezogene Hilfe sich immer in institutionalisierten Kontexten vollzieht und sich mithin neben den klientenbezogenen Aufgaben immer auch solche stellen, die sich auf die (Re-)Produktion der organisatorischen Rahmenbedingungen von Hilfe beziehen. So hebt Dieter Kreft die Fähigkeit zum administrativ kompetenten Handeln als zentrales Element der Handlungskompetenz von SozialarbeiterInnen hervor. Kreft meint damit „die Fähigkeit, gewollte Inhalte in gegebenen Handlungsstrukturen zu realisieren" (Kreft 1996, S. 272). Ist auch dieses Verständnis noch auf die konkrete Fallarbeit mit Klienten bezogen, so haben in den letzten Jahren jene Bereiche an Bedeutung gewonnen, die sich a) auf übergreifende, fallunabhängige Planungsaufgaben beziehen und/oder b) auf die (Neu)Organisation der administrativen Strukturen Sozialer Dienste. Beide Tendenzen finden ihr gemeinsames Credo in der Absicht, durch eine bessere Abstimmung von Angebotsstrukturen und Bedarfslagen zu einer effektiveren und nicht zuletzt effizienteren Gestaltung von Hilfearrangements zu gelangen.

Im Bereich der Sozialplanung geht es einerseits um eine Bestandserhebung vorhandener Angebote sowie um eine Ermittlung des aktuellen und zukünftigen Bedarfs, um im Sinne von Politikberatung den Entscheidungsträgern eine fundierte Basis zu verschaffen. Als Beispiele lassen sich etwa die Altenhilfeplanung, Behindertenplanung, Psychiatrieplanung und die Jugendhilfeplanung nennen (vgl. Ortmann 1996, S. 548).

Mindestens ebenso bedeutsam, wenn nicht insgesamt folgenreicher für die Soziale Arbeit, ist das in den letzten Jahren beobachtbare Eindringen betriebswirtschaftlicher Kategorien und Denkmuster in die öffentlichen (Sozial-)Verwaltungen. Unter dem Stichwort „Neue Steuerung" wird eine Reorganisation öffentlicher Verwaltungen diskutiert und praktiziert, deren Ziel eine effektivere Gestaltung öffentlicher Dienstleistungen ist. Die entsprechenden Stichworte sind mittlerweile in aller Munde: „Begriffe wie ‚Effektivität', ‚Effizienz', ‚Corporate Identity' oder ‚Unternehmen' (einschließlich seiner Ziele, Kultur und Philosophie) gewinnen im gegenwärtigen professionellen Code an Relevanz. Mit der Übernahme dieser Terminologie scheint die traditionelle Distanz der Sozialen Arbeit gegenüber profitorientierten Unternehmen überwunden zu werden." (Flösser 1994, S. 113) Auch wenn vielen SozialarbeiterInnen diese betriebswirtschaftliche Landnahme suspekt erscheint und die Beschäftigung mit der ISO-Norm 9000 ff. (vgl. Boden 1997) gerade bei MitarbeiterInnen mit einer dezidiert pädagogischen Identität eher Irritation denn Motivation provoziert, führt kein Weg daran vorbei, dass angesichts der Krise der öffentlichen Haushalte auch die Angebote der Sozialen Arbeit in einen Reflexions- und Reorganisationsprozess einbezogen werden, der die Erhöhung der Leistungsfähigkeit der entsprechenden Organisationseinheiten zum Ziel hat.

Auch und gerade, weil das Eindringen betriebswirtschaftlichen Denkens in die Soziale Arbeit erhebliche Folgeprobleme mit sich bringt, ist es unabdingbar, dass sich sozialpädagogische Fachkräfte auf diese neuen Aufgaben einlassen und sich entsprechende theoretische und methodische Kompetenzen verschaffen, denn die Reorganisation Sozialer Dienste ist viel zu wichtig – auch für die Klienten –, um sie Betriebswirtschaftlern zu überlassen. Dies gilt insbesondere dann, wenn man C. W. Müllers Lesart der längerfristigen Entwicklung der Methodenlandschaft in der Sozialen Arbeit folgt:

„Die letzten 50 Jahre der Entwicklung sozialer Berufe haben uns quantitativ, und ich denke auch qualitativ, ein paar wichtige Schritte vorwärts gebracht. Die Aneignung der klassischen Methoden Sozialer Arbeit war nach dem Zusammenbruch des ‚Dritten Reiches' ein wichtigere Beitrag zur Demokratisierung und Professionalisierung von Berufsfeldern Sozialer Arbeit. Sie lenkte den Blick insbesondere auf die Mikroprozesse der Kommunikation zwischen Sozialarbeitern und Klienten, zwischen Gruppenpädagogen und Gruppenmitgliedern, zwischen Gruppen im Stadtteil und der Kommunalpolitik. Die Studentenbewegung und ihre innovativen Kräfte lenkten den Blick vom Mikrokosmos auf die Struktur der Gesamtgesellschaft und auf ihren Beitrag zur Herstellung und Verfestigung sozialer Probleme. Der daran anschließende Blick nach innen, der manchmal als ‚Psychoboom' belächelt worden ist, richtete unsere Aufmerksamkeit auf die eigene Person und deren Kultivierung als eines der wichtigsten Instrumente unseres professionellen Handelns. Die Verbetriebswirtschaftlichung unserer Arbeit, die ja nicht nur ihre problematischen und gefährlichen, sondern auch ihre nützlichen Seiten hat, richtet schließlich den Blick auf die Gestaltung unserer Arbeitsplätze und auf die notwendigen Ressourcen, die uns zur Verfügung stehen müssen, um eine qualifizierte Arbeit nicht nur zu versprechen, sondern auch tatsächlich und dauerhaft zu leisten. Es gehört in der Tat zu den Krankheiten unseres Berufes, dass wir im Hinblick auf unsere menschenfreundlichen Absichten den Mund sehr voll nehmen und dass wir in vielen Fällen auf eine fast schon protestantische Weise die Absicht für den Vollzug der realen Handlung nehmen und gar nicht mehr hinschauen, was wir den wirklich bewirken." (C. W. Müller 1999, S. 196)

Aus dieser Perspektive steckt im derzeitigen Boom betriebswirtschaftlicher Methoden und Denkmuster die Aufforderung zur (empirischen und konzeptionellen) Vergewisserung über die eigenen Wege (Methoden, institutionelle Settings, Organisationsformen), Ziele (Konzepte, Zielgruppen, öffentliche Interessen, Klienteninteressen) und Erfolge. Dass dieses reflexive und damit potentiell der Steigerung der „Qualität"[9] sozialer Unterstützungsleistungen dienliche Anliegen fachlich – und dass heißt aus der Perspektive Sozialer Arbeit – ausbuchstabiert werden muss, dürfte angesichts der sich nicht nur andeutenden Gefahren einer betriebswirtschaftlichen Kolonialisierung sozialpädagogischer Organisations-, Handlungs- und Denkmuster keiner nachdrücklichen Begründung bedürfen.

 Tipps zum Weiterlesen:

Thiersch, H.: Die Erfahrung der Wirklichkeit. Perspektiven einer alltagsorientierten Sozialpädagogik, Weinheim/München 1986.

Thiersch, H.: Lebensweltorientierte Soziale Arbeit. Aufgaben der Praxis im sozialen Wandel, Weinheim/München 1992.

Dewe, B. u.a.: Professionelles soziales Handeln. Soziale Arbeit im Spannungsfeld zwischen Theorie und Praxis, Weinheim/München 1993.

Flösser, G./Otto, H.-U. (Hrsg.): Neue Steuerungsmodelle für die Jugendhilfe, Neuwied u.a. 1996.

Mühlum, A. u.a.: Umwelt Lebenswelt. Beiträge zur Theorie und Praxis ökosozialer Arbeit, Frankfurt a.M. 1986.

---

9 Der Begriff „Qualität" wurde in Anführungsstriche gesetzt, weil er an dieser Stelle missverständlich sein könnte, ist doch die Frage, was die Qualität Sozialer Arbeit letztlich ausmacht, eine der am meisten diskutierten (und vielleicht am wenigsten beantworteten) Kardinalfragen der gegenwärtigen Fachdebatte, insofern sie sich im Schwerpunkt auf die Fragen von Organisation und Strukturen der Jugendhilfe im besonderen und der Sozialen Arbeit im allgemeinen bezieht (vgl. dazu ausführlicher Kapitel 26). An dieser Stelle meint der Begriff allerdings lediglich allgemein die Steigerung der Klientendienlichkeit Sozialer Dienstleistungsproduktion.

11. Thesen zur Methodenfrage in der Sozialen Arbeit
Eine Bilanz

(1) Handlungsmethoden der Sozialen Arbeit thematisieren jene Aspekte im Rahmen sozialpädagogischer/sozialarbeiterischer Konzepte, die auf eine planvolle, nachvollziehbare und damit kontrollierbare Gestaltung von Hilfeprozessen abzielen und die dahingehend zu reflektieren und zu überprüfen sind, inwieweit sie dem Gegenstand, den gesellschaftlichen Rahmenbedingungen, den Interventionszielen, den Erfordernissen des Arbeitsfeldes und der Institutionen sowie den Personen gerecht werden. Wenn von Methoden die Rede ist, so liegt der Akzent auf der Betrachtung des planvollen Handelns von Sozialarbeitern in konkreten Interventionsbezügen. Idealtypisch betrachtet sind Methoden eingebettet in Konzepte und umfassen Techniken. Ein auf Techniken kommunikativer Einflussnahme und situativen Managements verkürzter Methodenbegriff ist nicht zureichend, da er der Gefahr unterliegt, die Autonomie des Klienten und seiner Lebenswelt zu beeinträchtigen, indem Technologien zur beliebigen Verfügbarkeit bereitgestellt werden.

(2) Die Entwicklung und Implementierung von Methoden beruflichen Handelns hat eine doppelte Zielrichtung: Zum einen geht es darum, dem beruflich Tätigen ein Instrumentarium an erprobten und bewährten Handlungsmöglichkeiten zur Verfügung zu stellen, um damit die Komplexität der Handlungsanforderungen zu reduzieren und überschaubarer zu machen. Der nicht hintergehbare Ertrag methodischen Handelns ist die Transformation von intuitivem Handeln zu planvollen und kalkulierbaren Vorgehen. Zum anderen hat die Methodendebatte auch immer einen professionspolitischen Aspekt. Zu den Kernelementen von Professionen, d.h. „gehobenen Berufen" gehört neben einer wissenschaftlichen Basis, Selbstregulation und -kontrolle, fachlicher Autonomie usw. auch die Verfügung über originäre Handlungsmethoden, die sie gegenüber anderen Professionen als originell und einzigartig ausweisen. Methodenentwicklung als Professionalisierungsstrategie zielt ab auf kollektiven Image- und Statusgewinn.

(3) Definiert man als Ziel sozialpädagogischen Handelns ganz allgemein Hilfe und Unterstützung bei der Lebens- und Alltagsbewältigung von Individuen, Gruppen und Gemeinwesen, so teilt die Soziale Arbeit diese Zielperspektive sowohl mit anderen Professionen wie auch mit Laien. Die spezifischen Handlungsbedingungen der Sozialen Arbeit sind insbesondere durch vier Merkmale gekennzeichnet: (a) die Allzuständigkeit, d.h. alles was das (Alltags-)Leben an Problemen hergibt, kann zum Gegenstand so-

zialpädagogischer Intervention werden; (b) fehlende Monopolisierung der Tätigkeitsfelder, d.h. Sozialarbeiterinnen arbeiten in ihren Arbeitsfeldern mit unterschiedlichsten anderen Berufsgruppen zusammen (z.B. LehrerInnen, PfarrerInnen, PsychologInnen, ÄrztInnen, JuristInnen usw.), haben kaum ureigenste Domänen; (c) Schwierigkeit der Durchsetzung von Kompetenzansprüchen in Bezug auf Probleme des alltäglichen Lebens, d.h. die Art der Probleme, mit denen es Soziale Arbeit zu tun hat, ist häufig so beschaffen, dass es insbesondere für Laien häufig nur schwer durchschaubar ist, warum es zu ihrer Lösung einer spezifischen beruflichen Kompetenz bedarf; (d) die Ko-Produktivität personenbezogener sozialer Dienstleistungen, d.h. die Tatsache, dass Bildung, Erziehung, Beratung, Hilfe und Unterstützung immer der Aktivität und Mitarbeit des Klienten bedürfen, um gewünschte Erfolge zu erzielen; (e) Abhängigkeit von staatlicher Steuerung und direkte Einbindung in bürokratische Organisationen, d.h. Soziale Arbeit ist eingebunden in staatliche Gewährungs- und Kontrollkontexte und verfügt von daher nicht über eine den klassischen Professionen vergleichbare fachliche Autonomie. Für sozialpädagogische Interventionen bedeutet Letzteres, dass sie immer im Spannungsfeld von Hilfe und Kontrolle („doppeltes Mandat") angesiedelt sind.

(4) Unter anderem auf dem Hintergrund dieser Skizze lassen sich bestimmte Probleme und Grenzen der Methodisierbarkeit sozialpädagogischen Handelns konstatieren. (a) Die begrenzte Operationalisierbarkeit sozialpädagogischen Handelns resultiert nicht zuletzt aus der Tatsache, dass sowohl Ziele wie Wege der Hilfe in der Sozialen Arbeit Aushandlungsprodukte sind. An einem Beispiel gesprochen: Der Chirurg wird mit dem Patienten kaum über Ziel (Entfernung eines akut entzündeten Blinddarms) und Weg (Operationstechnik) diskutieren (wollen). Im Falle sozialpädagogischer Problemstellungen wie etwa Schuldenabbau, Haushaltsführung, Erziehungspraxis ist die Teilhabe am Ziel- und Verfahrensfindungsprozess konstitutiv. (b) Dies gilt umso mehr, als sozialpädagogischer Intervention ein Technologiedefizit immanent ist, d.h. Veränderungen – z.B. auf der Verhaltensebene – müssen immer vom Subjekt selbst vollzogen werden. Während ein Arzt im Notfall auch ohne Zustimmung des Patienten, ja im Zustand der Narkose auch gegen den Willen des Patienten Heilung herbeiführen kann, ist der Sozialpädagoge auf die aktive und bewusste Mitarbeit des Klienten zwingend angewiesen. (c) Neben das Technologiedefizit ist im Zuge gesellschaftlicher Modernisierung ein Zieldefizit getreten. Der Verlust an standardisierten Normalitätsmustern führt zu einem Orientierungsdilemma, da gesellschaftlich akzeptierte Normalitätsstandards verschwimmen bzw. die Einlösung von Standards (z.B. „lohnarbeite, um zu leben") faktisch begrenzt wird.

(5) Eine erste Konsequenz dieser Skizze für die Methodenfrage in der Sozialen Arbeit ist, dass sozialpädagogische Methoden nicht als geschlossene Systeme im Sinne naturwissenschaftlicher Ziel-Mittel-Technologien ver-

standen werden können. Sozialpädagogische Methoden sind vielmehr durch Offenheit gekennzeichnet. Offenheit bedeutet zumindest zweierlei: Zum einen muss Methode als Grundmuster verstanden werden, „das in unterschiedlichen Aufgaben unterschiedlich akzentuiert und konkretisiert wird, indem aber immer das Moment der Strukturierung instrumentell für die Situation realisiert wird" (Thiersch 1993, S. 24). Sozialpädagogische Methoden wären demnach nicht mit schematisch anzuwendender Technik, mit einer Sammlung konkreter Handlungsanweisungen zu verwechseln. Zum anderen müssen SozialarbeiterInnen über einen breiten Fundus an methodischen Möglichkeiten verfügen, um nicht in die Gefahr zu geraten, die Klienten und ihre Probleme an eine Methode anzupassen, sondern umgekehrt, um methodisch flexibel auf Situationen und Problemlagen reagieren zu können. Methodisches Handeln in der Sozialen Arbeit ist in diesem Sinne gekennzeichnet durch „strukturierte Offenheit" (vgl. Thiersch 1993).

(6) Gerade angesichts dieser Offenheit kommt dem „sozialpädagogischen Blick" (vgl. Rauschenbach u.a. 1993) eine besondere Bedeutung zu. Versteht man unter dem „sozialpädagogischen Blick" die theoretisch fundierte, lebensweltthermeneutische Sensibilität zur Wahrnehmung und Analyse von Situationen, Biographien und Lebenslagen, so wird deutlich, dass sozialpädagogische Fachlichkeit sich auch aus der Perspektive der methodischen Kompetenzen nur als wissenschaftlich aufgeklärte und geschulte Fachlichkeit konstituieren lässt. Gerade, weil die technologische Beherrschbarkeit sozialer Beziehungen und sozialer Netzwerke begrenzt ist, bedarf es angesichts der Komplexität moderner Gesellschaften einer theoretisch fundierten Analyse- und Reflexionsfähigkeit.

(7) Methodisches Handeln in der Sozialen Arbeit muss sich des doppelten Mandats sozialpädagogischer Interventionen bewusst sein, d.h. dass sozialpädagogisches Handeln immer Hilfe und Kontrolle zugleich realisiert. Die Sicherung der Autonomie der Lebenspraxis der Klienten gegenüber Eingriffen oblag in den klassischen Methodenansätzen einer Palette an ethischen Prinzipien, die tendenziell nur bedingt geeignet waren, eine Haltung nach dem Muster zu verhindern: „Im Grunde genommen weiß der Sozialpädagoge besser, was für das Leben des Klienten gut ist, denn wenn er kompetent wäre, wäre er nicht Klient". Im Horizont zunehmender Zieldiffusion ist eine Sicherung, vermittelt über ethische Prinzipien, nicht ausreichend. Vielmehr ist methodisch zu reflektieren, wie die Partizipation von Klienten gewährleistet werden kann. Partizipation muss strukturell in Methodenkonzepten verankert werden und nicht dem guten Willen von Sozialpädagogen überlassen bleiben.

(8) Methoden Sozialer Arbeit können nicht verstanden werden als zielgenaue Technologien der Verhaltensänderung. Angesichts der skizzierten Rahmenbedingungen erfüllt methodisches Handeln in der Praxis im Wesentlichen drei Funktion: (a) In Bezug auf die beruflich tätigen Subjekte schaffen Methoden Entlastung in komplexen Handlungssituationen und dienen der Re-

duktion von Ungewissheit, ohne diese letztlich beseitigen zu können. Methoden können aus diesem Blickwinkel als Instrumente des Schutzes vor Überforderung verstanden werden. (b) Aus der Sicht der Klienten erhöht methodisches Handeln der Sozialarbeiter die Kalkulierbarkeit der Intervention und bietet zumindest tendenziell einen gewissen Schutz vor (gut gemeinten) Übergriffen und ungewollten Nebenwirkungen. (c) Aus der Perspektive der Profession ist die Implementierung von originären Handlungsmethoden ein Aspekt einer Professionalisierungsstrategie und zielt ab auf Status- und Imagegewinn.

(9) Fasst man die bisherigen Thesen zusammen, so lassen sich folgende notwendige Elemente sozialpädagogischer Methodenansätze herausfiltern:

- Hilfen zur *Informationsgewinnung* über und *Analyse* sowie *Reflexion* von Klienten(biographien), Situationen, sozialräumlichen Strukturen, Netzwerken und institutionellen Settings;
- Hilfen zur Gestaltung von *Kommunikation* und *Interaktion* mit Klienten, Klientengruppen und Akteuren in sozialen Netzwerken;
- Hilfen zur Gestaltung von flexiblen *institutionellen Settings*, je nach den Erfordernissen des Einzelfalls;
- Hilfen zur *Phasierung* des Hilfeprozesses in einzelne Handlungsschritte;
- Hilfen zur *Sicherung der Partizipation* von Klienten, Klientengruppen und sozialer Netzwerke im Hilfeprozess;
- Hilfen zur prozessbegleitenden *Kontrolle* der Folgen der Intervention.

(10) Angesichts dieser komplexen Anforderungen an methodisches Handeln in der Sozialen Arbeit sowie ihrer spezifischen Rahmenbedingungen erweist sich die Therapeutisierung der Sozialen Arbeit als Sackgasse. Die neuere Fachdiskussion hat unter den Stichworten „Lebensweltorientierung" und „stellvertretende Deutung als Professionsmodell" Anknüpfungspunkte und Rahmenkonzepte geschaffen, die als Fluchtpunkte der Methodenentwicklung und Methodenreflexion in der Sozialen Arbeit in Gegenwart und Zukunft nützlich und hilfreich sind.

III.
Methoden in der Sozialen Arbeit
Überblick und Steckbriefe

12. Methoden in der Sozialen Arbeit
Ein Ordnungsversuch

Die historische und systematische Betrachtung der Methodendiskussion in der Sozialen Arbeit hat als einen Ertrag erbracht, dass die bis in die siebziger Jahre dominierende „Dreifaltigkeit" der sozialpädagogischen Methodenlehre, von der Einzelfallhilfe über die Gruppenarbeit zur Gemeinwesenarbeit, keine Gültigkeit mehr besitzt. Im Gegenteil! Dem Resümee von Marianne Schmidt-Grunert ist zuzustimmen: „Heute treffen wir in der Sozialen Arbeit auf vielfältige methodische Ansätze, wir können von einer Methodenvielfalt sprechen. Die ausschließliche Vermittlung der klassischen Methoden im Studium der Sozialen Arbeit würde zu kurz greifen. Vielmehr ist für Studierende eine Auseinandersetzung mit den unterschiedlichen Methoden und deren jeweiligen Elementen notwendig, da nur darüber der Bezug auf eine soziale Praxis, die Methodenvielfalt und Methodenintegration erfordert, im Studium vermittelt und sicher gestellt werden kann." (Schmidt-Grunert 1997, S. 50) Wenn es richtig ist, dass Soziale Arbeit, verstanden als (soziale) Unterstützung im Alltag der Klienten, der Vielfalt und Komplexität von Alltagsproblemen und Alltagssituationen nicht mittels Reduktion auf *eine* Methode begegnen kann, so kompliziert sich damit das Unterfangen einer methodisch fundierten Ausbildung. Sie steht in der Gefahr, sich zwischen den Polen notwendigen Spezialistentums einerseits und oberflächlichem „Kennen" der methodischen Vielfalt andererseits zu verlieren.

Die Beliebigkeit eines fachlichen Methodenprofils leistet der Gefahr Vorschub, dass letztlich doch der Prozess der Problembearbeitung dem zur Verfügung stehenden methodischen Potential angepasst wird und nicht umgekehrt, die Situation des Klienten, seine spezifische Problemlage zum Auslöser für die Suche nach einem sach-, situations-, problem- und personenadäquaten Methodenarrangement wird. Dieser Gefahr lässt sich dadurch begegnen, dass ein angemessenes methodisches Profil in der Sozialen Arbeit immer in einer doppelten Dimension gedacht werden muss: als Überblickswissen über die Vielfalt methodischer Möglichkeiten, ihrer Rahmenbedingungen, Indikationen, Möglichkeiten und Grenzen einerseits, und als Erarbeitung eines auf das jeweilige Arbeitsfeld und den Aufgabenzuschnitt abgestimmtes Methodenprofil sowie ein auf den jeweiligen Fall und seine einzigartigen Bedingungen gerichtete vertiefende Methodenauswahl und -anwendung andererseits.

Methoden in der Sozialen Arbeit 161

Der dritte Teil des vorliegenden Buches versucht sich an dem nicht gerade leichten Unterfangen eines Überblicks über neuere Methodenkonzepte.[1] Um auch hier nicht einer Beliebigkeit der Auswahl und Anordnung zum Opfer zu fallen, bedarf es zweierlei: (A) eines begründeten Ordnungsschemas der Methodenkonzepte, um Überblick zu ermöglichen und (B) einer argumentativ gestützten Auswahl der vorgestellten Ansätze.

(A) Zunächst zur Frage der Ordnung der Methodenkonzepte. In der Fachliteratur liegen bislang nicht sehr viele und vor allem wenig begründungsstarke Überblicks- und Ordnungsversuche vor. Der klassische Weg ist der, die Konzepte schlicht auf der Basis der klassischen Methoden zuzuordnen, mithin Methoden der Einzelfallhilfe, der Gruppenarbeit und der Gemeinwesenarbeit zu unterscheiden und neuere Konzepte als „Ableger" zu verstehen. Auf den ersten Blick ist dieser Ordnungsversuch durchaus plausibel, scheint er doch die gewachsene Logik der Methodendiskussion zu berücksichtigen. Allerdings lassen sich auch Argumente gegen einen solches Ordnungsschema vorbringen:

Einerseits könnte – wie bereits in Kapitel 1 angedeutet – schlicht eine Verwechselung zwischen Methoden und Sozialformen vorliegen. Natürlich arbeiten Sozialpädagogen klientenbezogen immer notwendig mit Einzelnen, Gruppen und/oder Gemeinwesen, gleichwohl bedienen sie sich heute nur noch selten der mit diesen Begriffen verbundenen konzeptionellen Ansätze der 50er, 60er und 70er Jahre. Nutzt man diese Begriffe als Ordnungsschemata, so könnte der Eindruck erweckt werden, dass die neueren methodischen Ansätze der Sozialen Arbeit auch konzeptionell, d.h. in ihren Zielvorstellungen, Grundannahmen und Handlungsanweisungen, ihre Wurzeln in den entsprechenden Konzepten finden würden. Dies ist aber – zumindest in der Mehrzahl – nicht der Fall.

Andererseits ist eine Entwicklungstendenz der letzten Jahrzehnte, dass die Grenzen zwischen Einzelfallhilfe, Gruppenarbeit und Gemeinwesenarbeit in den neueren Konzepten zunehmend aufgelöst werden. So integriert etwa das Case Management (vgl. Kapitel 16) Elemente der wohlfahrtsstaatlichen Gemeinwesenarbeit, Streetwork (vgl. Kapitel 23) umfasst Momente der Einzelfallhilfe ebenso wie gruppenförmige Zugänge und gemeinwesenorientierte Denk- und Arbeitsweisen. Die scharfe Trennung zwischen Einzelfallhilfe, Gruppenarbeit und Gemeinwesenarbeit könnte so Differenzen erzeugen, die der Entwicklung der Sozialen Arbeit immer weniger entsprechen.

Darüber hinaus beziehen sich die klassischen Methoden überwiegend auf die konkrete und direkte Arbeit mit Klienten.[2] Neben diesen klientenbezogenen Methoden haben gerade in letzter Zeit jene Ansätze an Bedeutung

---

1 Mit dem Begriff „neuere" Methodenkonzepte ist angedeutet, dass die klassischen Konzepte der Einzelfallhilfe, der sozialen Gruppenarbeit und der Gemeinwesenarbeit hier nicht nochmals aufgegriffen werden (vgl. Kapitel 4, 5, 6, 7).
2 Eine Ausnahme stellen hier allenfalls einige Ansätze der Gemeinwesenarbeit dar.

gewonnen, die sich nur indirekt auf Klientenarbeit beziehen und sich vielmehr mit den Sozialpädagogen selbst (vgl. etwa zur Supervision Kapitel 24) bzw. mit der Organisation sozialer Einrichtungen beschäftigen, wie etwa das Sozialmanagement (vgl. Kapitel 26) oder die Jugendhilfeplanung (vgl. Kapitel 27).

Ein Ordnungsversuch, der zumindest dem letzten Einwand Rechnung trägt, ist der von E. J. Krauß (1996, S. 396). Er unterscheidet zwischen primären Methoden (soziale Einzelfallhilfe, soziale Gruppenarbeit und soziale Gemeinwesenarbeit) und sekundären Methoden (Supervision, Planung, Beratung). Ganz abgesehen davon, dass auch hier wieder die „Klassiker" als primäre Methoden auftauchen, ist die Zuordnung zu den sekundären Methoden inhaltlich wenig stringent, da hier sowohl direkt klientenbezogene (z.B. Beratung) wie eher klientenferne, organisationsbezogene Methoden (z.B. Planung) zusammengefasst werden. Soll mit diesem Schema mehr intendiert sein, als die Kennzeichnung ‚alter' und ‚neuer' Methoden, so bedarf es inhaltlicher Kriterien.

Die bisherigen Ordnungsversuche sind, kurz gesagt, eher unbefriedigend, weil es ihnen an inhaltlicher Begründung des Zuschnitts mangelt. Diese Sachlage macht es notwendig, ein eigenes Ordnungsschemata zu entwickeln. In den ersten beiden Auflagen dieser Einführung wurde zwischen klientenbezogenen und professionsbezogenen Konzepten und Methoden unterschieden. Als Kriterium der Unterscheidung diente die direkte bzw. indirekte Bezugnahme auf den Klienten im Kontext der sozialpädagogischen Intervention. Mit anderen Worten: Überall, wo es um die konkrete Planung und Durchführung einer sozialpädagogischen Intervention in Bezug auf einen Klienten oder einen Fall geht, kann von klientenbezogenen Methoden gesprochen werden. Neben diesen Ansätzen, die sicherlich die Mehrheit dessen ausmachen, was gemeinhin unter dem Stichwort „Methoden der Sozialen Arbeit" gedacht und verhandelt wird, finden sich mit wachsender Bedeutung auch solche Methoden, die sich nicht direkt und unmittelbar auf Interaktionen mit Klienten und Interventionsplanung beziehen, sondern ihren Fokus breiter wählen. Der Begriff professionsbezogene Konzepte und Methoden sollte ausdrücken, dass diese sich nicht unmittelbar der Strukturierung des Interaktionsgefüges Klient-Sozialarbeiter widmen, sondern eher indirekt wirken.

Kritiken dieses Ordnungsversuchs zielten weniger auf die inhaltliche Struktur, mithin das Kriterium der Differenzierung, sondern vielmehr auf die Begrifflichkeit. Insbesondere der Terminus der professionsbezogenen Konzepte und Methoden sei insofern missverständlich, als er suggeriere, diese hätten keinen Einfluss auf die konkrete sozialpädagogische Interaktion, was natürlich nicht der Fall ist. Diese Kritik aufgreifend scheint es notwendig, die Begrifflichkeit zu schärfen. Insofern stellt die folgende Übersicht keine *inhaltliche* Neuerung gegenüber den Differenzierungsversuchen in den ersten beiden Auflagen dar, sondern vielmehr eine begriffliche Präzisierung.

Im Folgenden sollen drei Gruppen an Handlungskonzepten und -methoden in der Sozialen Arbeit unterschieden werden:

a) *Klientenbezogene Konzepte und Methoden* sind dadurch gekennzeichnet, dass sie versuchen, eine spezifische sozialpädagogische Intervention im Allgemeinen bzw. die Interaktion zwischen Klienten und Sozialarbeiter-Innen im Speziellen strukturierbarer, planbarer und überprüfbarer zu gestalten. Fokus dieser Ansätze ist mithin die Durchführung einer (klientenbezogene) Intervention.

Sie lassen sich nochmals differenzieren nach 1. einzelfall- und primärgruppenbezogene und 2. eher gruppen- und sozialraumbezogene Konzepte und Methoden der Sozialen Arbeit. Diese Unterscheidung ist nicht unproblematisch, da insbesondere gemeinwesenbezogene Aspekte unter Stichworten wie ‚sozioökologisches Denken' u.a. mittlerweile in fast alle Ansätze eingesickert sind[3]. Gleichwohl lassen sich die vorliegenden neueren Ansätze dahingehend unterscheiden, dass sie den Fokus der Fallbearbeitung unterschiedlich weit wählen. An einem Beispiel gesprochen: Zwar integriert das Case Management (vgl. Kapitel 16) Aspekte der Gemeinwesen- und Netzwerkarbeit, im Zentrum der Hilfeleistung steht allerdings das betroffene Subjekt, der Einzelfall. Die Zuordnung zu einer dieser Untergruppen versteht sich mithin als Schwerpunktsetzung und schließt im Einzelfall nicht aus, dass darüber hinausgehende Aspekte angesprochen und berücksichtigt werden.

b) Davon abzugrenzen sind die *indirekt interventionsbezogenen Konzepte und Methoden,* wie die Supervision und die Selbstevaluation, die sich zwar auch auf konkrete Interventionen beziehen (können), diese aber nicht selbst strukturieren sondern reflexiv analysieren. Methoden dieser Gruppe richten sich vor allem an die MitarbeiterInnen mit dem Ziel, durch (Selbst-)Beobachtung, Analyse und Diskurs einen Zugewinn an professioneller Analyse- und Handlungsfähigkeit zu gewinnen. Dabei kann sich (vor allem in der Selbstevaluation, aber auch in der Supervision) der Blickwinkel vom Einzelfall ausweiten bis hin zur Analyse von Einrichtungen, ihren strukturellen Rahmenbedingungen, ihrer Kommunikations- und Teamstrukturen usw. Auch diese Methoden „verändern" sozialpädagogische Interaktionen und Interventionen bzw. können sie verändern, wenn ihr reflexives Potential zur Überprüfung von Handlungen und Strukturen von Praxiseinrichtungen genutzt werden. Fokus dieser Ansätze ist mithin die Reflexion einer (klientenbezogenen) Intervention bzw. einer sozialpädagogischen Einrichtung.

c) Als dritte Gruppe – mit wachsender Bedeutung – können die *struktur- und organisationsbezogenen Konzepte und Methoden* abgegrenzt werden. Auf dieser Ebene, zu der insbesondere die Methoden des Sozialmanage-

---

[3] Insofern scheint die Rede vom ‚Arbeitsprinzip Gemeinwesenarbeit" (vgl. Oelschlägel 1985; vgl. Kapitel 6) berechtigt zu sein.

164 Methoden in der Sozialen Arbeit

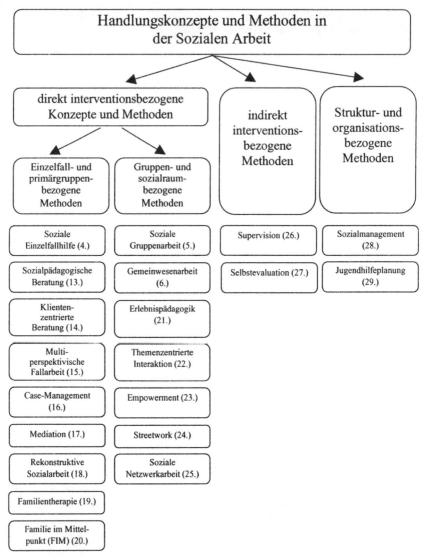

Abbildung 8: Handlungskonzepte und Methoden in der Sozialen Arbeit

ments und der Jugendhilfeplanung zu zählen sind, geht es vorrangig um die mehr oder minder großflächige Abstimmung und Planung von Hilfestrukturen. Ob im Falle der Reorganisation einer Einrichtung oder der sozialräumlichen Planung und Abstimmung von Angeboten, immer geht es quasi um Voraussetzungen, Rahmenbedingungen und strukturelle Grundlagen für konkrete Interventionsprozesse. Ob es etwa in der Großstadt A ein Streetworkprojekt für die Straßenkinder vor Ort geschaffen wird, hängt jenseits der allgegenwärtigen Finanzfragen nicht zuletzt davon ab, ob dieses Problem sich im Planungsprozess als bedeutsam, bearbeitungswürdig und bearbeitungsnotwendig durchsetzen kann. Fokus dieser Methoden sind mithin strukturelle und organisatorische Rahmenbedingungen pädagogischer Interventionen. Auch dieser Ordnungsversuch dürfte weiterhin Zonen mangelnder Trennschärfe aufweisen. Diese sind z.T. auch einer Methodendiskussion geschuldet, in der sich die ehemals vergleichsweise klar konturierten Grenzen zwischen Hilfen für Einzelne, für Gruppen und für Sozialräume zunehmend verflüssigen und auflösen und zudem angesichts wachsender Komplexität und schwindsüchtiger Sozialhaushalte die eher klientenabgewandten, organisationsbezogenen Anforderungen steigen. Die Not des um Ordnung Bemühten ist somit auch als Kehrseite einer aus fachlicher Sicht durchaus positiv zu bewertenden Entwicklung zu begreifen, nämlich der Ausbreitung eines sozialwissenschaftlich fundierten Denkens, dass die Klienten zunehmend weniger auf die Rolle stereotyper Opfer pathologischer Biographien und Lebenslagen mit entsprechendem individuellen Störungen reduziert, sondern sie in situativen und sozialräumlichen Bezügen zu denken, zu verstehen und mit ihnen umzugehen in der Lage ist.

(B) Bleibt als Zweites die Frage, welchen Kriterien methodische Ansätze genügen mussten, um im Überblicksteil berücksichtigt zu werden. Da auf empirische Indikatoren nicht zurückgegriffen werden konnte, da bislang bestenfalls für spezielle, eng umgrenzte Arbeitsfelder empirische Erkenntnisse über Methodenverwendung vorliegen, wurden drei Kriterien zugrunde gelegt: Berücksichtigt wurden Methoden, die (a) im sozialpädagogischen Feld selbst entwickelt, erprobt und verwendet und (b) in der Fachdiskussion zur Kenntnis genommen und so breit diskutiert wurden, dass von einer entsprechenden Rezeption ausgegangen werden kann. Diese ersten beiden Kriterien, so plausibel sie auf den ersten Blick sein mögen, sind insofern problematisch, als dass sie (nicht zuletzt aus der Not des Autors heraus), eine wissenschaftlich-publizistische Rezeption und Verarbeitung zwingend voraussetzen. Da sich aber gerade im Feld der Methoden vieles „von unten" entwickelt und erst zu einem späteren Zeitpunkt seinen publizistischen Niederschlag findet, besteht die Gefahr, dass die Auswahl der Praxisentwicklung notwendig hinterherhinkt.

Auch das dritte Kriterium, nämlich die (C) Berücksichtigung solcher Ansätze, die zwar nicht aus dem sozialpädagogischen Feld stammen, dort aber vermittelt über Fort- und Weiterbildung breit rezipiert und angewendet wurden und werden, ist nicht unproblematisch. Insbesondere geht es hier natürlich auch um die therapeutischen Methoden. Die in Kapitel 9 veranschaulichte Differenz zwischen therapeutischen und sozialpädagogischen Handlungsformen ernst nehmend, dürften therapeutische Methoden im dritten Teil dieses Buches eigentlich keine Berücksichtigung finden, da ihre Aufnahme suggeriert, es handele sich hierbei, etwa bei der systemischen Familientherapie, um eine sozialpädagogische Methode. Das dies nicht der Fall ist, sollte insbesondere im ersten Teil des Buches deutlich zum Ausdruck gekommen sein. Zwei Gründe haben mich dennoch bewogen, zumindest die drei Klassiker der klientenzentrierten Gesprächsführung, der systemischen Familientherapie und der themenzentrierten Interaktion aufzunehmen: Zum einen soll damit der Tatsache Rechnung getragen werden, dass therapeutische Methoden auch heute noch für Sozialpädagogen in erheblichen Maße attraktiv sind, was etwa die Strukturen des auf Methoden bezogenen Fort- und Weiterbildungsangebots belegt. Gerade angesichts der Vielzahl an Angeboten von den „Klassikern" bis hin zum neurolinguistischen Programmieren kann mit einiger Berechtigung davon ausgegangen werden, dass – zum anderen – therapeutische Methoden in der Praxis der Sozialen Arbeit je nach Arbeitsfeld mehr oder minder breite Verwendung finden. Da es hilfreicher ist, eine existierende Situation zu thematisieren, als sie zu ignorieren und sie ihr Eigenleben führen zu lassen, erschien es deshalb nicht nur sinnvoll, sondern im Interesse der Intention dieses Buches, einige Schritte zu einem dezidiert sozialpädagogischen Methodenverständnis zu gehen, notwendig, anhand ausgewählter therapeutischer Ansätze nochmals zu verdeutlichen, wo Chancen und Grenzen ihrer Verwendung in sozialpädagogischen Handlungskontexten liegen könnten. Insofern sind die im Folgenden vorgestellten therapeutischen Ansätze nicht als „trojanische Pferde" zu deuten, mit denen quasi durch die Hintertür vormals gelegte Grenzsteine wieder verschoben werden.

Der dritte Teil des vorliegenden Buches kann ein bislang nicht existierendes Handbuch zu den Methoden und Handlungskonzepten Sozialer Arbeit nicht ersetzen und will dies auch nicht. Insofern sind pragmatische Entscheidungen, denen etwa in dieser Auflage ein Kapitel zum Video-Home-Training (vgl. Kreuzer/Räder 1999) zum Opfer gefallen ist, notwendig. Wenn es gelungen ist, mit der folgenden Auswahl die großen Linien der Methodendiskussion in der Sozialen Arbeit einigermaßen konturenscharf nachgezeichnet zu haben, so wäre schon einiges erreicht. Von dem Zeitpunkt, an dem die Soziale Arbeit auf die Frage nach ihrem originären Methodenkanon in selbstbewusster Gelassenheit auf ein fachlich begründetes und konsensual abgestimmtes Arsenal an Handlungsplänen und Handlungsformen verweisen kann, dass allenfalls periodisch durch kleinere methodische „Aufstände und Revolutionen" in Unordnung gebracht wird, sind wir noch ein Stück entfernt und werden es wohl auch bleiben. Insofern muss die folgende Auswahl notwendig Anlass zu Kritik und Diskussion geben – womit dem Anliegen einer systematischen Methodendebatte in der Sozialen Arbeit ohne Zweifel gedient wäre.

Die im Folgenden darzustellenden methodischen Ansätze haben keinen einheitlichen Charakter:

- einige, insbesondere die dem therapeutischen Spektrum entstammenden Ansätze, sind quasi ihre eigene Umwelt, d.h. sie stellen von der Ebene der Zielsetzungen, des Menschenbildes, der zugrunde liegenden Philosophie über Phasierungselemente bis hin zu technischen Anweisungen in sich geschlossene Konzepte dar;
- andere Ansätze, wie etwa der der sozialpädagogischen Beratung (vgl. Kapitel 13), sind von ihrem Charakter her eher konzeptioneller Art und

weisen Schwächen auf der Ebene methodischer und technischer Konkretisierung auf;
- während einige Ansätze eher an der Grenze zur Technologie anzusiedeln sind, da ihnen eine umfassendere konzeptionelle Rahmung fehlt.

Trotz der beschriebenen Heterogenität wurde versucht, die Ansätze nach einem möglichst vergleichbaren Frageschema zu bearbeiten. Dabei wurde auf folgende Aspekte eingegangen:

- Geschichte
- Begriff und Abgrenzung
- Philosophie und Prinzipien
- Unterschiedliche Ansätze
- Techniken und Phasierungselemente.

Allen Kapiteln wurde abschließend ein Abschnitt unter dem Titel „Einschätzung und Diskussion" angefügt, im Rahmen dessen offene Fragen, Reichweite und Grenzen der Anwendbarkeit, Kritik innerhalb der Fachdiskussion usw. angesprochen wurden. Ziel ist es, mit diesen Stichworten Impulse zu einer kritisch-reflexiven Auseinandersetzung mit methodischen Ansätzen in der Sozialen Arbeit zu fördern, denn die Methodendiskussion kann nur dann fachlichen Maßstäben genügen, wenn sie nicht zur unkritischen Aneignung von „Rezeptbüchern" verkommt. Zu jeder Methodendiskussion gehört zwingend die Auseinandersetzung mit Stärken und Schwächen, Chancen und Grenzen.

Der Schwerpunkt der im Folgenden dargestellten Methoden und Konzepte liegt unübersehbar bei den klientenbezogenen Ansätzen. Dies entspringt zum einen Interessen und Schwerpunkten des Autors, dürfte aber auch tendenziell – zumindest im großen historischen Überblick – dem entsprechen, was traditioneller Weise mit dem Begriff sozialpädagogischer Methoden verbunden wurde. Angesichts der letzten 30 Jahre gesellschaftlicher Modernisierung und ihrer Folgen für die Institutionen Sozialer Arbeit haben die indirekt interventionsbezogenen sowie die struktur- und organisationsbezogenen Methoden einen erheblichen Bedeutungszuwachs zu verzeichnen. Der Charakter der Darstellung dieser letztgenannten Ansätze weicht von der der klientenbezogenen Methoden ab. Die Kapitel zur Supervision, zur Selbstevaluation, zum Sozialmanagement und zur Jugendhilfeplanung sind eher grobe Überblicksartikel, um die LeserInnen auf dem Pfad der vertiefenden Beschäftigung mit diesen Facetten der Methodendiskussion zumindest auf den ersten Schritten zu begleiten. Aus inhaltlicher Perspektive wäre es treffender, die jeweiligen Kapitel mit „Methoden der Jugendhilfeplanung, des Sozialmanagements usw. zu betiteln (was aus Gründen der stilistischen Einheitlichkeit unterlassen wurde), da es sich hier im Sinne der dem Buch zugrunde liegenden Abgrenzung (vgl. Kap. 1) eher um Arbeitsfelder handelt, innerhalb derer jeweils unterschiedliche Methodische Ansätze beobachtet werden können. Die Kapitel geben einen kurzen Ein- und Überblick über methodische Ansätze in diesen Feldern.

13. Sozialpädagogische Beratung

(a) Begriff und Abgrenzung: Als Reaktion auf eine zunehmende Therapeutisierung von Beratungsangeboten, auch in eher sozialpädagogisch akzentuierten Arbeitsfeldern, wurde ab Mitte der 70er Jahre der Versuch unternommen, die Spezifika einer sozialpädagogischen Beratung herauszuarbeiten.[1] So liegt nach Auffassung von Nestmann in einer Vielzahl der Fälle ein „Etikettenschwindel" vor, da oft eine spezifische, „abgespeckte" Form von Therapie unter dem Signum der Beratung angeboten wird. „Als Beratung getarnt werden vor allem eine Vielzahl von Ablegern psychologischer Therapieformen angeboten, die sich von ihren ‚Mutter'-Konzepten lediglich durch eine weitere theoretische und praktische Versimplifizierung und Reduktion auf pragmatische Handwerkelei auszeichnen" (Nestmann 1982, S. 41). In Abgrenzung zu einem solchen Verständnis von Beratung als „kleiner Therapie" (ebd., S. 41) für minder schwere Fälle geht es der Diskussion über sozialpädagogische Beratung um die Erarbeitung eines Kanons an Maximen und Prämissen, die einen eigenständigen sozialpädagogischen Beratungsansatz kennzeichnen und charakterisieren können.

Beratung ist ein integraler Bestandteil jeder Kommunikation. Beratung findet im Alltag von Individuen wie in spezifischen, konstruierten bzw. arrangierten Beratungssettings statt. Mit Sickendiek/Engel/Nestmann kann man Beratung allgemein verstehen als „eine Interaktion zwischen zumindest zwei Beteiligten, bei der die beratende(n) Person(en) die Ratsuchende(n) mit Einsatz von kommunikativen Mitteln, Orientierung oder Lösungskompetenz zu gewinnen [versuchen, d.V.]. Die Interaktion richtet sich auf kognitive, emotionale und praktische Problemlösung und -bewältigung von KlientInnen oder Klientsystemen (Einzelpersonen, Familien, Gruppen, Organisationen) sowohl in lebenspraktischen Fragen wie auch in psychosozialen Konflikten und Krisen" (Sickendiek/Engel/Nestmann 1999, S. 13). Der Hauptanteil von „Beratungsarbeit" wird in alltäglichen Zusammenhängen, in den sozialen Netzwerken der Subjekte geleistet. So betont Nestmann, „dass von den Personen, die in Lebenskrisen und Sorgen wie in Phasen des Unglücklichseins bei anderen Hilfe suchen, nur ein recht kleiner Prozentsatz dies bei professionellen psychosozialen Helfern tut, hingegen 80 Prozent und mehr informelle Hilfen und Unterstützungsquellen wie Ehepartner, Familienmitglieder, Freunde, Nachbarn und Angehörige anderer Berufe ... vorziehen" (Nestmann 1988b, S. 160). Zugleich lässt sich allerdings belegen, dass im Zuge gesellschaftlicher Modernisierung und einem daraus resultierenden erhöhten Orientierungsbedarf Angebote professioneller Beratung in den letzten Jahrzehnten expandiert sind (vgl. Belardi 1996a; Sickendiek/Engel/Nestmann 1999).

---

1 Vgl. zum Folgenden Thiersch (1977, 1992); Nestmann (1982); Belardi (1996a).

Sozialpädagogische Beratung

Nach Thiersch ist Beratung allgemein durch drei Merkmale gekennzeichnet: (1) In der Beratung realisiert sich eine spezifische Form der Rollenbeziehung. „Ein Teilnehmer an der Beratungsinteraktion soll aus dem jeweiligen Geschehen Nutzen ziehen, während der andere Teilnehmer als ‚Mittel der Veränderung' akzeptiert wird. In der Alltags-Beratung werden diese Rollen häufig gewechselt, während sie in der professionell beschriebenen Beratung meist fixiert sind." (Thiersch 1977, S. 101) (2) Beratung erfolgt im Medium der Sprache, des Gesprächs, „die jeweiligen Problemlagen werden verbal repräsentiert und die Problemlösungen als verbale Botschaften in den Interaktionsprozess eingebracht". Beratung vollzieht sich folgerichtig in interaktiven Kommunikationsbeziehungen, in „einem Wechselspiel von gegenseitigem Sprechen, Hören und Verstehen" (ebd., S. 102). (3) Beratung bezieht sich nur auf solche Probleme, die „ein mittleres Maß nicht überschreiten, wo das zu beratende Individuum wenigstens noch so ‚funktionsfähig' ist, dass es die aus der Beratung resultierenden Lösungsansätze in Handlungsschritte umsetzen kann" (ebd., S. 102 f.).

Diese Merkmale von Beratung gelten für jede Beratungstätigkeit, d.h. für Alltagsberatung ebenso wie für professionelle Beratungssettings. Sozialpädagogische Beratung ist nun durch weitere Merkmale abzugrenzen:

- Festlegung des Kompetenzbereichs: Die sozialpädagogische Beratung ist in ihrem Feldbezug wesentlich unklarer konturiert als therapeutische Beratungen, die „ihren Kompetenzbereich unter Berufung auf mehr oder minder ausgewiesene theoretische Schulen (Psychoanalyse, humanistische Psychologie, Lerntheorie) inhaltlich bestimmen können" (ebd., S. 103). Die Festlegung des Kompetenzbereichs erfolgt im Falle sozialpädagogischer Beratung z.B. in Bezug auf regionale Einheiten (z.B. Stadtteil) oder „Problemgruppen".
- Allzuständigkeit der Sozialpädagogen: Innerhalb eines Feldes ist das Themen- und Aufgabenspektrum sozialpädagogischer Beratung prinzipiell nicht begrenzt. Mit anderen Worten: Alles, was im Alltag zum Problem werden *kann*, kann auch zum Thema sozialpädagogischer Beratung werden: von finanziellen Problemen über Schulschwierigkeiten, Eheprobleme bis hin zu Fragen der Sinnsuche. Die Komplexität möglicher Themen hat Auswirkungen auf die praktizierten Handlungsansätze: „Typisch ist vielmehr ein eklektizistischer Umgang mit den unterschiedlichsten Veränderungsmodellen: psychoanalytische Ansätze, Alltagswissen, Informieren, gesprächstherapeutische Momente, schlichte Machtausübung. Die formale Zuständigkeit für alle im jeweiligen Feld manifest werdenden Krisen und Konflikte zwingt den Sozialpädagogen, sich in seinem Beratungshandeln notfalls äußerst pragmatisch zu orientieren. Eine wissenschaftlich honorige ‚Reduktion von Komplexität', die reale Fakten zugunsten ‚sauberen, methodischen Arbeitens' ausklammert, ist für den Sozialpädagogen kaum möglich." (Ebd., S. 104)

- Vielfalt der Beratungsformen und Adressatengruppen: Die Allzuständigkeit der Sozialpädagogik bedingt, dass sozialpädagogische Beratung sich nicht in einem Setting realisieren kann und sich nicht an eine Adressatengruppe wendet. Sie ist offen für unterschiedlichste Angebotsformen und vielfältige Adressatengruppen.

- Spezifische Handlungsintention: Sozialpädagogische Beratung ist Beratungshandeln in der Komplexität alltäglicher Problemlagen und Problemlösungsstrategien und „weit stärker als andere Beratungsansätze ... eine Intervention, die auf die Belebung von Alltagstechniken der Konflikt- und Krisenbewältigung gerichtet ist und dabei notwendigerweise den gesellschaftlichen Kontext nicht ausklammert" (ebd., S. 104).

Spätestens an dieser Stelle wird deutlich, dass Thiersch den Begriff der sozialpädagogischen Beratung nicht auf solche Angebotsformen reduziert, die in spezifischen Beratungseinrichtungen (Familien-, Ehe-, Schwangerschaftskonflikt-, Jugend-, Drogen-, Erziehungsberatung usw.) realisiert werden. Ein sozialpädagogischer Beratungsbegriff muss sich vielmehr sowohl auf institutionale Beratung in entsprechenden Einrichtungen wie auch auf funktionale Beratung beziehen, die im Alltagsgeschäft des „miteinander-lebens" und damit in unterschiedlichsten Handlungssituationen quasi mit anfallen: beim „Thekendienst" im Jugendheim, beim Frühstück in der Jugendwohngemeinschaft, beim Ausflug mit der Jugendgruppe usw.[2]

(b) Maximen und Merkmale: Sozialpädagogische Beratung ist wesentlich durch ihren Bezug auf den Alltag der Klienten gekennzeichnet, sie ist im Kern alltagsorientierte Beratung. Für Sickendiek/Engel/Nestman „ist sozialpädagogische Beratung weitaus näher an der konkreten Lebensrealität, hält sich nicht selten in eben dieser auf, wird deshalb mit dem alltagsweltlich komplexen Geflecht aus materiellen, sozialen, psychischen und alltagspraktischen Belastungen weitaus direkter konfrontiert als psychologische Beratung, die sich auf den ‚dritten Ort' (Thiersch) innerhalb der Beratungsstelle zurückzieht" (Sieckendiek/Engel/Nestmann 1999, S. 41).

Mit Hans Thiersch ist auch derjenige benannt, der seit Mitte der 70er Jahre ein spezifisches Verständnis von sozialpädagogischer Beratung herausgearbeitet hat, in dem sich bereits eine Vielzahl der Elemente finden, die Thiersch in den Folgejahren zum Konzept der alltagsorientierten (vgl. Thiersch 1986) und später lebensweltorientierten Sozialen Arbeit (vgl. Thiersch 1992, 1995; vgl. auch Kapitel 10) weiterentwickelt hat. Voraussetzung für sein Konzept ist ein Verständnis von Alltag, das hier nur kurz skizziert werden kann. Alltag wird begriffen als Schnittpunkt gesellschaftlicher Strukturen und individueller Biographie, quasi als konkrete Verdichtung gesellschaftlich fundierter Er-

---

2 In diesem Sinne versteht Belardi unter funktionaler Beratung „eine allgemeine erzieherische und sozialpädagogische Tätigkeit ... Beratung ist hierbei eine Querschnittsfunktion der Sozialpädagogik. Sie findet eigentlich überall im zwischenmenschlichen Kontakt statt" (Belardi 1996a, S. 37).

fahrungen im Fokus des vorfindbaren Lebensarrangements: „Die in den Widersprüchen der modernen Gesellschaft angelegten Konflikte, Sinnverlust, Apathie, Insuffizienz usw. zeigen sich unmittelbar im Alltag der Betroffenen, in der Komplexität der politischen, psychologischen, rechtlichen, sozialen Schwierigkeiten; diese Konflikte waren immer Gegenstand sozialpädagogischer Beratung." (Thiersch 1977, S. 114) Alltag als Bezugspunkt für sozialpädagogisches Handeln ist nun gekennzeichnet durch „komplexe, widersprüchliche Selbstverständlichkeiten, Regeln der Problemselektion, charakteristische Problemlösungsstrategien; bewährte Routinen entlasten ihn, er [der Mensch, d.V.] verlässt sich ... auf sich, die anderen und die gemeinsame Alltagswelt" (ebd., S. 114). Alltagshandeln ist pragmatisches Handeln. Alltag will bewältigt werden und wird bewältigt mit unterschiedlichsten Routinen und Vorgehensweisen, die sich im „Erfolg" der Bewältigung bestätigen oder verworfen werden (müssen). Dieses erprobte Bewältigungshandeln gilt es zunächst einmal wahrzunehmen und zu respektieren. Gleichwohl heißt dies nicht, dass sozialpädagogisches Handeln im Alltag diese Formen der Alltagsbewältigung zwingend zu stützen hat, denn: „Alltagshandeln kann immer auch ideologisch verblendet sein, durch Rationalisierung, Unkenntnis und Verdrängung bestimmt; das den Alltag bestimmende pragmatische Interesse verdeckt bestehende Machtstrukturen und verfestigt sie in Routinen." (Ebd., S. 115) An einem Beispiel gesprochen: Aus der Perspektive eines Vaters kann sich die „Alltagsroutine", auf Schulschwierigkeiten seines Kindes mit Schlägen und Hausarrest zu reagieren, als erfolgreich darstellen. Für die anderen Familienmitglieder hingegen kann gerade diese „erfolgreiche" Handlungsstrategie zum fundamentalen Problem werden. Alltagsorientierte Soziale Arbeit hat sich folglich in der Balance zwischen Akzeptanz von Alltagsroutinen und Offenlegung, Kritik, Veränderung von borniertem Alltag zu bewähren.

Beratungshandeln muss sich auf diese komplexe und widersprüchliche Struktur des Alltags einlassen. Dieses Anliegen konkretisiert sich in drei zentralen Dimensionen sozialpädagogischen Beratungshandelns: Akzeptanz des Klienten, Sachkompetenz und Partizipation.

Auch und gerade in der Form der Institutionalisierung schlägt sich die Besonderheit sozialpädagogischer Beratung nieder. Sozialpädagogische Beratungsinstitutionen sind demnach durch zwei Merkmale gekennzeichnet:

- Durchsichtigkeit der Beratungsinstitutionen
- Lokalisierung der Beratung.

Durchsichtigkeit der Beratungsinstitution bezieht sich auf ein größtmögliches Maß an Zugänglichkeit und auf eine Transparenz der Methoden. „Eine ideale Erfüllung der Durchsichtigkeitsforderung scheint dort gegeben zu sein, wo die potentiell Betroffenen an der Festlegung von Zielen, Handlungsinventaren und Machtbereichen der Beratungsinstitution direkt beteiligt sind." (Ebd., S. 120) Die Forderung der Lokalisierung bezieht sich auf die alltagsnahe Einbindung von Beratungsinstitutionen in die Region. „Das

Beratungsangebot aber ist dort zu lokalisieren, wo die Adressaten ohnehin vorbeikommen, in Ladenlokalen, Jugendhäusern; das Beratungsangebot zu unterbreiten, wo viele psychosoziale Krisen ausgetragen werden, im Wohnzimmer und in der Küche der Familie, gilt als unseriös, oder doch wenigstens als kritisch bestaunte Novität." (Ebd., S. 121) Basale Akzeptanz des Klienten ohne Verzicht auf den kritischen Bezug verzerrter Alltagsroutinen, Sachkompetenz des Beraters, Gewährleistung von Partizipation des Klienten, Zugänglichkeit der Beratungskapazitäten in organisatorischer und räumlicher Hinsicht, Anbindung der Beratung an den Alltag des Klienten, all dies sind die zentralen Merkmale einer spezifisch sozialpädagogischen Beratung. Oder anders formuliert: Soziale Beratung „agiert ... in der Flächigkeit des Alltags. Damit vermeidet sie ein – mit falscher Verallgemeinerung einhergehendes – Gesellschafts- und Lebensverständnis in therapeutischen Kategorien" (Thiersch 1992, S. 141).

Zusammenfassend lässt sich sozialpädagogische Beratung wie folgt charakterisieren:

 „Sozialpädagogische Beratung sollte parteinehmende Praxis sein, die, gestützt auf Persönlichkeits- und Gesellschaftstheorie, durch reflektierte Beziehungen und Erschließen von Hilfsquellen verschiedener Art das Unterworfensein von Menschen unter belastenden Situationen verändern will. Sie hat die Offenheit von menschlichen Situationen zur Voraussetzung und arbeitet mit den zugleich methodischen wie inhaltlichen Mitteln der Akzeptierung, Sachkompetenz und Solidarisierung. Eine solche Zieldefinition zeigt, dass Beratung zwar mit Interaktion zwischen Personen beginnt, aber nicht dort verbleibt, sondern menschliche Lebensumstände mit ihrer mehrdimensionalen, insbesondere auch sozioökonomischen Bedingtheit angehen will." (Thiersch 1977, S. 129)

(c) Methoden und Vorgehensweisen: Ein solches breit angelegtes Verständnis von sozialpädagogischer Beratung in methodische Handlungsschritte oder gar technische Handlungsanweisungen umzusetzen, bereitet Schwierigkeiten, da es nicht – wie therapeutische Ansätze – von vornherein auf Reduktion angelegt ist, sondern der Komplexität von Alltag gerecht zu werden beabsichtigt. Dies verlangt notwendig Offenheit als strukturbildendes Prinzip. „Nicht festgelegt auf ein gelerntes oder trainiertes therapeutisch-beraterisches Konzept ist sie [die Beratung, d.V.] auch offen für die themengerichtete Auswahl und Praktizierung von Beratungsmethoden oder Vorgehensweisen, die die klassischen Therapieformen und Beratungskonzepte aus Erziehung, Lernen, alltäglicher Interaktion etc. übernommen und verabsolutiert haben. Methoden wie: aufmerksames aktives Zuhören, Problemannäherung in bewältigbaren Schritten, Schutz vor Überlastung, Übung, Reflexion von Vergangenem, Planung von Zukünftigem, Entspannung, Konfrontation mit Überlegungen zum Überdenken, Modellernen, Alternativen aufzeigen, Zusammenfassen, Anbieten von eigenen Interpretationen, unzentrierte Ideensammlung, Provozieren etc., die in den Therapien verein-

zelt und zur formal dominierenden und bestimmenden Technik geworden sind, werden in der alltäglichen Beratung dort integriert, wo eine Notwendigkeit dazu besteht, ohne dass sie sich verselbständigen und Hauptbestimmungsfaktor werden. Ohne das Korsett einer formalistischen Beratungstechnik besteht hier zwar einerseits die Gefahr des wahllosen Pragmatismus und planlosen Eklektizismus, jedoch andererseits die Chance der Entwicklung einer möglichst wenig reduzierten und nicht auf Einzelaspekte zugerichteten Vorgehensweise der Beratung aus der konkreten gemeinsamen Praxis mit Ausgangspunkt, Methode und Ziel." (Nestmann 1982, S. 49)

Für Hans Thiersch ist im Hinblick auf die Frage der Methode sozialpädagogischer Beratung die Relation von „wie" und „was" bedeutsam, d.h. die bei Methodenorientierung häufige Überlagerung der Frage, was eigentlich das Problem ist, durch eine Fixierung auf das „Wie" der „Behandlung". „So notwendig Entdeckung und Betonung des ‚Wie' in der Beratung auch ist, das ‚Was', die materielle Basis der Lebensschwierigkeiten und ihr Niederschlag im Bewusstsein und Erleben der Rat suchenden Person darf dadurch nicht entwertet werden." (Thiersch 1977, S. 123) Radikal formuliert: Nicht die Methode bestimmt den Verlauf der Beratung, sondern das Problem, der Gegenstand, die Lebensumstände bestimmen die Vorgehensweise. Methode wäre dann zu verstehen als „Nahtstelle zwischen Erkenntnis des Problems, Handlungskonsequenzen und Zieldefinitionen" (ebd., S. 124).

Insofern kann sich sozialpädagogische Beratung keinesfalls auf ein eng begrenztes methodisches Repertoire stützen, sondern nutzt vielmehr „Methoden und Verfahren aus unterschiedlichen Konzepten von Veränderung und Hilfe. Beratung stellt problem-, klienten- und zielspezifische Methoden zusammen, integriert sie und geht eklektisch vor. (...) Der Begriff ‚eklektisch' bedeutet: ‚Aussuchen aus verschiedenen Quellen, Systemen und Stilen, das was das Beste scheint', oder ‚bestehend aus dem, was aus unterschiedlichen Quellen, Systemen und Stielen ausgewählt ist.' Der Begriff ‚integrativ' verdeutlicht hingegen, dass es hier nicht um ein wahlloses Zusammenstellen und Zusammenwürfeln einzelner methodischer Elemente geht, sondern um den Versuch einer geplanten und kontrollierten Kombination und Integration verschiedener Verfahren" (Sieckendiek/Engel/Nestmann 1999, S. 119).

Aus dieser Erkenntnis leitet Thiersch fünf Konsequenzen für die Gestaltung sozialpädagogischer Beratung ab:

1. Diagnose in der sozialpädagogischen Beratung ist immer „*teilnehmende Diagnose*" verstanden als gemeinsames Handeln, da sich die Einschätzung von Person, Problem und Bearbeitungsressourcen nur in konkreten Situationen gemeinsamen Handelns angemessen eruieren lassen.
2. Hilfe konkretisiert sich (auch) durch „*Umstrukturierung der Situation*", also durch Erschließung materieller Ressourcen, Neudefinition sozialer Beziehungen, Schaffen neuer sozialer Räumlichkeiten (Freundschaften, Schulwechsel, Arbeitsplatzwechsel usw.).

3. Wenn Alltag auch durch Selbsttäuschung, Borniertheit usw. gekennzeichnet ist, so muss es Aufgabe sozialpädagogischer Beratung sein, durch *Konfrontation* usw. hinter die Fassade „öffentlicher" Problemartikulation zu schauen.
4. Da nicht davon ausgegangen werden kann, dass allein sprachlich vermittelte Erkenntnis zur (gewünschten) Veränderung führt, gehört auch *Training* zum Handlungsspektrum sozialpädagogischer Beratung.
5. Wenn Beratung sich auf Alltag bezieht, so muss sie auch *alltägliche Kontexte* (Gruppen, Gemeinschaften etc.) berücksichtigen und sich in ihnen realisieren.

(d) Einschätzung und Diskussion: Sozialpädagogische Beratung ist der Versuch, in Abgrenzung zu therapeutischen Beratungsformen, die Spezifika einer sozialpädagogischen Umgangsweise mit beratungsrelevanten Problemen zu akzentuieren. Auf der Ebene der Strukturbeschreibung, d.h. der Analyse von Merkmalen und Besonderheiten sozialpädagogischer Intervention, erscheint dies gelungen und damit ein wichtiger und notwendiger Beitrag zur Selbstvergewisserung sozialpädagogischen Handelns. Jenseits dieser kaum zu bezweifelnden Bedeutung der Diskussion um sozialpädagogische Beratung lassen sich aus methodischer Perspektive allerdings einige Problemzonen identifizieren:

(1) In der Diskussion gegen Ende der 70er Jahre lässt sich eine Strömung lokalisieren, Sozialpädagogik und Beratung gleichzusetzen (vgl. Seibert 1978a). Eine solche Gleichsetzung wird der Komplexität sozialpädagogischen Handelns nicht gerecht. Nach B. Müller (1987) umfasst sozialpädagogisches Handeln zumindest drei Dimensionen: (a) das Zusammenleben im Alltag der Klienten (Erziehung), z.B. im Rahmen erzieherischer Hilfen, (b) die Entwicklung von Angeboten, die freiwillig akzeptiert und angenommen werden (z.B. Beratung) und (c) die Ausführung und Verwaltung von gesetzlich fixierten Eingriffen und Leistungen. Die Gleichsetzung von Beratung und Sozialpädagogik (vgl. Seibert 1978a) geschieht nicht selten in der Hoffnung, sich damit auch der eingreifenden und kontrollierenden Aspekte sozialpädagogischen Handelns zu entledigen.[3] Beratung ist, so muss gegenüber reduktionistischen Tendenzen festgehalten werden, auch in der breiten und offenen Form einer sozialpädagogischen Beratung nur ein – wenn auch gewichtiger – Aspekt des Handelns in der Sozialen Arbeit.

(2) Ein praktisches Problem, das sich im Umgang mit dem bisherigen Diskussionsstand stellt, ist die Tatsache, dass es sich hier im eigentlichen Sinne nicht um eine Methodendiskussion handelt, sondern vielmehr um einen konzeptionellen Ansatz, der zumeist auf der Ebene von Zielen, Merkmalen, Strukturbedingungen usw. verbleibt. Folgerichtig finden sich in diesem Ansatz auch eine Vielzahl von Aspekten, die später im Ansatz der alltags-

---

3 Dieser Einwand bezieht sich explizit nicht auf die Arbeiten Hans Thierschs, da dieser das Verhältnis von Hilfe und Kontrolle immer mit reflektiert hat.

Sozialpädagogische Beratung

bzw. lebensweltorientierten Sozialen Arbeit (vgl. Kapitel 10) weiter verfolgt werden. Die Konkretisierung in Richtung auf methodische und technische Aspekte bleibt demgegenüber rückständig. Die frühen Ansätze, dies betonen die Autoren selbst, leisten diese konkrete Ausformung nicht (vgl. Thiersch 1977, S. 125).

Der Mangel an methodischer und technologischer Konkretisierung ist z.T. Folge der offenen Konstruktion der sozialpädagogischen Beratung: weder Problem noch Zielgruppe, weder Ort noch Zeit noch Setting der Beratung können vorab definiert werden, was notwendigerweise erhebliche Probleme im Hinblick auf konkrete Ausformulierung von Phasierungselementen, Handlungsschritten, Gesprächsführung usw. mit sich bringt. Der Offenheit der Situation aber lediglich mit einigen – ohne Zweifel wichtigen – Handlungsmaximen zu begegnen, reduziert die potentielle Handlungsunsicherheit von Beratern und Beraterinnen nur bedingt. Die auch in den 80er und 90er Jahren weiterhin beobachtbare „Flucht" in therapeutische Beratungskonzepte könnte hier ihre Ursache haben: Durch ihren höheren Konkretisierungsgrad vermitteln sie den BeraterInnen ein Mehr an Handlungssicherheit, was nicht gleichzusetzen ist mit einem Zugewinn an Problemangemessenheit und Personenadäquanz. Insofern ist das methodische Weiterdenken der bislang vorliegenden Ansätze einer sozialpädagogischen Beratung geboten, um so der Gefahr Vorschub zu leisten, dass sie quasi durch die Hintertür alltagspraktischer Erwägungen ins Abseits geraten. Eine solche Weiterentwicklung könnte sich vor allem auf zwei Strategien stützen: (a) der Analyse und Diskussion therapeutischer Beratungsansätze aus sozialpädagogischer Perspektive, d.h. der Frage, ob, wann und wie Elemente bestimmter therapeutischer Beratungsverfahren in konkreten sozialpädagogischen Handlungssituationen sinnvoll sind oder nicht (im Gegensatz zu deren unkritischer „Transplantation"); (b) dem Anknüpfen an Forschungen zur Alltagsberatung in sozialen Netzwerken (vgl. Nestmann 1988a, 1988b, 1988c) und deren Nutzung zur Ausarbeitung eines konkreten Instrumentariums an Gesprächs- und Interventionstechniken. Erste Ansätze in diese Richtung finden sich in dem Einführungsbuch „Beratung" von Sickendiek/Engel/Nestmann (1999), dass sich um eine differenzierte Berücksichtigung unterschiedlicher Handlungskontexte und Konzepte bemüht.

 Tipps zum Weiterlesen:

Thiersch, H.: Kritik und Handeln. Interaktionistische Aspekte der Sozialpädagogik, Neuwied/Darmstadt 1977.

Sickendiek, U./Engel, F./Nestmann, F.: Beratung. Eine Einführung in sozialpädagogische und psychosoziale Beratungsansätze, Weinheim/München 1999.

14. Klientenzentrierte Gesprächsführung

(a) Geschichte und Begriff: Die klientenzentrierte Gesprächsführung gehört zu den Beratungsansätzen, die aus dem Bereich der psychotherapeutischen Methoden stammend auch außerhalb des therapeutischen Sektors eine weite Verbreitung gefunden haben. Insbesondere in allen Bereichen der institutionalisierten Beratung dürfte die klientenzentrierte Gesprächsführung auch heute noch zu den verbreitetsten Methoden gehören, auch wenn keine empirischen Untersuchungen vorliegen, die diese Annahme bestätigen.

Das von Carl R. Rogers ab den 40er Jahren entwickelte Beratungs- und Therapiemodell firmiert u.a. aufgrund von Weiterentwicklungen und Adaptionen in der Fachliteratur unter unterschiedlichen Begriffen, so z.B. nicht-direktive-Beratung, klientenzentrierte bzw. klientenbezogene Gesprächstherapie, personzentrierte Psychotherapie (vgl. Frenzel u.a. 1992). Zum Teil werden diese Begriffe in der Fachliteratur begriffsdifferenzierend[1], z.T. synonym verwendet, wobei im weiteren Verlauf dieses Kapitels auf eine systematische Unterscheidung zwischen diesen Begriffen verzichtet wird (vgl. dazu Weinberger 1995). Die klientenzentrierte Psychotherapie wurde auch für den Bereich der Arbeit mit Gruppen adaptiert und weiterentwickelt. Diesen Aspekt klientenzentrierter Ansätze werden wir im Folgenden nicht weiter verfolgen.[2]

Rogers sah die Methode als geeignet für Psychologen, Psychiater, Fürsorger, Schul-, Studien-, Ehe- oder Personalberater an (vgl. Rogers 1972). Für die Adaption der klientenzentrierten Beratung in der Sozialen Arbeit dürfte förderlich gewesen sein, dass sie auch konzeptionell eine gewisse Nähe zu bestimmten Ansätzen der sozialen Einzelfallhilfe aufweist. Diese Nähe resultiert nicht zuletzt aus dem Umstand, dass Rogers sich nach eigenen Aussagen in den 30er Jahren durch methodische Aspekte des therapeutischen Vorgehens von Otto Rank beeinflussen ließ, der, wie in Kapitel 4 ausgeführt, zu den gedanklichen Vätern des funktionalen Ansatzes der Einzelfallhilfe zählte (vgl. Rogers 1975, S. 17).[3]

Rogers akzentuiert in seinem Ansatz in besonderer Weise die Selbstheilungskräfte des Individuums, seine Fähigkeit, mit zeitweiligen Störungen von

---

1 So wird etwa im Rahmen der Ausbildung von anerkannten Ausbildungsinstituten zwischen klientenzentrierter Gesprächsführung und klientenzentrierter Psychotherapie unterschieden. Gesprächsführung ist demnach eine Vorstufe der Psychotherapie mit entsprechend geringerer Ausbildungsdauer.
2 Vgl. dazu Franke (1978); Rogers (1973a).
3 Vgl. zum Verhältnis von Sozialer Einzelfallhilfe und klientenzentrierter Beratung Alterhoff (1983); Weinberger (1995). Vgl. zur Entwicklung der klientenzentrierten Gesprächspsychotherapie Rogers (1975, 1973b); Pavel (1975).

Wahrnehmung und Anpassung bei gezielter Unterstützung selbst fertig zu werden.

> **Definition:** Nicht-direktive Therapie ist eine „Bezeichnung für ein psychotherapeutisches Verfahren, das sich von der Psychoanalyse dadurch unterscheidet, dass der Therapeut weder durch Deutungen noch durch suggestionsähnliche Maßnahmen im Gespräch eingreift, sondern durch neutrale und das Reden des Klienten erleichternde Maßnahmen die Voraussetzung für die (verbale) Selbstanalyse des Klienten schafft, die insbesondere zu einem besseren Selbstverständnis führen soll." (Drever/Fröhlich 1970, S. 184)

(b) Theoretische Grundlagen: Zum Verständnis des methodischen Konzepts der klientenzentrierten Gesprächsführung ist es notwendig, kurz auf die Persönlichkeitstheorie Rogers einzugehen, da sie die Grundlage seines „Interventionskonzepts" darstellt. In der hier gebotenen Kürze lässt sich die Persönlichkeitstheorie Rogers' und die daraus resultierenden Konsequenzen für therapeutisches Handeln in fünf Punkten verdichten:[4]

(1) Rogers geht von einer dem Menschen innewohnenden Tendenz zur fortschreitenden Selbstverwirklichung aus, der so genannten Aktualisierungstendenz. Konkret bedeutet dies: „Der Organismus hat eine grundlegende Tendenz, den Erfahrungen machenden Organismus zu aktualisieren, zu erhalten und zu erhöhen" (Rogers 1973a, S. 422). Rogers geht aus von der „Tendenz des Organismus, sich in Richtung auf Reife ... zu bewegen. Dies beinhaltet Selbstaktualisierung oder Selbstverwirklichung" (ebd., S. 422). Diese Aktualisierungstendenz ist der angeborene Initiator des Verhaltens.[5]

(2) Der Organismus mit seiner Tendenz zu Aktualisierung und Selbstentfaltung trifft nun auf die Umwelt mit ihren spezifischen Reizen und Anforderungen. In der Auseinandersetzung von Organismus und Umwelt bildet sich ein Selbstkonzept, ein (wertendes) Bild des Individuums von sich selbst, das im Idealfall organisiert, beweglich und konsistent ist und somit flexibel auf (neue) Umweltreize zu reagieren vermag. „Das Selbstkonzept hat die Funktion eines Selektionsapparates, das die Wertung von Außenobjekten im Wahrnehmungsfeld vornimmt und das bewirkt, ob etwas nicht erfasst, ignoriert oder verzerrt wird. Konkret bedeutet dies: verdichtete vergangene Erfahrungen des Individuums über sich selbst, seine Eigenarten, seine Beziehungen zu anderen, über Wertqualitäten" (Sander 1975, S. 45).

(3) Die Konstruktion von angeborener Aktualisierungstendenz und sich entwickelndem Selbstkonzept bedingt nun in der Konsequenz, dass alle Wahrnehmung von Welt grundsätzlich subjektiv ist, Resultat eines Filte-

---

4 Vgl. zum Folgenden Rogers (1973a, 1973b); Geißler/Hege (1995); Weinberger (1994); Sander (1975); Wild (1975).
5 Für Rogers ist die Aktualisierungstendenz einer der zentralen Unterschiede seines Ansatzes im Vergleich zu anderen psychotherapeutischen Schulen, insbesondere gegenüber der Psychoanalyse (vgl. Rogers 1992, S. 22).

rungsprozesses. „Der Organismus reagiert auf das Feld, wie es erfahren und wahrgenommen wird. Dieses Wahrnehmungsfeld ist für das Individuum ‚Realität'" (Rogers 1973a, S. 419). Wild betont: „Jedes Individuum lebt in einer sich dauernd verändernden Welt, deren Mittelpunkt er selbst ist. Die Welt der Erfahrung eines Menschen bleibt in den letzten Tiefen seine ureigenste. Niemand wird sie ganz erfassen, weder durch Tests, noch durch Beobachtung, noch Überlegung." (Wild 1975, S. 66) Oder anders ausgedrückt: „Ich reagiere nicht auf irgendeine absolute Realität, sondern auf meine Wahrnehmung dieser Realität. Diese Wahrnehmung ist für mich Realität." (Rogers 1973a, S. 419)

(4) „Wenn Erfahrungen im Leben des Individuums auftreten, werden sie entweder a) symbolisiert, wahrgenommen und in eine Beziehung zum Selbst organisiert, b) ignoriert, weil es keine wahrgenommene Beziehung zur Selbst-Struktur gibt, oder c) geleugnet oder verzerrt symbolisiert, weil die Erfahrung mit der Struktur des Selbst nicht übereinstimmt." (Rogers 1973a, S. 434) Ist das Selbstkonzept des Subjekts so beschaffen, dass es erfahrene Umweltreize in Übereinstimmung mit dem eigenen Selbstkonzept bringt, sie integrieren kann, so ist die psychische Anpassung des Subjekts an seine Umwelt gelungen. Psychische Fehlanpassung liegt vor, „wenn der Organismus vor dem Bewusstsein wichtige Körper- und Sinneserfahrungen leugnet, die demzufolge nicht symbolisiert und in die Gestalt der Selbststruktur organisiert werden. Wenn diese Situation vorliegt, gibt es eine grundlegende oder potentielle psychische Spannung" (Rogers, zit. nach Geißler/Hege 1995, S. 71). Auf solche Fehlanpassungen bzw. der „Inkongruenz zwischen Selbst und Erfahrung" (Wild 1975, S. 68) reagiert das Individuum mit Ängsten oder anderen Verteidigungsstrategien. Kurz: Ist das Selbstkonzept zu rigide, zu wenig flexibel, um sich ggf. wandelnden Erfahrungen anzupassen, werden nicht integrierbare Erfahrungen als Bedrohung empfunden und dem Subjekt zum Problem.

(5) Ziel des therapeutischen Prozesses ist nun, dem Klienten zu einer besseren Anpassung an die lebensweltlichen Erfahrungen zu verhelfen, die im Rahmen des Selbstkonzeptes problematisch geworden sind. „Um Angst- und Verteidigungshaltungen zu ändern, muss das Selbst-Konzept mit den aktuellen organismischen Erfahrungen kongruent werden. Aber die Struktur des Selbst wehrt sich gegen Veränderungen, weil sie das Wertsystem und die gelernte Selbstwertschätzung erschüttern. Der Weg der Änderungen muss also über Bedingungen führen, in denen weder Angst noch Verteidigung herrschen. Ausschlaggebend dafür ist die Beziehung zu einer Person – eine Beziehung, in der die Notwendigkeit, sich nach einem Wertsystem zu verhalten, abnimmt und die positive Selbstwertschätzung des Individuums zunimmt. Daraus ergibt sich das Therapiekonzept: Die Therapie muss wieder Übereinstimmung zwischen Selbst und Erfahrung herstellen, und zwar indem sie schrittweise die Grenzen des Selbst-Konzeptes des Kl. [Klienten, d.V.] flexibler macht, sodass dieses die geleugneten und verfälschten Erfah-

rungen assimilieren kann. Die Aufgabe des TH. [Therapeuten, d.V.] besteht darin, bestimmte Bedingungen zu schaffen, die es dem Individuum ermöglichen, sich zu verändern." (Wild 1975, S. 69 f.)

(c) Prinzipien und Haltungen: Welche Konsequenzen hat diese Persönlichkeitstheorie nun für das therapeutische Konzept der klientenzentrierten Gesprächspsychotherapie? Zum einen folgt daraus als zentrales Moment, dass Rogers auf die (angeborene) Aktualisierungstendenz und die ihr innewohnenden Selbstheilungskräfte setzt. So betont Rogers: „Ich bin dazu gekommen, Menschen zu vertrauen, ihrem Vermögen, sich selbst und ihre Schwierigkeiten zu erforschen und zu verstehen, und ihrer Fähigkeit, solche Probleme zu lösen. Voraussetzung ist nur eine enge, andauernde Beziehung, in der ich ein wirkliches Klima der Wärme und des Verstehens schaffen kann." (Rogers 1975, S. 18)

Die Grundmaximen seiner therapeutischen Überzeugungen sind – so Rogers – in einem Spruch des chinesischen Philosophen LAOTSE stimmig zusammengefasst:

„Wenn ich vermeide, mich einzumischen, sorgen die Menschen
für sich selber,
Wenn ich vermeide, Anweisungen zu geben, finden die Menschen
selbst das rechte Verhalten,
Wenn ich vermeide, zu predigen, bessern die Menschen sich selber,
Wenn ich vermeide, sie zu beeinflussen, werden die Menschen sie
selbst sein." (zit. nach Rogers 1975, S. 22)

Der Therapeut muss die Selbstheilungskräfte des Individuums fördern, indem er eine unterstützende Beziehung zu dem Klienten aufbaut, die nicht durch den Therapeuten, sein Selbstkonzept, seine Überzeugungen usw. dominiert wird, sondern die dem Klienten einen geschützten Raum zur Selbsterkenntnis, zur Selbstanalyse, zur Selbstentfaltung gewährt, um auf diesem Weg die Möglichkeit zu eröffnen, die Flexibilität seines Selbstkonzeptes zu erhöhen. Auf diesem Hintergrund sind zwei Prinzipien für die klientenzentrierte Beratung grundlegend:

- die Beratung hat nicht direktiv zu erfolgen;
- im Zentrum stehen die Personen, nicht die Probleme.

In der direktiven Beratung definiert der Berater das Problem, er wertet, informiert, belehrt, rät, vergleicht mit eigenen Erfahrungen und stellt diese modellhaft zur Diskussion. Geht man von den Annahmen Rogers aus, dass a) der Klient in seiner subjektiven Welt lebt und b) ihm die Kraft zur Veränderung des Selbstkonzeptes grundsätzlich immanent ist, so ist es nur folgerichtig anzunehmen, dass diese aktive und direktive Rolle des Beratenden den Klienten in seinem Selbstheilungsprozess eher stört denn befördert. Es muss vielmehr die Aufgabe des Beraters sein, durch die Gestaltung einer Beratungssituation dem Klienten Raum zur Selbstexploration zu geben, d.h. „dass der Klient über seine emotionalen Erlebnisse spricht, über seine gefühlsmäßigen Einstellungen, Bewertungen, Wünsche und Ziele und dass er sich über sie klarer wird oder sich wenigstens deutlich um Klärung bemüht" (Weinberger 1995, S. 84). Es geht also um die Förderung der Selbstauseinandersetzung des Klienten mit seinen Wünschen, seinen Werten, seinen Zielen etc. und nicht um die Konfrontation des Klienten mit den differenten Selbstkonzepten der Therapeuten.

Das zweite grundlegende Prinzip besagt, dass die Personen und nicht die Probleme im Zentrum stehen. „Das Individuum steht im Mittelpunkt der Betrachtung und nicht das Problem. Das Ziel ist es nicht, ein bestimmtes Problem zu lösen, sondern dem Individuum zu helfen, sich zu entwickeln, sodass es mit dem gegenwärtigen Problem und mit späteren Problemen auf besser integrierte Weise fertig wird." (Rogers 1972, S. 36) Geht man davon aus, dass ein Problem nicht „an sich" ein Problem ist, sondern erst zu einem wird, durch die spezifische Wahrnehmung des Subjekts und seine begrenzte Integrationsfähigkeit, so ist es nur folgerichtig, dass nicht ein spezifisches, aktuelles Problem im Mittelpunkt des Beratungsprozesses stehen sollte, sondern vielmehr die prinzipielle Flexibilität des Selbstkonzepts, da nur so gewährleistet ist, dass der Klient vermittelt über die Selbstexploration einen höheren Grad an Integrationsfähigkeit gewinnt, und so auch späteren Problemen adäquater begegnen kann.

Diese grundlegenden Prinzipien lassen sich im therapeutischen Prozess nur im Medium der Beziehung zwischen Therapeut und Klient realisieren, die von einer spezifischen Qualität sein muss. Im Zentrum des klientenzentrierten Beratungsansatzes steht deshalb ein bestimmtes Modell des Therapeutenverhaltens, das nach Rogers im Wesentlichen durch drei fundamentale Haltungen gekennzeichnet sein muss:
- positive Wertschätzung und emotionale Wärme (1),
- Echtheit (2),
- einfühlendes Verstehen (3).

(1) Positive Wertschätzung des Klienten bedeutet, dass der Therapeut die Akzeptanz des Klienten nicht an bestimmte Bedingungen, Kriterien und Voraussetzungen bindet, sondern ihm sowohl verbal wie nonverbal eine unbedingte Wertschätzung entgegenbringt, „d.h. der Klient wird von der Beraterin akzeptiert und angenommen, unabhängig davon, was der Klient äußert, unabhängig davon, wie der Klient sich gerade gibt" (Weinberger 1995, S. 45). Erst durch diese unbedingte positive Wertschätzung wird innerhalb der Beziehung eine emotionale Wärme erzeugt, die es dem Klienten erlaubt, Verletzungen, Bedrohungen und Ängste zu verbalisieren, sein Selbstkonzept zu thematisieren und somit in letzter Konsequenz seine Verletzbarkeit zu offenbaren. In der Praxis bringt ein Therapeut „seinem Klienten wenig Wertschätzung entgegen, wenn er ihn beurteilt oder seine Äußerungen bewertet, wenn er Abneigung oder Missbilligung ausdrückt, oder Wertschätzung und emotionale Wärme nur bei Zufriedenheit mit dem Klienten äußert" (Leggewie/Ehlers 1978, S. 288).

(2) Echtheit bezieht sich auf die Forderung, dass der Therapeut innerhalb der therapeutischen Beziehung „er selbst" sein soll, d.h. ehrlich, keine Fassade aufbauend, keine Rolle vorspielend. Nur wenn der Klient wahrnimmt, dass der Therapeut sich offen, ehrlich – kurz: echt – verhält, ist auch er bereit, sich ihm innerhalb der Beziehung zu öffnen. Rogers bezeichnet diese Übereinstimmung des Therapeuten mit sich selbst in der therapeutischen Situation auch als Kongruenz. Nach Weinberger ist die Echtheit des Therapeuten bedeutsam, weil „1. der Klient nur dadurch, dass Sie ihm als Person begegnen, Vertrauen fassen kann, über sich, seine gefühlsmäßigen Erlebnisse und seine Probleme zu sprechen; 2. der Klient nur so angeregt wird, auch in seinem Verhalten offener und echter zu sein, d.h., sich auch traut, schrittweise mehr er selbst zu sein" (Weinberger 1995, S. 42).

(3) Einfühlendes Verstehen: Der Therapeut muss sich im therapeutischen Prozess bemühen, sich in seinen Klienten einzufühlen, d.h. seine Erlebniswelt nachzuvollziehen usw. Die Grundvoraussetzung für dieses Einfühlen, für Empathie, ist zunächst einmal Zuhören und Zuschauen, d.h. alle akustischen (Sprache, Tempo, Pausen, Ausdruck) und visuellen (Mimik, Gestik) Signale des Klienten wahrzunehmen und diese Wahrnehmung in den therapeutischen Prozess rückzubinden. „Indem Sie sich jeweils auf die gefühlsmäßigen Empfindungen (Vorstellungen, Einstellungen, Werte) des Klienten konzentrieren und versuchen, diese vom Bezugspunkt des Klienten her zu verstehen und dem Klienten dies so Verstandene möglichst präzise (accurate emphatic understanding) mitzuteilen, nimmt der Klient diese Empfindungen aus einer gewissen Distanz heraus wahr, die es ihm ermöglicht, gewisse Einstellungen und Werthaltungen in Frage zu stellen – ähnlich wie jemand, der seine Empfindungen in Briefen oder in einem Tagebuch niederschreibt und auch dadurch das Erlebte aus einer gewissen Distanz heraus sieht und es besser verarbeiten kann." (Weinberger 1995, S. 56 f.) Die BeraterIn wird zum „akzeptierenden alter Ego" (vgl. Rogers 1973a, S. 52) des Klienten. In ihm, in seinen einfühlenden Spiegelungen kann der Klient sich selbst erfahren, seine Begrenzungen austesten und ggf. reflektieren. „In der emotionalen Wärme der Beziehung mit dem Therapeuten erfährt der Klient ein Gefühl der Sicherheit, wenn er merkt, dass jede von ihm ausgedrückte Einstellung fast auf die gleiche Weise verstanden wird, wie er sie wahrnimmt, und gleichzeitig akzeptiert wird." (Ebd., S. 52)

(d) Techniken und Hilfsmittel: Die drei zentralen Haltungen des Therapeuten sind, so Rogers, zunächst einmal keine lernbaren Techniken, sondern Einstellungen, über die der Berater zu verfügen hat. Rogers hat sich in seinen späten Schriften immer weiter von einem technisch verstandenen Modell entfernt, insbesondere weil er in der Rezeption seiner frühen Schriften eine – aus seiner Sicht fatale – Überbetonung von Gesprächstechniken (insbesondere der Spiegelung) wahrgenommen hat.[6]

---

[6] Rogers kritisiert, „dass frühere Darstellungen dazu neigten, die Technik überzubewerten. Richtiger wäre es zu sagen, dass der Berater, der in der klient-bezogenen Therapie er-

Trotz dieser Vorbehalte gegenüber einer Technologisierung seines Ansatzes finden sich gerade in der Sekundärliteratur eine Vielzahl von Übungen, Leitsätzen und (technischen) Hinweisen, die der Umsetzung und dem Training der zentralen Einstellungen dienen und die die Realisierung der oben skizzierten Einstellungen erleichtern sollen. Dies sind insbesondere:

- Techniken zur Selbstwahrnehmung und zur Wahrnehmung des Klienten;
- Techniken zur Gestaltung des eigenen verbalen und nonverbalen Verhaltens;
- Skalen zur Einschätzung der Einlösung der Variablen und
- Hinweise auf nicht-adäquate Verhaltensweisen wie z.b. Bagatellisieren, Diagnostizieren, Dirigieren, Examinieren, Sich identifizieren, Interpretieren, Moralisieren, Intellektualisieren (vgl. Weber 1994).

Als Beispiel sollen hier die Hinweise zur Umsetzung der Haltungsdimension „Empathie/einfühlendes Spiegeln" ausreichen. In seinem Lehrbuch zur Gesprächpsychotherapie in der Praxis führt Wilfried Weber (1994) 22 „praxisnahe Hinweise" an, die die Umsetzung dieser Haltungsdimensionen dienlich sind, so z.B.:

„(3) Ich spiegele vor allem die innere Erlebniswelt ... des Klienten, also: gefühlsnahe und gefühlsbetonte Äußerungen (wichtigster Punkt!), Wünsche und Ziele ..., Wertmaßstäbe und Bewertungen ...

(4) Ich verbalisiere möglichst alle wichtigen Klientenäußerungen und vermeide so die Gefahr, dass entscheidende Dinge unter den Tisch fallen und dass ich beim Verbalisieren nach meinen subjektiven Gesichtspunkten auswähle. (...)

(5) Ich spiegele kurz, denn langatmige Verbalisierungen würden den Gedanken- und Redefluss des Klienten stören und schwer verständlich sein. (...)

(6) Ich spiegele konkret. (...)

(7) Ich konzentriere mich beim einfühlenden Spiegeln vor allem auf das, was der Klient im Augenblick (hier und jetzt) erlebt und fühlt. (...)

Wenn ich den Klienten nicht verstanden habe oder wenn er Gefahr läuft, zu schnell über ein Problem oder ein Gefühl hinwegzugehen, kann ich beispielsweise so intervenieren: Ich bin nicht sicher, ob ich Sie ganz verstanden habe. – Ich möchte Sie da noch besser verstehen. – Vielleicht können Sie das noch näher ausführen, damit es uns beiden klarer wird." (Weber 1994, S. 73 ff.).

---

folgreich tätig ist, über ein zusammenhängendes und ständig sich weiterentwickelndes, tief in seiner Persönlichkeitsstruktur verwurzeltes Sortiment von Einstellungen verfügt, ein System von Einstellungen, das von Techniken und Methoden, die mit diesem System übereinstimmen, ergänzt wird. Nach unserer Erfahrung ist ein Berater, der versucht, eine Methode anzuwenden, zum Misserfolg verurteilt, solange diese Methode nicht mit seinen eigenen Grundeinstellungen übereinstimmt" (Rogers 1973a, S. 34).

Neben solchen „Hinweisen" zur Gestaltung des verbalen und nonverbalen Verhaltens finden sich in der Literatur als weiteres Hilfsmittel so genannte Schätzskalen, die dem Therapeuten Anhaltspunkte dafür liefern sollen, ob und in welchem Maße eine bestimmte Haltungsvariable im konkreten therapeutischen Prozess eingelöst wird.[7] Auch hier ein Beispiel zur Dimension einfühlendes Verstehen:

„Stufe 1: Der Therapeut geht nicht auf die Erlebnisse und Gefühle des Klienten ein; er belehrt, ermahnt usw., er führt von sich aus neue Themen ein.

Stufe 2: Der Therapeut verbalisiert äußere Sachverhalte und nebensächliche Erlebnisinhalte.

Stufe 3: (Grundstufe therapeutischer Wirksamkeit): Der Therapeut verbalisiert einen Teil der wesentlichen Erlebnisinhalte (Gefühle, Wünsche, Werthaltungen).

Stufe 4: Der Therapeut verbalisiert den überwiegenden Teil der Erlebnisinhalte, zum Teil schon auf tiefer Ebene.

Stufe 5: Der Therapeut verbalisiert in genauer Form (fast) alle wesentlichen Erlebnisinhalte, mit ihren Tiefenschichten." (Ebd., S. 79)

Ergänzt durch praktische Übungen wie „Formulierung spiegelnder Antworten auf Klientenäußerungen" oder Analysen von Gesprächssequenzen sollen die Hinweise und Schätzskalen die Realisierung der basalen Haltungsdimensionen des Beraters befördern.

(e) Einschätzung und Diskussion: Zu den positiven Aspekten der klientenzentrierten, non-direktiven Beratung nach Rogers gehört sicherlich, dass er einer durchaus verbreiteten pädagogischen Haltung entgegenwirkt, die gekennzeichnet ist durch die Anmaßung, dass der Berater prinzipiell besser weiß, was für das Leben, Leiden und Handeln des Klienten gut ist als dieser selbst. Wäre der Klient kompetent zur Meisterung seines Lebens, so wäre er kein Klient. Demgegenüber versteht die klientenzentrierte Beratung den Klienten als prinzipiell autonomes und selbständiges Subjekt. Allerdings sind auch einige kritische Aspekte anzumerken:

(1) Wie tendenziell die meisten therapeutischen Angebotsformen, so ist auch der Ansatz von Rogers eher personen- als inhaltsorientiert. Der klientenzentrierte Ansatz konzentriert seine Veränderungsimpulse auf die Innenwelt des Klienten. Es geht ihm nicht um die Modifikation von Situationen, sondern um die Veränderung der Wahrnehmung von Situationen durch das (leidende) Individuum. Damit aber bleibt die Umwelt als evtl. proble-

---

[7] Zu den einzelnen Haltungen existieren unterschiedliche Schätzskalen (vgl. Weber 1994; Weinberger 1995). Mit Weinberger ist darauf hinzuweisen, „dass mit so einer Skala natürlich immer nur gemessen werden kann, ob die Therapeutin bzw. Beraterin sich so verhält, dass sie echt erscheint, nicht ob sie wirklich echt ist" (Weinberger 1995, S. 40).

matische und damit zu verändernde Größe außen vor. Die Konzentration auf die Person ist nach Gilles „Ausdruck einer psychotherapeutischen Ideologie, die die Aufmerksamkeit von der Außenwelt weg auf die persönliche Entwicklung hin konzentriert und so unterstellt, dass für das Bemühen um ein befriedigendes Leben die Beachtung und Änderung sozialer Strukturen unbedeutend sei" (Gilles 1980, S. 76). Mehr noch: Die therapeutisch induzierte Orientierung am Subjekt kann auch gedeutet werden als „Entwertung seines inhaltlichen Anliegens durch Nichtbeachtung" (ebd., S. 75), denn das „eigentliche" Problem ist die Wahrnehmung des Subjekts, nicht etwa evtl. vorhandene sachliche Probleme wie Schulden, unzureichender Wohnraum, Arbeitslosigkeit oder Gewalterfahrungen.

(2) Ein Problem stellt weiterhin die Reduktion des Therapeutenverhaltens auf die „Alter-Ego-Rolle" dar. „Die Therapiesituation rechtfertigt das ausschließlich nicht-direktive Vorgehen: so mag für den psychisch Kranken ein Dialog, eine Bewertung, eine Perspektive, durch den Therapeuten eingebracht, in der Tat bedrohlich sein, sein Selbstbewusstsein gefährden. (...) Dennoch, so ist mit Snyders zu fragen „ist es aber legitim, dieselbe Schwäche bei der ganzen Bevölkerung in allen Schulen zu unterstellen? Bedeutet nicht die Ausweitung psychotherapeutischen Umgangs mit quasitherapeutischen Einrichtungen ... eine Stärkung der restringierten Form des Alltagsbewusstseins, indem die für die Therapie geeigneten reduzierten Sichtweisen des Vertrauten und affirmativen Problemlösungen zu den allgemeinen legitimen werden?" (Snyders, zit. nach ebd., S. 76 f.)

(3) Nach Gilles ist der klientenzentrierte Beratungsansatz zudem in sich nicht konsistent. Widersprüchlich ist er insbesondere dort, wo er einerseits eine „echte und wahre Beziehung" zwischen Beraterin und Klient als Grundlage der helfenden Interaktion fordert, diese aber zugleich durch die Konstruktion seiner grundlegenden Haltungsvariablen verwehrt. Eine Beziehung dürfte als Grundbestandteil zumindest zwei Subjekte erfordern, die sich zueinander in ein Verhältnis setzen. Nimmt man die Forderung des nicht-direktiven Verhaltens und des emphatischen Einfühlens konsequent ernst, so kommt ein solches Verhältnis in der Therapiesituation gar nicht zustande, da sich der Therapeut als Person strikt zurücknehmen muss. Snyders betont: „Kommunikation und Empathie, die konstanten Ziele bei Rogers, werden hier geleugnet und in ihr Gegenteil verkehrt: zwischen Therapeut und Klient stellt sich keine persönliche Beziehung her; es gibt nur einen Zusammenhang von der Art, dass der Therapeut sein Schweigen zeigt, sich zurückzieht, darauf verzichtet, er selbst zu sein. Der Klient hat eine lebendige Beziehung ... mit einer Abwesenheit." (Snyders, zit. nach Gilles 1980, S. 74)

Am Beispiel der klientenzentrierten Beratung lässt sich die Problematik therapeutischer Ansätze in der Sozialen Arbeit noch einmal verdeutlichen. Therapien sind gekennzeichnet durch Separierung von Problemen in einem spezifisch konstruierten Setting (Beratungssituation). In diesem spezifischen Setting wird eine Reduktion von Komplexität vollzogen, sowohl im Hinblick auf die zu bearbeitenden Probleme (innerpsychische Konflikte), auf die anzustrebenden Ziele (Veränderung der Wahrnehmung), wie auch in Bezug auf die Behandlungstechniken. Therapien erfinden im Regelfall keine neuen Kommunikationsstrategien, sondern sie radikalisieren Aspekte alltäglicher Interaktion. Dass etwa ein Gesprächspartner sich zurücknimmt und als alter Ego fungiert, Gefühle und Gedanken rückspiegelt, den anderen reden lässt, kommt auch in alltäglichen Kommunikationssituationen vor. Dies ist aber nur eine von vielen denkbaren und notwendigen kommunikativen Verhaltensweisen in alltäglichen Gesprächs- und Beratungssituationen.[8]

Ein Beispiel mag diesen Gedankengang veranschaulichen: Der Sozialarbeiter Hans hat Dienst in der Teestube des städtischen Jugendzentrums einer mittleren Kleinstadt in Ostwestfalen. In einer Ecke sitzt Nicole, die Hans schon seit längerem kennt. Nicole ist heute „nicht gut drauf". Mit einem Bier und einer Cola setzt sich Hans zu Nicole an den Tisch. Die beiden kommen ins Reden, und nach einiger Zeit lässt sie die „Katze aus dem Sack": Sie beabsichtigt ihre Lehre abzubrechen, weil ihr die Arbeit als Fleischfachverkäuferin keinen Spaß macht und außerdem ihr Chef ihr zweideutige Anträge macht. Nachdem sie ihren Eltern heute eröffnet hat, dass sie am Montag nicht mehr zur Arbeit gehen wird, haben diese sie rausgeschmissen. Wie soll der Sozialarbeiter Hans reagieren, bei diesem „Berg" an Problemen? Soll er Nicole unterstützen, weil ihr der Job offensichtlich keinen Spaß macht? Soll er sie dahingehend beraten, erstmal den Job solange zu behalten, bis sie einen anderen hat? Wie soll sie auf den zudringlichen Chef reagieren? Und wo soll Nicole heute Abend schlafen? Die wichtigste Frage in dieser Situation: Was erwartet Nicole von Hans? Will sie Unterstützung bei ihrem schwierigen Weg? Will sie in den Arm genommen und getröstet werden, weil die Welt ihr so böse mitgespielt hat? Will sie einfach nur materielle Hilfe in Form eines Schlafplatzes für die Nacht? Will sie Hans als „Mülleimer" benutzen, in dem sie ihre Probleme zumindest kurzfristig verbal entsorgen kann? Es sind sicherlich noch weitaus mehr Optionen denkbar. Bei einigen dieser Optionen wäre der Einsatz klientenzentrierter Gesprächsführung sinnvoll, etwa wenn Nicole beabsichtigt, ihre Entscheidungen nochmals kritisch zu hinterfragen oder wenn sie sich über ihre Gefühle Sicherheit verschaffen will. Allerdings wäre eine nicht-direktive Herangehensweise geradezu eine Karikatur, wenn sie auf die materiellen Probleme angewendet würde. Ebenso problematisch wäre es, wenn der Sozialarbeiter in dieser Situation auf ein materielles Anliegen (Wo schlafe ich heute Nacht?) mit der Thematisierung der Gefühlsebene antworten würde. Auch dies wäre eine Form des Nicht-Ernst-Nehmens der Autonomie des Klienten.

---

8 Murgatroyd (1994) etwa führt als mögliche Hilfestrategien z.B. vorschreiben, informieren, konfrontieren, kathartisch wirken, katalytisch wirken und unterstützen an. Jede dieser – zugegeben in der Kürze recht oberflächlich anmutenden – „Hilfestrategien" kann in unterschiedlichen Situationen sinnvoll und notwendig sein. Radikalisiert man eine dieser Strategien, so muss dies notwendig zur Ausschließung bestimmter Typen von Problemen führen.

Mit anderen Worten: Jede Situation, jede Problemlage hat ihre spezifischen kommunikativen Erfordernisse. Der Allzuständigkeit der Sozialen Arbeit in der Komplexität des Alltags ist mit Reduktion von Komplexität im Sinne therapeutischen Handelns nicht zu begegnen. Natürlich gibt es Problemkonstellationen in sozialpädagogischen Handlungssituationen, in denen die klientenzentrierte Beratungsmethode die Methode der Wahl ist. Ebenso gibt es aber viele andere, in denen sie geradezu kontraproduktiv ist. Der klientenzentrierte Beratungsansatz erweist sich auf diesem Hintergrund als ein Aspekt aus dem Spektrum sozialpädagogischer Hilfestrategien – unter anderen.

  Tipps zum Weiterlesen:

Weinberger, S.: Klientenzentrierte Gesprächsführung. Eine Lern- und Praxisanleitung für helfende Berufe, Weinheim/Basel ^{6}1995.

Rogers, C.: Die klient-bezogene Gesprächstherapie, München 1973.

Frenzel, P./Schmidt, P. F./Winkler, M. (Hrsg.): Handbuch der personenzentrierten Psychotherapie, Köln 1992.

15. Multiperspektivische Fallarbeit

(a) Begriff und Abgrenzung: Mit dem 1993 von Burkhard Müller vorgelegten Buch „Sozialpädagogisches Können. Ein Lehrbuch zur multiperspektivischen Fallarbeit" beabsichtigt der Verfasser aufzuzeigen, „dass es wirklich so etwas wie einen gemeinsamen Sockel sozialpädagogischer Handlungskompetenz gibt, der quer zur Vielfalt der sich immer mehr ausdifferenzierenden Arbeitsfelder liegt und der in einem allgemeinen Studium der Sozialpädagogik an Fachhochschulen und Universitäten vermittelt werden kann" (Müller 1993a, S. 10). Dieser gemeinsame Sockel ist die Kasuistik, die fallbezogene Arbeit. Der sozialpädagogische Fall ist das Zentrum professioneller Intervention und mithin der Kern dessen, von dem aus und auf den hin sozialpädagogisches Denken und Handeln zu organisieren ist. Anders als die klassische Soziale Einzelfallhilfe beschränkt sich die multiperspektivische Fallarbeit allerdings in ihrer Betrachtung nicht auf die Beziehungsarbeit zwischen SozialpädagogIn und KlientIn, sondern berücksichtigt die komplexen Handlungsbedingungen der Sozialen Arbeit ebenso wie die spezifischen institutionellen Rahmungen (vgl. Kapitel 2 und 3). Ziel der multiperspektivischen Fallarbeit ist es, durch eine systematisierende Analyse und fallbezogene Aufarbeitung der Ebenen und Dimensionen sozialpädagogischen Handelns, deren Komplexität durchschaubar zu machen und damit einen professionellen Blick zu entwickeln, der die Vielfalt relevanter Einflussfaktoren auf sozialpädagogische Interventionen berücksichtigt, ohne sich in der Vielfalt zu verlieren bzw. durch unzulässige Reduktion, die Komplexität nur scheinbar zu überwinden. Müller definiert:

> ❗ „Unter multiperspektivischem Vorgehen verstehe ich demnach eine Betrachtungsweise, wonach sozialpädagogisches Handeln bewusste Perspektivenwechsel zwischen unterschiedlichen Bezugsrahmen erfordert. Multiperspektivisches Vorgehen heißt z.B., die leistungs- und verfahrensrechtlichen, die pädagogischen, die therapeutischen und die fiskalischen Bezugsrahmen eines Jugendhilfe-Falles nicht miteinander zu vermengen, aber dennoch sie als wechselseitig füreinander relevante Größen zu behandeln." (Ebd., S. 15)

(b) Perspektiven der multiperspektivischen Fallarbeit: Nach Müller lassen sich unterschiedliche Typen von Fällen unterscheiden. Je nachdem welche Fallperspektive man einnimmt, kommt man zu höchst unterschiedlichen Lesarten des konkreten sozialpädagogischen Falles. Müller unterscheidet drei Typen von Fällen, die als Perspektiven der Fallbetrachtung zu verstehen sind:

- Fall von
- Fall für
- Fall mit.

Die Perspektive „Fall von" thematisiert die Ebene sozialpädagogischen Handelns als Verwaltungshandeln. Wenn Soziale Arbeit, die überwiegend in bürokratische Strukturen eingebunden ist, aktiv werden soll, so müssen spezifische Problemlagen vorliegen, die als Indikator notwendiger Interventionen gelesen werden können. „Fall von" bedeutet nun, dass die vorliegende Problemlage kategorisiert und in die Sprache des zur Aktivität aufgeforderten Handlungssystems übersetzt wird. Der Fall wird, in der Terminologie von Müller gesprochen, als „Beispiel für ein anerkanntes Allgemeines" genommen (ebd., S. 32). Ein Beispiel zur Verdeutlichung:

Sabine ist 13 Jahre alt und wurde von der örtlichen Polizei gegen 1.00 Uhr morgens am Bahnhof aufgegriffen, wo sie in der Nähe eines Heizungsschachtes ein Nickerchen zu machen versuchte. Nachdem Sabine im Gespräch mit den Beamten betont, dass sie keinesfalls wieder zu ihrem Vater zurückgehen will, da dieser sie ständig schlägt, verständigen die Beamten das Jugendamt. Nach einem intensiven Gespräch mit Sabine entscheidet der zuständige Sachbearbeiter, dass Hinweise auf eine Gefährdung des Kindeswohls vorliegen, die ein Eingreifen des Jugendamtes notwendig machen könnten. Er verweist Sabine an die örtliche Jugendschutzstelle, wo sie zunächst unterkommen kann, und kontaktiert das zuständige Gericht, um alles notwendige in die Wege zu leiten.

Die Perspektive „Fall von" meint nun, dass der zuständige Sozialarbeiter versucht, die vorliegende Problemlage z.B. in rechtlichen Kategorien zu reformulieren. Im vorliegenden Fall heißt dies z.B., dass der Sozialarbeiter aufgrund seiner Wahrnehmung Sabines davon ausgeht, dass hier ein Fall im Sinne des § 1666 BGB vorliegt, mithin eine Gefährdung des Kindeswohls aufgrund körperlicher Misshandlung. Aufgrund dieser Analyse sieht er das Vorliegen eines Falls von Inobhutnahme (§ 42 KJHG) gegeben und veranlasst die entsprechenden Schritte (Unterbringung des Kindes, Herbeiführung einer vormundschaftsgerichtlichen Entscheidung). An diesem Beispiel wird deutlich, dass es sich bei dieser Betrachtung nicht lediglich um eine verwaltungsmäßige Kategorisierung handelt, sondern dass hier Soziale Arbeit als ein Instrument sozialstaatlicher Daseinsvorsorge begriffen wird (vgl. ebd., S. 36) und mithin Interventionen auf dem Hintergrund der Entwicklung sozialstaatlicher Sicherungssysteme erfolgen.

Die Perspektive „Fall für" trägt der Tatsache Rechnung, dass Soziale Arbeit im Regelfall nicht allein für die jeweilige Problembearbeitung zuständig ist, „dass SozialpädagogInnen ‚ganzheitlich' und ‚alltagsorientiert' zuständig sein sollen, gleichwohl aber nur selten ‚das Ganze' in der Hand haben, sondern in ihren Fällen in vielerlei Hinsicht immer wieder von fremden Zuständigkeiten und fremden Kompetenzen abhängig sind" (ebd., S. 39). Klassischerweise handelt es sich hier um Personengruppen und Institutionen wie Ärzte, Schule, Polizei oder Justiz. Um es am obigen Beispiel zu verdeutlichen: Weil der Sozialarbeiter vermutet, dass es sich bei Sabine um einen Fall von Gefährdung des Kindeswohls und damit aufgrund des akuten

Entscheidungsbedarfs um einen Fall von Inobhutnahme handelt, wird Sabine zwangsläufig zum Fall für das Vormundschaftsgericht. Zu einem späteren Zeitpunkt der Fallbearbeitung können u.U. noch weitere Personen oder Institutionen beteiligt werden müssen, so könnte der Fall Sabine z.B. zum Fall für die sozialpädagogische Familienhilfe werden oder aber auch zum Fall für eine therapeutische Beratungseinrichtung. Die Perspektive „Fall für" verlangt von dem Sozialpädagogen ein ausgeprägtes Verweisungswissen, „nämlich die Gründe zu kennen, die ihre KlientInnen zugleich zum Fall für jene anderen Instanzen machen; die Folgen zu verstehen, die dies für die Betroffenen selbst wie für den eigenen Umgang mit diesen KlientInnen hat; und die Bedingungen zu kennen, unter denen es darauf ankommt, auf kompetente Weise an diese anderen Instanzen zu verweisen" (ebd., S. 31).

Die Dimension „Fall mit" schließlich spricht die pädagogische Dimension im eigentlichen Sinne an, nämlich die Art und Weise der Zusammenarbeit mit dem Klienten, mithin die Frage: Was mache ich nun mit dem Klienten? „Auch hier gibt es ein ‚anerkanntes Allgemeines', das in den allgemein anerkannten Regeln eines anständigen menschlichen Umgangs gefasst ist; so die Regel, dass jede(r) das Recht auf menschenwürdige Behandlung habe ..., oder die Regeln von Fairness, wozu auch Rücksichtnahme auf Schwächere gehört." (Ebd., S. 44) Neben der Tatsache, dass diese allgemeinen Verhaltensregeln in jedem Fall neu bestimmt und aktualisiert werden müssen, besteht eine weitere Schwierigkeit nach Müller darin, „dass hier kein überprüfbares Produkt entsteht, an dem eindeutig abgelesen werden könnte, ob menschlich richtig, hilfreich, entlastend etc. mit den Betroffenen umgegangen wurde" (ebd., S. 44). Arbeit am „Fall mit" ist „prinzipiell ‚Bewältigung von Ungewissheit', denn das, was Grundlage und Gegenstand der Zusammenarbeit sein kann ... kann nicht im Voraus festgestellt sein, sondern muss gemeinsam entdeckt werden" (ebd., S. 48).

Die Typen „Fall von", „Fall für" und „Fall mit" sprechen unterschiedliche Akzente der Betrachtung sozialpädagogischer Fälle an, die im Regelfall alle gemeinsam vorkommen. Das heißt, wiederum am obigen Beispiel verdeutlicht, der Fall Sabine ist sowohl „Fall von", wie „Fall für" als auch „Fall mit". Entscheidend ist allerdings, dass die drei Perspektiven im konkreten Hilfegeschehen vom Sozialarbeiter auseinander gehalten werden, dass er stets realisiert, auf welcher Ebene der Fallbearbeitung er sich gerade befindet, um nicht Verwaltungsarbeit mit Beziehungsarbeit oder Beziehungsarbeit mit Verweisungsarbeit zu verwechseln. Allein dies kann im Einzelfall schon zum Scheitern des Hilfeprozesses führen.

(c) Phasen und Elemente der multiperspektivischen Fallarbeit: Zur Beschreibung und Strukturierung des konkreten Hilfeprozesses greift Müller auf die aus der klassischen Einzelfallhilfe (vgl. Kapitel 4) bekannten Phasierungsmodelle zurück. Demnach lässt sich der Hilfeprozess in die Phasen sozialpädagogische Anamnese, sozialpädagogische Diagnose, sozialpädagogi-

sche Intervention und sozialpädagogische Evaluation differenzieren. Um trotz Komplexität eine möglichst praktikable Vorgehensweise begründen zu können, verdichtet Müller die in den einzelnen Phasen anfallenden Frage- und Problemstellungen in Leitfragen, die den SozialpädagogInnen zur Strukturierung der anfallenden Situationsbewältigung dienen sollen.

Die Phase der sozialpädagogischen Anamnese erfüllt eine Doppelfunktion: Zum einen geht es um eine möglichst breite Informationsbeschaffung und - auswahl, die nicht von vornherein schon durch das Nadelöhr vorschneller Kategorisierung Möglichkeitshorizonte beschneidet. Zum anderen geht es aber auch immer um die Eingrenzung des Relevanzbereiches der Fallbearbeitung. Anamnese meint im Wesentlichen die Rekonstruktion der Vorgeschichte des zu bearbeitenden Falles. Was im Einzelfall an Informationen notwendig ist, ist nur im Fokus der jeweiligen Relevanzbereiche zu klären.[1] Obwohl schon in der Phase der Anamnese Selektionsentscheidungen kaum umgangen werden können, so soll sie doch so offen sein, dass nicht schon eine vorab entschiedene Lesart des Falles letztlich die Datenerhebung von vornherein beschneidet. Im Anschluss an Marianne Meinhold betont Müller als Grundhaltung der Anamnese: „So viel wie möglich sehen – so wenig wie möglich verstehen." (Meinhold zit. nach Müller 1993a, S. 79) Die damit geforderte Trennung von Datenerhebung und Interpretation folgt der Logik, dass sich das Fallverstehen aus dem Einzelfall heraus zu entwickeln hat. Die Vorgehensweise im Rahmen sozialpädagogischer Anamnese konkretisiert sich in fünf Arbeitsregeln:

Arbeitsregeln zur sozialpädagogischen Anamnese

1. Anamnese heißt, einen Fall wie einen unbekannten Menschen kennen zu lernen.
2. Anamnese heißt, den eigenen Zugang zum Fall besser kennen zu lernen.
3. Anamnese heißt, sich eine Reihe von Fragen zu stellen: Was weiß ich genau? (Und was nicht?) Wie kam es dazu? Wie komme ich zu der Geschichte darüber? Welche Geschichte gibt es noch dazu? (Welche wäre denkbar?)
4. Anamnese heißt, unterschiedliche Sichtweisen und Ebenen des Falles nebeneinander zu stellen.
5. Anamnese ist nie vollständig. Sie muss es auch nicht sein. Sie beginnt immer wieder von neuem (vgl. ebd., S. 83 ff.).[2]

---

[1] Müller weist allerdings darauf hin, dass es „unzählige sozialpädagogische Fallakten [gibt, d. V.], die Berge von Informationen über Klienten enthalten, welche für praktische Zwecke sozialpädagogischer Arbeit vollkommen überflüssig sind. Und umgekehrt enthalten dieselben Akten die wichtigsten Informationen oft nicht: Z.B. Informationen darüber, was die Klienten selber wollen" (Müller 1993a, S. 55).
[2] Auf die Herleitung und Begründung der einzelnen Arbeitsregeln muss an dieser Stelle aus Platzgründen verzichtet werden.

Die Phase der sozialpädagogischen Anamnese erlaubt somit eine Klärung der Fakten, die Bewusstmachung der eigenen Sichtweisen des Falles sowie die Verständigung über Interessen, Absichten und Ziele des Klienten.

Erst in der zweiten Phase, der sozialpädagogischen Diagnose geht es darum, die ermittelten Fakten des Falles „auf die Folie eines Bekannten bzw. Allgemeinen zu legen und zu prüfen, ob sie dazu passen" (ebd., S. 56). Es geht dabei „um ein Auseinanderlegen, Sortieren und Gewichten von Aspekten mit dem Ziel, die Frage ‚was tun?' zu beantworten" (ebd., S. 53). Die Trennung zwischen Anamnese und Diagnose ist dabei häufig nur eine analytische, die gleichwohl dazu auffordert, nicht zu schnell die Schublade des Allgemeinen („ein Fall von Kindesmisshandlung") zu öffnen, sondern zunächst sehr genau und differenziert hinzuschauen. Im Mittelpunkt dieser Phase stehen eine Vielzahl von Fragen wie z.B.: „Was ist das Problem?", „Wer hat welches Problem?" , „Was ist in der konkreten Situation zu tun?", „Wer hat welches Mandat?" und „Welche Ressourcen zur Problemlösung sind vorhanden?". Die Spannbreite der Aufgaben dieser Phase lässt sich wiederum in (acht) Arbeitsregeln verdichten.

Arbeitsregeln zur sozialpädagogischen Diagnose

1. Sozialpädagogische Diagnose heißt zu klären, was für welchen Beteiligten in einer Fallsituation das Problem ist.
2. Sozialpädagogische Diagnose heißt zu klären, was für mich selbst in einer Fallgeschichte das Problem ist.
3. Sozialpädagogische Diagnose heißt, zu klären, welche Mandate zum Handeln auffordern. Dabei sind konstitutive und nicht konstitutive Mandate zu unterscheiden.
4. Sozialpädagogische Diagnose heißt, zu klären, wer über welche Mittel zur Lösung eines Problems verfügt.
5. Sozialpädagogische Diagnose heißt, mögliche Mittel zur Lösung eines Falles auf unerwünschte Nebeneffekte hin zu prüfen.
6. Sozialpädagogische Diagnose heißt, zu prüfen, ob es Vordringlicheres gibt, als die Lösung des Problems.
7. Sozialpädagogische Diagnose heißt klären von Zuständigkeiten.
8. Sozialpädagogische Diagnose heißt, zu klären, welche Schritte und Ziele ich aus eigener Initiative und welche ich nur durch andere erreichen kann (vgl. ebd., S. 89 ff.).

Die Intervention als dritte Phase des Hilfeprozesses beginnt nicht erst nach Abschluss von Anamnese und Diagnose. „Diese sind selbst zumeist schon Formen der Einmischung ... Oft steht die Intervention auch in einer langen Kette anderer Interventionen oder muss sehr rasch geschehen. Beides kann dazu führen, dass Anamnese und Diagnose der Intervention folgen oder sie begleiten, aber nicht ihr vorangehen können." (Ebd., S. 107)

Mit der Phase der Intervention sind die konkreten Formen des Einmischens in Lebenszusammenhänge, Deutungsmuster, Problemlösungsstrategien usw.

der Klienten angesprochen. Müller unterscheidet drei Formen der Intervention: a) den Eingriff, b) das Angebot und c) gemeinsames Handeln. Der Eingriff ist immer mit der Ausübung von Macht verbunden und bedarf nicht der Zustimmung des Klienten. Eingriffe können notwendig sein zur Abwendung von Eigen- oder Fremdschädigung, allerdings ist ihr Einsatz an einschränkende Kriterien gebunden: „1. Sie dürfen keine Elemente enthalten, die vorhandene Potentiale selbstverantwortlichen Handelns zerstören. (...) 2. Sie müssen mit Versuchen verknüpft sein, zumindest längerfristig Eingriffshandeln in gemeinsames Handeln zu transformieren." (Ebd., S. 110 f.) Im Gegensatz zum Eingriff verzichten sozialpädagogische Angebote auf Machtausübung. Sie besitzen vielmehr den Charakter von Vorschlägen, auf die der Klient eingehen kann oder nicht. Die Frage, ob sozialpädagogische Angebote wirksam werden oder nicht, verbleiben im Entscheidungsspielraum des Klienten. Umso mehr müssen Angebote durch ihre Qualität und ihre Attraktivität überzeugen. Während Eingriff wie Angebote zunächst aus der Aktivität der SozialarbeiterIn erwachsen, sind Interventionen auf der Basis gemeinsamen Handelns dadurch gekennzeichnet, dass sie durch die Berücksichtigung der Haltungen, Wünsche und Bedürfnisse des Klienten einen Typus aktiver Kooperation entstehen lassen. Auch für die Gestaltung der Intervention lassen sich Arbeitsregeln anführen:

Arbeitsregeln zur sozialpädagogischen Intervention

1. Eingreifendes Handeln (Machtgebrauch) kann unvermeidlich und notwendig sein, muss sich aber an strengen Kriterien messen lassen.
2. Eingriffe dürfen vorhandenes Potential der Selbstbestimmung nicht zerstören. Erniedrigende Eingriffe sind deshalb ebenso illegitim wie alle Versuche, mit Gewaltmitteln Menschen zu bessern oder glücklicher machen zu wollen.
3. Denkbare legitime Ziele von Eingriffen sind dagegen die Abwehr unmittelbar drohender Gefahren, die Verteidigung von Rechten sowie manchmal die Erhaltung und Herstellung von Schonräumen und Entlastung.
4. Alle Legitimation von Eingriffen steht in der Sozialpädagogik unter dem Vorbehalt, dass sie versuchen muss, den Eingriffsanteil ihrer Intervention nach Möglichkeit zu verkleinern und den Anteil an Angeboten und gemeinsamem Handeln zu verstärken.
5. In Situationen, die unabweisbar Eingriffe erfordern, lässt sich die Reflexion, wie der Eingriff zu begrenzen ist, als Zirkelschema darstellen: Was ist zu tun? Was ist am vordringlichsten? (Verhindert Eskalation?) Was schafft Entlastungen? Was schafft Gelegenheiten für gemeinsames Handeln?
6. Für die Entwicklung jeweils passender Angebote müssen Rahmenangebote und Angebote i.e.S. unterschieden werden.

7. Zur Klärung sozialpädagogischer Angebote ist es sinnvoll, Angebote (bzw. Angebotsaspekte), die Situationen ändern sollen, von Angeboten, die Verhalten und Wollen ändern sollen, zu unterscheiden.
8. Zur Klärung sozialpädagogischer Angebote ist es sinnvoll, (materielle) Ressourcen und (immaterielle) Dienstleistungen zu unterscheiden.
9. Sozialpädagogische Angebote können nach Typen unterschieden werden (situationsbezogen/personenbezogen – materiell/immateriell).
10. Raum für gemeinsames Handeln kann entstehen, wenn die jeweiligen ,Vorschläge', was getan werden sollte, unverzerrt wahrgenommen und ohne Diskriminierung akzeptiert werden.
11. Für die Klärung der Bedingungen für passende Angebote zu gemeinsamem Handeln ist es sinnvoll, die Unklarheit oder Uneinigkeit einzugrenzen und dafür Ebenen zu unterscheiden (vgl. ebd., S. 107 ff.).[3]

Die sozialpädagogische Evaluation schließlich, als letzte und abschließende Phase des Hilfeprozesses thematisiert die retrospektive Kontrolle der eigenen Entscheidungen im Hinblick auf ihre Angemessenheit und Effektivität. „Von Evaluation im engeren Sinne ist aber erst dort zu reden, wo solche selbstkontrollierte Praxis spezielle Instrumente der Selbstkontrolle benutzt und dies bewusst tut. Zweitens spricht man von Evaluation dort, wo ausdrücklich Kriterien genannt und benutzt werden, um ein Stück praktischer Arbeit zu überprüfen. Schließlich setzt Evaluation immer ein Stück Distanz vom unmittelbaren Handeln in der Praxis voraus" (ebd., S. 126). Instrumente der Selbstevaluation (vgl. auch Kapitel 25) können z.B. sein: Berichte, Dokumentationen, Teamgespräche, Praxisforschung.

Arbeitsregeln zur sozialpädagogischen Evaluation

1. Evaluation heißt genaues und ehrliches Zugänglichmachen von empfindlichen Punkten.
2. Selbstevaluation hat Voraussetzungen: Man muss sie sich leisten können; in einem Klima, in dem Angst und wechselseitige Bedrohung herrschen, ist Selbstevaluation unmöglich. Sie muss freiwillig sein und kann nicht erzwungen werden. Sie muss davor geschützt sein, missbraucht zu werden. Sie erfordert etwas Zivilcourage.
3. Selbstevaluation heißt herstellen von Rahmenbedingungen, die Offenheit und ungeschützte Sachkritik ermöglichen.
4. Evaluation wird leichter, wenn man dafür verfügbare und einfach zu handhabende Instrumente der Dokumentation und Praxisforschung nutzt.
5. Sozialpädagogische Evaluation braucht Kriterien der Wirksamkeit, ethische Maßstäbe für den Umgang mit Adressaten und Maßstäbe für die Realitätsprüfung ihrer Ziele. Diese Kriterien dürfen nicht gegeneinander ausgespielt werden.

---

3 Müller kommt in seinem Buch auf lediglich zehn Arbeitsregeln zur sozialpädagogischen Intervention, allerdings nur deshalb, weil er zwei Regeln die Laufnummer 9 zuweist.

6. Evaluation als Teil kasuistischer Arbeit ist primär Selbstevaluation; sie muss sich aber der Grenzen ihrer Möglichkeiten und notwendiger Korrektive durch Evaluation ‚von oben', ‚von unten' und ‚von außen' bewusst sein (vgl. ebd., S. 126 ff.).

(d) Einschätzung und Diskussion: Das von Burkhard Müller entwickelte Konzept einer multiperspektivischen Fallarbeit lässt sich auf das anspruchsvolle Unternehmen ein, die Komplexität sozialpädagogischer Handlungssituationen vor dem Hintergrund der einschlägigen Theoriedebatte einsichtig zu strukturieren und mittels Arbeitsregeln einen Problemhorizont zu eröffnen, der es PraktikerInnen erlaubt, sozialpädagogische Fallarbeit zugleich theoretisch gehaltvoll und der Komplexität angemessen anzugehen und sie trotz allem pragmatisch handhabbar zu machen. Das alles mutet, wie der Autor selbst in der Einleitung formuliert, an, wie der Versuch einer Quadratur des Kreises. Und umso überraschender ist es, dass dieses Unterfangen weitgehend gelingt. Was dabei herauskommt, ist keine „Einkaufsliste", die der Praktiker in der Sozialen Arbeit einfach abzuhaken hat, um gelingende Fallarbeit zu betreiben, sondern vielmehr ein flexibles Instrument der Analyse von Handlungs- und Problemsituationen, das unter Verzicht auf sonst weitgehend übliche Verkürzungen und Setzungen in der überwiegenden Zahl der Arbeitsfelder Sozialer Arbeit verwendbar ist. Insofern ist der Einschätzung von Christian Lüders zu folgen: „Es gibt wohl derzeit kein zweites Buch, das die pragmatische Annäherung an den sozialpädagogischen Habitus so überzeugend und anregend mit dem Stand der theoretischen Fachdiskussion verbindet. Die häufig beschworene Vielschichtigkeit der Fälle in der Sozialpädagogik und die daraus resultierenden Anforderungen an die Studierenden und praktisch Handelnden sind hier keine abstrakte Formel, sondern werden gleichsam praktisch greifbar und einsichtig" (Lüders 1994, S. 183).

Insofern stellt der Ansatz der multiperspektivischen Fallarbeit den bislang wohl gelungensten Versuch dar, jenseits technologischen Verfügungswissens, das an der Praxis Sozialer Arbeit per se scheitern muss (vgl. Kapitel 2 und 3), ein flexibel nutzbares und selbstreflexives Arbeitskonzept zu entwickeln, das sich weder an der Komplexität sozialpädagogischer Handlungssituationen bricht, noch daran scheitert, auch in neuartigen Problemsituationen, potentiell unkonventionelle Handlungsstrategien zu generieren. Eine Einschränkung muss allerdings angesprochen werden. Multiperspektivische Fallarbeit ist in erster Linie ein Reflexionsinstrument, das auf unterschiedlichste Handlungsstrategien angewendet wird. Es liefert mithin Anhaltspunkte, ob eine bestimmte Form der Anamnese angemessen ist oder nicht, ob eine Diagnose die relevanten Einflussfaktoren berücksichtigt oder unzulässig verkürzt, ob, wann und warum Interventionsformen eingreifenden Charakters sein dürfen und sollen, und wann nicht. Was die multiperspektivische Fallarbeit nicht leistet (und nicht leisten will), ist die konkrete Offerierung einer Palette an Handlungsmöglichkeiten (z.B. Ansätze zur Gestaltung der Arbeit mit Gruppen in einer Heimeinrichtung). In diesem Sinne ist multiperspektivische Fallarbeit eher auf einer Metaebene angesiedelt: d.h. sie kann darüber Auskunft geben, ob unter gegebenen Bedingungen eine gewählte Handlungsstrategie fachlich angemessen und begründbar ist. Versteht man methodisches Handeln als planvolles und begründetes Vorgehen, so hat Burkhard Müller mit seinem Ansatz eine Basis gelegt, hinter die man nicht mehr zurückgehen kann.

 Tipp zum Weiterlesen:

Müller, B.: Sozialpädagogisches Können. Ein Lehrbuch zur multiperspektivischen Fallarbeit, Freiburg i.B. 1993.

16. Case Management

(a) Geschichte: Case Management als Methode der Arbeit von Sozialdiensten wurde ab Ende der 70er Jahre in den USA entwickelt. Vor allem zwei Gründe führten zu Bestrebungen einer neuen methodischen Fundierung: Zum einen die für die USA typische Zersplitterung sozialer Dienstleistungsangebote[1], die auf der Seite der Abnehmer (Klienten) zu erheblichen Orientierungsproblemen führt und auf der Seite der Anbieter (Träger Sozialer Dienste) zu wenig effektiven Überschneidungen und Koordinationsproblemen. Zum anderen wurde das System sozialer Dienstleistungsangebote im Zuge der konservativen, neoliberalen Politik der Reagan-Administration zunehmend unter Druck gesetzt, soziale Dienste kostengünstiger und effizienter zu organisieren. So betont Wendt: „Die meisten Bedürftigen können sich die für sie richtige Mixtur an Hilfen nicht selber zusammenstellen. Ihnen sind die verstreuten Ressourcen möglicher Unterstützung nicht ohne weiteres bekannt und zugänglich. Unter den Diensten mangelt es an Abstimmung aufeinander und an Kooperation in Rücksicht auf den jeweils individuellen Bedarf. Diagnostisch und therapeutisch versiert zu sein, setzt die Helfer in der einen oder anderen Einrichtung oder Gruppe durchaus nicht in den Stand, das nötige Arrangement zeitlich und örtlich übergreifend zu treffen und es wirksam werden zu lassen" (Wendt 1991, S. 18). Als ein Instrument des Umgangs mit dieser spezifischen Konstellation des wohlfahrtsstaatlichen Angebots wurde das Case Management entwickelt, dem es primär um die organisierte Abstimmung von Angebot und Nachfrage nach sozialen Dienstleistungen geht.

In Deutschland, wo Case Management seit Ende der 80er Jahre verstärkt rezipiert wird (z.T. unter dem amerikanischen Begriff, z.T. eingedeutscht als „Unterstützungsmanagement"), lokalisiert Wendt (1991) Gründe für die Notwendigkeit von Case Management vor allem in der zunehmenden Differenzierung und Spezialisierung der Dienstleistung, die eine Kooperation der Angebote notwendig macht. Überdies ist Case Management insbesondere in so genannten „Multi-Problem-Familien" angesagt, da es hier oft zu kon-

---

1 Nach Wendt ist die „Entwicklung von Case Management in den USA ... vor dem Hintergrund der dortigen Träger- und Organisationsvielfalt zu sehen: Anders als in Europa dominiert freies Engagement; die Erbringung von Sozialleistungen wird weniger durch Ämter mit breiter Zuständigkeit, wie sie bei uns die Jugend-, Sozial- und Gesundheitsämter besitzen, reguliert. Viele kleine soziale Agenturen und Projekte müssen Klienten finden, mit denen sie erfolgreich arbeiten können ... und bedürftige Menschen treffen nicht ohne weiteres auf Unterstützungsangebote, die ihnen wirklich weiterhelfen. Von daher haben Informations- und Vermittlungsdienste ihre Berechtigung" (Wendt 1991, S. 16).

traproduktiven und die sozialen Dienstleistungen unnötig verteuernden Überschneidungen verschiedenster Unterstützungsangeboten kommt.

(b) Begriff und Merkmale: Case Management wird von seinen Vertretern als eine Weiterentwicklung der Einzelhilfe verstanden, die allerdings im Vergleich zu den klassischen Ansätzen (vgl. Kapitel 4) eine Akzentverschiebung vornimmt. „Der Sozialarbeiter stürzt sich als Unterstützungsmanager nicht länger ... in den Strudel der psychohygienischen, therapeutischen Beziehungsarbeit (leistet sie aber beiläufig dennoch). Hervor treten dafür die intersubjektiv auszumachenden sachlichen Bezüge, als da sind: lokale Bezüge (z.B. Belastungen und Chancen im Wohnquartier), ökonomische Bezüge (Mangel an Arbeitsplätzen, schlechte Einkaufsmöglichkeiten), politische Bezüge (Benachteiligungen und Machtlosigkeit der Betroffenen – dagegen die Möglichkeit der ‚Politisierung'), kulturelle Bezüge (z.B. Eingliederungsschwierigkeiten von Menschen aus einer Subkultur, Bildungslücken)." (Wendt 1988, S. 22 f.) Das Aufgabenspektrum des Helfers verlagert sich von der psycho-sozialen Beziehungsarbeit zur organisierenden, planenden, koordinierenden und kontrollierenden Abstimmung von Angebot und Nachfrage nach Unterstützung, wobei es primäres Ziel ist, „potentiell auf die konkreten Problemlagen passende Hilfen ausfindig und zugänglich zu machen" (Wendt 1991, S. 11). Es geht mithin um die Abstimmung der Systemlogiken der Dienstleistungsanbieter einerseits und der Lebensweltlogik der Klienten mit ihren spezifischen Nöten und Problemen andererseits mit der Absicht, bedarfsgerechte Versorgung ökonomisch vertretbar sicherzustellen.

❗ Definition: „Case management gehört der Sozialarbeit an und hat die Kernfunktion, den Klienten-Systemen (einzelnen Menschen, Familien und ihren Angehörigen, Kleingruppen, Nachbarn, Freunden usw.) in koordinierter Weise Dienstleistungen zugänglich zu machen, die von ihnen zur Lösung von Problemen und zur Verringerung von Spannungen und Stress benötigt werden. Sozialarbeiter erfüllen damit einen wichtigen Teil ihres Mandates und ihrer Funktion, indem sie soziale oder gesundheitliche, therapeutische und erzieherische, religiöse, juristische u.a. Hilfen denen vermitteln und zukommen lassen, die auf derartige Leistungen ambulant (im eigenen Haushalt) oder in Institutionen und Organisationen angewiesen sind." (Lowy 1988, S. 31)

Folgt man der Definition von Lowy, so lassen sich im Wesentlichen vier Funktionen des Case Managements herausstellen (vgl. Wendt 1988, S. 18 f.):

- die Erfassung der Aufgabenstellung (assessment), d.h. die Analyse der Lebenssituation des Klienten und der daraus resultierenden Hilfeerfordernisse;
- die Planung der Dienstleistung (service planning), d.h. die gemeinsame Erarbeitung eines Hilfe- und Unterstützungsplans mit dem Klienten;
- die konkrete Vermittlung der Unterstützung (brokering services), d.h. die Kontaktierung und Vermittlung an die konkret hilfeleistende Institution;

- das Handeln im kommunalen Kontext (community intervention), d.h. der Koordination der Hilfeleistung im kommunalen Zusammenhang.

In Abgrenzung zum Sozialmanagement steht im Zentrum der Bemühungen also nicht die (soziale) Einrichtung, die es effizient und effektiv zu organisieren gilt, sondern vielmehr der Fall (der Klient), dem ebenfalls im Sinne von Effizienz und Effektivität ein optimales Unterstützungsnetzwerk einzurichten ist.

Die Arbeitsgebiete, in denen Case Management zunächst Beachtung und Berücksichtigung fand, waren vor allem die Behindertenhilfe, die Hilfe für chronisch Kranke sowie die Altenhilfe, mithin Dienste in den Bereichen Gesundheitswesen und Pflege. Im Verlauf der 1990er Jahre hat das Case Management allerdings Karriere gemacht und wird heute in fast allen Feldern der Sozialen Arbeit angewendet (vgl. Neuffer 2005). Oft wird Case Management als Synonym moderner Einzelfallhilfe verwandt und erscheint „als eine Art Aladins Wunderlampe, deren Geist jedem, der daran reibt, Wünsche zu erfüllen scheint: Die Soziale Arbeit wird effektiv, effizient, berechenbar, transparent, professionalisiert, kundenorientiert" (Hansen 2005, S. 108). Hintergrund des zweifelsohne zu konstatierenden Booms dürfte in der Tat das Versprechen der Kombination effektiver, passgenauer Hilfen kombiniert mit einer gezielten Förderung der Eigentätigkeit der Betroffenen sein, das nur allzu gut in die gegenwärtige sozialpolitische Philosophie des aktivierenden Sozialstaats passt (vgl. Dahme/Wohlfahrt 2005).

Einen neuerlichen Popularitätsschub erfuhr das Case Management durch die Reform der Arbeits- und Sozialverwaltung und die Einführung der Grundsicherung für Arbeitssuchende. Im Kontext des Umbaus der Arbeits- und Sozialverwaltung wurde die Rolle des Betreuers neu definiert unter Rückgriff auf das Modell des Case Managements (Bertelsmann-Stiftung u.a. 2002). Grundgedanke der neuen Strategie des „Förderns und Forderns" in Arbeits- und Sozialverwaltung ist, das ein Fallmanager mit den Betroffenen nach einer eingehenden Abklärung der biographischen und motivationalen Voraussetzungen (in Neusprach: Profiling und Assessment genannt), eine Einordnung in Fallgruppen vornimmt und mit dem einzelnen Klienten verbindliche Wiedereingliederungspläne in den Arbeitsmarkt erstellt, deren Einhaltung er begleitet und überwacht. Als Ausdruck eines gewissen Booms mag die Tatsache gewertet werden, dass 2005 die Deutsche Gesellschaft für Care und Case Management (www.dgcc.de) gegründet wurde.

(c) Elemente des Case Management: Wolf Rainer Wendt bestimmt im Anschluss an Roberts-DeGennaro elf zentrale Bestandteile des Verfahrens des Case Managements:

„1. die Nutzung eines Netzwerks von Einrichtungen und Diensten,
2. die Eröffnung des Zugangs zu den Bestrebungen und Ressourcen des Dienstes seitens der Zielgruppe,

3. die Erfassung der Stärken des Klienten und seines Hilfebedarfs, wobei die Betonung eher auf den Stärken als auf dem Problem liegt,
4. die Entwicklung eines Unterstützungsplans nach Zielplanung mit dem Klienten,
5. ein Vertrag zwischen Klient und Dienststelle und erforderlichenfalls weitere Einzelkontrakte,
6. der Entwurf eines individualisierten Netzwerks sowohl der Dienste als auch der informellen Hilfen für und mit dem Klienten,
7. die Durchführung des verabredeten Plans und die Mobilisierung der Netzwerke,
8. Beobachtung des Ablaufs der Unterstützung gemäß Plan und nötigenfalls seine Abänderung,
9. Evaluation zusammen mit dem Klienten, ob die abgesprochenen Aktivitäten ihren Zweck erfüllen,
10. formelle Beendigung der Unterstützung in Absprache mit dem Klienten und
11. Nachsorge." (Roberts-DeGennaro, zit. nach Wendt 1988, S. 21)

Wenn man es so zuspitzen will: Der Sozialarbeiter konzentriert seine Tätigkeit nicht mehr auf die Verhaltensänderung des Klienten mittels psychosozialer Interventionstechniken, sondern er findet den Kern seiner Aufgabe in Ermittlung, Konstruktion und Überwachung eines problemadäquaten Unterstützungsnetzwerkes, zu dem sowohl die informellen sozialräumlichen Ressourcen (Familie, Nachbarn, Freunde, vorhandene Infrastruktur etc.) gehören, wie auch die formellen Angebote des (sozialen) Dienstleistungssektors. „Der Case-Manager übernimmt die intermediäre Rolle einer Schlüsselperson zwischen den Bedürftigen und den diversen potentiellen Hilfsquellen." (Wendt 1991, S. 40) In Bezug auf den Klienten geht es dabei zwar auch um die Erschließung bislang ungenutzter Hilfsquellen. Diese sollen allerdings nicht vom Sozialarbeiter „auf dem goldenen Tablett" serviert werden. Vielmehr geht es um die Förderung der Fähigkeit des Klienten, sich Hilfsquellen nach und nach selbst sachgerecht erschließen zu können.

In der Literatur zum Case Management finden sich unterschiedliche Phasierungsmodelle, die den Hilfeprozess in eine sinnvolle Abfolge von Handlungsschritten zu bringen versuchen. Lowy (1988, S. 32 ff.) strukturiert den Hilfeprozess im Case Management in fünf Phasen.

In der ersten Phase, dem Einstieg, geht es im Wesentlichen um das „case finding", d.h. die SozialarbeiterIn sucht jene Klienten in ihrem Wirkungskreis, die der Hilfe bedürfen. Auf das case finding folgt die Vorprüfung (pre-screening), um innerhalb der Population der Hilfebedürftigen jene zu ermitteln, die in besonderer Weise unterstützungsbedürftig sind.

Die zweite Phase nennt Lowy die so genannte Einschätzung, im Rahmen derer der Sozialarbeiter sich ein Bild von der Lage des Klienten verschafft. Die so genannte „Abschätzung (assessment)" erfolgt in Kooperation zwischen SozialarbeiterIn und KlientIn. Hilfsmittel sind hier insbesondere Anleitungsbögen (guide-sheets), die die Informationsgewinnung mittels Interview strukturieren sollen. Wichtige Fragen sind hier insbesondere. „(1) Welche der Probleme oder Belastungssituationen bereiten den Betroffenen am meisten Schwierigkeiten bzw. bedeuten für sie das größte Risiko? (2) In welchen Teilbereichen zeigen die Klienten eigene Stärken und Fähigkeiten, wo also können sie selber ‚anpacken' und die Belastungen bewältigen (coping)? (3) Welche Lösungsmöglichkeiten sind im gegebenen Stadium am besten geeignet – und entsprechen zugleich den Wertvorstellungen der Gefühlswelt und dem ganzen ‚Hintergrund' der Unterstützungsbedürftigen? (4) Welches natürliche Netzwerk haben die Klienten zur unmittelbaren oder mittelbaren Verfügung, und wie werden die Bezugspersonen im Netzwerk reagieren? Welche Hilfen können diese Personen oder auch Einrichtungen im Netzwerk zunächst bieten?" (ebd., S. 33). Die Informationsbeschaffung greift dabei neben dem Klienten auch auf andere Quellen innerhalb der „natürlichen" Netzwerke zurück.

Nachdem so in den ersten beiden Phasen Bedarf und Ressourcen ermittelt sind, kommt es in der dritten Phase zum gezielten und planmäßigen Einsatz der Dienstleistung oder anders formuliert: zur „Verknüpfung (linkage) von Klientensystem und Hilfeleistung" (ebd., S. 34). Zentrales Instrument ist in dieser Phase der „Pflegeplan (care plan)", der sowohl allgemeine wie spezifische Ziele im Hinblick auf die Zusammenarbeit mit bestimmten Einrichtungen fixiert und somit die Grundlage für eine spätere Evaluation der Hilfeleistung bietet. Der Pflegeplan hat die Selbsthilfekräfte des Klienten und seiner „natürlichen" Netzwerke ebenso zu berücksichtigen, wie die Abstimmung mit professionellen Hilfsangeboten.

In der vierten Phase steht die Ausführung des Case Managements im Mittelpunkt. Dabei kommen der Case-Managerin drei Aufgaben zu: In Bezug auf den Klienten geht es um Informationen z.B. über Zugänglichkeit bestimmter Angebote, um Senkung von Zugangsschranken (z.B. durch gezielte Übungen) aber auch um Kontrolle des Klientenverhaltens im Sinne der im Pflegeplan aufgestellten Anforderungen. In Bezug auf die Arbeit mit den Anbietern der Dienstleistungen und den konkreten Einrichtungen geht es um eine Überwachung der erbrachten Leistungen und deren Koordination. Wichtig ist in diesem Zusammenhang, dass der Pflegeplan eine Informationsverpflichtung festlegt, d.h. dass der Case Manager immer Zugang zu den notwendigen Informationen hat, um den Fortgang des Hilfeprozesses zu überwachen.

Die fünfte Phase schließlich umfasst die Kontrolle und Evaluation. Dies umfasst einerseits Abschätzungen während des Prozesses, um sicherzustellen, dass die angebotenen Hilfen dem Stand der Hilfebedürftigkeit auch weiterhin entsprechen. Andererseits geht es um die Überprüfung, ob der Plan eingehalten wird und ob nicht evtl. eine Besserung eingetreten ist und die Unterstützung mithin beendet werden kann.

Nach Ballew/Mink lassen sich – folgt man dem beschriebenen Modell – drei zentrale Rollen des Case Managers identifizieren: Er ist zum einen Berater: „In beratender Funktion ist es die Aufgabe des Unterstützungsmanagers, dem Klienten beizubringen, was er wissen muss, um für sich selber ein Netzwerk an Ressourcen zu entwickeln und sich diese Hilfsquellen auch zu erhalten" (Ballew/Mink 1991, S. 58). Zum anderen ist der Case Manager Koordinator, indem er Pläne entwickelt und Abstimmung von Bedarf und Hilfeleistung vorantreibt. Zum Dritten tritt er als Anwalt des Klienten auf: „Manchmal sind die benötigten Ressourcen nicht zur Hand, oder sie werden einem bestimmten Klienten vorenthalten. Der Case Manager wirkt anwaltlich als Fürsprecher dahin, die nötige Hilfe zu erreichen. Ein andermal stellt die Gesellschaft Anforderungen an einen Klienten, die ihn überwältigen. In diesem Falle tritt der Unterstützungsmanager als Anwalt maßvollerer Forderungen auf, oder er setzt sich dafür ein, dass es den Klienten weniger kostet, den Ansprüchen zu genügen" (ebd., S. 58).

(d) Einschätzung und Diskussion: Mit seiner doppelten Zielrichtung, der optimalen Ausstattung mit Unterstützungsleistungen unter Berücksichtigung der eigenen Ressourcen des Klienten einerseits und der effizienten, d.h. kostengünstigen Gestaltung von Hilfeangeboten andererseits, passt das Case Management in die gegenwärtige sozialpolitische Landschaft, die gekennzeichnet ist durch eine flächendeckende Finanzkrise der öffentlichen Haushalte und einer neuen Sozialstaatsphilosophie, die auf workfare statt welfare zielt und im Kern auf ein mehr an Markt, wettbewerbsförmig organisierte öffentliche Dienstleistungen und stärker eigenverantwortliche Individuen setzt (vgl. Galuske 2005). Die Vertreter des Case Management nutzen entsprechende Argumentationen zur offensiven Verbreitung ihres Ansatzes (vgl. Kleve 2006).

Angesichts des Case Management Booms seit Beginn des neuen Jahrtausends scheinen allerdings einige kritische Nachfragen angebracht:

(1) Schon zu Beginn der verstärkten Rezeption in den 1990er Jahren fragten skeptische Stimmen nach, ob nicht zumindest zu prüfen sei, ob das den Erfordernissen der anglo-amerikanischen Sozialstaaten entspringende Case Management in die sozialpolitische Landschaft Deutschlands passe. Zumindest war davon auszugehen, dass in Deutschland ein geringerer fallspezifischer Koordinationsbedarf besteht, als etwa in den USA, dessen soziale Angebotsstruktur vorrangig von vielen kleineren, z.T. örtlich begrenzten Privatinitiativen gekennzeichnet ist. Eine hochgradige Zersplitterung der Angebotspalette wie in den USA ist in Deutschland bislang schon aufgrund der Existenz großer, überregionaler Träger und Trägerverbünde (intermediäre Organisationen) wie etwa den Wohlfahrtsverbänden nicht zu konstatieren. Eckhard Hansen (2005) hat kürzlich nochmals auf die unterschiedlichen sozialpolitischen Kontexte hingewiesen. Hansen rekonstruiert dabei das Case Management als eine Methode mit deutlich neoliberalem Hintergrund (ebd., S. 108), dessen „wesentliche Aufgabe ... darin zu sehen ist, in

entregelten, marktähnlichen Verhältnissen Bedarfslagen mit Leistungsangeboten in Einklang zu bringen" (ebd., S. 111). Insofern könnte die Frage, ob das Case Management in die sozialpolitische Landschaft Deutschlands passt, vielleicht falsch gestellt sein, den eventuell ist der flächendeckende Boom des Case Managements in allen Feldern und Bereichen Indiz für den Umbau des Sozialstaats nach neoliberalen Vorbild. Demnach könnte es durchaus sein, dass das Case Management Anfang der 1990er Jahre noch wie eine nur in Teilen „passende" Erweiterung der Methodenpalette zu wirken schien. Der neoliberale Umbau des Sozialstaates hätte demnach diese Methode in den Mittelpunkt der methodischen Fachdiskussion gerückt. Folgt man dieser Einschätzung, so offenbart der Case Management Boom ein Dilemma. Nach Hansen hat die Soziale Arbeit ein tiefgreifendes „Glaubwürdigkeitsproblem, wenn sie einerseits neoliberale Tendenzen in der Sozialpolitik kategorisch als Beiträge zur Demontage des Sozialstaats wertet, sich andererseits aber neoliberaler Instrumentarien wie des „Care/ Case Managements bedient und diese in ihre Professionalisierungsstrategien einbaut" (ebd., S. 120).

(2) Schon zu Beginn der Rezeption des Case Managements wurde die Frage aufgeworfen, was an diesem Ansatz letztlich neu sei. Originell ist allenfalls die Fokussierung der koordinierenden Hilfeleistung im einzelnen, konkreten Fall. Das Koordinationsprinzip findet sich in ähnlicher Weise schon in den wohlfahrtsstaatlichen Ansätzen der Gemeinwesenarbeit (vgl. Kapitel 7), denen es auch um die optimalen Ausstattung von sozialräumlichen Einheiten mit wohlfahrtsstaatlichen Leistungen ging und insofern auch um Kooperation und Koordination von Angeboten und Trägern. Zugespitzt könnte man formulieren: Case Management ist nur deshalb notwendig geworden, weil gemeinwesenorientierte Arbeitsansätze nicht realisiert wurden. Sie sind insofern weniger eine Antwort auf die konkreten Problemlagen der Subjekte, als vielmehr Reaktionen auf die Unfähigkeit der Anbieter sozialer Dienstleistung zur Realisierung kooperativer Strategien.

Falls die Beobachtung richtig ist, dass Case Management sich nicht grundsätzlich vom Anliegen wohlfahrtsstaatlicher Ansätze der Gemeinwesenarbeit unterscheidet, sondern diese lediglich im Fokus des Subjekts reformuliert, dann trifft allerdings die Kritik an diesem methodischen Konzept auch das Case Management. Die Kritik der wohlfahrtsstaatlichen Gemeinwesenarbeit betonte vor allem, dass es ihr um eine sozialtechnologische Optimierung wohlfahrtsstaatlicher Leistungen gehe, nicht aber um die Stärkung der Klientenmacht im Sinne der Beförderung von (politischer) Partizipation an der konkreten Gestaltung lebensweltlicher Kontexte bzw. gesellschaftlicher Zusammenhänge. Und in der Tat spielt der Partizipationsgedanke im Konzept des Case Management eher eine untergeordnete Rolle. Zwar werden die Selbsthilfepotentiale der Klienten und der sozialen Netzwerke hervorgehoben, gleichwohl obliegt die aktive Rolle in erster Linie dem Sozialarbeiter, dem eine umfassende Rollenkompetenz zugesprochen wird. So betont etwa Wendt, dass in der Phase der Planung die Wünsche und Ideen der Klienten zu berücksichtigen sind, gleichwohl ihre Bedeutung zugleich relativiert wird, wenn es im Nachsatz heißt: „Es sollte wenigstens versucht werden an sie anzuschließen." (Wendt 1991, S. 31)

(3) In diesem Lichte relativiert sich auch die Hoffnung, sich mit dem Abschied aus den Untiefen der Verstrickung in die psychosoziale Beziehungsarbeit der sozialen Einzelfallhilfe auch der verbreiteten Kritik an sozialarbeiterischer Intervention als individuelle Anpassungsstrategie zu entledigen. Diese Hoffnung, endlich das Geburtstrauma Sozialer Arbeit, ihr doppeltes Mandat von Hilfe und Kontrolle zu überwinden, erweist sich als trügerisch. Nicht nur wird auch weiterhin persönliche Einzelhilfe geleistet, z.T. vom Case Manager, z.T. von den Einrichtungen, die in das Unterstützungsnetzwerk einbezogen werden. Mehr noch: Mit dem Case Manager ist ein weiteres Kontrollelement eingebaut, das sorgsam darauf zu achten hat, dass der Klient die im Diagnoseprozess ermittelten Selbsthilfepotenziale ausschöpft und sich aktiv am Hilfeprozess beteiligt. Was einerseits noch positiv als Rolle des „supporter" reformuliert wird, „der den Klienten dazu anhält, sich selber fähiger zur Situationsbewältigung und Problemlösung zu machen" (ebd., S. 34), wird zu Recht an anderer Stelle als Kontrollfunktion gegenüber dem Klienten bezeichnet, „den er [der Case Manager, d. V.] zur aktiven Mitwirkung und selbständigen Bewältigung anhält" (ebd., S. 35).

Ein besonders augenfälliges Beispiel ist in diesem Zusammenhang das schon oben erwähnte Fallmanagement in der Arbeits- und Sozialverwaltung. Die Regelungen der Grundsicherung für Arbeitssuchende (Hartz-Gesetze, vgl. Burkhardt/Enggruber 2005; Trube 2005) statten den Berater mit einem klaren Auftrag (Integration des Arbeitslosen in den ersten Arbeitsmarkt unter größtmöglicher Aktivierung des Arbeitslosen) und erheblicher Sanktionsmacht aus, insofern kann weder von Zieloffenheit noch von Freiwilligkeit die Rede sein. Nach einer Eingangsanalyse muss ein Eingliederungsvertrag mit dem Arbeitslosen geschlossen werden, in dem Schritte der Eingliederung und Verpflichtungen der Arbeitslosen festgehalten werden. Verweigert ein Arbeitsloser die Beratung oder den Abschluss einer Eingliederungsvereinbarung, so ist dies vom Berater ebenso zu sanktionieren (je nach „Delikt" eine dreimonatige Kürzung der Mittel um 15 % bzw. 30 %), wie Verstöße gegen die Eingliederungsvereinbarung (z.B. mangelnde Aktivität des Arbeitslosen).[2] Dass diese Form der „Begleitung von Hilfesuchenden" nichts mehr gemein hat mit dialogischer, auf die Autonomie der Klienten abzielende Beratung und Unterstützung (vgl. Kapitel 13), ist evi-

---

2 Das Handbuch Beratung und Integration (Bertelsmann-Stiftung u.a. 2002), eine Art Lehrbuch der Bertelsmannstiftung in Kooperation mit der Bundesagentur für Arbeit und verschiedenen Spitzenverbänden empfiehlt dem Fallmanager: „Zur Überprüfung der Motivation ihrer Klienten sollten Sie diesen sofort eine Tätigkeit anbieten." Auch sollen im Eingliederungsvertrag „Passagen vorhanden sein, die über Umfang und Einsatz von Sanktionen Auskunft geben. Mit solchen Klauseln verdeutlichen Sie noch einmal die Verbindlichkeit des Plans und stärken die Verantwortungsbereitschaft der

dent. Die Aktivierungspädagogik kennt nur ein Ziel, die Förderung der Arbeitsmarktgängigkeit durch Motivation, Training und Bildung sowie den gezielten Abbau von Integrationshindernissen. Pädagogisch im Sinne des Fallmanagements in der Arbeits- und Sozialverwaltung ist, was die Menschen kurz-, mittel- oder langfristig in Arbeit bringt, zur Not mit Druck und Sanktionen.[3]

Insgesamt gibt es gute fachliche Gründe, bei aller Sinnhaftigkeit des Case Managements in bestimmten sozialpolitischen Kontexten und in bestimmten Handlungsfeldern, eine gewisse Skepsis gegenüber dem Boom der letzten Jahre an den Tag zu legen. Gerade im Horizont der Rezeption in der Arbeits- und Sozialverwaltung erweist sich das Case Management als ein sozialtechnologisches Instrument der Anpassung Sozialer Arbeit an den neuen, neoliberalen Zeitgeist des aktivierenden Sozialstaats, der auf mehr Konkurrenz, Effizienz und Kontrolle setzt. Dass eine Methode im Kontext politischer Modernisierungsprozesse instrumentalisiert wird, ist ihr allerdings nur zum Teil vorzuwerfen. Problematisch ist allerdings, wenn eine Methode sich im Hinblick auf ihre gesellschaftliche Funktion und Funktionalisierung als weitestgehend blind erweist.

 Tipps zum Weiterlesen:

Hansen, E.: Das Case/Care Management. Anmerkungen zu einer importierten Methode, in: neue praxis 2/2005, S. 107–125.

Neuffer, M.: Case Management. Soziale Arbeit mit Einzelnen und Familien. 2. Auflage, Weinheim 2005.

Wendt, W. R.: Case Management im Sozial- und Gesundheitswesen. Eine Einführung, Freiburg i.B. 1997.

Klienten." (Ebd., S. 89) Die Sanktionsquoten, d.h. der prozentuale Anteil der eingeleiteten Sanktionen an allen Fällen, könnte nach Meinung des Handbuchs überdies als Qualitätsindikator genutzt werden. „Ein niedriger Prozentsatz ist ein möglicher Fingerzeig auf eine zu intensivierende Aktivierung." (Ebd., S. 90)

3 Das Programm einer Pädagogik der Aktivierung sickert in alle Arbeitsfelder der Sozialen Arbeit ein, von den Kindertageseinrichtungen über die Jugendarbeit bis zur Jugendsozialarbeit, von der Sucht- und Obdachlosenhilfe bis zur Schuldnerberatung (vgl. Dahme/Otto/Trube/Wohlfahrt 2003; Dahme/Wohlfahrt 2005).

17. Mediation

(a) Geschichte: Mediation, zu Deutsch Vermittlung, ist ein Verfahren der professionellen Unterstützung von Konfliktparteien und Einflussnahme auf Konfliktprozesse, das im Bereich der Scheidungs- und Trennungsberatung entwickelt wurde und bislang vorrangig in diesem Feld Anwendung gefunden hat. Im Rahmen der Jugendhilfe ist damit insbesondere die in § 17 KJHG thematisierte Beratung in Fragen der Partnerschaft, Trennung und Scheidung angesprochen (vgl. Proksch 1995). Eine Übertragung auf andere Felder von Konfliktregelung z.b. zwischen Nachbarn oder nachbarschaftlichen Interessengruppen, Schülern und Lehrern usw. ist allerdings denkbar.

Mediation im engeren Sinne wurde vor allem in den USA als „Alternative zum klassischen, gegnerschaftlichen Streitverfahren" entwickelt und erprobt (vgl. Proksch 1991a). Schon Ende der 30er Jahre wurden in Kalifornien an Gerichten Beratungsstellen institutionalisiert, deren Ziel allerdings vorrangig die „Versöhnungsberatung" war. Nach einer Erprobungsphase in den 70er Jahren in verschiedenen Bundesstaaten der USA trat im März 1980 in Kalifornien ein Gesetz in Kraft, das alle Fragen des Sorgerechts und der Besuchsregelungen bei Scheidungsfällen im Vorfeld der gerichtlichen Klärung einem Vermittlungsverfahren zwingend zuführt. Laut Proksch (1991a) haben mittlerweile mehr als die Hälfte der amerikanischen Bundesstaaten entsprechende Regelungen auf verbindlicher bzw. freiwilliger Basis eingeführt. In der Bundesrepublik setzt die Diskussion um Mediation als alternativer Methode der Bearbeitung von Konflikten im Gefolge von Trennung und Scheidung ab Anfang der 80er Jahre ein.

(b) Begriff und Abgrenzung: Mit Bastine (1995, S. 15 f.) können unterschiedliche Formen der Konfliktregelung unterschieden werden: a) Verhandlung der Beteiligten; b) Verhandlung unter Hinzuziehung eines außenstehenden Dritten (Mediation); c) Streit und d) richten oder schlichten. Während Streit und Verhandlung sich ausschließlich zwischen den direkt beteiligten Personen abspielen, vollziehen sich richten, schlichten und Mediation unter Beteiligung dritter Personen. Nach Proksch ist Mediation allerdings von juristischer Verhandlung und Schlichten zu unterscheiden. Im Falle von Gerichtsverfahren haben die Rechtsparteien primär ihre individuellen Interessen im Auge. „Die Parteien bedienen sich dabei eines Experten als Vertreter, den sie zur ausdrücklichen Drohung oder mit der tatsächlichen Durchführung eines Rechtsstreits beauftragen können." (Proksch 1991a, S. 178) Kommt es zum Rechtsstreit vor Gericht, so versucht jede Partei das bestmögliche Ergebnis für sich zu erlangen und ist dabei zwangsläufig der Autorität des Richterspruchs unterstellt. Auch bei der Schlichtung unterstellen sich die zur Schlichtung bereiten Personen der (Entscheidungs-)Autorität

einer dritten Person, d.h. der Schlichter trifft stellvertretend für die Konfliktparteien eine nach seiner Auffassung tragfähige Entscheidung. Sowohl Schlichtung wie Rechtsprechung sind zwar Formen der Verhandlung, sie sind jedoch im Kern nicht zwangsläufig auf kooperative Formen der Konfliktbearbeitung durch die direkt Konfliktbeteiligten angewiesen sind.

Im Gegensatz dazu zielt Mediation auf die Entscheidungsautonomie der Betroffenen ab und beabsichtigt die Förderung einer einvernehmlichen Lösung zwischen den Konfliktparteien. VertreterInnen der Mediation gehen davon aus, dass juristische Verfahren „von persönlichen Beziehungskonflikten belastet und beeinflusst werden und ihre Lösung nicht allein durch eine richterliche Entscheidung zu erreichen ist" (ebd., S. 174). Die Erzielung einer einvernehmlichen und von allen Beteiligten getragenen Lösung ist aber umso notwendiger, als neuere Ergebnisse der Trennungs- und Scheidungsforschung davon ausgehen, dass mit einer Ehescheidung die Familie nicht an ihr Ende gekommen ist, sondern vielmehr in einer neuen Konstellation weiterlebt. So betont Neville: „Eine Scheidung zerstört die Familie nicht, sondern strukturiert sie nur um." (Neville 1990, S. 344) Scheidung ist in diesem Sinne als Familienkrise und als kritisches Lebensereignis zu verstehen. Um für die zukünftige Familienkonstellation eine tragfähige Basis zu finden, bedarf es einer von allen Beteiligten gewollten, geteilten und unterstützen Lösung von Zukunftsfragen. Damit ist ein weiteres Merkmal von Mediation angesprochen: Mediation geht es nicht um die Lösung von Problemen der Vergangenheit, sondern um eine Bearbeitung von Zukunftsfragen. Zwar wird der Interaktionsprozess der Beteiligten durch ihre Erfahrungen beeinflusst, gleichwohl zielt Mediation nicht auf eine Klärung dieser vergangenen Ereignisse, sondern vielmehr auf eine tragfähige Lösung von sachlichen Problemen und Arrangements im Hinblick auf das zukünftige Gefüge der familialen Beziehungen. Im Gegensatz zu familientherapeutischen Ansätzen steht bei der Mediation somit nicht die Klärung von personalen Beziehungsproblemen im Mittelpunkt, die zur Familienkrise geführt haben, sondern vielmehr ein für alle Beteiligten befriedigendes sachorientiertes Arrangement der zukünftigen Lebensverhältnisse.

Nach Neville geht Mediation von drei grundlegenden Prämissen aus: „a) Die Meinungsunterschiede oder die Konflikte können am besten von den Betroffenen selbst gelöst werden (und nicht von außenstehenden Dritten), da es den Betroffenen so ermöglicht wird, Verantwortung für die eigenen Lösungen zu übernehmen. b) Der Prozess ermöglicht den Parteien, wechselseitig befriedigende Lösungen zu finden, sodass jede am Ende das Gefühl hat, dass sie angehört, respektiert und hinreichend durch diese spezielle Entscheidung zufrieden gestellt wurde. c) Die Ergebnisse können so maßgeschneidert und genügend kreativ sein, sodass sie die besonderen Bedürfnisse jedes Individuums bzw. jeder Familie berücksichtigen." (Ebd., S. 347)

Mit Stephan Breidenbach lässt sich Mediation wie folgt definieren:

❗ „Mediation ist die Einschaltung eines (meist) neutralen und unparteiischen Dritten im Konflikt, der die Parteien bei ihren Verhandlungs- und Lösungsversuchen unterstützt, jedoch über keine eigene (Konflikt-) Entscheidungskompetenz verfügt." (Breidenbach 1995, S. 4)

(c) Ziele und Prinzipien der Mediation, Rolle des Mediators: Gemäß der Richtlinien für Mediation in Familienkonflikten der Bundesarbeitsgemeinschaft für Familienmediation (BAFM) bezieht sich Familienmediation „auf die Regelung von familiären Konflikten in ehelichen, nichtehelichen und nachehelichen Beziehungen, in denen sachliche Lösungen angestrebt werden" (Mähler/Mähler 1995, S. 42). Ziel der Mediation ist es, eine „selbstbestimmte und einvernehmliche Regelung psychosozialer und rechtlicher Probleme, insbesondere bei Trennung und Scheidung zu erreichen. Sie fördert die Autonomie, besonders die Dialog-, Kooperations- und Gestaltungsfähigkeit der Beteiligten. Ziel ist eine einvernehmlich bindende Regelung bis hin zu einer umfassenden formal-rechtlich wirksamen Vereinbarung" (ebd., S. 42).

Der Mediationsprozess ist gemäß der Richtlinien der Bundesarbeitsgemeinschaft durch fünf Prinzipien gekennzeichnet, die als Rahmenorientierung für Mediatoren verstanden werden können (vgl. ebd., S. 42 f.): 1. Die Teilnahme an einer Mediation muss grundsätzlich freiwillig sein, d.h. die Konfliktparteien müssen sich ohne Druck von außen zu einem Mediationsverfahren entschließen. Nur so kann davon ausgegangen werden, dass bei allen Beteiligten die Bereitschaft besteht, eine einvernehmliche und für alle Parteien tragfähige Lösung zu entwickeln. Eine „verordnete Mediation" steht in der Gefahr, dass die notwendige konstruktive Verhandlungsbereitschaft nicht gegeben ist. 2. Der Mediator ist neutral, d.h. ihm obliegt es, die Rahmenbedingungen für eine faire und sachorientierte Verhandlung zu schaffen und diese im Prozess aufrecht zu erhalten. 3. Die Konfliktparteien nehmen ihre Interessen eigenverantwortlich wahr, lassen sich also nicht vertreten, obwohl in bestimmten Phasen der Mediation (z.B. rechtliche Prüfung der Vereinbarungen) die Einschaltung von z.B. Juristen sinnvoll und notwendig sein kann. 4. Der Mediator hat dafür Sorge zu tragen, dass alle Entscheidungen auf der Basis ausreichender Informationen getroffen werden. „Jeder Partner muss ausreichende Gelegenheit haben, sämtliche Informationen, die entscheidungserheblich sind, in ihrer Tragweite zu erkennen und zu gewichten, damit sich jeder der Konsequenzen der Entscheidung voll bewusst ist." (Ebd., S. 42 f.) Zum Grundsatz der Informiertheit gehört auch, dass sich alle Parteien über ihre gesetzlich kodifizierten Rechte und Pflichten im Klaren sind. 5. Alles, was innerhalb des Prozesses verhandelt wird, unterliegt dem Grundsatz der Vertraulichkeit, d.h. nur mit Zustimmung aller Verfahrensbeteiligten dürfen Informationen, die im Rahmen der Mediation thematisiert wurden, nach außen getragen werden.

Aus den skizzierten Zielen und Prinzipien der Mediation lässt sich ein Rollenspektrum ableiten, das die möglichen Aufgaben des Mediators im Verfahren umreißt (vgl. Breidenbach 1995, S. 149 ff.):

- Unstrittig und von allen VertreterInnen der Mediation hervorgehoben wird die Rolle des Katalysators (generalized other), der sich nach Breidenbach auf die Wahrung basaler Regeln der Kommunikation und Interaktion beschränkt und dafür sorgt, dass die belastete Beziehungsvergangenheit der (ehemaligen) Partner nicht die Suche nach zukunftsorientierten Lösungen für Sachprobleme (z.b. Versorgung, Verteilung der Güter, Sorgerecht, Besuchsreglungen) be- bzw. verhindert.

- Eine andere Rolle ist die des aktiven Verhandlungsführers (chairman), der den Ablauf der Verhandlung regelt und kontrolliert, ohne allerdings die Inhalte zu bestimmten.

- Aus dem Prinzip der Informiertheit aller Verfahrensbeteiligten resultiert eine weitere Rolle, die ein Mediator einnehmen kann, indem er nämlich durch entsprechenden Input (bzw. durch entsprechende Recherche) Hinweise auf Fakten, Regeln und Normen gibt (enunciator), um allen Beteiligten eine hinreichende Informationsbasis zu ermöglichen, um sachgerechte Entscheidungen zu treffen.

- Da aufgrund der belasteten Beziehungsgeschichte nicht immer davon ausgegangen werden kann, dass die Verfahrensbeteiligten die notwendige sachliche Haltung gegenüber Gesprächsbeiträgen und Lösungsvorschlägen des beteiligten Konfliktpartners einnehmen, kann es Aufgabe des Mediators sein, durch „Interpretation und Reformulierung der Aussagen und Standpunkte der Parteien (prompter) ... auch den Inhalt der Auseinandersetzung zu koordinieren" (Breidenbach 1995, S. 152).

- Als Letztes kann der Mediator schließlich auch mittels Wertungen und Meinungen in den Aushandlungsprozess eingreifen (evaluator), z.B. wenn es um die Identifizierung von nicht realitätsgerechten Positionen von Verhandlungspartnern geht (agent of reality), aber auch dort, wo offensichtlich die Absicht zu „gewinnen" die Suche nach einvernehmlichen und für alle Beteiligten tragfähigen Lösungen zu überlagern droht.

(d) Phasen und Techniken der Mediation: Mediation ist ein strukturierter Prozess, der sich in Phasen vollzieht. Roland Proksch (1991b) unterscheidet sieben Phasen:[1]

1. Einführung von Strukturen und Schaffung von Vertrauen: In der ersten Phase geht es zunächst darum, die Regeln, Möglichkeiten, Chancen und Grenzen von Mediation zu klären, mithin eine „Einführung in die Struktur

---

[1] In anderen Veröffentlichungen finden sich andere Phasierungsmodelle. So gehen etwa Diez/Krabbe (1991) von fünf Phasen der Mediation aus: 1. Vorbereitung und Abschluss eines Mediationskontraktes; 2. Klärung zur Verhandlung anstehender Regelungspunkte; 3. Erweiterung und Umwandlung der Streitpunkte sowie Entwicklung neuer Optionen (Wahlmöglichkeiten); 4. Vorbereitung und Entwurf der Mediationsvereinbarung und 5. Inkrafttreten der Vereinbarung, Durchführung und regelmäßige Überprüfung. Inhaltlich sind nur geringe Differenzen zum Modell von Proksch zu identifizieren. Der Ansatz von Proksch erscheint allerdings in der Darstellung klarer gegliedert und von daher im Interesse eines einführenden Überblicks geeigneter.

von Vermittlung" (Proksch 1991b, S. 42) zu leisten. Am Ende dieser Phase sollten die Beteiligten Klarheit darüber haben, ob ein Mediationsprozess im vorliegenden Fall Sinn macht. Andere Autoren betonen, dass am Ende der ersten Phase zwingend der Abschluss eines Mediationskontraktes zu stehen hat, in dem neben Gegenständen, Kommunikationsregeln, Rahmenbedingungen (Ort, Zeit, Ablauf) auch Bezahlungsmodalitäten zu regeln sind.

2. Darstellung von Tatsachen, Fakten, Hintergründen, Erarbeitung der Streitfragen: In der zweiten Phase steht die Ermittlung der sachlichen Grundlagen sowie der im Hinblick auf Zukunft anstehenden, klärungsbedürftigen Fragen im Mittelpunkt. Neben Fragen des Sorgerechts bzw. der Besuchsregelungen geht es hier insbesondere auch um die Frage der Vermögens- und Unterhaltsregelungen. John M. Haynes (1991), der insbesondere die Frage der Vermögens- und Unterhaltsregelung thematisiert, betont die Bedeutung von Formblättern, die der Mediator als Hilfsmittel nutzt, um die finanziellen Rahmenbedingungen der Familie zu klären (Einkommen, Haushaltspläne, Vermögen und Verpflichtungen). „Diese Stufe ist beendet, wenn der Vermittler den sicheren Eindruck hat, zu wissen, wo Meinungsverschiedenheiten oder Konflikte liegen, welche Basiskonflikte es gibt und welche Übereinstimmungen grundsätzlich möglich sein können." (Proksch 1991b, S. 43)

3. Erarbeitung von Optionen und Alternativen: Ist die Ausgangslage inklusive der Ermittlung von Konfliktherden erfolgt, geht es im nächsten Schritt um die konstruktive Arbeit an möglichen Alternativen im Horizont möglicher Konflikteinigungen. Der Mediator weist auf Übereinstimmungen und Abweichungen hin, deutet – auch aus seinem Erfahrungshorizont – mögliche Auswege an und bietet diese den Konfliktparteien zur Diskussion. „Diese Stufe ist beendet, sobald alle denkbaren Optionen und Alternativen erarbeitet worden sind. Der Vermittler hat die Beteiligten auf bestehende Zusammenhänge einzelner Optionen oder Alternativen, unterschiedliche Gewichtigkeiten, aber auch auf rechtliche Beschränkungen hinzuweisen." (Ebd., S. 44)

4. Verhandlung und Entscheidung: Ist eine Palette von Optionen erarbeitet, kommt es im nächsten Schritt zu einem Prozess der Entscheidungsfindung, an dessen Ende ein konsensuales Übereinkommen im Hinblick auf die Auswahl bestimmter Optionen für anstehende Konfliktlagen steht. Der Mediator kann den Findungsprozess durch informativen Input, Kommentare usw. befördern, nicht aber den TeilnehmerInnen die Entscheidung abnehmen. „Diese Stufe ist beendet, sobald die Parteien ihre gemeinsame Entscheidung getroffen haben, zu der sie beide gleichermaßen stehen können. Vor Beendigung der Stufe sollte der Vermittler sicherstellen, dass jeder Teilnehmer in der Lage ist, eigenverantwortlich die von ihm gewünschte Entscheidung zu treffen. Sollte eine der Parteien hierzu (noch) nicht in der Lage sein, ist die Sitzung zu unterbrechen, auszusetzen und sind die Parteien zu ermutigen, in der Zwischenzeit

durch Einholung von Informationen ihre Entscheidungsfähigkeit zu verbessern." (Ebd., S. 45)

5. Festhalten der erzielten Vereinbarungen: Sind bestimme Entscheidungen konsensual getroffen, so werden diese schriftlich festgehalten.

6. Rechtliche Überprüfung, Verfahrensbeendigung: Sind die Vereinbarungen der Mediation schriftlich fixiert, so ist im nächsten Schritt zu überprüfen, ob die Vereinbarung in allen Details rechtlich haltbar ist. Zu diesem Zweck können die Parteien dazu aufgefordert werden, die Übereinkunft durch ihre juristischen Vertreter überprüfen zu lassen.

7. Vollzug der Vereinbarung, Überprüfung und Veränderung: Während des Vollzugs der Vereinbarung durch die beteiligten Parteien steht der Vermittler weiterhin zur Verfügung, um ggf. die Stimmigkeit und Praktikabilität von Vereinbarungen neuerlich unter Beteiligung des Mediators zu überprüfen.

Das Phasenmodell verdeutlicht nochmals die Rolle des Mediators, der durch Organisation, Strukturierung der Kommunikation, Informationsinput, Einbringen von Vorschlägen usw. die Prozessbeteiligten zu einer eigenständigen und für alle befriedigenden Entscheidungsfindung befähigen soll, nicht aber selbst Entscheidungen trifft. Neben Hilfsmitteln wie Verträgen, Erfassungsbögen usw., die vorrangig die Informationsgewinnung und -gewichtung strukturieren helfen, ist die Rolle des Mediators vorrangig auf die Gewährleistung kommunikationsfördernder Rahmenbedingungen beschränkt. Zu dieser Rolle gehört auch die Einführung von Kommunikationsregeln (die allerdings von Autor zu Autor durchaus differieren können), die helfen sollen, die Sach- und Zukunftsorientierung zu gewährleisten. Zu solchen Regeln gehören neben recht allgemeinen Interaktionsregeln wie den anderen ausreden lassen usw. auch spezifischere Vereinbarungen wie etwa, zunächst Übereinstimmungen bzw. solche Bereiche zu thematisieren, in denen sich die Parteien sehr nahe sind, konfliktreiche Themen hingegen an das Ende der Verhandlungen zu stellen (vgl. Haynes 1991).

(e) Einschätzung und Diskussion: Von Seiten der VertreterInnen (familien-) therapeutischer Ansätze ist der Mediation häufig vorgeworfen worden, sie umgehe die eigentliche Problematik, nämlich die Beziehungsstörung zwischen den Partnern, und beschäftige sich lediglich mit Oberflächlichkeiten. Dem ist entgegenzuhalten, dass es Mediation gar nicht um die Aufarbeitung der Familiengeschichte geht, sondern vielmehr um die Lösung zwingend anstehender Klärungen in Bezug auf sachliche Vereinbarungen für die zukünftige Familienkonstellation. Bastine betont in diesem Sinne zu Recht: „Die Zielsetzung der Mediation ist explizit keine therapeutische, wenn auch gelegentlich therapeutische Vorgehensweisen in sehr sinnvoller Weise einbezogen werden können, sondern sie liegt darin, miteinander sachbezogen zu verhandeln, um eine selbstbestimmte Problemlösung zu erreichen." (Bastine 1995, S. 34) Natürlich spielt die Beziehungsproblematik der Beteiligten insofern eine Rolle, als sie die Kommunikationsstrategien der Beteiligten

und damit die Kommunikationssituation insgesamt beeinflussen. Insofern ist die Beziehungsproblematik zu berücksichtigen und der Mediator hat zu gewährleisten, dass im Verhandlungsprozess eine sachorientierte Arbeitsatmosphäre geschaffen wird. Gelingt dies nicht, weil z.b. die Beziehungsproblematik zu gravierend ist, muss Mediation scheitern. Die anstehenden Probleme werden dann trotz allem gelöst, nur nicht durch die Konfliktparteien selbst, sondern durch eine richterliche Entscheidung.

Ein weiterer Einwand gegen Mediation wird von Roland Proksch thematisiert, dass nämlich bei Mediationsverfahren die Rechtsposition der schwächeren Teilnehmer – zumeist der Frauen – vernachlässigt würde, da der im Rahmen der Sitzungen aufgebaute Druck in Richtung auf eine einvernehmliche Lösung insbesondere Frauen dazu drängen würde, eigene Rechte aufzugeben bzw. abzuschwächen. Dem hält Proksch entgegen: „Den genannten Befürchtungen stehen Untersuchungsergebnisse gegenüber, die bestätigen, dass Parteien, die ihre Streitigkeiten in einem Vermittlungsverfahren ausgetragen haben, eine größere moralische und auch rechtliche Verpflichtung anerkannt haben, auf die Interessen und Fähigkeiten der schwächeren Person Rücksicht zu nehmen und deren Rechte regelmäßig eher zu akzeptieren, was vor allem bei Zahlungsverpflichtungen erhebliche Bedeutung erlangen kann." (Proksch 1991a, S. 187) Trotz dieses Arguments ist nicht von der Hand zu weisen, dass Interessenskonstellationen, Machtverteilung usw. relevante Faktoren sind, die im Mediationsverfahren zu berücksichtigen sind.

Hinsichtlich der Anwendungsmöglichkeiten von Mediation ist überdies danach zu fragen, welche Voraussetzungen Partner mitbringen müssen, die sich einem Mediationsverfahren unterziehen wollen. Im Anschluss an Thompson hebt Bastine folgende Voraussetzungen hervor: „1. Die Beteiligten stellen fest, dass sie konfligierende Interessen haben; 2. Kommunikation zwischen ihnen ist möglich; 3. Zwischenlösungen oder Kompromisse sind möglich; 4. Die Parteien können vorläufige Angebote und Gegenangebote machen; 5. Angebote und Vorschläge bestimmen so lange nicht das Ergebnis, bis sie von beiden Parteien akzeptiert werden." (Thompson zit. nach Bastine 1995, S. 20) Mediation stellt sich aus dieser Perspektive als ein außerordentlich voraussetzungsvolles Instrument dar, das von den Beteiligten ein hohes Maß an Motivation, Einsichtsfähigkeit, Kooperationsbereitschaft, Fähigkeit zur Vertretung eigener Interessen und (verbaler) Kommunikationsfähigkeit verlangt. Inwieweit allein durch diese Anforderungen schon systematisch bestimmte Gruppen an potentiellen Nachfragern ausgeschlossen werden, bedarf der Untersuchung (z.B. schichtenspezifische Selektivität der Mediation). Zumindest steht zu vermuten, dass die Gruppe derjenigen, für die Mediation keine adäquate Vorgehensweise bedeutet, größer sein dürfte, als in der einschlägigen Fachdiskussion unter dem Stichwort Kontraindikation diskutiert wird.[2]

---

2 Diez/Krabbe (1991, S. 116) führen unter dem Stichwort Kontraindikation Personen mit starken psychischen Behinderungen und Retardierungen, Gewalt und Missbrauchsphänomene sowie Suchtproblematik an.

Trotz allem ist mit der Methode der Mediation ein Instrument in die sozialpädagogische Fachdiskussion eingeführt worden, dessen Potentiale im Hinblick auf die Lösung von sach- und zukunftsorientierten Problemlagen zwischen unterschiedlichen Konfliktparteien noch nicht ausgeschöpft zu sein scheint. Zumindest deutet sich mittlerweile an, dass diese Potentiale auch in anderen pädagogischen Feldern erkannt werden. Bei Faller (o.J.) etwa findet sich der Versuch, das Konzept der Mediation für pädagogische Kontexte in Schule, Jugendarbeit und Kindergarten zu nutzen.

 Tipps zum Weiterlesen:

Bundeskonferenz für Erziehungsberatung (Hrsg.): Scheidungs-Mediation. Möglichkeiten und Grenzen, Münster 1995.

Faller, K.: Mediation in der pädagogischen Arbeit. Ein Handbuch für Kindergarten, Schule und Jugendarbeit, Mühlheim a.d.R. o.J.

Proksch, R.: Kooperative Vermittlung (Mediation) in streitigen Familiensachen, Stuttgart/Berlin/Köln 1998.

18. Rekonstruktive Sozialpädagogik

(a) Begriff: Ein aktuell in der sozialpädagogischen Methodendiskussion viel diskutierter Aspekt ist durch den Versuch gekennzeichnet, rekonstruktive Verfahren der qualitativen Sozialforschung für den Bereich der Praxis Sozialer Arbeit nutzbar zu machen. Es handelt sich dabei vorrangig um solche Methoden, die mittels spezifischer Verfahren die Konstruktion der Biographie durch die Subjekte selbst aufdecken und verstehbar machen und damit einem fachlichen Diskussionsprozess öffnen. In einer neueren Veröffentlichung sprechen Gisela Jakob und Hans-Jürgen von Wensierski von rekonstruktiver Sozialpädagogik, die sich der Verfahren einer „sozialwissenschaftlichen Hermeneutik" bedient und darin die Chance sieht, „die enge Schematik der methodischen Dreifaltigkeit in der Sozialen Arbeit – Einzelfallhilfe, Gruppenarbeit und Gemeinwesenarbeit – zu überwinden und sie demgegenüber zu einem vielschichtigen und flexiblen Kanon an ‚lebensweltorientierten Methoden' auszubauen" (Wensierski/Jakob 1997, S. 8). Um die „Rekonstruktion sozialer Sinnwelten" (ebd., 1997, S. 10) zu ermöglichen, soll auf das Inventar der einschlägigen sozialwissenschaftlichen Forschung zurückgegriffen werden. Im Sinne dieses Verständnisses lässt sich rekonstruktive Sozialpädagogik wie folgt definieren:

> „Der Begriff der Rekonstruktiven Sozialpädagogik zielt auf den Zusammenhang all jener methodischen Bemühungen im Bereich der Sozialen Arbeit, denen es um das Verstehen und die Interpretation der Wirklichkeit als einer von handelnden Subjekten sinnhaft konstruierten und intersubjektiv vermittelten Wirklichkeit geht." (Wensierski/Jakob 1997, S. 9)

Methodisch öffnet sich damit ein breites Spektrum an erprobten Verfahren der Sozialwissenschaften für die sozialpädagogische Fachdiskussion.[1] Vom konkreten Versuch einer Anwendung bzw. Übertragung für den Bereich der Praxis Sozialer Arbeit kann bislang allerdings vorrangig für die ethnographische (Biographie-)Forschung gesprochen werden, auf die wir uns im Folgenden auch vorrangig beschränken.[2]

---

[1] Wensierski (1997) unterscheidet vier Traditionslinien rekonstruktiver Biographieforschung: die psychoanalytische Pädagogik, die interpretative Sozialforschung, die sozialpädagogische Kasuistik sowie die Aktions- und Handlungsforschung. Vgl. zum Überblick über verschiedene qualitative Forschungsansätze in der Sozialpädagogik auch Jakob (1997).

[2] Vgl. dazu Schütze (1993; 1994); Nittel (1994); Völzke (1997).

(b) Prinzipien und Verfahren: Die ethnographische Biographieforschung bzw. narrative Interviewstrategien[3], die sich an das Paradigma des symbolischen Interaktionismus und der Chicagoer Schule orientieren, werden in Deutschland seit den 70er Jahren verstärkt diskutiert und genutzt (vgl. Nittel 1994). Die zentrale Grundannahme ist dabei die der prinzipiellen Fremdheit einer biographischen Figur und Konstruktion für den externen Betrachter (ForscherIn oder SozialpädagogIn). „Die Problembestände der Sozialen Arbeit sind der Gesellschaft und den Fachkräften in der Sozialen Arbeit prinzipiell fremd, und auch die Betroffenen selbst durchschauen ihre Problemlagen kaum oder gar nicht. Deshalb ist in der Sozialen Arbeit und in den Erkundungs- und Forschungsprozessen des Sozialwesens eine methodische Fremdheitshaltung angebracht, die gleichwohl auf Verstehen abzielt" (Schütze 1994, S. 189). Für die SozialforscherIn stellt sich ebenso wie für den Sozialpädagogen die Frage, wie er die Sichtweise des Klienten, seine Wahrnehmung und Deutung der aktuellen Lebenslage nachvollziehen kann, um sie im Falle sozialpädagogischer Interaktion zum Ausgangspunkt von Hilfeprozessen zu machen.

Um unter den Bedingungen prinzipieller Fremdheit Verstehen zu ermöglichen, wurde von Fritz Schütze das Instrument des narrativen Interviews entwickelt. Im Zentrum dieses Verfahrens steht die lebensgeschichtliche Erzählung des Klienten. „In narrativen Interviews rekonstruieren die Problembetroffenen die systematischen Prozesselemente ihrer Leidensgeschichte, d.h. insbesondere Mechanismen von Verlaufskurven der biographischen und sozialen Unordnung und der erzwungenen Verstrickung in diese Verlaufskurven, die in entsprechenden Problemlagen in Gang gesetzt und in Bewegung gehalten werden." (Schütze 1994, S. 195)

Ziel des narrativen Interviews ist es, den Informanten durch gezielte Erzählanreize in einen Erzählfluss zu bringen, im Rahmen dessen er – gefiltert durch den Fokus seiner subjektiven Relevanzstruktur – bedeutsame Aspekte seiner Biographie rekonstruiert. In der ersten und zentralen Phase des Interviews beschränkt sich der Interviewer im Wesentlichen auf die Rolle desjenigen, der durch gezielte Anreize den Erzählfluss des Informanten in Gang bringt und darauf achtet, dass die Gesprächsstruktur nicht frühzeitig in argumentierende oder beschreibende Gesprächssequenzen mündet. Erst „im zweiten Interviewteil reagiert der Interviewer auf Stellen mangelnder Plausibilität oder eines plötzlich abfallenden Detaillierungsniveaus in der Haupterzählung, indem er narrativ nachfragt, um den Erzähler zu weiteren Darstellungen anzuregen und das Bild seiner Biographie abzurunden. Im dritten Teil können auch argumentative Nachfragen gestellt werden, wobei es sich anbietet, an den theoriegeleiteten Kommentaren der Haupterzählung

---

3 „Das narrative Interview ist ein sozialwissenschaftliches Erhebungsverfahren, das nicht dem sonst üblichen Frage-und-Antwort-Schema folgt. Im narrativen Interview wird der Informant gebeten, die Geschichte eines Gegenstandsbereichs, an der der Interviewte teilgehabt hat, in einer Stegreiferzählung darzustellen" (Hermanns 1995, S. 182f.).

anzusetzen" (Nittel 1994, S. 162).[4] Das Ergebnis eines narrativen Interviews ist ein Textkorpus, den es gezielt auszuwerten gilt. Ziel der Auswertung ist eine möglichst plausible Verdichtung und Deutung der lebensgeschichtlichen Erzählung (z.B. Interpretationswerkstätten).

(c) Bedeutung für die Soziale Arbeit: Von Vertretern der Biographieforschung wird immer wieder eine Nähe zwischen Biographieforschung einerseits und Sozialer Arbeit andererseits hervorgehoben, die insbesondere an der sozialen Einzelfallhilfe (vgl. Kapitel 4) verdeutlicht wird. Für die Soziale Arbeit wie für die Biographieforschung ist demnach eine Fallorientierung typisch. Schon Marie Richmond, Pionierin der Einzelfallhilfe, entwickelte ein Konzept, das darauf abzielte, „die Fallanalyse in der Sozialarbeit wissenschaftlich zu untermauern" (Schütze 1993, S. 193). Mary Richmond empfiehlt „eine ethnographische Grundhaltung der unvoreingenommenen Fallbetrachtung, der Beobachtung von Feldschauplätzen, der szenisch-kommunikativen Begegnung mit den Akteuren im Erkundungsfeld, des Zugehens auf die existenzweltlichen Phänomene und der Sammlung ihres Niederschlags im Primärmaterial, der Sensibilität für das Symbolische, der kontextuellen Interpretation sowie der Orientierung an den Mechanismen der Prozessentfaltung für die strukturelle Beschreibung von Fällen, ihrer Problemkontexte und ihrer Geschichte" (Schütze 1994, S. 200 f.). Historisch betrachtet wurde diese sozialwissenschaftlich-ethnographische Perspektive Sozialer Arbeit schon in den 30er Jahren durch den Bedeutungsgewinn psychoanalytischer Orientierungen in der Einzelfallhilfe abgelöst. Dies ändert allerdings nichts an der Tatsache, dass SozialpädagogInnen ihren Fokus in der Fallarbeit finden, dass, wie Regine Gildemeister und Günther Robert betonen, die methodische Grundlage in „Kunstlehren des Fallverstehens" (Gildemeister/ Robert 1997, S. 27) liegen.

Eine Schwierigkeit der Sozialen Arbeit besteht darin, dass ihre Rekonstruktionsversuche systematischen Verzerrungsfaktoren unterliegen. Nach Schütze steht die Soziale Arbeit „stets in der Gefahr, in Übernahme wahrnehmungsverzerrender gesamtgesellschaftlicher Betrachtungskonjunkturen und Denkzwänge" (Schütze 1994, S. 258), Interpretationsschemata auf konkrete Fälle anzuwenden, ohne den Fall selbst zu Wort kommen zu lassen. Und in der Tat lassen sich eine Vielzahl von institutionellen Überformungen der Problemwahrnehmung durch SozialarbeiterInnen nachweisen.

Beispiel: In der Jugendberufshilfe, d.h. Unterstützungsmaßnahmen für arbeitslose oder von Arbeitslosigkeit bedrohte Jugendliche, lässt sich ein defizitorientiertes Muster der Problemwahrnehmung durchgehend nachweisen. Demnach liegt die Ursache für die Schwierigkeiten der Jugendlichen in ihren Sozialisations-, Bildungs- und Persönlichkeitsdefizi-

---

4 Ist ein Informant einmal in der Dynamik des lebensgeschichtlichen Erzählens gefangen, so unterliegt er bestimmten Zugzwängen, nämlich dem Gestaltschließungszwang, dem Zwang zum Kondensieren und dem Detaillierungszwang (vgl. Nittel 1994, S. 161).

ten. Kurz: Sie haben einen zu geringen Schulabschluss, ihnen fehlt die Motivation, sie verfügen nicht über die einschlägigen Tugenden von Pünktlichkeit, Ordnung, Sauberkeit und Fleiß usw. Nun reicht ein kurzer Blick in die Arbeitsmarktstatistik um nachzuweisen, dass diese Argumentation falsch ist. Individuelle Merkmale sind Selektionskriterien für Arbeitsmarktchancen, nicht aber deren Ursachen. Individuelle Merkmale bestimmten – in einem Bild gesprochen – den Rangplatz in der Warteschlange vor den Toren des Arbeitsmarktes. Ob der Platz noch ausreicht, um einen Arbeitsplatz zu bekommen, ist abhängig von der Zahl der Personen, die überhaupt eingelassen werden. Ein Sozialarbeiter in einem Projekt für jugendliche Arbeitslose, der „seinen Fall" durch die Brille dieses institutionellen Deutungsmusters betrachtet, muss systematisch an der Wirklichkeit der Biographie des Betroffenen vorbei zielen, da er nur das als Problem wahrnimmt, was institutionell zum Problem erklärt wurde (vgl. Galuske 1993).

Eine ethnographische Zugehensweise ermöglicht es, der Gefährdung vorzubeugen, dass das zum Problem erklärt wird, was vorab als Problem angenommen wurde. „Ethnographische Verfahren der Sozialforschung erzwingen die Erfassung der Weltsicht und Lebensperspektive der Problembetroffenen" (Schütze 1994, S. 194). Das Ergebnis einer solchen ethnographischen Zugehensweise kann dann durchaus ein „Enttypisierungsschock" (Nittel 1994, S. 168) sein, dass nämlich die Wirklichkeit des Klienten, die Wahrnehmung des Falls durch den Betroffenen vielleicht ganz anders ist, als man ihn vorab in seinen Denkschubladen kategorisiert hat.

(d) Übertragung auf die Soziale Arbeit: Obwohl die Relevanz einer solchen Vorgehensweise für die Anamnese und Diagnose innerhalb Sozialer Fallarbeit kaum strittig sein dürfte, so ist allerdings zu klären, inwieweit die sozialwissenschaftlichen Forschungsverfahren für die Praxis Sozialer Arbeit relevant sein können. Denn hier stellt sich das Problem, dass der umfassende und kontrollierte Forschungs- und Analyseprozess, wie er in der einschlägigen Fachliteratur beschrieben wird, angesichts hoher Fallzahlen und je nach Arbeitsfeld hoher „Umlaufgeschwindigkeit" praktisch kaum durchzuführen ist, da damit die Kapazitäten der SozialpädagogInnen deutlich überschritten würden. Dies wird auch von den einschlägigen Vertretern der Biographieforschung erkannt. Sie sehen vor allem zwei Ansatzpunkte der Integration von Verfahren biographischer Forschung:

(1) Zum einen müssen Methoden der Biographieforschung im Rahmen des Studiums einen höheren Stellenwert erhalten, da hier der Ort ist, wo die angehenden SozialarbeiterInnen und SozialpädagogInnen entlastet vom akuten Handlungsdruck der Praxis den „sozialpädagogischen Blick" (Rauschenbach u.a. 1993) bzw. das „biographische Ohr" (vgl. Völzke 1997) einüben können und damit ihre lebensgeschichtliche Sensibilität in der Wahrnehmung von Prozessstrukturen und Schlüsselsymbolen schulen können. In diesem Sinne betont Nittel: „Ein Sozialarbeiter/Sozialpädagoge, der wissenschaftlich sozialisiert worden ist und der unter Suspendierung von Hand-

lungsdruck und Entscheidungszwang in ein nicht-abkürzendes Verfahren des methodisch kontrollierten Fremdverstehens eingewiesen worden ist, wird Situationen der lebensgeschichtlichen Selbstthematisierung voraussichtlich feinfühliger interpretieren und differenzierter handeln, als es dem *gesunden Menschenverstand* möglich ist." (Nittel 1994, S. 176) Möglichkeiten hierzu bestehen z.B. im Rahmen von fallanalytisch ausgerichteten Seminaren oder in fallorientierten Praktikumsberichten.

(2) Die Schulung des ethnographischen Blicks im Studium allein reicht jedoch nicht aus. Darüber hinaus wurden Vorschläge zur „Entwicklung von praxisnahen Formen der Gesprächsführung" unterbreitet. Fritz Schütze etwa plädiert für ein „abgekürztes Verfahren" (vgl. Schütze 1994), das bei ihm allerdings weitgehend im nebulösen verbleibt. Ausgehend von einer schon im Studium erzeugten Sensibilisierung der PraktikerInnen spricht Schütze von der Fähigkeit zur Identifikation von Schlüsselsymbolen. „Vereinfacht lässt sich sagen: die Schlüsselsymbole, von denen sich die Sozialarbeiterinnen für ihre Analysetätigkeit leiten lassen können, sind nur dann in ihrer besonderen Konturierung identifizierbar und in ihrer Bedeutsamkeit für die zugrunde liegenden Prozessmuster, in welche die Menschen involviert sind, empirisch fundiert interpretierbar, wenn sie als Vordergrund vom Hintergrund sozialer Prozess- und Milieukontexte abgehoben werden können." (Schütze 1994, S. 284) Wie die Kompetenz zum „schnellen Gestaltsehen" (ebd.) sich in konkreten, alltäglichen Handlungs-, Gesprächs- und Analysestrategien niederschlägt, bleibt bei Schütze allerdings offen.

Einen anderen Weg schlägt Reinhard Völzke vor, der ein Konzept biographisch-narrativer Gesprächsführung im Anschluss an Schütze entwickelt, dem es im Wesentlichen um die Kompetenz von SozialarbeiterInnen geht, ihre Klienten zum Erzählen von Geschichten zu veranlassen. Auch er setzt voraus, dass die Praktiker bereits im Studium eine intensive Auseinandersetzung mit dem Verfahren der narrativen Biographieforschung vollzogen haben. Völzke konstruiert fünf Gesprächsregeln, die eine Generierung von lebensgeschichtlichen Erzählungen ermöglichen sollen:

- „Gesprächsregel 1: In einer erzählrelevanten Alltagssituation oder zu Beginn einer Beratungssituation durch einen gezielten Gesprächsimpuls die Adressatin bzw. den Adressaten einladen, die ‚Erzählschwelle' zu überwinden. (…) Beispiele: ‚Bist du hier in (Stadtteil) eigentlich auch aufgewachsen?'; ‚Stammen Sie eigentlich von hier?'; ‚Was beschäftigt dich gerade so gegenwärtig'?" (Völzke 1997, S. 277)
- „Gesprächsregel 2: Entstehen kleinere oder größere Gesprächspausen, dann sollen diese möglichst ‚ausgehalten' und nicht vorschnell unterbrochen werden. (…) Beispiel: Blickkontakt halten, möglichst ruhig und konzentriert bleiben, keine anderweitige Tätigkeit beginnen." (Ebd., S. 278)
- „Gesprächsregel 3: Nach Pausen oder anderen Unterbrechungen durch vorsichtiges Nachfragen an bereits erwähnte Inhalte anknüpfen. (…) Beispiele: ‚Sie haben gerade Ihre Mutter erwähnt. Was haben Sie dann

weiter mit ihr erlebt?'; ‚Da waren also viele lustige Erfahrungen nach der Schulentlassung. Erzähl doch mal so ein Beispiel dafür'." (Ebd., S. 278 f.)
- „Gesprächsregel 4: Das biographische Gespräch wird vor allem durch zugewandtes, aktives Zuhören aufrechterhalten und strukturiert. (...) Beispiel: Durch ‚Hm'-Signale, situatives Kopfnicken, die zugewandte Körperhaltung und Blickkontakt ‚aktiv' Zuhören." (Ebd., S. 279)
- „Gesprächsregel 5: Von entscheidender Bedeutung für die Entwicklung eines konsistenten ‚roten Fadens' ist die Zurückhaltung mit eigenen Bewertungen und Deutungen des Erzählten. (...) Beispiele: Nicht: ‚Das ist ja schlimm, wie Sie in diese Rolle gekommen sind!' – Sondern eher: ‚Und wie ging das dann weiter mit dem Konflikt?' Nicht: ‚Echt toll, wie du das geschafft hast!' Sonder eher: ‚Hast du so etwas schon einmal erlebt? – Dann erzähl doch mal'!" (ebd., 279 f.)

Die letzte Regel macht nochmals deutlich, worum es dem Modell der Gesprächsführung nach Völzke geht: Der Sozialarbeiter gibt Anreize, um lebensgeschichtliche Erzählungen zu ermöglichen, verbleibt aber – zumindest in dieser Phase des Gesprächs – in der Rolle des „Prozesswächters", der den Erzählfluss in Gang hält, sich aber inhaltlich nicht zu den Erzählungen äußert, keine Position bezieht, keine Deutungen liefert. „Den Abschluss einer biographisch-narrativen Kommunikation bildet ein Austauschprozess über den Prozess der Kommunikation selbst: ‚Wie ging das mit dem Erzählen?'; ‚Hattest du ausreichend Gelegenheit, alles zu erzählen?'; Hast du noch etwas Wichtiges vergessen?' ... Rückblickend auf die einzelnen Geschichten oder die Gesamterzählung kann es auf Wunsch der Betroffenen zu einem ‚biographischen Beratungsprozess' kommen, in den die Erkenntnisse des biographischen Fremdverstehens einfließen." (Ebd., S. 281)

(e) Einschätzung und Diskussion: Die von der Biographieforschung beeinflussten Ansätze einer rekonstruktiven Sozialpädagogik versuchen zweifelsohne eine Antwort auf eine zentrale Frage des sozialpädagogischen Hilfeprozesses zu geben: Wie gelingt es SozialarbeiterInnen, im Rahmen ihrer Fallbearbeitung im Prozess der Anamnese und Diagnose zu einem Verständnis des Falles zu gelangen, das die Komplexität der Lebensgeschichte ebenso berücksichtigt wie die subjektiven Deutungen der Klienten? Nur wenn dies gelingt, so könnte man folgern, ist ein Hilfeprozess möglich, der den Anforderungen einer lebensweltorientierten Sozialen Arbeit gerecht wird und die Autonomie der Lebenspraxis der Subjekte berücksichtigt. Die Folgerung von Schütze, dass eine reflektierte Fremdheitshaltung die notwendige Voraussetzung für einen klientenorientierten Hilfeprozess ist, ist plausibel. Insofern ist Schütze zuzustimmen, wenn er betont: „Ethnographische Sensibilität schafft die Grundlage für nicht-vereinfachende, umsichtige Fallanalysen und Fallbearbeitungen." (Schütze 1994, S. 287) Die Folgerung, dass ethnographisches Verstehen in fallorientierten Lehreinheiten in den Ausbildungsgängen verstärkt zum Gegenstand gemacht werden könnte,

um biographische Sensibilität zu fördern, ist auch aus anderer Perspektive schon betont worden (vgl. Müller 1993a).

Gleichwohl bleibt die „Übersetzung" entsprechender Ansätze für die Praxis Sozialer Arbeit bislang eher unbefriedigend. Fritz Schützes Vorschlag eines verkürzten Verfahrens, das im Wesentlichen auf der Fähigkeit zum „Gestaltsehen" und zur Identifikation von „Schlüsselsymbolen" beruht, klärt bislang nicht, wie diese Fähigkeiten im konkreten Hilfeprozess methodisch erzeugt und gesichert werden können. Auch die von Völzke vorgeschlagene biographisch-narrative Gesprächsführung kommt bislang über Vorschläge zur Generierung von Erzählungen nicht hinaus. Ungeklärt bleibt zum einen, wann überhaupt die Erzeugung von Erzählungen sinnvoll und notwendig ist. Als generelle Gesprächshaltung von SozialpädagogInnen dürfte sie eher dem Vorurteil zuträglich sein, Sozialpädagogen würden per se nichts anderes tun, als reden. Zum anderen kann die Erzeugung von Erzählungen nicht Selbstzweck sein, sondern sie müssen quasi zum „Material" für zielgerichtete Deutungsprozesse werden. Damit ist das Problem der Auswertung von Erzählmaterial angesprochen. Und hier scheint – mit Blick auf die von Schütze avisierte Verkürzung des Verfahrens – das eigentliche Problem zu liegen: Nicht das Interview selbst stellt die zentrale Schwierigkeit dar, dass Klienten in anamnestischen Gesprächen lebensgeschichtlich erzählen, dürfte auch bislang in der Praxis vorgekommen sein, sondern praktikable und zeitökonomisch weniger aufwendige Analyseverfahren, die bislang noch nicht in Sicht sind.

Neben diesen eher praktischen Einwänden sind überdies zwei grundlegende Probleme zu bedenken: Zum einen wird in der einschlägigen Literatur auf die Differenz von Forschungsmethoden und Handlungsmethoden nur begrenzt eingegangen (vgl. Kapitel 1). Die Forderung nach einem ethnographischen Blick darf nicht übersehen, dass die Entlastung von Verwendungskontexten ein typisches Phänomen von Forschung ist und selbst hier nicht für alle Formen gilt (vgl. z.B. die Problematik der Auftrags- und Evaluationsforschung). Zumindest müssten die spezifischen Bedingungen von sozialpädagogischem Handeln in der Praxis auch auf theoretischer Ebene mehr Berücksichtigung finden.

Zum anderen können ethnographische Methoden bestenfalls Klärung in den Phasen der Anamnese und Diagnose schaffen. Das heißt, sie ermöglichen unter günstigen Rahmenbedingungen eine klientenorientierte Rekonstruktion der subjektiven Bedeutung von Problemlagen und biographischer Potentiale zu ihrer Bearbeitung. Dieser Ertrag darf nicht gering eingeschätzt werden. Gleichwohl darf er aber auch nicht darüber hinwegtäuschen, dass Sozialpädagogen nicht nur Sinnrekonstruktionen erzeugen, sondern auch (bestenfalls: gemeinsam mit Klienten) handeln. Insofern kann die Biographieforschung die Entwicklung und Durchführung von Handlungsplänen zwar sensibel unterstützen und fundieren, die konkrete Handlungsplanung und -durchführung allerdings nicht ersetzen. Vertreter einer ethnographischen Fundierung sozialpädagogischer Methoden können somit tendenziell einer Verkürzung unterliegen, die schon für eine bestimmte Schule der Professionalisierungsdebatte kennzeichnend war: Sozialpädagogik ist mehr als stellvertretende Deutung, sie ist häufig auch gemeinsames Handeln, gezielte Veränderung von Handlungskontexten usw. Eine ethnographisch basierte Sensibilität für die Lebensgeschichte und die Deutungsmuster der Klienten ist eine notwendige, aber keine hinreichende methodische Fundierung sozialpädagogischen Handelns, denn nicht nur die Deutung, auch die Handlung bedarf der methodischen Anregung und Absicherung.

Mit einer Sensibilisierung von SozialarbeiterInnen und SozialpädagogInnen wäre, auch wenn sie das Handlungsproblem nicht löst, allerdings schon ein großer Schritt in Richtung auf einen sozialpädagogischen Hilfeprozess getan, der die Klienten als Subjekte ernst nimmt und nicht auf die Fallen institutionell geronnener Deutungsmuster hereinfällt.

 Tipps zum Weiterlesen:

Jakob, G./Wensierski, H. J. von (Hrsg.): Rekonstruktive Sozialpädagogik, Weinheim/ München 1997.
Schütze, F.: Ethnographische und sozialwissenschaftliche Methoden der Feldforschung. Eine mögliche methodische Orientierung in der Ausbildung und Praxis der Sozialen Arbeit, in: Groddeck/ Schumann (1994), S. 189–297.

19. Familientherapie

(a) Begriff: Die Familientherapie, insbesondere in ihrer systemischen Variante, gehört zu den therapeutischen Angebotsformen, die innerhalb der Sozialen Arbeit vergleichsweise breit rezipiert werden. Das Besondere der Familientherapie ist, dass sie ihren spezifischen Blickwinkel vom Individuum auf das familiäre Interaktionssystem lenkt. „Die familientherapeutische Sichtweise ist dadurch gekennzeichnet, dass sie – innere und äußere – Konflikte einzelner in der Regel als Ausdruck eines Konfliktes versteht, der die ganze Familie betrifft. (...) Alle bekannteren familientherapeutischen Richtungen sehen die Familie als ein System: als ein organisiertes Ganzes, das aus interagierenden Teilen besteht." (Koschorke 1985, S. 11)

Impulse zur Entwicklung der (systemischen) Familientherapie gingen insbesondere von Gregory Bateson und seinen Mitarbeitern Don D. Jackson, Virgina Satir, Jay Haley und John Weakland aus, die sich in Palo Alto im Rahmen eines Forschungsprojekts dem Zusammenhang von Schizophrenie und Familiensituation widmeten. Einige der MitarbeiterInnen des Palo-Alto-Projekts, so z.B. John Haley und Virginia Satir begründeten eigene Ansätze familientherapeutischer Arbeit. Ab Mitte der 60er Jahre entwickelte Mara Selvini Palazzoli eine Variante der Familientherapie, die unter dem Begriff Mailänder Schule bekannt wurde und weite Verbreitung fand. Sieht man zunächst von konzeptionellen Differenzen ab, kann man Familientherapie wie folgt definieren:

> ❗ „Familientherapie ist der Sammelbegriff für eine Anzahl verschiedener psychotherapeutischer Ansätze zur Modifikation pathogener Familiensysteme, zur Verbesserung interpersonaler Beziehungen und zur Veränderung des Erlebens und Verhaltens individueller Familienmitglieder. Es werden Individuation und Autonomie, die Lösung von Konflikten und Problemen, die Stärkung der ehelichen Beziehung und ein befriedigenderes Zusammenleben aller Familienmitglieder angestrebt." (Textor 1984, S. 1)

(b) Ansätze der Familientherapie: Wenn zwei Personen von Familientherapie reden, müssen sie noch lange nicht dasselbe meinen. Fast jede der klassischen psychotherapeutischen Schulen hat im Laufe der letzten 30 Jahre eine eigene Variante familientherapeutischer Arbeit entwickelt. Die bislang vorliegenden Ordnungsversuche sind wenig befriedigend. Textor (1984) zählt schon Anfang der 80er Jahre 25 Klassifikationsversuche, denen er einen sechsundzwanzigsten hinzufügt.[1]

---

[1] Wie schwierig ein allgemein akzeptierter, systematisierender Überblick über die verschiedenen Schulen der Familientherapie ist, zeigt allein die Tatsache, dass die weit verbreitete Mailänder Schule (Selvini-Palazzoli) in der Literatur allein unter drei ver-

Für den vorliegenden Zusammenhang mag eine vereinfachte Übersicht reichen. Demnach können im groben drei zentrale Schulen der Familientherapie unterschieden werden:[2]

(1) psychoanalytisch bzw. psychodynamisch orientierte Familientherapie: Neben eher klassisch psychoanalytischen Ansätzen zählen zu dieser Gruppe auch solche, die psychoanalytische Denktraditionen (Analyse und Interpretation subjektgeschichtlicher Konfliktursachen) mit systemischen Denkmodellen zu verbinden versuchen. Exponierter Vertreter dieser Richtung in Deutschland ist z.b. Helm Stierlin und sein Heidelberger Familientherapiemodell (vgl. Walkemeyer/Bäumer 1990, S. 37 ff.).

(2) wachstumsorientierte Familientherapie in der Tradition der humanistischen Psychologie: Bekannteste Vertreterin dieser Richtung ist Virginia Satir. Typisch für wachstumsorientierte Familientherapie ist nach Körner, dass sie zwar ebenfalls von Systemmodellen der Familie ausgehen, diese zugleich aber moralisch anreichern. „Wie bei humanistischen Einzeltherapien spielt auch in den Familientherapien die Methodik eine eher untergeordnete Rolle, dafür werden Therapeutenpersönlichkeit, Begegnung, Wachstum etc. betont" (Körner 1988, S. 155).

(3) systemische Familientherapien: Systemische Familientherapien gehen von der Betrachtung der Familie als System aus, was noch zu erläutern sein wird. Folgt man den vorliegenden Klassifikationsversuchen, so lassen sich die systemischen Ansätze wiederum aufteilen in strukturelle Therapiemodelle (Minuchin) und strategische Therapieansätze (Selvini-Palazzoli).

Da seit den 70er Jahren insbesondere die Modelle systemischer Familientherapie Konjunktur hatten, wird die folgende Skizze weitgehend auf sie beschränkt.

(c) Merkmale systemischer Familientherapie: Zentrales Merkmal der systemischen Ansätze ist das Verständnis der Familie als System. Im Anschluss an Hall/Fagan wird System verstanden als „ein Aggregat von Objekten und Beziehungen zwischen den Objekten und ihren Merkmalen ... wobei unter den Objekten die Bestandteile des Systems, unter Merkmalen die Eigenschaften der Objekte zu verstehen sind und die Beziehungen den Zusammenhalt des Systems gewährleisten" (Watzlawick u.a.; zit. nach Körner 1988, S. 167).[3] Betrachtet man nun eine Familie als System, so besteht dieses aus unter-

---

schiedenen Begriffen kategorisiert wird: einmal als systemische Familientherapie (vgl. Simon/Stierlin 1995), an anderer Stelle als strategische Familientherapie (vgl. Textor 1984) und in einer dritten Variante als puristische Familientherapie (vgl. Walkemeyer/Bäumer 1990).

2 Textor unterscheidet insgesamt sechs verschiedene Schulen: die strategische, die strukturelle, die verhaltenstherapeutische, die erfahrungsbezogene sowie die psychodynamische Familientherapie sowie als sechste Schule die Therapie der erweiterten Familie.

3 Nach Walkemeyer/Bäumer drückt der Systemgedanke im Kern eine Sichtweise aus, nach der „alle Phänomene in der Welt irgendwie miteinander verbunden sind" (Walkemeyer/Bäumer 1990, S. 6).

schiedlichen Objekten (Familienmitgliedern), die über spezifische Eigenschaften verfügen und die untereinander in Beziehung stehen. Das System Familie ist nach dem Verständnis von Selvini-Palazzoli durch ein Regelsystem gekennzeichnet, das sich in der verbalen und nonverbalen Kommunikation ausdrückt. „Familien mit pathologischen Mitgliedern entwickeln Transaktionsregeln, die ihrer jeweiligen Pathologie entsprechen. Ihre Familienkonstellation zielt darauf ab, den Status quo zu erhalten." (Körner 1988, S. 167) Ziel des therapeutischen Eingriffs muss es sein, das Regelwerk der Familie zu durchschauen und zu verändern im Hinblick auf einen neuen, befriedigenderen Gleichgewichtszustand. Vor dem Hintergrund dieser knappen Skizze lassen sich fünf Merkmale systemischer Familientherapien herausstellen:

(1) Symptome und Problemkonstellationen innerhalb von Familien werden von VertreterInnen systemischer Ansätze nicht als Defizite wahrgenommen. Der Einzelne wird nicht als krank angesehen, „sein Versagen hat vielmehr eine Funktion in derjenigen sozialen Einheit, in die dieses Individuum eingebettet ist" (Brunner 1986, S. 7). An einem Beispiel gesprochen: Die Tatsache, dass ein Kind aggressiv auf Vorhaltungen der Eltern reagiert, gehört mit zum Regelwerk der Familie, gehört zum Interaktionsspiel, im Rahmen dessen die Beziehungen im System Familie konstituiert werden. Symptome haben innerhalb eines Familiensystems eine Funktion, die es im Prozess der Therapie zu entschlüsseln gilt (vgl. Pfeifer-Schaupp 1995, S. 50). „Damit steht systemisches Denken in pragmatischem Gegensatz zu allen Defizit-Konzepten biologischer, psychodynamischer, lerntheoretischer oder sozialstruktureller Herkunft ... Für Systemiker ist nicht interessant, ob es solche Defizite gibt oder nicht gibt. Sie werden vielmehr als soziale Konstruktionen angesehen, deren Nützlichkeit oder Schädlichkeit in der Alltagspraxis interessiert." (Schweitzer 1993, S. 19)

(2) Aus diesem Grund steht im Zentrum des systemtherapeutischen Prozesses auch nicht die Analyse der Vorgeschichte und ggf. eine Diagnose der subjektiven Genese von Verhaltensauffälligkeiten von Individuen, sondern vielmehr die Analyse der Situation und der in ihr praktizierten Beziehungsmuster. Für die Mailänder Schule ist typisch, „dass sie die ‚Erforschung des Inneren' außer acht lässt und nicht auf Einsicht vonseiten des Patienten-Klienten aus ist. Daher hält sie – ... – Metakommunikation, die zur Einsicht in dysfunktionale Kommunikation gedacht ist, für wirkungslos" (Walkemeyer/Bäumer 1990, S. 51). Entscheidend ist das Hier und Jetzt des Kommunikationssystems und der konkreten Interaktionsbalance und nicht – wie beispielsweise in der klassischen Psychoanalyse – die Rekonstruktion von Subjektbiographien, d.h. die Genese von Innenwelten. In diesem Sinne kann man mit Simon von einer Psychotherapie sprechen, „in der die Psyche nicht vorkam" (Simon 1988, S. 4).

(3) Dies ist auch ein Grund, warum die systemische Familientherapie weniger sprachzentriert ist als andere Formen psychotherapeutischer Intervention und mehr auf Handlungsorientierung setzt. Das heißt nicht, dass syste-

mische Familientherapie auf Sprache verzichtet. Gleichwohl setzt sie weniger auf sprachliche Überzeugungskraft und verbal vermittelte Einsicht als Motor von Veränderungen, „vielmehr geht sie von der Beobachtung aus, dass Einsicht, Gefühle, Transaktionen und Körperverhalten sich gegenseitig bedingen, dass z.B. einem neuen Verhalten oft auch neue Einsicht folgt, dass aber in jedem Fall neue Einsicht, die als Veränderung eingestuft werden will, sich in neuem Verhalten beweisen muss" (Koschorke 1985, S. 22).

(4) Ging die klassische Familientherapie noch davon aus, dass sich die Intervention im Wesentlichen auf die Familie beschränkt, zugleich aber alle Familienmitglieder an allen Sitzungen teilzunehmen haben, so lässt sich in der systemischen Familientherapie eine doppelte Flexibilisierung nachzeichnen: Zum einen wird das Behandlungssystem geöffnet in Richtung auf wichtige Bezugssysteme und Bezugspersonen aus dem Umfeld der Familie (Lehrer, Erzieherinnen, Nachbarschaft), zum anderen werden im Binnenraum der Familie alle denkbaren Konstellationen von Familiengesprächen, Paargesprächen oder Einzelgesprächen möglich und genutzt. „Diese Flexibilität setzt eine Gesprächsmethodik voraus, die von vornherein auf Familien-, Paar- und Einzelgespräche, also auf vielfältige Gesprächssituationen, angelegt ist." (Ebd., S. 22)

(5) Zentral für den Ansatz der systemischen Familientherapie ist, dass der Therapeut eine aktive Rolle einnimmt. In direktiven Ansätzen wie denen von Minuchin oder von Haley geht es darum, dass der Therapeut in der Familie für den Zeitraum der Intervention die Führerschaft übernimmt. Der Therapeut bestimmt Gesprächsthemen, erteilt oder entzieht das Wort, stellt der Familie „Hausaufgaben" etc. Veranschaulichen lässt sich die aktive und machtbesetzte Rolle des Therapeuten auch am Beispiel der Mailänder Schule. Nach Viaro, Leonardi und Sbattella sind folgende Rahmenbedingungen für die Rolle des Therapeuten in Gesprächssituationen von besonderer Bedeutung:

„1. Der Therapeut (T) besitzt das alleinige Entscheidungsrecht hinsichtlich der Dinge, über die gesprochen wird, d.h., er bestimmt die Gesprächsthemen.
2. T hat das Alleinrecht zu entscheiden, wer sprechen soll, d.h., er bestimmt die ‚Worterteilungen' im Gespräch.
3. T hat das Alleinrecht, jemandem das Wort zu entziehen, oder auch jemanden, der rechtmäßig an der Reihe ist, zu unterbrechen. Diesen besonderen Akt des Therapeuten bezeichnen wir als ‚Zensur'.
4. T hat das Alleinrecht, das Gespräch zu unterbrechen oder zu beendigen; das Interview hat in der Tat keine vorgegebene Dauer.
5. T hat das Alleinrecht, Fragen zu stellen, das von den anderen Gesagte zusammenzufassen und ‚organisatorische Glossen' anzubringen." (Viaro/Leonardi/Sbattella zit. nach Zygowski 1988, S. 193)[4]

---

4 Zugespitzt resümiert Pfeifer-Schaupp: „Selvini Palazzolis epochemachendes Buch ...,

Der Therapeut in der systemischen Therapie muss gegenüber der familiären Interaktion in einer Metaposition bleiben, um damit gegenüber den Klienten „die hierarchisch übergeordnete Expertenrolle des Therapeuten" festzuschreiben. „Auf der Basis dieser Rolle kann er Informationen in das System einführen, neue Verhaltensmöglichkeiten offen legen und legitimieren, Umdeutungen vornehmen, Symptomverschreibungen geben und einzelne Verhaltensweisen auf eine der familiären Epistemologie zuwiderlaufenden Art und Weise bewerten." (Simon/Stierlin 1995, S. 359 f.)

Wie man sich das Setting und den Prozess einer systemischen Familientherapie vorstellen kann, beschreibt das folgende Beispiel:

> „Der Therapieprozess selbst gliedert sich in mehrere Phasen. In einer ersten Phase nimmt der Therapeut die Beziehung zur Familie auf. Er informiert sich über das Problem, das die Familie zur Therapie geführt hat. Er akzeptiert das von der Familie gemachte Angebot, auch wenn es einschließt, der Indexpatient sei das eigentliche Problem. Daraus erarbeitet er mit der Familie eine Definition der Therapieziele. Er befragt möglichst konkret jedes Familienmitglied, welches ihr minimales Therapieziel sei und woran sich erkennen lasse, ob es erreicht ist. Möglichst nahe an der Verhaltensebene bleibend (...), versucht er außerdem, die problemerhaltenden Regeln des familiären Systems zu erfassen. Dabei vermeidet er, sich auf Machtkämpfe mit der Familie einzulassen. In den folgenden Behandlungsphasen bedient er sich häufig einer sehr direktiven Intervention. Sie hat diagnostischen wie therapeutischen Wert, denn aus den Reaktionen der Familie darauf lässt sich auf deren Organisationsstruktur, Problemlösungsstrategien und ihre Flexibilität schließen. Er versucht alsdann mit Methoden wie Umdeutungen, positiver Konnotation von Symptomen, paradoxen Interventionen, die familiären Deutungsschemata und Kommunikationsmuster zu ändern und damit die jeweiligen Entwicklungsblockierungen zu beseitigen. Nicht wenige strategische Therapeuten arbeiten allein, für eine wachsende Zahl hat sich jedoch die Teamarbeit, mit Beobachtung der Sitzung durch die Einwegscheibe bewährt. Dies trägt der Tatsache Rechnung, dass innerhalb der Therapiesitzung zwischen Therapeut und Familie ein ... neues System entsteht, das derjenige, der mit der Familie arbeitet, selbst nur schwer zu überblicken vermag" (ebd., S. 338 f.).

(d) Techniken der systemischen Familientherapie: Gerade die im letzten Zitat in Schlagworten angeklungenen Techniken systemischer Familientherapie dürften einen erheblichen Teil der Faszination dieser Ansätze ausmachen, da sie nicht – wie so oft – die Wiederkehr des immergleichen darstellen, sondern vielmehr im Vergleich zu vielen Methodenkonzepten psychosozialer Intervention auf den ersten Blick irritierend, innovativ, paradox

---

das die ‚systemische' Ära in Europa einläutete, liest sich streckenweise wie ein Handbuch zum Grabenkrieg mit ‚schizophrenen Familien'." (Pfeifer-Schaupp 1995, S. 50)

zumindest aber andersartig sind.[5] Einige der Techniken der Mailänder Schule seien hier kurz angeführt:

- Zirkuläres Fragen: In der Phase der Informationsbeschaffung findet die Technik des zirkulären Fragens Anwendung. Zirkuläres Fragen meint zunächst, dass in Gesprächen auf Unterscheidungen abgezielt wird (unterschiedliche Bewertung von Vorgängen, Personen etc.). „Bei dieser Form des Fragens werden die Informationen nicht mehr direkt von den betroffenen Familienmitgliedern erfragt, sondern jeweils Dritte aus der Familie zu Aussagen über andere im System oder deren Beziehungen ermuntert. Grundziel ist dabei, Sequenzen herauszuarbeiten, die Koalitionen und Funktionen von Verhalten klarmachen, ebenso, wie diese sich im Laufe der Zeit eventuell verändert haben." (Schmidt 1985, S. 43) Zirkuläre Fragen dienen zum einen der Informationsbeschaffung, können aber zugleich vom Therapeuten auch als Informationsinput genutzt werden, indem er seine Thesen über die Beziehungsdynamik der Familie vermittelt über entsprechende Fragestellungen wieder in die Familie rückbindet.

- Positive Symptombewertung: Im Sinne des oben skizzierten Verständnisses, dass Symptome innerhalb einer Familie bestimmte Funktionen besitzen und im Rahmen familiärer Problemlösungsmuster „Sinn" machen, ist es folgerichtig, dass Symptome von Familientherapeuten nicht kritisiert werden dürfen. Positive Symptombewertung meint nach Selvini-Palazzoli „die ausdrückliche Beachtung und wohl wollende Anerkennung der Haltungen und Einstellungen sowie der Verhaltensweisen" von Familienmitgliedern (Selvini-Palazzoli zit. nach Walkemeyer/Bäumer 1990, S. 94). An einem Beispiel gesprochen: Fluchttendenzen von Familienmitgliedern, aggressive Reaktionen oder andere Verhaltensweisen werden von systemischen Therapeuten innerhalb von Gesprächen nicht kritisiert, sondern positiv kommentiert.

- Symptomverschreibungen: Mit der positiven Symptombewertung wird die Grundlage für eine weitere Technik geschaffen, nämlich die Symptomverschreibung (die keinen Sinn machen würde, wenn das Symptom vorab vom Therapeuten kritisiert worden wäre). Symptomverschreibung meint, dass der Therapeut einzelnen Mitgliedern der Familie ausdrücklich als „Hausaufgabe" für die Zeit zwischen den Sitzungen aufgibt, ein bestimmtes symptomatisches Verhalten (z.B. verbale Ausbrüche, Missachtung bestimmter Familienregeln) an den Tag zu legen. Diese Technik „stellt die Familie vor die Wahl zwischen zwei alternativen Möglichkei-

---

5 Nach Selvini-Palazzoli ist das methodische Credo der Mailänder Schule: „Nichts ist wahr, alles ist Taktik ... Aber das Einzige was zählt, ist, dass eine therapeutische Intervention nützlich ist, nicht, dass sie wahr ist." (Selvini-Palazolli zit. nach Körner 1988, S. 173) Das heißt, das Kriterium methodischen Handelns ist nicht ihre stringente Ableitung aus theoretischen oder moralischen Rahmenüberlegungen, sondern vielmehr ihre Nützlichkeit.

ten, sich zu verhalten, wobei es unmöglich ist, unabhängig davon, welche Möglichkeit gewählt wird, sich nicht zu verändern. Folgt die Familie der Anweisung, wird also das Symptom weiterhin produziert, erfolgt dies Verhalten nicht mehr spontan, sondern es wird nur kontrolliert geäußert. (...) Widersetzt sich die Familie der Anweisung des Therapeuten, produziert sie das Symptom also nicht mehr!" (Walkemeyer/Bäumer 1990, S. 95). Indem der Therapeut ein Symptom verschreibt, lenkt er den Blick der Familie auf die Funktion des Symptoms im Kommunikationsgefüge der Familie und öffnet es so zur Reflexion und Neubewertung.

- Verschreibung von Familienritualen: Entdeckt der Therapeut innerhalb der Familieninteraktion bestimmte wiederkehrende Muster von Konflikten, hat er mithin bestimmte Spielregeln der Familiendynamik hypothetisch rekonstruiert, so kann er diese offen legen, indem er der Familie diese Muster als Rituale „verschreibt". Der Effekt ist dann ein ähnlicher wie bei der Symptomverschreibung.

(e) Einschätzung und Diskussion: Die Faszination der systemischen Familientherapie für die Soziale Arbeit liegt wohl in der Kombination aus der Öffnung therapeutischer Verfahren für die Arbeit mit sozialen Netzwerken, sowie der pragmatischen Vorgehensweisen und phantasievoller Technologieentwicklung. Insbesondere die aktive, eingreifende Rolle des Therapeuten im Hilfeprozess scheint ein attraktives Muster zu sein, das Interventionschancen jenseits des schichtenspezifischen Zuschnitts klassischer, sprachlich dominierter Interventionsformen zu eröffnen vermag. „Aktiveres Zugreifen anstelle zeitaufwendigen Kommenlassens vermindert die Zahl der Therapiesitzungen und macht Therapie dadurch für alle Beteiligten ökonomischer. Familientherapie eignet sich aus diesen Gründen auch für Sozialschichten, die aufgrund ihrer Lebensbedingungen mehr situations- und handlungsorientiert sind und weniger Geld haben, wie z. B: Arbeiterfamilien oder Slumbewohner." (Koschorke 1985, S. 22)

Die Kritik an systemischen Ansätzen der Familientherapie konzentrieren sich vor allem auf zwei Punkte: Zum einen wird hervorgehoben, dass die Familientherapie auf einem bestimmten, normativen Leitbild einer funktionierenden Kleinfamilie basiert und dieses im Therapieprozess zu rekonstruieren und damit zu stabilisieren versucht. Am Beispiel des strukturellen Ansatzes von Minuchin stellt Körner fest: „Das Familienstrukturmodell der strukturellen Familientherapie bildet den staatlichen Rahmen zur Erfüllung der Familienpflichten Ehe, Elternschaft, Kindschaftsverhältnis, als Subsysteme innerhalb der übergeordneten und zum System erhobenen Familie ab. In struktureller Perspektive erscheint die mit der Erfüllung der Familienpflichten verbundene Funktionalisierung der Familienmenschen als natürliches Phänomen. Die staatliche Determiniertheit der Institution Familie wird entgegen den eigenen Forderungen nicht erklärt. Die Bedeutung der Familie bei der Sozialisation bürgerlicher Individuen wird affirmativ dargestellt." (Körner 1992, S. 99) Damit gerät der Familientherapie aus dem Blick, dass das Muster der bürgerlichen Kleinfamilie als Ort der privaten Reproduktion ein historisch gewachsenes ist, das sich zudem in permanenter Veränderung befindet. Auf dem Hintergrund der Ausdifferenzierung familialer Formen des Zusammenlebens ist immer weniger klar, was eigentlich eine Familie ist (vgl. Peuckert 1996).

Zum anderen wird von verschiedenen Autoren hervorgehoben, dass die Machtkonstellation innerhalb familientherapeutischer Interventionen eindeutig zugunsten des Therapeuten verschoben wird. Nach Zygowski ist für die Familientherapie der instrumentelle Zugriff typisch, „bei dem an die Stelle von Kommunikation und Reflexion ‚der fast schon chirurgische Schnitt' ..., d.h. die rein technische Einflussnahme auf störende oder abweichende Symptome oder Prozesse tritt" (Zygowski 1988, S. 188). Der Therapeut bestimmt Inhalte und Regeln der Kommunikation innerhalb der Therapie, verordnet Symptome und Rituale, konstruiert das Setting der Therapie usw. Er richtet einen Großteil seiner Energie auf die Etablierung eines einseitigen Machtverhältnisses, das ihm alle Möglichkeiten der Situationsgestaltung und Einflussnahme offen hält. So betont beispielsweise Minuchin: „Der therapeutische Kontrakt muss die Position des Therapeuten als eines Experten in der experimentellen sozialen Manipulation anerkennen." (Minuchin; zit. nach Zygowski 1988, S. 194)

„Die systemische Familientherapie stattet den Therapeuten mit einem Machtpotential aus, an das keine andere Therapieform heranreicht. Ohne eine interventionsleitende Therapietheorie, allein auf die Effektivität seiner strategischen Pragmatik verpflichtet, unbeschränkt in der Auswahl/Kreation seiner Techniken und unbeeinflusst von Verweigerung oder Widerstand aus dem Kreis der Familienmitglieder sieht sich der Therapeut in eine Machtposition versetzt, die einen geeigneten Nährboden für Allmachtsphantasien und therapeutische Megalomanie bietet." (Zygowski 1988, S. 206)

Vorsichtig formuliert könnte man die Hypothese aufstellen, dass die systemische Familientherapie vor allem auch populär geworden ist, weil sie genau das tut, was Zygowski kritisiert: nämlich dem Intervenierenden eine aktive, gestaltende Rolle zuzuschreiben und ihm zugleich die Führungsposition im Interventionsprozess zu ermöglichen. An die Stelle der oft mühsamen Aushandlung, Bewusstmachung und Kommunikation treten „subtile Erzwingungsstrategien" (vgl. Zygowski 1988, S. 209), die zumindest für den Intervenierenden die Suggestion der Machbarkeit erzeugen.

Aus sozialpädagogischer Perspektive erweist sich die systemische Familientherapie gerade vor dem Hintergrund der beschriebenen Machtkonstellation als wenig hilfreich, da sie den Gesichtspunkt der Partizipation nicht einlöst. Überdies ist mit Pfeifer-Schaupp festzuhalten: „Der Zuschnitt und das Setting der ‚klassischen' Familientherapie sind ausschließlich oder doch ganz überwiegend für den therapeutischen Kontext geeignet bzw. für eine Beratungsarbeit mit motivierten und ökonomisch besser gestellten Menschen, die mit Beziehungsproblemen und Veränderungswünschen in die Sprechstunde zum Experten kommen. Probleme anderer Art oder KlientInnen ohne explizite Veränderungswünsche fallen damit bei diesem Ansatz fast zwangsläufig unter den Tisch." (Pfeifer-Schaupp 1995, S. 52) Die Bearbeitung von alltäglichen Problemen in alltäglichen Kontexten ist weder mit den Interaktionsregeln noch mit dem situativen Setting systemischer Familientherapie sinnvoll zu leisten. Das heißt im Umkehrschluss nicht, dass SozialpädagogInnen aus dem phantasievollen Technikrepertoire der systemischen Ansätze nichts lernen könnten. Sie müssten allerdings den personalen und situativen Erfordernissen sozialpädagogischer Intervention angepasst werden, was bislang noch aussteht.

 Tipps zum Weiterlesen:

Textor, M. R. (Hrsg.): Das Buch der Familientherapie. Sechs Schulen in Theorie und Praxis, Eschborn 1984.

Körner, W.: Die Familie in der Familientherapie. Eine Kritik der systemischen Therapiekonzepte, Opladen 1992.

Hörmann, G. u.a. (Hrsg.): Familie und Familientherapie. Probleme – Perspektiven – Alternativen, Opladen 1988.

20. Familie im Mittelpunkt (FiM)

In Zusammenarbeit mit Esther Karla

(a) *Begriff und Geschichte*: Die im deutschsprachigen Raum als „Familie im Mittelpunkt" (im Folgenden kurz: FiM) ab Mitte der 90er Jahre eingeführten Methode einer strukturierten, kurzfristigen Krisenintervention in Familiensystemen stammt – wie so viele methodische Importe – ursprünglich aus den USA. Sie wurde dort in den 70er Jahre u.a. unter dem Namen „Families first" entwickelt und angewandt und breitete sich bis Anfang der 90er Jahre, nicht zuletzt aufgrund „hoher Erfolgsquoten" (gemessen am „Erfolgsindikator" „Verhinderung von Fremdunterbringung"; vgl. Gehrmann/Müller 1998a, S. 15), in insgesamt 32 Bundesstaaten aus. Über Schweden, die Niederland und ab Mitte der 90er Jahre Deutschland verbreitete sich FiM auch in Europa.

In einer ersten begrifflichen Annäherung kann man FiM wie folgt definieren:

> FiM „ist ein Programm zur intensiven Krisenintervention, um die Herausnahme von gefährdeten Kindern aus Familien zu vermeiden und kriminellen Karrieren von Jugendlichen vorzubeugen" (ebd., S. 9). Sie ist eine akute, zeitlich begrenzte sozialarbeiterische Interventionsmaßnahme, die durch organisatorische, materielle und psychosoziale Unterstützung im direkten Wohnumfeld der Familie Ordnung in deren Haushalts-, Lebens- und Beziehungsrhythmus bringen und die primären Gefährdungszustände lindern soll, indem die persönlichen Ressourcen der einzelnen Familienmitglieder sowie die Kompetenzen der gesamten Familie als System aktiviert werden.

(b) *Theoretische und konzeptionelle Grundannahmen*: FiM ist ein „Kind der Praxis", was bedeutet, dass es sich nicht um ein geschlossenes, von einem Theoriegebäude mehr oder minder stringent abgeleitetes Handlungsmodell handelt, wie z.B. im Falle der (systemischen) Familientherapie (vgl. Kapitel 19).[1] Insofern verwundert es nicht, dass FiM „radikal pragmatisch eklektisch aufgebaut wurde. Das heißt, man hat in der Praxis eine Form der effektiven Krisenintervention geschaffen und dann in der Literatur nachgeschaut, mit welchen Theorien und theoretischen Konzepten die Praxis zu erklären ist" (ebd., S. 47). Die zur Erklärung herangezogenen Theoriefragmente und Versatzstücke bilden die Grundlage des Handlungsmodells von FiM. Zu den „Grundlagen" gehören:

---

[1] Die Einführung von Gehrmann/Müller (1998 a) ist die erste umfangreiche, systematische und umfassende Darstellung des Ansatzes innerhalb der deutschen Fachdiskussion. Überdies fanden und finden sich vor allem Projektdarstellungen. Vgl. z.B. Klein/Römisch (1997); Rotze (1997).

- *Die These der sozialen Zugehörigkeit* (Social Attachment Theory) besagt, dass Kinder eine besonders enge gefühlsmäßige, psychische und soziale Bindung zu ihren Eltern und Geschwistern in Form eines intensiven Gefühls der Zugehörigkeit und auch der gegenseitigen Verantwortung aufbauen. Eine Trennung von der Familie oder das Ausschließen eines Familienmitgliedes (etwa des gewalttätigen Vaters) führt in der Regel zu großen seelischen und emotionalen Belastungen für alle Familienmitglieder. So kann dass misshandelte Kind, dass sich als Anlass der Entfernung des gewalttätigen Vaters aus der Familie wahrnimmt, Schuldgefühle gegenüber dem Rest der Familie entwickeln („Ich habe unsere Familie zerstört!"). Der Abbruch kontinuierlicher Beziehungen, so die Annahme, kann langfristige Schäden für das Kind mit sich bringen. Dies gilt ebenfalls für das erweiterte soziale Umfeld eines Kindes wie den Freundeskreis, die Schule usw. Insofern hält FiM die Festigung und das Kitten der Familie auch in Gefährdungszuständen zur Herstellung bzw. Sicherung des Kindeswohls für gerechtfertigt und angemessen.
- Die *systemtheoretische Perspektive auf die Familie*, basierend auf der systemischen Familientherapie (vgl. Kapitel 19), impliziert ein Verständnis von Familie als einem strukturierten Netz von Erfahrungen, Symbolen, eingeschliffenen Kommunikationsformen, internen und externen Beziehungen, Subsystemen, ausgesprochenen und unausgesprochenen Erwartungen und Verhaltensregeln etc. FiM nutzt diese Perspektive und beabsichtigt, „die bestehenden Subsysteme der Familie zu erkennen, einzelne bei Bedarf zu stärken, falls erforderlich neue Subsysteme zu bilden und einzelne Subsysteme von anderen abzugrenzen. Ziel ist es, für das einzelne Familienmitglied Autonomie und Freiheit zu erhalten, aber gleichzeitig die Orientierung auf das Ganze, die Familie, zu stärken" (ebd., S. 51 f.).
- Da FiM es aufgrund ihrer Indikation immer mit akuten und z.T. massiven Krisensituationen zu tun hat, ist es folgerichtig, dass sie einen konzeptionellen Bezugspunkt in der *Krisentheorie* sucht. Dabei legt FiM „großen Wert auf eine sozialwissenschaftliche Ergänzung der Konzeptualisierung des Krisenbegriffs und [ein, M.G.] sozialarbeiterisches Verständnis von Krisenintervention" (ebd., S. 55). Im Anschluss an niederländische Konzepte kann zwischen entwicklungsbedingten und ereignisbedingten Krisen unterschieden werden. Entwicklungsbedingte Krisen umschreibt jenen Komplex an störanfälligen biographischen Phasen und Übergängen, die in der entwicklungspsychologischen Forschung herausgestellt wurden wie z.B. die Pubertät. „Ereignisbedingte Krisen (auch Situationskrisen) werden durch das unglückliche Zusammentreffen von Ereignissen im Leben von Menschen ausgelöst, die dadurch aus dem Gleichgewicht gebracht werden." (Ebd., S. 56) Dazu gehören u.a. Drogenprobleme, Arbeitslosigkeit, Verlust eines nahe stehenden Menschen, psychische Erkrankungen, chronische Erkrankungen eines Familienmitglieds etc.

- Der *sozialräumliche Fokus* schließlich trägt der Tatsache Rechnung, dass jedes Individuum in die ihn umgebenden Interaktions- und Kommunikationsstrukturen seiner Lebenswelt eingebunden ist. Deshalb arbeitet FiM mit „dem informellen sozialen Netz (Freunde, Nachbarn, Bekannte etc.) und dem formellen sozialen Netz (Kindergarten, Schule, Arbeitsstelle etc.) ..., um den Unterstützungsprozess störende Einflüsse und Hindernisse abzubauen und um dort brachliegende Ressourcen zu aktivieren (ebd., S. 62). Dieses Prinzip einer sozialräumlichen Einbindung kommt auch im Konzept der *Environment-Aktivierung* (vgl. Gehrmann/Müller 1993) zum Ausdruck. Man geht „davon aus, dass soziale Situationen, soziales System Familie, soziale Lebensräume, materielle Nahräume und materielle Ressourcen gestaltbar zu verändern sind, um eine soziale Unterstützungsleistung erfolgreich zu erbringen" (Gehrmann/Müller 1998a, S. 89). Environment- und *Familienaktivierung* meint eine „auf die Aktivierung der Person und ihre Stärken (Handlungspotentiale) angelegte Gestaltung von Situationen in systemischer Interaktion mit allen beteiligten Personen und Umweltfaktoren, die wir ad hoc wahrnehmen und beeinflussen können" (ebd., S. 91).

- Einen besonders hohen Stellenwert besitzt folglich der *Stärkenansatz (Stärkenassessment)* bzw. *Empowerment* (Selbstermächtigung). Ausgangspunkt und primäres Arbeitswerkzeug sind die vorhandenen Kompetenzen der Familienmitglieder und die Ressourcen der sie betreffenden informellen sowie formellen Netzwerke, mit dem Ziel, unter möglichst geringer, künstlich erzeugter,. „fremder" Unterstützung die Selbsthilfepotentiale bzw. eigenen Stärken der Familie zu entwickeln und zu sichern.[2]

Die Betrachtung dieser konzeptionellen Bezugspunkte erinnert bildlich gesprochen etwas an einen Gemischtwarenladen, dem es weniger um theoretische Konsistenz geht, mithin um ein stimmiges Grundgerüst der einzelnen Theorieversatzstücke, sondern vielmehr um möglichst breit gestützte Legi-

---

[2] Ein damit impliziertes Kompetenzmodell wurde Mitte der 90er Jahre für die niederländische Variante von „Families First" entwickelt. Es formuliert in Erweiterung des Erikson'schen Entwicklungsmodells bis ins Erwachsenenalter hinein und geht von der Annahme aus, dass jede Person in seinem Leben mit einer Reihe von altersspezifischen Entwicklungsaufgaben aufgrund stressverursachender Ereignisse konfrontiert wird, über deren erfolgreiche Bewältigung die individuelle Belastungsfähigkeit (interne Faktoren) und die schützenden Faktoren der Umwelt (externe Faktoren, z.B. Mitmenschen, Institutionen etc.) entscheiden. Misslingt die erfolgreiche Bewältigung, so gerät die Person in ein Ungleichgewicht, eine sog. Krise, die es zu bearbeitet gilt. Nicht ausreichende Kompetenzen der Person selbst oder des sozialen Netzwerkes zur Wiederherstellung des Gleichgewichts können jedoch geschult bzw. erlernt werden. Die – insbesondere für FiM relevanten – anfordernden Konstellationen einer Familienentwicklung sind im Sinne des niederländischen Modells z.B. die Säuglings-/Kleinkindzeit, die Grundschulzeit, die Adoleszenz und als analoge Familiensituation die Elternschaft mit kleinen Kindern, Elternschaft mit Jugendlichen, Elternschaft mit erwachsenen Kindern sowie der Lebensabend (vgl. Gehrmann/Müller 1998a, S. 56).

timation.³ Destilliert man die wesentlichen Handlungsmaximen, so lassen sich die konzeptionellen Grundannahmen auf fünf Punkte verdichten:

1. Ziel der Intervention ist der Erhalt des familiären Zusammenhangs durch Unterstützung bei der Bearbeitung von akuten Krisen.
2. Die Familie ist ein strukturiertes Beziehungs- und Kommunikationsgeflecht von Individuen und Subsystemen.
3. FiM begreift Familienkrisen als Gruppenkrise, nicht als Krise einzelner Individuen.
4. Familien sind eingebunden in soziale Netzwerke, die zugleich Problem und Ressource sind und folglich in die Intervention einbezogen werden müssen.
5. Hilfen müssen an den Stärken und Kompetenzen der Beteiligten ansetzen.

(c) Merkmale und Charakteristika: Das Hauptklientel der FiM sind Familien, in denen Kinder grob vernachlässigt oder mit Gewalt oder sexuellem Missbrauch konfrontiert werden und die überdies häufig materiell am Rande des Existenzminimums leben. In vielen Fällen wird mit drogenabhängigen Alleinerziehenden gearbeitet. FiM ist mithin eine Interventionsform, die sich vorrangig an ein „schwieriges" Klientel wendet, dass durch herkömmliche Formen sozialarbeiterischer Unterstützung nicht oder nur bedingt zu erreichen ist. Gemeinhin handelt es sich um solche Familien, die in der Diskussion um Familienhilfe häufig als „Multiproblemfamilien" bezeichnet werden, Familien also, die in vielerlei Hinsicht aus der Balance bzw. in eine Krise geraten sind (z.B.: Arbeitslosigkeit, Scheidung, Trennung, Sucht, Erkrankungen etc.) und eine nicht fragmentierte, „ganzheitliche" Unterstützung auf psychosozialer, materieller und organisatorischer Ebene benötigen.

Die konzeptionelle Klammer stellt ein Gerüst an Wertvorstellungen sowie ein konstitutiver Handlungsrahmen dar.

Die zentrale und wichtigste normative Prämisse bezieht sich auf die Institution „Familie" und wurde bereits angesprochen: Vorrangiges Ziel von FiM ist es, das *Wohl des/der Kindes/der innerhalb seiner/ihrer gewohnten Familie* wiederherzustellen und dauerhaft zu gewährleisten. Man geht davon aus, dass die Familie „die wichtigste Bezugsgruppe für die Entwicklung von Kindern" (ebd., S. 27) ist und insofern die Sorge- und Erziehungskompetenzen der Eltern selbst trainiert und unterstützt werden müssen, bevor diese durch fremde Hilfe geleistet bzw. ersetzt werden. Da trotz dysfunktionaler Interaktions- und Kommunikationsstrukturen von einem existenten gegen-

---

3 Dies mag auch ein Grund für die „imagefördernde" überaus starke Betonung des „Dienstleistungscharakters" von FiM sein, die damit um so mehr den „Stallgeruch" der klassischen „Familienhilfe" abschüttelt. So wird etwa in der Einführung von Gehrmann/Müller (1998a) durchweg von „Kunden" gesprochen.

seitigen Verantwortungsgefühl der einzelnen Familienmitglieder sowie von einer Motivation zur Veränderung ausgegangen wird, wird folgerichtig nach dem „non-problem-approach" bzw. dem Stärkenansatz auf ein Leben ohne zukünftige Abhängigkeiten hingearbeitet.

Der Handlungsrahmen von FiM resultiert aus der Tatsache, dass sie für Kinder mit drohender Fremdunterbringung gedacht ist. Dieser vordringlichen Handlungsanforderung entspricht

- die Notwendigkeit einer schnellen Kontaktaufnahme mit der Familie innerhalb der ersten 24 Stunden nach Bekanntwerden der Krise,
- ein äußerst flexibler Arbeitseinsatz mit einer Rund-um-die-Uhr-Bereitschaft und
- zur Verfügung stehende finanzielle Mittel, die grobe materielle Mängel ausgleichen und je nach Notwendigkeitsgrad flexibel gehandhabt werden können.

Da das langfristiges Ziel der Familienaktivierung die Stärkung des Selbstmanagements ist, handelt es sich von vornherein um eine zeitlich begrenzte Intervention von vier Wochen, die lediglich in Ausnahmefällen auf sechs Wochen aufgestockt wird, damit keine langfristigen Abhängigkeiten entstehen und die Familie sich nicht auf die stetige fremde Unterstützung verlässt. Zudem soll der Familie die Sicherheit gegeben werden, dass sie in absehbarer Zeit wieder auf sich gestellt, von der fremden Einflussnahme „befreit" ist, und dass ihnen zugetraut wird, alleine auszukommen. Darüber hinaus sollte bei ihr der Eindruck entstehen, ihre kurzweilige Chance nutzen zu müssen.

(d) Arbeitsprozess und Techniken: Wie schon die Anmerkungen zu den konzeptionellen Grundlagen vermuten lassen, bedient sich FiM unterschiedlichster Techniken aus unterschiedlichsten Kontexten von eher therapeutischen Elementen (z.B. Verhaltenstherapie, Rational-Emotive-Therapie, klientenzentrierte Gesprächsführung) bis hin zu Techniken der Netzwerkanalyse. Gehrmann/Müller führen u.a. folgende Instrumente an:

1. Das Krisenthermometer zur Depressionskontrolle nach Shelley
2. Das Krisenthermometer zum Wut-Management nach Shelley
3. Krisenentschärfungshilfe
4. Aktives Zuhören, Positives Feedback, Ich-Botschaften
5. Soziodrama/Rollenspiel
6. Zielkarten
7. Videoeinsatz
8. Direkte Unterweisung
9. Verhaltenstraining" (Gehrmann/Müller 1998a, S. 151)

Eine detaillierte Darstellung des „Werkzeugkastens" von FiM (vgl. dazu Gehrmann/Müller 1998a) macht an dieser Stelle wenig Sinn, da nur eine Vielzahl an Begriffen angehäuft werden könnten. Um sich dem Charakter

Familie im Mittelpunkt 235

von Interventionen nach dem FiM-Modell anzunähern, soll im Folgenden kurz auf die Phasen des Arbeitsprozesses eingegangen werden. Nach Gehrmann/Müller vollzieht sich die Intervention in vier Stufen:

1. Übernahme (Engaging und Intake): In dieser ersten Programmphase beginnt die Zusammenarbeit zwischen dem Allgemeinen Sozialen Dienst (ASD), der zunächst Auftraggeber bzw. Kunde ist und den Fall an FiM weiterleitet, und den Mitarbeiter des FiM-Dienstes. Die Übernahme der Familie durch eine SozialarbeiterIn erfolgt innerhalb der nächsten 24 Stunden und wird durch ein Übernahmeprotokoll kommentiert und festgehalten. „Bereits mit dem Erstgespräch beginnt die Phase des Engaging, des Umwerbens der Familie, damit sie dem/der Sozialarbeiter(in) einen „Auftrag" (im Englischen: „commission", in Deutsch auch: „Erlaubnis") erteilt, mit ihr zu arbeiten." (ebd., S. 114) Dieser ist Voraussetzung für das Aktivwerden von FiM. Parallel zum Engaging setzt die „eigentliche" Arbeit ein, d.h. die Situation in der Familie muss, da es sich um einen akuten Krisenfall handelt, entspannt, die Gewalt zum sofortigen Schutz des/der Kindes/der gedämpft werden.

Wichtige Hilfsmittel der SozialarbeiterInnen sind zu diesem Zeitpunkt zum einem das Beherrschen von *Verhaltensregeln*, die den Respekt gegenüber dem Lebensrhythmus und der Privatsphäre der Klienten sichern, die Intention gleichberechtigter Zusammenarbeit, Interesse und Freundlichkeit signalisieren, aber auch Ruhe und Sicherheit vermitteln. Zu solchen Maßnahmen gehören z.B. die Vereinbarung eines Termins in beiderseitigem Einvernehmen, sich „erst setzen, wen man dazu aufgefordert wird" (ebd., S. 116) und nicht zuletzt das Informieren über den Grund des Erscheinens, statt die Familie zu „überfahren".

2. Konfliktdämpfung und Stärkenorientierung (Stärkenassessment): In der Regel trifft die SozialpädagogIn aufgrund der dysfunktionalen Interaktions- und Kommunikationsstrukturen innerhalb der Familie und der abwehrenden Haltung gegenüber der sich einmischenden Außenwelt (z.B. Nachbarn, der Klassenlehrer, das Jugendamt), auf eine sehr angespannte und konfliktgeladene Atmosphäre. Bei der Beruhigung, der Gewaltdämpfung und der Gestaltung der Situation, in der auch die Abweichung von bisherigen, gewohnten unangemessenen Reaktionsweisen und neue Alternativen erprobt werden müssen, werden (wieder) mit Hilfe z.B. von „Ich-Botschaften" und „Positivem Feedback" hitzige „Ausbrüche von Beteiligten (…) so umformuliert, dass der Kern der Besorgnis, der Enttäuschung und Verletzung, also die dahinterliegenden Verhaltensweisen und die damit verbundenen Gefühle artikuliert werden" (ebd., S. 129).

Nachdem die Probleme erkannt und nach ihrer Dringlichkeit, Intensität, Häufigkeit und Dauer eingestuft und strukturiert worden sind, wird durch eine Situationsanalyse unter Einbeziehung der informellen und formellen Netzwerke versucht, die ursächlichen Bedingungen zu erfassen und herauszufinden, wann das Problemverhalten eingesetzt hat, welche Umgangsformen vorher üblich waren und welche alternativen Konfliktlösungsstrategien denkbar wären. Zum Beispiel können mit Hilfe eines „*Ökogramms*", durch welches die einzelnen Familienmitglieder sich und ihr soziales Umfeld skizzieren, helfende/unterstützende und belastende/stressende Beziehungen und Institutionen unterschieden und Ressourcen und Potentiale zur Konfliktlösung deutlich gemacht werden. Intention des Stärkenassessments ist die „Herstellung von Sicherheit für alle anderen Familienmitglieder über Situationsveränderung und Verhaltenskontrolle" (ebd., S. 131), wobei die gesetzten Ziele gemeinsam erarbeitet werden und Schritt für Schritt realisierbar und überschaubar, d.h. deren Erreichen kontrollierbar sein müssen.

3. Ziele setzen, planen und durchführen: Um den einzelnen Familienmitgliedern das Artikulieren ihrer jeweils individuellen Probleme zu erleichtern setzt FiM z.B. sog. *Wunsch- bzw. Zielkarten* als variierbare Verbalisierungshilfe ein, die vorformulierte Antwortmöglichkeiten enthalten und thematisch alle Lebensbereiche abdecken. Aus diesen unterschiedlichen und evtl. abweichenden Positionen der Beteiligten muss neben individuellen Arbeitszielen ein Konsens, d.h. gemeinsam zu bewältigende Probleme gefiltert werden. „Die Sicherheit und die Abwehr von Gefahr sind zu gewährleisten. Aufgeregtheit und Ärger müssen vermindert werden. Der Eingriff muss so gering wie möglich gehalten werden." (Ebd., S. 137) Die Wochenberichte und Planungsformulare werden an den dem/der Familienarbeiter(in) vorgesetzten Anleiter weitergereicht und gegebenenfalls auch im Team besprochen, wodurch eine Evaluation und Absicherung des/der FiM-Arbeiters(in) gewährleistet wird und ein korrigierendes Einschreiten bei erfolglosem oder zweifelhaften Vorgehen oder Ersatz im Krankheitsfall durch eine(n) andere(n) FiM-Mitarbeiter(in) jeder Zeit aufgrund der Informiertheit möglich ist („Safety-Backup"). Die Umsetzung der Ziele basiert auf einem System der Verhaltenskontrolle mit Regeln, Sanktionierungs- und Belohnungselementen sowie einer transparenten Punktvergabe. Werden (Teil-)Ziele erreicht, so kann die Bewältigung weiterer, nachrangiger Schwierigkeiten in Angriff genommen werden. Hierbei muss fortwährend Motivation und Hoffnung auf Seiten der Familie wie auch dem/der Familienarbeiter(in) erzeugt werden, dass es sich lohnt, für eine gemeinsames Ziel einzutreten.

Weitere Instrumente zur Krisenentschärfung sind beispielsweise das für jede Person individuell zu erarbeitende Krisenthermometer zur Depressionskontrolle und zum Wut-Management, wodurch die unterschiedlichen Stufen bis zum endgültigen Kontrollverlust beschrieben und anhand des Bewusstseins über die Auslöser Kontrolle und Prävention des negativen Verhaltens ermöglicht werden soll. Auch der Einsatz eines Soziodramas/Rollenspiels oder Demonstrationsvideos können ebenso wie direkte Unterweisungen und spezielle Verhaltenstrainings, wobei der/die Familienarbeiter(in) als modellhaftes Vorbild auftritt, zur Kontrolle gefährdeter Situationen beitragen.

4. Beendigung und Evaluation: Die Beendigung der Maßnahme erfolgt nach vier in Ausnahmefällen nach sechs Wochen. „Die letzte Woche im Programm wird eingeleitet, wenn der/die Familienarbeiter(in) und die Familie den Eindruck gewinnen, man habe gemeinsam viel erreicht. Die Kinder sind sicher, auch dann, wenn der/die Familienarbeiter(in) nicht mehr bei der Familie ist." (Ebd., S. 164) Anhand eines Katalogs von Verhaltenszielen bezüglich bestimmter Funktionsbereiche und Alltagskompetenzen wird überprüft, welche zuvor defizitären personalen, interpersonalen und allgemeinen Kompetenzen entwickelt oder verbessert werden konnten. Die Familie als System sollte zur alltäglichen Selbststeuerung befähigt sein, ohne jedoch zukünftig auf jegliche fremde Unterstützung verzichten zu müssen: innerhalb der letzten Woche überlegt der/die Familienarbeiter(in) mit der Familie gemeinsam, welche aufbauenden sozialen Dienstleistungen (z.B. Sozialpädagogische Familienhilfe oder Hausaufgabenhilfe) benötigt werden und leitet diese durch Kontaktaufnahme mit der übernehmenden Einrichtung bereits ein. „Eine auf die Bedürfnisse der Familie zugeschnittene Nachbetreuung" (ebd., S. 170) durch FiM ist ebenfalls Bestandteil des Programms.

Als Element des FiM-Konzepts wird zum einem eine begleitende Selbstevaluation durch die SozialarbeiterInnen unter Beteiligung der Familie integriert, zum anderen eine summative und ergebnisorientierte Reflexion und Auswertung des Programms auf wissenschaftlicher und überregionaler Ebene angestrebt, die die Qualität der erbrachten Dienstleistung gegenüber „Kunde" und Auftraggeber sichern soll. Zum Zwecke der evaluativen Selbstüberprüfung dienen unterschiedliche Instrumente wie die Übernahmeprotokolle, Assessmentbögen, wöchentliche Planungsbögen und Wochenberichtsbögen, das Abschlussinterview mit der Familie, ein monatlicher Feedback-Bericht im Rahmen des Projektmanagements, die halbjährliche und jährliche Nachbefragung der Familie nach Abschluss des Programms usw.

(e) Einschätzung und Kritik: Mit FiM ist seit einigen Jahren eine Methode der Arbeit in Familiensystemen auch in Deutschland ansässig geworden, die aus sozialpädagogischen Kontexten und Interessen heraus entwickelt wurde und zudem sowohl eine vergleichsweise klare Indikation aufweist (Familien in akuten Krisen) wie einen kalkulierbaren, überschaubaren und damit auch kontrollierbareren Handlungsrahmen absteckt (höchstens sechswöchige Intervention). Hervorzuheben ist weiterhin:

- FiM ist als Methode dem Spektrum der lebensweltnahen Handlungsmodelle zuzuordnen (vgl. Galuske/Thole 1999), die im Zuge der Etablierung und Ausbreitung eines lebensweltorientierten Verständnisses von Sozialer Arbeit spätestens seit den 80er Jahren zunehmend an Bedeutung gewinnen. Ihr Merkmal sind Ort- und Problemnähe zu den Klienten, niedrige Zugangsschwellen zu den Angeboten, Klientenpartizipation, alltagsorientierte Vorgehensweise und netzwerk- bzw. gemeinwesenorientierte Handlungsstrategien.

- In der Stärkenorientierung (Empowerment) von FiM spiegelt sich die kritische Abkehr von einem defizitorientierten Interventionsverständnis, dass sein Ziel vorrangig in der Beseitigung individueller Defizite der Klienten auf dem Weg zu ihrer „Normalisierung" sieht. Insofern respektiert FiM den biographischen Eigensinn der Familien ebenso wie ihre gewachsenen und häufig nur bedingt zugänglichen Bewältigungsstrategien.

- Die starke Betonung selbst- und fremdevaluativer Elemente lässt FiM gerade in Zeiten einer betriebswirtschaftlich orientierten Neuorganisation sozialer Dienstleistungen und den damit einhergehenden Forderungen nach Kostentransparenz und Leistungskontrolle als „moderne" Interventionsform erscheinen.

Bedenkt man gerade die in der Arbeit mit Familien über lange Jahre währende methodische Dominanz familientherapeutischer Ansätze, so stellt FiM, wenn auch ausschließlich auf Kurzzeitinterventionen bezogen und zudem auf therapeutische Techniken zurückgreifend, einen Schritt in Richtung auf ein sozialpädagogisch grundiertes Verständnis von Familienarbeit dar.

Skepsis erhebt sich beim wissenschaftlichen Systematiker in Bezug auf den Eklektizismus in Konzeption und methodisch-technischem Instrumentarium. Doch ist (methodischer) Eklektizismus, gerade in der Komplexität sozialpädagogischer Handlungssituationen, wie bereits oben angedeutet, notwendige Handlungsstrategie, insofern es „hier nicht um ein wahlloses Zusammenstellen und Zusammenwürfeln einzelner methodischer Elemente geht, sondern um den Versuch einer geplanten und kontrollierten Kombination und Integration verschiedener Verfahren" (Sickendiek/Engel/Nestmann 1999, S. 119). Diese „Klammer" beabsichtigt FiM mit den oben skizzierten Handlungsmaximen zu setzen.

Hier nun zeigt sich allerdings ein diskussionsbedürftiges Problem, dass schon in Skandinavien und den Niederlanden bei Einführung des Programms kritisch angemerkt wurde, nämlich die zentrale Intention des Erhalts des Familiensystems. Anders ausgedrückt: FiM versucht bei der Erhaltung bzw. Wiederherstellung gefährdeter Familien das überkommene und nicht der Vielfältigkeit moderner Lebensformen entsprechende Bild einer typischen, intakten Kleinfamilie zu reproduzieren. Unzweifelhaft ist die Familie die engste, intimste und bedeutsamste Form menschlicher Gemeinschaft. Nur ist zum einen im Zuge gesellschaftlicher Modernisierung längst nicht mehr klar, was eine „Familie" jenseits ihrer rein rechtlichen Kodifizierung noch ausmacht (vgl. Peuckert 1996). Zum anderen impliziert die zentrale Stellung des Erhalts des Familiensystems, dass FiM auch bei Gewalt- oder Missbrauchsfällen versucht, den Täter nicht aus der Familie auszugrenzen, da letztlich jede familiäre Konstellation, und sei sie auch noch so bedrückend und belastend, besser sei, als der Verlust der Familie bzw. deren Ersatz durch eine inszenierte Gemeinschaft etwa in Form einer Heimunterbringung. Eine solche Sichtweise ist, konsequent zu Ende gedacht, nicht nur rechtlich bedenklich (wie etwa die diversen Gerichtsurteile zur Frage der Eingriffspflicht in der Familienhilfe zeigen, vgl. Mörsberger/Restemeier 1997) und fachlich schwer haltbar, sie nährt auch den Verdacht, dass FiM hier einer (amerikanisch zugespitzten Variante der) Familienideologie aufgesessen ist, die notwendig die Vermeidung von Fremdunterbringung als vorrangiges Erfolgskriterium gelten lassen muss. Die fachliche Weiterentwicklung und Qualifizierung der erzieherischen Hilfen in den letzten Jahrzehnten (vgl. Wolff 1993) scheint im Zusammenhang dieser „Grundsatzentscheidung" keine Rolle zu spielen.[4]

Ein weiteres Problem teilt FiM mit anderen lebensweltnahen methodischen Ansätzen der Sozialen Arbeit (vgl. Galuske/Thole 1999), nämlich die Frage, wie dem unter den Bedingungen zunehmender Lebensweltnähe verschärfte Problem von Hilfe und Kontrolle zu begegnen ist, d.h. dem Umstand, dass die SozialarbeiterInnen nicht nur die „Hilfe" näher an den Klienten bringen, sondern auch die Kontrollanteile (vgl. Kapitel 2). Der Gefahr einer Kolonialisierung der Lebenswelt der Klienten, einer Beschneidung ihrer Autonomie unter dem Banner der Normalisierung, begegnet FiM in erster Linie, in dem sie ein dezidiertes Dienstleistungsverständnis präsentiert und die krisenbelastete Familie von Klienten zu „Kunden" werden lässt. Ohne hier eine Auseinandersetzung mit der Dienstleistungstheorie Sozialer Arbeit führen zu können, muss allerdings danach gefragt werden, ob das Dienstleistungsmodell als normatives Gehäuse von FiM einen reflexiven Umgang mit dem „doppelten Mandat" fördert.[5] Hier sind zumindest Zweifel angebracht, da die Gefahr besteht, dass sich unter dem Deckmantel einer offensiv präsentierten „der Kunde ist König" Ideologie die alten Normalisierungsstrategien im modernen Gewand präsentieren.

Um es an einem kleinen Beispiel zu verdeutlichen: FiM interveniert in stark krisenbelasteten Familien, die von Eingriffsmaßnahmen (Fremdunterbringung der Kinder etc.) bedroht sind. Das unter diesen Bedingungen allein schon die Annahme, betroffene Familien würden die Dienstleistung „FiM" freiwillig in Anspruch nehmen, mehr als naiv sein dürfte, ist offensichtlich. Deshalb räumen Gehrmann/Müller mit „einem anderen falschen Verständnis in der Sozialen Arbeit" auf, „der Ansicht, Kund(innen) müssten freiwillig kommen, damit man mit ihnen fruchtbare Arbeit leisten könne. Diese ‚Freiwilligkeit' ist bei der Hauptklientel, den Kund(inn)en aus der Unterschicht, beinahe nie wirklich vorhanden, jedenfalls nicht in der Jugend- und

---

4 Insofern müssen die oftmals erwähnten „hohen Erfolgsquoten" zumindest mit Vorsicht genossen werden.
5 Um es noch einmal in Erinnerung zu rufen: Das doppelte Mandat Sozialer Arbeit, d.h. die Tatsache, dass sie immer Hilfe und Kontrolle zugleich ist, gehört im Rahmen ihrer sozialstaatlichen Verfasstheit zu den konstitutiven Strukturbedingungen, die sich weder per Akklamation noch sonst eliminieren lassen. Aufgabe methodischer Reflexion wäre folglich nicht die Entwicklung eines „Gegengifts" (dass es unter den gegebenen gesellschaftlichen Strukturbedingungen nicht gibt, was der Suche letztlich eine „alchimistische" Dimension geben würde), sondern die Förderung eines reflexiven Umgangs mit den eigenen Strukturbedingungen, d.h. die Entwicklung eine Form von kontrolliertem und reflektiertem Handeln im Bewusstsein der eigenen „Gefährlichkeit".

Familienhilfe" (Gehrmann/Müller 1998a, S. 201). So begründet die Feststellung von Gehrmann/Müller sein mag, dass Freiwilligkeit der Klienten gerade in diesen Arbeitsfeldern nicht vorausgesetzt werden kann, so sehr steht ein solches Verständnis in der Gefahr, einer alten pädagogischen Attitüde (nämlich im Grunde genommen besser zu Wissen, was „gut" für das Leben der Klienten ist, als diese selbst) Tür und Tor zu öffnen.[5] Um es in einem Bild zuzuspitzen: Man stelle sich vor, der Dienstleister „Frisör" würde seine Kunden nach einem ähnlichen Prinzip akquirieren. Zumindest stellt sich die Frage, ob jenseits jeden unbestrittenen analytischen Gehalts der soziologischen Dienstleistungstheorie, diese normativ gewendete Dienstleistungsmetapher nicht mehr versteckt als offen legt. Zumindest ist das „doppelte Mandat" sozialer Arbeit nicht dadurch at acta zu legen, indem man den Klienten nun Kunden nennt.

Ein weiteres, in der Diskussion vorgetragenes Argument, dass FiM aufgrund ihrer konzeptionell intendierten zeitlichen Begrenzung auf höchstens sechs Wochen per se wenig persönlichkeits- und strukturverändernde Effekte erzielen könne, darf zumindest angezweifelt werden. Nicht nur, dass hier tendenziell (zeitliche) Quantität mit (fachlicher) Qualität der Angebote verwechselt wird, geht dieser Vorwurf an der ausdrücklich auf die Entspannung von akuten Krisen zielenden Intention von FiM vorbei. Das eklektische Methodenrepertoire mit seinen z.T. eher auf kurzfristige Verhaltenskontrolle und -veränderung abzielenden Interventionstechniken weist FiM ebenso wie die kurze Dauer der Hilfsmaßnahme als eine auf akute Krisen anwendbare Methode der Konfliktentspannung aus, die überdies Strukturen schafft und nachfolgender Unterstützung durch andere, aufbauende Leistungen sozialer Dienste den Weg bahnt und die Klienten überhaupt erst „beratungs- oder therapiefähig" (ebd., S. 209) macht.

 Tipp zum Weiterlesen:

Gehrmann, G./Müller, K. D.: Praxis sozialer Arbeit: Familie im Mittelpunkt. Handbuch effektives Krisenmanagement für Familien, Regensburg/Bonn 1998.

---

5 Gehrmann/Müller begegnen dieser Gefahr, indem sie davon ausgehen, dass der amtlich/gesellschaftliche Auftrag allein nicht ausreicht. „Kernstück" des FiM-Prozesses ist es deshalb, sich einen (zweiten) Auftrag mit dem Kunden zu erarbeiten.

21. Erlebnispädagogik

(a) Geschichte: Die Erlebnispädagogik als handlungsorientierte Methode[1] der Erziehungswissenschaft allgemein und der Sozialpädagogik im Speziellen boomt seit spätestens Mitte der 80er Jahre. Folgt man den Vertretern der Erlebnispädagogik, so lassen sich deren Wurzeln allerdings weit in die Geschichte der Pädagogik zurückverfolgen (vgl. Fischer/Ziegenspeck 2000). Als „Urväter" werden insbesondere Jean-Jacques Rousseau und David Henry Thoreau reklamiert, die z.b. nach Auffassung von Heckmair/Michl (1994) für das Primat eines unmittelbaren Umgangs mit der Welt als Lernprinzip stehen und sich damit gegen eine belehrende Form erzieherischen Handelns wenden. „Das unmittelbare Lernen über die Sinne und nicht belehren und unterrichten entspricht der Lebenswelt des Kindes. Wer handelt lernt besser und mehr, und wer gut handelt, wird ein guter Mensch, so die einfache Logik Rousseaus" (Heckmair/Michl 1994, S. 8). Nach Thoreau ist insbesondere die Natur, „die große Erzieherin und Lehrmeisterin" (ebd., S. 9) und der tätige Umgang mit und in der Natur folglich der Königsweg allen erzieherischen Handelns.

Bewegen sich die Beiträge dieser „Klassiker" zur Fundierung der Erlebnispädagogik noch auf einer vergleichsweise allgemeinen Ebene, dass nämlich das Leben und insbesondere das Leben in der Natur der beste Lehrmeister sei, so lassen sich spezifischere Wurzeln der modernen Erlebnispädagogik im Umfeld der bürgerlichen Jugendbewegung und der Reformpädagogik zu Beginn des 20. Jahrhunderts lokalisieren. Was für die Jugendbewegung der Auszug in die Natur in organisierten Gleichaltrigengruppen war, mündete bei den Reformpädagogen, vermittelt über eine Kritik des die Schulpraxis dominierenden belehrenden Unterrichts, in unterschiedlichsten praktischen Alternativen und „Bewegungen" (z.B. Kunsterziehungsbewegung, Landerziehungsheime), deren inhaltliche Ausrichtung man in der hier gebotenen Kürze mit den Begriffen „Erlebnis, Augenblick, Unmittelbarkeit, Gemeinschaft, Natur, Echtheit und Einfachheit" (ebd., S. 17) zusammenfassen kann.

Als eigentlicher Begründer der modernen Erlebnispädagogik kann Kurt Hahn, ein Vertreter der Reformpädagogik, angesehen werden. Sein Denken basiert auf einer (kultur-)kritischen Gegenwartsdiagnose. Nach seiner Auf-

---

1 Innerhalb der Erlebnispädagogik ist es strittig, ob es sich bei ihr um eine Methode oder eine Teildisziplin der Erziehungswissenschaft handelt. Letztere Position wird z.B. von Jörg Ziegenspeck (1992) vertreten. Für diese These spricht allerdings sowohl inhaltlich wie formal wenig, da zur Etablierung einer Teildisziplin auch immer die Verankerung an wissenschaftlichen Hochschulen (z.B. in Form von Lehrstühlen) gehört, die die Erlebnispädagogik bislang kaum erreicht hat. Gängiger ist hingegen, Erlebnispädagogik als Methode zu verstehen (vgl. Heckmair/Michl 1994).

fassung war die Gesellschaft gekennzeichnet durch vier Verfallserscheinungen[2]: den Mangel an menschlicher Anteilnahme; den Mangel an Sorgsamkeit; den Verfall der körperlichen Leistungsfähigkeit und Tauglichkeit; den Mangel an Initiative und Spontaneität.

Um diesen „Krankheiten" der Gesellschaft und der Individuen zu begegnen, entwickelt Kurt Hahn eine „Medizin" in Form der Erlebnistherapie. Sie beruht im Wesentlichen auf zwei Prinzipien: 1. Erleben ist besser als Belehren; 2. Erziehung durch Gemeinschaft (vgl. Sommerfeld 1993, S. 32 f.). Erlebnistherapie soll den genannten „Krankheitssymptomen" entgegenwirken, indem sie sich auf vier Elemente stützt:

- dem Dienst am Nächsten, im Rahmen dessen die Jugendlichen dazu angehalten werden, sozial nützliche Tätigkeiten zu verrichten, die den Einzelnen vor ernsthafte Aufgaben stellen, die aber zugleich die Möglichkeit für erlebnisreiche Erfahrungen eröffnen (z.b. Berg- und Seenotrettung; Küstenwache);
- das körperliche Training, z.B. in Form von (natur-)sportlichen Übungen (z.B. Bergsteigen, Kanufahren, Segeln etc.), die die körperliche Tauglichkeit der Jugendlichen erhöhen sollen;
- die Expedition, d.h. Planung und Realisierung von mehrtägigen Touren in Naturlandschaften;
- das Projekt, bei dem es in Anlehnung an die von Dewy und Kilpatrick entwickelte Projektmethode um ein zeitlich befristetes Vorhaben handwerklicher oder künstlerischer Natur geht, an dessen Ende ein vorab definiertes Produkt steht.

Die Wirksamkeit dieser „Therapie" hängt nach Hahn wesentlich von der Erlebnisqualität der Aktionen ab, d.h. je mehr der Teilnehmer die Aktionen für sich als außergewöhnliches Erlebnis wahrnimmt, desto tief greifender ist die „heilende" Wirkung. Um dieses Konzept umzusetzen gründete Kurt Hahn die „Outward-Bound-Schule", eine Einrichtung, in der Jugendliche vierwöchige Kurse nach dem Muster der Erlebnistherapie absolvieren konnten.

Die Instrumentalisierung kulturkritischer Attitüden und erlebnispädagogischer Elemente durch die Nationalsozialisten mag ein Grund dafür gewesen sein, warum die erlebnispädagogischen Ansätze in der Nachkriegszeit zunächst nicht wieder aufgegriffen wurden. Auch wenn gerade in der verbandlichen Jugendarbeit sehr schnell wieder Elemente wie Fahrten, Fahrradtouren, Lagerfeuer etc. zu beobachten waren, so geschah dies allerdings nicht im Rahmen einer breiten Renaissance der Erlebnispädagogik als methodisches Konzept. Erst ab Anfang der 80er Jahre wurde die Erlebnispädagogik im Kontext einer verstärkten Suche nach handlungsorientierten Ansätzen in der erzieherischen Arbeit neu entdeckt. Auch wenn angesichts der

---

2 Vgl. zum Folgenden Fatke (1993); Ziegenspeck (1992); Heckmair/Michl (1994).

aktuell existierenden Bandbreite an Ansätzen, Angeboten und Trägern erlebnispädagogischer Angebote von einem einheitlichen Ansatz keine Rede mehr sein kann, so lassen sich auch heute bestimmte kulturkritische Argumentationsmuster nicht übersehen.[3] Die in den letzten Jahren angestiegene Menge an einschlägiger Fachliteratur belegt ebenso wie die kaum noch überschaubare Vielzahl an Trägern und Anbietern erlebnispädagogischer Maßnahmen[4], dass die Erlebnispädagogik auch gegenwärtig noch einen Boom erlebt. Heckmair und Michl haben diese Entwicklung ironisierend im Bild des „modischen Sozialarbeiters" verdichtet: „Der modische Sozialarbeiter hat vor zehn Jahren eine Ausbildung als Gestalttherapeut begonnen, selbstverständlich ganzheitlich gedacht, seine Weltreise unternommen, denn man lebt ja nur einmal, ist vom ganzheitlichen ins systemische Denklager übergewechselt, hat mit Begeisterung und Pathos der Reihe nach den Papalagi von E. Scheuermann gelesen – dem späteren Hofdichter Hitlers –, die eigentlich niemals gehaltene Rede des Häuptling Seattle, die Lehren und Lügen des Don Juan von Carlos Castaneda und ist heute ein überzeugter Anhänger der Erlebnispädagogik." (Heckmair/Michl 1994, S. 208 f.)

(b) Begriff und Merkmale: Im Zuge des erlebnispädagogischen Booms ist eine Definition des Begriffs Erlebnispädagogik aus drei Gründen nicht eben einfacher geworden. Zum einen existieren mittlerweile eine Reihe von Begriffen, die z.T. synonym z.T. konkurrierend genutzt werden wie z.B. Reisepädagogik, Abenteuerpädagogik oder Aktionspädagogik[5]. Zum anderen ist innerhalb der erlebnispädagogischen Diskussion zumindest an einigen Stellen eine Tendenz zur Entgrenzung zu beobachten, wonach jedes Lernen in Lebenszusammenhängen bzw. jedes handlungsorientierte Lernarrangement als Erlebnispädagogik bezeichnet wird.[6] Darüber hinaus hat sich in den letzten Jahren eine Ausdifferenzierung der Angebotspalette vollzogen, die eine griffige Definition erschwert. So finden sich einerseits Kurzzeitmaßnahmen von wenigen Tagen, andererseits aber auch langfristige Projekte wie etwa mehrmonatige Segeltouren oder Stand- bzw. Reiseprojekte für Jugendliche

---

3 So zeichnet etwa Ziegenspeck zur Begründung der Notwendigkeit erlebnispädagogischer Ansätze ein Bild der gegenwärtigen Gesellschaft, das sich wie eine Ansammlung von (populären) Defiziten und „Krankheitssymptomen" liest: Perspektivlosigkeit und Zukunftsangst, Reizüberflutung, Passivität, Verrechtlichung und Bürokratisierung, Mangel an abenteuerlichen Tätigkeiten und Spielen, Aufeinanderprallen von Über- und Unterforderung, von Reizüberflutung und Erlebnisarmut etc. Ziegenspeck resümiert: „Dieser alarmierende Zustand und noch mehr die vorhersehbaren Entwicklungen zeigen deutlich, wie gering die gegensteuernden Kräfte der Jugendhilfe ausgebildet sind; in ihrer gegenwärtigen Verfassung stehen der Jugendarbeit nur sehr begrenzte Hilfsmittel zur Verfügung, die kaum ausreichen würden, um bei den hier angedeuteten Problemen Abhilfe zu schaffen." (Ziegenspeck 1992, S. 120)
4 Vgl. dazu Ziegenspeck (1992); Heckmair/Michl (1994).
5 Vgl. zur Kritik dieser Begriffe Heckmair/Michl (1994, S. 65).
6 Heckmair/Michl (1994) betonen hier zu Recht, dass Erlebnispädagogik nur eine handlungsorientierte Methode neben anderen ist. Auch Fatke hebt hervor: „Dem Konzept der Erlebnispädagogik wird aber kein hilfreicher Dienst erwiesen, wenn es in diese Allgemeinheit und Ungenauigkeit hinein aufgelöst wird." (Fatke 1993, S. 36)

im Ausland. Zudem haben sich die Aktionsräume von vormals ausschließlich naturbezogen mittlerweile auch in städtische Gebiete verlagert.[7]

Die folgende Definition versucht die genannten Probleme zu berücksichtigen:

❗ „Erlebnispädagogik ist eine Methode, die Personen und Gruppen zum Handeln bringt mit allen Implikationen und Konsequenzen bei möglichst hoher Echtheit von Aufgabe und Situation in einem Umfeld, das experimentierendes Handeln erlaubt, sicher ist und den notwendigen Ernstcharakter besitzt." (Hufenus 1993, S. 86)

Aus diesen Definitionen lassen sich mehrere Merkmale ableiten, die für die Erlebnispädagogik charakteristisch sind:

- *Handlungsorientierung und Ganzheitlichkeit*: Im Zentrum des Lernprozesses steht die tätige Auseinandersetzung mit einem Raum bzw. einer Aufgabe. Die Planung und Realisierung einer Wildnis-Tour, einer Kanufahrt in unbewohntem Gelände, die Überquerung eines Flusslaufes, die Besteigung eines Berggipfels, immer geht es um eine Aufgabe, die von den Teilnehmerinnen Handeln erfordert. Die Akzentuierung auf den Handlungsbegriff ist nicht zuletzt als bewusste Abgrenzung von rein theoretischen Lernarrangements zu verstehen. In diesem Zusammenhang ist der Begriff der Ganzheitlichkeit zurzeit (mal wieder) in Mode und wird auch von VertreterInnen der Erlebnispädagogik in Anspruch genommen. Ganzheitliche Gestaltung von Lernarrangements meint, dass im Rahmen des Lernprozesses alle Sinne, d.h. „Körper, Seele und Geist" (Hufenus 1993, S. 86) angesprochen werden sollen und mithin neben kognitiven auch sensomotorische und affektive Lerndimensionen zu berücksichtigen sind.
- *Lernen in Situationen mit Ernstcharakter*: Von besonderer Bedeutung für das Setting erlebnispädagogischer Angebote ist der Ernstcharakter der Situation. Das heißt, es müssen solche Lernsituationen gefunden werden, die quasi für sich selbst sprechen, deren Charakter so beschaffen ist, dass Aufgaben und Anforderungsstruktur sich quasi natürlich als Sachzwang der Situation ergeben. „Zur Charakteristik von erlebnispädagogischen Aktivitäten gehört neben dem Verbund von Aktion, Spiel, Übung, Projekt u.a. die physische, psychische und kognitive Auseinandersetzung mit der Natur, die Erschließung von Erlebnis- und Lernräumen, und damit ist eine gewisse Ernstsituation verbunden, in der spielerische Ansätze und Übungen vorübergehend keinen Platz haben." (Heckmair/Michl 1994, S. 166) Zugespitzt könnte man formulieren, dass die ideale erlebnispädagogische Lernsituation jene ist, in der sich Lernprozesse aus den Sachzwängen der Gegebenheiten notwendig und zwangsläufig entwickeln, in der die Unmittelbarkeit des Feedbacks und Sicht- und Spürbarkeit der Wirkungen Lern-

---

7 Vgl. zum Konzept des City-Bound Eichinger (1995).

prozesse unmittelbar befördern (vgl. Hufenus 1993, S. 86). Daraus folgert Brenner zu Recht: „Das erlebnispädagogische Handlungsarrangement stellt sozusagen eine scheinbar apersonale erzieherische Struktur dar, die Verhaltensänderungen in Form eines prozeduralen Zugzwangs durchsetzen soll, ohne dass der Pädagoge oder die Pädagogin persönlich involviert wird. Nicht mehr der Pädagoge, sondern die Lebenssituation sanktioniert." (Brenner 1993, S. 433) Der Ernstcharakter wird „dort am ehesten erfahrbar, wo es um die Befriedigung elementarer Lebensbedürfnisse (Nahrung, Wasser, Schlaf, physische Sicherheit, Zugehörigkeit, Einflussmöglichkeiten) geht" (Reiners 1995, S. 57).

- *Gruppe als Lerngemeinschaft*: Erlebnispädagogik konkretisiert sich überwiegend als gruppenpädagogisches Angebot. Diese Präferenz verweist auf die der Erlebnispädagogik immanenten sozialen Lernzieldimensionen, d.h. Erlebnispädagogik zielt u.a. auf die Förderung von sozialen Kompetenzen und Kooperationsfähigkeit durch das Arrangement von Lernsituationen, die sinnlich verdeutlichen, dass Zusammenarbeit notwendig ist. Oder an einem Beispiel gesprochen: „Gut zusammenarbeitende Bootsinsassen haben die Chance, in einem Wir-Gefühl eine echte Gemeinschaftsleistung zu erleben." (Heckmaier/Michl 1994, S. 72) Noch einmal anders formuliert: „Die Gruppe ist Mittelpunkt und Zentrifuge der alltäglichen Probleme: Sie bietet Geborgenheit und Diskussionsstoff, sie verteilt Rollen und Positionen, sie ist Ort der Reflexion und Planung. Aufwühlende Erlebnisse können hier aufgearbeitet oder ausgeglichen werden." (Ebd., S. 147)

- *Erlebnischarakter*: Handlungsorientierung, Situationen mit Ernstcharakter und Gruppe als Lerngemeinschaft ließen sich als Prinzipien auch in alltäglichen Situationen konstruieren, wenn beispielsweise eine Jugendwohngemeinschaft mit einem begrenzten Etat gemeinsam die Gruppenräume zu renovieren beabsichtigt. Für die Erlebnispädagogik kommt konstitutiv hinzu, dass die Lernsituationen einen außergewöhnlichen Charakter besitzen müssen und *Grenzerfahrungen* ermöglichen. Erlebnispädagogik ist angewiesen auf „vielfältige, nicht alltägliche, reale und ernsthafte Situationen mit Grenzerfahrungsmöglichkeiten" (Reiners 1995, S. 29). Mit solchen außerordentlichen und ungewöhnlichen Situationen erhöht sich die Chance, dass aus einem Ereignis ein inneres, bewegendes und nachhaltig wirkendes Erlebnis wird. Erlebnispädagogik vollzieht sich demnach notwendig in Distanz zum Alltag.

- *Pädagogisches Arrangement:* Eine erlebnisträchtige Situation wird erst durch ihre pädagogische Instrumentalisierung zu einem erlebnispädagogischen Arrangement. Dazu gehört einerseits die gezielte und absichtsvolle Planung und Realisierung von Angeboten, andererseits aber auch die Beteiligung von erlebnispädagogisch geschultem Personal.

(c) Ziele, Zielgruppen und Einsatzfelder: Erlebnispädagogik wird erst dadurch zu einer pädagogischen Methode, wenn sie in erzieherischer Absicht

eingesetzt, geplant und vollzogen wird. Damit stellt sich die Frage der Zielsetzung, derer man in der erlebnispädagogischen Literatur nicht gerade wenig findet und die häufig von hohem Allgemeinheitsgrad sind. Unterscheiden lassen sich die Lernziele hinsichtlich der Dimensionen sachlich, individuell, sozial und ökologisch. Sachliche Lernziele beziehen sich direkt auf den Erwerb von fachlichen Kompetenzen, z.b. Techniken in (Extrem-) Sportarten, Segeln etc. Auf das Subjekt bezogene Lernziele stehen im Zentrum der Erlebnispädagogik.[8] Dazu gehören u.a. Selbständigkeit und Entscheidungsfähigkeit erlangen, eigene Grenzen und Ressourcen entdecken, fördern bzw. abbauen, Gefühle wahrnehmen, ausdrücken und damit umgehen lernen, Selbstbewusstsein steigern, Ausdauer, Durchhaltewillen und Kontinuität üben usw. Die sozialen Lernzieldimensionen thematisieren alle Fähigkeiten der TeilnehmerIn, sich in Gruppenzusammenhänge zu integrieren wie z.b. Rollenverhalten wahrnehmen und einüben, kooperatives Handeln trainieren usw. Die ökologische Lernzieldimension hat in den letzten Jahren an Bedeutung gewonnen. Hier geht es z.b. um die sinnliche Wahrnehmung und Entdeckung ökologischer Zusammenhänge, der Einübung umweltschonenden Verhaltens usw.

Da es sich bei diesen, hier nur angedeuteten Zielen erlebnispädagogischen Handelns um hochgradig allgemeine Zieldimensionen handelt, ist es wenig erstaunlich, dass sich das Spektrum der Zielgruppen von entsprechenden Angeboten gerade in der seit den 80er Jahren beobachtbaren Boomphase erheblich ausgedehnt hat. Sie umfasst „Schüler, Familien, Frauengruppen, Mitarbeiter von Institutionen, Manager, religiöse Gruppierungen, alte Menschen, Problemjugendliche, Drogenabhängige, Alkoholiker, Invaliden, Arbeitslose, psychisch Kranke, chronisch bzw. unheilbar Kranke, straffällige Erwachsene, sexuell Missbrauchte" (Hufenus 1993, S. 88).[9] Für die Soziale Arbeit ist festzuhalten, dass Erlebnispädagogik gerade in den letzten Jahren an Bedeutung gewonnen hat und zwar sowohl in der Jugendarbeit wie auch im Bereich der erzieherischen Hilfen und in anderen Arbeitsfeldern mit benachteiligten Jugendlichen und Randgruppen (vgl. Nickolai u.a. 1991). Gerade im Rahmen der erzieherischen Hilfen haben längerfristige Segel- oder Reiseprojekte mittlerweile das Image von „finalen Rettungskonzepten" (vgl. Stüwe 1996, S. 168) erreicht, die dann anzuwenden sind, wenn keine andere Betreuungsform mehr zur Verfügung steht.

---

8 So betonen Heckmaier/Michl: „Charakterbildung und Ausformung der Persönlichkeit galten schon immer als die wichtigsten Ziele der Erlebnispädagogik" (Heckmaier/ Michl 1994, S. 74). Vgl. zu den Zielen von Erlebnispädagogik auch Hufenus (1993, S. 88).
9 Veranschaulichen lässt sich die Bandbreite der Zielgruppe auch am Beispiel einer Veranstaltungsankündigung im Nachrichtenmagazin „Der Spiegel" (19/1996, S. 246). Dort bietet ein Institut für Pädagogische Psychologie ein erlebnispädagogisches Angebot unter dem Titel „Lernort Segelschiff – Teamtraining für Manager, Schwererziehbare und andere Problemgruppen" an.

(d) Medien und Modelle: Fragt man nun nach konkreten Angebotsformen, so dominieren trotz City Bound, d.h. dem Versuch, Erlebnisräume in städtischen Gebieten zu eröffnen, immer noch weitgehend Natursportarten, wobei diese als Mittel oder Medien verstanden und bezeichnet werden. Zu den häufigsten Angeboten gehören z.b.:

- Bergwandern
- Klettern und Abseilen
- Skitouren
- Höhlenbegehungen
- Kajakfahren oder Kanutouren
- Schlauchbootfahrten/Rafting
- Fahrradtouren
- (Kutter-)Segeln
- Solo[10].

Gemeinsam haben alle diese Angebotsformen, wie oben beschrieben, dass sie notwendig in Distanz zum Alltag realisiert werden (müssen). Einer der zentralen Kritikpunkte an der Erlebnispädagogik knüpft genau hier an und thematisiert das so genannte Transferproblem. In der Distanz zum Alltag liegen sowohl Chance wie auch Grenzen: „Die Chance, dass hier im besonderen Feld Erfahrungen möglich werden, die in den Verstrickungen des Alltags nicht möglich sind, geht einher mit der Gefahr, dass diese Erfahrungen nicht mehr zurückgebunden werden in den Alltag" (Thiersch 1995, S. 107). Erlebnispädagogik, so der Vorwurf, lebt mit der unbewiesenen Unterstellung, dass evtl. vollzogene Lernerfahrungen auf der Insel des Erlebnisses bruchlos in den Alltag integriert werden. Die erlebnispädagogische Diskussion hat diesen Vorwurf im Rahmen der Modelldiskussion aufgegriffen. Nach Reiners (1995) und Heckmaier/Michl (1994) lassen sich drei Modelle unterscheiden:

(1) „The Moutains Speak for Themselves"-Modell: Dieses Modell vertraut voll und ganz dem Sachzwang der Situation. Die Situation steht für sich selbst, ist in sich so strukturiert, dass die Lernerträge notwendige Folge des Handelns sind. Der Pädagoge ist folglich zurückhaltend, führt in die Situation ein, stellt Aufgaben und überlässt die Teilnehmer sich selbst in ihrer Situation.

(2) „Outward Bound Plus"-Modell: Unter anderem aufgrund der oben skizzierten Kritik wurde das „Outward Bound Plus"-Modell entwickelt, das im Wesentlichen auf dem oben beschriebenen Modell beruht, allerdings eine anschließende Reflexion vorsieht, die im Sinne der vorab festgelegten Lern-

---

10 Als Solo bezeichnet man in Abgrenzung zu den ansonsten gruppenorientierten Angeboten Einzelaktivitäten (z.b. eine allein geplante und realisierte Wanderung), die als bewusste kontemplative Phasen im Rahmen eines Kurses eingesetzt werden können.

ziele die Lernerträge der Situation nochmals reflexiv zu verdichten beabsichtigt.

(3) Metaphorisches Modell: Das Outward-Bound-Plus-Modell unterlag u.a. der Kritik, dass Erlebnispädagogik sich mit der Verschiebung hin zur Reflexion zu einer konventionellen therapeutischen Methode entwickelt (vgl. Reiners 1995, S. 61 f.). Um Reflexion zu befördern, gleichzeitig aber die Erfahrungen und Erlebnisse nicht zu zerreden bzw. zu überfrachten, wurde das metaphorische Modell entwickelt, dessen Kern darauf abzielt, die Lernsituation „möglichst isomorph (ähnlich) zur Lebensrealität" (Reiners 1995, S. 62) auszugestalten. Hilfsmittel hierbei sind unter anderem Beispiele, Geschichten und Metaphern, die die Lernrichtung der TeilnehmerInnen beeinflussen sollen.

Das folgende Beispiel dient der Verdeutlichung der Unterschiede zwischen diesen Modellen:

„Es handelt sich hierbei um eine circa vier Meter hohe Holzwand, die die gesamte Gruppe ohne andere Hilfsmittel überwinden muss. Wer über die Wand ... geklettert ist, kann nur von ‚oben' helfen, darf aber nicht mehr zur ursprünglichen Seite zurückkehren. (...)
Ein Vertreter des ‚The Mountains Speak for Themselves'-Modells würde seine Gruppe über die Regeln und Sicherheitsstandards informieren und dann die Gruppe sich selbst überlassen. Danach wäre wenig formale Diskussion, die Teilnehmer würden sich aber eventuell informell unterhalten.
Ein Outward Bound Plus Betreuer würde sich bis zum Abschluss der Aktivität genauso verhalten. Danach jedoch würde sich die Gruppe formal treffen und unter Anleitung des Teamers gemeinsam überlegen, was sie durch die Übung gelernt haben. (...)
Im metaphorischen Modell würde der Betreuer neben den Sicherheitsregeln und der Beschreibung noch einige kurze Sätze als Einführung sagen: ‚Die meisten Gruppen lösen diese Aufgabe in einer ganz bestimmten Art und Weise. Zu Beginn wird viel geredet und eine Menge Vorschläge gemacht. Nach einiger Zeit fangen einige dominante männliche Teilnehmer einfach an und befördern ein paar Leute auf den Wandrücken, um danach die Frauen wie Säcke hinüberzuwerfen. Die gleiche Gruppe dominanter Männer beschließt, wie die Letzten über die Wand gebracht werden sollen. In der anschließenden Diskussion, stimmen alle darin überein, dass der Führungsstil irgendwie sexistisch war und dazu gibt es dann auch die unterschiedlichsten Gefühle. Es gibt aber auch andere Wege, die ‚Wand' zu lösen. Andere Gruppen haben dies bereits geschafft und ich hoffe, dass ihr auch eine andere Lösung finden werdet.' Diese Einführung verwandelt die Holzwand, die überwunden werden muss, in eine Lernerfahrung, bei der Führungsstile getestet, untersucht und aufgedeckt werden können. Die metaphorische Bedeutung der Übung ist bereits vor der Durchführung klar. Die Teilnehmer werden dazu motiviert, sich auf nicht-sexistische Führungsstile zu konzen-

trieren, das Bewusstsein dafür wird nicht erst in der Nachbereitungsphase geweckt. Hier wird lediglich gesprochen, wie auf die Metapher reagiert wurde." (Reiners 1995, S. 62 ff.)

(e) Einschätzung und Diskussion: Insbesondere längerfristige Stand-, Reise- und Segelprojekte sind in den letzten Jahren in der Öffentlichkeit kontrovers diskutiert worden. Dies belegen etwa Artikel im Nachrichtenmagazin „Der Spiegel" mit Titeln wie „Straßenbau und Prügel" (3/1997, S. 48 ff.) oder „Kamelritt ins Glück" (36/1996, S. 142 ff.), in denen auf Missstände und Probleme in entsprechenden Maßnahmen hingewiesen wird. Aus fachlicher Sicht sind diese Kritiken allerdings eher problematisch, da sie überwiegend alltagsweltliche Vorbehalte gegenüber entsprechenden Angeboten nähren.[11] Bedenkenswert ist allerdings der Hinweis, dass angesichts der expansiven Dynamik des Marktes für erlebnispädagogische Angebote Qualitätskontrollen dringend geboten sind, da gerade private Anbieter hier oft weniger auf Fachlichkeit und Qualität der Hilfe bedacht sind, als auf Kostenminimierung und Gewinnmaximierung.

Auch in der einschlägigen Fachdiskussion sind einige Kritikpunkte vorgetragen worden.

(1) Zentral ist etwa der Einwand, dass sich Erlebnisse nicht pädagogisieren lassen (vgl. Oelkers 1992). So weist auch Thiersch im Anschluss an Simmel darauf hin, „dass das Abenteuer nicht durch die Struktur von Ereignissen einfach gleichsam objektiv gegeben, sondern eine Form des Erlebens ist" (Thiersch 1995, S. 3). Erleben ist eine subjektive Kategorie, d.h. ein bestimmtes Ereignis wird zum Erlebnis nur durch den Filter der subjektiven Wahrnehmung, die wiederum geformt ist im Brennglas von Entwicklungsprozessen und Umwelterfahrungen. Praktisch gesprochen: Ob jemand die Überquerung einer Schlucht als tief greifendes und förderndes Erlebnis wahrnimmt, als verunsichernde Überforderung oder als zwar spaßige, letztlich aber belanglose sportliche Übung, ist vorab nicht zu bestimmen. Auch wenn dieser Einwand angesichts des generellen Technologiedefizits pädagogischen Handelns an Kraft verliert (vgl. Kapitel 3), so dürfte er doch dazu beitragen, die teils euphorische Sachzwangideologie zu verunsichern, die davon ausgeht, dass die Situation mit ihrem Aufforderungscharakter für sich selbst spricht und keiner Einbettung in reflexive und kommunikative Prozesse bedarf. Wenn Erlebnispädagogik als „Pädagogik der Hand" gegen eine „Pädagogik des Wortes" ausgespielt wird, dann besteht allerdings die Gefahr der Beliebigkeit von „Lernerträgen". Mehr noch: Gerd Brenner hebt hervor, dass der Verzicht auf kommunikative Formen des pädagogischen Bezugs zu Gunsten einer Ideologie des situativen Sachzwangs emanzipatorische Lernziele aus dem Blick geraten lässt. Es geht dann eher darum, „die

---

11 So heißt es etwa in einem dieser Artikel: „Wenn Pauschalurlauber auf Gomera vom Ufer aus zusehen müssen, wie deutsche Crash-Kids auf einer Jacht vorbeirauschen, dann wirft das bei den zahlenden Touristen die Frage auf, ob Verbrechen sich nicht doch lohnt" (Der Spiegel 36/1996, S. 143).

Plausibilität von Anpassungsleistungen sinnfällig nachzuweisen" (Brenner 1993, S. 433). In diesem Sinne ist Heckmair/Michl zuzustimmen: „Erleben und reden muss die Devise lauten und wenn die Jugendlichen der Überzeugung sind, dass durch das Klettern, Segeln, Radfahren neue Dimensionen des Lernens für sie erschlossen werden, dann beginnt mit der Pause, der Entspannung, ja oft mit dem Ende der kurzzeitpädagogischen Aktivität der wichtigere Teil des pädagogischen Auftrages." (Heckmair/Michl 1994, S. 164)

(2) Ein weiteres Argument bezieht sich auf den geschlechtsspezifisch einseitigen Akzent der Erlebnispädagogik, die bislang eher männlichen Bedürfnissen nach Aktion, Abenteuer, Austesten der Leistungsgrenzen, Natur- und Extremsport entspricht, da Frauen z.b. ein anderes Verhältnis zu ihrem Körper und damit zu körperlichen Herausforderungen, aber auch zu (sozialen) Räumen haben.[12] „Die Konzepte der Erlebnispädagogik nehmen den Mann als Norm, ohne sich dies zuzugestehen und auszusprechen. Diese Konzepte werden nach außen hin geschlechtsneutral und geschlechtsunspezifisch formuliert und weitergegeben" (Lindenthal 1993, S. 53). Um dieses Defizit zu überwinden werden verschiedene Vorschläge gemacht, z.B. hinsichtlich der Arbeit mit geschlechtshomogenen Gruppen, der Thematisierung von (Geschlechts-)Rollen innerhalb geschlechtsheterogener Gruppen, der angemessenen Risikodosierung sowie der Erschließung neuer Inhalte speziell für Mädchen und Frauen (vgl. Rose o.J.).

(3) Ein gravierender Einwand bezieht sich insbesondere auf Langzeitprojekte (z.B. auf Segelschiffen), die sich häufig als „totale Institutionen" erweisen. So konnte Peter Sommerfeld (1993) in einer Untersuchung von Schiffsprojekten, die häufig als Alternative zur geschlossenen Unterbringung diskutiert und genutzt werden, nachweisen, dass die soziale Dynamik „an Bord" durch eindeutig hierarchische Machtverteilung zugunsten der Leiter und Erzieher sowie mangelnde Kooperation und Kommunikation gekennzeichnet waren. Fatke resümiert: „Sehr vielen erlebnispädagogischen Maßnahmen haften Kennzeichen einer ‚totalen Institution' an, wie sie von E. Goffman beschrieben worden sind. (...) Für den mehrmonatigen Segeltörn trifft dies genauso zu wie für manche anderen erlebnispädagogischen Unternehmungen. Goffman hat vor allem auf die depersonalisierenden Tendenzen hingewiesen, die in einer solchen Situation wirksam sind. Eine Gruppensolidarität, die nur aus dem Zwang zur Unterwerfung unter Gruppennormen entstehe, ist eben nur eine scheinbare Solidarität. Außerdem engt der gegebene Zwang die Möglichkeiten einer Entwicklung zur Autonomie sehr stark ein, so dass eines der wichtigsten Ziele erlebnispädagogischer Maßnahmen, nämlich die Förderung von Selbständigkeit und Eigenverantwortlichkeit, in dem gegebenen Rahmen kaum zu realisieren ist." (Fatke 1993, S. 45)

---

12 Vgl. Rose (o.J.); Lindenthal (1993); Reiners (1995).

(4) Als Letztes sei nochmals auf das zentrale Problem des Transfers der Lernerfahrungen verwiesen, das auch durch die oben beschriebenen Modelle nicht aus der Welt geschafft ist. Das Transferproblem resultiert aus dem Umstand, dass erlebnispädagogische Settings mit ihrer bewusst gewählten Alltagsdistanz strukturell eher therapeutischen Situationen ähneln als einer alltagsorientierten Sozialpädagogik (vgl. Kapitel 9). Mit dem Hinweis auf das alltagsferne Hilfesetting ist nicht gesagt, dass dort nicht gelernt würde und dass per se keine Erträge für den Alltag entstehen. Gleichwohl verlässt sich Erlebnispädagogik auf die Tiefe und Kraft des Erlebnisses, ohne den Transfer in den Alltag, der oft durch eine Vielzahl ganz banaler Probleme dominiert wird, zu begleiten. Fatke (1993) hat hieraus zu Recht den Schluss gezogen, dass Erlebnispädagogik Sinn macht, wenn sie eingebunden ist in ein alltagsnahes Netz an Unterstützungsleistungen.

Die Fülle der Publikationen und damit auch die Breite der Diskussion um die Erlebnispädagogik können als Indizien für die Attraktivität und das Chancenpotential entsprechender Angebote gewertet werden. Die vorgetragenen Kritikpunkte sind in erster Linie als Hinweise auf evtl. Schwachstellen bzw. zu berücksichtigende Faktoren auf der Ebene konkreter Angebotsplanung und Konzeptbildung zu verstehen. In diesem Sinne ist dem Fazit Thierschs zuzustimmen: „Abenteuerpädagogik ... ist ein Moment von Pädagogik neben anderen. Dass sie sich selbst so, als nur ein Moment, versteht – allen in ihr angelegten anspruchlichen Intentionen zuwiderlaufend – ist eine elementare Voraussetzung dafür, dass sie die in ihr liegenden Möglichkeiten nutzen kann, ohne sie durch falsche Ansprüche an sich selbst und falsche Ansprüche von außen zu behindern" (Thiersch 1995, S. 114).

 Tipps zum Weiterlesen:

Fischer, T./Ziegenspeck, J. W.: Handbuch Erlebnispädagogik. Von den Ursprüngen bis zur Gegenwart, Bad Heilbrunn/Obb. 2000.

Heckmair, B./Michl, W.: Erleben und Lernen. Einstieg in die Erlebnispädagogik, Neuwied ²1994.

Homfeldt, H.-G. (Hrsg): Erlebnispädagogik, Baltmannsweiler 1993.

22. Themenzentrierte Interaktion

(a) Geschichte: Die Themenzentrierte Interaktion – im Folgenden kurz TZI genannt – ist eine Methode, die in der pädagogischen Arbeit mit Gruppen erhebliche Popularität erlangt hat. Sie wurde von Ruth Cohn ab den 50er Jahren in den USA entwickelt. 1966 gründete Cohn zusammen mit anderen Kollegen das Ausbildungs- und Praxisinstitut WILL (Workshop Institute for Living-Learning) in New York. 1972 erfolgte die Gründung von WILL-Europa.

Nach Auffassung von Cohn ist die TZI an der Schnittstelle von Pädagogik und Therapie angesiedelt. In anekdotischer Form betont Cohn Mitte der 70er Jahre, dass sie TZI zu Beginn primär als pädagogische Methode verstand: „Vor vielen Jahren sagte mir Bonnie Strickland, eine junge Kollegin in Atlanta, Georgia, sie habe TZI nie anders denn als Therapie aufgefasst. Es sei ihr unverständlich, dass ich es nicht dafür hielte. Damals nannte ich ihr meine Gründe, weshalb ihre Ansicht nicht stichhaltig sei: Die Methode gehe nicht ins Anamnestische, löse nicht alte Bindungen und Verstrickungen auf und sei weder auf Themen der Selbsterfahrung konzentriert, noch auf die emotional korrektive Erfahrung zwischen Therapeut und Patient; sie gehe Störungen nur so weit an, wie es für den Verlauf der Arbeitsgruppe notwendig sei ... Seitdem habe ich mich durch unzählige Menschen meiner eigenen Gruppen und denen von Kollegen ... überzeugt, dass TZI nicht nur eine Methode lebendigen Lernens und lebendiger Kommunikation ist, sondern therapeutische Effektivität hat und nachhaltige Veränderungen zustande bringt." (Cohn 1975, S. 177 f.) Auch wenn TZI nach Auffassung von Cohn therapeutische Effekte erzielen kann, so ist sie doch nicht mit herkömmlichen Ansätzen therapeutischen Arbeitens zu vergleichen, denn „ihr pädagogisch-therapeutisches Konzept bezieht sich nicht auf eigentliche Krankheiten, sondern eher auf temporäre Verstörtheiten und auf Prävention. TZI ist nicht eine ‚Tiefen-‘, sondern eine ‚Breitentherapie‘, die wachstumsfördernde und heilende Kräfte sowohl im einzelnen Menschen als auch in der Gesellschaft anzuregen vermag" (Matzdorf/Cohn 1992, S. 40).[1]

Das dezidiert pädagogische (Selbst-)Verständnis sowie die Tatsache, dass die TZI ein geschlossenes Konzept bietet, das von der ethischen Rahmung bis zur technischen Ausführung reicht und vergleichsweise praktisch rezi-

---

[1] Ruth Cohns Verständnis von Pädagogik ist, wenn auch originell, so doch diskussionsbedürftig. Sie grenzt Pädagogik und Therapie wie folgt ab: „Pädagogik ist die Kunst, Therapien antizipierend zu ersetzen. Therapie ist nachträgliche Pädagogik" (Cohn 1975, S. 176). Ganz abgesehen davon, ob Pädagogik als Kunst zu verstehen ist, bleibt fraglich, ob die Negativabgrenzung der Vermeidung von therapeutischer Hilfsbedürftigkeit als Zielkategorie erzieherischen Handelns hinreichend ist.

Themenzentrierte Interaktion 253

pierbar ist, dürften Hintergründe für die weite Verbreitung auch und gerade in Handlungsfeldern der Sozialen Arbeit darstellen (vgl. Hohenacker/Dantscher/Cohn 1981).

(b) Konzept und Begriff: Die TZI ist der Tradition der humanistischen Psychologie verpflichtet, die sich als „dritte Kraft" neben der Psychoanalyse und der Verhaltenstherapie versteht und im Wesentlichen durch eine ganzheitliche Betrachtung des Menschen in seinen Dimensionen Kopf, Herz, Hand gekennzeichnet ist.[2] Die humanistische Grundhaltung der TZI verdichtet sich insbesondere in den so genannten Axiomen, die als eine Art ethische Fundierung der Methode begriffen werden können. In ihnen drückt sich das Welt- und Menschenbild der TZI aus. Grundlegend sind drei Axiome:

„1. Der Mensch ist eine psycho-biologische Einheit. Er ist auch Teil des Universums. Er ist darum autonom und interdependent. Autonomie (Eigenständigkeit) wächst mit dem Bewusstsein der Interdependenz (Allverbundenheit). (...)

2. Ehrfurcht gebührt allem Lebendigen und seinem Wachstum. Respekt vor dem Wachstum bedingt bewertende Entscheidungen. Das Humane ist wertvoll; Inhumanes ist wertbedrohend.

3. Freie Entscheidung geschieht innerhalb bedingender innerer und äußerer Grenzen. Erweiterung dieser Grenzen ist möglich." (Cohn 1975, S. 120)

Das erste Axiom, auch existentiell-anthropologisches Axiom genannt, thematisiert die wechselseitige Verflechtung von Individuum, Umwelt und Kosmos. Eine dem Menschen gerecht werdende pädagogisch-therapeutische Intervention muss in diesem Sinne den physischen, den emotionalen und den intellektuellen Bedürfnissen von Menschen gerecht werden. Die Entwicklung des Individuums vollzieht sich aber nicht autonom, sondern in Interaktion mit der Umwelt, mit Freunden, der Familie, der Berufswelt, gesellschaftlichen Setzungen usw. Diese Interdependenzen von Subjekt und Umwelt gehören nach Ruth Cohn in den Reflexionskontext pädagogisch-therapeutischen Handelns. Das zweite, ethisch-soziale Axiom, definiert die Achtung vor dem Leben als zentralen Grundsatz der TZI. Sie ist zunächst einmal – wie bei ethischen Prinzipien üblich – eine Wertsetzung, die das Primat alles Lebendigen in den Mittelpunkt pädagogisch-therapeutischen Interesses rückt. Das dritte, pragmatisch-politisch genannte Axiom, bezieht das Ziel freier Entscheidungen auf den Möglichkeitshorizont von inneren und äußeren Rahmenbedingungen. „Unser Maß an Freiheit ist, wenn wir gesund, intelligent, materiell gesichert und geistig gereift sind, größer, als

---

2 Zur humanistischen Psychologie zählen neben der TZI z.B. auch die Gesprächstherapie nach Rogers, die Erlebnistherapie, die Bioenergetik, die Transaktionsanalyse, die Gestalttherapie, körperorientierte Therapieformen sowie das Psychodrama nach Moreno. Es ist auffällig, dass viele in der Sozialen Arbeit rezipierten Therapiemodelle diesem Paradigma zuzurechnen sind. Dies könnte daraus resultieren, dass Sozialarbeit wie humanistische Psychologie tendenziell die selben humanistisch-ganzheitlichen Ziele verfolgen (vgl. Hohenacker/Danterscher/Cohn 1981, S. 54).

wenn wir krank, beschränkt oder arm sind und unter Gewalt und mangelnder Reife leiden. Bewusstsein unserer universellen Interdependenz ist die Grundlage humaner Verantwortung." (Ebd., S. 120) Das pragmatisch-politische Axiom steht für das anthropologische „Paradox der Freiheit in Bedingtheit. In jeder existentiellen, konkreten und aktuellen Situation sind diese inneren und äußeren Grenzen wirksam; entscheidend ist, dass sie veränderbar sind" (Matzdorf/Cohn 1992, S. 63). Gerade mit dem letzten Axiom wird deutlich, dass Ruth Cohn und mit ihr die TZI anders als andere psychotherapeutische Ansätze nicht bei der Veränderung innerpsychischer Wahrnehmungs- und Verarbeitungsprozesse stehen bleibt, sondern explizit gesellschaftliche Veränderungen in den Möglichkeitshorizont einbezieht. An einem Beispiel gesprochen: Wenn materielle Armut freie Entscheidung behindert, so ist dies eine äußere Grenze, die prinzipiell erweitert werden kann.[3] Insgesamt stellen die drei Axiome die geistige Basis der TZI dar und sind somit die Voraussetzung der therapeutischen und pädagogischen Arbeit. „Ohne die Anerkennung dieser Grundsätze wird die TZI-Methodik zur sich selbst verneinenden Technologie." (Farau/Cohn 1994, S. 357)

Die TZI übersetzt die ganzheitliche Perspektive für die Arbeit mit Gruppen in ein Modell, das die Variablen benennt, die es in der pädagogisch-therapeutischen Arbeit zu berücksichtigen gilt. „Jede Gruppeninteraktion enthält drei Faktoren, die man sich bildlich als Eckpunkte eines Dreiecks vorstellen könnte: 1. das Ich, die Persönlichkeit; 2. das Wir, die Gruppe; 3. das Es, das Thema. Dieses Dreieck ist eingebettet in eine Kugel, die die Umgebung darstellt, in welcher sich die interaktionelle Gruppe trifft. Diese Umgebung besteht aus Zeit, Ort und deren historischen, sozialen und teleologischen Gegebenheiten." (Cohn 1975, S. 113 f.)

Mit der Perspektive des „Ich" ist das klassische Wirkungsfeld therapeutischer Ansätze angesprochen, nämlich das Subjekt und seine Persönlichkeitsausstattung, seine Weltsicht, seine Wahrnehmungs- und Verarbeitungsmechanismen, sein Reife- und Entwicklungsstand etc. „Das Wir im TZI-Sprachgebrauch meint eine Anzahl von Menschen, die am gleichen Ort, zur gleichen Zeit, am gleichen Thema beschäftigt sind." (Langmaack 1994, S. 51) Während in den klassischen Individual- und Gruppentherapien das Wachstum des Ich, seine Reifung bzw. ein Zugewinn an sozialer Interaktionsfähigkeit innerhalb von Gruppen (relativ) unabhängig von konkreten Inhalten im Zentrum steht, legt die TZI besonderen Wert auf das Thema, auf

---

3 An anderer Stelle betont Ruth Cohn: „Ich bin überzeugt, dass jede Veränderung gesellschaftlicher Ordnung, die allen Menschen Rechnung tragen soll, sowohl ökonomische als auch humanistische Reformen durchführen muss. Wenn Menschen nicht innerlich human fühlen und denken, wird jede ökonomische Reform nur zur Schichtenveränderung führen, nicht aber zur Aufhebung der Ungerechtigkeit und Grausamkeit. Umgekehrt: Humanistische Erziehung ohne ökonomische Reform ist unmöglich; denn humanisierende Erziehung muss zum Nachdenken und Handeln im Sinn der Vermenschlichung der politischen und ökonomischen Situation führen." (Cohn 1975, S. 166)

den Gegenstand, an dem sich das Subjekt in der Gruppe gemeinsam abarbeitet. „In einer TZI-Gruppe ist das verabredete Thema, ob Sacharbeit oder persönlicher Inhalt, Fokus der Aufmerksamkeit. TZI geht davon aus, dass es auf der einen Seite die Themen sind, die unserem Leben und Zusammenleben Sinn und Dynamik geben, dass aber auf der anderen Seite persönliche Betroffenheit erst wirkliches Interesse am Thema weckt und erhält." (Ebd., S. 59) Der Wahl des Gruppenthemas – ob Sachaufgabe, Beziehungsklärung oder Problemlösung – gebührt in der TZI besondere Aufmerksamkeit, da es eine Art Scharnierfunktion für die Beteiligung der Subjekte im Gruppenprozess einnimmt, d.h. die Beteiligung des einzelnen und sein Wachstumsprozess vermittelt sich ebenso wie die Entwicklung der Gruppeninteraktion über das Medium der gemeinsam gestellten Aufgabe. Das Globe schließlich, die Umwelt, umfasst alle situativen und gesellschaftlichen Einflussfaktoren. Auch ihnen kommt eine zentrale Bedeutung zu, da sie die Möglichkeiten und Grenzen abstecken. Der Gruppenleiter muss sich des Globe bewusst sein, da eine sinnvolle und zielgerichtete Entwicklung der Gruppe nur im Bewusstsein der Umweltfaktoren erreicht werden kann.

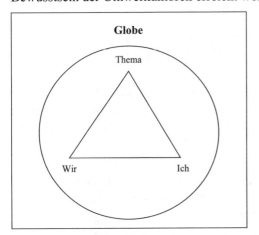

Abbildung 9: Themenzentrierte Interaktion

Das Globe umfasst
- „das Zeitbudget, das uns zur Verfügung steht;
- die finanziellen Möglichkeiten;
- die Gesetze und die Grenzen;
- die politische, familiäre, berufliche Landschaft und die Hierarchien darin;
- das Alter, das Geschlecht, die Schichtzugehörigkeit der Menschen, mit denen wir zu tun haben;
- die Geschichte, individuell und universal" (ebd., S. 22).

Die Grundhypothese der TZI ist die Annahme, dass allen Faktoren, d.h. Ich, Wir, Thema und Umgebung (Globe) prinzipiell der gleiche Stellenwert zukommt. Das angestrebte dynamische Gleichgewicht der skizzierten Strukturelemente stellt sich nicht von selbst ein, sondern muss in einem aktiven Prozess hergestellt werden. „Wenn die Gruppe sich mit dem Thema akademisch beschäftigt, erachte ich dieses nur für so lange als konstruktiv, als ich keine Zeichen von Interesselosigkeit in der Gruppe entdecke, nicht einzelne Teilnehmer als unbeteiligt oder gestört empfinde, und auch keine anderen generellen Gruppenzerfallssymptome auftauchen. Sonst lenke ich die Aufmerksamkeit vom Thema fort zur Person (Ich) oder zu Personen (Wir). Wenn die Gruppe sich umgekehrt nur für eine Person oder für ein Aufwallen von verschiedenen Gefühlen in der Gruppe zu interessieren scheint und sich damit in eine Therapie- oder Sensitivitätsgruppe zu verwandeln droht, schlage ich die Brücke zum Thema. In einer gut funktionierenden, erfahrenen Gruppe sind solche Direktiven weniger oft notwendig, da die Gruppe selbst sich zum Wächter der Methode fortentwickelt hat. Meiner Erfahrung nach sind jedoch führerlose Gruppen in interaktionellen Arbeitsseminaren unverlässlich; die führerlose Gruppe verwandelt sich unweigerlich entweder in eine Therapiegruppe oder in ein akademisches Seminar." (Cohn 1975, S. 115).

Um einen Gruppenprozess im Sinne der TZI zu organisieren, ist somit die Leitung durch eine geschulte Person unerlässlich. Ihre Aufgabe ist es, die dynamische Balance zwischen den Strukturelementen zu gewährleisten. Vor diesem Hintergrund lässt sich eine kurze Arbeitsdefinition von TZI aufstellen:

> **!** Themenzentrierte Interaktion (TZI) ist eine pädagogisch-therapeutische Methode der Arbeit mit Gruppen, deren zentrales Strukturprinzip die Balance zwischen Ich (Subjekt), Wir (Gruppe), Es (Thema) und Globe (Umwelt) ist. Um diese dynamische Balance zu erhalten, bedarf es einer geschulten Leitung der Gruppe.

(c) Elemente der TZI: Zur praktischen Umsetzung des Grundmodells der TZI finden sich neben (1) Postulaten und (2) Hilfsregeln z.B. auch (3) Hinweise zur Gestaltung von Themen.

(1) Postulate: Die oben skizzierten Axiome konkretisieren sich in zwei Postulaten, die grundlegend für die Haltung von TeilnehmerInnen und LeiterInnen von TZI-Gruppen und die Gestaltung des Interaktionsgeschehens sind:

„1. Sei dein eigener Chairman[4], der Chairman deiner selbst. (…)

2. Beachte Hindernisse auf deinem Weg, deine eigenen und die von anderen. Störungen haben Vorrang (ohne ihre Lösung wird Wachstum erschwert oder verhindert)" (ebd., S. 120 f.).

---

4 Der Begriff „Chairman" ist nur unzureichend ins Deutsche zu übersetzen. Barbara Langmaack betont: „Manager, Dirigent, Kapitän, Leitperson. Sie alle treffen den Begriff nicht exakt und alle bleiben im maskulinen Genius. Vielleicht kommt der Begriff ‚Bildhauer seiner selbst' dem Chairman näher, als einer, der immer wieder neu an seiner Idee von sich, vom Miteinander und von der Welt arbeite und meißelt" (Langmaack 1994, S. 78).

Das Chairman-Postulat bezieht sich auf den Einzelnen im Interaktionszusammenhang, seine Selbstdarstellung und sein Einwirken auf andere, und wird von Ruth Cohn eher in Bildern konkretisiert: „Übe dich, dich selbst und andere wahrzunehmen, schenke dir und anderen die gleiche menschliche Achtung, respektiere alle Tatsachen so, dass du den Freiheitsraum deiner Entscheidungen vergrößerst. Nimm dich selbst, deine Umgebung und deine Aufgabe ernst. Mein eigener Chairman zu sein bedeutet, dass ich mich als einzigartiges psycho-biologisches autonomes Wesen anerkenne – begrenzt in Körper und Seele, in Raum und Zeit und lebendig im lernenden, schaffenden Prozess. Ich bin verantwortlich für meine Anteilnahme und meine Handlungen, nicht aber für die des anderen. Ich kann anbieten und biete an, so gut ich kann. (…) Ich bin immer nur mein eigener Chairman und nie der des anderen, außer wenn dieser seine Bewusstheit verliert oder noch nicht erreicht hat." (Ebd., S. 121)

Während das Chairman-Postulat eher auf die Dimension des Ich abzielt, verweist das Störungs-Postulat auf den Gruppenzusammenhang, auf das Wir. Demnach ist es in der Bearbeitung eines konkreten Themas unabdingbar, auftauchende Störungen im Interaktionszusammenhang vorrangig zu thematisieren, da Störungen ein Indiz für individuelle Problemlagen, falsche Themenwahl oder gruppendynamische (Fehl-)Entwicklungen sein können. Nur wenn Störungen als Hinweise dieser Art wahr- und ernst genommen werden, können sie im Gruppenprozess identifiziert und ggf. durch Thematisierung beseitigt werden.

(2) Die TZI bedient sich zur Konkretisierung von Axiomen und Postulaten bestimmter Hilfsregeln:[5]

„1. Vertritt dich selbst in deinen Aussagen; sprich per ‚Ich' und nicht per ‚Wir' oder per ‚Man'. (…)

2. Wenn du eine Frage stellst, sage, warum du fragst und was deine Frage für dich bedeutet. Sage dich selbst aus und vermeide das Interview. (…)

3. Sei authentisch und selektiv in deinen Kommunikationen. Mache dir bewusst, was du denkst und fühlst, und wähle, was du sagst und tust. (…)

4. Halte dich mit Interpretationen von anderen so lange wie möglich zurück. Sprich stattdessen deine persönlichen Reaktionen aus. (…)

5. Sei zurückhaltend mit Verallgemeinerungen. (…)

6. Wenn du etwas über das Benehmen oder die Charakteristik eines anderen Teilnehmers aussagst, sage auch, was es dir bedeutet, dass er so ist, wie er ist (d.h. wie du ihn siehst). (…)

---

[5] Auf die Begründung und Interpretation der Hilfsregeln sei an dieser Stelle aus Platzgründen verzichtet (vgl. dazu Cohn 1975, S. 124ff.).

7. Seitengespräche haben Vorrang. Sie stören und sind meist wichtig. Sie würden nicht geschehen, wenn sie nicht wichtig wären (Vielleicht wollt ihr uns erzählen, was ihr miteinander sprecht?). (...)
8. Nur einer zur gleichen Zeit bitte. (...)
9. Wenn mehr als einer gleichzeitig sprechen will, verständigt euch in Stichworten, über was ihr zu sprechen beabsichtigt (...)." (Ebd., S. 124 ff.)

Im Prozess der TZI lassen sich zwei wesentliche Steuerungsebenen durch die Gruppenleitung identifizieren: Zum einen die durch Postulate und Hilfsregeln gesteuerten Kommunikationsformen: Die Leitung der Gruppe muss versuchen, in einer „warmen" Atmosphäre die Einhaltung der Regeln zu sichern, um damit ein Gleichgewicht der Elemente realisieren zu können.

(3) Zum anderen ist die Wahl und Formulierung des Themas ein zweites Steuerungselement. „Ein adäquat formuliertes und eingeführtes Thema unterstützt die Gruppenbildung und das gemeinsame Arbeiten. Das Thema übernimmt einen Teil der Leitungsfunktion, denn es hilft dem Einzelnen wie der Gruppe, die Sache, um die es geht, im Auge zu behalten." (Matzdorf/Cohn 1992, S. 79) Das Thema ist der „Mittelpunkt der Gruppe" (ebd., S. 82). Angesichts der zentralen Rolle des Themas ist es wenig verwunderlich, dass die Diskussion um adäquate Themenwahl und -gestaltung in der TZI-Literatur breiten Raum einnimmt (vgl. auch Langmaack 1994, S. 59 ff.). Ein adäquat formuliertes Thema ist durch mehrere Merkmale gekennzeichnet. Es

- „ist kurz und klar formuliert, sodass es dem Gedächtnis stets präsent bleibt;
- ist nicht abgedroschen und langweilt deshalb auch nicht;
- ist in Bezug auf Sprache und Wissensanforderungen auf die Teilnehmenden zugeschnitten;
- ist so gefasst, dass es niemanden ausschließt und niemandes Gefühle verletzt;
- ist so eng (konkret) gefasst, um nicht Raum zu lassen für freie Einfälle, Gedanken und Bilder, und
- nicht so weit (abstrakt) gefasst, dass es alles zulassen und nichts fokussieren würde;
- hat auch gefühlsmäßigen Aufforderungscharakter (Gruppenjargon, witzige oder lyrische Formulierung, Anklingen an aktuelle Geschehnisse u.Ä.);
- eröffnet und begünstigt neue Horizonte und Lösungswege;
- ist jedoch nicht so einseitig formuliert, als dass es andere Möglichkeiten ausschlösse und dadurch manipulativ wäre;
- verstößt nicht gegen die Wertaxiome der Menschenrechte und die Wertaxiome der TZI;

- begünstigt den Prozess der Gruppe, insofern es, sowohl logisch als auch psychologisch, in die Sequenz der zu bearbeitenden Themen passt und die dynamische Balance zwischen den verschiedenen Anliegen der Teilnehmenden und den Sachnotwendigkeiten in Betracht zieht;
- beachtet die verbale Ausdrucksfähigkeit und die Sprachgewohnheiten der Gruppenteilnehmenden und bezieht die Möglichkeiten nonverbaler Themendarstellung ein (Bilder, Pantomime, Materialien mit Aufforderungscharakter usw.)" (Matzdorf/Cohn 1992, S. 79 f.).

(d) Einschätzung und Diskussion: Dass sich die TZI vergleichsweise breitflächig als Methode in der Sozialen Arbeit mit Gruppen durchgesetzt haben dürfte, kommt nicht von ungefähr. Im Vergleich zu anderen Import-Methoden aus dem Markt psychotherapeutischer Ansätze und Verfahren verzichtet der Ansatz von Ruth Cohn auf die Verkürzung der Interventionsstrategie auf die Veränderung von Innenwelten und Beziehungen innerhalb von Netzwerken. Zudem weist die TZI mit ihren Hilfsregeln und konkreten Hilfen zur Gestaltung von Themen und Gruppensitzungen eine Vielzahl an praktikablen und pragmatisch nutzbaren Elementen auf, die es zu einem überschaubaren und gleichwohl praktischen Instrument der Strukturierung von Hilfeprozessen in Gruppen werden lassen. Die von Ruth Cohn von vornherein intendierte breite Anwendbarkeit der Methode ist aus dieser Perspektive zweifellos gegeben. In allen den Feldern, in denen sich Gruppen freiwillig konstituieren und beabsichtigen, sich gemeinsam an einem Thema abzuarbeiten, stellt die TZI eine in sich konsistente Methode dar, die es LeiterInnen erlaubt, jenseits von Selbsterfahrungsgruppen thematische Arbeit in Gruppen zu fördern, ohne dabei den Einzelnen bzw. den Gruppenprozess aus den Augen zu verlieren. Drei mögliche Einschränkungen seien an dieser Stelle allerdings noch kurz angesprochen:

- Wie fast alle Methoden aus dem therapeutischen Kontext geht auch die TZI davon aus, dass die Freiwilligkeit der Teilnahme eine zwingende Voraussetzung ist. Umso überraschender ist es, dass gerade die Schule die TZI verstärkt rezipiert hat. In der Hoffnung, durch die Methode der TZI auch schulische Kontexte als Orte lebendigen Lernens zu gestalten, könnte man dabei allerdings übersehen haben, dass SchülerInnen die Schule keineswegs (immer) freiwillig besuchen. Ein durch TZI lebendiger gestalteter Unterricht könnte dann im Zweifelsfall immer noch interessanter sein, als herkömmliche lehrerzentrierte Wissensvermittlung. Gleichwohl könnten Methode und Funktion hier auseinander driften. Wenn etwa SchülerInnen das Postulat des Vorrangs von Störungen dergestalt instrumentalisieren, dass Inhalte mehr und mehr in den Hintergrund gedrängt werden, so dürfte dies auf Dauer den funktionalen Interessen der Schule nicht eben entgegenkommen. Ähnliches könnte man für solche Felder der Sozialen Arbeit konstatieren, in denen ebenfalls Freiwilligkeit nicht zweifelsfrei unterstellt werden kann, wie etwa in der Gruppenarbeit im Jugendstrafvollzug oder beim (verpflichtenden) Gruppenabend in der Jugendwohngemeinschaft. Institutionell gegebene Hierarchien und Machtungleichgewichte (z.B. zwischen LehrerIn und SchülerIn, zwischen SozialarbeiterIn im Heim und BewohnerIn) stehen hier tendenziell in der Gefahr, im schönen Schein der Methode zu verschwimmen, ohne allerdings faktisch abgebaut zu werden.

- Überdies ist darauf hinzuweisen, dass die Teilnahme an einer TZI-Gruppe und deren gelungene Entwicklung nicht voraussetzungsfrei ist. Notwendig ist etwa eine annähernde Homogenität der Gruppenzusammensetzung, um vergleichbare Ausgangsvoraussetzungen hinsichtlich Verbalisierungsfähigkeit u.Ä. zu gewährleisten. Ein gelungener TZI-Prozess setzt zudem voraus, dass allen Teilnehmenden die Regeln einigermaßen bekannt, verständlich und plausibel sind, dass sie den gemeinsamen Wertehorizont der TZI teilen und dass zudem alle Teilnehmenden ein gemeinsames Interesse an einer produktiven Bearbeitung eines Themas und einer wachstumsorientierten Dynamik innerhalb der Gruppe teilen. In der Konsequenz bedeutet dies, dass in Feldern der Sozialen Arbeit zunächst zu prüfen ist, ob die angedeuteten Voraussetzungen überhaupt gegeben sind. Da sich Soziale Arbeit häufig auf „nicht gewachsene, künstliche" Gruppen bezieht, die zum Zwecke der Gruppenarbeit überhaupt erst konstituiert werden, kann z.b. eine gemeinsame Intention und ein geteilter Wertehorizont nicht zweifelsfrei unterstellt werden.
- Da, wo Soziale Arbeit mit gewachsenen Gruppen tätig wird, tut sie dies häufig in Alltagskontexten (z.B. Arbeit mit Gruppen im Rahmen von Streetwork oder in Jugendzentren). Hier ist nun zu berücksichtigen, dass Kommunikation im Alltag anderen Regeln unterliegt, als Kommunikation in TZI-Gruppen. Diese Differenz ist keineswegs folgenlos, denn TZI folgt hier den Strukturprinzipien therapeutischer Interventionen: Sie konstruiert einen Sonderraum mit eigenen Regeln, im Rahmen dessen Erfahrungen gemacht werden sollen, die auch außerhalb des Sonderraums wirksam sein sollen – so zumindest die Hoffnung. Wenn die Konstruktion eines Sonderraums notwendige Voraussetzung von TZI ist, so folgt daraus, dass der Einsatz von TZI als geschlossenes Konzept im Alltag nicht möglich ist. TZI in der Teestube eines Jugendzentrums mag als kurzfristige Verfremdung der Situation nützlich sein, als langfristige Interventionsstrategie muss sie notwendig scheitern und den Sozialarbeiter ins Abseits geraten lassen.

 Tipps zum Weiterlesen:

Cohn, R. C.: Von der Psychoanalyse zur themenzentrierten Interaktion. Von der Behandlung einzelner zu einer Pädagogik für alle, Stuttgart 1975.

Langmaack, B.: Themenzentrierte Interaktion. Einführende Texte rund ums Dreieck, Weinheim ²1994.

23. Empowerment

(a) Geschichte: Empowerment ist, wie viele Handlungskonzepte Sozialer Arbeit, ein Importprodukt aus dem angloamerikanischen Raum. Der Begriff „Empowerment" entstammt ursprünglich dem Umfeld der schwarzen Bürgerrechtsbewegung in Amerika.[1] Seit Anfang der 90er Jahre wird das Empowerment-Konzept auch verstärkt in Deutschland rezipiert. Der Empowerment-Gedanke speist sich – folgt man Wolfgang Stark (1996) – aus unterschiedlichen Wurzeln: der Debatte um Kommunitarismus, d.h. der Stärkung gemeinschaftlicher Potentiale als Grundlage einer solidarischeren Gesellschaft, den Erfahrungen der Selbsthilfebewegung und der neuen sozialen Bewegungen (Ökologie-, Frauen-, Friedensbewegung usw.) sowie den Forschungen zu Bedingungen, Strukturen, Chancen und Grenzen sozialer Netzwerke und sozialer Unterstützungssysteme (social support).

(b) Begriff: Im Bereich professioneller sozialer Hilfe zielt Empowerment auf eine Veränderung des Selbstverständnisses von Helfern und Hilfeinstitutionen. Folgt man den Vertretern dieses Konzepts, so ist das klassische Selbstverständnis der Sozialen Arbeit gekennzeichnet durch eine die Beziehung zwischen Helfer und Klient strukturierende Defizitzuschreibung. „Die Routine in der psychosozialen Versorgung setzt überwiegend immer noch bei der Zuschreibung von Defiziten an, die entweder individuell, zum Teil als Schuldzuschreibung, oder über die Zuordnung zu einer Zielgruppe, meist einer so genannten ‚Randgruppe', gegeben sind. Im Zusammenwirken eines individuellen defizitären Merkmals (zum Beispiel arbeitslos, allein erziehend) mit einem kollektiven Merkmal (beispielsweise Alte, Ausländer) ist der Blick verstellt für etwaige brachliegende Ressourcen und Fähigkeiten, die einzelne Menschen oder Gruppen noch ausweisen können." (Bobzien/Stark 1991, S. 171) Eine solche „sozialtechnologische Reparaturmentalität" (Stark 1993, S. 41), so die Folgerung, unterstellen die Hilflosigkeit des Klienten und fördern so eine Entmündigung durch fürsorgliche Belagerung, da SozialarbeiterInnen im Horizont eines Defizitblicks „die Identitätsentwürfe der Klienten, ihre lebensbiographischen Erfahrungshorizonte und Bindungsnetzwerke allein nur in den Begriffen von Mangel und Unfertigkeit, von Beschädigung und Schwäche buchstabieren können" (Herriger 1997, S. 67). Anknüpfend an die Professionskritik der 70er und 80er Jahre betont Herriger (1991, S. 28), dass die Vorherrschaft der Experten im Feld psychosozialer Hilfe zu einer „Erosion alltagsweltlicher Fähigkeiten" führt und damit zu einer Enteignung der Fähigkeit, ihre Probleme selbst in die

---

[1] Nach Herriger (1997, S. 18) war es Barbara B. Salomons in ihrem 1976 erschienenen Buch „Black Empowerment: Social work in oppressed communities", die den Begriff erstmals nutzte.

Hand zu nehmen. Auch die in der Sozialen Arbeit verbreitete (Leer-)Formel von der „Hilfe zur Selbsthilfe" schafft hier keine Abhilfe, da sie in der Praxis verkürzt wird auf die (Wieder-)Herstellung von Arbeitsfähigkeit als Grundlage einer eigenfinanzierten Lebensführung und dabei wesentliche Momente politischer Einflussnahme auf die Gestaltung von lebensweltlichen Zusammenhängen außer acht lässt.

Ziel des Empowerment ist es nun, die Defizitfixierung durch eine Orientierung an den Stärken und Kompetenzen der Individuen zu ersetzen. „Der Blickwinkel richtet sich hier gezielt auf die Ressourcen und Stärken der Menschen, auf ihre Potentiale zur Lebensbewältigung und -gestaltung – auch unter den eingeschränkten Bedingungen des Mangels oder vor dem Hintergrund vielfältiger persönlicher und sozialer Defizite" (Stark 1996, S. 108). Um ein Mehr an Selbstbestimmung und Kontrolle über die eigenen Lebenszusammenhänge zu erlangen, bedarf es vorrangig der Förderung der Politikfähigkeit von Individuen[2] zur Erweiterung ihrer (politischen) Partizipationsspielräume (vgl. ebd., S. 81 ff.). Die folgende Definition versucht, diese Zusammenhänge zu verdichten:

> „E. [Empowerment, d.V.] meint den Prozess, innerhalb dessen Menschen sich ermutigt fühlen, ihre eigenen Angelegenheiten in die Hand zu nehmen, ihre eigenen Kräfte und Kompetenzen zu entdecken und ernst zu nehmen und den Wert selbsterarbeiteter Lösungen schätzen zu lernen. E. bezieht sich auf einen Prozess, in dem die Kooperation von gleichen oder ähnlichen Problemen betroffenen Personen durch ihre Zusammenarbeit zu synergetischen Effekten führt. Aus der Sicht professioneller und institutioneller Hilfen bedeutet die E.-Perspektive die aktive Förderung solcher solidarischer Formen der Selbstorganisation." (Keupp 1996, S. 164)

(c) Elemente und Ebenen des Empowermentprozesses: Empowerment versteht sich ausdrücklich nicht als Methode. „Empowerment kann nicht als eine Methode oder als ein professionelles Handwerkszeug angesehen werden, sondern repräsentiert eher eine professionelle Haltung, die den Focus auf die Förderung von Potentialen der Selbstorganisation und gemeinschaftlichen Handelns legt" (Stark 1996, S. 159). Empowerment repräsentiert eine „Haltung sozialen Handelns" (ebd., S. 39) und stellt im Idealfall den Hintergrund sozial-professioneller Berufsidentität dar (vgl. Herriger 1997, S. 209 ff.). Angesichts dieser Abgrenzung gegenüber Methoden, Stark ver-

---

2 Nach Herriger umfasst Politikfähigkeit die zwei Komponenten Organisations- und Konfliktfähigkeit. „Organisationsfähigkeit meint ... die Kompetenz der Gruppe, ein begründetes Eigeninteresse kollektiv zu artikulieren und zur Durchsetzung dieses Interesses Bündnispartner zu mobilisieren, bürokratische Kompetenz im Umgang mit den Verfahren, Regelungen und Begründungsnotwendigkeiten des politisch-administrativen Systems zu dokumentieren und sich des Zugangs zu Kanälen der politischen Einflussnahme zu versichern. Konfliktfähigkeit bedeutet zugleich die Fähigkeit, die Legitimation kommunalpolitischer (Nicht-)Entscheidungen öffentlich zu problematisieren, die Verweigerung von Entgegenkommen und Konsensbereitschaft zu skandalisieren und so Widerstandsmacht geltend zu machen." (Herriger 1991, S. 31)

steht sie als Technologien, ist es wenig verwunderlich, dass in den Veröffentlichungen zum Empowermentkonzept konkrete, systematisierte und strukturierte Hinweise zur Realisierung von Empowermentstrategien im Rahmen sozialberuflicher Tätigkeit eher begrenzt sind. Der Schwerpunkt liegt (bislang) eher auf der Plausibilisierung eines normativen Horizontwechsels für soziale Fachkräfte.

Gleichwohl lassen sich aus den Veröffentlichungen einige Hinweise entnehmen, wie die Realisierung von Empowermentstrategien in der konkreten beruflichen Praxis sozialer Fachkräfte aussehen könnte. Der überwiegende Teil bezieht sich auf die Neugestaltung der Rolle von SozialarbeiterInnen. Demnach ist die konkrete Arbeit vor allem durch drei Perspektivwechsel gekennzeichnet:

- von der Defizitorientierung zur Förderung von Stärken (1);
- von der Einzelförderung zur Stärkung von Individuen in Gruppen und (politischen) Kontexten (2);
- von der Beziehungsarbeit zur Netzwerkförderung (3).

(1) Um den geforderten Perspektivenwechsel von der Defizitorientierung zur Förderung von Stärken auch in Situationen des Mangels zu realisieren, bedarf es zunächst einer gesteigerten Sensibilität für vorhandene, aber evtl. verschüttete und verborgene Potentiale und Ressourcen sowohl bei Subjekten wie auch in (sozialen) Gemeinschaften bzw. Gemeinwesen. Als Hilfsmittel und notwendige Wissensgrundlage dienen hier die Ergebnisse der coping-Forschung (Bewältigung) und der Forschungen zum social support (sozialer Unterstützung). So weist etwa Stark auf Untersuchungsergebnisse hin, die Bewältigungsressourcen ermittelt haben, welche zum Ausgangspunkt für Empowermentprozesse werden können. Zu diesen Ressourcen gehören: „(a) Soziale Ressourcen: soziale Beziehungen, soziale Netzwerke und Stützsysteme; (b) Psychologische Ressourcen: Selbstwertgefühl (self-esteem), Kontrollbewusstsein (mastery), geringe Selbstabwertungstendenz (self-deintegration); (c) Bewältigungsverhalten: Situation verändern (objektiv), die Bedeutung des Problems verändern (kognitiv), Kontrolle der emotionalen Belastung (emotional)." (Stark 1996, S. 96) Herriger (1997, S. 86 ff.) führt als mögliche „Instrumente" der Förderung eines psychologischen Empowermentprozesses aus der Perspektive von SozialpädagogInnen u.a. das „Casemanagement" als gezieltes arrangieren vorhandener bzw. erreichbarer Ressourcen und Hilfsquellen an, sowie die Förderung biographischen Lernens und Kompetenzdialoge.

(2) Empowermentprozesse vollziehen sich immer auf drei Ebenen: auf der individuellen Ebene, der Gruppenebene sowie der strukturell-organisatorischen Ebene. Auf der individuellen Ebene geht es um die Beförderung von Prozessen, die die Betroffenen in dem Bewusstsein stärken, ihre Situation prinzipiell beeinflussen zu können. Unter Rekurs auf die Forschung zur sozialen Unterstützung lässt sich feststellen, dass dies vor allem dort gelingt, wo Individuen sich in Gruppenzusammenhänge von Gleichbetroffe-

nen eingliedern. „Eine Reihe von Untersuchungen zeigt, dass die aktive Mitwirkung in sozialen Gruppen und sozialen Aktionen in der Gemeinde ein wichtiger Ausgangspunkt für Menschen mit geringen Gestaltungsmöglichkeiten ist, Prozesse psychologischen Empowerments zu erfahren ... In diesen Untersuchungen wurden die Selbsteinschätzungen von aktiven Mitgliedern von BürgerInneninitiativen mit der von passiven BewohnerInnen derselben Stadtteile/Gemeinden verglichen. Die Ergebnisse der Studien zeigten deutlich höhere Werte in den Bereichen Selbstwertgefühl und der Einschätzung der eigenen sozialen Fähigkeiten bei den aktiven Mitgliedern. BürgerInneninitiativen, Selbsthilfeprojekte, Nachbarschaftshilfe und ähnliche Formen selbstorganisierten freiwilligen Engagements können daher als Lern- und Entwicklungsfelder für psychologische Empowermentprozesse betrachtete werden." (ebd., S. 132) Um schließlich die Ebene der politischen Konfliktfähigkeit zu erreichen, bedarf es einer strukturell-organisatorischen Einbindung, um die Wahrscheinlichkeit politischer Durchsetzung von Interessen zu erhöhen.[3]

(3) Eine wesentliche Veränderung vollzieht sich auch in den Arbeitsschwerpunkten sozialer Fachkräfte. Sie verlagern sich von der direkten Intervention, der Beziehungsarbeit, zur indirekten Förderung von Zusammenhängen, der Eröffnung von „Möglichkeitsspielräumen" (Gratz 1993, S. 64). „Die Schwierigkeit, einen Empowermentblickwinkel in die professionelle Arbeit zu integrieren, besteht vor allem darin, dass Empowermentprozesse zwar angestoßen werden können, der eigentliche Prozess jedoch weitgehend ohne Zutun der beruflichen HelferInnen abläuft. Eine Haltung des Empowerment lässt sich daher nicht mit direkten Interventionen vergleichen ..." (Stark 1996, S. 163) In das Zentrum der Arbeit rückt vielmehr „die Inszenierung von hilfreichen Unterstützungsnetzwerken, soziale Arbeit wird ‚Netzwerkarbeit'." (Herriger 1991, S. 33) Unterschieden werden kann hier zwischen fallorientierter und feldorientierter Netzwerkarbeit. Fallorientierte Netzwerkarbeit bezieht sich auf die Knüpfung und (Re-)Konstruktion von (Beziehungs-)Netzwerken zwischen Personen mit ähnlichen Problemlagen, z.B. die Vermittlung von Kontakten zu selbstorganisierten Gruppen. Feldorientierte Netzwerkarbeit bezieht sich auf die (durchaus übliche) Situation, dass „problemadäquate Unterstützungsnetzwerke auf lokaler Ebene (noch) nicht verfügbar sind. Hier kommt der sozialen Arbeit die Aufgabe zu, künstliche Netze zu inszenieren, interessierte Personen und potentielle Aktivisten zusammenzuführen und neu entstehenden Selbsthilfegruppen erste organisatorische Hürden aus dem Weg zu räumen" (ebd., S. 33).

Wie ein solcher Prozess aussieht, in dem ein Mensch lernt, zunehmend über sein Leben zu bestimmen, beschreibt ein Phasenmodell von Charles Kieffer. Demnach vollziehen sich Empowermentprozesse in vier Phasen (vgl. Stark 1996, S. 120 ff.). (1) Mobilisierung: Menschen beginnen sich bei

---

3 Diese Dreiteilung entspricht in etwa den Ebenen Individuum – Selbsthilfegruppe – Soziale Bewegung.

schmerzhaften Erlebnissen gegen ihr Schicksal zu wehren und aktiv zu werden. (2) Engagement und Förderung: Nach der ersten, spontanen und an direkte Ereignisse gebundenen Aktivität bedarf es nun der Überführung in stabileres Engagement. Ist dies mit Unterstützung von Mentoren und Gruppen gelungen, kommt es zur Phase der (3) Integration und Routine. „Die Einsicht und das Wissen um soziale und politische Zusammenhänge ist gereift." (Stark 1996, S. 123) Die Betroffenen müssen sich mit der Erfahrung arrangieren, dass sie sich verändert haben. (4) Überzeugung und ‚brennende Geduld': Kennzeichnendes Merkmal dieser Phase ist die „entwickelte Organisations- und Konfliktfähigkeit" (ebd., S. 124).

Beispiel: Stark beschreibt am Beispiel des Münchener Selbsthilfezentrums die mögliche Praxis professionell unterstützter Empowermentprozesse in der Sozialen Arbeit: „Die Basis für eine gelingende Übernahme brückenbildender Funktionen liegt darin, die konkreten Arbeitsbereiche nicht auf eine Ebene zu beschränken, sondern parallel (a) beratende Dienstleistungen für Rat suchende Personen anzubieten, (b) gemeinschaftsbildende Prozesse der Selbstorganisation und gegenseitigen Unterstützung zu fördern, (c) diese Arbeit in einen sozialpolitischen Rahmen zu stellen, Kooperationsstrukturen mit den relevanten Institutionen zu erarbeiten, und auch dort Prozesse der Selbstorganisation im Sinne von Empowerment anzustoßen" (Stark 1996, S. 176). Praktisch gewendet heißt dies: Angebote persönlicher und telefonischer Beratung bezüglich Selbstorganisationsmöglichkeiten, Überblick und Verknüpfung von vorhandenen Einrichtungen, Selbsthilfezentrum als „Informationsdrehscheibe und Wegweiser für das psychosoziale Versorgungsnetz in München" (ebd., S. 177), Bereitstellung von sachlichen, logistischen und räumlichen Ressourcen für Gruppenaktivitäten; Organisations- und Finanzierungsberatung für Initiativen, Fortbildungsangebote für Selbsthilfeinitiativen usw.

(d) Einschätzung und Diskussion: Mit dem Empowerment-Konzept ist eine neue Runde der Selbsthilfedebatte eingeläutet, die diesmal allerdings konkreter Bezug nimmt auf die Gestaltung der Arbeit von sozialen Fachkräften. Die für frühere Phasen der Selbsthilfedebatte typische (und in Teilen – wie die Fachdiskussion zeigt – sicherlich berechtigte) Kritik professioneller sozialer Arbeit mündet hier nicht im Plädoyer für die Abschaffung professioneller Hilfesysteme und der (oft trügerischen) Hoffnung auf die „Wiedergewinnung natürlich gewachsener Gemeinschaften", sondern sie wird ausdrücklich auf die Kompetenzprofile beruflich Tätiger in der Sozialen Arbeit bezogen. Mit ihren Forderungen nach Orientierung an den Stärken der Subjekte statt Defizitorientierung einerseits und Netzwerkorientierung andererseits knüpft die Empowermentdebatte an fachliche Diskurse, z.B. im Kontext des Konzepts der Lebensweltorientierung und/oder gemeinwesenorientierte Ansätze in der Sozialen Arbeit, an und rennt insofern „offene Türen" ein.

Eine Schwäche der Argumentation, die allerdings eine Schwäche der gesamten, kritisch gewendeten Selbsthilfedebatte ist, überwindet das Empowerment-Konzept allerdings nicht. Wolfgang Stark stellt selbstkritisch fest, dass „die Idee und die Sprache des Empowerment ... weitgehend geprägt [ist, d.v.] von einem Bild des autonomen und erfolgreichen Individuums, das in der Lage ist, seine Interessen und Vorstellungen gemeinsam mit anderen zu verfolgen" (ebd., S. 76). Für viele Handlungsfelder der Sozialen Arbeit ist nun aber typisch, dass nicht zweifelsfrei davon ausgegangen werden kann, dass es sich bei den Klienten um starke, autonome und erfolgreiche Individuen handelt. Die Diskussion der 80er Jahre hat zu Recht darauf hingewiesen, dass (organisierte Gruppen-)Selbsthilfe nicht voraussetzungslos ist, sondern von den Betroffenen bestimmte Motivationslagen (Wille zur Teilhabe an Gruppen etc.) und Qualifikationen (etwa Sprach-, Kooperations- und Konfliktfähigkeit) verlangt. Was nun aber, wenn Klienten Sozialer Arbeit nicht zweifelsfrei über diese Qualifikationen verfügen? Im Lichte dieses Einwandes lässt sich etwa fragen, ob die oben zitierten Befunde der Forschung, dass Selbsthilfegruppen zu mehr Selbstbewusstsein und Gefühlen der Stärke führen, nicht auch ganz anders gedeutet werden können. Vielleicht handelt es sich hier gar nicht um Effekte der Teilhabe an Selbsthilfegruppen, sondern vielmehr um Voraussetzungen, die die TeilnehmerInnen bereits mitbringen. Von Interesse wären jedenfalls Forschungen, die danach fragen, wer nicht an Selbsthilfeaktivitäten teilnimmt und welche Merkmale und Voraussetzungen Teilnehmerinnen und Nicht-Teilnehmerinnen systematisch unterscheidet. Ein solcher Einwand, dass Selbsthilfe nicht voraussetzungslos ist, ändert nichts daran, an den Stärken der Klienten anzusetzen und Selbstorganisation bzw. Selbsthilfe strukturell und individuell zu fördern. Gleichwohl dämpft er einen zuweilen deutlich wahrnehmbaren emphatischen Optimismus und verweist auf nüchterne und sachliche Analyse von Stärken und Schwächen.

Ein weiterer Punkt ist kritisch anzumerken: Da die Vertreter des Empowerment sich ausdrücklich gegen ein methodisch akzentuiertes Verständnis wenden, sondern vielmehr „Haltungen" erzeugen wollen, geraten sie in ein Dilemma, das viele Handlungskonzepte der Sozialen Arbeit kennzeichnet: Sie lässt die Sozialarbeiter mit der Umsetzung der neuen „Philosophie" sozialarbeiterischen Handelns weitgehend allein. Nun ist die Soziale Arbeit in ihren Konzepten wahrlich nicht arm an proklamierten „Haltungen", an ethischen Rahmen etc. Nimmt man die vehemente Ablehnung eines methodischen Verständnisses von Empowerment ernst, so müssen sich deren Vertreter die Frage gefallen lassen, was denn so neu an einer „Grundhaltung Empowerment" wäre, was etwa Empowerment grundsätzlich unterscheidet von der traditionellen Maxime der „Hilfe zur Selbsthilfe". Natürlich, so ließe sich zu Recht einwenden, ist die Maxime der „Hilfe zur Selbsthilfe" in der Praxis häufig im Dickicht der „fürsorglichen Belagerung" nur noch – wenn überhaupt – rudimentär wahrnehmbar. Aber gerade das wäre ein Argument dafür, nicht auf der Ebene der „Haltungen" stehen zu bleiben, sondern konsequent über methodische Sicherungen in Bezug auf Fußangeln und Nebenwirkungen sozialpädagogischer Interventionen nachzudenken. Bleibt das Konzept Empowerment auf der Ebene der Erzeugung einer ‚professionellen Grundhaltung' stehen, so liefert es sich der Gefahr aus, den Weg vieler gut gemeinter ethischer Rahmungen sozialpädagogischen Handelns zu gehen. Gut gemeint ist halt noch lange nicht gut gemacht! Notwendig wäre folglich, den Empowerment-Ansatz methodisch weiterzudenken, d.h. vorhandene Ansätze zu strukturierten Hilfen zur Gestaltung sozialpädagogischer Praxis zu entwickeln. Erste Ansätze in diese Richtung finden sich bei Herriger (1997).

 Tipps zum Weiterlesen:

Herriger, N.: Empowerment in der Sozialen Arbeit. Eine Einführung, Stuttgart/ Berlin/Köln 1997.

Stark, W.: Empowerment. Neue Handlungskompetenzen in der psychosozialen Praxis, Freiburg i.B. 1996.

24. Streetwork

(a) Begriff: In Deutschland werden seit den 70er Jahren in zunehmendem Maße methodische Zugänge in der Sozialen Arbeit diskutiert und erprobt, die ihre Gemeinsamkeit darin finden, dass der Ort des Hilfeprozesses in der Lebenswelt der Klienten angesiedelt ist. Neben dem Begriff Straßensozialarbeit und seinem englischen Gegenstück, dem Streetwork, finden sich in der Fachdiskussion weitere – zum größten Teil synonym verwendete – Ausdrücke wie aufsuchende Jugend- und Sozialarbeit, Gassenarbeit oder mobile Jugendarbeit. Mit Kurt Gref lässt sich Streetwork wie folgt definieren:

> „Streetwork bezeichnet eine methodische Vorgehensweise innerhalb verschiedener Praxisfelder der Jugend- und Sozialarbeit. Streetwork ist eine Kontaktform im Sinne aufsuchender Arbeit. StreetworkerInnen arbeiten nicht (nur) in den Räumen einer Institution, sondern begeben sich (auch) in das unmittelbare Lebensumfeld ihrer Zielgruppe, indem sie deren informelle Treffpunkte aufsuchen: Straßenecken, Scenetreffs, Parks, öffentliche Plätze, Ladenpassagen, Fußgängerzonen, Spiel- und Bolzplätze, Schulhöfe, Kneipen, Discos, Spielcenter sowie teilweise auch Privaträume und Wohnungen." (Gref 1995, S. 13)

Schon diese Definition macht deutlich, dass sich die Spezifika dieser Methode vor allem über den Zugang zur avisierten Zielgruppe herstellen. Es geht vor allem um die Abgrenzung zu einer rein institutionenbezogenen Sozialen Arbeit, die die Logik ihres Handelns aus den gegebenen institutionellen und räumlichen Strukturen entwickeln muss, und somit nur eingeschränkt den Interessen der jeweiligen Klientengruppen gerecht werden kann.[1] Die Tatsache, dass Streetwork vorrangig durch Ort und Bewegungsrichtung ihres Handelns definiert wird (auf die Zielgruppe zugehen, im Sozialraum der Klienten agieren), führt allerdings auch zu einer tendenziellen Entgrenzung des Begriffs „aufsuchende Sozialarbeit". Gerade in neuerer Zeit kann man sich des Eindrucks nicht erwehren, dass schon die Tatsache, dass eine SozialarbeiterIn die Schwelle ihrer Einrichtung überschreitet, eine „aufsuchende Methodik" konstituiert. Entsprechend kritisch sind deshalb auch solche Hinweise zur Kenntnis zu nehmen, die die Wurzeln der Straßensozialarbeit schon in der Fürsorgetätigkeit im Elberfelder System, bei Pastoren, Diakonen, Hebammen oder Haus- und Landärzten lokalisieren (vgl. Kiebel 1995, S. 21).

---

1 „Die pädagogischen Konzeptions- und Handlungsspielräume in standortgebundenen Einrichtungen (HOT etc.) werden den Pädagogen häufig gerade von der Raum- und Nutzungsstruktur der Gebäude und ihren Berufsrollen als ‚Raumwärter' mit Präsenzpflichten diktiert" (Keppeler 1989, S. 20).

(b) Geschichte: Die Wurzeln der Methode Streetwork im engeren Sinne liegen vielmehr – wie bei so vielen Methoden der Sozialen Arbeit – in den USA. Sie wurden dort insbesondere im Umfeld der Jugendarbeit mit gefährdeten und sozial randständigen Jugendlichen entwickelt (vgl. Specht 1989). Die amerikanischen Streetwork-Programme der 60er und 70er Jahre lassen konzeptionell eine Differenzierung zwischen einem Transformationsmodell bzw. einem Abschreckungsmodell erkennen (vgl. Specht 1989). Ziel der Straßensozialarbeit im Kontext des Transformationsmodells ist die gezielte Veränderung delinquenter jugendlicher Straßenbanden: „Selbst oder fremddefinierte gefährdete oder gefährliche jugendliche Straßengruppen oder Jugendbanden erhalten einen Jugend- oder Sozialarbeiter zugeteilt (gang worker). Der Gangworker versucht durch sozialpädagogisch inszenierte Alternativen zum bisherigen Verhaltensrepertoire die bislang negativ stigmatisierte Gruppe (,Bande') z.B. in einen sozial anerkannten Jugendclub zu ,transformieren'. Damit einhergehen soll auch eine positive Veränderung des Wertesystems der Gruppe" (Specht 1989, S. 80).

Aufgrund vergleichsweise geringer Erfolge, gemessen am Indikator „sinkende Delinquenzrate", wurde dieses Modell in den USA abgelöst vom so genannten Abschreckungsmodell, das insbesondere durch eine verstärkte Überwachungs- und Kontrollfunktion gekennzeichnet war und das abzielte auf: „Aufbau einer starken Sichtbarkeit, Präsenz und überwachender Kontrolltätigkeit der Projektmitarbeiter auf den Straßen; gebietsbezogener Einsatz anstelle einer Orientierung auf jugendliche Straßengruppen; Konzentration auf Gewaltäußerungen und Vermittlungsbemühungen bei Konflikten zwischen einzelnen Jugendbanden" (ebd., S. 81). In Deutschland wurden die Ansätze aufsuchender Jugend- und Sozialarbeit ab Anfang der 60er Jahre, verstärkt allerdings erst in den 70er Jahren rezipiert und führten zu verschiedensten Projektgründungen (vgl. Kiebel 1995), die zum überwiegenden Teil in Arbeitsfeldern mit problematischen Zielgruppen angesiedelt waren. Einen besonderen Stellenwert erhielt die Fachdiskussion zur Straßensozialarbeit ab Mitte der 80er Jahre im Rahmen der Konzeptdebatte um eine alltags- und lebensweltorientierte Soziale Arbeit (vgl. Kapitel 10), da hier offensichtlich ein methodischer Ansatz entwickelt und erprobt wurde, der in besonderem Maße den Kriterien einer an den alltäglichen Lebenszusammenhängen der Klienten orientierten Sozialen Arbeit entsprach.

(c) Prinzipien und Merkmale: Schon aus den Stichworten zur Geschichte der Methode Streetwork lässt sich entnehmen, dass entsprechende Verfahren vorrangig in der Arbeit mit problembelasteten und problematischen Sozialräumen, vor allem aber als problematisch angesehene Zielgruppen Anwendung fand und bis zum heutigen Tag findet. Dabei konzentrieren sich Ansätze der Straßensozialarbeit vorrangig auf solche Gruppen, die – nicht zuletzt aufgrund ihrer Stigmatisierung – Subkulturen entwickelt haben, die sich institutionellen Zugängen weitgehend verschließen. Zu solchen Zielgruppen von Straßensozialarbeit gehören u.a.:

- Rocker, Jugendbanden, aggressive und delinquente Jugendgruppen,
- Fußballfans,
- allein stehende Obdachlose,
- Stricher und weibliche Prostituierte,
- Drogenabhängige,
- als problematisch angesehene Jugendkulturen (z.b. Punks und Skins),
- Straßenkinder usw.[2]

Ein gemeinsames Merkmal dieser Zielgruppen ist, wie oben angedeutet, dass sie institutionalisierte Angebote der Sozialen Arbeit wie Beratungsstellen, Jugendhäuser u.ä. nur in sehr eingeschränktem Maße nutzen. Straßensozialarbeit soll nun einen Zugang zu entsprechenden Problemgruppen schaffen, indem sie sie an den Orten aufsucht, in jenen Räumen präsent ist, die die Betroffenen sich selbständig angeeignet haben.

Kurt Gref (1995) hat versucht, die heterogene und bislang wenig erforschte und systematisierte Praxis der Straßensozialarbeit in sechs konzeptionellen Grundorientierungen[3] zu verdichten, die typisch für die gegenwärtigen Ansätze sind.

(1) Zielgruppenorientierung: Streetwork wendet sich nicht an alle, sondern bezieht sich überwiegend auf klar umrissene Zielgruppen, die, wie oben skizziert, vor allem im Umfeld von Rand und Risikogruppen anzusiedeln sind. „Streetworkprojekte werden in aller Regel installiert, wenn Jugendliche in der Öffentlichkeit zum Problem werden und alle anderen Hilfsangebote und Sanktionsmöglichkeiten nicht mehr greifen" (Gref 1995, S. 14).

(2) Versorgungsorientierung: Straßensozialarbeit ist nicht einfach dadurch hilfreich, dass die Person des Sozialarbeiters „vor Ort" ist. Sie muss sich vielmehr darum bemühen, durch Kenntnis des Umfelds infrastrukturelle Schwachstellen zu identifizieren und Schritte zu deren Behebung zu initiieren. Der Straßensozialarbeiter muss nützlich für den Klienten sein. Dies kann er im Regelfall nur sein, wenn über seine Person hinaus sachliche Ressourcen an die Projekte angebunden sind wie z.B. Kontaktläden, Räume, Handgeld usw., die den Klienten zur Verfügung gestellt werden können.[4]

(3) Berücksichtigung gewachsener Szene- und Gruppenstrukturen und Beachtung spezifischer Bedingungen des Arbeitsfeldes: Streetworker arbeiten in

---

2 Gerade weil Straßensozialarbeit mit „spektakulären" Zielgruppen arbeitet, ist seit den 80er Jahren eine zunehmende Popularisierung zu beobachten, die sich z.B. in „Erlebnisliteratur" wie Wolfgang Stürzbechers im Bastei-Lübbe-Verlag erschienenen Buch „Tatort Strasse. Schlägereien, Raubüberfälle, Drogenmissbrauch, Bandenkriege ... Aus dem Leben eines Streetworkers" (Stürzbecher 1992) niederschlägt.
3 Gref (1995) führt zwar sieben Grundorientierungen an, aufgrund geringer Differenzen wurden die Punkte „Berücksichtigung gewachsener Szene- und Gruppenstrukturen" sowie „Beachtung spezifischer Bedingungen des Arbeitsfeldes" zusammengefasst.
4 Vgl. Keppeler (1989); Arnold/Körndörfer (1993); Gusy u.a. (1990); Krauß/Steffan (1989).

und mit den informellen Strukturen der Szenen und Gruppen. Gegenüber der institutionengebundenen Sozialen Arbeit verkehrt sich damit quasi das „Hausrecht". Nicht die Klienten müssen sich den von Sozialarbeitern und Organisationen vorgegebenen Spielregeln anpassen, sondern umgekehrt, die Sozialarbeiter haben sich auf die Regeln der Subkultur einzulassen. In einem Bild gesprochen: Während institutionengebundene Sozialarbeit die Vorteile eines „Heimspiels" nutzen kann, ist Straßensozialarbeit ein „Auswärtsspiel". Grundvoraussetzung ist deshalb zunächst, die gegebenen Szenestrukturen und Gruppenregeln sowie ihre sozialräumliche Einbindung wahrzunehmen, zu verstehen und zu respektieren. Der Sozialarbeiter ist Gast in einer fremden Szene. Akzeptiert er die Gesetze des Gastgebers nicht, dürfte es die letzte Einladung gewesen sein.

(4) Ganzheitlicher Arbeitsansatz: Ganzheitlichkeit meint im Falle der Straßensozialarbeit, dass die StreetworkerInnen in aller Regel „als Universalansprechpartner zur Verfügung [stehen, d.V.]; für psychosoziale Probleme, Hilfe in Notlagen und Krisensituationen, Durchsetzung von Rechtsansprüchen, Schul-, Berufs-, Wohnungsprobleme, bei Jugendlichen auch Freizeitprobleme" (Gref 1995, S. 16).

(5) Zielsetzung: Anders als in den amerikanischen Modellen ist Straßensozialarbeit in der Bundesrepublik nicht primär an einer Befriedung störender Klientel orientiert, sondern sie zielt zunächst auf eine Unterstützung der Betroffenen bei ihren Versuchen zur Bewältigung ihrer spezifischen Lebenslage, auf Hilfe bei der Lebensbewältigung.

(6) Street-Live: Straßensozialarbeit vollzieht sich nicht in konstruierten und kontrollierten Räumen und Situationen. „Livesituationen sind gekennzeichnet durch Unmittelbarkeit und Authentizität von Erfahrungen und Ad-hoc-Kommunikation und -Interaktion. StreetworkerInnen stehen, wenn schon nicht voll im Saft, so doch voll ‚im Leben'. Ein Rückzug auf gewohnte Rollen (der über der Sache stehende Berater), gewohnte Arbeits- (Schreibtisch als Schutzschild) und Gesprächssituationen (Motto: Heute sind wir wieder ganz non-direktiv) ist nicht möglich. Schnelles, direktes, situations- und personenangemessenes Handeln ist notwendig." (Ebd., S. 17) Dieser Zusammenhang mag der Hintergrund für die Tatsache sein, dass die Ausarbeitung technischer Aspekte des methodischen Handelns von Straßensozialarbeitern bislang eher spärlich ausgeprägt ist und sich vorrangig auf die Phase der Beobachtung von Szenen, der Sozialraumanalyse sowie der Kontaktaufnahme beschränkt, da diese Phasen weitgehend durch die Aktivität des Sozialarbeiters strukturiert werden, Alltagssituationen hingegen schlicht „passieren" und von den Betroffenen situativ und spontan bewältigt werden müssen.

Folgt man dieser Typisierung konzeptioneller Grundorientierung von Straßensozialarbeit in Deutschland so lässt sich bei Durchsicht der diversen vorliegenden Projektbeschreibungen[5] ein breites Spektrum an Tätigkeitsaspekten von Straßensozialarbeit aufzeigen. Gusy u.a. (1990) unterscheiden fünf Bereiche:

- Aufbau und Pflege eines Kontaktnetzes in der Szene: Dreh- und Angelpunkt der Straßensozialarbeit ist zweifelsohne die Frage, ob es der SozialarbeiterIn gelingt, Kontakte zur Szene herzustellen und darüber hinaus in ihrer Arbeit für die Angehörigen der Szene so nützlich und attraktiv zu sein, dass diese Kontakte stabilisiert werden können. In Bezug auf die Kontaktaufnahme werden in der Fachliteratur defensive, indirekte und offensive Formen unterschieden (vgl. Miltner 1982, S. 116 ff.). Defensive Formen der Kontaktaufnahme meinen, dass der Sozialarbeiter sich in der Szene als Beobachter und Anwesender aufhält und versucht Bedingungen zu schaffen, um durch die avisierte Zielgruppe angesprochen zu werden. Allerdings: „Defensive Kontakte aufnehmen bedeutet nicht, an Szenetreffpunkte zu gehen, dort herumzustehen und zu warten, bis man angesprochen wird. Ein Streetworker, der defensiv Kontakt aufnimmt, wird sich so präsentieren, dass er leicht angesprochen werden kann, und auf Kontaktsignale achtet. In Diskotheken wird er sich z.B. nicht in dunkle Ecken ‚verkriechen', sondern sich bevorzugt an Stellen aufhalten, an denen viele Leute vorbeikommen" (Krauß/Steffan 1989, S. 146). Indirekte Formen der Kontaktaufnahme meinen demgegenüber den Versuch, über dritte Gewährsmänner an die Gruppe herangeführt zu werden. Offensive Formen der Kontaktaufnahme hingegen sind dadurch gekennzeichnet, dass der Streetworker selbst den ersten Kontakt herstellt „und von Anfang an versucht … sich den jugendlichen Mitgliedern seiner Zielgruppe in seiner pädagogischen Rolle und Funktion verständlich zu machen" (Miltner 1982, S. 118). Zur Aufrechterhaltung des Kontaktnetzes ist es wichtig, regelmäßig in der Szene präsent zu sein, die Arbeitszeiten der „inneren Uhr" der Szene anzupassen, sich für die Mitglieder nützlich zu machen usw.
- Aufbau und Pflege eines institutionellen Netzes: Der Sozialarbeiter benötigt, gerade unter der Maxime der Nützlichkeit für die Klienten, ein breites Kontaktnetz in Bezug auf die infrastrukturellen Ressourcen institutioneller und nicht-institutioneller sozialer Unterstützung. Kontakte zu Ämtern (z.B. Sozialamt, Arbeitsamt) und Einrichtungen der kommunalen und freien Wohlfahrtspflege (z.B. spezielle Beratungsstellen, Projekten, Jugendhäusern und anderen Freizeiteinrichtungen, Übernachtungsstellen, Frauenhäusern, Therapieeinrichtungen).
- Allgemeine psychosoziale Arbeit: Wie schon mit dem Begriff der Ganzheitlichkeit angedeutet, ist die Hilfe und Unterstützung des Straßensozialarbeiters thematisch nicht eingeschränkt. Verweise sind zwar möglich, gleichwohl bleibt der Streetworker erster Ansprechpartner in allen

---

5 Vgl. Steffan (1989); Becker/Simon (1995). Landesarbeitsgemeinschaft Mobile Jugendarbeit Baden-Württember e.V. 1997; Klose/steffan 1997.

Problemlagen. Praktisch bedeutet dies: allgemeine Sozialberatung anbieten, im Bedarfsfall bei Ämtergängen begleiten, je nach Situation psychosozial beraten und Krisenintervention leisten.

- Szeneinteressenvertretung: Zur Glaubwürdigkeit des Streetworkers innerhalb der Szene gehört auch, dass er als Sprachrohr der Szeneinteressen fungiert und damit quasi „Übersetzungsleistungen" mit der Zielrichtung Öffentlichkeit und Politik übernimmt. „StraßensozialarbeiterInnen sollten in der lokalen Öffentlichkeit und den örtlichen Institutionen darauf hinarbeiten, dass 1. ihre Zielgruppe nicht ausgegrenzt wird, 2. Szeneinteressen Gehör finden, 3. materielle Lebensumstände der Szene verbessert und 4. ihre soziale Infrastruktur gestärkt werden sowie 5. individuelle Interessen von Szeneangehörigen Berücksichtigung finden" (Gusy u.a. 1990, S. 51). Hierzu kann sich der Streetworker sowohl seines institutionellen Kontaktnetzes bedienen, wie auch Methoden der Öffentlichkeitsarbeit.

- Institutionelle Innovation: Eng mit dem letzten Punkt in Verbindung steht der Bereich der „institutionellen Innovation". Der Streetworker ist durch seine Nähe zur Szene besser als Außenstehende in der Lage, Versorgungsdefizite zu identifizieren und gegebenenfalls auf Veränderung bestehender bzw. Schaffung neuer (Hilfs-)Angebote hinzuwirken. Sowohl Szeneinteressenvertretung als auch institutionelle Innovation beruhen beide auf der Rolle des Streetworkers als Fachmann für die Belange der betroffenen Zielgruppe.

(d) Einschätzung und Diskussion: Mit der Straßensozialarbeit hat sich in den letzten Jahren sowohl in der Praxis wie in der Fachdiskussion ein methodischer Ansatz etabliert, der wie kaum ein anderer den Kriterien einer lebensweltorientierten Sozialen Arbeit zu genügen scheint: Arbeit vor Ort, d.h. am Ort der Problemgenese und Problembearbeitung, (kritisches) Einlassen auf die gegebenen Alltagsstrukturen der Szenen, Entlastung von institutionell überformten Hilfesettings usw. So berechtigt diese Einschätzung ist bzw. sein mag, gleichwohl muss festgehalten werden, dass sich Streetwork bislang überwiegend in solchen Bereichen entwickelt hat, in denen es um die Arbeit mit randständigen Szenen und Gruppen geht und an denen institutionalisierte Angebotsformen bislang gescheitert sind. Streetwork hat mithin bislang kaum etablierte institutionelle und methodische Settings ersetzt, sondern vielmehr überwiegend ergänzt. Vor diesem Hintergrund müssen zwei Probleme bedacht werden:

- Streetwork als „Sozialfeuerwehr": Aus Projektbeschreibungen und Analysen von Streetworkprojekten ist bekannt, dass der Hintergrund der Implementierung entsprechender Angebote zumeist konkrete Konfliktlagen innerhalb von Kommunen sind: auffällige bzw. gewalttätige Jugendgruppen, die sich zum Ärger der Anwohner öffentliche soziale Räume aneignen; öffentliche Orte wie Bahnhöfe, die sich zum Treffpunkt für randständige Subkulturen wie Drogenabhängige oder Straßenkinder entwickeln usw. Streetwork hat hier, gerade aus der Sicht der Geldgeber, nicht nur die Funktion der „Hilfe für Problembelastete", sondern vielmehr die einer Sozialfeuerwehr, die Belastungen des öffentlichen Raums beseitigen soll und als „Joker im Befriedungspoker" (Keppeler 1989, S. 16) angesehen wird. Kaum ein Artikel, kaum eine Projektbeschreibung, die nicht auf diesen Umstand hinweist und sich nicht vehement gegen ein solches Verständnis von Straßensozialarbeit ausspricht. Gleichwohl dürfte unstrittig sein, dass Kommunen mit der Implementierung von Projekten bestimmte Interessen verbinden: die Skingruppe vom Parkplatz des Einkaufszentrums fern zu halten, die Drogenszene zu dezentralisieren, oder zumindest für die Augen der „empörten Öffentlichkeit" weniger auffällig zu gestalten usw. Kommen die Projekte diesen Interessen nicht zumindest in Ansätzen nach, so steht zu befürchten, dass der Geldhahn sehr schnell abgedreht werden dürfte. Andererseits müssen Projekte auch plausibel machen, warum Streetwork weiterhin notwendig ist, wenn „öffentliche Belästigungen" beseitigt oder zumindest minimiert wurden. Diese Akzentuierung öffentlichen Interesses an Streetwork mag ein Hintergrund für die Tatsache sein, dass die dauerhafte Implementierung von Streetwork-Projekten bislang eher selten ist und von Projektinitiatoren flächendeckend eingefordert wird.

- Streetwork im Spannungsfeld von Hilfe und Kontrolle: Eng mit der Tatsache verbunden, dass Streetwork von öffentlicher Seite häufig als „Schmuseversion von Ordnungspolitik" (Gref 1995, S. 14) angesehen wird, steht das Problem von Hilfe und Kontrolle, das in der einschlägigen Fachliteratur zumeist nur am Rande thematisiert wird. Dass Sozialarbeiter immer dem „doppelten Mandat" von Hilfe und Kontrolle unterliegen (vgl. Kapitel 2), ist aus der sozialpädagogischen Fachdiskussion hinlänglich bekannt. In der Fachliteratur zur Straßensozialarbeit wird diese Problematik meist mit dem Hinweis auf die Funktion der Szeneinteressenvertretung und der Parteinahme für die Betroffenen negiert. Gleichwohl wird dabei häufig übersehen, dass a) die Implementationsbedingungen von Streetwork-Projekten überwiegend kontrollpolitischen Interessen entspringen und b) SozialarbeiterInnen in entsprechenden Projekten durch ihre Nähe zum Alltag zu Zeugen und Mitwissern von Straftaten werden, ohne über ein eindeutig geregeltes Zeugnisverweigerungsrecht zu verfügen. Die lebensweltnahe Situierung von Streetwork bringt eben nicht nur die Hilfe näher an den Alltag der Klienten, sondern zugleich auch Kontrollelemente. Wie dieses Spannungsverhältnis in der Praxis der Straßensozialarbeit aufgelöst werden kann, ist in der Fachdiskussion bisher eine ungelöste Frage. Parteinahme für die Betroffenen dürfte – so richtig diese Forderung zweifelsohne ist – die strukturell angelegte Spannung nicht beseitigen, denn spätestens dort, wo Sozialarbeiter zu Szenesprechern werden, ohne den Kontroll- und Ordnungsinteressen der öffentlichen Geldgebern zu entsprechen, steht ein baldiges Ende der Projekte zu befürchten.

Insbesondere der letzte Punkt verweist darauf, dass sich Streetwork, aus den Erfordernissen der Praxis geboren, in der Fachdiskussion bislang vorrangig als Konzeptdiskussion mit hohem normativen Gehalt und einer Vielzahl von „Streetwork sollte ..." Formulierungen darstellt. Der von Krauß und Steffan Ende der 80er Jahre diagnostizierte Stand einer „unterentwickelten Fachdiskussion" (Krauß/Steffan 1989, S. 144) ist auch an der Schwelle zum neuen Jahrtausend kaum zu revidieren. Zumindest wird immer offensichtlicher, dass der Straßensozialarbeit und anderen lebensweltnahen Methoden der Sozialen Arbeit ein Theoriedefizit immanent ist, dass ihrer „Normalisierung" und damit letztlich auch ihrer Konsolidierung und fachlichen Weiterentwicklung abträglich ist (vgl. Galuske/Thole 1999). Im Horizont einer modernisierungstheoretischen Lesart der gesellschaftlichen Entwicklung und eines lebensweltorientierten Verständnisses von Sozialer Arbeit, wie es etwa in den Arbeiten von Hans Thiersch und Lothar Böhnisch ausbuchstabiert wurde, erschließt sich Straßensozialarbeit als eine moderne Form offensiver sozialpädagogischer Unterstützung, die einer eher defensiven Begründung als „Hilfe für Randgruppen, die sonst nicht erreicht werden könnten" auch aus legitimatorischen Gründen nicht mehr bedarf.

 Tipps zum Weiterlesen:

Becker, G./Simon, T. (Hrsg.): Handbuch Aufsuchende Jugend- und Sozialarbeit, Weinheim/München 1995.
Steffan, W. (Hrsg.): Straßensozialarbeit. Eine Methode für heiße Praxisfelder, Weinheim/Basel 1989.

25. Sozialraumorientierung

Unter Mitarbeit von Holger Schoneville

(a) Geschichte: Der Raum als Bezugspunkt sozialpädagogischen Handelns hat Tradition und steht etwa in Form der Settlements (vgl. C. W. Müller 1988) schon an der Wiege professioneller Sozialer Arbeit. Die Rezeption der verschiedenen Ansätze der Gemeinwesenarbeit (vgl. Kapitel 6) in den 1960er und 1970er Jahre verankerte den Gedanken, soziale Bedarfslagen und soziale Probleme „im sozialen Kontext" zu betrachten und zu bearbeiten im professionellen Selbstverständnis der Disziplin. Zwar traf die Methodenkritik (vgl. Kapitel 7) neben sozialer Einzel(fall)hilfe und Gruppenarbeit auch die Gemeinwesenarbeit, gleichwohl blieb deren Kern, die Bearbeitung sozialer Probleme in sozialen Bezügen, erhalten, oder, wie es Boulet, Krauß und Oelschlägel (1980) herausgearbeitet haben, Gemeinwesenarbeit wird von einer Methode zu einem „Arbeitsprinzip sozialer Arbeit schlechthin" (ebd., S. 59) und sickert in (fast) alle Arbeitsfelder, Handlungskonzepte und Methoden ein.

Seit den 1990er Jahren ist wieder ein verstärktes Interesse an explizit sozialräumlich orientierten Handlungsansätzen zu verzeichnen. So erleben etwa Konzepte wie das Quartiersmanagement (vgl. Hinte 2002; Krummacher u.a. 2003; Litges/Lüttringhaus/Stoik 2005) ebenso einen Boom, wie der Gedanke sozialräumlich sensibler und vernetzter Angebote in der Kinder- und Jugendhilfe und andern Feldern der Sozialen Arbeit. Egal ob in der Kinder- und Jugendarbeit oder den Erziehungshilfen, der Gesundheitsversorgung oder der Altenarbeit, überall haben Konzepte Konjunktur, die die Bedeutung des sozialen Raumes und seiner Ressourcen betonen und zu nutzen beabsichtigen. Sozialraumorientierung entwickelt sich in diesem Zusammenhang zum konzeptionellen Leitbegriff, der nach Auffassung von Deinet/Krisch (2002, S. 31) „inzwischen fast inflationär" gebraucht wird.

Hintergrund dieser neuerlichen Konjunktur sind vor allem zwei Entwicklungen. Innerfachlich wertet das Konzept der Lebensweltorientierung (vgl. Kapitel 10), das sich spätestens seit dem 8. Kinder- und Jugendbericht (vgl. Bundesministerium für Jugend, Frauen, Familie und Gesundheit 1990) zur Leitformel der Kinder- und Jugendhilfe im Besonderen und der Sozialen Arbeit im Allgemeinen entwickelte, den Blick auf die alltagsweltlichen Bezüge und Handlungsräume der Klienten Sozialer Arbeit auf. In dieser Tradition stehen Entwicklungen wie der Ausbau aufsuchender und niedrigschwelliger, ambulanter Formen Sozialer Arbeit (z.B. der akzeptierenden Drogenhilfe, der Straßensozialarbeit) oder die Implementierung flexibler, integrierter Formen von Erziehungshilfen, auf die noch einzugehen sein wird. Der zweite Hintergrund der Konjunktur sozialräumlich orientierter

Handlungskonzepte ist der aktivierende Umbau der Sozialen Arbeit im Gefolge der Krise der öffentlichen Haushalte (vgl. ausführlicher Kapitel 30). Soziale Arbeit ist aufgefordert in Abstimmung mit anderen Anbietern im sozialen Netz effiziente und kostengünstige Hilfe zu leisten. Da der aktivierende Sozialstaat programmatisch die Eigenaktivität der Bürger betont, wird zudem verstärkt auf die Vernetzung der Bürger im Stadtteil gesetzt, damit diese gemeinsam ihre Bedarfslagen in den Blick und in Angriff nehmen. Die Entwicklung und Diskussion des Konzepts der Sozialraumorientierung in der Sozialen Arbeit bewegt sich mithin spätestens seit den 1990er Jahren im Spannungsfeld zwischen fachlichem Anspruch und sozialstaatlicher Funktionalisierung.

(b) Begriff: Terminologisch muss zunächst unterschieden werden zwischen einer Konjunktur des Raumgedankens in der Sozialen Arbeit im Allgemeinen und dem Konzept der Sozialraumorientierung im Besonderen. Das Konzept der Sozialraumorientierung, ist zwar mittlerweile in einigen Feldern verbreitet, wurde jedoch vor allem in der Kinder- und Jugendhilfe entwickelt und dort auch am intensivsten diskutiert. Auch im Fachdiskurs der Kinder- und Jugendhilfe wird der Begriff der Sozialraumorientierung allerdings nicht einheitlich genutzt. Tendenziell unterschieden werden kann eine Begriffsverwendung, die den Begriff des Sozialraums eher aus pragmatisch-planerischer Perspektive fasst, d.h. es geht um Soziale Arbeit in ‚definierten' Räumen, die zum Ziel hat, die Bewohner im Hinblick auf eine Verbesserung ihrer Lebensbedingungen zu aktivieren. Ein solches Verständnis liegt vor allem der Diskussion im Feld der Hilfen zur Erziehung zugrunde.

> **Definition:** „Sozialraumorientierte Arbeit zielt nicht auf die ‚Besserung' von Menschen, auf die zielgerichtete Veränderung ihrer Lebensgewohnheiten oder erzieherischer Intervention bezüglich ihrer Kommunikationsstile, sondern auf konkrete Verbesserung der Lebensbedingungen der Wohnbevölkerung in einem Wohnquartier unter aktiver Beteiligung der betroffenen Menschen." (Hinte/Kreft 2005, S. 870)

Die Definition von Wolfgang Hinte und Dieter Kreft impliziert zweierlei: Im Mittelpunkt der sozialraumorientierten Arbeit steht die Orientierung an (a) der Verbesserung der Lebensbedingungen der Menschen in (b) einem definierten Raum. Die Orientierung an den Lebensbedingungen der Menschen betont zunächst die Abkehr von der Person als Objekt der Veränderung hin zum Feld und konserviert damit einen Grundgedanken gemeinwesenorientierter Ansätze. Das Feld, also der Sozialraum, kann dabei, wie oben erwähnt, sowohl ein ganzes Dorf, einige Straßenzüge in einer Stadt oder einen bestimmten Stadtteil umfassen und wird damit als ein aus planerischen Gründen bestimmtes Territorium verstanden. Für die Bestimmung und Abgrenzung eines Sozialraums benennt Helmut Lukas (2005, S. 868) unterschiedliche mögliche Kriterien wie z.B.: geografische Gegebenheiten (z.B. Flüsse oder verkehrsreiche Straßen), historische Entwicklung (z.B.

herausgebildete Stadtteile), Nutzung (z.b. Wohngebiete, Gewerbegebiete, Mischgebiete), Sozialstruktur (segregierte Wohngebiete z.b. „Soziale Brennpunkte"), Bebauungs-/Wohnstruktur (durch Bebauungsformen definierte Räume), Sicht der Bewohner (subjektive Vorstellungen sozialräumlicher Abgrenzungen), Verwaltungseinheiten (administrative Gliederungen) und/ oder die amtliche Statistik (durch Statistische Ämter definierte Gebietseinheiten). Andere Vorschläge zur Definition von Sozialräumen (vgl. z.b. Hinte 2000, S. 104) ähneln diesen Kriterien. Ihnen allen ist gemeinsam, dass der Sozialraum als Planungs- und Handlungseinheit konzipiert und damit vor allem unter einer pragmatischen Perspektive der Handhabbarkeit festgelegt wird.

Demgegenüber hat sich im Feld der Kinder- und Jugendarbeit ein etwas anders akzentuierter Begriff der Sozialraumorientierung entwickelt (vgl. Deinet/Krisch 2002). Während in den Hilfen zur Erziehung ein objektiv gegebener Raum als Territorium zugrunde gelegt wird (absolutistisches Raumverständnis), geht die Diskussion in der Kinder- und Jugendarbeit von einem subjektiv-lebensweltlichen Raumbegriff aus.[1] Darin kommt ein neues Raumverständnis zum Tragen, das von der Kernannahme ausgeht, dass „Raum nicht länger als naturhaft gegebener materieller Hinter- oder erdgebundener Untergrund sozialer Prozesse unveränderbar und für alle gleichermaßen existent angenommen werden kann. Vielmehr wird Raum selbst als sozial produziert, damit sowohl Gesellschaft strukturierend als auch durch Gesellschaft strukturiert und im gesellschaftlichen Prozess sich verändernd begriffen" (Löw/Sturm 2005, S. 31). Raum muss damit als eine „relationale (An-)Ordnung von Lebewesen und sozialen Gütern an Orten" (Löw 2001, S. 271) gedacht werden. Während die Begriffe „Stadtteil" und „Quartier" also auf durch planerische Aspekte festgelegte Territorien verweisen, bezieht sich der Begriff des Sozialraums in dieser Denkweise auf einen durch Menschen erschaffenen und damit sozial konstruierten Raum, der als subjektiv-lebensweltlicher Raum gedacht werden muss. Vor dem Hintergrund dieses Verständnisses von Raum und durch die Feststellung, dass die konstituierten Räume in den modernen Gesellschaften funktional gestaltet sind und damit den Anforderungen von Kindern und Jugendlichen nur bedingt entsprechen, wird der Raum zum Bezugspunkt der pädagogischen Tätigkeit in der Kinder- und Jugendarbeit. Es geht darum, Räume für

---

[1] Deinet (2002, S. 220) betont in diesem Sinne: „Insbesondere der Begriff der Lebenswelt deutet auf einen Aspekt der Sozialraumorientierung hin, der nicht auf eine administrative Planungsgröße reduziert werden kann, sondern individuelle subjektive Bezüge in den Vordergrund stellt. So hat Hans Thiersch in seinem Ansatz der Lebensweltorientierung immer wieder auf die subjektive Sichtweise von sozialen Räumen hingewiesen. Es geht darum, diese subjektive, qualitative Sichtweise des Sozialraums als Ertrag der Entwicklung des sozialräumlichen Musters der Jugendarbeit stärker in die Sozialraumdebatte der Jugendhilfe zu bringen."

Kinder und Jugendliche zu schaffen und zurück zu gewinnen bzw. diese bei der Aneignung zu unterstützten.[2]

In der Praxis der Sozialen Arbeit hat sich vor allem der eher sozialplanerische Begriff des Sozialraums und der Sozialraumorientierung durchgesetzt, wohl auch deshalb, weil er mit seiner eher pragmatisch Ausrichtung anschlussfähig ist an die Erfordernisse die im Rahmen von Verwaltungsreformen artikuliert werden. Nicht zufällig ist dabei, dass die neuere Debatte sich insbesondere auf einen Bericht der Kommunalen Gemeinschaftsstelle für Verwaltungsvereinfachung (KGSt 1998) gründet.

Am Beispiel der Diskussion in den Hilfen zur Erziehung soll dies im Folgenden näher veranschaulicht werden.

(c) Sozialraumorientierung in den Hilfen zur Erziehung – Hintergrund und Philosophie: Ausgangspunkt für die Entwicklung von sozialraumorientierten Konzepten in diesem Handlungsfeld ist eine Kritik der an Einzelfällen orientierten Praxis der Hilfen zur Erziehung. Wolfgang Hinte, zentraler Protagonist der Debatte, formuliert diese Kritik folgendermaßen: „Solange der Fall die zentrale Bezugsgröße der Sozialverwaltung ist, enthält diese Logik immer das Signal an die Fachkräfte, solange abzuwarten, bis der Mensch anhand bestimmter Kriterien zu einem Fall geworden ist. Wir helfen den Armen, aber wir warten damit, bis sie arm sind" (Hinte 2000, S. 66). Die Hilfen zur Erziehung seien darüber hinaus durch ihre versäulten[3], eher auf Konkurrenz denn auf Kooperation zwischen den einzelnen Hilfeerbringern setzenden Strukturen wenig effizient und würden schließlich die eigentlichen AdressatInnen nicht erreichen. Ganz in diesem Sinne formuliert Hinte schnörkellos, dass „Bürger/innen, die ihren Bedarf artikulieren und geordnet vorsprechen, (…) nur in Ausnahmefällen Klientel sozialer Arbeit" (Hinte 2000, S. 83) sind. Soweit die kritische Diagnose.

Demgegenüber wird mit der Sozialraumorientierung ein Konzept gesetzt, welches nicht vornehmlich den Fall fokussiert, sondern den Sozialraum als Bezugspunkt der Tätigkeit ausmacht. Dabei wird davon ausgegangen, dass der Sozialraum, der als Stadtteil, Straße, Dorf oder Bezirk gedacht werden kann, der zentrale Ort für die dort wohnende Bevölkerung ist: „Menschen sind Akteure in ihrer Lebenswelt, und die ist eben für viele Menschen ihr Stadtteil (…). Dort bilden sich Interessen, Problemlagen und Ausdrucksformen von Alltagskulturen ab." (Hinte 2001, S. 77) Vor dem Hintergrund dieser Annahme soll mit der Sozialraumorientierung an Ressourcen des So-

---

2 „Eine sozialräumlich orientierte Offene Kinder- und Jugendarbeit, die sich selbst auch als Teil des öffentlichen Raumes versteht, kann mit Hilfe qualitativer Methoden Kinder und Jugendliche an der Revitalisierung sozialer Räume beteiligen bzw. in einem sozialräumlichen Mandat für deren Wiedergewinnung kämpfen" (Deinet/Krisch 2002, S. 31).
3 Als „versäult" werden Angebote begriffen, die in hohem Maße standardisiert sind und damit – so die implizierte Kritik – nicht den flexiblen Erfordernissen des Einzelfalls gerecht werden können.

zialraums angeknüpft werden, um die dortigen Problemlagen zu bearbeiten bzw. im Sinne der Prävention bereits tätig zu werden, bevor die Menschen zum Fall werden und professioneller Hilfe bedürfen (vgl. zur Präventionsdebatte Kapitel 27). Um dies zu gewährleisten, geht es im Sinne der Sozialraumorientierung darum, „Beziehungsnetze im Wohnquartier zu knüpfen, Gruppen zu initiieren und vielfältige Kooperationsstrukturen aufzubauen und zu pflegen" (Hinte 2000, S. 71). Gerd Litges (2000) benennt als weiteres konstituierendes Moment einer sozialraumorientierten Arbeit, „die oft undurchschaubare Vielfalt sozialer Dienste, die sich beispielsweise in Mehrfachbetreuungen und Zergliederungen nach Problemlagen äußert, zu koordinieren und aufeinander abzustimmen" (Litges 2000, S. 45). Diese Neuausrichtung der sozialen Dienste hat Hinte auf die griffige Formel „Vom Fall zum Feld" gebracht.

Nach Hinte/Kreft (2005, S. 869 f.) sind sozialraumorientierte Ansätze durch fünf „Prinzipien" gekennzeichnet:

- „Orientierung an den geäußerten Interessen der Wohnbevölkerung: Es geht nicht darum, was die Menschen nach den Vorstellungen bürokratischer Instanzen ‚brauchen', sondern was sie vor dem Hintergrund ihrer Lebenslage ‚wollen'.
- Unterstützung von Selbsthilfekräften und Eigeninitiative: Interessen und Bedürfnisse der Wohnbevölkerung werden nicht i.S. einer naiven Kundenorientierung befriedigt, sondern die Menschen werden ermutigt, sich aktiv zu beteiligen.
- Nutzung der Ressourcen des sozialen Raums sowie der beteiligten Akteure: Wohnräume, Nachbarschaften, spezielle Fähigkeiten einzelner Bewohner oder lokaler Dienstleistungen werden gesucht, aufgebaut, vernetzt und für bestimmte Projekte nutzbar gemacht (…).
- Zielgruppen und bereichsübergreifende Orientierung: Adressat der Arbeit ist der soziale Raum, nicht eine bestimmte, dort lebende Zielgruppe. Dies schließt Zielgruppen spezifische Aktivitäten nicht aus, sie werden aber immer im Zusammenhang mit zahlreichen weiteren Aktivitäten im Quartier gesehen. Dabei werden die klassischen Grenzen Sozialer Arbeit überschritten: Wohnen, Beschäftigung, Kultur, Gesundheit, Bildung, Verkehr und viele andere Bereiche sind Arbeitsfelder (…).
- Kooperation und Koordination: Die oft nur undurchschaubare Vielfalt insbesondere sozialer Dienste, aber auch zahlreicher anderer vor Ort ansässiger Institutionen, wird koordiniert und aufeinander abgestimmt."

Zentraler Kern der Sozialraumorientierung ist damit die Orientierung an den Menschen im Sozialraum und den dort vorhandenen Ressourcen. In dieser Logik gilt es Räume auszumachen und so zu gestalten, dass die in diesem Sozialraum lebenden Menschen die von ihnen selbst definierten Probleme und die soziale Umwelt im Allgemeinen eigenständig und mit anderen bearbeiten können. Grundsätzlich wird dabei von einer „Orientierung an den häufig weit unterschätzten Selbsthilfekräften und der Betroffenheit von Bürger/innen" (Litges 2000, S. 44) ausgegangen. Erst nachrangig zur Mobilisierung dieser Ressourcen wird über „professionelle Unterstützung und betreuende Maßnahmen nachgedacht" (Litges 2000, S. 45), wobei diese nach Möglichkeit ebenfalls im Sozialraum zu erbringen ist.

Unter diesen Prämissen gilt es beispielsweise im Falle eines Erziehungshilfeverfahrens vor einer lebensweltersetzenden Maßnahme zunächst die sozialräumlichen Ressourcen zu überprüfen bzw. gegebenenfalls Strukturen aufzubauen, die eine sozialraumferne stationäre Unterbringung abwenden können. Sollte eine solche Maßnahme zur Re-Stabilisierung der familiären Situation jedoch unumgänglich sein, erscheint es im Sinne der Sozialraumorientierung sinnvoll, dass eine entsprechende Unterbringung in der Region stattfindet. Nur so wird im Sinne der Rückführungsintention gewährleistet, dass die bestehenden Ressourcen genutzt und alltäglichen Beziehungen zur Familie und zu den jugendlichen Peers aufrechterhalten werden können.[4]

Die Ressourcen des Sozialraums, wie etwa Vereine, ehrenamtliches Engagement, die Sachkenntnis der Bewohner, formelle und informelle Gruppen, Räumlichkeiten etc. (vgl. Hinte 2000, S. 106) sind innerhalb einer sozialräumlich orientierten Arbeit auf der einen Seite zu erhalten und auf- bzw. auszubauen, um im Sinne der Prävention eine spezifische professionelle Hilfe zu vermeiden. Auf der anderen Seite können diese Ressourcen des Sozialraums auch im Rahmen professioneller Hilfeerbringung genutzt werden.

Natürlich kann auch eine am Sozialraum orientierte Hilfe nicht auf konkrete personenbezogene Hilfsangebote verzichten. Diesem Umstand wird in dem von Hinte mitverfassten Bericht für die Kommunalen Gemeinschaftsstelle für Verwaltungsvereinfachung (KGSt 1998) Rechnung, indem drei Ebenen sozialräumlicher Arbeit unterschieden werden:

1. „Fallspezifische Arbeit: Dies sind Tätigkeiten, die sich direkt und unmittelbar auf den Fall beziehen. Zahlreiche Träger konzentrieren sich derzeit ausschließlich auf diese Ebene. Dabei hat man vor dem Hintergrund eines einseitig individuumsbezogenen Verständnisses von Beratung und Therapie den einzelnen Menschen, allenfalls die jeweilige Familie, im Blick und versucht über ein bestimmtes Spektrum an methodischen, auf das Individuum oder die Familie bezogenen Interventionen, ‚den Fall zu bearbeiten'.
2. Fallübergreifende Arbeit: Dies meint solche Tätigkeiten, durch die, durchaus mit Blick auf den Fall, also anlassbezogen, die Ressourcen des

---

4 So weisen Stefan Köngeter, Florian Eßer und Hans Thiersch (2004) darauf hin, dass eine regionale Unterbringung durchaus Vorteile gegenüber einer fachlich spezialisierten, aber weit vom Wohnort entfernten Unterbringung hat. Die fachliche Forderung nach einer solchen wohnortsnahen Unterbringung enthält jedoch zugleich ein ganzes Bündel an Anforderungen an die Konzeption von z.B. Wohngruppen, die bei solchen Überlegungen nicht aus dem Blick verloren werden dürfen.

sozialen Raumes (etwa Nachbarschaften, Cliquen, andere Netzwerke) genutzt werden zur Untersuchung des jeweiligen Kindes oder der Familie – also eine weniger beraterisch-therapeutische Tätigkeit als eher organisierende, koordinierende und vernetzende Funktionen ('Case-Management').

3. Fallunspezifische Arbeit: Tätigkeiten auf dieser Ebene sind nicht einem spezifischen Einzellfall zuzuordnen, sondern geschehen zu einem Zeitpunkt, da die Fachkräfte noch nicht absehen können, für welchen späteren Fall sie die jeweilige Ressource benötigen werden. Hierzu zählen insbesondere die Aneignung von Kenntnissen über den sozialen Raum, die Einbindung in das Netz der Fachkräfte im Wohnquartier, der Aufbau von Kontakten zu Institutionen außerhalb des sozialen Bereichs, zu Vereinen, Bürgergruppen usw." (Hinte 2000, S. 100)

Hinte/Litges/Groppe (2003, S. 36) weisen in Bezug auf die unterschiedlichen Ebenen der Tätigkeit darauf hin, dass jedes „dieser drei Tätigkeitssegmente ... für eine auf kommunale Gestaltung zielende Jugendhilfe von hohem Wert [ist, d.V.]. Deshalb darf man sie auch nicht gegeneinander ausspielen, indem man etwa eine Abkehr vom Fallbezug fordert zugunsten einer einseitigen Feldorientierung. Es geht auch nicht darum, das eine oder andere Segment als das bedeutsamere herauszustellen. Es muss indes klar sein, dass jedes Segment mit den jeweils anderen verknüpft ist und die fachliche Qualität einer kommunalen Jugendhilfe erst durch die Akzeptanz der Gleichwertigkeit der drei Bereiche und einer hohen strukturellen Durchlässigkeit entsteht. Denn diese Bereiche sind lediglich analytisch trennbar".

(d) Das Beispiel flexible, integrierte Erziehungshilfen: Als Beispiel für ein in der Praxis konkretisiertes Modell sozialraumorientierter Angebote innerhalb der Kinder- und Jugendhilfe soll im Folgenden beispielhaft auf die integrierten flexiblen Hilfen eingegangen werden. In den 90er Jahren ist diese Form der Hilfeleistung zunächst unter dem Stichwort der „flexiblen Erziehungshilfen" später, der „integrierten Erziehungshilfen" bekannt geworden. Es handelt sich dabei um den Versuch sozialräumlich vernetzte und auf die Bedürfnisse der Betroffenen abgestimmte Leistungsangeboten zu entwickeln und bereitzustellen.

Flexible Erziehungshilfen verstehen sich nach Klatetzki/Winter (1990, S. 3 f.) als Antwort auf die zunehmende Individualisierung von Lebensläufen und Pluralisierung von Lebenswelten, die eine Vielfalt von Problemlagen und Bedürfnissen entstehen lassen, die mit den versäulten, institutionell verfestigten Angebotsformen nach dem Kinder- und Jugendhilferecht (KJHG) nur noch unzureichend bearbeitet werden können.[5] Das zu Kategorien geronnene (versäulte) Angebotssystem der Erziehungshilfen ist nicht (mehr) in der Lage, die Angebote auf die sich diversifizierenden Bedürfnisse der Klienten abzustimmen, weil die Fallbearbeitung zu sehr von den in-

---

5 Vgl. zur Kritik Winkler (1999)

stitutionellen Vorgaben des Hilfesystems vorbestimmt wird. Grundgedanke der flexiblen Hilfen ist, dass ein Heim nicht mehr (primär) als sinnbildlich und manifest zu Stein gewordene Institution begriffen wird, sondern als ein professionelles Team von Mitarbeitern, das ein je auf die spezifischen Bedürfnisse des Einzelfalles abgestimmtes Betreuungsarrangement für den Jugendlichen zu entwickeln in der Lage ist.

Die integrierten, flexiblen Hilfen gehen damit von einer Kritik an der bisherigen Praxis in den Hilfen zur Erziehung aus, wie sie oben in Bezug auf die Sozialraumorientierung bereits angedeutet wurde.

Stefan Köngeter, Florian Eßer und Hans Thiersch (2004) sehen neben den gesellschaftlichen Modernisierungsprozessen die Entwicklung von integrierten flexiblen Hilfen in den Nebenfolgen einer fortschreitenden Verfachlichung der Sozialen Arbeit. „Neben den nicht von der Hand zu weisenden positiven Effekten der Professionalisierung und Verfachlichung, stellten sich auch unerwünschte Nebenfolgen ein: Die Sicht auf die Problemlagen verengte sich teilweise spezialistisch, die einzelnen Angebote der Jugendhilfe entwickelten sich zu ‚Angebotssäulen' und Wechsel zwischen den differenzierten Arbeitsformen brachte häufig Betreuungs- und Beziehungsabbrüche mit sich." Diese Kritik sei es, die zu dem Konzept der flexiblen integrierten Hilfen führte. Ein wichtiger theoretisch-konzeptioneller Bezugspunkt ist dabei das Konzept der Lebensweltorientierung, da „hier die Alltagsbewältigung der AdressatInnen zum zentralen Bezugspunkt sozialpädagogischen Handelns erklärt wurde" (Köngeter/Eßer/Thiersch 2004, S. 76).

Dieser Grundgedanke ist im Bundesmodellprojekt INTEGRA unter Federführung der Internationalen Gesellschaft für erzieherische Hilfen (IGfH) aufgegriffen worden. Das Projekt hat das Ziel in fünf Modellregionen (den Städten Celle, Dresden, Erfurt, Frankfurt (Oder) und dem Landkreis Tübingen) den Ausbau integrierter flexibler Hilfen zu fördern. Das Ziel von integrierten und flexiblen Erziehungshilfen wird bei INTEGRA darin gesehen, durch eine „Flexibilisierung der Hilfen und ihrer Organisationsstruktur, Ausgrenzung von Kindern und Jugendlichen im Jugendhilfesystem zu vermeiden, Integration zu gewährleisten und die lebensweltlichen Ressourcen als Ausgangspunkt der Hilfe zu sehen. Das wichtigste fachliche Anliegen dieser integrierten und flexiblen Hilfen ist es, sich an den individuellen Bedarf anzupassen, im Lebensfeld der AdressatInnen angesiedelt zu sein und auf eine möglichst rasche Integration in Regelangeboten hinzuarbeiten" (IGfH 2003, S. 1). Um dieses Ziel umzusetzen orientiert sich INTEGRA am Konzept der Lebensweltorientierung und möchte die im achten Jugendbericht entwickelten Strukturmaximen der Lebensweltorientierung weiterentwickeln. In diesem Sinne finden sich die Strukturprinzipien auch im gemeinsamen Leitbild der unterschiedlichen Regionen wieder. Ausgehend von diesen Leitzielen versucht INTEGRA Hilfen bereit zu stellen, denen innerhalb des Modelprojekts die folgende Arbeitsdefinition zugrunde liegt:

„Flexible, integrierte und sozialraumorientierte Hilfen ...

- ... sind Hilfearrangements, die am individuellen Bedarf orientiert und flexibel für jeden Einzelfall ausgerichtet werden.
- ... setzen eine Grundhaltung des Sich-Zuständig-Erklärens voraus, so dass Probleme nicht mit Verweis auf institutionelle Zuständigkeiten abgewiesen werden.
- ... sind grundsätzlich sozialräumlich ausgerichtete Hilfen. Die Nutzung der Ressourcen des Sozialraums, wie auch: fallunspezifische und fallübergreifende Arbeit im Gemeinwesen, sind grundlegende Handlungsansätze.
- ... beinhalten eine grundsätzliche Inklusionsoption (dies beinhaltet auch ‚Regeleinrichtungen vor besonderen Hilfen') und das Festhalten an der sozialpolitischen Idee sozialer Gerechtigkeit.
- ... basieren auf einer verbindlichen Arbeit im Team, das um die Kommunikation und Flexibilität zu befördern eine angemessene Größe haben muss. Kollegiale Beratung bildet ein grundlegendes Prinzip.
- ... setzen eine (sozialräumlich organisierte verbindliche Kooperationskultur zwischen öffentlichen und Freien Trägern voraus, die das Prinzip der Regionalisierung erzieherischer Hilfen durchsetzt und verfahrensmäßig (kontraktuell) absichert wird.
- ...bedürfen einer flexiblen Organisation der Einrichtung und/oder Dienste (‚lernende Organisation').
- ... basieren auf einer flachen Hierarchie der Organisation, Entscheidungen werden weitgehend dezentral gefällt.
- ... bedeuten selbstverantwortliche Arbeit sozialräumlich verantwortlicher gemeinsamer Teams von MitarbeiterInnen des öffentlichen Trägers (in der Regel des ASD) und Freier Träger. Ein abgegrenztes und transparentes Rollenverständnis der beiden Partner ist dafür unerlässlich (auf der einen Seite Recherche, Koordination, Kontrolle, auf der anderen Seite konkrete und flexible Durchführung der Hilfe).
- ... benötigen entsprechend flexible und bezogen auf die fachlichen Zielstellungen kompatible Finanzierungs-, Controlling- und auch Dokumentationsformen." (IGfH 2003, S. 10 f.)

Die programmatischen Zielsetzungen des Modellprojekts INTEGRA sind zweifelsohne viel weitreichender, als es die zum Teil harmlose Diktion vermuten lässt, greifen sie doch gerade die im sozialpädagogischen Jahrhundert gewachsenen und konsolidierten institutionellen Spielregeln im Sektor von Sozial- und Jugendhilfe an (z.B. im Hinblick auf das Verhältnis von öffentlichen und freien Trägern) und drängen auf ein Höchstmaß an Ausrichtung an den Bedürfnissen der Betroffenen.

Die Programmatik von INTEGRA ist zweifelsohne sozialraumorientiert, gleichwohl stellt sie diesen Aspekt nicht in den Mittelpunkt (vgl. Köngeter/

Eßer/Thiersch 2004). Im Unterschied zur allgemeinen Debatte um die Sozialraumorientierung haben die flexiblen und integrierten Hilfen noch viel stärker den Einzelfall im Blick und orientieren sich an dem Grundsatz passgenaue Hilfen bereitzustellen und dementsprechende Hilfesettings zu schaffen. Die Entwicklung, dass schließlich das Feld zum Fall werden könnte, wird in diesem Kontext eher als unbeabsichtigte Nebenfolge und Gefahr gesehen (vgl. Köngeter/Eßer/Thiersch 2004, S. 81).

(e) Sozialraumorientierung und Sozialraumbudgetierung: Bislang haben wir uns vor allem mit den programmatischen Entwürfen von Sozialraumorientierung in Theorie und Praxis Sozialer Arbeit beschäftigt. Warum aber sind diese Konzepte, deren Grundideen nicht eben „revolutionär" oder neu sind (vgl. Kapitel 6), seit den 1990er Jahren in der sozialpolitischen Praxis so „erfolgreich"? Nach Dahme/Wohlfahrt (2005, S. 267) liegt die „Attraktivität der neuen Sozialraumkonzepte für Politik und Verwaltung ... offensichtlich in ihrer Anschlussfähigkeit an den aktuellen Effizienz- und Modernisierungsdiskurs wie auch an die in der Sozialpolitik diskutierten Selbstregulierungserwartungen des aktivierenden Staates an den Bürger." Der Grund für die „Wiederentdeckung von Sozialraumorientierung und Gemeinwesenarbeit ‚von oben'" (Krummacher u.a. 2003, S. 581) läge damit in ihrem funktionalen Wert für die marktorientierte Modernisierung des sozialstaatlichen Arrangements.

Der Effizienzaspekt kommt insbesondere in der Diskussion um neue Finanzierungsformen für sozialraumorientierte Soziale Arbeit zum tragen. Eine sozialpädagogische Arbeit, die sich an Feldern bzw. sozialen Räumen orientiert und auch in der Fallarbeit auf synergetische Nutzung von sozialräumlichen Ressourcen und vorhandenen Strukturen setzt, kann mit den alten Instrumenten rein fallbezogener Finanzierung nicht angemessen abgesichert werden. In diesem Zusammenhang wird in den vergangenen Jahren (vgl. SPI 2001; SOZIAL EXTRA 6/2006) zunehmend über Sozialraumbudgetierung als mögliche Finanzierungsform diskutiert, ein Vorschlag, der ebenfalls auf den bereits zitierten Bericht der KGSt (1998) zurückgeht. Während die fachlichen Standards der Sozialraumorientierung nur vereinzelt für Kritik sorgten, ist es insbesondere die Verknüpfung mit Sozialraumbudgets die immer wieder zu kritischen Auseinandersetzungen geführt hat (Dahme/Wohlfahrt 2005). Mehr noch: Die Auseinandersetzung um Sozialraumbudgets dominiert und überlagert in weiten Teilen die Diskussion um sozialraumorientierte Ansätze in der Sozialen Arbeit.

Die Logik der Befürworter der Budgets ist recht einfach: Das fachliche Konzept der Sozialraumorientierung, könne nicht mit den klassischen auf den Einzelfall orientierten Finanzierungsmodellen finanziert werden. Das alte Finanzierungskonzept beschränke die Handlungsfähigkeit der öffentlichen und freien Träger, die so nur auf das Notwendigste reagieren könnten. Ihnen würden Spielräume fehlen mit denen sie planen könnten, so dass sie nur kurzfristig und nur die bereits aufgetretenen Fälle bearbeiten könnten.

Es würden stattdessen, dem fachlichen Konzept der Sozialraumorientierung angemessene, Modelle zur Finanzierung benötigt, die den Anwendern Spielräume schaffen, in denen sie über ein Mindestmaß an Entscheidungsfreiheit verfügen. Dieses Finanzierungsmodell soll nun das Sozialraumbudget darstellen und die Finanzierungen über Einzelleistungen, Fachleistungsstunden und zweckgebundener Zuwendungen – vollständig oder zumindest teilweise – ersetzen (vgl. hierzu insbesondere Hinte/Litges/Springer 1999 und 2003).

Das Sozialraumbudget zielt grundsätzlich darauf ab in einem „definierten Berechnungszeitraum (in der Regel das Haushaltsjahr) (...) unter Verzicht auf detaillierte innere Zuordnung und Differenzierung Mittel mit einem präzisen Leistungsauftrag in die Verantwortung sozialräumlich tätiger Institutionen [zu d.V.] gegeben. (...) Ein Sozialraumbudget ist also die kalkulatorische Zusammenfassung von verschiedenen Kostenaspekten, die in einem begründbaren inneren Zusammenhang stehen und das kostenmäßige Abbild von Maßnahmen und Leistungen darstellen" (Hinte/Litges/Groppe 2003, S. 39).[6]

An die Budgets werden dabei einige Bedingungen geknüpft, so formuliert W. Hinte, dass die Geldtransfers im Rahmen von Budgets „auf Verträgen beruhen [müssen d.V.], in denen Ziele und Qualitätsstandards der zu erbringenden Leistung beschrieben sind und die die Vertragspartner auf ein von beiden Seiten akzeptiertes Controllingverfahren festlegen, das in einer Atmosphäre wechselseitigen Vertrauens und nachvollziehbarer fachlicher Standards durchgeführt wird" (Hinte 1999, S. 105). Die hier formulierten „Ansprüche" bewegen sich ganz im Spektrum der von den Sozialgesetzen mittlerweile flächendeckend eingeforderten Qualitäts-, Leistungs- und Entgeltvereinbarungen zwischen öffentlichen Geldgebern und (Freien) Trägern und folgt dem Modell des Kontraktmanagements, d.h. der Steuerung der Leistungserbringung sozialer Dienste über Verträge.

Während Sozialraumbudgets für die Träger der Sozialen Arbeit mithin ein mehr an Flexibilität im Einsatz der Mittel und damit in der Erledigung der avisierten Ziele verspricht, gehen die Motive der öffentlichen Geldgeber durchaus darüber hinaus, wie Dahme/Wohlfahrt (2005, S. 267) hervorheben: „Das sozialpädagogische Arbeitsprinzip der Sozialraumorientierung wird in den letzten Jahren immer häufiger zwischen öffentlichen Kostenträgern und Leistungserbringern (freien Trägern) mittels Leistungsvereinbarungen (Kontraktmanagement) festgeschrieben. Die Erbringung der vertraglich vereinbar-

---

6 Ganz allgemein kann aus der Perspektive der Anbieter sozialräumlicher Hilfen das Ziel dieser Finanzierungsform darin gesehen werden, dass finanzielle Ressourcen flexibel für die Arbeit im Sozialraum verwendet werden können. So formuliert Josef Koch (2000, S. 19): „Ziele und Vorteile der Finanzierungsmodelle, die als Steuerungsgröße den sozialen Raum wählen, liegen darin, dass Finanzmittel frei werden, um jenseits des Einzelfalls in den Aufbau und die Pflege sozialer Netze auch im Dienst der präventiven Verhinderung sozialer Probleme zu investieren."

ten Leistung durch die Träger sozialer Einrichtungen und Dienste in einem Sozialraum wird über Sozialraumbudgets finanziert. Sozialraumbudgets sind Geld- und Mengeneinheiten, die sich aus Sachzielen ableiten und auf einen vorgegebenen Zeitabschnitt beziehen. Die den Sozialraumbudgets zugrunde liegenden Sachziele sind alle in einem Sozialraum in einem vereinbarten Zeitraum anfallenden Hilfen (z.b. Hilfen zur Erziehung nach § 27 ff. KJHG). Sozialraumbudgets sind wie Budgets überhaupt gedeckelte (plafondierte) Geldmengen mit denen alle vertraglich vereinbarten Leistungen zu finanzieren sind; die Mittelbegrenzung soll zu mehr Flexibilität in der Arbeit und zu mehr Wirtschaftlichkeit in den sozialen Diensten und Einrichtungen beitragen."

Jenseits aller sozialrechtlichen Probleme einer solchen Budgetierungspolitik (vgl. dazu zusammenfassend Dahme/Wohlfahrt 2005) offenbart sich die Attraktivität sozialraumorientierter Modelle für die kommunale Sozialpolitik: Sie versprechen 1. Spareffekte durch die Mobilisierung vorhandener Ressourcen, 2. Spareffekte durch eine optimierte Zusammenarbeit der Träger im Sozialraum, 3. die Steigerung der Effizienz der angebotenen Leistungen und 4. eine kontrollierte Kostenentwicklung durch gedeckelte Budgets und damit letztlich einer Risikoverlagerung (etwa falls Probleme im Sozialraum eskalieren oder sich als nachhaltiger erweisen, als angenommen) in den Sozialraum bzw. auf die Träger der Angebote. Insgesamt nicht wenig „harte" Gründe für die Konjunktur der Sozialraumorientierung.[7] Genug Grund aber auch danach zu fragen, ob die fachliche Idee sozialraumorientierter Hilfen von dieser sozialpolitischen Funktionalisierung unbeschadet bleibt.

(f) Einschätzung und Diskussion: Wie beschrieben, kann von einem einheitlichen Konzept Sozialraumorientierung innerhalb der Sozialen Arbeit keine Rede sein, zahlreiche Konzepte verweisen indirekt oder direkt auf einen Bezug zum Sozialraum. Die Abgrenzungen sind dabei nicht immer stringent und selbst innerhalb der Kinder- und Jugendhilfe – als das Arbeitsfeld in dem das Konzept der Sozialraumorientierung in den letzten Jahren den meisten Staub aufgewirbelt hat – existieren ganz unterschiedliche Verständnisse von dem was mit Sozialraumorientierung gemeint sein könnte. Bei aller Differenz und Vielfalt zeigt die Debatte allerdings nachdrücklich, dass sich – bei aller Unterschiedlichkeit in der konkreten Ausgestaltung – die Orientierung am Sozialraum zum selbstverständlichen Arbeitsprinzip in der Sozialen Arbeit entwickelt hat. Dieser gemeinsame Ausgangspunkt

---

7 Dahme/Wohlfahrt betonen in diesem Sinne: „Kaum ein Jugendamt kann sich den Versprechungen der neuen Sozialraumkonzepte verschließen, denn die damit verbundenen Hoffnungen auf Fallvermeidung wie auf Aktivierung von Ressourcen im Gemeinwesen sind ... für die finanziell strapazierte Jugendhilfe verlockend. Sozialraumorientierung ist das Versprechen (mal offen, mal versteckt), die Kosten in der Jugendhilfe durch dieses sozialpädagogische Arbeitsprinzip besser in den Griff zu bekommen und die Arbeitsweise der Mitarbeiter sozialer Dienste wirkungsvoller zu gestalten. Das macht Sozialraumorientierung für die Sozialverwaltung zur Steuerung sozialer Dienste gegenwärtig hoch attraktiv.

wird jedoch höchst feld- und interessensspezifisch ausbuchstabiert. Es kann also durchaus von einem Boom des Sozialraums gesprochen werden, der sich jedoch in höchst unterschiedliche Gewänder kleidet.

Als fachliches Prinzip innerhalb der Sozialen Arbeit ist die Ausrichtung am Sozialraum kaum zu diskutieren oder gar zu kritisieren. Im Gegenteil: Die allgemeine Ausrichtung am Sozialraum ist mittlerweile ein Essential der fachlichen Kultur Sozialer Arbeit. Wenn im Folgenden die Diskussion um Sozialraumorientierung kritisch beleuchtet werden soll, kann es also nicht darum gehen, das sozialräumliche Prinzip Sozialer Arbeit in Frage zu stellen.

Gerade auf dem zu Beginn skizzierten Hintergrund, dass sich die neue Sozialraumdebatte im Spannungsfeld von fachlicher Weiterentwicklung und marktorientiertem Umbau des Sozialsektors entwickelt hat und bewegt, ist es allerdings notwendig nach möglichen Problemzonen, blinden Flecken und Gefahren der „Sozialraumeuphorie" zu fragen. In der hier gebotenen Kürze sind es vor allem drei Punkte, die kritisch anzumerken sind.

(1) Der erste Kritikpunkt ist recht grundlegender Art und wurde schon in der Auseinandersetzung mit gemeinwesen- bzw. stadtteilorientierten Konzepten vorgetragen.[8] Im Konzept der Sozialraumorientierung wird weitestgehend von der folgenden Annahme ausgegangen: „Im Stadtteil, das heißt in ihrem Wohnumfeld, erfahren Bewohner/innen – neben ihrem Arbeitsplatz – ihre sozialen und materiellen Probleme sehr konkret … Dort bearbeiten sie sie bzw. leben mit ihnen. Im Gegensatz zu Bezugspunkten wie ‚Gesamtstadt' oder ‚Region' ist der Stadtteil für seine Bewohner/innen ein überschaubarer Lebensbereich." (ISSAB 1989, S. 36) Ein grundlegendes Problem dieser Sichtweise ist, dass der soziale Nahraum zwar der Ort ist, wo die Menschen mit ihren Problemen leben, nach Lösungen suchen, ihren Alltag gestalten, er ist aber nur selten der Ort, wo auch die Ursachen zumeist komplexer Problemlagen liegen. Armut und Arbeitslosigkeit etwa sind keine Probleme, deren Ursachen primär im lokalen Raum zu finden wären. Im Gegenteil: Global, zumindest überregional verursachte soziale Problemlagen werden lokal entsorgt und führen zu einer sozialräumlichen Konzentration solcher Problemlagen in „belasteten Stadtteilen".[9] Insofern

---

8 So schreibt C. W. Müller in den 1970er Jahren in Bezug auf die Gemeinwesenarbeit (1973, S. 217): „Wer heute in der Bundesrepublik Deutschland Gemeinwesenarbeit betreibt, muss sich darüber im Klaren sein, dass er dies unter Umständen tut, die durch Gemeinwesenarbeit selbst prinzipiell nicht zu verändern sind." Diese Feststellung kann darüber hinaus für die gesamte Soziale Arbeit ausgeweitet werden. Im Kern geht es bei der oben angebrachten Kritik somit nicht darum der Sozialraumorientierung anzukreiden, dass sie bestimmte Probleme nicht beheben kann. Es geht vielmehr darum aufzuzeigen, dass nicht falsche Hoffnungen mit dem Konzept verbunden werden und sich mit der Sozialraumorientierung Probleme fokussiert werden, die im Sozialraum schlicht nicht zu lösen sind. Jede noch so motivierte Bürgerinitiative wird an bestimmten Dingen wohl nichts ändern können.
9 Häußermann/Kronauer/Siebel (2004) haben den Prozess der sozialen Segregation der Städte und die zunehmende Herausbildung von Armutsquartieren als Folge von neoli-

ist es naiv, globale Probleme lokal lösen zu wollen. In diesem Sinne formuliert Mechthild Wolff (2002, S. 48 f.), „Jugendhilfe würde einem Fehler unterliegen, wenn sie glaubte, alle Probleme, die in einem Stadtteil entstehen, auch dort regulieren zu können." Am augenfälligsten erscheint dies in Bezug auf die Betroffenheit der BewohnerInnen eines Sozialraums von Arbeitslosigkeit. Ob jemand Arbeit hat oder nicht entscheidet sich nicht im Sozialraum, sondern unterliegt einzig der Logiken der an Effizenz und Effektivität orientierten und an Gewinnmaximierung interessierten flexiblen Arbeitsgesellschaft. Diejenigen die den Anforderungen der flexiblen Arbeitsgesellschaft nicht gerecht werden (können), partizipieren auch nicht an dieser, werden in „Trainingscamps" geschickt oder schlicht aussortiert.[10] Das konkrete Problem entsteht weder im Sozialraum, noch kann realistisch davon ausgegangen werden, dass es im Sozialraum gelöst werden kann. In diesem Sinne betonen Michael Krummacher u.a. (2003, S. 573) für das Quartiersmanagement in sozial problematischen Stadtteilen: „Wenn es aber richtig ist, dass die Problemursachen der benachteiligten Stadtteile aus der ‚Mitte' der Gesellschaft herrühren und in den betroffenen Quartieren lediglich konzentriert ‚abgelagert' werden, hat Häußermann mit seiner Aussage natürlich recht, dass diesen Problemen mit quartiersbezogener Politik auch kaum beizukommen ist, und der grundlegende Mangel des Programms darin besteht, dass die Ursachen und Rahmenbedingungen, die zur Herausbildung von Armutsquartieren führen, damit nicht zum Gegenstand einer Politik für eine sozial integrierte Stadtpolitik gemacht wird." Die Annahme ist durchaus nicht unbegründet, dass es bei entsprechenden Ansätzen häufig eher um die „Ruhigstellung ausgegrenzter Bevölkerungsgruppen" (ebd., S. 573) und die „Ordnungspolitische Befriedung der ... gespaltenen Stadt" (ebd., S. 573) geht, als um eine nachhaltige Verbesserung der Integrationschancen.

Als problematisch wird in diesem Zusammenhang überdies gesehen, dass sozialräumliche Ansätze in einer gespaltenen Gesellschaft selbst zur sozialräumlichen Segregation beitragen, indem sie das Feld zum Fall machen. „Schließlich birgt eine Festlegung auf ein eng und dogmatisch ausgelegtes Konzept sozialraumorientierter Arbeit – und dem damit einhergehenden Postulat ‚vom Fall zum Feld' – die Gefahr, die mit der Dienstleistungsorientierung und der Institutionalisierung individueller Rechte bereits überwunden schien: Es kann dadurch einer Entwicklung Vorschub geleistet werden, die das Feld zur pädagogischen Handlungseinheit und damit selbst zum Fall macht. Damit werden jedoch eine einseitige Defizitorientierung und Stigmatisierung von benachteiligten Räumen erzeugt, die zuvor auf in-

---

beraler (Wirtschafts-)Politik und Sozialstaatsab- und umbau nachdrücklich analysiert und beschrieben.
10 Zygmunt Baumann (2005) spricht in diesem Sinne von der „Produktion menschlichen Abfalls" (ebd., S. 59), die durch den Abbau sozialstaatlicher Sicherung forciert wird.

dividueller Ebene zu verhindern versucht wurden." (Köngeter/Eßer/Thiersch 2004, S. 89 f.; vgl. auch Kessl 2006)[11]

(2) Die Kritik die in den letzten Jahren die Diskussionen in besonderer Weise dominiert hat ist der Vorwurf, dass die Sozialraumorientierung sich insbesondere von der Logik der Verwaltungsmodernisierung instrumentalisieren lasse und in erster Linie Sparinteressen diene, fachliche Intentionen und Inhalte demgegenüber sekundär blieben. In diesem Sinne betont Mechthild Wolf, dass „die Sozialraumdebatte hauptsächlich um Finanzierungs- und Planungsfragen kreist" (Wolff 2002, S. 48). Es stellt sich demnach die Frage, ob die Orientierung am Sozialraum nicht „als ein Steuerungsinstrument zur Restrukturierung des gewachsenen Systems sozialer Dienste im lokalen Sozialstaat gewertet werden muss und sich damit nicht dem Motiv verdankt, mit den Instrumenten der Gesamtverwaltung auf die Veränderung sozialer Lebenslagen einzuwirken, sondern konkreten Einsparungswünschen bei einzellfallbezogenen Hilfen geschuldet ist" (Krummacher u.a. 2003, S. 579). Für Dahme/Wohlfahrt (2005, S. 267) ist unübersehbar, dass der Boom der Sozialraumorientierung darauf abzielt, „das ganze System der Jugendhilfe neu zu strukturieren und neue Steuerungsprinzipien für die Jugendhilfe zu entwickeln. Dabei geht es ganz wesentlich darum die gewachsenen Beziehungen zwischen ‚Kostenträgern' und ‚Leistungserbringern' vor Ort neu zu ordnen und eine (raumbezogene) Abstimmung der Leistungserbringung herbeizuführen."

Die Kritik, dass die Sozialraumorientierung aktuell hauptsächlich dazu dient Kosten zu senken hat die Auseinandersetzung um die Sozialraumbudgetierung in das Zentrum der Fachdiskussion gerückt. Und in der Tat werfen gedeckelte Budgets einige fundamentale Probleme auf (vgl. zur Übersicht Dahme/Wohlfahrt 2005). Was bedeutet etwa der Abschied vom Prinzip, dass die Kosten den zu bearbeitenden Problemen folgen, in der Praxis Sozialer Arbeit? Was passiert, wenn es in einer Familie „knallt", es aber leider Ende November ist und das Budget aufgebraucht? Was ist mit dem Wunsch- und Wahlrecht der Nutzerinnen und Nutzer der Kinder- und Jugendhilfe, wenn Leistungen nur noch „synergetisch" in Abstimmung der Träger untereinander angeboten werden? Und wer handelt die Weitergabe

---

11 In eine ganz ähnliche Richtung weisen die Ergebnisse von Chantal Munsch und Maren Zeller (2005), die im Rahmen der Begleitforschung zum Bundesmodellprojekt INTEGRA die Bedeutung sozialer Räume für Jugendliche herausgearbeitet haben. Sie zeigen welche Ressourcen von diesen ausgehen, weisen jedoch auch darauf hin, dass der jeweilige Sozialraum von den Jugendlichen auch als unrelevant oder sogar belastend erlebt werden kann. Sie arbeiten so zum Beispiel heraus, dass die Jugendlichen bestimmte soziale Räume als stigmatisierend erleben und den Wunsch äußern sich von den sozialen Räumen, und ihrem damit in Verbindung stehenden Herkunftsmilieu zu emanzipieren. Die AutorInnen weisen damit nachdrücklich darauf hin, dass die Orientierung am sozialen Raum sich nicht auf organisationsbezogene Fragen beziehen darf, sondern der Sozialraum als Lebenswelt, und damit nur vor dem Hintergrund der Deutungs- und Handlungsmustern sowie der Lebensgeschichte der AdressatInnen, verstanden werden muss (vgl. Munsch/Zeller 2005, S. 287f.).

von Budgetkürzungen im Sozialraum aus? Flächige empirische Befunde über die durchaus vielfältige Praxis der Sozialraumbudgets und vor allem ihrer Auswirkungen auf die sozialpädagogische Infrastruktur stehen bislang noch aus. Für Albert Krölls (2002, S. 198): besteht nichtsdestotrotz der „Grundkonstruktionsfehler der Sozialraumbudgetierung ... in der Verknüpfung der Idee der Sozialraumorientierung mit den sparpolitischen Imperativen der Jugendhilfeadministration, die im Wege des vorauseilenden haushaltspolitischen Gehorsams als positive Grundlage zur Umsetzung innovativer Konzeptionen der Jugendhilfe betrachtet werden". Krölls schlägt stattdessen „die Auflösung der unseligen Verknüpfung zwischen Sozialraumorientierung und Sozialraumbudgetierung" vor. „Die Jugendhilfe braucht keine Sozialraumbudgetierung. Sie braucht eine konsequente Umsetzung der einzelfallbezogenen Hilfen des KJHG. Sie benötigt parallel hierzu einen sozialräumlichen Ansatz, der allerdings nicht auf Kosten der Hilfen zur Erziehung geht, sondern die einzelfallbezogenen Hilfen sinnvoll ergänzt." (Krölls 2002, S. 198)

3. Während der Vorwurf, Sozialraumorientierung sei in der kommunalen Praxis zum Instrument der Kostenkontrolle und -reduktion verkommen, das zudem der Implementierung neuer Steuerungsformen sozialer Dienstleistungen dient, sich vor allem auf die möglichen problematischen Folgen für die Anbieter und Angebote Sozialer Arbeit konzentrieren, stellt eine weitere Kritiklinie Sozialraumorientierung in einen umfassenderen sozialpolitischen Kontext. Demnach ist die neue sozialpädagogische Sozialraumdebatte „einen Bund mit der aktivierenden, präventionsorientierten Sozialpolitik eingegangen" (Dahme/Wohlfahrt 2005, S. 267). Der aktivierende Wohlfahrtsstaat setzt vor allem auf zwei Prinzipien: Mehr Markt und mehr Eigenverantwortung der Betroffenen (was im Grunde nichts anderes meint, als eine beschönigende Formulierung für den flächendeckenden Abbau sozialer Sicherungselemente), die er zur Not mittels Druck und Sanktionen „aktiv einfordert". Als einzig legitimes Ziel wohlfahrtsstaatlicher Förderung bleibt die Beschäftigungsfähigkeit (in Neu-Deutsch: Employability) der Betroffenen, die gefordert und gefördert wird. Die starke Betonung der Eigenaktivität der Betroffenen im Konzept der neuen Sozialraumorientierung passt mithin ebenso nahtlos in die Philosophie des aktivierenden Sozialstaats, wie die Installierung neuer Steuerungsinstrumente.

Studien etwa zum Quartiersmanagement im Rahmen des Programms „Soziale Stadt" zeigen, dass sich die sozialräumlichen Strategien der Arbeit in benachteiligten Wohngebieten auf vielfältiger Art und Weise an der Realisierung der autoritären Strategie des Forderns und Förderns beteiligt (vgl. dazu ausführlicher die Anmerkungen zum Case Management in der Arbeits- und Sozialverwaltung in Kapitel 16) (vgl. Krummacher u.a. 2003; Eick 2005): So wird im Rahmen des Quartiersmanagements ebenso an der regionalen Durchsetzung der workfare-Strategien mitgewirkt, wie an der Produktion von Ordnung und Sicherheit im Stadtteil (z.B. durch die Mitarbeit in kriminalpräventiven Räten, den Einsatz von lokalen Non-Profit-

Sicherheitsdiensten und auch die Ausgrenzung besonders auffälliger Teilgruppen der Bevölkerung). Nach Auffassung von Volker Eick (2005, S. 116) „kann also keine Rede davon sein, dass sozialpolitische Problemlagen in QM-Gebieten ausschließlich sozial(integrativ) bearbeitet werden, denn eine ordnungs- und sicherheitspolitische ‚Aktivierung' ist ebenso präsent".[12] Für Eick stellt sich das sozialraumorientierte Konzept des Quartiersmanagement deshalb dar als moderne „Regierungsform, als eine ‚Methode des Regierens .... die auf die Etablierung eigenverantwortlicher, sich selbst regierender Gemeinschaften zielt" (ebd., S. 118). Ebenso warnen Dahme/Wohlfahrt (2005, S. 276): „Sozialraumorientierung mittels Sozialraumbudgets in der Jugendhilfe stärker zu implementieren könnte sich im Gefolge der auf ‚Fördern und Fordern' programmierten neuen Sozialpolitik leicht darauf reduzieren, diejenigen, denen eigentlich geholfen werden soll, dazu zu aktivieren, sich selbst zu helfen." Und diejenigen, die sich nicht aktivieren lassen – so könnte man weiterführen – bekommen die ordnungspolitischen Seiten des Quartiersmanagement zu spüren. Gerade auf dem Hintergrund der sozialpolitischen Entwicklungstendenzen der letzten Jahrzehnte, einer zunehmend sozial gespaltenen Gesellschaft mit wachsender Armut und Arbeitslosigkeit besteht die Gefahr, das sozialraumorientierte Ansätze, die sich zumeist auf belastete und benachteiligte Räume konzentrieren, angesichts zunehmender subjektiver Unsicherheit und Desintegrationsgefahr immer weniger Integrationshilfen leisten, als vielmehr die neue Spaltung der Gesellschaft sozialräumlich moderieren und kontrollieren (vgl. Kessl 2006).

 Tipps zum Weiterlesen:

Kessl, F./Reutlinger, C./Maurer, S./Frey, O. (Hrsg.): Handbuch Sozialraum, Wiesbaden 2005.

Merten, Roland (Hrsg.): Sozialraumorientierung, Zwischen fachlicher Innovation und rechtlicher Machbarkeit, Weinheim/München 2002.

---

12 Krummacher u.a. (2003, S. 580) kommen in ihrer Studie zum Programm Soziale Stadt zu dem Befund, „dass Sicherheits- und Präventionsaspekte wieder in vielen Programmen und künftig wohl generell dominant werden für die Implementierung von Quartiersmanagement und Sozialraumorientierung".

26. Prävention

(a) *Begriff und Bedeutung:* Definiert man Prävention in einer ersten Annäherung als ein „vorbeugendes Eingreifen" (vgl. Böllert 2005, S. 1964), das auf die Verhinderung möglicher Gefahren und Schädigungen abzielt, und es abgrenzt gegen Intervention als „nachgehenden Eingriff", als Reaktion auf einen bereits eingetretenen „Schaden", so scheint damit eine Vorgehensweise angesprochen, wie sie sich jede Helferin und jeder Helfer in seinen idealen Vorstellungen wünscht: Einzugreifen und zu helfen, „bevor das Kind in den Brunnen gefallen ist". „Vorbeugen ist besser als heilen" gebietet die Vernunft, wer könnte irgendetwas gegen diese Alltagsweisheit einwenden?

Und in der Tat lässt sich in den letzten Jahren ein deutlicher Boom von Präventionskonzepten feststellen, der das gesamte Spektrum sozialer und sozialpädagogischer Fragestellungen umfasst: Von der Kriminalprävention über die Gesundheitsvorsorge, von der Gewaltprophylaxe bis zur Unfallverhütung, von der Sexualaufklärung bis zur frühzeitigen Sprach- und Bildungsförderung, immer häufiger werden Maßnahmen mit dem Hinweis auf mögliche Defizite, Gefahren und Bedrohungen zu einem späteren Zeitpunkt legitimiert. „Zu Beginn des neuen Jahrtausends hat Prävention als Metakategorie der Sozialpädagogik Einzug gehalten in sämtliche Felder der Jugendhilfe: in Kindertagesstätten und in die Erziehungsberatung, in Selbstbehauptungstrainings und Wendo-Kurse, in Konfliktlotsenprojekte und soziale Trainingskurse, in Mediatoren-Ausbildungen und Erlebnispädagogik, in Konzepte stationärer und ambulanter Maßnahmen, in Peer-Education, Peer Involvement und Peer Counceling, in der Jungenarbeit (als Gewaltprävention), in präventive Räte und etliche verwandte Gremien, in Mitternachtssport und Stadtteilfeste, in schulbezogene Modellprojekte und ambulante Anti-Aggressivitätstrainings" (Lindner/Freund 2001, S. 71 f.). Nach Manfred Kappeler (2005, S. 32) steht Prävention im „Fokus des professionellen Selbstverständnisses, (ist, M.G.) zum zentralen Thema von Theorie und Praxis Sozialer Arbeit geworden und damit sicherlich zu einem bedeutenden Element der ‚Kultur' dieses Berufs."

Prävention ist „in" und eine solide präventive Begründung von Projekt- und Förderanträgen dürfte die „Erfolgschancen" in der aktuellen Förderlandschaft nicht eben schmälern. Grund genug, etwas genauer hinzuschauen, ob vorbeugen wirklich immer besser ist als heilen. Den schon ein flüchtiger Blick auf die oben angeführte Arbeitsdefinition von der Prävention als ein Handeln, das zukünftigen Gefahren vorbeugt, das sich zum Ziel setzt, „dem Eintritt eines antizipierten, unerwünschten Phänomens zuvorzukommen" (Lindenberg/Ziegler 2005, S. 611), offenbart, das präventives Handeln höchst voraussetzungsreich ist:

- Zum einen muss man, um präventiv handeln zu können, eine Vorstellung davon haben, welches „Verhalten" man für „gefährlich" und welches für

„normal" hält. Kurz: Hinter jeder Präventionsabsicht der Abwendung von Schaden steht eine normative Vorstellung von richtigem und falschem Verhalten etc. In diesem Sinne betont Walter Hornstein (2001, S. 30), dass „Prävention immer mit Macht und der Durchsetzung von Interessen verbunden ist, und es sind – selbstverständlich – die ‚herrschenden' Interessen, die sich dabei durchsetzen."

- Zum anderen muss man über genügend Wissen verfügen und eine vergleichbar klare Vorstellung davon haben, welche Lebensumstände und welche Lernerfahrungen, zu welchen als problematisch erachteten Lebens- und Verhaltensweisen führen können. Kurz: Man muss über eine Prognosefähigkeit verfügen, die es erlaubt, von gegenwärtigen Erfahrungen auf zukünftige Ereignisse zu schließen, ein in Bezug auf Menschen nicht eben wenig waghalsiges Unternehmen. „Wer die Wahrscheinlichkeit des Eintretens oder das Ausmaß von Schadensfällen minimieren will, muss die Bedingungen kennen, die sie hervorbringen. Ohne Ätiologie keine Prognostik, ohne Prognostik keine Prävention." (Bröckling 2002, S. 45)
- Zum dritten sollte man über erprobte und wirksame Instrumente verfügen, um die Gefahren abzuwenden, um etwa die Habitualisierung nicht erwünschter Verhaltensweisen Jugendlicher zu verhindern, wie z.B. Suchtkarrieren, Verfestigung gewalttätiger oder anderer krimineller Subsistenzweisen.

Prävention konstituiert mithin einen normativ auf Zukunft orientierten Handlungsrahmen, der erhebliche Störanfälligkeiten aufweist. Auf diesem Hintergrund lässt sich Prävention aus fachlicher Perspektive wie folgt definieren:

❗ „Der gemeinsame Bezugspunkt aller Definitionen des P.-Begriffs ist der Rückgriff auf ein verbindliches Inventar an Normalitätsstandards (kodifiziert Rechtsnormen und alltagsweltliche Normalitätserwartungen), das die normativen Grenzlinien zwischen normalen und akzeptablen Verhaltensweisen auf der einen und abweichenden und damit unerwünschten Verhaltensweisen auf der anderen Seite markiert. Auf der Grundlage dieser normativen Grenzziehung bezeichnet der Begriff der Prävention dann die Summe jener Maßnahmen, die die Übereinstimmung der Gesellschaftsmitglieder mit diesen Normalitätsstandards sichern und so Störungen der gesellschaftlichen Ordnung im Vorgriff ausschließen." (Herriger 1996, S. 371)

Legt man dieses Verständnis zu Grunde, so ist nachvollziehbar, warum der Präventionsgedanke für die Soziale Arbeit von so bestechender Anziehungskraft zu sein scheint. So weisen etwa Walter Hornstein (2001) und Manfred Kappeler (2005) darauf hin, das Prävention im Sinne von „vorsorgender Normalisierung" an der Wiege der beruflichen Sozialen Arbeit stand, deren zentrale Funktion Thomas Olk Mitte der 1990er Jahre treffend als „Bewahrung und Reproduktion von Normalzuständen bzw. Normalverläufen" (Olk 1986, S. 6) beschrieben hat.

In der fachlichen Diskussion hat der Präventionsbegriff Anfang der 1990er Jahre eine Aufwertung erfahren, indem ihn der 8. Jugendbericht der Bundesregierung (vgl. BJFFG 1990) zur Strukturmaxime einer lebensweltorientierten Kinder- und Jugendhilfe erklärte (vgl. ebd., S. 85). Allerdings betont die Berichtskommission, dass Prävention nicht als Synonym Sozialer Arbeit schlechthin angesehen werden darf. „Präventive Orientierung ist nicht ein Konzept zur Struktur von Jugendhilfe überhaupt, sondern ein Moment in ihr" (ebd., S. 86).

(b) Dimensionen und Formen von Prävention: Die Konjunktur präventiver Handlungsansätze ist nicht auf bestimmte Handlungsfelder eingeschränkt, auch wenn die Bereiche der Kriminalprävention und der Gesundheitsvorsorge die traditionsreichsten und am breitesten diskutierten Felder sein dürften. Grundsätzlich aber bleibt von der Präventionslogik kein Feld ausgenommen, von der Ernährung bis zum Suchtverhalten, vom Umgang mit dem Computer bis zum Bildungserfolg, von aggressiven Verhaltensweisen bis zur Verschuldung.

In der Fachdebatte haben sich einige begriffliche Differenzierungen durchgesetzt, die das Feld präventiver Handlungsstrategien zu strukturieren hilft.

(1) Eine erste Differenzierung bezieht sich auf die Zielperspektive präventiver Handlungsstrategien. Grundsätzlich kann man dabei zwischen (a) Verhaltensprävention und (b) Verhältnisprävention unterscheiden, also einer Prävention, die sich (a) auf die Veränderung von Verhaltensweisen bei Menschen konzentriert, die als problematisch erachtet werden, und Präventionsstrategien, die (b) ihr Augenmerk auf die Veränderung von Lebensbedingungen legen, die Gefährdungssituationen bedingen könnten, wie z.B. schlechte Wohnverhältnisse, mangelnde Qualität und Quantität von Bildungsangeboten, Fehlen einer sozialen Infrastruktur etc.

Diese Unterscheidung findet sich in unterschiedlichen Begrifflichkeiten wider. So spricht Herriger (1996, S. 371 f.) von personenbezogenen und strukturbezogenen Präventionsangeboten. „Maßnahmen strukturbezogener P. richten sich auf die Gestaltung sozialräumliche Lebensverhältnisse. Ihr Ansatzpunkt sind jene sozialstrukturell geprägten Belastungen und Benachteiligungen, die relativ konstante Rahmenbedingungen für die Produktion von Abweichungen und sozialer Auffälligkeit sind. (...) Maßnahmen personenbezogener P. hingegen richten sich auf die vorsorgliche Vermeidung von konkreten Normverletzungen. Ansatzpunkt präventiven Handelns sind hier nicht Strukturen sozialer Ungleichheit, sondern frühe Störzeichen im konkreten Verhalten einzelner Kinder und Jugendlicher, in denen sich sozialstrukturelle Disparitäten subjektiv niederschlagen".[1]

---

[1] In der Kriminalprävention findet sich diese Unterscheidung tendenziell aufgehoben im Begriffspaar von Generalprävention und Spezialprävention.

Nach Einschätzung von Kappeler (2005) liegt der Schwerpunkt von Präventionsstrategien in der Praxis auf Verhaltensprävention. „Dem gegenüber spielt die Verhältnisprävention, die auf die Verbesserung der materiellen Lebensbedingungen für das Aufwachsen von Kindern und Jugendlichen in dieser Gesellschaft und auf die Verbesserung der Lebensbedingungen anderer tendenziell marginalisierter Gruppen (Menschen mit Behinderung, alte Menschen etc.) abzielt, kaum noch eine Rolle. Auch Herriger (1996) konstatiert die Dominanz personenbezogener Vorbeugungsstrategien und spricht von einer „Pädagogisierung des Präventionshandelns".[2]

(2) Eine zweite, gängige Differenzierung des Präventionsbegriffs bezieht sich auf den Zeitpunkt des „vorbeugenden Eingreifens". Schon in den 1960er Jahren unterschied der Mediziner Georges Caplan in Bezug auf Gesundheitsvorsorge zwischen primärer, sekundärer und tertiärer Prävention.

- Primäre Prävention meint demnach in Bezug auf Gesundheit die Verhinderung des Auftretens von Krankheiten und körperlichen Schädigungen (z.B. durch gesunde Ernährung und Sport, Impfschutz, Verzicht auf gesundheitsgefährdende Aktivitäten und Stoffe).

- Sekundäre Prävention setzt zum einen auf das Erkennen von Erkrankungen in einem möglichst frühzeitigen Stadium (z.B. durch Vorsorgeuntersuchungen). Nach Sunder (2002, S. 725) versteht man unter sekundärer Prävention in der Gesundheitsförderung in neuerer Zeit auch die Verhinderung von Rückfällen (z.B. eines zweiten Herzinfarkts).

- „Unter tertiärer P. kann sowohl die wirksame Verhütung bzw. Verzögerung der Verschlimmerung einer manifesten Erkrankung verstanden werden als auch die Verhinderung bzw. Milderung bleibender, insbesondere sozialer Funktionseinbußen (z.B. rehabilitative Maßnahmen bei chronischen Zuständen)." (Sunder 2002, S. 725)

Diese, zunächst für den Gesundheitsbereich entwickelte zeitliche Differenzierung des Präventionsbegriffs hat sich mittlerweile in allen Feldern generalisiert. Primäre Prävention zielt demnach allgemein auf die „Reduktion des Vorkommens eines spezifizierbaren Problems bzw. als gezielte Stärkung der Psychohygiene breiter Bevölkerungskreise. Primärprävention richtet sich also an jene Schichten der Bevölkerung, die das Problem, dessen Auftreten verhütet werden soll, noch nicht manifestiert haben" (Goetze 2001, S. 86). Unter Primärprävention in diesem Sinne können mithin all jene Maßnahmen zusammengefasst werden, die auf eine „vernünftige" Verhaltensregulation im Vorfeld von „Schadensfällen" abzielen, wie z.B. Gewaltprävention in der Schule, Sexualaufklärung, AIDS-Beratung, general-

---

2 Prävention wird demnach „von der Jugendhilfepraxis in ‚bewährten' Kategorien sozialarbeiterischen Handelns formuliert. Die vorgeschlagenen Vorbeugungsmaßnahmen zielen (1) auf die Vermittlung von Handlungskompetenzen, (2) auf die Einübung gelingender Krisenbewältigungsstrategien und (3) auf die Kanalisierung von Familienkonflikten in akzeptierte Verarbeitungsformen" (Herriger 1996, S. 372).

präventive Maßnahmen im Umfeld von Kriminalität (z.B. Verschärfung von Gesetzten und Strafverfolgung, Infokampagnen), Gesundheitsförderung etc.[3]

Sekundäre Prävention zielt nach dem Verständnis des Achten Jugendberichts auf „vorbeugende Hilfen in Situationen, die erfahrungsgemäß belastend sind und sich zu Krisen auswachsen können" (BMJFFG 1990, S. 85). Solche belastenden Lebenslagen, die eine sekundärpräventiven Unterstützung nahe legen, sind z.b. biographische Übergänge, Geburt eines Kindes, Arbeitslosigkeit, Scheidung, Verschuldung, Tod einer nahe stehenden Person. Hier gilt es Unterstützungssysteme strukturell zu etablieren, die in Krisensituationen wirksam die Chronifizierung von problematischen Lebenslagen und „dysfunktionalen" Reaktionsweisen verhindern. In der Fachdiskussion dominiert allerdings weniger ein strukturbezogenes Verständnis sekundärer Prävention, als ein personenbezogenes. Demnach setzt sekundäre Prävention „bei bereits erkennbaren Gefährdungen, Risiken oder Abweichungen ein und wird durch Angebote zur Früherkennung und Beratung sowie zur frühzeitigen Behandlung und Betreuung realisiert" (Sting/Blum 2003, S. 38). Sie zielt auf Risikogruppen bzw. auf Personen, die bereits auffallendes, als problematisch erachtetes, normabweichendes usw. Verhalten an den Tag gelegt haben und „sollen die Verfestigung abweichenden Verhaltens verhindern" (Böllert 2005, S. 1394). Beispielhaft für sekundärpräventive Strategien sind etwa Projekte und Angebote für „gefährdete" Zielgruppen wie Straßenkinder, Schulverweigerer, Fußballfans, arbeitslose Jugendliche, Kinder- und Jugendliche mit Migrationshintergrund, jugendliche Ersttäter etc. Im Bereich der kriminalpräventiven Angebote lassen sich etwa Diversionsmaßnahmen wie soziale Trainingskurse oder Anti-Agressions- bzw. Coolness-Training diesem Bereich zuordnen.

Bei der tertiären Prävention geht es um die Verhütung der Verschlimmerung negativer Folgewirkungen. Im Bereich der Gesundheitsprävention etwa versteht man unter tertiärer Prävention die „Verhinderung zurückbleibender Schäden oder Beeinträchtigungen, nach einer Störung oder Erkrankung am beruflichen und sozialen Leben teilzunehmen, sowie auf die Vermeidung von Rückfällen" (Sting/Blum 2003, S. 39). Aus verhaltenspräventiver Sicht meint tertiäre Prävention Maßnahmen, „die der Besserung, Nacherziehung und der Resozialisierung mit dem Zweck dienen, zukünftige Normverstöße zu vermeiden" (Böllert 2005, S. 1394). Tertiäre Prävention setzt also bildlich gesprochen dann ein, wenn das Kind schon in den Brunnen gefallen ist. Man versucht es vor dem Ertrinken zu bewahren.

---

3 Der Achte Jugendbericht (BMJFFG 1990) setzt allerdings – ganz im Sinne der Unterscheidung von personen- und strukturbezogener Prävention, einen anderen Akzent, wenn er betont, primäre Prävention ziele „auf lebenswerte, stabile Verhältnisse, auf Verhältnisse also, die es nicht zu Konflikten und Krisen kommen lassen" (ebd., S. 85). Primärprävention in diesem Sinne zielt weniger auf „Verhaltensregulation" durch frühzeitige Aufklärung, als vielmehr auf „sozialpolitische und kommunalpolitische Aktivitäten zur Gestaltung von Lebensverhältnissen" (ebd.).

Spätestens an dieser Stelle offenbart sich eine Begriffsproblematik, auf die hingewiesen werden muss: der Präventionsbegriff ähnelt einer Krake, die alles in ihre Fänge zu nehmen scheint. Wenn primäre Prävention sich an alle richtet und auf ein „gutes Leben" abzielt, sekundäre Prävention sich mit gezielten Angeboten an Risikogruppen und -personen wendet, um „schlimmeres zu verhindern" und tertiäre Prävention bereits manifest Erkrankte, Normverletzer, Gewalttäter etc. wieder auf den Weg des „guten Lebens" helfen will, so bleibt letztlich im Reaktionsspektrum nichts mehr übrig, was nicht Prävention ist. Anders ausgedrückt: In der umfassenden Logik des hier entfalteten Präventionsbegriffs existiert keine Differenz mehr zwischen Prävention und Intervention und letztlich jedes gezielte pädagogische Handeln gerät in die Fänge der präventiven Logik. Ist Sprachförderung etwa nicht präventiv, verhindert sie doch Analphabetismus? „Irgendwann ist dann alles Prävention, auch Kickern und Kaffeetrinken mit Jugendlichen" (Lindner/Freund 2001, S. 87).

(c) Konzepte und Ansätze der Prävention am Beispiel Suchtprävention: Der umfassende Charakter des Präventionsbegriffs bedingt, das es – zumal auf dem begrenzten Raum – nicht möglich ist, auch nur einen annähernden Überblick über Angebote und Maßnahmen zu geben, die sich als Prävention verstehen. Um zumindest einen Eindruck von der Vielfalt konzeptioneller und methodischer Vorgehensweisen im Feld der Prävention zu vermitteln, sollen im Folgenden unterschiedliche Konzepte der Suchtprävention beispielhaft vorgestellt werden.

Seit in den 1960er Jahren vermehrt illegale Drogen auch den „deutschen Markt" erreichen, setzt die Politik auf zwei Instrumente: a) einer verschärften Strafverfolgung der illegalen Drogenszenen und b) einer zumeist auf Abstinenz zielenden Drogenhilfe und Drogenprävention (vgl. Jungblut 2004). Franzkowiak (1996, S. 41 ff.) unterscheidet drei Phasen der Präventionspolitik in Deutschland, die entsprechend unterschiedliche Präventionskonzepte hervorgebracht haben.

Die erste Phase ist die der Drogenprävention. Ihr entspricht das *Konzept der abschreckenden Information* (Sting/Blum 2003, S. 69). Wer kennt Sie nicht, die abschreckenden 30 Minuten-Filme über die schrecklichen Folgen des Rauchens mit Großaufnahmen zerstörten Lungengewebes und von der Amputation bedrohter Raucherbeine, später, nach Cristiane F. die nicht enden wollenden „Standbilder" ausgemergelter Junkies mit einer Spritze im Arm zur Begleitmusik von David Bowie. „Die Drogenprävention begleitete den Kampf gegen die Drogen durch Strategien der Angsterzeugung, die jeden Kontakt mit illegalen Drogen verhindern sollten." (Ebd., S. 69) Auch wenn man seit den 1970er Jahren auf Angstkampagnen verzichtet, weil sie sich als wenig effektiv erwiesen, und statt dessen auf die abschreckende Kraft nüchterner Informationen setzt, hat sich der Kern dieser Strategie erhalten. „Es wird eine scheinbar wertneutrale Aufklärung betrieben, die der Zielgruppe die Entscheidung für oder gegen den Substanzkonsum überlässt und auf die Rationalität von Argumenten und Überzeugungen setzt" (ebd., S. 70). Beispielhaft für dieses Konzept der primären Suchtprävention sind etwa Informationskampagnen und -veranstaltungen zu den spezifischen Wirkungen spezieller Drogen (z.B. Kokain, Heroin, PEP, Extasy etc.).

Die zweite Phase ist die der Suchtprävention, die zwar ebenfalls auf die Sanktionierung illegaler Drogen setzt, zugleich aber Motive und Sinn von Risikoverhalten und Sucht zu verstehen versucht und entsprechende Angebote entwickelt. Ihr entspricht das *Konzept der funktionalen Äquivalente und der Risikoalternativen* (vgl. Sting/Blum 2003, S. 73 ff.). Nicht mehr die Stoffe und ihre Wirkungen stehen im Mittelpunkt, sondern das Subjekt und seine aktive Gestaltungskraft. In diesem Kontext werden etwa Befunde der Drogenforschung wahrgenommen, dass die Funktion des Konsums von Drogen in der Jugend im Zusammenhang mit den Besonderheiten dieser Lebensphase zu begreifen ist. Demnach hat Drogenkonsum im Jugendalter häufig episodischen Charakter und scheint überdies dem Such- und Erprobungscharakter dieser Lebensphase zu entsprechen (vgl. Reese/Silbereisen 2001). Ausgehend von dieser Wahrnehmung versuchen Präventionsangebote nicht mehr auf bedingungslose Abstinenz zu setzen, sondern zielen auf den „verantwortungsvollen Umgang mit Drogen", unterstützt durch das Angebot „funktionaler Äquivalenten" (vor allem in den Bereichen Sport, Erlebnis, Abenteuer und Medien wie z.B. in erlebnispädagogischen Segel- oder Kletterwochen, Filmprojekten, Street-Soccer-Turnieren, HipHop-Events usw.).

Die dritte Phase ist die der Gesundheits- und Entwicklungsförderung, Ihr entspricht *Konzept der Lebenskompetenzförderung* (vgl. Sting/Blum 2003, S. 76 f.) Diese Strategie der Suchtprävention setzt „an den Entwicklungsanforderungen der Individuen an, sie verfolgt also eine positive, ressourcen- und kompetenzorientierte Strategie. Darüber hinaus ist sie dem umfassenden Ansatz der Gesundheitsförderung verpflichtet und versucht durch Stärkung von Schutz- und Protektivfaktoren gegenüber Suchtentwicklungen zu immunisieren" (Sting/Blum 2003, S. 76). Ziel ist mithin eine allgemeine Stärkung der Persönlichkeit, des Selbstbewusstseins und der Selbstbehauptung von z.B. Kindern und Jugendlichen, in der Hoffnung, dass sie, so gefördert, leichter den Verlockungen von Sucht und Drogen widerstehen. Jungblut (2004, S. 271 f.) verweist etwa auf geschlechtsbezogene Projekte, die auf die Förderung von Selbstbewusstsein und Selbstwertgefühl, eine bewusste Körperwahrnehmung, die Förderung von Durchsetzungsvermögen, Autonomie und Selbstbestimmung sowie auf das Einüben von Konfliktbewältigungsstrategien setzen und dies mittels einer Kombination aus medienpädagogischen Projekten, geschlechtsspezifischer Erlebnisangebote, Workshops zur Selbstbehauptung und Selbstverteidigung sowie Gruppenarbeiten und Rollenspielen zu erreichen beabsichtigen. Typisch für „moderne" Suchtpräventionsprogramme dieses Typs ist die Kombination aus allgemeiner Persönlichkeitsförderung, Stärkung suchtbezogenen Abwehrverhaltens und der Vermittlung stoffspezifischer Informationen. Von Bedeutung sind in diesem Zusammenhang auch jene Ansätze, die auf die Jugendlichen selbst als Mittler in der Präventionsarbeit setzen (peer-education bzw. peer-mediation-Ansätze).

Über diese drei Konzepte hinaus nennen Sting/Blum (2003) zwei weitere Konzepte und Strategien der Suchtprävention. Das *Konzept der Schadensminimierung* ist zwischen Sekundär- und Tertiärprävention angesiedelt. Gemeint sind damit Ansätze die seit den 1980er Jahren in der Drogenhilfe und dem Stichwort der akzeptierenden Drogenhilfe diskutiert werden (vgl. Schuller/Stöver 1991). Im Kern zielen sie auf eine Abkehr vom Abstinenzparadigma der Drogenhilfe, das besagt, dass eine wirksame Hilfe immer erst dann einsetzen kann, wenn der Drogenabhängige bereit ist, ein abstinentes Leben zu führen. Erst dann kann das Arsenal der Drogenhilfe, die „therapeutische Kette" von der Beratung über die Entgiftung, den Langzeitentzug und die Nachbetreuung in Gang gesetzt werden. An die Stelle der Abstinenzforderung tritt die Akzeptanz der gewählten (problematischen) Lebensform. Drogenhilfe versteht sich in diesem Kontext als begleitende Unterstützung auch in akuten Suchtphasen, um mögliche schädliche Folgewirkungen der Illegalität und des Drogenmissbrauchs zu begrenzen (harm-reduction). Praktisch realisiert sich niedrigschwellige, akzeptierende Drogenhilfe (vgl. Jungblut 1993) in einem Angebotsspektrum von Teestuben, Kontaktläden und „Fixerstuben" über Übernachtungsstätten, Wohnprojekten und Notschlafstätten, sozialraumorientierte und offene psychosoziale Beratungsangebote bis hin zu substituierenden Formen der Drogenhilfe, z.B. durch Methadon- oder Originalstoffvergabe.

Als fünftes und letztes Konzept nennen Sting/Blum die *Suchtprävention als Bildungsaufgabe* Ausgehend von dem Befund, das in der „Analyse der Biografieverläufe von Suchtkranken ... das Suchtproblem als ein Bildungsproblem identifiziert werden kann" (Sting/Blum 2003, S. 87), zielt dieser Ansatz auf eine umfassende Bildungsförderung von Kindern und Jugendlichen, wobei Bildung neben schulischer und beruflicher Förderung vor allem Persönlichkeitsbildung und soziales Lernen meint. „Es muss also eine drogenbezogene Bildung initiiert werden, die in den Gesamtprozess sozialer Bildung integriert ist, bei dem es um die Qualifizierung der Lebenspraxis und des sozialen Zusammenlebens einschließlich der somatischen, körperbezogenen Aspekte geht." (Ebd., S. 88)

Nach Analyse von Sting/Blum entstammen die angeführten Konzepte zwar unterschiedlichen Epochen der Drogendiskussion und -politik, gleichwohl existieren sie „heute in einem pluralen Feld suchtpräventiver Aktivitäten nebeneinander und zum Teil auch gegeneinander" (ebd., S. 69). Die verschiedenen drogen- bzw. suchtpräventiven Konzepte und ihnen assoziierte Angebote lösen sich zudem vom „Uniformitätsmythos" (Reese/Silbereisen 2001, S. 157) und werden im Hinblick verschiedene Zielgruppenaspekte differenziert, so z.B. nach dem Alter, nach Substanzen, nach ethnischer Zugehörigkeit, nach Geschlecht sowie nach bestimmten Lebenslagen und Lebenssituationen (vgl. Sting/Blum 2003, S. 48 ff.).[4]

(d) Einschätzung und Diskussion: Der Präventionsgedanke hat in den letzten Jahrzehnten ohne Zweifel Karriere gemacht. Kein Arbeitsfeld, das nicht auf die heilsame Wirkung frühzeitigen Handelns setzt. Und in der Tat ist es nahe liegend, Probleme frühzeitig zu erkennen, evtl. gar nicht erst aufkommen zulassen, zumindest negativen Dynamiken nicht erst dann entgegenzutreten, wenn die Probleme sich zu einem Gebirge aufgetürmt haben. Das alte Bild vom Sozialarbeiter, der an einem Flussufer steht und immer wieder in den Fluss springt, um Ertrinkende aus den Fluten zu retten, provoziert geradezu die Frage, warum der „Retter" bzw. die „Retterin" sich nicht anfängt zu fragen, wie die ganzen Menschen in den Fluss geraten sind? Trotz dieser augenscheinlichen Logik präventiven Handelns macht es Sinn, genauer hinzuschauen und eine „Sensibilität für die Paradoxien, Nebenfolgen und Ambivalenzen des gesellschaftlichen Umgangs mit der Prävention" (Lindner/Freund 2001, S. 74) zu entwickeln.

(1) Prävention beabsichtigt den Eintritt eines unerwünschten Zustandes zu verhindern. Löst Prävention dieses Versprechen ein? Susanne Karstedt (2001, S. 173 ff.) kommt in ihrem Überblick über Wirkungsstudien im Bereich der Kriminalprävention zu einer eher skeptischen Einschätzung: So wirken Programme, die vor allem auf Sport, Erlebnis und Freizeit setzen, eher unspezifisch. Kriminalpräventive Effekte sind „keineswegs so positiv, wie häufig vermutet wird" (ebd., S. 179; vgl. auch Lindner/Freund 2001, S. 82). Programme die hingegen primär auf Wissen zielen, verändern zwar das Wissen, nicht aber unbedingt das Verhalten. Sanktions- und Kontrollintensivierung wie „Schock-Arrest" oder Ausgangssperren haben keinen Effekt, sie führen eher zu einer Erhöhung der Rückfallquote. Es gibt Studien, die gar auf Verstärkungseffekte kriminalpräventiver Maßnahmen wie z.B. Anti-Gewalt-Trainings hinweisen. „Diese arbeiten häufig mit Methoden, die zunächst offenes Aggressionsverhalten begünstigen und auf diese Weise den aggressives Verhalten verstärkende Effekte hervorrufen" (Karstedt 2001, S. 178).

Die wichtigsten Merkmale erfolgreicher kriminalpräventiver Programme sind nach Durchsicht der Wirkungsstudien:

- „Integrierte und multimodale Programme sind erfolgreicher als Schmalspurprogramme.
- Strukturierte Programme, die Verhaltenskompetenzen trainieren, sind erfolgreicher als Informations- und Instruktionsprogramme und weni-

---

4 Auch wenn wir uns auf das Feld der Drogen- und Suchtprävention beschränkt haben, so lässt sich tendenziell festhalten, dass auch in anderen Feldern gesundheitlicher Prävention, aber auch darüber hinaus in anderen Bereichen wie der Kriminalprävention ähnliche Kombination aus Elementen der Information, der Abschreckung, des Angebots funktionaler Äquivalente und der Stärkung von Persönlichkeit und Widerstandskraft zu beobachten sind.

ger strukturierte und fokussierte Ansätze; sie sind erfolgreicher als Programme, die auf affektive Komponenten setzen.
- Programme, die konsequent die Erwachsenen einbeziehen, sind erfolgreicher als Programme, die ausschließlich auf Peer-Aktivitäten setzen.
- Programme, die auf Integration in den Arbeitsmarkt zielen, sind erfolgreicher als Programme mit dem Schwerpunkt auf Ausbildung.
- Programme zur Situationsprävention sind erfolgreich, wenn sie auf einer genauen Analyse der Situation basieren.
- Programme, die in allen Phasen von Wissenschaftlern begleitet werden, sind erfolgreicher, u.a. weil ihre Programmintegrität besser gewährleistet ist." (Ebd., S. 183)[5]

(2) Zentraler Kritikpunkt am aktuellen Präventionsboom ist allerdings weniger ihre eingeschränkte Wirksamkeit, als vielmehr das ihr zugrunde liegende negative Welt- und Menschenbild. Da Prävention immer die Absicht beinhaltet, einen als unerwünscht angesehenen Zustand bzw. ein unerwünschtes Verhalten zu verhindern, liegt der Fokus von Prävention auf „Verhinderung", nicht auf „Ermöglichung". Der präventive Blick „generalisiert ... den Verdacht und sucht Indizien aufzuspüren, die auf künftige Übel hindeuten und an denen die vorbeugenden Maßnahmen ansetzen können" (Bröckling 2002, S. 46). Lindner/Freund (2001, S. 70) sprechen von einer „notorischen Defensiv- und Defizitorientierung" von Präventionsstrategien. „Der Prävention sind Mängel, Defizite, Devianzen, Gefahren, Abweichungen oder sonstige Beeinträchtigungen immanent. (...) Ohne Gefährdung keine Prävention. (...) Aus eigenen Begriffsverständnis heraus basiert Prävention – explizit oder implizit – auf einer Haltung der Besorgnis, des Argwohns, der Spekulation, der Vermutung, des Zweifels, des Ahnens und Unglaubens, des Bedenken bis hin zu Unterstellungen, Befürchtungen und Bezichtigungen." Mit der Präventionslogik gerät die Zukunft unter Verdacht. Erzieherische, beratende, unterstützende Angebote werden nicht mehr „einfach veranstaltet ... um der Kinder und Jugendlichen selbst willen, zur Beförderung ihres Wohlgefühls, ihrer Sicherheit und Lebensqualität, oder um sie selbst vor Versagens- oder Vereinsamungsgefühlen, vor Verunsicherungen, Orientierungsschwierigkeiten, Schul- und Fi-

---

5 Für den Bereich der Suchtprävention kommen Reese/Silbereisen (2001) zu einem ähnlichen Ergebnis. „Substanzunspezifische Verfahren nach dem Ansatz der affektiven Erziehung zeigen keinen oder sogar einen leicht negativen Effekt. Das Ermöglichen alternativer Lebensformen hatte keinen Effekt auf das Wissen, einen geringen positiven Effekt auf der Einstellungs- und Verhaltensebene. Substanzspezifische Maßnahmen wie die reine Informationsvermittlung beeinflussten das Wissen, nicht aber das Verhalten. Dagegen war eine Wirksamkeit des substanzspezifischen Standfestigkeitstrainings sowohl auf das Wissen als auch auf die Einstellungen und das Konsumverhalten festzustellen. Als erfolgreichste Strategie erwies sich das Lebenskompetenztraining, das sowohl substanzspezifische als auch unspezifische Elemente beinhaltet" (ebd., S. 154).

nanzproblemen, Überforderungen, Selbstbeschädigungen u.a. zu bewahren. Vielmehr wenden wir uns heutzutage unseren Kindern in dieser Weise zu, damit sie nicht stehlen oder uns durch sonstige Verhaltensweisen lästig fallen, und immer häufiger bedarf es hierzu erst eines Kriminalpräventiven Rates bzw. einer Arbeitsgruppe ‚Ladendiebstahl'. Nicht mehr Fürsorge für unsere Kinder ist hier handlungsleitend, sondern die Kontrolle ihres Bedrohungspotenzials und die Abwehr der von ihnen ausgehenden Gefahren" (Frehsee 2001, S. 58 f.).

Es ist etwa anderes, ob ich ein Jugendzentrum begründe mit der Notwendigkeit einen zumindest teilautonomen Entwicklungs- und Erprobungsraum für Jugendliche zu schaffen, um so selbstorganisierte Erfahrungen und Bildungsprozesse zu ermöglichen, oder ob ich die ansonsten steigende Jugendkriminalität ins Felde führe. Es macht einen Unterschied, ob ich Kindern eine anregungsreiche, lebendige Lernumwelt gestalte, damit sie an den Erfahrungen des Lebens wachsen können, oder ob ich die pädagogischen Bemühungen, wie die bayrische Polizei dies beabsichtigt, unter das Motto „Generalprävention bereits im Kindesalter" gestellt wissen will (vgl. Frehse 2000, S. 67). „Die Präventionslogik folgt so einer Defizitorientierung, einem auf mögliche Abweichung gerichteten Generalverdacht gegen alle Heranwachsenden, was empirisch haltlos und professionsethisch nicht zu rechtfertigen ist." (Lukas 2005, S. 656)

(3) Die „notorische" Defizitorientierung präventiver Zugänge ist insbesondere auch aus gesellschafts- und sozialpolitischer Perspektive problematisch. Als gesellschaftlichen Hintergrund des allerorten zu beobachten Präventionsbooms sehen Lindenberg/Ziegler (2005) die Zunahme an biographischer Unsicherheit im Zuge des flexiblen Umbaus von Arbeitsmarkt und Wohlfahrtsstaat (vgl. auch Kappeler 2005; Böller 1995, 2005). Insbesondere der Abbau sozialstaatlicher Sicherungen, der Umbau hin zu einem aktivierenden Sozialstaat, der die Eigeninitiative der Bürger in besonderer Weise fordert, führt vor dem Hintergrund chronischer Arbeitslosigkeit zu einer Auflösung von Sicherheiten. In diesem Sinne konstatiert der französische Soziologie Robert Castel (2005) eine deutliche Zunahme sozialer Unsicherheit im Gefolge des neoliberalen Umbaus der westlichen Industrienationen. Das Präventionsversprechen, Bedrohungen und Bedrohliches durch frühzeitiges Eingreifen erst gar nicht entstehen zu lassen, muss in einer Kultur wachsender biographischer und sozialer Unsicherheit zwangsläufig auf fruchtbaren Boden fallen.[6] Für Manfred Kappeler (2005, S. 31) korrespondiert der Präventionsboom „in fast allen Bereichen der Sozialen Arbeit ... mit dem Abbau der Systeme Sozialer Sicherung, den wir gegenwärtig mit wachsender Dynamik erleben, der gleichbedeutend ist mit

---

6 Dabei müssen Unsicherheitsgefühl und reale Bedrohung nicht zwangsläufig in einem unmittelbaren Zusammenhang stehen, wie das Beispiel der Differenz zwischen tendenziell stabilen bis sinkenden Kriminalitätsraten und einer ansteigenden Kriminalitätsfurcht veranschaulicht (vgl. Hitzler/Peters 1998).

einer umfassenden Reduzierung von Verhältnisprävention. In der Angst, dass das ‚Gefährliche im Individuum' durch die Verschlechterung der Lebensbedingungen und Zukunftsperspektiven für größere Teile der Gesamtbevölkerung 'sozial entbunden' werden ..., mutiert der Sozialstaat zum Präventionsstaat, der die gestachelten und umgelenkten Sicherheitsbedürfnisse ‚seiner BürgerInnen' ernst nimmt und in Präventionsräten, Quartiersmanagement, Kiezkonferenzen, Präventionstagen auf allen Ebenen der Gebietskörperschaften bis hin zur Bundesregierung in Präventionspreisschriften und -projekten und der Verleihung von Präventionspreisen, unterstützt durch eine regelrechte Präventionsmedienkampagne ... den systematisch ‚Verunsicherten', Sicherheit, Ruhe und Ordnung verspricht" (Kappeler 2005, S. 31 f.). Prävention wird zur beruhigenden „Dauermedikation" (Mensching 2005, S. 17) gegen die grassierende Unsicherheit in der Gesellschaft.

Mit dieser Verlagerung von sozialstaatlicher Verhältnisprävention zugunsten von personenbezogener Verhaltensprävention durch pädagogische und ordnungspolitische Angebote, Maßnahmen und Eingriffe, tragen Präventionsprogramme zu einer Individualisierung der psychosozialen Folgeproblemen gesellschaftlicher Modernisierung bei. Ganz im Sinne des populären Begriffs der Selbstverantwortung, werden hier soziale Risikolagen zu individuellen Verhaltensrisiken umdefiniert, denen dann mit entsprechenden Programmen vorbeugend zu begegnen ist.[7] „Soziale Risiken, von denen Menschen betroffen sind, werden nun umgedeutet in Risiken, die von Menschen ausgehen." (Frehsee 2001, S. 60) Und derjenige, bei dem die gut gemeinten Präventionsbemühungen nicht gefruchtet haben, hat halt individuell versagt und wird zum Gegenstand ordnungspolitischer Bemühungen. Ein weitgehend auf Verhaltensprävention reduzierter Umgang mit der Zunahme sozialer Unsicherheit erweist sich damit als ein politisches Instrument der Normalitätskontrolle und Verhaltenssteuerung, das zudem von den sozialstrukturellen Ursachen von Armut, Arbeitslosigkeit, Ungleichheit und wachsender Unsicherheit ablenkt.

Diese zweifelsohne massiven Einwände gegen eine allumfassende „Herrschaft" der Präventionslogik bedeuten natürlich nicht, das es nicht sinnvoll und notwendig ist, hinzuschauen, um Probleme möglichst frühzeitig zu erkennen und anzugehen – und das auf der Basis wissenschaftlich nachvollziehbarer Informationen und Interpretationen. Gleichwohl wäre eine flächendeckende präventive Überformung aller erzieherischen, unterstützenden und beraterischen Bemühungen um Kinder und Jugendliche folgenreich, speisten sich die Bemühungen um das Aufwachsen von Kindern und Jugendlichen doch nicht mehr aus einem positiven Verständnis einer mög-

---

7 Nach Herriger (1996, S. 372) verbleiben Ansätze der Verhaltensprävention „im Horizont des ‚Beziehungsparadigmas' und strukturieren den vorbeugenden Problemzugriff nach einem Muster der Individualisierung und Pädagogisierung von komplexen sozialen Problemzusammenhängen."

lichst breiten Förderung von Heranwachsenden im Sinne der Stärkung ihrer „Kraft und Selbständigkeit", sondern aus dem ängstlichen Bemühen um das Verhindern unerwünschter Verhaltensweisen und Wertorientierungen. In diesem Sinne täte die Soziale Arbeit gut daran, nicht jedem präventiven Ansinnen aus Politik und Gesellschaft marktgerecht nachzugeben.

Walter Hornstein (2001) hat für die Jugendarbeit vier Fragen benannt, die helfen sollen zu verhindern, dass sich die Jugendarbeit im Gefolge des Präventionsbooms „unreflektiert zum Instrument herrschender Interessen und Machtkonstellationen" (ebd., S. 43) macht. Demnach gilt es in einem ersten Schritt zu prüfen, ob die avisierte Präventionsaufgabe auf der Ebene der Verhaltensprävention überhaupt richtig verortet ist. „Wenn es um ökonomische Verhältnisse und deren Auswirkungen auf Lebensbedingungen geht – also Sachverhalte, deren Veränderung nicht in der Macht der Jugendarbeit liegt, da kann gutgemeinte Prävention nichts ausrichten; sie sollte daher auch nicht übernommen werden" (ebd., S. 47). Zum zweiten bedürfen Präventionsaufgaben, wollen sie nicht zur leeren politischen Aktivitätsgeste verkommen, angemessener Ressourcen. Zum dritten stellt sich für Hornstein die Frage der Zuständigkeit für das jeweilige Präventionsanliegen und schließlich viertens ist danach zu Fragen, ob das jeweilige Präventionsanliegen sich mit „dem Aufgabenverständnis, der Zielsetzung und dem Selbstverständnis des jeweiligen Praxisträgers" verträgt. So wichtig wie es ist, vorbeugend zu handeln, um Unheil zu verhindern, so bedeutsam ist es gerade aus fachlicher Sicht, die professionelle Perspektive nicht auf eine zumindest in der Theorie überwunden geglaubte Defizitorientierung der Sozialen Arbeit zurückzuführen.

 Tipps zum Weiterlesen:

Böllert, K.: Zwischen Intervention und Prävention, Neuwied 1995.
Freund, Th./Lindner, W. (Hrsg.): Prävention. Zur kritischen Bewertung von Präventionsansätzen in der Jugendarbeit, Opladen 2001.
Sting, S./Blum, C.: Soziale Arbeit in der Suchtprävention, München/Basel 2003.

27. Soziale Netzwerkarbeit

(a) Begriff und Einordnung: Ein „Megatrend" der sozialpädagogischen Methodendiskussion seit den 70er Jahren ist die Erweiterung der Perspektive vom weitgehend isolierten „Einzelfall" hin zum Klienten in seinen sozialen Beziehungsnetzen und in seinem sozialen Nahraum. „In der Praxis bedeutet dies einen Perspektivenwechsel sozialer Arbeit vom individualisierenden Fallbezug zu sozioökologischer Feldorientierung" (Pankoke 1997, S. 666 f.). Fachliche Stichworte, die ebenfalls in diese Richtung weisen, sind z.b. die der „Gemeinwesenarbeit als Arbeitsprinzip" (vgl. Oelschlägel 1985a; vgl. Kapitel 6), der „Kommunalisierung" Sozialer Arbeit oder der Stadtteil- und/ oder Sozialraumorientierung (vgl. Hinte/Litges/Springer 1999).

Aufbauend auf die Befunde und Methoden der sozialen Netzwerkforschung stellt die soziale Netzwerkarbeit den Versuch dar, ein systematisches Unterstützungsinstrument zu entwickeln, dass die sozialen Bezüge von Subjekten zum Fokus der sozialarbeiterischen Intervention werden lässt. Soziale Netzwerkarbeit zielt darauf ab, entweder nicht hinreichende oder brüchige Netzwerke von Klienten zu stabilisieren und auszubauen bzw. innerhalb der Netzwerke vorhandene Potentiale zu identifizieren und zu nutzen. Soziale Netzwerkarbeit ist, so Nowak (1996), bislang vor allem in der Altenarbeit, der Familienarbeit, der Arbeitslosenarbeit, der Gesundheitsförderung und Krankenhaussozialarbeit sowie in gemeinwesenorientierten Arbeitsfeldern verbreitet.

❗ Definition: Unter Sozialer Netzwerkarbeit versteht man ein sozialpädagogisches Handlungsmodell, das aufbauend auf Methoden und Befunde der sozialen Netzwerkforschung durch die Analyse, Nutzung, Gestaltung und Ausweitung des Beziehungsgeflechts der Klienten zu Personen, Gruppen und Institutionen auf eine Optimierung ihrer Unterstützungsnetzwerke und damit auf die Stärkung ihrer Selbsthilfepotentiale abzielt und sich zu diesem Zweck unterschiedlichster Techniken der Analyse von und Einflussnahme auf Klientennetzwerke bedient.

(b) Soziale Netzwerkforschung: Die Wurzel der Soziale Netzwerkarbeit liegt in der Netzwerkforschung, die in den 50er Jahren im Rahmen von ethnologischen und soziologischen Untersuchungen entwickelt wurde.[1] Der britische Sozialanthropologe J. A. Barnes nutze als einer der Ersten den Begriff Anfang der fünfziger Jahre im Rahmen einer Studie über den Zusammenhang sozialer Strukturen und sozialer Beziehungen auf einer norwegische Insel. Die Studie kam zu dem Ergebnis, dass sich die ökonomi-

---

1 Vgl. dazu Bullinger/Nowak (1998); Nowack (1996); Pankoke (1997); v. Kardorff (1995); Straus (1990); Keupp/Röhrle (1987).

schen und formellen Strukturen der Gemeinde auch in den Nachbarschafts-, Bekanntschafts- und Freundschaftsbeziehungen widerspiegeln.

Die klassische Definition des Begriffs „soziales Netzwerk" geht auf Mitchell zurück. Demnach lassen sich soziale Netzwerke durch eine „bestimmte Anzahl von Verknüpfungen innerhalb eines definierten Kreises von Personen beschreiben; die Merkmale dieser Beziehungen bilden in ihrer Gesamtheit die Grundlage zur Interpretation des Sozialverhaltens dieser Person" (Mitchell zit. nach v. Kardorff 1995, S. 402). Die schlichte, gleichwohl folgenreiche Grundidee dieser Perspektive lässt sich wie folgt zusammenfassen: „Das Eingebundensein der Menschen in soziale Beziehungen und Bindungen wird bildhaft repräsentiert durch Netze, bei denen einzelne Personen die Knotenpunkte und ihre Beziehungen untereinander die Verbindungslinien zwischen den Knotenpunkten darstellen. Entscheidend ist nun, dass diese Verbindungslinien als ‚Gleisanlagen' beziehungsweise ‚Förderbänder' gedacht werden können, auf denen die vielfältigsten alltäglichen Austauschprozesse zwischen den Individuen ablaufen. Durch ihre Einbindung in soziale Netzwerke werden die Individuen also in die Gesellschaft integriert, werden ihnen soziale Erwartungen, Bestätigung, immaterielle und materielle Unterstützung usw. in alltäglichen Interaktionen übermittelt." (Heinze/Olk/Hilbert 1988, S. 112) Oder noch einmal anders ausgedrückt: Unter sozialem Netzwerk versteht man „das Gewebe sozialer Verbindungslinien zwischen Personen ..., wobei die Personen die Kreuzungspunkte dieser Verbindungen bilden" (v. Kardorff 1995, S. 102).

In der Netzwerkforschung wird zwischen drei Typen von Netzwerken unterschieden (vgl. dazu Bullinger/Nowak S. 70 ff.):

a) primäre oder mikrosoziale Netzwerke. Zu diesen gehören vor allem die Familie, als erstes und (zumeist) engstes und dichtestes Netzwerk, das verwandtschaftliche Netzwerk (alle über die Kernfamilie hinausgehenden familiären Beziehungen), die nachbarschaftlichen Netzwerke sowie, als letztes und zunehmend bedeutsameres, das Netzwerk von Freundschaftsbeziehungen. Primäre Netzwerke verlangen, zumindest mit gewisser Kontinuität, nach direkten, unmittelbaren persönlichen Kontakten, nach „face-to-face"-Beziehungen.

b) sekundäre oder makrosoziale Netzwerke. Hierbei handelt um Institutionen, die im Laufe des Modernisierungsprozesses als notwendige Flankierungen (und damit auch Stützen) von Biographien entstanden sind wie z.B. das Bildungssystem, der Arbeitsplatz, Freizeiteinrichtungen usw. Bullinger/Nowak definieren sekundäre Netzwerke als „global-gesellschaftliche Netzwerke, in die Individuen hineinsozialisiert werden und die das Alltagsleben der Menschen entscheidend prägen. Bei diesen Netzwerken handelt es sich überwiegend um Organisationen und Bürokratien des Produktions- und des Reproduktionssektors. Zur gesellschaftlichen Makrowelt zählen alle privat marktwirtschaftlich und alle öffentlich organisierten Netzwerke" (Bullinger/Nowak 1998, S. 82).

c) tertiäre oder mesosoziale Netzwerke. Mit diesem Begriff wird abgezielt auf einen Typus von Beziehungen, der zwischen dem privaten und dem „öffentlichen" Sektor angesiedelt ist[2]. Dazu gehören nach Bullinger/Nowak (1998, S. 85 ff.) vor allem Selbsthilfegruppen, intermediäre professionelle Dienstleistungen und Nichtregierungsorganisationen (NGO).

Neben dem Typus des jeweiligen Netzwerkes, lässt sich auch die „Qualität" der Netzwerkbeziehungen näher kennzeichnen. Ist geklärt, von welchem Bezugspunkt aus man das Netzwerk betrachtet, aus der Perspektive Sozialer Arbeit ist dies zumeist das Subjekt/Individuum (ego-zentrierte persönliche Netzwerkanalysen; personal network), lassen sich die Beziehungsnetze durch folgende Kriterien beschreiben:

- „Interaktionskriterien, wie z.B. Häufigkeit, Wechselseitigkeit der Wahlen, direkte und indirekte Verbindungen
- Interaktionsinhalten, wie z.B. emotionale Unterstützung, kognitive Orientierung, instrumentelle Hilfe, Wertorientierungen,
- der Qualität der Interaktion, wie z.B. Intensität, subjektive Wahrnehmung der Erreichbarkeit, Verlässlichkeit, Dauer, Belastbarkeit, Hilfsbereitschaft, empfundene Kontrolle und Abhängigkeit,
- der Rolle der Beteiligten, wie z.B. Zentralität, Gatekeeper, Brücke, Ausgeschlossener,
- Strukturmerkmalen, wie z.B.: Größe des Netzwerks, Dichte, Clusterbildung, Uniplexität oder Multiplexität, und schließlich nach

---

[2] In der Institutionen- und Verbändeforschung werden Organisationen und/oder Institutionen dieses Typs als „intermediär" bezeichnet. Sie „befinden sich in einem ‚Zwischen-Reich' zwischen gewerblichen Unternehmungen, die auf dem Markt anbieten, öffentlichen Verwaltungen, die dem Staat zuzurechnen sind, und Gemeinschaftsformen, die dem Bereich der Familienhaushalte zugeordnet werden können. Jeder dieser gesellschaftlichen Bereiche, zwischen denen intermediäre Organisationen angesiedelt sind, ist durch eine dem jeweiligen Sektor zugehörige Handlungslogik gekennzeichnet" (Olk/Rauschenbach/Sachße 1995, S. 17). Mit intermediären Organisationen werden vor allem die Wohlfahrts- und Jugendverbände bezeichnet. Folgt man dieser Definition, so zeigt sich allerdings eine terminologische Unschärfe zwischen sekundären und tertiären Netzwerken, da z.B. der Kindergarten sowie Freizeitinstitutionen nach Bullinger/Jakob (1998) dem sekundären Bereich zugerechnet werden, gleichzeitig aber eine Vielzahl der Einrichtungen dieser Arbeitsfelder bekanntermaßen durch Trägern des intermediären Sektors betrieben werden. Aus der Perspektive sozialer Unterstützung macht es wenig Sinn, zwischen einem von der Stadt und einem von der Arbeiterwohlfahrt betriebenen Kindertageseinrichtung zu unterscheiden. Strauss (1990, S. 498)) greift ebenfalls auf die Differenzierung zwischen primären, sekundären und tertiären Netzwerken zurück, fasst die Begriffe sekundär und tertiär allerdings etwas anders als Bullinger/Nowak. Demnach wären unter sekundären Netzwerke gering organisierte (z.B. Selbsthilfegruppen, Nachbarschafts- und Freizeitgruppen etc.) bzw. höhergradig organisierte aber nichtprofessionelle Institutionen (z.B. lokale Bürgervereinigungen und Einrichtungen, Vereinigung für Kultur, Freizeit, Erwachsenenbildung) zu verstehen, tertiäre Netzwerke hingegen wären vorrangig durch den professionellen Charakter ihrer Angebote gekennzeichnet.

- den Funktionen, wie z.B. emotionaler Rückhalt, kognitive Orientierung, Modelle usw.

Anhand dieser Merkmale werden die typisierbaren persönlichen Netzwerkmuster und Systeme/Strukturen (latenter) Netze in sozialräumlich und sozialkulturell spezifischen Kontexten identifiziert." (v. Kardorff 1995, S. 403)

Die Netzwerkforschung hat nachdrücklich auf die „soziale Schutz-, Bewältigungs-, Entlastungs- und Unterstützungsfunktion lebensnaher Netze" (Pankoke 1997, S. 66) hingewiesen. Nach Bullinger/Nowak liegt der Haupteffekt sozialer Unterstützungsnetzwerke darin, dass sie dem Subjekt das Gefühl geben, „sozial eingebettet zu sein und mit der Hilfe anderer rechnen zu können. Das wirkt sich positiv auf die Befindlichkeit des Betroffenen aus" (Bullinger/Nowak 1998, S. 104). Dieses Gefühl können die Betroffenen deshalb entwickeln, weil sie Unterstützung in konkreten Notsituationen in Form von emotionaler Anteilnahme, Bereitschaft zu Gesprächen in Problemsituationen, konkreter praktischer und materieller Unterstützung in einem verlässlichen Maße erfahren.

Darüber hinaus ist ein Puffereffekt zu konstatieren. Dieser besteht darin, „dass ein Mensch in belastenden Situationen diese dadurch bewältigt, dass er von den Problemen und Belastungen abgelenkt wird, dass seine Stimmungslagen gehoben werden und dass Optimismus vermittelt wird" (ebd., S. 105).

Häufig vergessen wird dabei, dass soziale Netzwerke, insbesondere primäre Netzwerke, nicht nur positive Folgewirkungen zeitigen, sondern auch Leistungen von den Netzwerkmitgliedern verlangen bzw. Belastungen mit sich bringen. Dazu gehören u.a.:

- Die Aufrechterhaltung von sozialen Netzwerken ist nicht kostenlos. „Soziale Kontakte zu initiieren und zu pflegen, erfordert individuelle Anstrengungen und Mühe." (Heinze/Olk/Hilbert 1988, S. 114)
- Hilfeerwartungen in sozialen Netzwerken, und hierin unterscheiden sie sich in zentraler Weise von professionellen Hilfesystemen, basieren auf reziproken Verhaltenserwartungen. Das heißt, die Hilfe wird auf Gegenseitigkeit geleistet. Es ist „ungewiss, ob sich aus eingegangenen sozialen Beziehungen auf lange Sicht ein Ausgleich der aus ihnen resultierenden Unterstützungsleistungen und Hilfeverpflichtungen ergeben wird. Dies gilt insbesondere für weibliche Netzwerkangehörige: Von ihnen werden überdurchschnittlich Unterstützungsleistungen erwartet, und sie sind auch in besonderem Maße dazu bereit, solche Leistungen zu erbringen" (ebd., S. 114).
- Oft wird übersehen, dass ein enges und dicht geknüpftes soziales Netzwerk nicht nur eine große Unterstützungsressource ist, sondern zugleich auch ein „Netz" von Verhaltenserwartungen und sozialer Kontrolle. „Angehörige von Unterschicht-Netzwerken können so z.B. einerseits auf

die solidarische Unterstützung anderer Netzwerkmitglieder fest zählen, andererseits werden auf diese Weise sowohl Verhaltensweisen als auch normative Orientierungen verstärkt, die in der dominanten Kultur als abweichend beziehungsweise negativ etikettiert werden. Auf diese Weise tragen soziale Unterstützungsnetzwerke zur Verfestigung benachteiligter Lebenslagen bei." (Ebd., S. 115)

- Soziale Netzwerke sind in der Regel darauf angelegt, sich auch sozioökonomischer Hinsicht schichtenhomogen zu reproduzieren. Hilfeleistungen in privaten Netzwerken überschreiten die Schichtgrenzen häufig nicht, d.h. der Unterschichtangehörige hilft dem Unterschichtangehörigen, der Mittelschichtangehörige dem Mittelschichtangehörigen usw.
- Besonders problematisch sind schließlich solche Hilfesituationen, in der eine Person dauerhaft auf Unterstützung angewiesen sind. Nicht nur, dass reziproke Verhaltenserwartungen nicht eingelöst werden können, droht auch eine Überlastung der primären Netzwerke.

Heinze/Olk/Hilbert fassen zusammen: „Soziale Unterstützungsnetzwerke können unter bestimmten Bedingungen in erheblichem Maße soziale Hilfe und Unterstützung vermitteln. Von diesen sozialen Beziehungsnetzen profitieren die verschiedenen sozialen Gruppierungen allerdings in unterschiedlichem Maße. Es gibt also bestimmte, nach sozioökonomischer Herkunft, Alter und Geschlecht eingrenzbare Gruppen, die von den Hilfe- und Unterstützungsleistungen sozialer Netzwerke besonders profitieren, als auch solche Gruppen, die in überdurchschnittlichem Maße von diesen Hilfeleistungen abgeschnitten sind. Da sich insbesondere Personen mit ähnlichen sozioökonomischen Merkmalen in sozialen Netzwerken verknüpfen, wäre es insbesondere verfehlt anzunehmen, eine unterprivilegierte objektive Lebenslage könne durch besonders positive und befriedigende soziale Beziehungsnetze kompensiert werden." (Heinze/Olk/Hilbert 1988, S. 116)

(c) Prinzipien sozialer Netzwerkarbeit: Netzwerkarbeit bedient sich der Erkenntnisse der Netzwerkforschung und versucht ausgehend von den Beziehungsnetzen die vorhandenen Unterstützungsressourcen innerhalb der Netzwerke zu nutzen, zu optimieren und ggf. zu erweitern. Der Blick richtet sich dabei auf die sozialen Unterstützungspotentiale der sozialen Netzwerke. Folgerichtig wird innerhalb der sozialen Netzwerkarbeit „vorrangig untersucht, welches Potential sozialer Unterstützung in Form von Netzwerken enthält und wie es für die Soziale Arbeit genutzt werden kann. Unter dem Begriff ‚Unterstützungsnetzwerke' verstehen wir alle sozialen Beziehungen, bei der mindestens ein Partner in der Beziehung irgendeine Form von Hilfe erwarten kann" (Bullinger/Nowak 1998, S. 102).

Im Anschluss an die angloamerikanische Diskussion unterscheiden Bullinger/Nowak (1998, S. 172 f.) fünf mögliche Strategien sozialer Netzwerkarbeit, d.h. Perspektiven im Zugriff auf die Netzwerke der Klienten, nämlich

- die Erhaltung des Netzwerkes
- die Erweiterung des Netzwerkes (quantitative Erweiterung)
- die Re-Definition des Netzwerkes durch Vertiefung (qualitative Erweiterung)
- die „Sanierung" des Netzwerkes (radikale Veränderung der Netzwerkbeziehungen z.b. durch notwendigen Kontaktabbruch)
- die Stärkung des Umfeldes des sozialen Netzwerkes.

Soziale Netzwerkarbeit bewegt sich per Definition in den lebensweltlichen Bezügen der Klienten und ist damit als eine lebensweltnahe methodische Herangehensweise Sozialer Arbeit wie etwa die Straßensozialarbeit (vgl. Kapitel 24.), FiM (vgl. Kapitel 20) u.Ä. zu kategorisieren. Im Horizont des doppelten Mandat (vgl. Kapitel 2), d.h. dem Umstand, dass Soziale Arbeit immer zugleich Hilfe und Kontrolle ist, bedeutet dies, dass mit netzwerkorientierten Hilfestrategien nicht nur die Hilfe sich lebensweltnah und niedrigschwellig situiert, sondern auch die Kontrolle näher an den Lebensalltag der Betroffenen rückt. Billinger/Nowak sehen die Gefahr, dass mit „Hilfe der Netzwerkerkenntnisse und -arbeitsformen ... die soziale Kontrolle auf Bereiche ausgedehnt werden (kann, M.G.), die bisher zur unangetasteten Privatsphäre von KlientInnen zählten" (Bullinger/Nowak 1998, S. 132). Um dieser Gefahr zu begegnen, formulieren Billinger/Nowak fünf handlungsleitende Prinzipien:

1. Der Subjektstatus der Betroffenen ist zu wahren. „Dies schließt ein, dass die Betroffenen über das Verfahren und seine möglichen Konsequenzen aufgeklärt werden und dass erst nach dieser Aufklärung ihr Einverständnis eingeholt wird, das sie selbstverständlich verweigern können" (ebd., S. 133).
2. Die Dokumentation von Befunden der Netzwerkanalysen im Rahmen der Aktenführung ist ebenfalls abhängig von der Zustimmung der Betroffenen.
3. Die SozialarbeiterInnen „müssen den Betroffenen die kontrollierenden Anteile ihrer Tätigkeit unaufgefordert offen legen" (ebd., S. 134).
4. Das „Recht auf Eigensinn" (ebd., S. 134) des Klienten legt dem Sozialarbeiter eine Haltung nahe, die durch eine möglichst große Zurückhaltung in Bezug auf die eigenen Wertmaßstäbe gekennzeichnet ist.
5. „Jede/r SozialarbeiterIn sollte sich bewusst sein, dass soziale Netzwerke persönliche Ressourcen für KlientInnen darstellen, deren Substanz durch inadäquate Interventionen zerstört oder gar in das Gegenteil verkehrt werden kann." (Ebd., S. 134)

(d) Techniken sozialer Netzwerkarbeit: Aus der bisherigen Skizze dürfte deutlich geworden sein, dass sozialer Netzwerkarbeit einer spezifischen Methodenkompetenz bedarf, die Bullinger/Nowak als Fähigkeit kennzeichnen, „verschiedene Ansätze methodischen Handelns situationsgerecht miteinander zu verbinden. Diese Kompetenz benötigt wissenschaftlich fundierte, sozialraum- und institutionenbezogenes juristisches Wissen (Wissens-

kompetenz), hat die Fähigkeit zur Analyse sozialer Netzwerke und des jeweiligen Handlungsfeldes sowie zur Allokation von Ressourcen zur Voraussetzung (analytische Kompetenz), bezieht ethische Prinzipien in die Reflexion von Handlungszielen, Vorgehensweisen und Techniken mit ein (ethische Kompetenz), wählt die geeigneten netzwerkorientierten Vorgehensweisen und Techniken aus (Verfahrenskompetenz) und verfügt über Verfahren zur Auswertung der Interventionen (Evaluationskompetenz)" (ebd., S. 139).

Das Methoden- und Technikarsenal sozialer Netzwerkarbeit lässt sich grob schematisierend in 3 Gruppen einordnen: (a) Netzwerkdiagnostik, (b) Netzwerkintervention und (c) Evaluation.

In den Bereichen Netzwerkintervention und Evaluation greift die soziale Netzwerkarbeit neben individuums- bzw. gruppenzentrierten Beratungstechniken, Moderationsmethoden sowie Techniken und Strategien der Selbst- und Fremdevaluation (vgl. Kapitel 25) wie etwa

- Training von Hilfesuchverhalten
- Strategien lokaler Vernetzung
- Helferkonferenzen
- Netzwerkberatung
- Netzwerkkonferenzen
- Unterstützung der Organisierung von Bürgerinteressen
- Unterstützung von Selbsthilfegruppen (vgl. Straus 1990; Bullinger/Nowak 1998),

vor allem auf Instrumente der Erhebung und Analyse von Netzwerkstrukturen zurück, die, neben der generellen Perspektive, die Originalität der sozialen Netzwerkarbeit ausmachen. Dazu gehören u.a.

- Techniken der Soziometrie (vgl. Höhn/Schick 1954),
- Netzwerk-Brett (vgl. Bullinger/Nowak 1998, S. 185 ff.) sowie
- Netzwerk-Ethnographie (vgl. Bullinger/Nowak 1998, S. 199 ff.).

Beispielhaft sei hier auf das Instrument der so genannten Netzwerkkarte etwas genauer eingegangen.

Bei der Netzwerkkarte handelt es sich um eine Vorgehensweise, durch die Umfang und Qualität von personenbezogenen Netzwerken mittels spezifischer Frage-, Darstellungs- und Auswertungsschritte erhoben wird. Die Netzwerkanalyse stellt die Grundlage für alle weiteren Handlungsschritte in der sozialen Netzwerkarbeit dar. Das folgende Beispiel von Straus (1990) veranschaulicht, wie man sich den Prozess der Erstellung einer Netzwerkkarte vorstellen muss.

> „Als ersten Schritt überlegt man, zu welchen Bereichen (Sektoren) sich die Personen zusammenfassen lassen, mit denen man aktuell verbunden ist. Beispiel für solche Sektoren wären: Familie, Verwandtschaft, Nach-

barn, gegenwärtige Freunde, Freunde an früheren Wohnorten, Arbeits- oder Studienkollegen, Kirche, Verein, politische Szene usw. Diese Sektoren listet man jeweils auf ein Blatt Papier auf. Anschließend werden unter jedem Sektor die dazugehörigen Personen benannt. Wenn Personen zu mehreren Sektoren gehören ..., listet man diese Person dort auf, wo sie am ehesten hinzupassen scheint, oder belässt sie in beiden Sektoren, macht sie dann aber durch ein Zeichen irgendwie kenntlich" (Straus 1990, S. 508 ff.).

Bei der Befragung geht es sowohl um die Erfassung des Ist-Zustandes des sozialen Netzwerkes des Klienten, gleichzeitig kann aber auch die Netzwerkgenese, d.h. ihre „Geschichte", bedeutsam sein. Überdies ist für die Analyse der Lebenslage von erheblicher Bedeutung, wie der Klient selbst seine Netzwerkpotentiale einschätzt und wie er sich sein Netz idealer weise vorstellt. Die Ergebnisse der Befragung werden grafisch in Form eines Kreises dargestellt, der sich in die vormals festgelegten Sektoren aufgliedert. „Anschließend zeichnet man in jedem Sektor die Person so ein, dass die, zu denen man losere und distanziertere Beziehungen unterhält, weiter außen eingetragen werden, während jene, zu denen man engen Kontakt hat, weiter innen eingetragen werden." (Ebd., S. 509)

Der entscheidende Schritt ist die Auswertung der erhobenen Netzwerkstrukturen. Wie und in welche Richtung sich diese Auswertung bewegt, ist nicht zuletzt abhängig von den artikulierten Interessen der Beteiligten. Als Auswahl möglicher Fragen zur Analyse der erhobenen Netzwerkstrukturen führt Straus an:

- „Wie stark ist mein Netzwerk segmentiert? (Das heißt, kennen sich viele meiner Netzwerkpartner untereinander, oder sind die einzelnen Segmente weitgehend voneinander abgeschnitten? Will ich dies bzw. könnten die Segmente sinnvollerweise stärker miteinander verflochten werden?)
- Wer nimmt in meinem Netzwerk bestimmte wichtige Kommunikationsrollen ein? (...)
- Welche Veränderungen in meinem Netzwerk haben sich in den letzten 5 Jahren ergeben? (...)
- Welche soziale Unterstützung erwarte ich mir von meinem Netzwerk und welche habe ich tatsächlich erfahren (...)?
- Wo sind in meinem Netzwerk relevante Abhängigkeiten (in materieller, sozialer, emotionaler, ... Hinsicht)? Woraus resultieren sie und lassen sie sich ändern bzw. will ich sie ändern?
- Welche meiner Sozialbeziehungen müssten intensiviert werden (wie soll das gehen?), welche Beziehungen würde ich gerne reduzieren (mit welchen Folgen)?" (Straus 1990, S. 509)

Insgesamt ist die Technik der Netzwerkkarte ein flexibles, unterschiedlichen Erfordernissen und Erkenntnisinteressen variabel anzupassende Instrument, dass die persönlichen Beziehungsstrukturen von Klienten in Ausmaß und Qualität erfassen und beschreiben hilft. Die Qualität der Netzwerkanalyse scheint insgesamt weniger von der Beherrschung der Technik abhängig, sondern eher von einer fachlich fundierten, situations-, fall- und personenspezifischen Frage- und Auswertungsstrategien.

(e) Einschätzung und Diskussion: Im Zuge der Durchsetzung sozioökologischer bzw. „systemischer"[3] Sichtweisen in der Sozialen Arbeit und der damit einhergehenden Erweiterung des Blickwinkels vom Einzelnen hin zum Subjekt in seinen sozialen Bezugssystemen stellt die soziale Netzwerkarbeit mit ihrer Fundierung in der Netzwerk- und Social-Support-Forschung eine fachliche Weiterentwicklung dar. Insbesondere dort, wo die altbekannte Leitformel von der „Hilfe zur Selbsthilfe" Ernst genommen wird, ist die Anknüpfung an und optimale Nutzung von vorhandenen bzw. die Erweiterung bestehender Netzwerke notwendiges Element einer lebensweltorientierten Handlungsstrategie.

Das Modell der sozialen Netzwerkarbeit sensibilisiert den „sozialpädagogischen Blick" „für die problemverursachende, problemverschärfende, aber auch problemlösende Wirkung sozialer Vernetzung. Als Handlungsorientierung bietet die Netzwerkanalyse dem ‚professionellen Helfer als Netzwerker' einen Ansatz, die Stärken der alltäglichen Lebensfelder anzuerkennen, zu fördern und neu zu beleben" (Pankoke 1997, S. 667).

Die unbestreitbare Bedeutung sozialer Netzwerkarbeit im Kontext lebensweltorientierter Handlungskonzepte darf allerdings nicht darüber hinwegtäuschen, dass Netzwerkanalyse sich nicht auf die Rekonstruktion persönlicher Beziehungsmuster und ihrer Unterstützungspotentiale beschränken darf, da soziale Netzwerke immer auch ein- und beschränkende, kontrollierende Aspekte umfassen. Überdies sind nachhaltige Verbesserungen der Lebenslagen der Klienten nur dann zu erwarten, wenn Netzwerkanalysen auch in ihren kommunal- und sozialpolitischen Dimensionen gelesen und thematisiert werden. Anders ausgedrückt: In den evtl. identifizierbaren Schwächen und Defiziten in den offen gelegten sozialen Netzwerkarchitekturen drückt sich nicht zuletzt auch ein sozialpolitischer Handlungsbedarf aus, der nicht zugunsten individueller Unterstützungsstrategien vernachlässigt werden darf.

---

3 Der Begriff „systemisch" wurde in Anführungsstriche gesetzt, weil er in der derzeitigen Fachdebatte missverständlich sein könnte. Mit dem Begriff „systemisch" wird ausdrücklich nicht Bezug genommen, auf die derzeit die Fachgemüter erhitzende Frage, ob die Soziale Arbeit ein eigenständiges Funktionssystem der Gesellschaft sei, oder nicht (vgl. Merten 2000). Systemische Betrachtungsweise wird an dieser Stelle im Sinne von Staub-Bernasconi (1996a) im wesentlichen mit der Chiffre „Ganzheitlichkeit" gleichgesetzt.

Soziale Netzwerkarbeit hat, wie alle lebensweltnahen Methoden in der Sozialen Arbeit, in besonderer Weise die Hilfe/Kontroll-Problematik zu bedenken, da sie sehr Nahe an den Lebensalltag der Menschen heranrückt und quasi im Handgepäck der Hilfeleistung immer auch den öffentlichen „Normalisierungsauftrag" mit sich führt. Anders als in manchen anderen einschlägigen Fachdiskussionen, klammert die soziale Netzwerkarbeit diese Frage weder aus, noch begeht sie den wenig Erfolg versprechenden Weg, das Dilemma per Akklamation („Unsere Absicht ist es zu helfen, also sind wir hilfreich – und nichts anderes!") in Nebel aufzulösen. Als Antwort formulieren die VertreterInnen der Netzwerkarbeit einleuchtende, nachvollziehbare Handlungsprinzipien, die in erster Linie den Subjektstatus des Klienten absichern sollen. So unverzichtbar die Formulierung solcher ethischer Handlungsmaximen ist, so wenig sind sie letztlich Garant für ihre Einhaltung. Zumindest schützt auch der wesentlich traditionsreichere hippokratische Eid bis heute nicht vor Herzklappenskandalen, Abrechnungsbetrug, Kunstfehlern u.Ä. Gerade für personenbezogene Unterstützung gilt überdies, dass es eher naiv wäre, anzunehmen, guter Wille allein schütze vor den Fallstricken des doppelten Mandats, vor zur „Natur" geronnenen Normalitätsvorstellungen oder vor den (zumeist unbewussten) Bedürfnissen des Helfenden im Hilfeprozess. Insofern ist die starke Betonung der Evaluation hilfreich, um mittels Selbstbeobachtung systematische Problemschwellen zu identifizieren und evtl. methodisch zu integrieren.

 Tipps zum Weiterlesen:

Bullinger, H./Nowak, J.: Soziale Netzwerkarbeit. Eine Einführung, Freiburg i.B. 1998.

Keupp, H./Röhrle, B. (Hrsg.): Soziale Netzwerke, Frankfurt a.M. 1987.

Straus, F.: Netzwerkarbeit. Die Netzwerkperspektive in der Praxis, in: Textor, M. (Hrsg.): Hilfen für Familien. Ein Handbuch für psychosoziale Berufe, Frankfurt a.M. 1990, S. 496–520.

28. Supervision

(a) Geschichte und Begriff: Supervision gehört zu den professionsbezogenen Methoden der Sozialen Arbeit, d.h. sie dient nicht direkt der Anleitung des Hilfeprozesses in der Interaktion zwischen SozialarbeiterIn und Klient, sondern bezieht sich auf den Sozialarbeiter selbst und das professionelle Setting, in das er eingebunden ist. Mit Supervision wird die Hoffnung verbunden, dass der Sozialarbeiter, indem er in einem geschützten und methodisch strukturierten Rahmen unter fachkundiger Anleitung über seine Arbeit reflektiert, seine berufliche Kompetenz erweitern kann und zugleich vor den Belastungen psychosozialer Arbeit durch Helfersyndrom, Burnout u.a. geschützt wird. Anders ausgedrückt: Es geht um ein Mehr an Professionalität durch gezielte und methodisch geförderte, systematische (Selbst-)Reflexion beruflichen Handelns. Obwohl Supervision auf eine lange Tradition zurückblicken kann, scheint seit den 70er Jahren einen Nachfrageboom eingesetzt zu haben, dessen Ende bislang noch nicht abzusehen ist.[1]

Versteht man unter Supervision vorläufig die fachliche Reflexion helferischen Handelns unter Einbeziehung einer externen, fachkundigen Person, die nicht direkt am Hilfegeschehen selbst beteiligt ist, so dürfte das, was wir heute Supervision nennen, schon seit den Anfängen Sozialer Arbeit beobachtbar sein. Dabei müssen zwei Formen unterschieden werden: a) die Supervision im Rahmen der Ausbildung sozialer Fachkräfte (Lehrsupervision) und b) Supervision im Berufsalltag von SozialarbeiterInnen. Im ersten Falle konstituiert die Supervision ein Verhältnis zwischen einem unerfahrenen und einem erfahrenen Sozialarbeiter zum Zwecke der Qualifizierung, wobei der erfahrene Wissen und Erfahrungen zur Verfügung stellt. Diese Form der Supervision wird im Folgenden nicht weiter thematisiert.

Beschränkt man sich in der Betrachtung mithin auf die Supervision von SozialarbeiterInnen im Berufsalltag, so liegen ihre systematischen Wurzeln in der amerikanischen Sozialarbeit und der Psychoanalyse. Bernler/Johnsson sehen die Ursprünge der Supervision in der Arbeit der freiwilligen Wohltätigkeitsorganisationen des 20. Jahrhunderts. Die supervisorischen Aufgaben der Professionellen lagen vorrangig in der Anleitung der ehrenamtlichen MitarbeiterInnen. „Die Wohlfahrtsbeamten hatten folgende Aufgaben: Einweisung der freiwilligen Mitarbeiter in die Prinzipien und Methoden der Organisationen, verantwortliche gemeinsame Planung der Familienarbeit mit den Mitarbeitern und Überwachung der Feldarbeit, Unterstüt-

---

1 In diesem Sinne hebt Gaertner hervor: „Entgegen Prognosen, die einen Nachfrageeinbruch in Folge der Finanzknappheit der Trägerverbände vorausgesagt haben, ist dieser bisher ausgeblieben. Das Gesamtvolumen des Supervisionsmarktes scheint vielmehr auch gegenwärtig noch nicht an Sättigungsgrenzen gestoßen zu sein" (Gaertner 1996, S. 601; vgl. auch Belardi 1996b).

zung und Beratung, z.T. täglich, der freiwilligen Mitarbeiter" (Bernler/ Johnsson 1993, S. 57). Schon in dieser frühen Phase der Supervision zeichnet sich ein Spannungsverhältnis zwischen Kontrolle durch Vorgesetzte einerseits und kundige Unterstützung und Beratung andererseits ab, die für die amerikanische Sozialarbeit bis zum heutigen Tag zumindest in Teilbereichen charakteristisch ist (vgl. Belardi 1996b).[2]

Auch wenn in Amerika schon mit der Genese des casework (vgl. Kapitel 4) eine anhaltende Psychologisierung und Therapeutisierung der Supervision vonstatten ging, trägt sie bis zum heutigen Tag noch die Doppelbedeutung von Beratung, Unterstützung einerseits und Kontrolle und Anleitung andererseits.[3] In Deutschland wurde frühzeitig versucht, die negative Konnotation von Aufsicht, Kontrolle etc. zu eliminieren, die zumindest in der Frühphase zu Vorbehalten führte. Der Vorschlag, an Stelle von Supervision von Praxisberatung zu sprechen, konnte sich insgesamt nicht durchsetzen.[4] Allerdings spielt der Kontrollaspekt im aktuellen Supervisionsverständnis in Deutschland – wenn überhaupt – so nur noch eine untergeordnete Rolle. In den verschiedenen, z.T. höchst unterschiedlichen Definitionen, wird zumeist der Aspekt der „Beratung der Berater" in den Vordergrund gestellt.

> **Definition:** „Supervision ... kann im Sinne einer formalen Leitdefinition als das Handeln bezeichnet werden, in dem ein besonders Erfahrener (Supervisor) einem nicht so Erfahrenen (Supervisand) im Rahmen gewisser Vorstellungen von Sozialarbeit und unter konkreten Umständen (Bedingungen) sowie mit bestimmten ‚Aufgaben' (Inhalten) und Maßnahmen (Methoden) in der Absicht einer Veränderung (Wirkung der Supervision) durch regelmäßige Kommunikation zur selbständigen Arbeit verhelfen möchte, und zwar so, dass die weniger Erfahrenen dies als notwendigen Beistand für ihre Arbeit, die sie allerdings selbst verantworten müssen, ansehen." (Huppertz 1975, S. 10)

---

2 Dieser Doppelcharakter spiegelt sich auch in der ursprünglichen Wortbedeutung wieder. Rekurriert man zunächst auf den lateinischen Wortstamm, so setzt sich die Wortbedeutung aus *super* (über) und *videre* (sehen) zusammen. Supervision meint nach diesem Verständnis somit Übersicht oder Überblick. Eine Übersetzung aus dem englischen akzentuiert demgegenüber den Aspekt von Kontrolle. So wird *supervisor* aus dem Englischen mit Aufseher, Leiter übersetzt.

3 Nach Belardi ist es für Amerikaner schwer verständlich, „dass unser Supervisor in der Regel kein Vorgesetzter ist, sondern dass sein Selbstverständnis und seine Rolle oft mit dem des Psychotherapeuten verwandt sind. Vorgesetzten-Tätigkeit und Supervisoren- bzw. Berater-Rolle sind bei uns weitgehend getrennt" (Belardi 1996b, S. 35). Allerdings betont Willke, dass für die Supervision insgesamt „bislang eine theoretische und praxeologische Fundierung der Differenz zwischen Aufsicht und Supervision, zwischen Beratung und Supervision, zwischen Fortbildung und Supervision" fehlt (Willke 1997, S. 41).

4 So findet sich im 1963 erschienenen Lexikon der Sozial- und Jugendhilfe des Deutschen Vereins (vgl. Pense 1963) anstelle des Stichworts Supervision der Begriff Praxisanleitung und noch 1977 verzichtet Schwendtke in seinem Wörterbuch der Sozialarbeit und Sozialpädagogik auf ein Stichwort Supervision und spricht hingegen von Praxisberatung (vgl. Schwendtke 1977).

Das Kompetenzprofil von Supervisoren umfasst die Komponenten Feldkompetenz, d.h. eine auf das jeweilige Feld der beruflichen Praxis des Supervisanden bezogenes theoretisches und erfahrungsbezogenes Wissen, und Beratungskompetenz, d.h. Wissen und Können in Bezug auf die Gestaltung des Beratungsgeschehens unabhängig vom je konkreten Themenfeld (vgl. Belardi 1996b, S. 40 ff.). Die Definition von Norbert Huppertz aus den 70er Jahren akzentuiert im Sinne des Meister-Lehrling-Verhältnisses in besonderem Maße den Erfahrungsvorsprung des Supervisors. In neuerer Zeit hat sich demgegenüber eine Verlagerung von der Feld- zur Beratungskompetenz vollzogen (vgl. Belardi 1996b, S. 43). Auf diesem Hintergrund scheint die formalere Definition von Gaertner treffender, wonach Supervision „ein regelgeleiteter Beratungsprozess [ist, d.V.], in dem es wesentlich um die systematische Reflexion beruflichen Handelns geht" (Gaertner 1996, S. 600).

Für Willke muss „Supervision verstanden werden als ein Reflexionsprozess, in welchem die notwendigen Paradoxien und blinden Flecken des Grundprozesses, etwa der Beratung, kenntlich gemacht und probeweise als kontingent behandelt werden. Voraussetzung für Supervision ist die gezielte Verwendung von Beobachtungen zweiter Stufe – also die Arbeit mit der Beobachtung von Beobachtungen. Und die Funktion von Supervision liegt darin, das zum Vorschein zu bringen, was der Politiker, Berater, Lehrer, Therapeut oder Sozialarbeiter im Veränderungsprozess selbst nicht sehen kann" (Willke 1997, S. 42).

(b) Thematische Schwerpunkte und Settings: In der Fachdiskussion werden unterschiedliche Funktionen von Supervision unterschieden: „Supervision ist eine Institution, deren erste Funktion es ist, die Psychodynamik von professionellen Beziehungen, seien es Beziehungen zwischen Professionellen und ihren Klienten oder zwischen den Professionellen, z.B. Teammitgliedern zu analysieren. Zweitens hat Supervision die Funktion, die Rollenhaftigkeit dieser Beziehungen zu untersuchen. Sie fragt nach den Auswirkungen der Institution, in der Professional und Klient oder Professional mit Professional zusammenkommen, auf deren Beziehungen. Und drittens vermittelt Supervision beide Analyseebenen und klärt das Zusammen- und Gegeneinanderwirken von psychischen und institutionellen Strukturen in professionellen Beziehungen" (Rappe-Giesecke 1994, S. 4).

Diesen Funktionen der Supervision lassen sich unterschiedliche Themenschwerpunkte zuordnen:

- die Thematisierung konkreter Fälle aus der Praxis und ihrer Entwicklungsdynamik (Fallarbeit);
- die Thematisierung der Interaktion zwischen den Professionellen innerhalb einer Institution bzw. innerhalb eines Teams sowie die generelle berufliche Selbstwahrnehmung und Rollenzuschreibung des Supervisanden (Selbstthematisierung);

- die Analyse institutioneller Regeln und Rahmenbedingungen und ihrer Auswirkungen auf die Beziehungsdynamiken innerhalb von Teams, aber auch auf Hilfebeziehungen (Institutionenanalyse).

Mit der Institutionenanalyse ist ein Punkt angesprochen, der in den letzten Jahren an Bedeutung gewonnen hat. War Supervision bis in die 80er Jahre hinein vorrangig an der Auseinandersetzung mit dem psychodynamischen Geschehen zwischen den Akteuren beschäftigt, so nähert sie sich mit der zunehmenden Berücksichtigung der institutionellen und organisatorischen Rahmenbedingungen in Teilen der Organisationsberatung und Organisationsentwicklung an (vgl. Kapitel 26).

Im Hinblick auf die Settings von Supervision lassen sich insbesondere drei Formen unterscheiden: 1. die Einzelsupervision, 2. die Gruppensupervision und 3. die Teamsupervision.

(1) Die Einzelsupervision bezeichnet ein Setting, im Rahmen dessen ein Sozialarbeiter mit einem Supervisor Probleme des beruflichen Alltags des Supervisanden thematisieren (vgl. Pühl 1994). Belardi unterscheidet drei mögliche Zielgruppen von Einzelsupervision: Studierende im Rahmen der Ausbildung (Ausbildungssupervision), soziale Fachkräfte, die beabsichtigen Supervisoren zu werden (Lehrsupervision) sowie Praktiker, „welche sich für die Supervision ... als eine Form zusätzlicher beruflicher Qualifikation entschieden haben. Dann spricht man von Weiterbildungssupervision" (Belardi 1996b, S. 99).

(2) Gruppensupervision ist die häufigste Form berufsbegleitender Reflexion. „Unter Gruppensupervision versteht man ein Beratungsangebot für etwa drei bis zwölf Personen, die sich nicht in einem direkten Arbeitszusammenhang miteinander befinden. In der Fachsprache spricht man deshalb auch von stranger group" (Belardi 1996b, S. 106).[5] Eine der bekanntesten Formen der Gruppensupervision ist die von dem ungarischen Psychoanalytiker Michael Balint entwickelte so genannte Balint-Gruppe (vgl. Rappe-Giesecke 1994). Die Balint-Gruppe ist „eine besondere Form der Beziehungsdiagnostik auf tiefenpsychologischem Hintergrund" (ebd., S. 114). Die Arbeit einer Balint-Gruppe beruht auf folgenden Regeln:

„(a) Die Teilnehmer einer Balint-Gruppe sollten sich im Idealfall vorher nicht kennen, also auch nicht in gemeinsamen Arbeitsbezügen stehen.

(b) Die Gruppenmitglieder sind in ihrem Fach ... kompetent; sie möchten allerdings mehr über etwas neues, also ihre Beziehungsdynamik zu den Patienten, lernen.

---

5 Eine besondere Form der Gruppensupervision ist die sogenannte kollegiale Supervision (peer group supervision). Hierbei handelt es sich um Gruppen von sozialen Fachkräften, die sich aus unterschiedlichen Gründen konstituiert haben und die Probleme ihrer beruflichen Praxis bearbeiten, ohne dass ein externer Supervisor hinzugezogen wird.

(c) Ursprünglich war der Balintgruppen-Leiter Mitglied der gleichen Bezugsgruppe wie die Teilnehmer und zusätzlich noch Psychoanalytiker.

(d) Selten werden Fachfragen erörtert. Vielmehr ermuntert der Balintgruppen-Leiter die Gruppenmitglieder zur freien Fallschilderung über Beziehungsprobleme von und mit Patienten.

(e) Gruppenmitglieder und Leiter äußern danach ihre Gefühle und spontanen Einfälle zur geschilderten Arzt-Patient-Beziehung im Sinne einer freien Assoziation.

(f) Die Balintgruppe ist kein technisches Seminar; sie zielt auch nicht auf konkrete Handlungsweisungen ab. Sie will eher ‚herausfinden, was die vorgetragene professionelle Beziehung aktuell, d.h. zum Zeitpunkt des Vortragens, problematisch macht'." (Ebd., S. 113 f.)

(3) Die Teamsupervision ist eine Sonderform der Gruppensupervision. Auch sie richtet sich an eine Gruppe von Fachkräften, die allerdings in einer gemeinsamen Arbeitsbeziehung stehen (z.B. die Beschäftigten eines Jugendhauses, einer Drogenberatungsstelle, der Abteilung eines Jugendamtes etc.). Teamsupervision wird meistens nachgefragt, „wenn in einer Arbeitsgruppe die Arbeitseffizienz beeinträchtigt ist, unterschwellige Konflikte zwischen den Teammitgliedern und/oder der Institutionsleitung bestehen, die Arbeitsatmosphäre bedrückend ist, Entscheidungsstrukturen und Kompetenzverteilungen unklar sind, Probleme und Lösungen nicht mehr zueinander passen, Auseinandersetzungen vermieden und Entscheidungen vertagt werden, Leitung nicht wahrgenommen wird, ein hoher Konkurrenzdruck besteht" (Kersting/Krapohl 1994, S. 95). Im Zentrum der Teamsupervision steht die Analyse des Arbeitsteams, seiner Leitungsstrukturen, seiner Teamideologien, seiner Tabus, seiner Geschichte, seiner Beziehungsstrukturen und Beziehungskonflikte, aber auch seiner Einbindung in die organisatorischen und institutionellen Strukturen.

(c) Phasen und Methoden: Aus der bisherigen Skizze dürfte deutlich geworden sein, dass man von „der" Methode der Supervision nicht sprechen kann. Im Gegenteil: Im Sinne der in Kapitel 1 getroffenen Abgrenzung handelt es sich bei der Supervision vielmehr vorrangig um ein Arbeitsfeld mit einer eigenen Thematik, einem eigenen Gegenstand. Innerhalb dieses Arbeitsfeldes haben sich nun unterschiedlichste Methoden etabliert. „Schon ein Blick in die Supervisionsgeschichte verdeutlicht, dass es verschiedene Phasen der Methodenorientierung in der Supervision gegeben hat. Zunächst gab es die Entwicklungsphase Casework und Supervision ungefähr bis 1970, wobei die Supervisionsmethodik vorwiegend aus der psychoanalytischen Theorie schöpfte. Etwa ab 1970 kommen gruppendynamische und gruppentherapeutische Verfahren sowie die Balint-Methode hinzu. Diese Entwicklungsphase geht etwa bis in die Mitte der 80er Jahre. Für beide Perioden kann festgehalten werden, dass weder ein eigenständiges Supervisionsverfahren noch eine übergreifende Methodik oder Theorie existierten.

Supervisoren bezogen ihr Handwerkszeug und ihr Instrumentarium zu Interventionen eigentlich aus anderen Ansätzen (Psychoanalyse, Gruppendynamik usw.). Meistens verwendet ein Supervisor einen Ansatz oder, je nach Situation mehrere oder Teile von mehreren Ansätzen (eklektizistisches Verfahren)." (Belardi 1996b, S. 127)

Ab den 80er Jahren sind unter dem Eindruck einer zunehmenden Debatte um Organisation und Steuerung in der Sozialen Arbeit neben die psychotherapeutischen Verfahren als methodische Grundierung der Supervision noch solche der Organisationsentwicklung getreten. Trotz der Erweiterung der Palette dürfte ein Großteil des Supervisionsmarktes auch aktuell noch durch Adaption aus dem Sektor der Psychotherapien gekennzeichnet sein.[6] Zumindest stellt Marianne Hege noch 1996 in einem Aufsatz fest, dass „Supervision gleichsam ein Seitenast am Baum der Therapie ist" (Hege 1996, S. 104). Insofern wäre es vielleicht treffender, von Supervision nicht als „Beratung der Berater", sondern vielmehr als „Therapie der Berater" zu sprechen.

Obwohl somit konkrete Aussagen zu methodischem Handeln in der Supervision schwer fallen, da je nach therapeutischer Ausrichtung höchst unterschiedliche konzeptionelle Rahmungen, Verfahren und Techniken zum tragen kommen können, lassen sich in der Fachliteratur unterschiedliche Phasenmodelle finden. Waldemar Pallasch (1991, S. 105) schlägt ein allgemeines Modell der Strukturierung des Supervisionsprozesses in fünf Phasen vor: (1) In der Orientierungsphase geht es zunächst um die Klärung des Anliegens und die Bestimmung des Anlasses für die Supervision, um eine gemeinsame Handlungsgrundlage zu entwickeln. (2) In der Informationsphase steht die Datensammlung und die Eindrucksbildung im Vordergrund. (3) Aufbauend auf die gewonnenen Informationen geht es in der Gewichtungsphase um eine Ordnung der Beobachtungsdaten, einen Vergleich mit den in der Orientierungsphase ermittelten Zielen sowie um eine Gewichtung im Hinblick auf die zukünftigen Arbeitsschritte. (4) In der Rückmeldephase werden diese Deutungen ausgetauscht und verglichen, sowie weitere Lernschritte bestimmt, um abschließend in der (5) Kontrollphase die Ergebnisse zu bewerten, Strategien zu bestimmen und neues Verhalten zu üben.

(d) Einschätzung und Diskussion: Die Geschichte der Supervision kann man ohne Übertreibung als Erfolgsgeschichte bezeichnen, die sich nicht nur in stabiler bis steigender Nachfrage von Seiten sozialer Fachkräfte niedergeschlagen hat, sondern auch in einer mittlerweile konsolidierten „Standesvertretung" (Berufsverbände) und einem ausgebauten Angebot an einschlägigen Ausbildungsgängen. Und in der Tat dürfte kein Zweifel darüber be-

---

6 In diesem Sinne hebt Gaertner die „Anlehnung der Supervisionsmethoden an die Psychotechniken" hervor. „Parallel zu den einschlägigen Tendenzen auf dem Therapiemarkt werden Elemente aus Gruppendynamik, Gestalttherapie, Psychodrama, Bioenergetik etc. eklektizistisch in die Supervisionspraxis eingeführt." (Gaertner 1996, S. 601)

stehen, dass angesichts der spezifischen Belastungen in sozialen Berufen (Konfrontation mit existentiellen Krisen, gescheiterten oder zumindest bedrohten Biographien, körperlichen und psychischen Schädigungen der Klienten), z.T. belastender institutioneller Rahmenbedingungen und gleichzeitig eingeschränkter Kalkulierbarkeit der Wirksamkeit professioneller Interventionen (vgl. Kapitel 3), persönlich stabilisierende und fachlich beratende Unterstützung durch einen kompetenten externen Berater Sinn machen kann. Für das Verhältnis Sozialarbeiter – Supervisor gilt hier Ähnliches wie für das Verhältnis Klient – Sozialarbeiter: Wer mit beiden Beinen im Sumpf der Alltagsprobleme steckt, bedarf zuweilen des distanzierten Blicks von außen, um evtl. eine neue, produktive Sichtweise auf seine (beruflichen) Lebensumstände zu gewinnen. Dies gilt insbesondere für solche berufliche Situationen, in denen Konflikte im Team die Selbstheilungskräfte übersteigen, in denen SozialarbeiterInnen sich nach ihrer Selbstwahrnehmung in einer Berufskrise befinden, in denen Einflüsse der Organisation und Institution sich kontraproduktiv auf Hilfeprozesse auswirken oder in denen SozialarbeiterInnen Problemen als Einzelkämpfer gegenüberstehen, ohne direkt in kollegiale Reflexionskontexte eingebunden zu sein.

Problematisch erscheint allerdings eine Tendenz zur Universalisierung und Verstetigung der Notwendigkeit von Supervision, d.h. die Betonung, dass SozialarbeiterInnen grundsätzlich und unabhängig von konkreten Arbeitsbedingungen der Begleitung und Beratung durch externe Supervisoren bedürften. Eine solche Tendenz zur Universalisierung lässt sich schon auf der Begriffsebene identifizieren, wenn Supervision kurz als „berufsbezogene Beratung und Weiterbildung" (Belardi 1996b, S. 13) verstanden werden soll und somit alle Prozesse professioneller Reflexion und fachlicher Weiterentwicklung umfasst. Dort, wo funktionierende Teams oder auch einrichtungsübergreifende Arbeitsgemeinschaften von Fachleuten ihre Probleme produktiv diskutieren, ist professionelle Supervision ebenso wenig notwendig, wie Sozialarbeit in integrierten und funktionierenden sozialen Netzwerken. Aus der Perspektive einer berufsständischen Subsumtionslogik mag es Sinn machen, solche kollektiven Reflexionszusammenhänge als kollektive Supervision zu bezeichnen, begriffslogisch erscheint dies eher problematisch, weil sich mit Supervision dann keine spezifische Handlungsform mehr verbindet, sondern fachliche Reflexion schlechthin.[7]

Eine solche Generalisierungsstrategie erscheint auch deshalb problematisch, weil die Supervision, trotz der Öffnung hin zu Fragen der Organisationsentwicklung, bis heute noch weitgehend psychotherapeutisch orientiert ist und damit beziehungsdynamische Sichtweisen beruflicher Alltagsprobleme favorisiert. Auf diesem Hintergrund ist die von Pfaffenberger refe-

---

7 Norbert Huppertz hat schon Mitte der 70er Jahre die Verworrenheit des Begriffs Supervision kritisiert. „Bei einer auch nur flüchtigen Sichtung der Umschreibungen von Supervision fällt auf, dass man anschließend kaum eine präzise Vorstellung von dem hat, was als ‚Supervision' bezeichnet wird" (Huppertz 1975, S. 9).

rierte Kritik der 70er Jahre zumindest tendenziell weiterhin bedenkenswert: „Die Kritik wirft der Praxisberatung darüber hinaus vor, sie betreibe Anpassung an traditionelle berufliche Verhaltensmuster und wirke daher eher konservativ als innovativ; sie individualisiere und personalisiere und trage dadurch zur Verschleierung gesellschaftlicher Probleme und Bedingungen bei; dadurch wirke sie affirmativ und stabilisiere den status quo, statt verändernd zu wirken" (Pfaffenberger 1977b, S. 209). Die Supervision als „Sozialarbeit für Sozialarbeiter" trifft hier insofern dieselbe Kritik wie die Ansätze einer individualisierenden Sozialarbeit. Allerdings ist dies nicht als eine Generalkritik an Supervision schlechthin zu verstehen, sondern vielmehr an solchen methodischen Ansätzen, die sich auf die Bearbeitung individueller Deutungsmuster und Beziehungsdynamiken beschränken.

 Tipps zum Weiterlesen:

Belardi, N.: Supervision. Eine Einführung für soziale Berufe, Freiburg i.B. 1996.

Pühl, H. (Hrsg.): Handbuch der Supervision, Berlin 1994.

29. Selbstevaluation

(a) Geschichte und Hintergrund: Spätestens seit dem Ende der 80er Jahre findet sich unter dem Stichwort Selbstevaluation eine verstärkte Hinwendung zu Fragen der kontrollierten Selbstüberprüfung professioneller Interventionen. So geht Hiltrud von Spiegel davon aus: „Da Soziale Arbeit eine berufliche Arbeit ist, kann von den Fachkräften erwartet werden, dass sie, wie es in allen anderen Arbeitsverhältnissen ebenso üblich ist, ihre Leistungen rechtfertigen und Kontrollen zulassen." (Spiegel 1994b, S. 12) Hintergrund des zunehmenden Interesses an Selbstbeobachtung und Selbstkontrolle ist dabei nicht zuletzt die Finanzkrise öffentlicher Haushalte, die alle Segmente öffentlich finanzierter Leistungen unter Druck setzt, ihre Effektivität und Effizienz nachzuweisen. Mit der Forderung nach Verfahren der Selbstkontrolle verbinden sich dabei insbesondere drei Hoffnungen: Zum einen steht zu befürchten, dass Soziale Arbeit im Falle fehlender fundierter Selbstkontrollelemente in wachsendem Maße der Fremdkontrolle ausgesetzt werden wird. Über dieses eher defensive Motiv hinaus, versprechen sich die VertreterInnen der Selbstevaluation zum anderen durch gesicherte Aussagen über die Wirksamkeit sozialpädagogischer Interventionen gesteigerte legitimatorische Einflusschancen für sozialpädagogische Anliegen in der Auseinandersetzung um die knapper werdenden finanziellen Ressourcen (vgl. Heiner 1988). Während diese Argumente eher die Außenbeziehungen der Sozialen Arbeit betreffen, zielt ein weiteres auf den Binnenraum der Sozialen Arbeit: versteht man unter methodischem Handeln, „sich die Abläufe im Nachhinein durch Strukturierung zu vergegenwärtigen" (Spiegel 1994a, S. 265) und die so gewonnenen Erkenntnisse in die Planung und Realisierung zukünftigen Handelns einfließen zu lassen, so realisiert sich in der Praxis der Selbstevaluation ein Zugewinn an Rationalität für sozialpädagogisches Handeln schlechthin. Selbstevaluation wäre mithin als ein „Mittel beruflicher Qualifizierung" (Spiegel 1994b, S. 11) zu verstehen.

(b) Begriff und Abgrenzung: Selbstevaluation gehört zum Set der professionsbezogenen Methoden Sozialer Arbeit, d.h. sie beziehen sich nicht direkt auf die Intervention bzw. den Klienten und sind insofern nicht der Ausdruck einer konkreten Veränderungsabsicht, sondern finden ihren Focus in der SozialarbeiterIn-KlientIn-Interaktion und ihrem situativen Setting, wobei der Schwerpunkt der Betrachtung auf der Selbstbeobachtung der SozialarbeiterInnen, ihrer Handlungsweisen und organisatorischen Rahmenbedingungen liegt.

Selbstevaluation ist zum einen abzugrenzen gegenüber den „klassischen" Instrumenten der Reflexion und Rechenschaftslegung, nämlich dem Berichtswesen sowie Dienstbesprechungen. „Die Akte, die Jahresstatistik, der

Bericht, das Gutachten u.a. sind für eine vertiefende Diskussion der Ziele und Ergebnisse beruflichen Handelns nur begrenzt geeignet. Sie werden überwiegend unter legitimatorischen Gesichtspunkten geschrieben. So fehlt ihnen in der Regel das Element der Erörterung, des Abwägens alternativer Ziele und Wertungen sowie der Reflexion möglicher Begründungen und der kritischen Analyse der Informationsbasis. (...) Neben den genannten Formen schriftlicher Berichterstattung ist die Reflexion in Dienstbesprechungen oder im kollegialen Gespräch üblich. Hier lässt der Druck alltäglicher Entscheidungszwänge gerade noch Zeit dafür, neben organisatorischen Routinefragen, besonders schwierige Fälle und aktuelle Krisen zu erörtern. Die Reflexion der normalen, alltäglichen Arbeitsabläufe und ihrer Ergebnisse kommt auf diese Weise ebenso zu kurz wie die Analyse gelungener Interventionen und das systematische Lernen am Erfolg." (Heiner 1988, S. 8 f.)

Auch gegenüber der Organisationsberatung und der Supervision als professionelle Instrumente der Beschäftigung mit dem eigenen Handeln, den eigenen Zielen und den organisatorischen Rahmenbedingungen weist Selbstevaluation Spezifika auf. So betont Supervision zumeist die emotionalen Aspekte der beruflichen Beziehungsreflexion, während Organisationsentwicklung sich vorrangig auf die strukturellen Rahmenbedingungen sozialpädagogischen Handelns bezieht.[1] Im Gegensatz zu Supervision zeichnet sich Selbstevaluation insbesondere a) durch den Einsatz empirischer Verfahren der Beobachtung und Befragung sowie durch b) die Verschriftlichung und Dokumentation von Prozessen aus. Trotz dieser Abgrenzung weisen Supervision, Organisationsberatung und Selbstevaluation Schnittbereiche auf: „Als systematische Nach-, Denk- und Bewertungs-Hilfe soll sie [die Selbstevaluation, d.V.] dazu dienen, Handlungen zu reflektieren, zu kontrollieren und die Kompetenz der Fachkräfte zu verbessern. Wie in der Supervision geht es bei der Selbstevaluation um Selbstreflexion sowie um fachlich begründetes, situationsentsprechendes und persönlichkeitsadäquates Handeln. Wie in der Organisationsberatung sollen die Fachkräfte Notwendigkeiten zur Veränderung erkennen und einleiten, wie in der Evaluation sollen sie die eigenen Arbeitsprozesse bewerten und optimieren." (Spiegel 1994b, S. 18)

Obwohl somit eine exakte Abgrenzung der Selbstevaluation im Feld professionsbezogener Methoden noch aussteht, könnte man die folgende knappe Arbeitsdefinition von Selbstevaluation zugrunde legen:

---

1 Vgl. Heiner (1988); Spiegel (1994b). Nach Spiegel ergänzt Selbstevaluation „die ‚psychohygienische Funktion' der Supervision um die fachliche Dimension" (Spiegel 1994b, S. 18). Ob die Abgrenzung zur Supervision und zur Organisationsentwicklung zutreffend ist, sei an dieser Stelle nicht weiter erörtert. Belardi (1996b) skizziert in seiner Einführung z.B. Supervision als breit angelegtes Instrument zwischen Fachberatung und Psychotherapie, die nicht ausschließlich emotionale Aspekte beruflichen Handelns thematisiert.

> „Evaluieren heißt auswerten, bewerten. Auf der Grundlage systematisch erhobener Informationen wird schriftlich Bilanz gezogen. Im Gegensatz zur Fremdevaluation durch Außenstehende, meist Sozialwissenschaftler, ist es bei der Selbstevaluation der Sozialarbeiter, der als ‚Forscher' in eigener Sache den Verlauf und die Ergebnisse seines beruflichen Handelns untersucht." (Heiner 1988, S. 7)

Die zentralen Elemente der Selbstevaluation wären demnach Selbstbeobachtung, kontrollierte Erhebung mit erprobten (empirischen) Verfahren, Informationssammlung über Prozess und Ergebnis professioneller Interventionen sowie eine Dokumentation der Erhebung sowie der gewonnenen Erkenntnisse. Selbstevaluation könnte man auf dem Hintergrund dieses Selbstverständnisses als eine Form empirischer Sozialforschung verstehen, im Rahmen derer die Objekte klassischer Evaluationsforschung nun zu den Subjekten des Forschungsprozesses werden. Oder kurz gesagt: SozialarbeiterInnen erforschen sich und ihr Handeln selbst.

(c) Konzepte und Frageperspektiven der Selbstevaluation: Wie schon im Rahmen der Evaluationsforschung allgemein (vgl. Müller 1978), so verweisen auch die VertreterInnen der Selbstevaluation auf unterschiedliche Konzepte. Das klassische Konzept der Evaluationsforschung ist rein outputorientiert (produkt- bzw. ergebnisorientiert), d.h. es geht hier im Wesentlichen um eine nachträgliche Messung der Effektivität von Interventionen. Ein solches zielorientiertes Forschungsdesign nimmt letztlich den Charakter einer Kosten-Nutzenrechnung im Dienste sozialplanerischer Entscheidungsprozesse an. Es dient z.B. Politikern zur legitimatorischen Absicherung von finanziellen Aktivitäten, nur begrenzt allerdings den PraktikerInnen zur konzeptionellen und praktischen Analyse ihres Handelns und einer evtl. Optimierung und Revision von Handlungsvollzügen und -bedingungen. Überdies kritisiert Heiner: „Die Ziele, die der Intervention zugrunde liegen, werden damit als gegeben und unstrittig vorausgesetzt und ebenso wenig hinterfragt, wie die Angemessenheit, d.h. auch die moralische Vertretbarkeit der Mittel, die zur Erreichung der Ziele eingesetzt werden" (Heiner 1994a, S. 134). Die output-orientierte Perspektive ist deshalb zu ergänzen um die Ebenen der Ziel- und Prozessanalyse. Die Frageperspektiven der Selbstevaluation lassen sich in folgenden Dimensionen verdichten:

> „(a) Wirklichkeit: Was ist/war der Ausgangszustand? Welche Veränderungen haben stattgefunden? Stimmen die Vermutungen und die gesammelten Eindrücke über Ausgangszustand und Veränderung?
>
> (b) Wünschbarkeit: Wie sind der Ausgangszustand, die Zielsetzung und die erreichte Veränderung zu beurteilen? Entsprechen sie gesellschaftlichen und fachlichen Standards und persönlichen Überzeugungen?
>
> (c) Wirksamkeit: Wie nahe ist man dem Ziel bzw. dem gewünschten Ziel gekommen, bzw. wie nahe will man ihm kommen?

(d) Wirtschaftlichkeit: Mit welchem Aufwand wurde das Ergebnis erreicht bzw. soll es erreicht werden? (...)

(e) Verträglichkeit: Im Sinne einer ‚sozialökologischen' Sichtweise geht es dabei um die Passform der Lösung, d.h. um die Frage: Wie wirkt die Veränderung auf den sozialen Kontext?" (ebd., S. 135)

Heiner unterscheidet vier verschiedene Gegenstände der Evaluation: Art und Umfang der Leistungen, Fachliche Qualität der Leistungen, Veränderungen Klient – Umfeld, Veränderungen Sozialarbeit – Umfeld. Um sich diesen Gegenständen angemessen zu nähern, bedient man sich im Rahmen der Selbstevaluation, je nach thematischem Zuschnitt des formulierten Interesses, unterschiedlicher Informationsquellen: Adressaten/Nutzer/Nichtnutzer, Soziales Umfeld der Nutzer/Nichtnutzer, Leistungserbringer/Anbieter, berufliches Umfeld der Anlieger, vergleichbare Einrichtungen sowie Sozialpolitik/Öffentlichkeit. Je nach Untersuchungsinteresse und Profil des Untersuchungsdesigns können im Selbsterforschungsprozess unterschiedliche Funktionen dominieren.

Systematisch betrachtet lassen sich vier Funktionen der Selbstevaluation unterscheiden: (1) Kontrolle, (2) Aufklärung, (3) Qualifizierung und (4) Innovation (vgl. Spiegel 1994b).

(1) Kontrolle bedeutet, „Abläufe und Ergebnisse an vorher festgelegten, z.B. aus dem Programm abgeleiteten Kriterien (Zielen) oder auch externen Anforderungen (Erfolgskriterien) zu messen" (Spiegel 1994b, S. 15). Die zentrale Frage lautet: Was ist bei der fachlichen Intervention herausgekommen? Diese Funktion kommt im klassischen output-orientierten Forschungsdesign besonders zum Tragen. Beispiele hierfür sind etwa Kontrollgruppenuntersuchungen.

(2) Steht Aufklärung im Vordergrund, so geht es primär um die Frage: „Was ist passiert?" (ebd., S. 27). Mithin steht die Rekonstruktion von Hilfesettings und Interventionsverläufen im Mittelpunkt des Interesses. Ein solches aufklärerisches Interesse kann sich auf einzelne Interventionen (z.B. Beratungsgespräche einzelner SozialarbeiterInnen) oder auch ganze Einrichtungen beziehen (z.B. Erstellung von Leistungsprofilen einer Einrichtung).

(3) Selbstevaluation als Qualifizierung rückt das Interesse an der Optimierung von Angebotsstrukturen in den Mittelpunkt. In diesem Zusammenhang können von Interesse sein: Umfang und Verteilung des Arbeitskräftepotentials, die Zielgruppengenauigkeit von Angeboten bzw. ihre Zielgruppenselektivität, Tätigkeitsdokumentationen mit dem Ziel der Klärung des Verhältnisses von routinisierten und nicht-routinisierten Tätigkeiten, die Rekonstruktion und Reflexion von Arbeitsverhaltensmustern (z.B. im Beratungsgespräch), die Erstellung von Einrichtungsprofilen im Hinblick auf Angebots- und Nutzerstrukturen. Selbstevaluation als Qualifizierung beabsichtigt, im Sinne eines Dienstleistungsverständnisses, die Abstimmung von Angebot und Nachfrage zu optimieren.

(4) Die Funktion der Förderung von Innovation schließlich bezieht sich nach Hiltrud von Spiegel auf einen ähnlichen Zusammenhang, betont allerdings weniger das Einrichtungsprofil sozialer Institutionen sondern vielmehr die Bedürfnislagen der (potentiellen) Klienten. Für soziale Einrichtungen ist es notwendig, Bedarfslagen „in regelmäßigen Abständen und vor Ort (kleinräumig)" (ebd., S. 49) zu ermitteln und zu erfassen, um so im Sinne sozialplanerischen Handelns, eine gelungene Abstimmung von Angebot und Nachfrage in der sozialräumlichen Dimension zu ermöglichen.

Das Spektrum von Untersuchungsprofilen reicht von deskriptiven Bestandsaufnahmen bis hin zu qualifikationsorientierter Selbstevaluation. Das Ansinnen deskriptiver Bestandsaufnahmen konzentriert sich auf die Beschreibung dessen, was angeboten wird. Ein Beispiel für eine solche Form der Selbstevaluation wäre etwa die Erstellung eines Leistungsprofils einer Einrichtung, das folgende Dimensionen umfassen kann:

„1. Angebotsstruktur: Welche Leistungen werden in welchem Zeitraum in welcher Mischung angeboten?

2. Nutzungsstruktur: Wen erreichen wir/nicht, wen versorgen wir/nicht, mit welchen Angeboten?

3. Arbeitszeitstruktur: Welche Aktivitäten/Nutzen binden wie viel der Arbeitszeit?

4. Verlaufsstruktur: Welche Phasen durchläuft der Hilfeprozess bei welchen Angeboten?

5. Kooperationsstruktur: Mit wem wird in welchen Fragen wie/nicht zusammengearbeitet?

6. Akzeptanzstruktur: Welche unserer Angebote erreichen bei welchen Nutzergruppen welche Akzeptanz?" (ebd., S. 62).

Demgegenüber konkretisieren sich qualifizierungsorientierte Selbstevaluationsvorhaben zum einen in der Dokumentation und Analyse einzelner Interventionen (Verlaufsdokumentationen) oder in Soll/Ist-Vergleichen. Selbstevaluation kann anders formuliert, zwischen Bestandsaufnahme und Bewertung angesiedelt werden.

(d) Phasierung, Techniken und Verfahren: Die Realisierung von Selbstevaluationsprojekten vollzieht sich in bestimmten Handlungsschritten, die je nach Design und Untersuchungsinteresse durchaus unterschiedlich sein können. Ein Beispiel für ein Phasenmodell sei im Folgenden angeführt:

„1. Klärung der Zielsetzungen
1.1 Analyse der Ausgangslage im Praxisfeld
1.2 Analyse der Problemlösungsalternativen (Praxisziele)
1.3 Formulierung des Erkenntnisinteresses (Untersuchungsziele)
1.4 Abschätzung des Aufwandes
1.5 Präzisierung und Festlegung der Untersuchungsfragestellung

Selbstevaluation 329

2. Entwicklung eines Evaluationsplanes
2.1 Eingrenzung des Untersuchungsfeldes
2.2 Auswahl der Indikatoren
2.3 Abstimmung von Untersuchungsmethode und Problembearbeitungsmethode
2.4 Festlegung der Stichprobe
2.5 Abstimmung von Untersuchungsprozess und Problembearbeitungsprozess
3. Durchführung und Auswertung
3.1 Pretest und organisatorische Vorbereitung
3.2 Durchführung der Erhebung
3.3 Kontinuierliche Auswertung und Rückkoppelung der Information
3.4 Zusammenfassung aller Ergebnisse
3.5 Schlussfolgerungen für die eigene Praxis
3.6 Präsentation der Selbstevaluation."
(Bundesministerium für Familie, Senioren, Frauen und Jugend 1996, S. 4)

Allein dieses Phasenmodell zeigt, dass Selbstevaluation erhebliche zusätzliche Anforderungen an die SozialarbeiterInnen stellt, und zwar sowohl zeitlich wie inhaltlich. Die erhöhten Anforderungen zeigen sich z.B. im Bereich der Techniken und Verfahren. Selbstevaluation greift auf Verfahren zurück, „die ohnehin in Supervision, Organisationsberatung und Evaluation zur Anwendung kommen" (Spiegel 1994a, S. 266). Nur wenn sich Selbstevaluation erprobter und anerkannter Instrumente bedient, ist sie in der Lage, Ergebnisse zu produzieren, die in einem qualifizierten Diskurs innerhalb der (Fach-)Öffentlichkeit wahrgenommen und anerkannt werden. Für den Bereich der Methoden der (Fremd-) Evaluationsforschung bedeutet dies im Regelfall die Verfügung über das Repertoire der empirischen Sozialforschung, d.h. über Verfahren der qualitativen und quantitativen schriftlichen und mündlichen Befragung, der Beobachtung sowie der Dokumentenanalyse. Als Verfahren der Selbstevaluation sind z.B. gebräuchlich (vgl. Spiegel 1994b, S. 270 ff.):

- Journale, Teamtagebücher, Kliententagebücher, in denen die Betroffenen nach mehr oder weniger strukturierten Vorgaben Tagesereignisse, Gedanken, Reaktionen usw. aus ihrer Sicht dokumentieren und die anschließend analysiert werden;
- Analyse bereits im Arbeitsalltag vorhandener Dokumente wie z.B. Terminkalender, Schriftverkehr, Aktennotizen, Berichte und Akten von Klienten, Teamprotokolle usw.;
- Dokumentationen von Handlungsregeln und Handlungsabläufen, indem Teammitglieder aufgefordert werden, bestimmte Tagessequenzen bzw. Situationen schriftlich festzuhalten und im Hinblick auf vorab festgelegte Fragestellungen zu analysieren;

- Zeitbudget-Analysen, im Rahmen derer Fachkräfte in Erhebungsbögen ihre genauen Tätigkeiten sowie die dafür verwendeten Zeiträume festhalten;
- Situationsporträts, die „typische, d.h. wiederkehrende soziale Situationen, die verändert werden sollen" (Spiegel 1994b, S. 279), in den Blick nehmen;
- Erstellung eines Kompetenzatlas, im Rahmen dessen Fachkräfte, auf der Basis selbstentwickelter Erhebungsbögen, die Kompetenzen ihrer Klienten erfassen und darstellen sollen;
- Netzwerkanalysen, im Rahmen derer die SozialarbeiterInnen in graphischer Form ihre Beziehungen bzw. die Beziehungen der Einrichtungen zur Umwelt (Nachbarn, andere Einrichtungen, Verwaltung etc.) erfassen und nach bestimmten Kriterien (Qualität der Beziehung, Belastbarkeit usw.) bewerten.

(e) Einschätzung und Diskussion: Wie aus der knappen Skizze deutlich geworden sein dürfte, lösen die Ansätze der Selbstevaluation die Grenzen zwischen Handlungsmethoden und Forschungsmethoden (vgl. Kapitel 1) tendenziell auf. Qualifizierte Selbstevaluation im Sinne der oben skizzierten Ansätze kann nur unter Rückgriff auf anerkannte Methoden, insbesondere der empirischen Sozialforschung durchgeführt werden. Dabei dürfte nicht nur angesichts der aktuellen Legitimationsnöte Sozialer Arbeit im Kontext der Finanzkrise öffentlicher Haushalte unbestritten sein, dass die Soziale Arbeit der Selbstreflexion in Bezug auf ihre Arbeitsansätze und beabsichtigten und unbeabsichtigten (Neben-)Wirkungen zwingend bedarf. Der Rückgriff auf Verfahren der Forschung erscheint dabei auf den ersten Blick geboten, da nur auf diese Weise dem Einwand von vornherein entgegengetreten werden kann, Selbstevaluation sei letztlich nur eine spezielle Variante der Selbstlegitimation sozialer Einrichtungen.

Die Notwendigkeit des Rückgriffs auf etablierte und anerkannte (Erhebungs-)Verfahren ist allerdings nicht unproblematisch. Wie schon die kurze Skizze angedeutet haben dürfte, resultieren aus den Ansätzen der Selbstevaluation eine erhebliche Palette an zusätzlichen Anforderungen an die Einrichtungen und sozialpädagogischen Fachkräfte. In Bezug auf die Fachkräfte ist etwa davon auszugehen, dass Indikatorenauswahl, Konstruktion von Frage-, Erhebungs- bzw. Beobachtungsbögen, Standardisierung von Auswertungsstrategien usw. normalerweise kaum zum Methodenrepertoire von SozialarbeiterInnen gehören. Die Konstruktion eines dem Forschungsgegenstand und der Forschungsfrage angemessenen Forschungsdesigns ist zweifelsohne der Schlüssel zu einer fachlich befriedigenden Produktion von Wissen. Dies ist normalerweise das Geschäft von ForscherInnen, die über entsprechende Qualifikationen und Erfahrungen verfügen. Diese Anforderung auch an SozialpädagogInnen zu stellen, die in ihrem Arbeitsalltag mit ganz anderen Problemen und Fragestellungen konfrontiert werden, zielt nicht nur auf eine Erweiterung der Kompetenzpalette, sondern birgt zumindest potentiell die Gefahr der Überforderung in sich. Kurz gesagt: Auf MitarbeiterInnen und Einrichtungen kommen mit der Entscheidung für eine Integration selbstevaluativer Strategien eine Vielzahl neuer, durchaus zeit- und inhaltsintensiver Anforderungen zu, die zwar unbestritten produktiv sein können, gleichwohl aber neben dem herkömmlichen Alltagsgeschäft eine zusätzliche (kapazitäre und inhaltliche) Belastung darstellen. Dieses Problem wird auch in der Literatur zur Selbstevaluation wahrgenommen. So kritisiert etwa Maja Heiner die Tradition der angelsächsischen Länder, die „sich stärker an professionellen Standards der empirischen Sozialforschung als an den Anforderungen einer prozessbegleitenden, umfassenden Reflexion der Praxis" orientieren (Heiner 1988, S. 7). Die als Antwort auf diese Verengung konzipierte Integration von Intervention und Evaluation bringt für die SozialarbeiterInnen zunächst weniger Abstriche in Bezug auf methodische Standards, sondern vielmehr eine Erweiterung des Fragehorizontes, nämlich die Integration der Prozessperspektive mit sich. Die Entwicklung eines eigenständigen, auf die Erfordernisse und Möglichkeiten beruflicher Praxis der Sozialen Arbeit angepassten spezifischen Arsenals an Verfahren und (Erhebungs- und Auswertungs-)Techniken ist bislang allenfalls in Ansätzen beobachtbar. In weiten Teilen unterscheidet sich die Literatur zur Fremdevaluationsforschung in Bezug auf die technischen Aspekte nicht grundlegend von den entsprechenden Veröffentlichungen zur Selbstevaluation.

Wenn die These von den erhöhten Anforderungen an Praxis durch die gegenwärtigen Ansätze zur Selbstevaluation richtig ist, so könnte man sich umgekehrt fragen, welche Einrichtungen und welche SozialarbeiterInnen unter den gegenwärtigen Arbeitsbedingungen überhaupt willens wären, sich der zusätzlichen Belastung auszusetzen. Neben zweifellos vorhandenen Interessen an einer fachlichen Qualifizierung dürften vor allem jene Einrichtungen gesteigertes Interesse zeigen, die aufgrund ihrer besonderen Situation unter gesteigertem Legitimationsdruck gegenüber der Öffentlichkeit und Geldgebern stehen. Dies ist zwar legitim, würde den Kreis der Interessenten jedoch von vornherein einschränken. Dem zu Recht artikulierten Interesse an einer flächendeckenden Implementierung methodisch gesicherter Selbstbeobachtung käme dies allerdings wenig entgegen.[2]

Ein weiterer, grundlegender Aspekt muss allerdings noch ins Feld geführt werden. „Jede Selbstevaluation birgt die Gefahr der gefälligen Selbsttäuschung, der Bestärkung und Bestätigung bereits bestehender Begrenzungen, Verzerrungen und Defizite. Münchhausen vermochte sich selbst am Schop-

---

2 Wenn Heiner aus ihrer Praxis der Evaluationsberatung berichtet, dass von rund 160 TeilnehmerInnen „etwa zwei Drittel nicht über die Vorbereitung und Konzeptionierung einer Evaluationsstudie" hinaus gelangten (Heiner 1994b, S. 56), so mag dies als Indiz dafür gewertet werden, dass die gegenwärtig von VertreterInnen der Selbstevaluation vorgetragenen Konzepte und Strategien für den Großteil der Einrichtungen im sozialen Bereich eine Überforderung darstellen. Dies ist allerdings nicht als Argument gegen Selbstevaluation misszuverstehen, sondern vielmehr als Aufforderung zur Entwicklung praktikabler und schlüssiger Ansätze.

fe aus dem Sumpf zu ziehen. SelbstevaluatorInnen gelingt dies nur begrenzt. (...) Der distanzierende fremde Blick, die Notwendigkeit der Erläuterung des Bekannten gegenüber Außenstehenden und der Vergleich mit anderen Erfahrungen und Meinungen sind unverzichtbar für eine selbstkritische Reflexion der eigenen Arbeit." (Heiner 1994b, S. 74) Mit diesem Einwand ist die Tatsache angesprochen, dass Distanz eine wesentliche Voraussetzung für die Qualität verallgemeinerbarer Ergebnisse von Forschungsprozessen ist, da die eigene Eingebundenheit in Alltag, Deutungsmuster, Hierarchien, Beziehungen usw. sich auf die Qualität und Interpretation von Daten und Informationen zwingend auswirkt. Zwar bringt diese Distanz (forschungstechnische) Probleme eigener Art mit sich, nämlich die Bewältigung von Fremdheit und Vorbehalten sowie die fehlende Kenntnis der Einrichtungskulturen, gleichwohl liegt (nur) in dieser Distanz die Chance des fremden Blicks. Einfacher gesprochen: Die Einbindung der SozialarbeiterIn in berufliche Hierarchien, in (vorhandene oder imaginierte) Rechtfertigungszwänge, in Beziehungen zu MitarbeiterInnen und KlientInnen ist dem kühlen, objektiven Blick auf die Tatsachen nicht notwendigerweise zuträglich. Die von Heiner vorgeschlagene Integration von Selbstevaluationsberatung, d.h. die unterstützende Beratung von selbstevaluationswilligen Teams durch externe Fachleute mit speziellen Feld- und Forschungskompetenzen ist eine Möglichkeit, mit diesem Problem umzugehen, die allerdings die geschilderten Gefahren letztlich nicht beheben kann, da Konstruktion, Erhebung und Auswertung weiterhin vorrangig durch die (artikulierten und unterschwelligen) Interessen der MitarbeiterInnen dominiert wird. Deshalb kann eine Konsequenz nur heißen: Selbstevaluation kann nicht gegen fachliche Fremdevaluation durch externe Experten ausgespielt werden. Auch Fremdevaluation bedeutet für die beteiligten Einrichtungen und SozialarbeiterInnen einen deutlichen Mehraufwand. Aber letztlich werden nicht die gesamten zeitlichen und materiellen Folgekosten auf die Einrichtung selbst abgewälzt. Die Forderung, dass soziale Einrichtungen Elemente der Selbstkontrolle in ihr methodisches Repertoire zu integrieren haben, wird dadurch allerdings nicht eingeschränkt.

 Tipps zum Weiterlesen:

Heiner, M. (Hrsg.): Selbstevaluation in der sozialen Arbeit, Freiburg i.B. 1988.

Heiner, M. (Hrsg.): Selbstevaluation als Qualifizierung in der Sozialen Arbeit. Fallstudien aus der Praxis, Freiburg i.B. 1994.

30. Sozialmanagement

(a) Gesellschaftlicher Hintergrund: Seit Mitte der 80er Jahre ist eine Facette der Methodendiskussion ins Zentrum professionellen Interesses gerückt, die bis zu diesem Zeitpunkt – wenn überhaupt – eher am Rande der Fachdebatte stand, nämlich Ansätze und Konzepte der (Neu- bzw. Re-)Organisation sozialer Träger und Einrichtungen. Unter dem Stichwort Sozialmanagement wurde nun verstärkt die Frage einer effektiveren und effizienteren Gestaltung der Organisationsstrukturen sozialer Träger thematisiert.

Hintergrund der Konjunktur der aktuellen organisationsbezogenen Fachdebatte und des Einzugs betriebswirtschaftlicher Termini und Methoden in die Soziale Arbeit sind zwei Entwicklungen: Zum einen setzt die Finanzkrise des Sozialstaates im Gefolge der (Verteilungs-)Krise der Arbeitsgesellschaft (vgl. Galuske 2002) die Träger Sozialer Arbeit angesichts enger werdender Kassen der öffentlichen Haushalte unter Legitimations- und Rationalisierungsdruck, mit der Folge einer umfassenden Modernisierung der sozialstaatlichen Strukturen. Zum anderen verändern sich aber auch die Lebensentwürfe der Menschen im Zuge der zunehmend flexibleren gesellschaftlichen Anforderung an Lebenslauf und Lebenslagen. Nach Reinbold „verändern sich die Erwartungen und Anforderungen sowohl von KlientInnen als auch von MitarbeiterInnen sozialer Dienstleistungsorganisationen. Eine kritische Überprüfung der Strukturen von SozArb [Sozialarbeit, d.V.], die die Selbstverantwortung und Selbständigkeit von Klienten bisher eher bürokratisch verarbeitet haben in Richtung einer neuen Rolle als ‚Co-Produzent', verändern grundlegend die Erwartungsprofile an und die Effektivitätskriterien für soziale Dienstleistung" (Reinbold 1996 b, S. 542).

Dieser mehrfache Druck, von Seiten der Klienten, der Mitarbeiter und der Geldgeber führte zu einer breiten Rezeption betriebswirtschaftlicher Konzepte, die sich u.a. in einer Vielzahl von Begriffen widerspiegelt, die die Fachdiskussion seit Mitte der 80er Jahre in (großen) Teilen prägt. Um nur einige zu nennen: Sozialmanagement, Organisationsentwicklung, Sozialmarketing, Sozial-Sponsoring, Fundraising, Controlling, Personalentwicklung, Qualitätsmanagement, -entwicklung, -kontrolle, -sicherung, Lean Management, DIN ISO 9000 ff., Kontraktmanagement, Output-Steuerung, Budgetierung, dezentrale Ressourcenverwaltung usw. usw.

Für die Entwicklung in Deutschland ist in diesem Zusammenhang vor allem die bereits oben erwähnte und durch die KGST angeregte Debatte um eine Verwaltungsmodernisierung unter dem Stichwort der „Neuen Steuerung" von Belang,[1] die als gemeinsamen Nenner im Gleichklang mit dem neuen

---

1 Vgl. zu Verwaltungsreform und Ökonomisierung Bandemer u.a. (1998); Bauer (2000); Boessenecker/Trube/Wohlfahrt (2001); Boden (1996), Brinkmann (1995); Flösser

sozialrechtlichen Klima auf eine Effektivierung öffentlicher Verwaltungsstrukturen und Dienstleistungen abzielen.

Kern der neuen Steuerungsmodelle ist nach Flösser (1996) eine Neudefinition des Verhältnisses von Politik und Verwaltung nach dem Muster privater Geschäftsbeziehungen und Unternehmensführung. Im Zentrum des neuen Steuerungsmodells steht das so genannte Kontraktmanagement, das auf eine höhere Transparenz und Kontrolle der Verwaltung durch die Politik abzielt. „Die Idee des Kontraktmanagements basiert dabei auf folgenden Kernelementen:

- Verwaltungen werden als autonome ‚business-units' konzipiert.
- Verwaltungen sind Auftragnehmer von politisch festgelegten Zielsetzungen. Es gibt eine klare Zielvereinbarung zwischen Politik und Verwaltung.
- Die Fach- und Ressourcenverantwortung wird dezentralisiert. Indem die Entscheidungsverantwortung für alle Personal-, Finanz, Organisations- und Informationsfragen an die einzelnen Verwaltungen delegiert wird, wird ein verbesserter Ressourceneinsatz erzielt.
- Verwaltungen operieren auf der Basis eines eigenen Betriebsplanes.
- Verwaltungen sind gegenüber dem Auftraggeber, d.h. den politischen Akteuren rechenschaftspflichtig." (Ebd., S. 58).

Die formalen und organisatorischen Folgen dieses neuen Modells einer Politik, die zielgenaue und überprüfbare Aufträge an eine weitgehend autonom handelnde und über ihr Tun Rechenschaft ablegende Verwaltung erteilt, sind aus der Fachdiskussion hinlänglich bekannt und sollen hier nur stichwortartig benannt werden: Formulierung von Produktdefinitionen und Qualitätsmerkmalen, Kennziffern, Controlling, intensives Berichtswesens etc.

Die im neuen Steuerungsmodell zum Ausdruck kommende auf mehr Markt und Wettbewerb abzielende Rahmenordnung der Produktion sozialer Dienstleistungen spiegelt sich auch und gerade in der Veränderung der sozialrechtlichen Rahmenbedingungen der Sozialen Arbeit in den 90er Jahren wieder. Diese massiven Veränderungen, egal ob in der Sozialhilfe, der Pflegeversicherung oder der Kinder- und Jugendhilfe zielen im Kern feldübergreifend auf zwei Aspekte ab: (1) eine Öffnung des Sektors sozialer Dienstleistungen für private Anbieter und damit eine Inszenierung von Wettbewerb sowie (2) eine Umstellung der Finanzierungsmodelle vom Selbstkostendeckungsprinzip auf transparente Leistungsentgelte (z.B. Fachleistungsstunde).

Dass diese Entwicklungen auch in absehbarer Zeit die Zukunft der Sozialen Arbeit in Deutschland bestimmen werden, legen sowohl internationale

---

(1994); Flösser/Otto (1996); Hoffmann/Maack-Rheinländer (2000); Knorr/Halfar (2000); Lindenberg (2000); Otto/Schnurr (2000); Schreyer-Schubert/Hanselmann/Friz (2000).

Trends (vgl. Otto/Schnurr 2000) nahe, wie auch neuere sozialstaatliche Reformvorhaben in Deutschland, z.b. die Umsetzung der Empfehlungen der so genannten Hartz-Kommission zur Neuorganisation von Arbeitsmarkt, Arbeitsvermittlung und Sozialhilfe oder auch die sozialdemokratische Agenda 2010. Beides sind Beispiele für den Umbau des „aktiven" Sozialstaats zu einem aktivierenden Sozialstaat, wie er insbesondere von den sozialdemokratischen Regierungschefs Europas als dritter Weg propagiert wurde und wird (vgl. zusammenfassend Galuske 2002, S. 208ff; Dahme/Otto/Trube/Wohlfahrt 2003), und wie er in Deutschland gegenwärtig in vollem Gange ist. Die Bedeutung dieses Umbaus wird deutlich, wenn man sich vergegenwärtigt, das der aktivierende Sozialstaat auf drei Ansprechpartner abzielt: (1) Zum einen auf den Markt, den es aus seinen beschränkenden (bürokratischen) Fesseln zu befreien gilt (Abbau von Arbeitnehmerschutzrechten, Deregulierung des Arbeitsrechts, Senkung von Unternehmens- und Gewinnsteuern, Freihandelspolitik etc.). (2) Zum anderen zielt der aktivierende Sozialstaat auf die Nutzerinnen (in neuer Terminologie: Kunden), deren Eigenaktivität „gefordert und gefördert" werden soll, ihre Probleme selbst zu lösen, um insbesondere die Chancen zur Teilhabe am Arbeitsmarkt zu erhöhen. Oder in den Worten der Politik: „Wir brauchen aktive Regierungen, die nicht die Arbeit der Wirtschaft verrichten, sondern unsere Bürger vielmehr motivieren und befähigen, den Arbeitsmarkt zu erobern, ihre Fähigkeiten zu erweitern und eigene Unternehmen zu gründen." (Blair/Kok/Persson/Schröder 2000, S. 7) (3) Der dritte „Ansprechpartner" des aktivierenden Staats sind die öffentlichen Verwaltungen und Leistungserbringer, deren Ineffektivität zum Gegenstand heftigster Kritik wird. „Der öffentliche Dienst muss den Bürgern tatsächlich dienen: Wir werden daher nicht zögern, Effizienz-, Wettbewerbs- und Leistungsdenken einzuführen", so Gerhard Schröder und Tony Blair (1999, S. 326) in einer gemeinsamen Erklärung, wobei der Schlendrian durch die Inszenierung von Quasi-Märkten und Wettbewerb in diesem Feld ausgetrieben werden soll.

Reaktion auf die anhaltende und zunehmende Ökonomisierung der Sozialen Arbeit war und ist ein Boom betriebswirtschaftlicher Denkformen und Handlungsmuster, wobei die fachlichen Positionen zu dieser „Invasion" recht unterschiedlich waren: Während ein nicht geringer Teil der Fachvertreter die Welle der „neuen Sachlichkeit" begrüßte und sich von dem gezielten, gleichwohl an die besondere Situation sozialer Organisationen angepassten Transfer betriebswirtschaftlichen Know-hows einen Zugewinn an Rationalität und Professionalität versprach (und verspricht), ist ein (wachsender) Teil eher durch Skepsis geprägt, die sich vor allem an dem Unbehagen festmachen lässt, ob die Differenz zwischen betriebswirtschaftlichem Denken einerseits und ethischer Fundierung und Zielorientierung der Sozialen Arbeit andererseits einfach zu überwinden sei.

Dieser Konflikt verweist nochmals auf die Frage, ob Sozialmanagement lediglich Management in sozialen Organisationen meint oder mehr. Nach Meinung von Reinbold müssen bei einer Rezeption von betriebswirtschaftlichen Managementkonzepten „die Besonderheiten von sozialen Organisationen als Non-Profit-Organisationen zu wesentlichen Ausgangs- und Prüfpunkten der Formulierung von Managementansätzen werden. Als wesentliche Besonderheiten, auf die ein S.-Konzept reagieren muss, lassen sich hierbei benennen:

- Im Gegensatz zu erwerbswirtschaftlichen Organisationen handelt es sich im Bereich der sozialen Organisationen um bedarfswirtschaftliche Organisationen. Per Definitionem verfolgen soziale Organisationen keine primär monetären Gewinnziele.

- Im Unterschied zu erwerbswirtschaftlichen Organisationen sind soziale Organisationen durch nicht-schlüssige Tauschbeziehungen gekennzeichnet, d.h. die Kunden sind nicht in allen Fällen/nicht überwiegend Bezahler der eigentlichen Leistungen" (Reinbold 1996b, S. 543).

Auch wenn ein derart auf die Bedürfnisse Sozialer Arbeit abgestimmtes Konzept des Sozialmanagements bislang noch auf seine Realisierung wartet und mithin von einer vergleichsweise konsensualen Begriffsbestimmung bislang noch nicht die Rede sein kann, so hat die Diskussion doch erreicht, dass ab Mitte der 80er Jahre verstärkt ein Fakt ins Bewusstsein der Fachdiskussion und der Fachkräfte gerückt ist, der bisweilen – auch in der Methodendiskussion – tendenziell ausgeblendet, zumindest aber unterentwickelt war: dass sich nämlich Soziale Arbeit nicht ausschließlich in der persönlichen Beziehung zwischen HelferIn und Hilfesuchendem vollzieht, sondern dass dieses Interaktionsverhältnis institutionell gerahmt ist, sich im Kontext sozialer Organisationen vollzieht. Diese Organisationen müssen – sollen sie nicht zum Bremsklotz werden – professionell aufgebaut und geleitet, von ihrer Struktur her lernfähig und innovativ sein, um sich den Bedürfnissen der Hilfesuchenden anzupassen. Dass dies in der Vergangenheit nicht immer der Fall gewesen ist, dürfte keine gewagte These sein. Zumindest ist die Klage über die Beharrlichkeit bürokratischer Organisationen auch in der Fachliteratur der Sozialen Arbeit durchaus verbreitet.

Mit der Debatte um Sozialmanagement hat allerdings nicht nur eine inflationäre Flut von Begriffen ihren Weg in die Soziale Arbeit gefunden, sondern auch eine Vielzahl von Methoden und Techniken. Eine umfassende Überblicksdarstellung dieser Methoden und Techniken des Managements sozialer Organisationen steht bislang noch aus. Die vorhandene Lücke kann an dieser Stelle nicht geschlossen werden. Exemplarisch soll im Folgenden ein zentraler Ansatz, der der Organisationsentwicklung, und ein zentrales Problemfeld, die Bestimmung der „Qualität" Sozialer Arbeit kurz thematisiert werden, um zumindest einen Eindruck davon zu vermitteln, welche Chancen und Probleme dieses Feld methodischen Handelns in der Sozialen Arbeit charakterisieren.

(b) Organisationsentwicklung: Mit dem Stichwort „Organisationsentwicklung" dürfte der umfänglichste der gegenwärtig in der Diskussion befindli-

chen organisationsbezogenen Ansätze angesprochen sein. Organisationsentwicklung stellt sich, so Gaby Flösser, als „Kristallisationspunkt für eine Modernisierung Sozialer Arbeit" (Flösser 1994, S. 98) dar. Organisationsentwicklung lässt sich wie folgt definieren:

❗ „Der Begriff Organisationsentwicklung umfasst solche Maßnahmen, die geplante Veränderungen in Organisationen bewirken. Im Gegensatz zu Umgestaltungen und Wandlungsprozessen, die spontan als Reaktion auf äußere Umstände, wie z.b. Nachfragerückgänge oder nationale Krise wie Kriege, auftreten, verläuft die Organisationsentwicklung gesteuert und systematisch. Das Ziel ist es, die Funktionstüchtigkeit einer Organisation zu erhalten oder zu verbessern. Dabei treten zwei Aspekte besonders in den Vordergrund: Zum einen soll die Arbeit humaner gestaltet werden, zum anderen soll die strukturelle Leistungsfähigkeit des Gesamtsystems gesteigert werden. Damit zwischen diesen Zielrichtungen keine Konflikte auftreten, muss die gesamte Organisation in die Maßnahmen eingebunden werden." (Graeff 1996, S. 195)

Organisationsentwicklung geht mithin von der Annahme aus, dass eine Optimierung von Unternehmensorganisationen immer einer doppelten Zielsetzung zu folgen hat: Optimierung von Strukturen und vermittelt bzw. eingebunden in diesen Prozess die Erweiterung von Spielräumen zur aktiven Gestaltung und Selbstverwirklichung für die Mitarbeiter. Um diese beiden Ansprüche miteinander zu verbinden, verfolgt Organisationsentwicklung die Idee, „die Organisationsmitglieder in die Lage zu versetzten, ihre Probleme selbst zu erkennen, selbst interpersonale Beziehungen experimentell zu erproben und selbst organisationale Bedingungen zu schaffen, die ihren Bedürfnissen und den Leistungserfordernissen der Organisation angemessen sind" (Kieser u.a. 1981, S. 113).

Anlass für einen gezielten, gesteuerten und systematischen Prozess der Organisationsentwicklung sind zumeist Krisen innerhalb von Organisationen, die ihren Bestand bedrohen, zumindest aber die Erreichung institutionell intendierter Zielsetzungen beschränken und behindern. Mittels externer Organisationsberater soll nun ein Prozess in Gang gesetzt werden, im Rahmen dessen die Organisation und ihre Mitglieder selbst ihre Schwachpunkte entdecken und sich zu einem lern- und anpassungsfähigen Gebilde entwickeln.[2]

Die Palette an Ansätzen der Organisationsentwicklung hat sich mittlerweile erheblich ausdifferenziert, so dass von einem einheitlichen Konzept nicht

---

2 Reinbold definiert Organisationsentwicklung vor diesem Hintergrund „als Strategie …, die die Balance zwischen Beharren und Verändern einer Organisation so erhält, daß die Organisation auf interne sowie externe Veränderungsimpulse angemessen reagieren kann. Ziel von OE ist die Einleitung eines geplanten, gesteuerten und systematischen Prozesses zur Veränderung der Kultur, der Strukturen sowie des Verhaltens einer Organisation und ihrer Mitglieder, um die eigene Wirksamkeit bei der Lösung ihrer Probleme und der grundsätzlichen Erreichung der Organisationsziele zu verbessern" (Reinbold 1996a, S. 421).

gesprochen werden kann (vgl. Flösser 1994). Für die Soziale Arbeit haben Maelicke/Reinbold (1992, S. 23 ff.) einen ganzheitlichen und sozial-ökologischen Ansatz der Organisationsentwicklung erarbeitet, der folgende Aufgaben unterscheidet:

„1. Entwicklung eines Leitbildes, einer Unternehmensphilosophie, einer corporate-identity
2. Zielfindung
3. Aufgabendefinition
4. Aufbau- und Ablauforganisation
5. Führungs- und Mitarbeiterverhalten
6. Soziale Infrastrukturentwicklung, Vernetzung
7. Projektmanagement
8. Sozial-Marketing
9. Evaluation und Fortschreibung
10. Förderung der Selbstorganisation." (Ebd., S. 23)

Am Anfang des Prozesses steht mithin die Verständigung über das Leitbild der sozialen Organisationen. Zu diesem Zweck bedarf es einer Analyse über das bestehende Selbstverständnis des Unternehmens und seiner MitarbeiterInnen. Die Formulierung eines Leitbildes muss ethische Prinzipien ebenso berücksichtigen wie den sozialpolitischen Auftrag, fachpolitische Positionen, verbandsspezifische Strukturfragen usw. (vgl. Maelicke/Reinbold 1992). Ist auch im Rahmen der innerbetrieblichen Kommunikation ein konsensuales Leitbild erarbeitet und in spezifische Zielformulierungen und Aufgabendefinitionen der jeweiligen Arbeitsschwerpunkte übersetzt, bedarf es einer „Analyse und Neugestaltung von formalen Organisationsstrukturen (Aufbau- und Ablauforganisation) ... Die Gestaltung formaler und informeller Organisationsstrukturen ist daran zu messen, inwieweit sie vorhandene Mitarbeiterpotentiale fördert und unterstützt (Personalentwicklung)" (Reinbold 1996a, S. 421).

Um diese Entwicklungsprozesse in Gang zu bringen und zu forcieren, wird auf verschiedene Techniken zurückgegriffen, mittels derer ein Prozess der Organisationsentwicklung entfaltet werden kann. Insgesamt lassen sich drei Ebenen der Technik der Organisationsentwicklung unterscheiden (vgl. Graeff 1996; Kieser u.a. 1981):

(1) Techniken auf der Ebene des Individuums: Neben Laboratoriumsmethode (Verhaltenstraining unter kontrollierten Bedingungen zur Vermittlung von Einzel- und Gruppenerfahrungen), Encounter-Gruppen (Selbsterfahrungsgruppen, in denen vor allem die Gefühle der Teilnehmer thematisiert werden), Transaktionsanalyse (auf psychoanalytischer Grundlage basierende Methode der Einschätzung von Verhalten und Kommunikation) nennt Graeff als weiteren Ansatz das Outplacement. Outplacement reagiert auf krisenanfällige Situationen, in denen sich Betriebe von MitarbeiterInnen trennen müssen. Outplacement meint entsprechend „Hilfsangebote für die

scheidenden Mitglieder ebenso wie Unterstützungen für die Kollegen und Vorgesetzten. Das Ziel ist es, die negativen Konsequenzen des Personalabbaus für die Betroffenen und für die Organisationen so gering wie möglich zu halten. Zentrales Anliegen der Outplacementmaßnahmen ist, den Betroffenen zu helfen, mit den heftigen emotionalen Reaktionen umzugehen, die ein Ausscheiden aus der Organisation hervorrufen kann" (Graeff 1996, S. 204).

(2) Techniken auf der Ebene der Gruppe, wie z.B. Rollenanalyse (Instrument zur Analyse von Diskrepanzen zwischen Rollenerwartungen und Funktionszuschreibungen), Problemlöse-Workshop (Bearbeitung eines speziellen Problems in Kleingruppen), Teamentwicklung (Gruppenverfahren zur Stärkung von Kommunikationsfähigkeit und Zusammenarbeit) sowie Verfahren der Qualitätssicherung und des Qualitätsmanagements, auf die noch einzugehen sein wird.

(3) Techniken auf der Ebene der Organisation, wie z.B. Survey Feedback (Erhebung von Daten über die Organisation und Rückspiegelung der Daten an die MitarbeiterInnen), Konfrontationssitzungen (Kleingruppenverfahren zur Diskussion über Schwierigkeiten der Gesamtorganisation) oder Grid System (Verfahren, das insbesondere auf die differenzierte Analyse von Führungsstilen abzielt).

Schon begrifflich außerordentlich populär ist auf dieser Ebene das Konzept der so genannten „Schlanken Organisation" („lean management"). Lean Management zielt auf unterschiedliche Merkmale des Betriebes (vgl. Graeff 1996, S. 210): flache Hierarchien zur Steigerung der Flexibilität und Reaktionsfähigkeit; dezentrale Strukturen und Betonung von Gruppenarbeit; vernetzte Kommunikation; permanente Verbesserung; Betonung der Eigenverantwortung.

(c) Qualitätsmanagement: Von besonderer Bedeutung für die Inszenierung von Wettbewerb ist die Messung und Vergleichbarkeit der durch sozialpädagogische Interventionen erzeugten „Qualitäten" oder Leistungen. Erst wenn Qualitäten sichtbar und messbar werden, können Angebote einzelner Wettbewerber miteinander verglichen werden. Insofern nimmt die Bestimmung und Kontrolle der Qualität sozialer Dienstleistungen eine zentrale Rolle im Modell des Kontraktmanagements ein.

Diese Fragestellung hat unter verschiedenen Begrifflichkeiten Eingang in die Fachdiskussion gefunden, so etwa der Qualitätsentwicklung, des Qualitätsmanagements oder der Qualitätssicherung. Dabei stellt sich zunächst die Frage, was unter Qualität zu verstehen ist (vgl. Flösser 2001). Die deutsche Gesellschaft für Qualität (DGQ) definiert Qualität als „die Gesamtheit von Eigenschaften und Merkmalen eines Produktes oder einer Tätigkeit, die sich auf deren Eignung zur Erfüllung gegebener Erfordernisse bezieht" (zit. nach Burmeister/Lehnerer 1996, S. 16). Es geht also im Kern um bestimmte gewünschte Eigenschaften, die ein Produkt besitzen soll, weil diese Eigenschaften es für den Klienten nützlich werden lassen. Damit ist Qualität erkennbar eine variable Größe, die unterschiedliche Dimensionen umfasst: „Ihrer objektiven Bedeutung nach ist Qualität ein Unterscheidungsmerkmal. Als Differenzkriterium beschreibt Qualität zum einen die allgemeine Gütebeschaffenheit einer Sache, eines Produkts, einer Handlung oder einer handelnden Person. (…) Zum anderen bezieht sich Qualität als objektives Unterscheidungsmerkmal auf den jeweiligen Grad der Güte." (Bauer 2001, 108 f.)

Um die Qualität sozialpädagogischer Angebote zu bestimmten und zu kontrollieren, sind nun im Feld der Sozialen Arbeit in den letzten Jahren verschiedenste Vorgehensweisen erprobt und implementiert worden, die im weitesten Sinne unter dem Begriff des Qualitätsmanagements zusammengefasst werden können.

! Qualitätsmanagement umfasst nach DIN ISO 8402 „alle Tätigkeiten der Gesamtführungsaufgabe, welche die Qualitätspolitik, Ziele und Verantwortungen festlegen, sowie diese durch Mittel wie Qualitätsplanung, Qualitätslenkung, Qualitätssicherung und Qualitätsverbesserung im Rahmen des Qualitätsmanagementsystems verwirklichen" (zit. nach Burmeister/Lehnerer 1996, S. 19).

An einem Beispiel gesprochen: Ähnlich wie wir von einer Automobilfirma erwarten, das sie die verschiedenen Etappen des Produktionsprozess eines Neuwagens so kontrolliert, das am Ende der Kunde das bekommt, was er erwartet und was ihn zufrieden stellt, nämlich ein funktions- und leistungsfähiges PKW ohne Defekte (keine Montagsautos!), so sollen nun erzieherische, beratende, helfende und unterstützende Leistungen in Jugendhilfe und Sozialer Arbeit in ihren Qualitätszielen bestimmt, in ihrer Erbringung überprüft und in ihren Effekten kontrolliert werden. Es ist hier nicht der Raum, um im technischen Sinne auf Struktur und Elemente gängiger Qualitätsmanagementverfahren einzugehen (vgl. z.B. Merchel 1999; Burmeister/Lehnerer 1996; Bandemer u.a. 1998). Stichwortartig seien hier nur die Eckpfeiler der zwei wohl am meisten diskutierten Ansätze, der Qualitätssicherung nach DIN ISO 9000 ff. sowie des Total Quality Management (TQM) in ihren Grundzügen angedeutet.

- 1987 kam es zu einer Harmonisierung der Normen für Qualitätssicherungssysteme durch die International Organization for Standardization im Rahmen der DIN ISO 9000 ff. Normen. Kerngedanke von DIN ISO 9000 ff. ist die systematische Überprüfung und Dokumentation des Verfahrens der Produktion einer Dienstleistung. „Vorrangiges Ziel ist es, den Kunden gegenüber zu dokumentieren, dass das Unternehmen Qualitätsanforderungen festgelegt hat und diese in rationeller Weise erfüllt." (Bandemer 1998, S. 370) Insofern sind nicht so sehr die Ergebnisse und Wirkungen von Dienstleistungen Gegenstand von DIN ISO, sondern vielmehr die transparente Darlegung der Bemühungen um eine bestimmte, vorher definierte Produktqualität. Diese Bemühungen finden ihren Ausdruck im Qualitätshandbuch, das jeder Anbieter, der sich nach DIN ISO zertifizieren

Sozialmanagement 341

lassen will, nach bestimmten Regeln zu erstellen hat (vgl. dazu ausführlicher Burmeister/Lehnerer 1996). Bei DIN ISO 9000 ff. handelt es sicher unübersehbar um ein sehr weitgehend formalisiertes Instrument der Qualitätssicherung.

- Total Quality Management umfasst ebenfalls Elemente der Qualitätssicherung (z.B. nach DIN ISO 9000 ff.), geht aber deutlich darüber hinaus. Nach Bandemer (1996) handelt es sich beim Total Quality Management mehr um eine Managementphilosophie, unter der eine Bandbreite unterschiedlichster Strategien und Konzepte zusammengefasst werden, die dem gemeinsamen Ziel dienen, den Gedanken der systematischen und kontinuierlichen Verbesserung der Produktqualität im Kern des Unternehmens zu verankern. „Es geht weniger als bei DIN ISO 9000 ff. um eine (scheinbare) Vereinheitlichung im Sinne von Standards, sondern um einen Qualitätswettbewerb, bei dem alle danach streben, in allen Belangen die jeweils bestmögliche Leistung zu erreichen." (Ebd., S. 371) Zu diesem Zweck werden eben nicht nur Qualitätssicherungsmaßnahmen ergriffen, sondern auch Qualitätszirkel eingerichtet, in denen alle an der Erhöhung der Produktqualität beteiligt werden und mitarbeiten. Da im Zentrum von TQM die Kundenzufriedenheit steht, werden auch Instrumente wie Beschwerdemanagement, Kundenbefragungen u.Ä. genutzt. TQM steht damit insgesamt für eine strategische und organisatorische Ausrichtung der gesamten Organisation auf die Interessen und (Konsum-)Bedürfnisse der Kundinnen und Kunden. „TQM heißt ‚Total', weil alle Bereiche, d.h. alle Mitarbeiter aus allen Hierarchie-Ebenen und allen Abteilungen (und alle Zulieferer) an der Qualitätssicherung mitwirken sollen. TQM bezieht sich auf ‚Quality', d.h. auf die kundenorientierte Bestimmung und Realisierung von Produkt- bzw. Dienstleistungsmerkmalen. Dies sowohl mit Blick auf externe wie interne Kunden. Und schließlich geht es um ‚Management', d.h. um ein strategisches Gesamtkonzept der Unternehmensführung." (Burmeister/Lehnerer 1996, S. 42)

Angesichts der enormen Bedeutung für alle Felder und Organisationen Sozialer Arbeit soll hier abschließend noch kurz auf die Kernfrage aller dieser Modelle eingegangen werden, nämlich das Problem der Messbarkeit von Qualität in sozialpädagogischen Handlungsvollzügen.

(d) Zum Problem der Qualität in der Sozialen Arbeit: Die Frage, was die Qualität sozialer Dienstleistungen ausmacht und wie sie zu messen ist, bestimmt – wie oben beschrieben – einen nicht unerheblichen Teil der Fachdiskussion (vgl. zum Überblick Merchel 1999). Die Schwierigkeiten einer solchen Bestimmung sind vielfältig, sind die Ergebnisse einer sozialen Dienstleistung doch

- immer das Produkt einer irgendwie gearteten Zusammenarbeit zwischen SozialpädagogIn und KlientIn, dienstleistungstheoretisch formuliert: das

Ergebnis einer Ko-Produktion, und insofern nie einzig und allein dem professionellen Arrangement zuzuschreiben;

- angesichts der Spezifika der Gegenstände, Problemlagen und individuellen Fälle nur sehr begrenzt standardisierbar.

Thomas H. Marshall (1992, S. 75) hat in seiner Soziologie des Wohlfahrtsstaates darauf hingewiesen, dass das Anrecht auf soziale Dienstleistungen weitaus weniger genau kodifizierbar ist, als etwa das Maß materieller Unterstützung, weil das „qualitative Element" zu groß sei. Man könne zwar beispielsweise die Schulpflicht festschreiben, schon bei der Frage angemessener Rahmenbedingungen (Klassengröße, Ausbildung des Personals etc.) geschweige denn bei der Frage, was eine gedeihliche Bildung und Erziehung ausmache, sei die Grenze der rechtlichen Standardisierung erreicht. Was Marshall hier als Problem rechtlicher Kodifizierung formuliert, findet sich in der Qualitätsdebatte in vergleichbarer Weise. Als Frage formuliert: Wie ist die Qualität sozialer Unterstützungsarbeit jenseits zweifelsohne bedeutsamer, gleichwohl nicht die Sache in Gänze treffender Indizes wie Gruppenstärke, individueller Betreuungszeit usw. zu erfassen? Wie lassen sich „Leistungen" wie Stärkung des Selbstbewusstseins, Vermittlung von Anerkennung, Erschließung von selbstbestimmten Lernräumen, aber auch Entschärfung von Folgekrisen im lebensweltlichen Bereich u.Ä. in marktrelevante (d.h. mess- und zählbare) Parameter überführen? Was heißt – zugespitzt formuliert – „Qualität" und mehr noch, was heißt „Erfolg" im Falle der sozialpädagogischen Betreuung einer 14-jährigen Drogenabhängigen, die ihren Lebensunterhalt durch Prostitution und Diebstahl bestreitet, bereits zwei Selbstmordversuche hinter sich hat und für die selbstschädigendes Verhalten an der Tagesordnung ist?

Eine im Fachdiskurs angebotene und favorisierte „Lösung" dieses Dilemmas ist die Dreiteilung des Qualitätsbegriffs in die Dimensionen Ergebnis-, Prozess- und Strukturqualität (vgl. Merchel 1999; Burmeister/Lehnerer 1996; Bauer 2000). Strukturqualität beschreibt demnach die organisatorischen Rahmenbedingungen des Hilfeaktes (z.B. sachliche und räumliche Ausstattung), Prozessqualität meint „das Vorhandensein und die Beschaffenheit solcher Aktivitäten, die geeignet und notwendig sind, ein bestimmtes Ziel der Leistung zu erreichen" (Merchel 1999, S. 29), d.h. eines Sets an erprobten und bewährten Vorgehens- und Interventionsweisen, und Ergebnisqualität, die „sichtbaren Erfolge oder Misserfolge" der Intervention. Dieses auf den amerikanischen Organisationsforscher Avedis Donabedian zurückgehende Modell wurde Anfang der 80er Jahre für das Gesundheitswesen, im Speziellen für das Management von Krankenhäusern entwickelt und eingeführt.

Am Beispiel der Umsetzung der Pflegeversicherung beschreibt Rudolf Bauer (1998, S. 88 f.), dass auch diese begriffliche „Präzisierung durch Differenzierung" die inhaltlichen Probleme nicht löst. „Wie das Beispiel der (gemäß Pflege VG) vereinbarten ‚Gemeinsamen Grundsätze und Maßstäbe zur Qualität und Qualitätssicherung' zeigt, erblühen die professionellen Phantasien in voller Pracht bei der Definition der Strukturqualität einer Einrichtung. Was lässt sich alles einbeziehen in die Auflistung der personellen, räumlichen und sachlichen Ausstattung einer Einrichtung, eines Sozialen Dienstes! Bei der Beschreibung der Prozessqualität lässt das Vorstellungsvermögen dann allerdings schon ein wenig nach. Die komplexen Interaktionen zwischen Dienstleistern und Nutzern – Aktivitäten, die die Gesamtbetreuungsleistung ausmachen – sind schwer zu erfassen. Folgerichtig wird unter dieser Rubrik schlichtweg simplifiziert, werden professionell gesteuerte Planungen, Konzeptionen, die Interaktionen mit anderen Leistungsträgern, vor allem aber Dokumentation um Dokumentation erfasst. Bei der Ergebnisqualität erlahmt der fachliche Einfallsreichtum dann endgültig, selbst wenn sich die professionelle Deutungsmacht auch hier noch in gewissen Grenzen entfalten kann." Bauer beschreibt hier nicht das Scheitern eines trägen, veralteten Apparats an den Anforderungen der neuen Zeiten, sondern Strukturprobleme der Erzeugung und damit auch Erfassung von Qualität in sozialpädagogischen Handlungszusammenhängen, von denen hier nur zwei kurz angesprochen werden sollen:

(1) Zum einen stellt sich das Problem, dass Ergebnisdefinitionen in der Sozialen Arbeit ein „Allparteiengeschäft" sind, bei dem viele „Köche" beteiligt sind, mit durchaus unterschiedlichen Interessen und Einflusschancen. Wer bestimmt beispielsweise, was die Ergebnisqualität einer intensiven sozialpädagogischen Einzelbetreuung eines mehrfachdelinquenten Jugendlichen ausmacht? Die Öffentlichkeit, die morgens ihre Autos und Autoradios unversehrt vorfinden will? Die Politik, der Öffentlichkeit durch Wahlen verpflichtet und durch die Finanzkrise in ihren Handlungsmöglichkeiten begrenzt, als „Auftraggeber im Hintergrund"? Die Jugendamts- bzw. Sozialverwaltung, die im „virtuellen Dreiparteienvertrag" die Geldgeberseite repräsentiert und die in Zeiten des Kontraktmanagements umso mehr am „Tropf der Politik" hängt? Die soziale Dienstleistungsorganisation, d.h. der kommunale oder freie Träger (insofern nicht ein privater Anbieter den Zuschlag erhält), die eine bestimmte Tradition, ein bestimmtes Konzept, ein bestimmtes Menschen- und Gesellschaftsbild repräsentieren, das sich in den Organisationsstrukturen, Handlungsregeln, Verwaltungsroutinen u.Ä. verfestigt hat? Die SozialpädagogInnen, die mit ihrem professionellen Habitus, ihrem Wissen und Können „vor Ort" die Arbeit erledigen? Die Personensorgeberechtigten, im Regelfall die Eltern, die per Gesetz (§ 27 Abs. 1 SGB VIII) zum Nutzer der Dienstleistung „erzieherische Hilfe" erklärt werden? Oder gar der Jugendliche selbst? Die Aufzählung könnte unter Marktbedingungen noch ergänzt werden durch konkurrenzbedingte Interessenlagen, Interessen von privaten Sponsoren u.Ä. Sie veranschaulicht, dass die Frage, was als ein befriedigendes Ergebnis einer sozialpädagogischen Dienstleistung gelten kann, nicht per Indices oder formaler Kriterien zu lösen ist. Was im Sinne des Kontraktmanagements letztlich als Erfolg gilt, ist das Produkt eines Aushandlungsprozesses zwischen (zumindest partiell) divergierenden Interessen, wobei die verschiedenen „In-

teressenvertreter" mit durchaus unterschiedlichen Chancen ausgestattet sind, ihren Einfluss im Prozess geltend zu machen.

(2) Rudolf Bauer und Eckhard Hansen (1998) haben überdies aufgezeigt, dass der Transfer des aus dem Krankenhausbereich entlehnten Modells der Qualitätsbeschreibung in den Kategorien Struktur-, Prozess- und Ergebnisqualität auf andere Bereiche sozialer Dienstleistungen problematisch ist. Bauer und Hansen unterscheiden im Anschluss an Donabedian zwei Dimensionen sozialer Dienstleistungsqualität, eine technische Dimension, die im Krankenhaus etwa durch die Ausstattung mit technischem Gerät und die fachliche Qualifikation der Mitarbeiter repräsentiert wird, und eine nichttechnische Dimension, die vor allem die soziale Zuwendung durch das Heil- und Pflegepersonal, die „Qualität" der Kommunikation und Interaktion zwischen Arzt, Pflegern und Patient betrifft. Für den Krankenhausbereich ist nun strukturell von Bedeutung, dass die technische Dimension der Qualität im Vordergrund steht, die nichttechnische Dimension hingegen eine sekundäre, unterstützende „Zulieferfunktion" hat. An einem Beispiel veranschaulicht: Die vertrauensvolle und freundliche Pflege auf der Station ist, auch wenn man psychosomatische Aspekte berücksichtigt, im Falle eines operativen Eingriffs nachrangig gegenüber den technischen Möglichkeiten der Klinik und einem medizinischen Personal, das sich dieser technischen Möglichkeiten fach- und sachkundig bedient (Zynisch gesprochen: Andernfalls könnte sich die „gute Pflege" schon im Verlauf der Behandlung erübrigen). Bauer und Hansen (1998, S. 92) veranschaulichen diesen Zusammenhang, der die Bedeutung ganzheitlicher Betrachtungsweisen in der Medizin nicht in Abrede stellt, an dem „alten Medizinerspruch": „Der Appendix auf Nr. 13 lässt sich einfach nicht gesundlächeln."

Das Modell weist deshalb einen technischen Überhang auf, der es für die Beschreibung der Qualität z.B. sozialpädagogischer Dienstleistungen problematisch erscheinen lässt. Die Qualität einer sozialpädagogischen Dienstleistung liegt für Bauer darin, dass sie „im Rahmen der psychosozialen Interaktion zwischen den Dienstleistenden und den Dienstbedürftigen erbracht [wird, d.V.]. Sie ist insofern der nicht-technischen Dimension zuzuordnen. Erst im Kontext dieser (nicht-technischen) Interaktion entscheidet sich die Bedeutung der technischen Dimension für die Qualität der Leistung. Mit anderen Worten: Nur dann, wenn im Rahmen personenbezogener Sozialer Dienstleistungen die nicht-technische Dimension – d.h. die Kommunikation und Kooperation zwischen Dienstleistenden und Dienstbedürftigen – in optimaler Weise gelingt, erkennen und würdigen die Nutzer/innen auch die Vorteile etwa eines neuen Gebäudes oder professionell gesetzter Standards, weil diese ihnen dann zu einem zusätzlichen Nutzen gereichen. Das Gelingen der psychosozialen Interaktion ist somit im Bereich personenbezogener Sozialer Dienstleistungen der entscheidende Schlüssel und die grundlegende Voraussetzung schlechthin, um auch die Vorzüge der Umgebung und die Qualität technischer Art wahrnehmen und würdigen zu können" (ebd., S. 92). Im Feld personenbezogener Dienstleistungen, so die pointierte Aussage Bauers, ist das Verhältnis genau umgekehrt wie beispielsweise im Bereich des Krankenhauses: die nicht-technische Dimension gibt Ausschlag über „Erfolg" oder „Misserfolg" der Dienstleistung, die technische hat unterstützenden Charakter.[3] „Die deutsche Adaption des verkürzten Qualitätsansatzes von Donabedian macht einmal mehr deutlich, dass das neue Paradigma im Begriff ist, den Gesamtbereich der Sozialen Arbeit ‚klinisch' zu verseuchen. Aufgrund der technischen Orientierung des technischen Blicks ist die Soziale Arbeit auf dem Wege, sich zum Satrapen des medizinisch-technologischen Komplexes zu entwickeln." (Ebd., S. 94) Praktisch gesprochen führt die Dominanz des technischen Blicks in den formulierten Qualitätsstandards zu einer tendenziellen Ausblendung nichttechnischer Aspekte der interaktiven und kommunikativen Qualität helfender Beziehungen, die zudem noch weitaus schwieriger zu erfassen sind – wenn überhaupt.[4]

(e) Einschätzung und Diskussion: Es konnte an dieser Stelle nur ein äußerst grober, holzschnittartiger Überblick über Methoden und Probleme des Sozialmanagements gegeben werden, auch weil dieses Segment in der gegenwärtigen Methodendiskussion noch deutlich „in Bewegung" ist. Dies gilt nicht nur für die Rezeption immer neuer Varianten an Managementkonzepten u.Ä., sondern auch für die fachliche Bewertung dieser Prozesse aus der Sicht der Sozialen Arbeit. Am Beispiel der einschlägigen Diskussion um die Qualitätssicherung lässt sich etwa festhalten, dass sie zum einen sicherlich einen neuen Schub in Richtung auf die Auseinandersetzung mit Fragen der Orientierung an den Nutzerinnen und Nutzern und der Qualität sozialer Dienstleistungen mit sich gebracht hat.

Auf der anderen Seite steht allerdings die Gefahr einer Verkürzung und unzulässigen Normierung von Hilfeleistungen, die sich wesentlich durch die nur schwer formalisierbare und standardisierbare Interaktionsqualität auszeichnet. In der neueren Fachdiskussion mehren sich Stimmen, die darauf hinweisen, wie gefahrvoll eine unkritische Rezeption und Adaption betriebswirtschaftlicher Denkformen und Handlungsmuster für die Soziale Arbeit in ihren Denk- und Handlungsmustern sein kann. Aus professionstheoretischer Perspektive thematisieren Werner Thole und Peter Cloos

---

3 „In diesem nicht-technischen Kern liegt der Wesensgehalt personenbezogener Sozialer Dienstleistungen" (Bauer 1998, S. 93).
4 Grunow/Köppe (2000, S. 58f.) haben beispielsweise für die Pflegeversicherung aufgezeigt, dass die Messung und Erfassung der Qualität von Pflegeleistungen unter den Bedingungen von Wettbewerb und Neuer Steuerung durch eine Reduktion auf die leichter messbaren Sachleistungen gekennzeichnet ist, die z.B. Faktoren wie „emotionale Nähe" u.Ä. nicht berücksichtigen und damit die Gefahr eines Rückschritts zur „Satt-und-Sauber-Pflege" implizieren. Auch wenn solche sektoralen Befunde nicht verallgemeinert werden sollten, verweisen sie auf eine mögliche Reduktion auf solche Aspekte helfender Beziehungen, die der Standardisierung und Erfassung zugänglicher sind.

(2000) die dem betriebswirtschaftlich akzentuierten Fachdiskurs innewohnende Tendenz zum technologischen Reduktionismus, zur Ausblendung von Eigenzeiten und Eigensinn von Bildungsprozessen am Beispiel der schon oben diskutierten Qualitätsmessverfahren im Umfeld personenbezogener sozialer Dienstleistungen. „Bedeutsame Fachlichkeitskriterien – professionelle Wissensstandards, Fähigkeiten zur sozialpolitischen Analyse und Kompetenzen stellvertretender Deutung – fallen aufgrund geringer Praktikabilität bzgl. ihrer Messbarkeit aus dem Evaluierungsraster." (Ebd., S. 558) Da es aber genau jene Aspekte sind, die die Qualität sozialpädagogischer Dienstleistungen aus fachlicher Sicht bestimmen, besteht die Gefahr, dass ihre interaktiven und kommunikativen Kernbereiche unter dem Effizienzdiktat an Bedeutung und Raum verlieren. Die Definition dessen, was die Qualität sozialer Dienstleistungen ausmachen könnte, wird so immer mehr aus fachlichen Legitimationszusammenhängen gelöst und sukzessive dem Diktat eines technizistisch verkürzten Effizienz- und Effektivitätsdenkens geopfert.

Das Kernproblem der gegenwärtigen Managementdebatte in der Sozialen Arbeit scheint zu sein, dass sie eben nicht primär durch die Intention einer Steigerung der professionellen Qualität sozialpädagogischer Angebote ausgelöst und bestimmt wurde, sondern vielmehr ein Folgeeffekt der finanziellen Engpässe des Systems sozialer Sicherung im Allgemeinen und personenbezogener sozialer Dienstleistungen im Speziellen ist. Managementkonzepte in der Sozialen Arbeit stehen deshalb im Spannungsfeld zwischen fachlicher Qualitätsoptimierung und Professionalisierung einerseits und ökonomischer Rationalisierung und Kosteneinsparung andererseits. Welches dieser Motive im Einzelfall dominiert, bedarf der kritischen Überprüfung. Jedenfalls scheinen euphorische Hoffnungen auf einen neuen Professionalisierungsschub ebenso übereilt wie die generelle Verteufelung neuer Methoden der (Re-)Organisation sozialer Dienstleistungseinrichtungen.

Allerdings scheint es angebracht, die Rezeptionswelle betriebswirtschaftlicher Managementkonzepte in der Sozialen Arbeit zum Anlass zu nehmen, im Rahmen der Fachdiskussion die formalen, strukturellen und inhaltlichen Besonderheiten sozialpädagogischer Dienstleistungen in ihrem Profil schärfer zu konturieren. Nur wenn es gelingt, die Spezifika Sozialer Arbeit analytisch zu präzisieren, ist die Frage fundiert zu beantworten, wann, unter welchen Rahmenbedingungen und mit welchen Zielperspektiven der Einsatz von betriebswirtschaftlichen Managementmethoden sinnvoll ist bzw. wann sie vielleicht der Qualität sozialpädagogischer Hilfeleistungen abträglich sind, obwohl evtl. formale Standards durchaus eingehalten werden.

Sozialmanagement

 Tipps zum Weiterlesen:

Bandemer, St. v. u.a. (Hrsg.): Handbuch zur Verwaltungsreform, Opladen 1998.

Bauer, R.: Personenbezogene Soziale Dienstleistungen. Begriff, Qualität und Zukunft, Wiesbaden 2001.

Boskamp, P./Knapp, R. (Hrsg.): Führung und Leitung in sozialen Organisationen. Handlungsorientierte Ansätze für neue Managementkompetenz, Neuwied u.a. 1996.

Flösser, G.: Qualität, in: Otto, H.U./Thiersch, H. (Hrsg.): Handbuch Sozialarbeit/ Sozialpädagogik, 2. Auflage, Neuwied 2001, S. 1462–1468.

Merchel, J. (Hrsg.): Qualität in der Jugendhilfe. Kriterien und Bewertungsmöglichkeiten, 2. Auflage, Münster 1999.

31. Jugendhilfeplanung

(a) Begriff und Geschichte: Jugendhilfeplanung ist ein Teilaspekt von Sozialplanung insgesamt und thematisiert den Versuch einer (perspektivisch) bedarfsgerecht abgestimmten Versorgung eines definierten Sozialraums (z.B. einer Kommune) mit Leistungen der Jugendhilfe (z.B. Kindertageseinrichtungen, erzieherische Hilfen, Angebote der Jugendsozialarbeit, der offenen und verbandlichen Jugendarbeit etc.) auf der Basis einer empirisch gestützten, zukunftsorientierten Planung. Bis in die 60er Jahre hinein war die Jugendhilfe weitgehend durch eine Planungsabstinenz gekennzeichnet. „Mit dem Begriff der Planung wurden in diesem Bereich insbesondere die Vorstellung von Kontrolle, Einengung der sozialen Arbeit sowie Verlust von Spontaneität, Kreativität und Handlungsspielräumen verbunden. Diese Widerstände resultierten wesentlich aus einem gesellschaftspolitischen Denken, das – ausgehend von Werten wie Pluralismus, Subsidiarität, Personennähe, weltanschauliche Bindung – öffentliche Planung im sozialen Sektor mit staatlicher Reglementierung und Unfreiheit gleichsetzte" (Jordan/Schone 1992, S. 14; vgl. auch Merchel 1994, S. 12 ff.). Erst mit dem sozialpolitischen Reformoptimismus der sozialliberalen Regierungskoalition setzte eine erste Welle von Ansätzen der Sozialplanung ein, die allerdings zunehmend durch sozialtechnokratische Tendenzen überlagert wurde und in den 80er Jahren wiederum zu einer Planungsskepsis führte (vgl. Merchel 1994, S. 12).

Der kurze Exkurs zeigt, dass Jugendhilfeplanung nicht erst seit In-Kraft-Treten des Kinder- und Jugendhilfegesetzes (KJHG) auf der Tagesordnung steht. Schon das Jugendwohlfahrtsgesetz kodifizierte in § 7 die Planungsverpflichtung der Jugendämter. Nach einer Untersuchung in den alten Bundesländern betrieben 1988 ca. 35 % der Jugendämter eine Jugendhilfeplanung, wobei „mit dem Begriff Planung resp. Jugendhilfeplanung sehr Unterschiedliches bezeichnet wird, von der einfachen Zusammenfassung von Richtlinien und Förderungsbestimmungen über Bestandsaufnahmen bis hin zu (den eher seltenen) perspektivisch angelegten Entwicklungsplanungen" (Jordan/Schone 1992, S. 17). Diese Situation hat sich Anfang der 90er Jahre deutlich verändert. Simon u.a. (1997) kommen zu dem Ergebnis, dass sich die Zahl der Kommunen, die bereits eine Planung abgeschlossen haben bzw. im Begriff sind, einen Plan zu erstellen, seit Ende der 80er Jahre vervielfacht hat. So liegt etwa der Anteil der Städte, die diesen Kategorien zuzuordnen sind, je nach Größenklasse zwischen 76 % und 100 %. Auch in kreisangehörigen Städten und Gemeinden sowie in Landkreisen hat sich der Anteil der planenden Jugendhilfebehörden deutlich erhöht. Hinsichtlich der Frage nach dem Auslöser der „neuen Planungswelle" weist die Untersuchung auf eine eindeutige Ursache hin, nämlich die gesetzliche Verpflichtung zur Jugendhilfeplanung durch das KJHG.[1] Jordan/Schone definieren Jugendhilfeplanung auf diesem Hintergrund wie folgt:

> Jugendhilfeplanung kann verstanden werden „als ein Instrument zur systematischen, innovativen und damit zukunftsgerichteten Gestaltung und Entwicklung der Handlungsfelder der Jugendhilfe mit dem Ziel, positive Lebensbedingungen für junge Menschen und ihre Familien zu erhalten oder zu schaffen (§ 1 KJHG) und ein qualitativ und quantitativ bedarfsgerechtes Jugendhilfeangebot rechtzeitig und ausreichend bereitzustellen (§ 19 KJHG). Als Fachplanung geht es bei der Jugendhilfeplanung um die Entwicklung von Strategien zur Lösung der komplexen Aufgaben der Jugendhilfe" (Jordan/Schone 1992, S. 19).

Jugendhilfeplanung nach dem KJHG: Für die Verpflichtung der Jugendämter zur Jugendhilfeplanung ist § 80 KJHG maßgeblich:

§ 80 Jugendhilfeplanung

(1) Die Träger der öffentlichen Jugendhilfe haben im Rahmen ihrer Planungsverantwortung
1. den Bestand an Einrichtungen und Diensten festzustellen,
2. den Bedarf unter Berücksichtigung der Wünsche, Bedürfnisse und Interessen der jungen Menschen und der Personensorgeberechtigten für einen mittelfristigen Zeitraum zu ermitteln und
3. die zur Befriedigung des Bedarfs notwendigen Vorhaben rechtzeitig und ausreichend zu planen; dabei ist Vorsorge zu treffen, dass auch ein unvorhergesehener Bedarf befriedigt werden kann.

(2) Einrichtungen und Dienste sollen so geplant werden, dass insbesondere
1. Kontakte in der Familie und im sozialen Umfeld erhalten und gepflegt werden können,
2. ein möglichst wirksames, vielfältiges und aufeinander abgestimmtes Angebot von Jugendhilfeleistungen gewährleistet ist,
3. junge Menschen und Familien in gefährdeten Lebens- und Wohnbereichen besonders gefördert werden,
4. Mütter und Väter Aufgaben in der Familie und Erwerbstätigkeit besser miteinander vereinbaren können.

(3) Die Träger der öffentlichen Jugendhilfe haben die anerkannten Träger der freien Jugendhilfe in allen Phasen ihrer Planung frühzeitig zu beteiligen. Zu diesem Zweck sind sie vom Jugendhilfeausschuss, soweit sie überörtlich tätig sind, im Rahmen der Jugendhilfeplanung des überörtlichen Trägers vom Landesjugendhilfeausschuss zu hören. Das Nähere regelt das Landesrecht.

(4) Die Träger der öffentlichen Jugendhilfe sollen darauf hinwirken, dass die Jugendhilfeplanung und andere örtliche und überörtliche Planungen aufeinander ab-

---

1 Kaum verändert hat sich allerdings der Befund, dass die Ansätze der Jugendhilfeplanung immer noch sehr heterogen sind. Simon resümiert: „Der Gesamteindruck, der alle dokumentierten Details überlagert, ist der von einer extremen Heterogenität in den Zugängen, Fragestellungen, Standards und Methoden" (Simon 1997, S. 77). Simon spricht von einem „Spannungsverhältnis zwischen Pluralität und Beliebigkeit" (Simon 1997, S. 77).

gestimmt werden und die Planungen insgesamt den Bedürfnissen und Interessen der jungen Menschen und ihrer Familien Rechnung tragen."

Das KJHG enthält – und aus diesem Grund wurde der zentrale § 80 hier in Gänze zitiert – eine Vielzahl an Verpflichtungen und Vorgaben, die die methodischen Anforderungen an die Jugendhilfeplanung auf einem hohen Niveau festschreiben. In fünf Punkten verdichtet lässt sich festhalten:

- Die Ziele der Jugendhilfeplanung leiten sich aus den allgemeinen Zielen des KJHG ab (§ 1 KJHG, Förderung der Entwicklung und Erziehung junger Menschen zu einer eigenverantwortlichen und gemeinschaftsfähigen Persönlichkeit). Darüber hinaus definiert der § 80 KJHG spezielle Ziele, die man mit den Stichworten „Sicherung des sozialen Umfeldes, Pluralität und Vernetzung des Angebots von Jugendhilfeleistungen, Berücksichtigung besonderer Lebensverhältnisse, Vereinbarkeit von Erwerbs- und Familienarbeit" (Kreft/Mielenz 1996c, S. 319) zusammenfassen könnte. Diese Zielorientierungen bieten quasi einen inhaltlichen Orientierungsrahmen für die Konstitution von Planungsprozessen.

- Jugendhilfeplanung steht gemäß § 79 Abs. 1 in der Gesamtverantwortung und ist eine verpflichtende Aufgabe des Trägers der öffentlichen Jugendhilfe. „Jugendhilfeplanung steht nicht im Ermessen des Trägers, sondern ist gesetzliche Pflicht. Diese Planungsverpflichtung betrifft den gesamten Bereich der Jugendhilfe von der Jugendarbeit bis zu den Erziehungshilfen; die Aufstellung lediglich einer Teilplanung ... genügt der gesetzlichen Verpflichtung nicht." (Jordan/Schone 1992, S. 28)

- Jugendhilfeplanung ist nach dem Verständnis des KJHG kein einmaliges Unternehmen, das mit der Erstellung eines Planes abgeschlossen wäre, sondern vielmehr eine dauerhafte Aufgabe der Jugendhilfe. Insofern erhält Jugendhilfeplanung einen Prozesscharakter, dem auch organisatorisch, z.B. in Form der Installierung von festen Planungsgruppen, Rechnung zu tragen ist (vgl. Lukas/Strack 1996; Jordan/Schone 1992). „In einem fortzuführenden Prozess ... muss (idealtypisch) immer wieder aufs Neue geprüft werden, ob die aktuellen Angebote, Dienste und Veranstaltungen der Jugendhilfe im Jugendamtsbezirk zeitgemäßen Handlungsstandards entsprechen." (Kreft/Mielenz 1996c, S. 320)

- Das KJHG definiert drei Planungsaufgaben, die von der Jugendhilfe zu berücksichtigen sind: (1) die Bestandsanalyse, (2) die Bedarfsplanung und (3) die Maßnahmeplanung. Dieses Aufgabenspektrum gilt es im Prozess der Jugendhilfeplanung methodisch zu bewältigen.

- Als zusätzliche und zugleich zentrale Anforderung an die Jugendhilfeplanung formuliert das KJHG die Beteiligung als durchgängiges Prinzip des Planungsprozesses. Beteiligung bezieht sich (1) auf die Betroffenen und ihre Bedarfslagen sowie auf (2) die freien Träger der Jugendhilfe, die vom Beginn an in den Prozess zu integrieren sind, um so eine Vernetzung und Abstimmung der örtlichen Leistungs- und Angebotspalette zu erreichen. Nach Maßgabe der Beteiligungsverpflichtung muss sich

Jugendhilfeplanung vom „Grundverständnis Planung als Technik zum Verständnis Planung als Prozess des Aushandelns" (Merchel 1994, S. 28) verändern.

(b) Planungsansätze: In der Praxis der Jugendhilfeplanung haben sich unterschiedliche Planungsansätze entwickelt:[2]

(1) Bereichsorientierte Planung strukturiert den Prozess aus der Perspektive der verschiedenen Handlungsfelder der Jugendhilfe. „In jedem dieser Arbeitsfelder wird nach dem Bestand gefragt, eine Bewertung des Bestandes im Hinblick auf die Angemessenheit des Angebots vorgenommen, und es werden Maßnahmen zur Erweiterung und qualitativen Veränderung des Angebots in dem entsprechenden Bereich vorgeschlagen" (ebd., S. 75 f.). Bereichsorientierte Planung basiert auf der Annahme, dass sich die Jugendhilfe insgesamt im Sinne eines Baukastenprinzips über die einzelnen Arbeitsfelder rekonstruieren und planerisch weiterentwickeln lässt.[3]

(2) Sozialraumorientierte Planung geht von der Gesamtheit eines abgegrenzten Sozialraums (z.B. Stadtteil, Wohnsiedlung) als Planungseinheit aus. „Methodisch wird hier ... von einer ‚sozialräumlichen Analyse' ausgegangen, um dadurch in differenzierter und regionalisierter Form Informationen über Lebenslagen, Sozialisationsbedürfnisse, Handlungspotentiale und Defizitlagen von Kindern, Jugendlichen und ihren Familien zu erhalten. Ausgehend von der Hypothese, dass sich in einem Planungsraum eher unterschiedliche Konzentrationen von Problemlagen finden lassen, soll zum einen eine sozialräumliche Prioritätensetzung und Ressourcenkonzentration ermöglicht, zum anderen aber auch eine höhere Adressatennähe erreicht werden." (Jordan/Schone 1992, S. 45)[4]

(3) Ein zielorientiertes Planungsverfahren leitet die inhaltlichen Ansprüche an eine angemessene Jugendhilfe aus einem übergeordneten Zielsystem sozialpädagogischer Interventionen ab. „Planung vollzieht sich in einer möglichst logischen und nachvollziehbaren Ableitung (Deduktion) einzelner Anforderungen an die Jugendhilfe aus den als zentral definierten Zielen sowie in einem Diskurs über die Frage, welche Angebote in qualitativer und quantitativer Hinsicht Jugendhilfe schaffen muss, damit die jeweiligen Ziele erreicht werden können. Im Rahmen eines solchen deduktiven Denkmodells wird der Versuch unternommen, aus allgemeinen Normen über verschiedene Schritte der Ableitung Grobziele und Feinziele zu entwickeln,

---

2 Vgl. zum Folgenden Jordan/Schone (1992, S. 40 ff.; 1998); Merchel (1994, S. 75 ff.).
3 Jordan/Schone (1992, S. 42) kritisieren den Strukturkonservatismus dieses Ansatzes, da er vom gegebenen Bestand an Einrichtungen und Diensten ausgeht und zudem der Parzellierung der Jugendhilfe Vorschub leistet.
4 Nach Jordan/Schone (1992, S. 46) ist ein Nachteil dieses Konzeptes die anspruchsvolle methodische Anlage, die nach differenzierter Sozialraumanalyse verlangt und nur mit hohem Aufwand zu betreiben ist (vgl. zur Sozialraumanalyse Lukas/Strack 1996).

um dadurch Grundlagen zur Bewertung und zur weiteren Gestaltung des örtlichen Jugendhilfe-Angebots zu erhalten" (Merchel 1994, S. 78).[5]

(4) Ein zielgruppenorientiertes Vorgehen konzentriert die Bemühungen der Planung auf bestimmte Adressatengruppen, „die sich aufgrund eines oder mehrerer Merkmale in ihrer besonderen Lebenssituation von anderen Bevölkerungsgruppen unterscheiden. Solche Merkmale können das Geschlecht, die Nationalität, die soziale Schichtzugehörigkeit, die Zugehörigkeit zu einer bestimmten Altersgruppe, bestimmte soziale Auffälligkeiten (z.B. Drogenkonsum) u.a.m. sein" (ebd., S. 80).

(c) Techniken und Verfahren: Die angedeutete Palette an konzeptionellen Orientierungen in der Jugendhilfeplanung macht deutlich, dass je nach gewähltem Ansatz ganz unterschiedliche Instrumente benötigt werden, um den Planungsprozess sach- und fachgerecht zu gestalten.[6] In jedem Fall aber ist zu konstatieren, dass die Güte und Qualität der Datenbasis, der vorhandenen, erhobenen und analysierten Informationen nicht nur die Basis planerischen Handelns darstellen, sondern zugleich auch die Angemessenheit der Planungsergebnisse bestimmen.

An dieser Stelle ist nur eine kurze Skizze der Instrumente von Jugendhilfeplanung möglich:

(1) Bestandsaufnahme der Einrichtungen: Hinsichtlich der Bestandsaufnahme der Angebote und Maßnahmen der Jugendhilfe steht mit der amtlichen Kinder- und Jugendhilfestatistik (vgl. Rauschenbach/Schilling 1997) ein breiter und differenzierter Datenfundus zur Verfügung. Allerdings ist die Kinder- und Jugendhilfestatistik als Bundesstatistik konzipiert, weshalb „ihre Zielsetzung mit kommunalen Planungsanliegen nicht immer kompatibel ist" (Lukas 1996a, S. 126). Die Kleinräumigkeit des Zuschnitts der Jugendhilfeplanung verlangt deshalb nach zusätzlichen Daten und Informationen, die mittels spezieller Erhebungen erfasst werden müssen. Dazu können z.B. gehören:

- Erstellen von Adressenkarteien aller Anbieter (öffentliche und kommunale Träger, freie Träger, gewerbliche Träger, Selbsthilfegruppen etc.);
- Entwicklung eigener Erhebungsbögen für Einrichtungen;[7]

---

5 Ein zentraler Kritikpunkt an diesem Ansatz ist neben dem vergleichsweise hohen Zeitaufwand vor allem eine Einschränkung der Partizipationschancen der Betroffenen und zumindest tendenziell eine Dominanz der Experten (vgl. Jordan/Schone 1992, S. 44).

6 Jordan/Schone konstatieren zwar ein hohes Maß an Adressatenorientierung, gleichwohl besteht die Gefahr der Stigmatisierung bestimmter Bevölkerungsgruppen sowie die Konzentration auf solche „Problemgruppe", die im politischen Diskurs gerade auf der Tagesordnung stehen.

7 Lukas (1996) schlägt eine Vierteilung des Bestandsaufnahmebogens vor: a) Kopfbogen, der allgemeine und angebotsunabhängige Informationen abfragt, z.B. Name, Anschrift, Träger, Verkehrsanbindung, Existenzdauer, behindertengerechte Ausstattung, Personalbestand und -qualifikation etc. b) Angebotsprofilbogen, in dem das Angebot der Einrich-

Jugendhilfeplanung 353

- Expertengespräche;
- Auswertung von Hilfeplänen;
- sonstige Materialien der Einrichtungen (Jahresberichte, Konzeptpapiere etc.).

(2) Bedürfnisermittlung: Die Frage der Bedürfnisermittlung, d.h. der (ziel-) gruppenspezifischen bzw. sozialräumlichen Feststellung evtl. vorhandenen Bedarfs an jugendhilfespezifischer Unterstützung zielt auf einen kommunikativen Prozess mit den Abnehmern von Jugendhilfeleistungen und steht insofern in enger Verbindung mit der Frage der Beteiligung. Bedürfnisermittlung macht im Regelfall immer eine eigene Untersuchung/Erhebung notwendig. Wie im gesamten Bereich der Jugendhilfeplanung, so gilt auch hier, dass sie in weitem Maße auf die Instrumente der empirischen Sozialforschung zurückgreifen muss. So nennt Lukas (1996b) als mögliche Instrumente der Bedürfnisermittlung: Beobachtung, Leitfadeninterviews, Gruppendiskussionen sowie standardisierte mündliche und schriftliche Befragungen.

(3) Beteiligungsverfahren: Das Beteiligungsgebot ist ein Kernelement des Kinder- und Jugendhilfegesetzes (vgl. Gladisch/Strack 1996). Differenziert werden können verschiedene Formen der Beteiligung: (a) Die repräsentative Beteiligung, die im Wesentlichen auf etablierten und traditionellen Mustern der Interessenvertretung beruht (z.B. der Jugendhilfeausschuss, Jugendpolitiker der Parteien sowie vorhandene Betroffenenvertretungen wie Elternvertretungen in Kindertageseinrichtungen); (b) Die stellvertretende Beteiligung als „mittelbare Interessenvertretung von Bürgern/Betroffenen durch Experten, Schlüsselpersonen oder durch ausgewählte andere Personen" (Deutscher Verein zit. nach Gladisch/Strack 1996, S. 189) wie z.B. der (Planungs-)Anwalt, Kinderbeauftragte und Kinderbüros, Experten, Fachkräfte der Jugendhilfe, Bürgergutachten; (c) Die kooperative Beteiligung, d.h. die „Beteiligung von Gruppierungen, in denen Betroffene zusammengeschlossen sind" (Gladisch/Strack 1996, S. 197) wie z.B. Initiativgruppen (Bürgerinitiativen, Selbsthilfegruppen, Vereine, Soziale Netzwerke, freie Träger, Wohlfahrtsverbände); (d) Versammelnde Beteiligung meint Beteiligungsformen, die vermittelt sind über direkte Kommunikation und Interaktion mit Betroffenen, z.B. in Form von Bürgerversammlungen oder Regionalkonferenzen. (e) Initiierende Beteiligung meint die konkrete Einbeziehung von Betroffenen in aktive Gestaltungsprozesse z.B. im Rahmen von Gemeinwesenarbeitsprojekten, Handlungsforschung oder Zukunftswerkstätten. „Die Betroffenen sollen also nicht bloß Datenlieferanten sein oder nur über Ergebnisse informiert werden, sondern sie können an verschiedenen

---

tung dem Spektrum der Jugendhilfe zugeordnet wird; c) Angebotsbogen, der die Spezifika des jeweiligen Angebots abfragt (z.B. Nutzerstruktur, Formen und Inhalte des Angebots, Platzkapazitäten etc.); d) Ergänzungs- und Problembogen, der offene Fragen hinsichtlich spezifischer Bedarfskonstellationen der Einrichtungen enthält (vgl. dazu ausführlich Lukas 1996).

Phasen des Planungsprozesses beteiligt sein, an der Zielfindung, an der Sammlung von Daten und Informationen sowie an der Ergebnisformulierung." (ebd., S. 207 f.) Befragende Beteiligung, die wohl verbreitetste Beteiligungsform, bemüht sich mittels Befragungsinstrumenten herauszufinden, „was Betroffene und Adressaten der Jugendhilfe wollen, was ihre Interessen sind, was sie für Einstellungen haben und welche Bewertungen sie äußern" (ebd., S. 213).

(d) Einschätzung und Diskussion: Mit der Anfang der 90er Jahre forcierten Diskussion um Sinn, Notwendigkeit und Konzepte der Jugendhilfeplanung wird einerseits der kaum zu kritisierenden Anforderung Rechnung getragen, dass die Angebote der Jugendhilfe gerade angesichts ihres Wachstums in den letzten 30 Jahren verstärkt der Koordinierung und sachgerechten Abstimmung bedürfen. Zugleich nötigt die vom KJHG gestärkte Betroffenenbeteiligung die Anbieter von Jugendhilfeleistungen zu Recht, die Perspektive der Bedürfnisorientierung und Berücksichtigung der Betroffenen in allen Phasen der Planung zu bedenken und zu integrieren. Jugendhilfeplanung in diesem Sinne verstanden, ist nicht nur ein Beitrag zur Erhöhung von Effizienz und Effektivität von Jugendhilfeleistungen, sondern zugleich auch ein Beitrag zur Steigerung der Rationalität von Hilfesystemen.

Da Planungsprozesse zu einer weitgehenden Offenlegung von Informationen, Daten, Fakten und Entwicklungen zwingen, sind sie allerdings nicht nur im Sinne der Steigerung von Rationalität zu interpretieren, sondern – vor allem aus der Sicht der Anbieter – zugleich auch als Element öffentlicher Kontrolle, die den Interessen der Träger der Jugendhilfe nicht zwangsläufig entgegenkommen müssen. „Planung kann eben auch heißen, dass Vorhaben oder vorhandene Angebote als weniger wichtig bewertet werden als andere und in der Prioritätenliste so weit nach hinten gesetzt werden, dass sie in der Umsetzungsplanung nicht (mehr) enthalten sind. (...) Diese Prioritätensetzung, die ja gewollt und ein wesentliches Ziel der Planung ist, kann aber für die negativ betroffenen Einrichtungen bzw. Träger der Jugendhilfe existenzbedrohende Auswirkungen haben." (Lukas/Strack 1996, S. 19)

Bolay/Hermann (1995) heben überdies hervor, dass Jugendhilfeplanung als politischer Prozess zu verstehen ist. Der seit Anfang der 90er Jahre beobachtbare Boom der Jugendhilfeplanung ist nach ihrer Auffassung im Kontext der knapper werdenden finanziellen Ressourcen der kommunalen Haushalte zu sehen. In diesem Sinne geht es Jugendhilfeplanung dann weniger um eine Erhöhung der Rationalität des Jugendhilfesystems und einen bedarfsgerechten Um- und Ausbau von Jugendhilfeleistungen, sondern vielmehr um den „effektiven Einsatz knapper Mittel" (Bitzan u.a. 1995, S. 19). Und in der Tat könnte man ja fragen, welche Folgen eine Jugendhilfeplanung in einer Kommune hätte, die einen enormen sachlichen und personalen Zusatzbedarf an Unterstützung auf solider Datenbasis belegen würde? „Jugendhilfeplanung ist unter den genannten Rahmenbedingungen als höchst ambivalentes Steuerungselement kommunaler Sozialpolitik zwischen dem Pol Rationalisierung/Kontrolle/politische Legitimationsbeschaffung und dem Pol betroffenengerechter Innovationsstrategie zur Gestaltung von Jugendhilfeleistungen und kommunalen Lebensbedingungen/Politisierung des Sozialen einzuschätzen. Jugendhilfeplanung vor Ort beinhaltet immer Elemente beider Seiten, offen ist aber, welche Seite in der Auseinandersetzung der örtlichen AkteurInnen (Verwaltung des öffentlichen Trägers, KommunalpolitikerInnen, freie Träger, Fachkräfte der Jugendhilfe, Betroffene und ihre Zusammenschlüsse, d.h. Initiativen und Selbsthilfegruppen) die Oberhand gewinnt." (Ebd., S. 20)

 Tipps zum Weiterlesen:

Jordan, E./Schone, R. (Hrsg.): Handbuch Jugendhilfeplanung. Grundlagen – Bausteine – Materialien, Münster 1998.

Jordan, E./Schone, R.: Jugendhilfeplanung. Aber wie? Eine Arbeitshilfe für die Praxis, Münster 1992.

Lukas, H./Strack, G. (Hrsg.): Methodische Grundlagen der Jugendhilfeplanung, Freiburg i.B. 1996.

Merchel, J.: Kooperative Jugendhilfeplanung. Eine praxisbezogene Einführung, Opladen 1994.

32. Perspektiven der Methodendiskussion

Der Methodenmarkt boomt. Ein auch nur oberflächlicher Blick in diverse Fachzeitschriften oder Programme etablierter Träger der Fort- und Weiterbildung in der Sozialen Arbeit belegt dies nachdrücklich. Folgt man der Argumentation dieses Buches, so ist die fortwährende Konjunktur des Methodenthemas nicht zufällig, da mit ihm eine Vielzahl an Hoffnungen und Ansprüchen verknüpft ist: Zugewinn an Handlungssicherheit in unübersichtlichen Situationen des Berufsalltags, Bewältigung von Angst und Unsicherheit angesichts komplexer Anforderungen und begrenzter Steuerbarkeit von Interventionen, Imagegewinn und nicht zuletzt ein erhöhtes Maß an Professionalität. Ob Methoden dies alles einzulösen in der Lage sind, kann mit begründeten Argumenten bezweifelt werden. Gleichwohl bleiben die sich in den Hoffnungen ausdrückenden Probleme und Fragestellungen auf der Tagesordnung.

Will man die stürmische Entwicklung im Feld der Methoden der letzten 20 Jahre in der abschließend gebotenen Kürze auf grobe Entwicklungstrends reduzieren, so lassen sich die verschiedenen Aspekte zwischen zwei Polen ansiedeln, die durchaus unterschiedlichen Wurzeln entspringen, nämlich der Entwicklung einer (a) lebensweltorientierten Fachlichkeit (vgl. Kapitel 10) einerseits und der (b) Ökonomisierung der Sozialen Arbeit andererseits (vgl. Kapitel 30).

(a) Der erste Megatrend ist quasi „hausgemacht". Der zunächst unter dem Begriff Alltagsorientierung, später als Lebensweltorientierung firmierende Entwurf einer kritisch auf die Subjekte und ihre sozialen (Alltags-)Erfahrungen und Netzwerken Bezug nehmenden, gesellschaftstheoretisch aufgeklärten Sozialen Arbeit, konnte sich trotz erheblicher Konkurrenz im Blitzlichtgewitter der Begriffsmoden und -neuschöpfungen, zur identitätsstiftenden Chiffre in allen Feldern der Sozialen Arbeit entwickeln (vgl. Grunwald/ Thiersch 2003). Egal ob in der Kindertagesstätte oder der Sozialstation, der Wohnungslosenhilfe oder der Jugendarbeit, den erzieherischen Hilfen oder dem ASD, überall wird über Prävention, Dezentralisierung, Regionalisierung, Alltagsorientierung, Integration und Partizipation als Leitideen der Gestaltung sozialpädagogischer Angebote diskutiert, werden Angebote und Einrichtungsstrukturen auf ihre Niedrigschwelligkeit und Zugänglichkeit für die KlientInnen überprüft, Partizipationsformen diskutiert und sozialräumliche Vernetzung angestrebt. Seinen methodischen Ausdruck findet diese Entwicklung etwa in der Verbreitung aufsuchender Formen von Sozialarbeit und einer zunehmend lebenswelthermeneutischen Fundierung und sozialräumlichen Orientierung Sozialer Arbeit (vgl. ausführlicher Kapitel 10).

(b) Der zweite Megatrend der Methodenentwicklung, die Ökonomisierung der Sozialen Arbeit, findet seine Wurzel nicht in fachlichen Diskussionen, sondern in den massiven Modernisierungsschüben des Sozialstaats, hin zu einer „aktivierenden", effizient zu gestaltenden Hilfe und Unterstützung, geprägt durch ein autoritäres Verständnis von Fördern und Fordern. Im Kontext der Krise der öffentlichen Haushalte werden alle Angebote und Maßnahmen der Sozialen Arbeit auf ihren Sinn und ihre Effektivität überprüft. Privatisierung von Leistungen und Angeboten, die Etablierung von Quasimärkten durch neue Finanzierungsmodelle, Ausschreibungspraxen und gesetzliche Forderung von Qualitätsmanagement und Qualitätssicherung, all dies sind die Eckpfeiler und Rahmenbedingungen eines neuen, marktorientierteren Modells sozialer Dienstleistungsproduktion mit vielfältigen Konsequenzen – nicht nur, aber auch für die Handlungsformen und Methoden in der Sozialen Arbeit (vgl. Dahme/Kühnlein/Wohlfahrt 2005). Zumindest hätte sich kaum eine Fachvertreterin oder ein Fachvertreter noch Mitte der 1980er Jahre vorstellen können, in welchem Ausmaß der sozialpädagogische Code, ja insgesamt das sozialpädagogische Denken und Handeln von Begriffen, Denkformen und Handlungsmustern aus dem Feld der Betriebswirtschaft durchdrungen und herausgefordert wird (vgl. Galuske 2002).

Lage und Stand der aktuellen Methodenentwicklung und -diskussion in der Sozialen Arbeit wären vergleichsweise einfach zu beschreiben, ließen sich alle Trends und Entwicklungen zweifelsfrei dem ein oder anderen Hintergrund zuordnen. Doch so einfach ist es leider nicht. Dies zeigt Beispielhaft die durchaus wechselhafte Geschichte des Konzepts der Sozialraumorientierung (vgl. dazu Kapitel 25). Angetreten als Chiffre einer auf den sozialen Nahraum, seine Ressourcen und Bedarfslagen hin orientierten und konzentrierten Sozialen Arbeit, die sich auf sozialwissenschaftlich fundierte Analysen der sozialen Strukturen und Netzwerke stützt, findet sich Sozialraumorientierung Heute wieder im Spannungsfeld zwischen fachlichen Ansprüchen und den Sparinteressen der Stadtkämmerer, die sich von den erwarteten Synergieeffekten in erster Linie Effektivitätsgewinn und Einsparungen versprechen. Ob es sich also im Einzelfall um ein fachlich fundiertes methodisches Modernisierungsprogramm handelt oder aber um ein sich fachlich maskierendes Sparprogramm, ist allein an den Begriffen nicht (mehr) abzulesen. Man muss im Einzelfall hinschauen.

Trotz des zweifelsohne zu konstatierenden Zugewinns an Reflexivität, an empirischem Wissen und theoretischer Vergewisserung über die Handlungsbedingungen und -vollzüge der Sozialen Arbeit und der Breite und Differenziertheit der Handlungsmodelle heben Kritiker die Gefahr hervor, dass die hinzugewonnene subjekt- und lebensweltorientierte Qualität der Sozialen Arbeit durch das Effizienzdiktat der sich entwickelnden Sozialmärkte (vgl. Galuske 2002; Dahme/Kühnlein/Wohlfahrt 2005) zunehmend bedroht wird. In den Zielkoordinaten von Qualitätsvereinbarungen und Handbüchern ist nicht der biographische Eigensinn der KlientInnen gefragt, sondern letztlich Sozialtechnologie, mittels derer erwünschtes Verhalten überprüfbar und kostengenau und -günstig erzeugt werden soll. Die „zeitgemäße sozialpädagogische Praxis" zielt auf „sozialtechnologisch verwertbares Praxiswissen ab", so resümierten kürzlich Lothar Böhnisch, Wolfgang Schröer und Hans Thiersch (2005, S. 15) in ihrer Bestandsaufnahme der gegenwärtigen Sozialen Arbeit. Es besteht mithin die Gefahr, den konstatierten Zugewinn an fachlicher Reflexivität in Theorie und Praxis auf dem Altar vermeintlicher ökonomischer Sachzwänge zu opfern.

Notwendiger den je ist deshalb die wissenschaftliche Reflexion methodischen Handelns in professionellen Kontexten, um Wirkungen und Nebenwirkungen sozialpädagogischen Handelns sichtbarer zu machen und zur Diskussion zu stellen, denn die Methodenfrage ist zu wichtig, um sie anderen Disziplinen oder der Pragmatik des Alltagsgeschäfts zu überlassen. Wissenschaftliche Reflexion methodischen Handelns meint dabei zweierlei: 1. die Theoretisierung der Methodenfrage in der Sozialen Arbeit, d.h. ihrer Berücksichtigung in theoretischen Entwürfen ebenso wie der explizite Rekurs auf theoretische Erkenntnisse im Rahmen der Methodenentwicklung sowie 2. die verstärkte empirische Erforschung methodischen Handelns in der Alltagspraxis Sozialer Arbeit. Denn auch dies ist ein Befund der vorliegenden Arbeit: Jenseits der reinen Konzeptebene verfügen wir derzeit über wenig empirisch gesichertes Wissen darüber, welche faktische Bedeutung Methoden in der Praxis besitzen, wie sie eingesetzt werden, welche Wirkungen und Nebenwirkungen sie erzeugen usw. Eine in diesem Sinne wissenschaftlich fundierte Methodendebatte könnte jenseits einer historisch Reminiszenz an überkommene Methodengläubigkeit und jenseits praxeologischer Technologisierungsinteressen einen Beitrag liefern zu einer reflexiven Professionalisierung Sozialer Arbeit, auch in schwierigen Zeiten.

Literatur

Alinsky, S.D.: Die Stunde der Radikalen. Ein praktischer Leitfaden für realistische Radikale. Strategien und Methoden der Gemeinwesenarbeit II, Berlin u.a. 1974.
Alterhoff, G.: Grundlagen klientenzentrierter Beratung, Stuttgart u.a. 1983.
Arnold, Th./Korndörfer, G.: Modellprogramm Aufsuchende Sozialarbeit für langjährige Drogenabhängige, Baden-Baden 1993.
Badura, B./Groß, P.: Sozialpolitische Perspektiven. Eine Einführung in Grundlagen und Probleme sozialer Dienstleistungen, München 1976.
Baisch-Weber, A.V.: Die Bedeutung des Sozialraums für Lebensbewältigungsprozesse Jugendlicher, Frankfurt a.M. 2002.
Baisch-Weber, A.V.: Die Bedeutung des Sozialraums für Lebensbewältigungsprozesse Jugendlicher, Frankfurt a.M. 2002.
Balke, K./Thiel, W. (Hrsg.): Jenseits des Helfens. Professionelle unterstützen Selbsthilfegruppen, Freiburg i.B. 1991.
Ballew, J.R./Mink, G.: Was ist Case Management?, in: Wendt (1991), S. 56-83.
Bandemer, S. v./Blanke, B./Nullmeier, F./Wever, G. (Hrsg.): Handbuch zur Verwaltungsreform, Opladen 1998.
Bandemer, St. v.: Qualitätsmanagement, in: Bandemer u.a. (1998), S. 369–380.
Bang, R.: Das gezielte Gespräch, 2 Bände, München/Basel 1968 und 1969.
Bang, R.: Die helfende Beziehung als Grundlage der persönlichen Hilfe. Ein Wegweiser der Hilfe von Mensch zu Mensch, München/Basel [2]1970.
Baron, R. u.a. (Hrsg.): Sozialarbeit zwischen Bürokratie und Klient. Dokumente der Sozialarbeiterbewegung. Sozialpädagogische Korrespondenz 1969-1973 (reprint), Offenbach 1978.
Bastine, R.: Scheidungsmediation – Ein Verfahren psychologischer Hilfe, in: Bundeskonferenz für Erziehungsberatung (1995), S. 14-37.
Bauer, R./Hansen, E.: Soziale Dienstleistungsqualität in deutschen Landen? Eine Fehlanzeige, in: Bauer, R. u.a.: Einstürzende Sozialstaaten. Argumente gegen den Sozialabbau, Wiesbaden 1998, S. 84–98.
Bauer, R.: Personenbezogene soziale Dienstleistungen. Begriff, Qualität und Zukunft, Wiesbaden 2001.
Bäuerle, W./Hottelet, H.: Beratung, in: Kreft/Mielenz (1996a), S. 102-107.
Baumann, Z.: Verworfenes Leben. Die Ausgegrenzten der Moderne, Hamburg 2005.
Bäumer, G.: Die historischen und sozialen Voraussetzungen der Sozialpädagogik und die Entwicklung ihrer Theorie, in: Nohl, H./Pallat, L. (Hrsg.), Handbuch der Pädagogik, Bd. 5, Sozialpädagogik, Berlin/Leipzig 1929, S. 3-17.
Beck, U.: Risikogesellschaft. Auf dem Weg in eine andere Moderne, Frankfurt a.M. 1986.
Beck, U. (Hrsg.): Kinder der Freiheit, Frankfurt a.M. 1997.
Beck, U.: Schöne neue Arbeitswelt. Vision: Weltbürgergesellschaft, Frankfurt a.M./New York 1999.
Beck, U. (Hrsg.): Die Zukunft von Arbeit und Demokratie, Frankfurt a.M. 2000.
Beck, U./Beck-Gernsheim, E. (Hrsg.): Riskante Freiheiten. Individualisierung in modernen Gesellschaften, Frankfurt a.M. 1994.

Beck, U./Brater, M./Daheim H.: Soziologie der Arbeit und der Berufe. Grundlagen, Problemfelder, Forschungsergebnisse, Reinbek 1980.
Beck, U. u.a.: Eigenes Leben. Ausflüge in die unbekannte Gesellschaft, in der wir leben, München 1995.
Becker, G./Simon, T. (Hrsg.): Handbuch Aufsuchende Jugend- und Sozialarbeit. Theoretische Grundlagen, Arbeitsfelder, Praxishilfen, Weinheim/München 1995.
Bedacht, A. u.a. (Hrsg.): Erlebnispädagogik: Mode, Methode oder mehr? München 1992.
Belardi, N. (Hrsg.): Didaktik und Methodik Sozialer Arbeit, Soziale Arbeit, Bd. 4, Frankfurt a.M. u.a. 1980.
Belardi, N. u.a.: Beratung. Eine sozialpädagogische Einführung, Weinheim/Basel 1996a.
Belardi, N.: Supervision. Eine Einführung für soziale Berufe, Freiburg i.B. 1996b.
Bernler, G./Johnsson, L.: Supervision in der psychosozialen Arbeit. Integrative Methodik und Praxis, Weinheim/Basel 1993.
Bernstein, S./Lowy, L. (Hrsg.): Neue Untersuchungen zur Sozialen Gruppenarbeit, Freiburg i.B. 1975.
Bernstein, S./Lowy, L. (Hrsg.): Untersuchungen zur Sozialen Gruppenarbeit, Freiburg i.B. 1969.
Bertelsmann Stiftung u.a. (Hrsg.): Handbuch Beratung und Integration. Fördern und Fordern – Eingliederungsstrategien in der Beschäftigungsförderung, Gütersloh 2002.
Bitzan, M. u.a.: Elemente einer kritischen Theorie und Praxis Sozialer Planung, in: Bolay/Hermann (1995), S. 9–32.
Blair, T./Kok, W./Persson, G./Schröder, G.: Ein neues Sozialmodell. Europas Beitrag zum Fortschritt im 21. Jahrhundert, in: Die Zeit 37/2000, S. 7.
Blanke, Th./Sachße, Ch.: Theorie der Sozialarbeit, in: Gärtner, A./Sachße, Ch. (Hrsg.), Politische Produktivität der Sozialarbeit, Frankfurt a.M./New York 1978, S. 15–55.
Bobzien, M./Stark, W.: Empowerment als Konzept psychosozialer Arbeit und als Förderung von Selbstorganisation, in: Balke/Thiel (1991), S. 169–187.
Bock, T.: Entwicklung und Stand der Diskussion zur Methodik sozialpädagogischen Handelns, in: Soziale Arbeit, 4/1984, S. 156–162.
Boden, G.: Management für Non-Profit-Organisationen, Bochum 1997.
Boeßenecker, K.-H./Trube, A./Wohlfahrt, N. (Hrsg.): Verwaltungsreform von unten? Lokaler Sozialstaat im Umbruch aus verschiedenen Perspektiven, Münster 2001.
Bohle, H./Grunow, D.: Verberuflichung der sozialen Arbeit, in: Projektgruppe Soziale Berufe (Hrsg.), Sozialarbeit: Professionalisierung und Arbeitsmarkt. Expertisen III, München 1981, S. 151–176.
Böhnisch, L.: Der Sozialstaat und seine Pädagogik, Neuwied/Darmstadt 1982.
Böhnisch, L.: Gespaltene Normalität. Lebensbewältigung und Sozialpädagogik an den Grenzen der Wohlfahrtsgesellschaft, Weinheim/München 1994.
Böhnisch, L.: Normalität, in: Kreft/Mielenz (1996a), S. 413-415.
Böhnisch, L./Lösch, H.: Das Handlungsverständnis des Sozialarbeiters und seine institutionelle Determination, in: Otto, H.-U./Schneider, S. (Hrsg.), Gesellschaftliche Perspektiven der Sozialarbeit, Bd. 2, Neuwied/Berlin 1973, S. 21–40.
Böhnisch, L./Schröer, W./Thiersch, H.: Sozialpädagogisches Denken. Wege zu einer Neubestimmung, Weinheim/München 2005.
Bolay, E./Hermann, F.: Jugendhilfeplanung als politischer Prozess. Beiträge zu einer Theorie soziale Planung im kommunalen Raum, Neuwied 1995.

Böllert, K.: Prävention und Intervention, in: Otto, H.-U./Thiersch, H. (Hrsg.): Handbuch Sozialarbeit/Sozialpädagogik, 3., Auflage 2005, S. 1394–1398.

Böllert, K.: Zwischen Intervention und Prävention, Neuwied/Kriftel/Berlin 1995.

Boskamp, P./Knapp, R. (Hrsg.): Führung und Leitung in sozialen Organisationen, Neuwied u.a. 1996.

Boulet, J.J./Krauss, E.J./Oelschlägel, D.: Gemeinwesenarbeit. Eine Grundlegung, Bielefeld 1980.

Boulet, J.J./Krauss, E.J./Oelschlägel, D.: Gemeinwesenarbeit als Arbeitsprinzip. Eine Grundlegung, Bielefeld 1980.

Brack, R.: Methoden der Sozialarbeit, in: Deutscher Verein für öffentliche und private Fürsorge (Hrsg.), Fachlexikon der sozialen Arbeit, Frankfurt a.M. ^{3}1993, S. 645–648.

Breidenbach, S.: Mediation: Struktur, Chancen und Risiken von Vermittlung im Konflikt, Köln 1995.

Brem-Gräser, L.: Handbuch der Beratung für helfende Berufe, Bd. 2, München 1993.

Brenner, G.: Erlebnispädagogik – ein Rettungsring für die Jugendarbeit?, in: deutsche jugend, 10/1993, S. 428–437.

Brinkmann, H.: Effektivierung öffentlicher Dienstleistungen. Politische Bedingungen der Staatsmodernisierung, in: Gruppendynamik, 3/1995, S. 301-318.

Bröckling, U.: Die Macht der Vorbeugung. 16 Thesen zur Prävention, in: Widersprüche 86/2002, S. 39–52.

Brunner, E.J.: Grundfragen der Familientherapie. Systemische Theorie und Methodologie, Heidelberg u.a. 1986.

Bundeskonferenz für Erziehungsberatung (Hrsg.): Scheidungs-Mediation: Möglichkeiten und Grenzen, Münster 1995.

Bundesminister für Jugend, Familie, Frauen und Gesundheit (BMJFFG): Achter Jugendbericht. Bericht über Bestrebungen und Leistungen der Jugendhilfe, Bonn 1990.

Bundesministerium für Familie, Senioren, Frauen und Jugend: QS-Info. Informationen zur Selbstevaluation, Nr. 1, Bonn 1996.

Burghardt, H./Enggruber, R. (Hrsg.): Soziale Dienstleistungen zwischen Arbeitsmarkt- und Sozialpolitik, Weinheim/München 2005.

Burmeister, J./Lehnerer, C.: Qualitätsmanagement in der Jugendverbandsarbeit, Materialien zur Qualitätssicherung in der Kinder- und Jugendhilfe, QS 4, Bonn 1996.

Caemmerer, D. v.: Die Methode der Einzelfallhilfe. Begriff und Grundlagen, in: Haus Schwalbach (1965), S. 366-385.

Carter, G.W.: Soziale Gemeinwesenarbeit (Social Community Organization), in: Friedländer/Pfaffenberger (1966), S. 205–283.

Castel, R.: Die Stärkung des Sozialen. Leben im neuen Wohlfahrtsstaat, Hamburg 2005.

Cohn, R.: Von der Psychoanalyse zur themenzentrierten Interaktion. Von der Behandlung einzelner zu einer Pädagogik für alle, Stuttgart 1975.

Combe, A./Helsper, W. (Hrsg.): Pädagogische Professionalität. Untersuchungen zum Typus pädagogischen Handelns, Frankfurt a.M. 1996.

Dahme, H.-J./Wohlfahrt, N.: Recht und Finanzierung, in: Kessl u.a. (2005), S. 263–278.

Dahme, H.-J./Kühnlein, G./Wohlfahrt, N.: Zwischen Wettbewerb und Subsidiarität. Wohlfahrtsverbände unterwegs in die Sozialwirtschaft, Berlin 2005.

Dahme, H.-J./Otto, H.U/Trube, A./Wohlfahrt, N. (Hrsg.): Soziale Arbeit für den aktivierenden Staat, Opladen 2003.

Dahme, H.-J./Wohlfahrt, N. (Hrsg.): Aktivierende Soziale Arbeit. Theorie – Handlungsfelder – Praxis, Baltmannsweiler 2005.
Deinet, U.: Aneignung und Raum – sozialräumliche Orientierungen von Kindern und Jugendlichen, in: Deinet, U./Gilles, C./Knopp, R. (Hrsg.): Neue Perspektiven in der Sozialraumorientierung. Dimensionen – Planung – Gestaltung, Berlin 2006, S. 44-63.
Deinet, U.: Das sozialräumliche Muster in der Offenen Kinder und Jugendarbeit, in: Deinet, U./Sturzenhecker, B. (Hrsg.): Handbuch Offene Kinder und Jugendarbeit, Münster 2005, S. 217-229.
Deinet, U./Krisch, R.: Der sozialräumliche Blick der Jugendarbeit. Methoden und Bausteine zur Konzeptentwicklung und Qualifizierung, Opladen 2002.
Dewe, B. u.a.: Professionalisierung – Kritik – Deutung. Soziale Dienste zwischen Verwissenschaftlichung und Wohlfahrtsstaatskrise, Frankfurt a.M. 1986.
Dewe, B. u.a.: Professionelles soziales Handeln. Soziale Arbeit im Spannungsfeld zwischen Theorie und Praxis, Weinheim/München 1993.
Dewe, B./Ferchhoff, W./Peters, F.: Professionelle Kompetenz im Wandel: alte Probleme und neue falsche Propheten? In: Müller u.a. (1984), S. 297-337.
Dewe, B./Ferchhoff, W./Radtke, F.-O. (Hrsg.): Erziehen als Profession. Zur Logik professionellen Handelns in pädagogischen Feldern, Opladen 1992.
Dewe, B./Scherr, A.: Beratung und Therapie. Beratung als sozialpädagogisches Handeln. Über die Unterschiede von Beratung, Bildung und Therapie, in: Blätter der Wohlfahrtspflege 1/1991, S. 6-7.
Diez, H./Krabbe, H.: Was ist Mediation? Praktische Gebrauchsanleitung für ein außergerichtliches Vermittlungsverfahren, in: Krabbe (1991), S. 109-131.
Drever, J./Fröhlich, W.D.: Wörterbuch zur Psychologie, München ³1970.
Eichinger, W.: City Bound. Erlebnispädagogik in der Stadt, Allingen 1995.
Eick, V.: „Ordnung wird sein ..." Quartiersmanagement und lokale Sicherheitspolitik, in: Dahme/Wohlfahrt (2005), S. 110-122.
Engel, F./Nestmann, F.: Beratung: Lebenswelt, Netzwerk, Institutionen, in: Krüger, H.H./Rauschenbach, Th. (Hrsg.), Einführung in die Arbeitsfelder der Erziehungswissenschaft, Opladen 1995, S. 177-188.
Eyferth, H./Otto, H.U./Thiersch, H. (Hrsg.), Handbuch zur Sozialarbeit/Sozialpädagogik, Neuwied/Darmstadt ²1987.
Faller, K.: Mediation in der pädagogischen Arbeit. Ein Handbuch für Kindergarten, Schule und Jugendarbeit, Mühlheim a.d.R. o.J.
Faltermeier, J.: Prävention, in: Deutscher Verein (Hrsg.): Fachlexikon der sozialen Arbeit, 3. Auflage, Frankfurt a.M. 2002, S. 724 – 725.
Farau, A./Cohn, R.: Gelebte Geschichte der Psychotherapie, Stuttgart 1984.
Fatke, R.: Kritische Anfragen der Erziehungswissenschaft an die Erlebnispädagogik, in: Herzog, F. (Hrsg.), Erlebnispädagogik. Schlagwort oder Konzept? Luzern 1993, S. 35-48.
Fatzer, G./Jansen, H.-H.: Die Gruppe als Methode. Gruppendynamische und gruppentherapeutische Verfahren und ihre Wirksamkeit, Weinheim/Basel 1980.
Fischer, T./Ziegenspeck, J.W.: Handbuch Erlebnispädagogik. Von den Ursprüngen bis zur Gegenwart, Bad Heilbrunn/Obb. 2000.
Flösser, G./Otto, H.U. (Hrsg.): Neue Steuerungsmodelle für die Jugendhilfe, Neuwied u.a. 1996.
Flösser, G./Otto, H.U. (Hrsg.): Sozialmanagement oder Management des Sozialen? Bielefeld 1992.

Flösser, G.: Soziale Arbeit jenseits der Bürokratie. Über das Management des Sozialen, Neuwied u.a. 1994.
Förster, H. v.: Abbau und Aufbau, in: Simon, F.B. (Hrsg.), Lebende Systeme. Wirklichkeitskonstruktionen in der systemischen Therapie, Berlin u.a. 1988, S. 19–33.
Franke, A.: Klienten-zentrierte Gruppenpsychotherapie, Stuttgart u.a. 1978.
Franzkowiak, P.: Risikokompetenz – eine neue Leitlinie für die primäre Suchtprävention, Neue Praxis 5/1996, S. 409–425.
Frehsee, D.: Fragen an den Deutschen Präventionstag, in: DVJJ-Journal 1/2000, S. 65–72.
Frehsee, D.: Korrumpierung der Jugendarbeit durch Gewaltprävention? In: Freund/ Lindner (2001), S. 51–68.
Frenzel, P./Schmidt, P.F./Winkler, M. (Hrsg.): Handbuch der personenzentrierten Psychotherapie, Köln 1992.
Freund, Th./Lindner, W. (Hrsg.): Prävention. Zur kritischen Bewertung von Präventionsansätzen in der Jugendarbeit, Opladen 2001.
Friedländer, W.A./Pfaffenberger, H. (Hrsg.): Grundbegriffe und Methoden der Sozialarbeit, Neuwied/Berlin 1966.
Frommann, A./Schramm, D./Thiersch, H.: Sozialpädagogische Beratung, in: Zeitschrift für Pädagogik 5/1976, S. 715–741.
Gaertner, A.: Supervision, in: Kreft/Mielenz (1996a), S. 600–602.
Galuske, M./Thole, W.: „Raus aus den Amtsstuben ...". Niedrigschwellige, aufsuchende und akzeptierende sozialpädagogische Handlungsansätze – Methoden mit Zukunft? In: Zeitschrift für Pädagogik, 39. Beiheft: Erziehung und sozialer Wandel, Weinheim/Basel 1999, S. 183–202.
Galuske, M.: „Wenig Arbeit – viel zu tun". Jugend und Arbeit. Herausforderungen für die Jugendberufshilfe und die Jugendverbände, in: Arbeiterfragen, 3/1995, S. 3-26.
Galuske, M.: Das Orientierungsdilemma. Jugendberufshilfe, sozialpädagogische Selbstvergewisserung und die modernisierte Arbeitsgesellschaft, Bielefeld 1993.
Galuske, M.: Flexible Sozialpädagogik. Elemente einer Theorie Sozialer Arbeit in der modernen Arbeitsgesellschaft, Weinheim/München 2002.
Galuske, M.: Hartz-Reformen, aktivierender Sozialstaat und die Folgen für die Soziale Arbeit – Anmerkungen zur Politik autoritärer Fürsorglichkeit, in: Burghardt/Enggruber (2005), S. 193–202.
Galuske, M.: Jugend ohne Arbeit. Das Dilemma der Jugendberufshilfe, in: Zeitschrift für Erziehungswissenschaft 4/1998, S. 535–560.
Gängler, H./Rauschenbach, Th.: „Sozialarbeitswissenschaft" ist die Antwort. Was aber war die Frage, in: Grunwald u.a. (1996), S. 157–178.
Gehrmann, G./Müller, K.D.: Environment-Aktivierungs-Methode. Eine sozial-ökologische Methode der sozialen Arbeit, in: Sozialmagazin, 4/1993, S. 34–48.
Gehrmann, G./Müller, K.D.: Familie im Mittelpunkt – Auswirkungen auf Praxis und Lehre der Sozialarbeit, in: Mrochen, S./Berthold, E./Hesse, A. (Hrsg.): Standortbestimmung sozialpädagogischer und sozialarbeiterischer Methoden, Weinheim 1998b, S. 75–82.
Gehrmann, G./Müller, K.D.: Familie im Mittelpunkt. Handbuch effektives Krisenmanagement für Familien, Regensburg/Bonn 1998a.
Geißler, K.A./Hege, M.: Konzepte sozialpädagogischen Handelns. Ein Leitfaden für soziale Berufe, Weinheim/München [7]1995.
Germain, C.B./Gitterman, A.: Praktische Sozialarbeit. Das „Life Model" der sozialen Arbeit, Stuttgart 1983.

Giere, W.: Art. „Gruppenpädagogik – Gruppendynamik", in: Petzold, H.J./ Speichert, H. (Hrsg.), Handbuch pädagogischer und sozialpädagogischer Praxisbegriffe, Reinbek 1981, S. 188–193.
Giese, E./Kleiber, D.: Das Risiko Therapie, Weinheim/Basel 1989.
Giesecke, H.: Pädagogik als Beruf. Grundformen pädagogischen Handelns, Weinheim/München ⁴1993.
Gildemeister, R./Robert, G.: „Ich gehe da von einem bestimmten Fall aus…" – Professionalisierung und Fallbezug in der Sozialen Arbeit, in: Jakob/Wensierski (1997), S. 23–38.
Gildemeister, R.: Als Helfer überleben. Beruf und Identität in der Sozialarbeit/Sozialpädagogik, Neuwied/Darmstadt 1983.
Gildemeister, R.: Kunstlehren des Fallverstehens als Grundlage der Professionalisierung sozialer Arbeit?, in: Langhanky, M. (Hrsg.), Verständigungsprozesse der Sozialen Arbeit, Hamburg 1995, S. 26–37.
Gildemeister, R.: Neuere Aspekte der Professionalisierungsdebatte, in: Neue Praxis 3/1992, S. 207–219.
Gildemeister, R.: Professionalisierung, in: Kreft/Mielenz (1996a), S. 443–445.
Gilles, A.: Rogers auf dem pädagogischen Prüfstand. Kritische Bemerkungen zur Therapie und Praxis der Gesprächspsychotherapie, in: Neue Praxis, 1/1980, S. 66–80.
Gladisch, A./Strack, G.: Beteiligung von Adressaten, in: Lukas/Strack (1996), S. 181–220.
Gläss, H./Hermann, F.: Strategien der Jugendhilfeplanung. Theoretische und methodische Grundlagen für die Praxis, Weinheim/München 1994.
Goetze, H.: Prävention, in: Antor, G./Bleidick, U. (Hrsg.): Handlexikon der Behindertenpädagogik. Schlüsselbegriffe aus Theorie und Praxis, Stuttgart/Berlin/Köln 2001, S. 86–88.
Graeff, P.: Organisationsentwicklung, in: Boskamp/Knapp (1996), S. 193–227.
Gratz, W.: Institutionen verändern. Empowerment, Organisationsentwicklung und systemische Beratung – Wie werden aus hilflosen Helfern machtvolle Kämpfer gegen Verkrustung und Klientelisierung? In: Blätter der Wohlfahrtspflege, 2/1993, S. 64–66.
Grawe, K./Donati, R./Bernauer, F.: Psychotherapie im Wandel. Von der Konfession zur Profession, Göttingen 1995.
Greese, D.: Statement im Rahmen der Umfrage der Blätter der Wohlfahrtspflege zu Stand und Perspektiven der Methoden beruflicher Sozialarbeit, in: Blätter der Wohlfahrtspflege, 5/1992, S. 141–147.
Gref, K.: Was macht Streetwork aus? Inhalte – Methoden – Kompetenzen, in: Becker/Simon (1995), S. 13–20.
Groddeck, N./Schumann, M. (Hrsg.): Modernisierung Sozialer Arbeit durch Methodenentwicklung und -reflexion, Freiburg i.B. 1994.
Groddeck, N.: Expansion, Qualifizierungsfalle und unterentwickelte Fachkultur. Stichworte zur gegenwärtigen Situation der Sozialarbeit/Sozialpädagogik als Arbeitsfeld und Fachdisziplin, in: Groddeck/Schumann (1994), S. 26–40.
Groß, P.: Die Verheißungen der Dienstleistungsgesellschaft. Soziale Befreiung oder Sozialherrschaft, Opladen 1983.
Grötzinger, H.: Sozialarbeit und therapeutische Zusatzqualifikationen, in: Blätter der Wohlfahrtspflege 1/1991, S. 8–9.
Grunow, D./Köppe, O.: Qualität und Quantität der Entwicklung soziale Dienste in der Bundesrepublik Deutschland, in: Boeßenecker, K.-H./Trube, A./Wohlfahrt, N.

(Hrsg.): Privatisierung im Sozialsektor. Rahmenbedingungen, Verlaufsformen und Probleme der Ausgliederung sozialer Dienste, Münster 2000, S. 39–63

Grunwald, K. u.a. (Hrsg.): Alltag, Nicht-Alltägliches und die Lebenswelt. Beiträge zur lebensweltorientierten Sozialpädagogik, Weinheim/München 1996.

Grunwald, K./Thiersch, H. (Hrsg.): Praxis Lebensweltorientierter Sozialer Arbeit. Handlungszugänge in unterschiedlichen Arbeitsfeldern, Weinheim/München 2004.

Gulbenkian Foundation: Gemeinwesenarbeit und sozialer Wandel, Freiburg i.B. 1972.

Guski, E.: Probleme und Perspektiven der sozialen Einzelfallhilfe und Gruppenarbeit, in: Lukas, H. u.a. (Hrsg.), Sozialpädagogik/Sozialarbeit. Eine Einführung, Berlin 1977, S. 159–182.

Gusy, B. u.a.: Aufsuchende soziale Arbeit. Qualitätsmerkmale von Streetwork und ihrer institutionellen Rahmenbedingungen, Berlin 1990.

Haag, F. u.a. (Hrsg.): Aktionsforschung. Forschungsstrategien, Forschungsfelder und Forschungspläne, München 1972.

Hansen, E.: Das Case/Care Management. Anmerkungen zu einer importierten Methode, in: neue praxis 2/2005, S. 107–125.

Haus Schwalbach (Hrsg.): Gruppenpädagogik: Auswahl aus den Schwalbacher Blättern, Wiesbaden-Biebrich 1959.

Haus Schwalbach (Hrsg.): Neue Auswahl aus den Schwalbacher Blättern. Beiträge zur Gruppenpädagogik, Wiesbaden 1965.

Häußermann, H./Siebel, W.: Dienstleistungsgesellschaften, Frankfurt a.M. 1995.

Haynes, J.M.: Mediation. Basisinformationen für Interessierte, in: Krabbe (1991), S. 132–147.

Heckmair, B./Michl, W.: Erleben und Lernen. Einstieg in die Erlebnispädagogik, Neuwied ^{2}1994.

Hege, M.: Die Bedeutung der Methoden in der Sozialarbeit, in: Projektgruppe Soziale Berufe (Hrsg.), Sozialarbeit: Ausbildung und Qualifikation, Expertisen I, München 1981, S. 145–161.

Hege, M.: Konzeptionsfragen der Supervision, in: Supervision, 29/1996, S. 104–106.

Heimann, P./Otto, G./Schulz, W.: Unterricht. Analyse und Planung, Hannover ^{5}1970.

Heiner, M. u.a.: Methodisches Handeln in der Sozialen Arbeit, Freiburg i.B. 1994.

Heiner, M.: Erfahrungen aus der Evaluationsberatung. Konsequenzen für ein Fortbildungs- und Qualifizierungskonzept, in: Heiner, M. (Hrsg.), Selbstevaluation als Qualifizierung in der Sozialen Arbeit, Freiburg i.B. 1994, S. 56–77 (b).

Heiner, M.: Reflexion und Evaluation methodischen Handelns in der Sozialen Arbeit. Basisregeln, Arbeitshilfen und Fallbeispiele, in: Heiner u.a. (1994), S. 102–183 (a).

Heiner, M.: Von der forschungsorientierten zur praxisorientierten Selbstevaluation. Entwurf eines Konzeptes, in: Heiner, M. (Hrsg.), Selbstevaluation in der sozialen Arbeit, Freiburg i.B. 1988, S. 7–40.

Heinze, R.G./Olk, Th./Hilbert, J.: Der neue Sozialstaat. Analysen und Reformperspektiven, Freiburg i.B. 1988.

Hermanns, H.: Narratives Interview, in: Flick, U. u.a. (Hrsg.), Handbuch qualitative Sozialforschung. Grundlagen, Konzepte, Methoden und Anwendungen, Weinheim ^{2}1995, S. 182–185.

Herriger, N.: Empowerment – Annäherung an ein neues Fortschrittsprogramm der sozialen Arbeit, in: Sozialmagazin, 7–8/1991, S. 26–34.

Herriger, N.: Empowerment in der Sozialen Arbeit. Eine Einführung, Stuttgart/Berlin/Köln 1997.

Herriger, N.: Prävention (und Jugendhilfe), in: Stimmer, F. (Hrsg.): Lexikon der Sozialpädagogik und der Sozialarbeit, 2. Auflage, München/Wien 1996, S. 371 – 376.
Herwig, E./Wegener, M.: Arbeitsfelder und Arbeitsphasen in der Sozialen Gemeinwesenarbeit, in: Schulze, A., Soziale Gemeinwesenarbeit. Arbeitshilfen für die Praxis, Freiburg i.B. 1972, S. 24–27.
Hessel, D.T.: Fibel für Soziale Aktion, Gelnhausen u.a. 1973.
Hinte, W./Kreft, D.: Sozialraumorientierung, in: Kreft, D./Mielenz, I. (Hrsg.): Wörterbuch Soziale Arbeit, 3. Auflage, Weinheim/München 2005, S. 869–872.
Hinte, W./Kreft, D.: Sozialraumorientierung, in: Kreft, D./Mielenz, I. (Hrsg.): Wörterbuch Soziale Arbeit, 3. Auflage, Weinheim/München 2005, S. 869–872.
Hinte, W./Litges, G./Groppe, J.: Sozialräumliche Finanzierungsmodelle. Qualifizierte Jugendhilfe auch in Zeiten knapper Kassen, Berlin 2003.
Hinte, W./Litges, G./Springer, W.: Soziale Dienste. Vom Fall zum Feld. Soziale Räume statt Verwaltungsbezirke, Berlin 2000.
Hinte, W./Litges, G./Springer, W.: Soziale Dienste: Vom Fall zum Feld. Soziale Räume als Verwaltungsbezirke, Berlin 1999.
Hinte, W.: Flexible Hilfen zur Erziehung statt differenzierter Spezialdienste, in: Hinte, W./Litges, G./Springer, W. (2000), S. 87–107.
Hinte, W.: Innovation durch Reformschritte im Jugend- und Sozialamt, in: Hinte, W./Litges, G./Springer, W. (2000), S. 53–58.
Hinte, W.: Sozialraumorientierung und das Kinder und Jugendhilferecht – ein Kommentar aus sozialpädagogischer Sicht, in: Sozialpädagogisches Institut im SOS-Kinderdorf e.V. (2001), S. 125–156.
Hinte, W.: Von der Gemeinwesenarbeit über die Stadtteilarbeit zur Initiierung bürgerschaftlichen Engagements, in: Thole, W. (Hrsg.): Grundriss Soziale Arbeit. Ein einführendes Handbuch, Opladen 2002, S. 535–548.
Hinte, W.: Von der Gemeinwesenarbeit zur stadtteilbezogenen Sozialen Arbeit – oder: die Entpädagogisierung einer Methode, in: Brennpunkte Sozialer Arbeit, Themenheft Gemeinwesenarbeit, Frankfurt a.M. 1985, S. 23–42.
Hinte, W.: Von der Stadtteilarbeit zum Stadtteilmanagement. Sozialraumorientierung als methodisches Prinzip sozialer Arbeit, in: Blätter der Wohlfahrtspflege, 5/1992, S. 119–122.
Hintzsche, B.: Sozialraumorientierung und das Kinder- und Jugendhilferecht – ein Kommentar aus der Sicht eines kommunalen Spitzenverbandes, in: Sozialpädagogisches Institut im SOS-Kinderdorf e.V. (2001), S. 182–190.
Hitzler, R./Peters, H. (Hrsg.): Inszenierung: Innere Sicherheit. Daten und Diskurse, Opladen 1998.
Hoffmann, D./Maack-Rheinländer, K. (Hrsg.): Ökonomisierung der Bildung. Die Pädagogik unter den Zwängen des Marktes, Weinheim/Basel 2001.
Hoffmann, E.: Über die sozialpädagogischen Methoden, in: Besser, L. u.a. (Hrsg.), Die Herausforderung des Pädagogen durch die heutige Zeit. Schriften des Pestalozzi-Fröbel-Verbandes, Heidelberg 1963, S. 80–99.
Hofstätter, P.R.: Gruppendynamik. Kritik der Massenpsychologie, Hamburg 1957.
Hohenacker, D./Dantscher, R./Cohn, R.: Die Themenzentrierte Interaktion (TZI) in der Sozialarbeit und Sozialpädagogik, in: Kerkhoff, E. (Hrsg.), Handbuch Praxis der Sozialarbeit und Sozialpädagogik, Bd. 2, Düsseldorf 1981, S. 54–65.
Höhn, E./Schick, C.P.: Das Soziogramm. Eine Einführung für psychologische und pädagogische Praxis, Göttingen 1954.

Hollis, F.: Die psychosoziale Arbeitsweise als Grundlage Sozialer Einzelhilfe-Praxis, in: Roberts/Nee (1977), S. 47–90.
Homfeldt, H.-G. (Hrsg.): Erlebnispädagogik, Baltmannsweiler 1993.
Hompesch, R./Hompesch-Cornetz, I.: Problemdefinitionen und Handlungsformen von Sozialarbeit und Therapie, in: Neue Praxis (1978), S. 24–37.
Hompesch-Cornetz, I./Hompesch, R.: Sozialpädagogik und Therapie, in: Eyferth/ Otto/Thiersch (1987), S. 1028–1044.
Hörmann, G.: Beratung zwischen Fürsorge und Therapie, in: Zeitschrift für Pädagogik, 6/1985, S. 805–820.
Hornstein, W.: Was soll Jugendarbeit? Zwischen Prävention und Emanzipation. Ein Beitrag zur Aufgabenbestimmung der Jugendarbeit im Zeitalter der „radikalisierten Moderne", in: Freund/Lindner (2001), S. 15 – 50.
Hörster, R./Müller, B.: Zur Struktur sozialpädagogischer Kompetenz. Oder: Wo bleibt das Pädagogische der Sozialpädagogik?, in: Combe/Helsper (1996), S. 614–648.
Hörster, R.: Kritik alltagsorientierter Pädagogik, Weinheim 1984.
Hörster, R.: Lehre sozialpädagogischen Handelns. Zur Verständigung über ein Qualifizierungsproblem, in: Der Pädagogische Blick, 1/1996, S. 5–13.
Hufenus, H.: Erlebnispädagogik – Grundlagen, in: Herzog, F. (Hrsg.), Erlebnispädagogik. Schlagwort oder Konzept? Luzern 1993, S. 85–99.
Huppertz, N.: Supervision. Analyse eines problematischen Kapitels der Sozialarbeit, Neuwied/Darmstadt 1975.
Iben, G.: Die Methoden der Sozialpädagogik und Sozialarbeit, in: Klafki u.a. (1970), S. 188–205.
Internationale Gesellschaft für erzieherische Hilfen (IGfH): Abschlussbericht zum Modellprojekt „INTEGRA – Implementierung und Qualifizierung integrierter, regionalisierter Angebotsstrukturen in der Jugendhilfe am Beispiel von fünf Regionen, Frankfurt a.M. 2003. (unveröffentlichter Abschlussbericht)
ISSAB (Hrsg.): Zwischen Sozialstaat und Selbsthilfe, Essen 1989.
Iwaszkiewicz, H./Herwig, E.: Gemeinwesenarbeit: Gegebenheiten und Auffassungen, in: Schultze, A. (Hrsg.), Soziale Gemeinwesenarbeit. Arbeitshilfen für die Praxis, Freiburg i.B. 1972, S. 12–19.
Iwaszkiewicz, H.: Bürgerinitiative und Bürgerpartizipation, in: Schultze, A. (Hrsg.), Soziale Gemeinwesenarbeit. Arbeitshilfen für die Praxis, Freiburg i.B. 1972, S. 20–23.
Jakob, G./Wensierski, H.-J. v. (Hrsg.): Rekonstruktive Sozialpädagogik. Konzepte und Methoden sozialpädagogischen Verstehens in Forschung und Praxis, Weinheim/München 1997.
Jakob, G.: Sozialpädagogische Forschung. Ein Überblick über Methoden und Ergebnisse qualitativer Studien in Handlungsfeldern der Sozialen Arbeit, in: Jakob/Wensierski (1997), S. 125–160.
Japp, K.P.: Kontrollfunktionen in der Sozialarbeit, in: Olk, Th./Otto, H.-U. (Hrsg.), Gesellschaftliche Perspektiven der Sozialarbeit. Bd. 4. Sozialpolitik und Selbsthilfe, Neuwied/Darmstadt 1985, S. 95–115.
Johach, H.: Soziale Therapie und Alltagspraxis. Ethische und methodische Aspekte einer Theorie der sozialen Berufe, Weinheim/München 1993.
Jordan, E./Schone, R. (Hrsg.): Handbuch Jugendhilfeplanung. Grundlagen – Bausteine – Materialien, Münster 1998.
Jordan, E./Schone, R.: Jugendhilfeplanung – aber wie? Eine Arbeitshilfe für die Praxis, Münster 1992.

Jungblut, H.J./Schreiber, W.: Zur Notwendigkeit alltagsweltlich orientierter Methoden in der Sozialarbeit/Sozialpädagogik, in: Neue Praxis, 1980, S. 150–160.
Jungblut, H.J.: Drogenhilfe. Eine Einführung, München/Weinheim 2004.
Jungblut, H.J.: Niedrigschwelligkeit. Kontextgebundene Verfahren methodischen Handelns am Beispiel akzeptierender Drogenarbeit. In: Rauschenbach, Th. U.a. (Hrsg.): Der sozialpädagogische Blick, Weinheim/München 1993, S. 93 – 111.
Kamphuis, M.: Die persönliche Hilfe in der Sozialarbeit unserer Zeit. Eine Einführung in die Methode der Einzelfallhilfe für Praxis und Ausbildung, Stuttgart ^{4}1973.
Kappeler, M.: Vom Sozialstaat zum Präventionsstaat – Mit besonderer Berücksichtigung des Präventionsdenkens in der Sozialen Arbeit, in: Widersprüche 96/2005, S. 23 – 35.
Karas, F./Hinte, W.: Grundprogramm Gemeinwesenarbeit. Praxis des sozialen Lernens in offenen pädagogischen Feldern, Wuppertal 1978.
Karberg, W.: Einzelfallhilfe, in: Kreft, D./Mielenz, I. (Hrsg.): Wörterbuch Soziale Arbeit, Weinheim/Basel 1980, S. 115–118.
Karberg, W.: Soziale Einzelfallhilfe – Methode als Beeinflussungsinstrument, in: Otto, H.-U./Schneider, S. (Hrsg.), Gesellschaftliche Perspektiven der Sozialarbeit, Bd. 2, Neuwied/Berlin 1973, S. 147–167.
Kardorff, E. v.: Soziale Netzwerke, in: Flick, U. u.a. (Hrsg.): Handbuch qualitative Sozialforschung, 2. Auflage Weinheim 1995, S. 402–405.
Karstedt, S.: Zur Evaluation von Präventionsmaßnahmen im Bereich der Jugendkriminalität, in: Freund/Lindner (2001), S. 163 – 186.
Keil, S./Bollermann, G./Nieke, W. (Hrsg.): Studienreform und Handlungskompetenz im außerschulischen Erziehungs- und Bildungswesen, Neuwied/Darmstadt 1981.
Kelber, M.: Hilfe durch Programmgestaltung. Einführung, in: Haus Schwalbach (1965), S. 179–180 (b).
Kelber, M.: Was verstehen wir unter Gruppenpädagogik?, in: Haus Schwalbach (1965), S. 1–13 (a).
Kelber, M.: Zur Begriffsklärung, in: Haus Schwalbach (1959), S. 19–22.
Keppeler, S.: Grundsätzliche Überlegungen zu Streetwork in der Jugendarbeit und Jugendhilfe, in: Steffan (1989), S. 16–30.
Kerstin, H.J./Krapohl, L.: Team-Supervision, in: Pühl (1994), S. 95–111.
Kessl, F./Reutlinger, C./Maurer, S./Frey, O. (Hrsg.): Handbuch Sozialraum, Wiesbaden 2005.
Kessl, F.: Sozialer Raum als Fall? in: Galuske, M./Thole, W. (Hrsg.): Vom Fall zum Management. Neue Methoden der Sozialen Arbeit, Wiesbaden 2006, S. 37–54.
Kessl, F.: Wer regiert den Sozialraum? Zur Kritik der pädagogischen Illusionen nahräumlicher Selbstbestimmung, in: Projekt „Netzwerke im Stadtteil" (Hrsg.): Grenzen des Sozialraums. Kritik eines Konzepts – Perspektiven für Soziale Arbeit, Wiesbaden 2005, S. 125–144.
Keupp, H. u.a.: Identitätskonstruktionen. Das Patchwork der Identitäten in der Spätmoderne, Reinbek b. Hamburg 1999.
Keupp, H./Röhrle, B. (Hrsg.): Soziale Netzwerke, Frankfurt a.M. 1987.
Keupp, H.: Empowerment, in: Kreft/Mielenz (1996a), S. 164–166.
Kiebel, H.: Zwanzig Jahre Streetwork. Aufsuchende Sozialarbeit in der BRD, in: Becker/Simon (1995), S. 21–32.
Kieser, A./Krüger, M./Röher, M.: Organisationsentwicklung: Ziele und Techniken, in: Kieser, A. (Hrsg.), Organisationstheoretische Ansätze, München 1981, S. 112–127.
Kivits, T.: Handbuch Psychotherapie. Die wichtigsten Therapieformen im Überblick, Düsseldorf/Wien 1993.

Klafki, W. u.a.: Funk-Kolleg Erziehungswissenschaft. Eine Einführung, Bd. 2, Frankfurt a.M./Hamburg 1970.

Klein, E./Römisch, K.: Familienaktivierungsmanagement FAM, in: Unsere Jugend, 4/1997, S. 148–155.

Kleve, H.: Soziale Arbeit als wissenschaftliche Praxis und als praktische Wissenschaft. Systemtheoretische Ansätze einer Praxistheorie Sozialer Arbeit, in: Neue Praxis, 3/1996, S. 245–252.

Kleve, H.: Systemisches Case Management, in: SiO (Sozialarbeit in Österreich) 1/ 2006, S. 14 – 16.

Klose, A./Steffan, W. (Hrsg.): Streetwork und Mobile Jugendarbeit in Europa. Europäische Streetwork-Explorationsstudie, Münster 1997.

Klüsche, W.: Professionelle Helfer. Anforderungen und Selbstdeutungen, Aachen 1990.

Knippenkötter, A.: Arbeiten mit Gruppen. social group work, Düsseldorf 1972.

Knorr, F./Halfar, B.: Qualitätsmanagement in der Sozialarbeit. Für Sozialarbeiter, Sozialpädagogen, Sozialverwaltungen, Freie Wohlfahrtsverbände, Regensburg 2000.

Koch, J.: Integrierte Erziehungshilfen und sozialraumbezogene Finanzierungsformen, in: Koch, J./Lenz, S.: Integrierte Erziehungshilfen und sozialraumbezogene Finanzierungsformen – Zum Stand und den Perspektiven einer Diskussion, Frankfurt a.M. 2000, S. 5–30.

Kommunale Gemeinschaftsstelle für Verwaltungsmanagement (KGSt): Kontraktmanagement zwischen öffentlichen und freien Trägern in der Jugendhilfe, Köln 1998.

Köngeter, S./Eßer, F./Thiersch, H.: Sozialraumorientierung – Innovation oder Ideologie? in: Peters, F./Koch, J. (Hrsg.): Integrierte erzieherische Hilfen. Flexibilität, Integration und Sozialraumbezug in der Jugendhilfe, Weinheim 2004, S. 75–101.

Konopka, G.: Soziale Gruppenarbeit (Social Group Work), in: Friedländer/ Pfaffenberger (1966), S. 115–204.

Konopka, G.: Soziale Gruppenarbeit: ein helfender Prozess, Weinheim/Berlin/Basel ³1971.

Korczak, J.: Verteidigt die Kinder! Gütersloh ⁵1992.

Körner, W.: Zur Kritik systemischer Therapien, in: Hörmann, G. u.a. (Hrsg.), Familie und Familientherapie. Probleme – Perspektiven – Alternativen, Opladen 1988, S. 153–184.

Koschorke, M.: Indikationen für Familientherapie, in: Brennpunkte Sozialer Arbeit, Familientherapie, Frankfurt a.M. 1985, S. 7–26.

Krabbe, H. (Hrsg.): Scheidung ohne Richter. Neue Lösung für Trennungskonflikte, Reinbek b.H. 1991.

Kraus, H. (Hrsg.): Casework in USA. Theorie und Praxis der Einzelhilfe, Frankfurt a.M. 1950.

Kraus, H.: Amerikanische Methoden der Gemeinschaftshilfe – Community Organization for Social Welfare, in: Soziale Welt 2/1951, S. 184–192.

Krauß, E.J.: Methoden der Sozialarbeit/Sozialpädagogik, in: Kreft/Mielenz (1996a), S. 396–399.

Krauß, G.M./Steffan, W.: Entwicklung und Stand der Streetwork (Straßensozialarbeit) in der Bundesrepublik Deutschland und Berlin (West), in: Kreft, D./Lukas, H. u.a., Perspektivenwandel der Jugendhilfe, Bd. II, S. 139–153.

Kreft, D./Mielenz, I. (Hrsg.): Wörterbuch Soziale Arbeit. Aufgaben, Praxisfelder, Begriffe und Methoden der Sozialarbeit und Sozialpädagogik, Weinheim/Basel [4]1996 (a).
Kreft, D./Mielenz, I.: Jugendhilfeplanung, in: Kreft/Mielenz (1996a), S. 319–322 (c).
Kreft, D./Mielenz, I.: Soziale Arbeit, in: Kreft/Mielenz (1996a), S. 509–511 (b).
Kreft, D.: Handlungskompetenz, in: Kreft/Mielenz (1996a), S. 271–273.
Kreuzer, M./Räder, H. (Hrsg.): Video-Home-Training. Kommunikation im pädagogischen Alltag. Eine erprobte Methoden (Nicht nur) in der Familienhilfe, 2. erweiterte Auflage, Mönchengladbach 1999.
Krisch, R.: Sozialräumliche Perspektiven von Jugendarbeit, in: Braun, K.-H./Wetzel, K./Dobesberger, B./Fraundorfer, A. (Hrsg.): Handbuch Methoden der Kinder- und Jugendarbeit, Münster 2005, S. 336–351
Krölls, A.: Die Sozialraumbudgetierung aus jugendhilfepolitischer und jugendhilferechtlicher Sicht. Ein rechtswidriges Sparprogramm mit fragwürdigem jugendhilfepolitischen Nutzen, in: Merten (2002), S. 183–201.
Krummacher, M./Kulbach, R./Waltz, V./Wohlfahrt, N.: Soziale Stadt, Sozialraumorientierung, Quartiersmanagement, Revitalisierung lokaler Sozialpolitik oder lokalpolitisch flankierter Sozialstaatsumbau, in: neue praxis 6/2003, S. 569–584.
Kunstreich, T.: Die alltäglichen ‚heimlichen' Methoden in der Sozialarbeit – Identitätsprobleme von Sozialarbeitern und soziologische Phantasie, in: Neue Praxis 4/1978, S. 348–352.
Landesarbeitsgemeinschaft Mobile Jugendarbeit Baden-Württemberg e.V., LAG (Hrsg.): Praxishandbuch Mobile Jugendarbeit, Neuwied/Kriftel/Berlin 1997.
Langmaack, B.: Themenzentrierte Interaktion. Einführende Texte rund ums Dreieck, Weinheim [2]1994.
Lattke, H.: Das helfende Gespräch, Freiburg i.B. 1969.
Lattke, H.: Gegenwartsforderungen an Methodik und Organisation der Sozialarbeit, in: Caritas 12/1961, S. 315–334.
Lattke, H.: Methodik in der sozialen Arbeit, in: Blätter der Wohlfahrtspflege 3/1958, S. 77–80.
Lattke, H.: Soziale Arbeit und Erziehung. Ihre Ziele, Methoden und psychologischen Grundlagen, Freiburg i.B. 1955.
Lattke, H.: Sozialpädagogische Gruppenarbeit, Freiburg i.B. 1962.
Lau, Th./Wolff, S.: Wer bestimmt hier eigentlich, wer kompetent ist? Eine Kritik an Modellen kompetenter Sozialarbeit, in: Müller u.a. (1982), S. 261–302.
Leggewie, H./Ehlers, W.: Knaurs moderne Psychologie, München/Zürich 1978.
Lindenberg, M./Ziegler, H.: Prävention, in: Kessel, F. u.a. (Hrsg.): Handbuch Sozialraum, Wiesbaden 2005, S. 611 – 627.
Lindenberg, M.: Von der Sorge zur Härte. Kritische Beiträge zur Ökonomisierung Sozialer Arbeit, Bielefeld 2000.
Lindenthal, L.: Erlebnispädagogik aus frauenspezifischer Sicht, in: Herzog, F. (Hrsg.), Erlebnispädagogik. Schlagwort oder Konzept? Luzern 1993, S. 49–59.
Lindner, W./Freund, Th.: Der Prävention vorbeugen? Zur Reflexion und kritischen Bewertung von Präventionsaktivitäten in der Sozialpädagogik, in: Freund/Lindner (2001), S. 69 – 96.
Lingesleben, O.: Die Berufssituation der Sozialarbeiter und Tendenzen der Professionalisierung, in: Otto/Utermann (1973), S. 31–66.
Litges, G./Lüttringhaus/, M./Stoik, C.: Quartiermanagement, in: Kessl u.a. (2005), S. 559–576.

Litges, G.: Gesellschaft, Sozialpolitik und Kommunalverwaltung in den neuen Bundesländern, in: Hinte, W./Litges, G./Springer, W. (2000), S. 15–51.

Löw, M./Sturm, G.: Raumsoziologie, in: Kessl u.a. (2005), S. 31–48.

Löw, M: Raumsoziologie, Frankfurt a.M. 2001.

Lowy, L.: Case Management in der Sozialarbeit, in: Brennpunkte Sozialer Arbeit, Themenheft Soziale Einzelhilfe, Frankfurt a.M. 1988, S. 31–39.

Lowy, L.: Sozialarbeit/Sozialpädagogik als Wissenschaft im angloamerikanischen und deutschsprachigen Raum. Stand und Entwicklung, Freiburg i.B. 1983.

Lüders, Ch.: Rezension zu „Müller, Burkhard: Sozialpädagogisches Können", in: Der Pädagogische Blick, 3/1994, S. 182–183.

Ludes, P.: Art. „Gemeinwesenarbeit", in: Schwendtke (1977), S. 107–108.

Luhmann, N./Schorr, K.E.: Das Technologiedefizit der Erziehung und die Pädagogik, in: Luhmann, N./Schorr, K.E. (Hrsg.), Technologie und Selbstreferenz, Frankfurt a.M. 1982, S. 11–40 (a).

Luhmann, N./Schorr, K.E.: Personale Identität und Möglichkeiten der Erziehung, in: Luhmann, N./Schorr, K.E. (Hrsg.), Technologie und Selbstreferenz, Frankfurt a.M. 1982, S. 224–271 (b).

Luhmann, N.: Therapeutische Systeme – Fragen an Niklas Luhmann, in: Simon (1988), S. 124–138.

Lukas, H./Strack, G. (Hrsg.): Methodische Grundlagen der Jugendhilfeplanung, Freiburg i.B. 1996.

Lukas, H.: Bedürfnisermittlung im Prozess der Jugendhilfeplanung, in: Lukas/Strack (1996), S. 133–180 (b).

Lukas, H.: Bestandsaufnahme von Einrichtungen und Diensten der Jugendhilfe, in: Lukas/Strack (1996), S. 93–132 (a).

Lukas, H.: Prävention, in: Kreft, D./Mielenz, I. (Hrsg.) Wörterbuch Soziale Arbeit, 4. Auflage, Weinheim/München 2005, S. 655 – 659.

Lukas, H.: Sozialraum, in: Kreft, D./Mielenz, I. (Hrsg.): Wörterbuch Soziale Arbeit, 3. Auflage, Weinheim/München 2005, S. 867–868.

Lüssi, P.: Systemische Sozialarbeit. Praktisches Lehrbuch der Sozialberatung, Bern u.a. 1995^3.

Maelicke, B./Reinbold, B.: Sozialmanagement und Organisationsentwicklung für Non-Profit-Organisationen, in: Flösser/Otto (1992), S. 19–48.

Mähler, G./Mähler, H.G.: Zur Professionalisierung der Familien-Mediation in der BRD, in: Bundeskonferenz für Erziehungsberatung (1995), S. 38–55.

Marshall, J.H.: Bürgerrechte und soziale Klassen. Zur Soziologie des Wohlfahrtsstaates, Frankfurt a.M./New York 1992.

Marzahn, Ch.: Wer soll eigentlich die Probleme lösen? Sechs Thesen zum Verhältnis von Sozialpädagogik und Selbsthilfe, in: Brockmann, A.D. u.a. (Hrsg.), Jahrbuch der Sozialarbeit 3, Reinbek 1979, S. 81–85.

Matzdorf, P./Cohn, R.: Das Konzept der Themenzentrierten Interaktion, in: Löhmer, C./Standhardt, R. (Hrsg.), TZI. Pädagogisch-therapeutische Gruppenarbeit nach Ruth C. Cohn, Stuttgart 1992, S. 39–92.

Meinhold, M.: „Wir behandeln Situationen – nicht Personen". Über Möglichkeiten, situationsbezogene Verfahren anzuwenden am Beispiel des Familienzentrums Melbourne, in: Müller, S. u.a. (1982), S. 165–184.

Meinhold, M.: Ein Rahmenmodell zum methodischen Handeln, in: Heiner, M./ Meinhold, M./von Spiegel, H./Staub-Bernasconi, S.: Methodisches Handeln in der Sozialen Arbeit, Freiburg i. B. 1998, S. 220–253.

Meinhold, M.: Intervention in der Sozialarbeit, in: Hörmann, G./Nestmann, F. (Hrsg.), Handbuch der psychosozialen Intervention, Opladen 1988, S. 70–80.

Meinhold, M.: Qualitätssicherung und Qualitätsmanagement in der Sozialen Arbeit, Freiburg i.B. 1996.

Meinhold, M.: Zum Selbstverständnis und zur Funktion von Sozialarbeitern. Am Beispiel von Theorie und Praxis der sozialen Einzelhilfe, in: Hollstein, W./Meinhold, M. (Hrsg.), Sozialarbeit unter kapitalistischen Produktionsbedingungen, Frankfurt a.M. 1973, S. 208–225.

Mensching, A.: Ist Vorbeugen besser als Heilen? Sicherheitsbedürfnis und Dauermedikation Prävention, in: Aus Politik und Zeitgeschichte 46/2005, S. 17 – 22.

Merchel, J. (Hrsg.): Qualität in der Jugendhilfe. Kriterien und Bewertungsmöglichkeiten, Münster ²1999.

Merchel, J.: Kooperative Jugendhilfeplanung. Eine praxisbezogene Einführung, Opladen 1994.

Merten, R. (Hrsg.): Sozialraumorientierung. Zwischen fachlicher Innovation und rechtlicher Machbarkeit, Weinheim/München 2002.

Merten, R. (Hrsg.): Systemtheorie Sozialer Arbeit. Neue Ansätze und veränderte Perspektiven, Opladen 2000.

Merten, R./Olk, Th.: Sozialpädagogik als Profession. Historische Entwicklung und künftige Perspektiven, in: Combe/Helsper (1996), S. 570–613.

Merten, R./Olk, Th.: Wenn Sozialarbeit sich selbst zum Problem wird. Strategien reflexiver Modernisierung, in: Rauschenbach, Th./Gängler, H. (Hrsg.), Soziale Arbeit und Erziehung in der Risikogesellschaft, Neuwied u.a. 1992, S. 81–100.

Miltner, W.: Street Work im Arbeiterviertel. Eine Praxisstudie zur Jugendberatung, Neuwied/Darmstadt 1982.

Mohrlok, M. u.a.: Let's organize! Gemeinwesenarbeit und Community Organization im Vergleich, München 1993.

Mörsberger, Th./Restemeier, J. (Hrsg.): Helfen mit Risiko. Zur Pflichtstellung des Jugendamtes bei Kindesvernachlässigung. Dokumentation eines Strafverfahrens gegen eine Sozialarbeiter in Osnabrück, Neuwied 1997.

Mucchielli, R.: Gruppendynamik. Theoretische Einführung und praktische Übungen, Salzburg o.J.

Mühlum, A. u.a.: Umwelt Lebenswelt. Beiträge zur Theorie und Praxis ökosozialer Arbeit, Frankfurt a.M. 1986.

Mühlum, A.: Sozialpädagogik und Sozialarbeit, München 1981.

Müller, B.: Die Last der großen Hoffnung. Methodisches Handeln und Selbstkontrolle in sozialen Berufen, Weinheim/München ²1991.

Müller, B.: Methoden und berufliche Identität, in: Projektgruppe Soziale Berufe (Hrsg.), Sozialarbeit: Ausbildung und Qualifikation. Expertisen I, München 1981, S. 162–187.

Müller, B.: Praktisches Engagement und Wissenschaft – Thesen zum Entwicklungsstand eines sozialpädagogischen Dilemmas, in: Brennpunkte sozialer Arbeit, Frankfurt a.M. 1988, S. 31–44.

Müller, B.: Probleme bei der Entwicklung einer Handlungslehre sozialer Arbeit am Beispiel der Heimerziehung, in: Müller u.a. (1982), S. 135–150.

Müller, B.: Qualitätsprodukt Jugendhilfe. Kritische Thesen und praktische Vorschläge, Freiburg i.B. 1996.

Müller, B.: Sozialpädagogik als Wissenschaft und als Handwerk, in: Vahsen, F.G. (Hrsg.), Paradigmenwechsel in der Sozialpädagogik, Bielefeld 1992, S. 105–123 (a).

Müller, B.: Sozialpädagogisches Handeln, in: Eyferth/Otto/Thiersch (1987), S. 1045–1059.
Müller, B.: Sozialpädagogisches Können. Ein Lehrbuch zur multiperspektivischen Fallarbeit, Freiburg i.B. 1993 (a).
Müller, B.: Statement im Rahmen der Umfrage der Blätter der Wohlfahrtspflege zu Stand und Perspektiven der Methoden beruflicher Sozialarbeit, in: Blätter der Wohlfahrtspflege, 5/1992 S. 141–147 (b).
Müller, B.: Wissenschaftlich denken – laienhaft handeln? Zum Stellenwert der Diskussion über sozialpädagogische Methoden, in: Rauschenbach/Ortmann/ Karsten (1993), S. 45–66 (b).
Müller, C.W. (Hrsg.): Begleitforschung in der Sozialpädagogik. Analysen und Berichte zur Evaluationsforschung in der Bundesrepublik, Weinheim/Basel 1978.
Müller, C.W. (Hrsg.): Gruppenpädagogik. Auswahl aus Schriften und Dokumenten, Weinheim ²1972.
Müller, C.W./Nimmermann, P. (Hrsg.): Stadtplanung und Gemeinwesenarbeit, München ²1973.
Müller, C.W.: Art. „Gemeinwesenarbeit (GWA)", in: Kreft/Mielenz (1996a), S. 232–234 (b).
Müller, C.W.: Art. „Gruppenarbeit, soziale", in: Kreft/Mielenz (1996a), S. 267–269 (a).
Müller, C.W.: C. W. Müller, in: Heitkamp, H./Plewa, A. (Hrsg.): Soziale Arbeit in Selbstzeugnissen, Freiburg i.B. 1999, S. 171–200.
Müller, C.W.: Das Dilemma der Gemeinwesenarbeiter, in: Otto, H.-U./Schneider, S. (Hrsg.), Gesellschaftliche Perspektiven der Sozialarbeit, Bd. 2, Neuwied/Berlin 1973, S. 217–222 (b).
Müller, C.W.: Die Rezeption der Gemeinwesenarbeit in der Bundesrepublik Deutschland, in: Müller/Nimmermann (1973), S. 228–240 (a).
Müller, C.W.: Einführende Lehrbücher in die Methoden der sozialen Arbeit, in: Literatur Rundschau, 5+6/1981, S. 105–112.
Müller, C.W.: Erziehung, Führung, Führungsstil, in: Müller, C.W./Mollenhauer, K., Führung und Beratung in pädagogischer Sicht, Heidelberg 1965, S. 7–24.
Müller, C.W.: Methodenlehre als Beitrag zur Professionalisierung in der Sozialen Arbeit, in: Theorie und Praxis der Sozialen Arbeit, 10/1996, S. 13–22 (c).
Müller, C.W.: Methodenlehre als Beitrag zur Professionalisierung in der Sozialen Arbeit, in: Mrochen, S./Bertold, E./Hesse, A. (Hrsg.): Standortbestimmung sozialpädagogischer und sozialarbeiterischer Methoden, Weinheim 1998, S. 16–27.
Müller, C.W.: Wie Helfen zum Beruf wurde. Band 2. Eine Methodengeschichte der Sozialarbeit 1945–1985, Weinheim/Basel ²1992.
Müller, C.W.: Wie Helfen zum Beruf wurde. Eine Methodengeschichte der Sozialarbeit, Weinheim/Basel ²1988.
Müller, K.D./Gehrmann, G.: Zur Problematik gegenwärtiger Methodendiskussion in der Sozialarbeit/Sozialpädagogik. Umrisse eines selbstreflexiven Arbeitskonzepts, in: Sozialmagazin, 7+8/1990, S. 48–62.
Müller, S. u.a. (Hrsg.): Handlungskompetenz in der Sozialarbeit/Sozialpädagogik, Bd. 1, Interventionsmuster und Praxisanalysen, Bielefeld 1982.
Müller, S. u.a. (Hrsg.): Handlungskompetenz in der Sozialarbeit/Sozialpädagogik, Bd. 2, Theoretische Konzepte und gesellschaftliche Strukturen, Bielefeld 1984.
Müller, S./Olk, Th./Otto, H.-U. (Hrsg.): Sozialarbeit als soziale Kommunalpolitik (Sonderheft Neue Praxis), Neuwied/Darmstadt 1982.

Müller-Schöll, A.: Das Konzept „Sozialmanagement" als Grundlage der Befähigung zur Organisationsentwicklung, in: Schönig, W./Brunner, E.J. (Hrsg.), Organisationen beraten. Impulse für Theorie und Praxis, Freiburg i.B. 1993, S. 138–160.

Munsch, C./Zeller, M.: Die Bedeutung des Stadtteils für Jugendliche. Ein rekonstruktiver Zugang zur Belebung des Diskurses um sozialraumorientierte Erziehungshilfen, in: Projekt „Netzwerke im Stadtteil" (Hrsg.): Grenzen des Sozialraums. Kritik eines Konzepts – Perspektiven für Soziale Arbeit, Wiesbaden 2005, S. 277–288.

Nagel, H./Seifert, M. (Hrsg.): Inflation der Therapieformen. Gruppen- und Einzeltherapien in der sozialpädagogischen und klinischen Praxis, Reinbek 1979.

Nestmann, F.: Alltägliche psychosoziale Intervention, in: Hörmann, G./Nestmann, F. (Hrsg.), Handbuch der psychosozialen Intervention, Opladen 1988, S. 160–169 (b).

Nestmann, F.: Beratung und Beraterqualifikation, in: Müller u.a. (1982), S. 33–64.

Nestmann, F.: Beratung, in: Hörmann, G./Nestmann, F. (Hrsg.), Handbuch der psychosozialen Intervention, Opladen 1988, S. 101–113 (c).

Nestmann, F.: Der alltägliche Helfer, Berlin/New York 1988 (a).

Neue Praxis: Hans Thiersch zum 60. Geburtstag, Neuwied 3/1995.

Neue Praxis: Sozialarbeit und Therapie, Sonderheft, Neuwied 1978.

Neuffer, M.: Die Kunst des Helfens. Geschichte der Sozialen Einzelhilfe in Deutschland, Weinheim/Basel 1990.

Neuffer, M.: Die Rezeption der amerikanischen Methoden der Sozialarbeit nach 1945 in Westdeutschland, in: Hamburger, F. (Hrsg.), Innovation durch Grenzüberschreitung, Rheinfelden/Berlin 1994, S. 131–157.

Neville, W.G.: Vermittlung, in: Textor, M. (Hrsg.), Hilfen für Familien. Ein Handbuch für psychosoziale Berufe, Frankfurt a.M. 1990, S. 343–363.

Newstetter, W.I./Feldstein, M.J./Newcomb, T.: Gruppenarbeit als Prozess, in: Müller (1972), S. 86–93.

Nickolai, W./Quensel, S./Rieder, H.: Erlebnispädagogik mit Randgruppen, Freiburg i.B. ²1991.

Nieke, W.: Das Konzept der professionellen Handlungskompetenz als Versuch der Bestimmung von Studienzielen, in: Keil u.a. (1981), S. 15–44.

Niemeyer, Ch.: Klassiker der Sozialpädagogik. Einführung in die Theoriegeschichte einer Wissenschaft, Weinheim/München 1998.

Nittel, D.: Biographische Forschung – ihre historische Entwicklung und praktische Relevanz in der Sozialen Arbeit, in: Groddeck/Schumann (1994), S. 147–188.

Northen, H.: Soziale Arbeit mit Gruppen. Der Verlauf des helfenden Prozesses, Freiburg i.B. 1973.

Nowak, J.: Soziale Netzwerke, in: Kreft, D./Mielenz, I. (Hrsg.): Wörterbuch Soziale Arbeit, 4. Auflage, Weinheim/Basel 1996, S. 409 – 410.

Oelkers, J.: Unmittelbarkeit als Programm: Zur Aktualität der Reformpädagogik, in: Bedacht (1992), S. 96–116.

Oelschlägel, D.: Gemeinwesenarbeit im Armutsquartier, in: Tobias, G./Boettner, J. (Hrsg.), Von der Hand in den Mund. Armut und Armutsbewältigung in einer westdeutschen Großstadt, Essen 1992, S. 92–105.

Oelschlägel, D.: Strategiediskussion in der Sozialen Arbeit und das Arbeitsprinzip Gemeinwesenarbeit, in: Brennpunkte Sozialer Arbeit, Themenheft Gemeinwesenarbeit, Frankfurt a.M. 1985, S. 7–22.

Oelschlägel, D.: Zur Entwicklung der Gemeinwesenarbeit in der BRD, in: Peters (1983), S. 171–187.

Olk, Th./Otto, H.-U. (Hrsg.): Soziale Arbeit als Dienstleistung, Neuwied/Kriftel 2003

Olk, Th./Rauschenbach, Th./Sachße, Ch.: Von der Wertegemeinschaft zum Dienstleistungsunternehmen. Oder: über die Schwierigkeiten, Solidarität zu üben. In: Rauschenbach, Th./Sachße, Ch./Olk, Th. (Hrsg.): Von der Wertegemeinschaft zum Dienstleistungsunternehmen. Jugend- und Wohlfahrtsverbände im Umbruch, Frankfurt a.M. 1995, S. 11–33.

Olk, Th.: Abschied vom Experten. Sozialarbeit auf dem Weg zu einer alternativen Professionalität, Weinheim/München 1986.

Olk, Th.: Jugendhilfe als Dienstleistung. Vom öffentlichen Gewährleistungsauftrag zur Marktorientierung?, in: Widersprüche 53/1994, S. 11–33.

Olk, Th.: Zwischen Hausarbeit und Beruf. Ehrenamtliches Engagement in der aktuellen sozialpolitischen Diskussion, in: Müller, S./Rauschenbach, Th. (Hrsg.), Das soziale Ehrenamt. Nützliche Arbeit zum Nulltarif, Weinheim/ München ²1992, S. 19–36.

Ortmann, F.: Sozialplanung, in: Kreft/Mielenz (1996a), S. 548–550.

Otto, H.U./Schnurr, St. (Hrsg.): Privatisierung und Wettbewerb in der Jugendhilfe. Marktorientierte Modernisierungsstrategien in internationaler Perspektive, Neuwied 2000.

Otto, H.-U./Sünker, H. (Hrsg.): Soziale Arbeit und Faschismus, Frankfurt a.M. 1989.

Otto, H.-U./Utermann, K. (Hrsg.): Sozialarbeit als Beruf. Auf dem Weg zur Professionalisierung? München ²1973.

Otto, H.-U.: Zum Verhältnis von systematisiertem Wissen und praktischem Handeln in der Sozialarbeit, in: Otto/Utermann (1973), S. 87–98.

Pallasch, W.: Supervision. Neue Formen beruflicher Praxisbegleitung in pädagogischen Arbeitsfeldern, Weinheim/München 1991.

Pankoke, E.: Soziale Netzwerke, in: Deutscher Verein: Fachlexikon der sozialen Arbeit, 4. Auflage, Frankfurt a.M. 1997, S: 666–667.

Pavel, F.-G.: Die Entwicklung der klientenzentrierten Psychotherapie in den USA von 1942–1973, in: Gesellschaft für wissenschaftliche Gesprächspsychotherapie (Hrsg.), Die klientenzentrierte Gesprächspsychotherapie, München 1975, S. 25–41.

Pense, R. (Hrsg.): Lexikon der Sozial- und Jugendhilfe, Köln/Berlin 1963.

Perlman, H.H.: Das Modell des problemlösenden Vorgehens in der Sozialen Einzelhilfe, in: Roberts/Nee (1977), S. 145–197.

Perlman, H.H.: Soziale Einzelhilfe als problemlösender Prozess, Freiburg i.B. ³1973.

Peter, H.: Handlungskompetenz in der klassischen Methodenliteratur der Sozialarbeit und Perspektiven für eine Neuorientierung, in: Müller, S. u.a. (1982), S. 5–32.

Peters, F. (Hrsg.): Gemeinwesenarbeit im Kontext lokaler Sozialpolitik, Bielefeld 1983.

Peters, H.: Die misslungene Professionalisierung der Sozialarbeit, in: Otto/Utermann (1973), S. 99–123.

Peters, H.: Die politische Funktionslosigkeit der Sozialarbeit und die „pathologische" Definition ihrer Adressaten, in: Otto, H.-U./Schneider, S. (Hrsg.), Gesellschaftliche Perspektiven der Sozialarbeit, Bd. 1, Neuwied/Berlin 1973, S. 151–164 (a).

Peuckert, R.: Familienformen im sozialen Wandel, Opladen 1996².

Pfaffenberger, H.: Das Theorie- und Methodenproblem in der sozialen und sozialpädagogischen Arbeit, in: Friedländer/Pfaffenberger: (1966), S. XIII–XXXVI.

Pfaffenberger, H.: Praxisberatung (Supervision), in: Schwendtke (1977), S. 208–210 (b).

Pfaffenberger, H.: Soziale Einzelhilfe, in: Schwendtke (1977), S. 243–244 (a).

Pfaffenberger, H.: Zur Entwicklung der Methodik als Entwicklungsstrang in der Entfaltung einer eigenständigen Sozialpädagogik/Sozialarbeitswissenschaft, in: Mrochen, S./Bertold, E./Hesse, A. (Hrsg.): Standortbestimmung sozialpädagogischer und sozialarbeiterischer Methoden, Weinheim 1998.

Pfeifer-Schaupp, H.-U.: Jenseits der Familientherapie. Systemische Konzepte in der Sozialen Arbeit, Freiburg i.B. 1995.

Pincus, A./Minahan, A.: Ein Praxismodell der Sozialarbeit, in: Specht/Vickery (1980), S. 96–148.

Possehl, K.: Wissenschaftstheoretische Vorüberlegungen zur Methodenentwicklung in der Sozialarbeit, in: Archiv für Wissenschaft und Praxis sozialer Arbeit, 4/1990, S. 262–286.

Proksch, R.: ‚Vermittlung' in Scheidungskonflikten (Mediation). Theorie und Praxis eines alternativen Verfahrens, in: Proksch, R. (Hrsg.), Wohl des Kindes. Systemische Konfliktlösungen im Scheidungsverfahren, Nürnberg 1991, S. 30–53 (b).

Proksch, R.: Geschichte der Mediation, in: Krabbe (1991), S. 170–189 (a).

Proksch, R.: Kooperative Vermittlung (Mediation) in streitigen Familiensachen, Stuttgart/Berlin/Köln 1998.

Proksch, R.: Vermittlung (Mediation) als Angebot der Jugendhilfe im Jugendamt, in: Bundeskonferenz für Erziehungsberatung (1995), S. 75–90.

Pühl, H. (Hrsg.): Handbuch der Supervision 2, Berlin 1994.

Rappe-Giesecke, K.: Supervision. Gruppen- und Teamsupervision in Theorie und Praxis, Berlin u.a. ^{2}1994.

Rauschenbach, Th./Müller, S./Otto, U.: Vom öffentlichen und privaten Nutzen des sozialen Ehrenamtes, in: Müller, S./Rauschenbach, Th. (Hrsg.), Das soziale Ehrenamt. Nützliche Arbeit zum Nulltarif, Weinheim/München ^{2}1992, S. 223–242.

Rauschenbach, Th./Ortmann, F./Karsten, M.-E. (Hrsg.): Der sozialpädagogische Blick. Lebensweltorientierte Methoden in der Sozialen Arbeit, Weinheim/München 1993.

Rauschenbach, Th./Schilling, M.: Das Ende der Fachlichkeit? Soziale Berufe und die Personalstruktur der Kinder- und Jugendhilfe im vereinten Deutschland, in: Neue Praxis, 1/1997, S. 22–54.

Rauschenbach, Th./Treptow, R.: Sozialpädagogische Reflexivität und gesellschaftliche Rationalität. Überlegungen zur Konstitution sozialpädagogischen Handelns, in: Müller u.a. (1984), S. 21–71.

Rauschenbach, Th.: Das sozialpädagogische Jahrhundert. Analysen zur Entwicklung Sozialer Arbeit in der Moderne, Weinheim/München 1999.

Rauschenbach, Th.: Inszenierte Solidarität: Soziale Arbeit in der Risikogesellschaft, in: Beck/Beck-Gernsheim (1994), S. 89–111.

Rauschenbach, Th.: Sind nur Lehrer Pädagogen? Disziplinäre Selbstvergewisserungen im Horizont des Wandels von Sozial- und Erziehungsberufen, in: Zeitschrift für Pädagogik, 3/1992, S. 385–417.

Rauschenbach, Th.: Theoriegeleitetes Handeln in sozialpädagogischen Arbeitsfeldern. Dargestellt am Beispiel der Arbeit mit behinderten Kindern und Jugendlichen, in: Sozialpädagogik, 1/1984, S. 24–32.

Reese, A./Silbereisen, K.: Allgemeine versus spezifische Primärprävention von jugendlichem Risikoverhalten, in: Freund/Lindner (2001), S. 139–172.

Reinbold, B.: Organisationsentwicklung, in: Kreft/Mielenz (1996a), S. 419–422 (a).

Reinbold, B.: Sozialmanagement, in: Kreft/Mielenz (1996a), S. 542–545 (b).

Reiners, A.: Erlebnis und Pädagogik, München 1995.

Richmond, M.: Social Diagnosis, New York 1917.

Roberts, R.W./Nee, R.H.: Konzepte der Sozialen Einzelhilfe. Stand der Entwicklung. Neue Anwendungsformen, Freiburg i.B. ^{2}1977.

Rogers, C.: Die beste Therapieschule ist die selbst entwickelte, in: Frenzel u.a. (1992), S. 21–29.
Rogers, C.: Die klient-bezogene Gesprächstherapie, München 1973 (a).
Rogers, C.: Die nicht-direktive Beratung, München ^{6}1972.
Rogers, C.: Entwicklung der Persönlichkeit, München 1973 (b).
Rogers, C.: Entwicklung und gegenwärtiger Stand meiner Ansichten über zwischenmenschliche Beziehungen, in: Gesellschaft für wissenschaftliche Gesprächspsychotherapie (Hrsg.), Die klientenzentrierte Gesprächspsychotherapie, München 1975, S. 11–24.
Rose, L.: Mädchen und Abenteuer, in: Behn, S./Heitmann, H. (Hrsg.), Spannung, Abenteuer, Action. Erlebnis- und Abenteuerpädagogik in der Jugendarbeit, Berlin o.J., S. 85–101.
Rothe, M.: Das Neue an den ‚Families First'-Ansätzen, in: Forum Erziehungshilfen, 5/1997.
Rutschky, K.: Erregte Aufklärung. Kindesmissbrauch: Fakten & Fiktionen, Hamburg 1992.
Sachße, C.: Berufsgeschichte und Berufsidentität. Methoden in der Konstitutionsphase Sozialer Arbeit, in: Rauschenbach/Ortmann/Karsten (1993), S. 29–44.
Sachße, C.: Mütterlichkeit als Beruf. Sozialarbeit, Sozialreform und Frauenbewegung 1871–1929, Frankfurt a.M. 1986.
Salomon, A.: Leitfaden der Wohlfahrtspflege, Leipzig/Berlin ^{3}1928.
Salomon, A.: Soziale Diagnose, Berlin 1926.
Sander, K.: Einige Gesichtspunkte zur Abgrenzung des klientenzentrierten Konzepts zu anderen psychotherapeutischen Konzepten und zur Beratungssituation, in: Gesellschaft für wissenschaftliche Gesprächspsychotherapie (Hrsg.), Die klientenzentrierte Gesprächspsychotherapie, München 1975, S. 42–54.
Schaarschuch, A.: Dienst-Leistung und Soziale Arbeit. Theoretische Überlegungen zur Rekonstruktion Sozialer Arbeit als Dienstleistung, in: Widersprüche, 59/1996, S. 87–97.
Schaarschuch, A.: Theoretische Grundelemente Sozialer Arbeit als Dienstleistung. Ein analytischer Zugang zur Neuorientierung Sozialer Arbeit, in: neue praxis 6/1999, S. 543–560.
Schiller, H.: Gruppenpädagogik (social group work) als Methode der Sozialarbeit. Darstellung und Analyse ihrer Theorie und Praxis, Wiesbaden-Biebrich 1963.
Schilling, J.: Didaktik/Methodik der Sozialpädagogik, Neuwied u.a. 1993.
Schmid, P.: Sozialraumorientierung und das Kinder- und Jugendhilferecht – ein Kommentar aus der Sicht eines freien Trägers, in: Sozialpädagogisches Institut im SOS-Kinderdorf e.V. (2001), S. 204–213.
Schmidbauer, W.: Helfen als Beruf. Die Ware Nächstenliebe, überarbeitete und erweiterte Neuausgabe, Reinbek b. Hamburg 1992 (a).
Schmidbauer, W.: Hilflose Helfer. Über die seelische Problematik der helfenden Berufe, überarbeitete und erweiterte Neuausgabe, Reinbek b. Hamburg 1992 (b).
Schmidbauer, W.: Wenn Helfer Fehler machen. Liebe, Missbrauch und Narzissmus, Reinbek b. Hamburg 1999.
Schmidt, G.: Grundlagen systemischer Familientherapie und ihre Implikationen für die Entwicklung therapeutischer Strategien, in: Brennpunkte Sozialer Arbeit, Themenheft Familientherapie, Frankfurt a.M. 1985, S. 27–47.
Schmidt-Grunert, M.: Soziale Arbeit mit Gruppen. Eine Einführung, Freiburg i.B. 1997.

Schneider, H./Johrendt, N. (Hrsg.): Kommunale Jugendhilfeberichterstattung und Jugendhilfeplanung, Bielefeld 1994.
Schön, B.: Therapie statt Erziehung? Chancen und Probleme der Therapeutisierung pädagogischer und sozialer Arbeit, Frankfurt a.M. 1989.
Schreyer-Schubert, A./Hanselmann, P.G./Friz, A.: Leitfaden für Qualitätsbeauftragte. Materialien zur Qualitätssicherung in der Kinder- und Jugendhilfe, QS 28, Berlin 2000.
Schröder, G./Blair, T.: Schröder-Blair-Papier, in: neue praxis 3/1999, S. 325–330.
Schröer, H.: Sozialraumorientierung und das Kinder- und Jugendhilferecht – ein Kommentar aus der Sicht Umsetzungsperspektive einer Kommune, in: Sozialpädagogisches Institut im SOS-Kinderdorf e.V. (2001), S. 157–174.
Schröer, H.: Sozialraumorientierung und das Kinder- und Jugendhilferecht – ein Kommentar aus der Sicht Umsetzungsperspektive einer Kommune, in: Sozialpädagogisches Institut im SOS-Kinderdorf e.V. (2001), S. 157–174.
Schubert, F.-C.: Den Blick erweitern: Sozialökologische Konzeptionen in Sozialarbeit und Beratung, in: Klüsche, W. (Hrsg.), Grundpositionen sozialer Arbeit: Gesellschaftliche Horizonte – Emotion und Kognition – Ethische Implikationen, Mönchengladbach 1994, S. 31–59.
Schuller, K./Stöver, H. (Hrsg.): Akzeptierende Drogenarbeit. Ein Gegenentwurf zur traditionellen Drogenhilfe. Freiburg i.Br. 1991.
Schumann, M.: Methoden als Mittel professioneller Stil- und Identitätsbildung, in: Groddeck/Schumann (1994), S. 41–67 (b).
Schumann, M.: Modernisierung durch Methodenbildung. Ein Überblick, in: Groddeck/Schumann (1994), S. 12–25 (a).
Schütze, F.: Die Fallanalyse. Zur wissenschaftlichen Fundierung einer klassischen Methode der Sozialen Arbeit, in: Rauschenbach/Ortmann/Karsten (1993), S. 191–221.
Schütze, F.: Ethnographie und sozialwissenschaftliche Methoden der Feldforschung. Eine mögliche methodische Orientierung in der Ausbildung und Praxis der Sozialen Arbeit? In: Groddeck/Schumann (1994), S. 189–297.
Schütze, F.: Organisationszwänge und hoheitsstaatliche Rahmenbedingungen im Sozialwesen: Ihre Auswirkungen auf die Paradoxien des professionellen Handelns, in: Combe/Helsper (1996), S. 183–275.
Schütze, F.: Sozialarbeit als „bescheidene" Profession, in: Dewe/Ferchhoff/Radtke (1992), S. 132–170.
Schweitzer, J.: Systemische Ansätze in Beratungsdiensten, in: Hahn, K./Müller, F.W. (Hrsg.), Systemische Erziehungs- und Familienberatung, Mainz 1993, S. 15–26.
Schwendtke, A: (Hrsg.): Wörterbuch der Sozialarbeit und Sozialpädagogik, Heidelberg 1977.
Seibert, U.: Soziale Arbeit als Beratung. Ansätze und Methoden für eine nicht-stigmatisierende Praxis, Weinheim/Basel 1978 (a).
Seibert, U.: Thesen zur Identität von Sozialarbeit und Therapie, in: Neue Praxis (1978), S. 49–56 (b).
Seippel, A.: Handbuch Aktivierende Gemeinwesenarbeit. Konzepte – Bedingungen – Strategien – Methoden, Gelnhausen u.a. 1976.
Sengling, D.: Sozialökologie, in: Kreft/Mielenz (1996a), S. 546–547.
Sennett, R.: Der flexible Mensch. Die Kultur des neuen Kapitalismus, Berlin 1998.
Sickendiek, U./Engel, F./Nestmann, F.: Beratung: Eine Einführung in sozialpädagogische und psychosoziale Beratungsansätze, Weinheim/München 1999.
Simon, B.K.: Theorie der Sozialen Einzelhilfe: Ein Überblick, in: Roberts/Nee (1977), S. 377–419.

Simon, F.B./Stierlin, H.: Die Sprache der Familientherapie. Ein Vokabular. Überblick, Kritik und Integration systemtherapeutischer Begriffe, Konzepte und Methoden, Stuttgart ⁴1995.
Simon, F.B.: Lebende Systeme. Wirklichkeitskonstruktion in der systemischen Therapie, Berlin u.a. 1988.
Simon, T. (Hrsg.): Jugendhilfeplanung. Ergebnisse einer bundesweiten Untersuchung, Hohengehren 1997.
Simon, T.: Kommunale Jugendhilfeplanung. Darstellung, 3. Auflage, Wiesbaden 1998.
Smalley, R.E.: Die funktionelle Methode als Grundlage der Sozialen Einzelhilfe-Praxis, in: Roberts/Nee (1977), S. 91–143.
Sommerfeld, P.: Erlebnispädagogisches Handeln. Ein Beitrag zur Erforschung konkreter pädagogischer Felder und ihrer Dynamik, Weinheim/München 1993.
SOZIAL EXTRA: Budgetierung muss doch nicht weh tun. Chancen sozialräumlicher Finanzierungsmodelle, 6/2006.
Sozialpädagogisches Institut im SOS-Kinderdorf e.V. (Hrsg.): Sozialraumorientierung auf dem Prüfstand. Dokumentation der Fachtagung Sozialraumorientierung in der Jugendhilfe auf dem Prüfstand, München 2001.
Specht, H./Vickery, A.: Methodenintegration in der Sozialarbeit. Zur Entwicklung eines einheitlichen Praxismodells, Freiburg i.B. 1980.
Specht, W.: Streetwork in den USA im Widerstreit der Konzepte, in: Steffan (1989), S. 76–85.
Spiegel, H. v.: Arbeitshilfen für methodisches Handeln, in: Heiner u.a. (1994), S. 218–287 (a).
Spiegel, H. v.: Selbstevaluation als Mittel beruflicher Qualifizierung, in: Heiner, M. (Hrsg.), Selbstevaluation als Qualifizierung in der Sozialen Arbeit. Fallstudien aus der Praxis, Freiburg i.B. 1994, S. 11–55 (b).
Stark, W.: Die Menschen stärken. Empowerment als eine neue Sicht auf klassische Themen von Sozialpolitik und sozialer Arbeit, in: Blätter der Wohlfahrtspflege 2/1993, S. 41–44.
Stark, W.: Empowerment. Neue Handlungskompetenzen in der psychosozialen Praxis, Freiburg i.B. 1996.
Staub-Bernasconi, S.: Methodenentwicklung in der Zukunft – eine Prognose und ein Weg aus der Professionalisierungsfalle, in: Mrochen, S./Bertold, E./Hesse, A. (Hrsg.): Standortbestimmung sozialpädagogischer und sozialarbeiterischer Methoden, Weinheim 1998, S. 42 – 64.
Staub-Bernasconi, S.: Systemisches Denken und Handeln in der Sozialen Arbeit, in: Kreft/Mielenz (1996a), S. 602–607.
Staub-Bernasconi, S.: Systemtheorie, soziale Probleme und Soziale Arbeit: lokal, national, international oder: vom Ende der Bescheidenheit, Bern u.a. 1995.
Steffan, W. (Hrsg.): Straßensozialarbeit. Eine Methode für heiße Praxisfelder, Weinheim/Basel 1989.
Sting, S./Blum, C.: Soziale Arbeit in der Suchtprävention, München/Basel 2003.
Straus, F.: Netzwerkarbeit. Die Netzwerkperspektive in der Praxis, in: Textor, M. (Hrsg.): Hilfen für Familien. Ein Handbuch für psychosoziale Berufe, Frankfurt a.M. 1990, S. 496–520.
Stürzbecher, W.: Tatort Straße. Schlägereien, Raubüberfälle, Drogenmissbrauch, Bandenkriege … Aus dem Leben eines Streetworkers, Bergisch-Gladbach 1992.
Stüwe, G.: Erlebnispädagogik, in: Kreft/Mielenz (1996a), S. 168–170.
Sunder, E.: Prävention, in: Deutscher Verein (Hrsg.): Fachlexikon der sozialen Arbeit, 5. Auflage 2002, S. 725.

Tegethoff, H.G.: Schlankheitskur für die Jugendhilfe. Rationalisierung nach dem Modell der Kommunalen Gemeinschaftsstelle für Verwaltungsvereinfachung (KGST), in: Neue Praxis, 2/1995, S. 132–150.
Textor, M.: Schulen der Familientherapie, in: Textor, M. (Hrsg.), Das Buch der Familientherapie. Sechs Schulen in Theorie und Praxis, Eschborn 1984, S. 1–39.
Thiersch, H./Rauschenbach, Th.: Sozialpädagogik/Sozialarbeit: Theorie und Entwicklung, in: Eyferth/Otto/Thiersch (1987), S. 984–1016.
Thiersch, H.: Die Erfahrung der Wirklichkeit. Perspektiven einer alltagsorientierten Sozialpädagogik, Weinheim/München 1986.
Thiersch, H.: Erziehungsberatung und Jugendhilfe, in: Klug, H.P./Specht, F. (Hrsg.), Erziehungs- und Familienberatung. Aufgaben und Ziele, Göttingen 1985, S. 24–40.
Thiersch, H.: Kinderkriminalität. Zur Frage nach Normen und Abweichungen, in: Müller, S./Peter, H. (Hrsg.): Kinderkriminalität. Empirische Befunde, öffentliche Wahrnehmung, Lösungsvorschläge, Opladen 1998, S. 27–50.
Thiersch, H.: Kritik und Handeln. Interaktionistische Aspekte der Sozialpädagogik, Neuwied/Darmstadt 1977.
Thiersch, H.: Lebenswelt und Moral. Beiträge zur moralischen Orientierung Sozialer Arbeit, Weinheim/München 1995.
Thiersch, H.: Lebensweltorientierte Soziale Arbeit. Aufgaben der Praxis im sozialen Wandel, Weinheim/München 1992.
Thiersch, H.: Strukturierte Offenheit. Zur Methodenfrage einer lebensweltorientierten Sozialen Arbeit, in: Rauschenbach/Ortmann/Karsten (1993), S. 11–28.
Thiersch, H.: Zum Verhältnis von Sozialarbeit und Therapie, in: Neue Praxis (1978), Neuwied 1978, S. 6–24.
Thole, W./Cloos, W.: Soziale Arbeit als professionelle Dienstleistung. Zur „Transformation des beruflichen Handelns" zwischen Ökonomie und eigenständiger Fachkultur, in: Müller, S. u.a. (Hrsg.): Soziale Arbeit. Gesellschaftliche Bedingungen und professionelle Perspektiven, Neuwied 2000, S. 547–568.
Thole, W.: Das Unbehagen bleibt. „Sozialarbeitswissenschaft" – Modell zur Lösung der Identität sozialpädagogischer Theorie und Praxis?, in: Puhl, R. (Hrsg.), Sozialarbeitswissenschaft, Weinheim/München 1996, S. 149–166.
Treeß, H.: Prävention und Sozialraumorientierung, in: Schröer, W./Struck, N./Wolff, M. (Hrsg.): Handbuch Kinder- und Jugendhilfe, Weinheim/München 2002, S. 925–941.
Trube, A.: Casemanagement als Changemanagement? Zur ambivalenten Professionalisierung Sozialer Arbeit im aktivierenden Sozialstaat, in: Dahme, N./Wohlfahrt, N. (2005), S. 88–99.
Tuggener, H.: Social Work. Versuch einer Darstellung und Deutung im Hinblick auf das Verhältnis von Sozialarbeit und Sozialpädagogik, Berlin/Basel 1971.
Uhlendorff, U.: Sozialpädagogische Diagnosen III. Ein sozialpädagogisch-hermeneutisches Diagnoseverfahren für die Hilfeplanung, Weinheim/München 1997.
Utermann, K.: Zum Problem der Professionalisierung in der Industriegesellschaft, in: Otto/Utermann (1973), S. 13–29.
Vinter, R.D.: Gruppenpädagogik, in: Müller (1972), S. 194–207.
Völzke, R.: Biographisches Erzählen im beruflichen Alltag. Das sozialpädagogische Konzept der biographisch-narrativen Gesprächsführung, in: Jakob/Wensierski (1997), S. 271–286.
Walkemeyer, H./Bäumer, S.: Neue Aspekte der Familientherapie, Eschborn/Frankfurt a.M. 1990.

Weber, G.: Kritische Anmerkungen zur sozialpädagogischen Gruppenarbeit, in: Otto, H.-U./Schneider, S. (Hrsg.), Gesellschaftliche Perspektiven der Sozialarbeit, Bd. 2, Neuwied/Berlin 1973, S. 169–186.

Weber, W.: Wege zum helfenden Gespräch. Gesprächspsychotherapie in der Praxis, München/Basel ²1994.

Weinberger, S.: Klientenzentrierte Gesprächsführung. Eine Lern- und Praxisanleitung für helfende Berufe, Weinheim/München ¹¹2006.

Wendt, W.R. (Hrsg.): Sozial und wissenschaftlich arbeiten. Status und Positionen der Sozialarbeitswissenschaft, Freiburg 1994.

Wendt, W.R. (Hrsg.): Unterstützung fallweise. Case Management in der Sozialarbeit, Freiburg i.B. 1991.

Wendt, W.R.: Die ökosoziale Aufgabe: Haushalten im Lebenszusammenhang, in: Mühlum u.a. (1986), S. 7–84.

Wendt, W.R.: Geschichte der sozialen Arbeit. Von der Aufklärung bis zu den Alternativen und darüber hinaus, Stuttgart ³1990 (a).

Wendt, W.R.: Ökosozial denken und handeln. Grundlagen und Anwendung in der Sozialarbeit, Freiburg i.B. 1990 (b).

Wendt, W.R.: Soziale Einzelhilfe: Von der Falldiagnose zum Unterstützungsmanagement, in: Brennpunkte Sozialer Arbeit, Themenheft Soziale Einzelhilfe, Frankfurt a.M. 1988, S. 9–30.

Wendt, W.R.: Von der Defizitfixierung zur Ressourcenorientierung. Die Methodenfrage muss in der beruflichen Sozialarbeit neu gestellt werden, in: Blätter der Wohlfahrtspflege, 5/1992, S. 115–118.

Wensierski, H.-J. v./Jakob, G.: Rekonstruktive Sozialpädagogik. Sozialwissenschaftliche Hermeneutik, Fallverstehen und sozialpädagogisches Handeln, in: Jakob/ Wensierski (1997), S. 7–22.

Wensierski, H.-J. v.: Verstehende Sozialpädagogik. Zur Geschichte und Entwicklung qualitativer Forschung im Kontext der Sozialen Arbeit, in: Jakob/ Wensierski (1997), S. 77–124.

Wiesener, R.: Sozialraumorientierung und das Kinder- und Jugendhilferecht – ein Kommentar aus der Sicht Bundesgesetzgebers, in: Sozialpädagogisches Institut im SOS-Kinderdorf e.V. (2001), S. 175–181.

Wiesener, R.: Sozialraumorientierung und das Kinder- und Jugendhilferecht – ein Kommentar aus der Sicht Bundesgesetzgebers, in: Sozialpädagogisches Institut im SOS-Kinderdorf e.V. (2001), S. 175–181.

Wild, A.: Die Persönlichkeitstheorie von Rogers und die Ziele des psychotherapeutischen Handelns, in: Gesellschaft für wissenschaftliche Gesprächspsychotherapie (Hrsg.), Die klientenzentrierte Gesprächspsychotherapie, München 1975, S. 61–71.

Willke, H.: Supervision des Staates, Frankfurt a.M. 1997.

Willke, H.: Systemtheorie II: Interventionstheorie. Grundzüge einer Theorie der Intervention in komplexe Systeme, Stuttgart/Jena 1994.

Willke, H.: Systemtheorie. Eine Einführung in die Grundprobleme der Theorie sozialer Systeme, Stuttgart/Jena ⁴1993.

Winkler, M.: Pädagogische Denktradition und Handlungskompetenz – Längere Notiz im Blick auf eine mögliche Theorie der Sozialpädagogik, in: Müller u.a. (1984), S. 215–230.

Winkler, M.: Vom Ende der Methode – Eine Skizze zur Entwicklung der Sozialen Arbeit, in: Proksch, R. (Hrsg.), Entwicklungen in der sozialen Arbeit, Regensburg 1995, S. 123–141.

Wolf, K. (Hrsg.): Entwicklungen in der Heimerziehung, Münster 1993.

Wolff, M.: Integrierte Hilfen vs. versäulte Erziehungshilfen. Sozialraumorientierung jenseits der Verwaltungslogik, in: Merten (2002), S. 41–52.
Ziegenspeck, J.: Erlebnispädagogik. Rückblick – Bestandsaufnahme – Ausblick, Lüneburg 1992.
Zygowksi, H.: Familienintervention als Machtstrategie, in: Hörmann, G. u.a. (Hrsg.), Familie und Familientherapie. Probleme – Perspektiven – Alternativen, Opladen 1988, S. 185–212.